westermann

Autorinnen und Autoren: Petra Bartilla, Thomas Bartsch, Günter Füth, Nikolaus Janzik, Ute Schulze-Selmig

Wirtschaftswelt NRW für die Berufsfachschule Nordrhein-Westfalen (nach Anlage B APO-BK)

Geschäftsprozesse im Unternehmen, Personalbezogene Prozesse, Gesamtwirtschaftliche Prozesse

5. Auflage

Bestellnummer 222691

Die in diesem Produkt gemachten Angaben zu Unternehmen (Namen, Internet- und E-Mail-Adressen, Handelsregistereintragungen, Bankverbindungen, Steuer-, Telefon- und Faxnummern und alle weiteren Angaben) sind i. d. R. fiktiv, d. h., sie stehen in keinem Zusammenhang mit einem real existierenden Unternehmen in der dargestellten oder einer ähnlichen Form. Dies gilt auch für alle Kunden, Lieferanten und sonstigen Geschäftspartner der Unternehmen wie z. B. Kreditinstitute, Versicherungsunternehmen und andere Dienstleistungsunternehmen. Ausschließlich zum Zwecke der Authentizität werden die Namen real existierender Unternehmen und z. B. im Fall von Kreditinstituten auch deren IBANs und BICs verwendet.

Zusatzmaterialien zu Wirtschaftswelt NRW für die Berufsfachschule Nordrhein-Westfalen

Für Lehrerinnen und Lehrer

Lösungen zum Schulbuch: 978-3-14-222712-2
Lösungen zum Schulbuch Download: 978-3-14-222709-2
Lösungen zum Arbeitsheft: 978-3-14-222721-4
Lösungen zum Arbeitsheft Download: 978-3-14-222718-4

BiBox Einzellizenz für Lehrer/-innen (Dauerlizenz)
BiBox Klassenlizenz Premium für Lehrer/-innen und bis zu 35 Schüler/-innen (1 Schuljahr)
BiBox Kollegiumslizenz für Lehrer/-innen (Dauerlizenz)
BiBox Kollegiumslizenz für Lehrer/-innen (1 Schuljahr)

Für Schülerinnen und Schüler

Arbeitsheft: 978-3-14-222715-3

BiBox Einzellizenz für Schüler/-innen (1 Schuljahr)
BiBox Klassensatz PrintPlus (1 Schuljahr)

Buch +Web (mit Webcode im Buch)

Zu diesem Produkt sind digitale Zusatzmaterialien kostenlos online für Sie erhältlich. Sie können diese ganz einfach über die Eingabe des nachfolgenden Codes im Suchfeld unter www.westermann.de abrufen.

BVE-222691-005

Sollten Sie zu diesem Produkt bereits eine BiBox mit Material erworben haben, so sind die Zusatzmaterialien selbstverständlich dort bereits integriert.

Druck und Bindung: Westermann Druck GmbH, Georg-Westermann-Allee 66, 38104 Braunschweig

ISBN 978-3-14-**222691**-0

Konzeption des Fachbereichs „Wirtschaft und Verwaltung“ in diesem Lehr- und Lernbuch

Die Mediaworld e. K. – hierum drehen sich die Inhalte des vorliegenden Buches: Die Schülerinnen und Schüler erleben, wie Moritz Wagner als gelernter Einzelhandelskaufmann „sein“ Unternehmen, die „Moritz Wagner Mediaworld e. K.“, gründet. Sie begleiten Bastian Lenz, den Azubi in der Mediaworld e. K., wie er alle Abteilungen des Betriebes während seiner Ausbildung kennenlernt. Dabei stehen ihm erfahrene Ausbildende im Unternehmen zur Seite.

Die elf Lernfelder werden mit ihren jeweiligen Anforderungssituationen in gleich strukturierten Lernsituationen behandelt.

- Jedes Kapitel beginnt mit einer Szene aus dem Unternehmensalltag der Mediaworld e. K. („Das ist geschehen“).
- Die Schülerinnen und Schüler werden aufgefordert, die geschilderte Situation zu klären und das Problem zu lösen („Das ist zu tun“).
- Dies schaffen sie mithilfe der jeweiligen Informationen („Das sollte man wissen“).

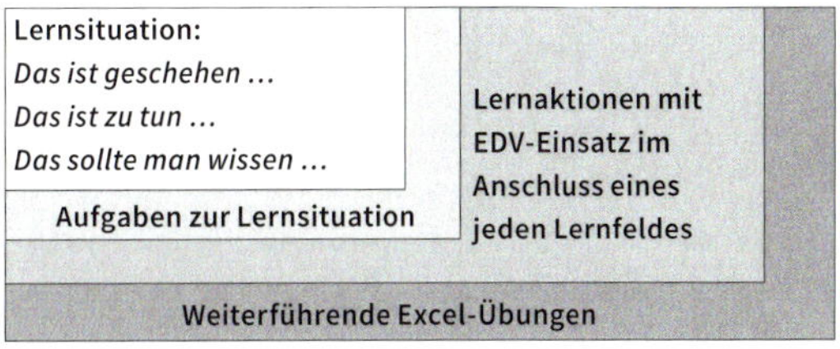

Um das Gelernte zu vertiefen, befinden sich jeweils am Ende des Kapitels Übungen („Aufgaben zur Wiederholung“). Viele Lernaktionen, Rechercheaufgaben und Projektideen helfen den Schülerinnen und Schülern, über den Tellerrand zu sehen und Inhalte verschiedener Kapitel miteinander zu verknüpfen. Sie fassen die erarbeiteten Inhalte prozessorientiert zusammen und verdeutlichen Zusammenhänge. Die Schülerinnen und Schüler erleben die „Wirtschaftswelt“ nicht nur in der Mediaworld e. K., sondern erkennen, dass diese uns überall begegnet.

Das Lehr- und Lernbuch deckt die Inhalte der Wirtschaftsfächer des aktuellen Bildungsplanes der Berufsfachschulen NRW (nach Anlage B APO-BK) ab. Die vorliegende 5. Auflage wurde grundlegend aktualisiert, in Teilen gestrafft und überarbeitet.

Arbeit mit dem PC

Informationswirtschaftliche Inhalte des Lehrplans/Digitales Arbeiten

Die informationswirtschaftlichen Inhalte werden lehrplangemäß integriert behandelt. Entsprechende Arbeitsaufträge sind in der Randspalte gekennzeichnet. Diese Aufgaben können digital oder analog unter Verwendung der im Text angegebenen Dateien gelöst werden.

Im Webshop finden Sie kostenfrei folgende Materialien zum Download:

- die Dateien zu den Arbeitsaufträgen (s. o.)
- weitere lernfeldbezogene Materialien und Schulungen zu Themen wie Geschäftsbriefe erstellen, Präsentationen gestalten, Tabellenkalkulation nutzen
- weitergehende Übungen Excel-Plus (als Zusatz- oder Hausaufgaben einsetzbar).

Bei der Abbildung von Geschäftsbriefen im Buch steht die exakte Einhaltung der DIN 5008 nicht im Fokus, zumal viele Geschäftsbriefe in verkürzter Form und stark verkleinert abgebildet werden. Hier steht aus didaktischen Gründen der Inhalt der Briefe im Vordergrund.

Die Schulungen und Materialien u. a. für Geschäftsbriefe im Download-Bereich sind DIN 5008:2020-gerecht überarbeitet, sodass sich die Schülerinnen und Schüler in der praktischen Anwendung mit dem Thema beschäftigen können.

Hinweis zu Zusatzmaterial zum Buch

Zu diesem Buch ist ein **Schülerarbeitsheft** (ISBN: 978-3-14-222715-3) erhältlich, mit dem die Inhalte handlungsorientiert und kooperativ erarbeitet werden können. Inhalte, zu denen Aufgaben oder Vorlagen im Arbeitsheft enthalten sind, sind in der Randspalte gekennzeichnet.

Zu diesem Lehrwerk ist ebenfalls eine **BiBox** mit allen Materialien aus dem Schülerbuch und darüber hinausgehenden Zusatzmaterialien erhältlich.

Zuordnung der Lernfelder zu den bereichsspezifischen Fächern

Bereichsspezifisches Fach	Lernfelder
Geschäftsprozesse im Unternehmen	1 Ein Unternehmen gründen und führen
	2 Ein Unternehmen kontrollieren
	3 Güter disponieren und beschaffen
	4 Leistungsprogramm planen und entwickeln
	5 Für Kundenaufträge innerbetriebliche Leistungen und Logistik erbringen
	6 Käuferverhalten analysieren und einfache Marketingmaßnahmen entwickeln
	7 Kundenaufträge bearbeiten und Auftragsabwicklungen durchführen
	11 Wertströme erfassen, dokumentieren, aufbereiten und auswerten
Personalbezogene Prozesse	8 Personalmaßnahmen entwickeln und personalwirtschaftliche Kompetenzen für den eigenen Berufsweg nutzen
Gesamtwirtschaftliche Prozesse	9 Investitionen und Finanzierungen planen und sinnvolle Entscheidungen treffen
	10 An der Wertschöpfung einer Volkswirtschaft teilnehmen

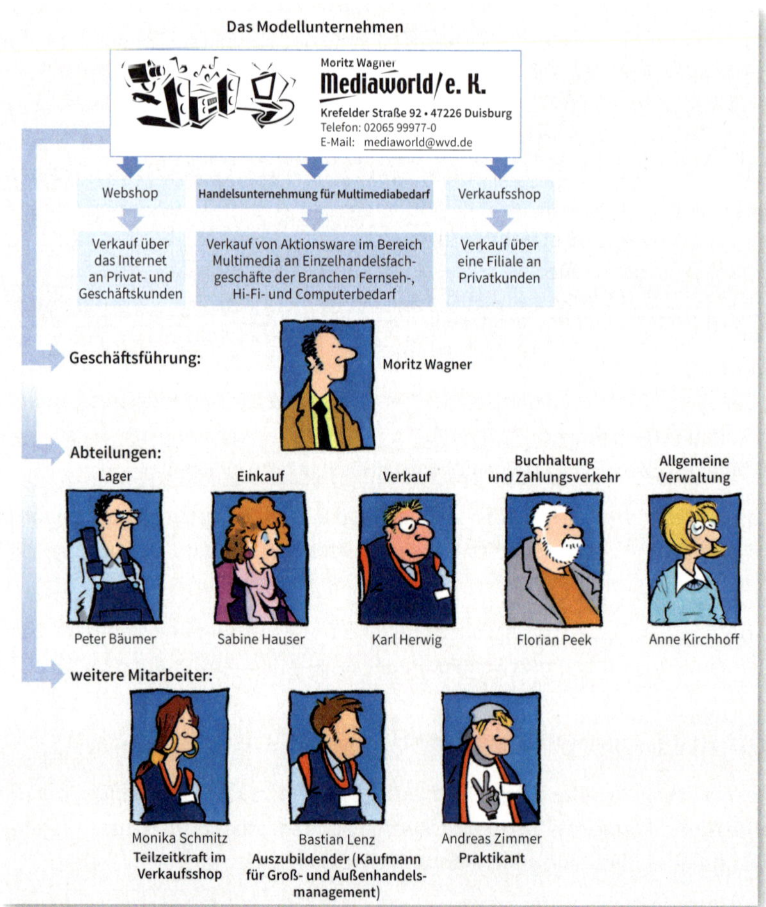

Lernfeld 3

Güter disponieren und beschaffen

Anforderungssituation 3.1 Beschaffungsmarktforschung und Beschaffungsplanung

Anforderungssituation 3.2 Beschaffungsabwicklung und Logistik/Bestandsplanung, -führung und -kontrolle

Lernfeld 4

Leistungsprogramm planen und entwickeln

Anforderungssituation 4.1 Leistungsprogrammplanung

Lernfeld 7

Kundenaufträge bearbeiten und Auftragsabwicklungen durchführen

Anforderungssituation 7.1 Kundenauftragsabwicklung und Logistik

Lernfeld 8 Personalmaßnahmen entwickeln und personalwirtschaftliche Kompetenzen für den eigenen Berufsweg nutzen

Anforderungssituation 8.1 Personalbedarfsplanung und -beschaffung/Personalausbildung und -entwicklung

Anforderungssituation 8.2: Personaleinsatz und -entlohnung

Anforderungssituation 8.3 Personalführung, -beurteilung, -erhaltung und -freisetzung

Lernfeld 9

Investitionen und Finanzierungen planen und sinnvolle Entscheidungen treffen

Anforderungssituation 9.1 Investitions- und Finanzplanung, Investitions- und Finanzierungsentscheidung und - durchführung

Lernfeld 10

An der Wertschöpfung einer Volkswirtschaft mitwirken

Anforderungssituation 10.1 Wertschöpfung

Lernfeld 11

Wertströme erfassen, dokumentieren, aufbereiten und auswerten

Anforderungssituation 11.1 Erfassung und Dokumentation von Wertströmen

Unternehmensgründung

Anforderungssituation 1.1

1 Geschäftsidee

Das ist geschehen

Moritz Wagner ist 27 Jahre alt. Er hat eine Ausbildung zum Kaufmann im Einzelhandel in einem großen Hi-Fi- und Computermarkt gemacht. Nach der Ausbildung konnte er bei seinem Ausbildungsunternehmen bleiben. Inzwischen hat er sechs Jahre Berufserfahrung; im Bereich der Multimedia-Artikel kennt er sich aufgrund seines großen Interesses an Hi-Fi-Artikeln und Computerzubehör sehr gut aus.

Seit einiger Zeit überlegt Moritz Wagner, ob er es nicht wagen sollte, sein eigenes Geschäft zu eröffnen. An fachlicher Qualifikation mangelt es ihm nicht und eine Geschäftsidee hat er auch schon: Ware in großen Mengen und damit preiswert (Mengenrabatt!) einkaufen und diese Ware möglichst günstig an andere Geschäfte und Unternehmen weiterverkaufen. Als Kundschaft stellt er sich Einzelhandelsfachgeschäfte vor, die nicht in großen Mengen einkaufen können. Diese Fachgeschäfte wären sicherlich daran interessiert, günstig Ware bei ihm zu bestellen. Moritz Wagner überlegt sich, dass er dazu nur eine **Lagerhalle** und ein Büro benötigt. Zusätzlich kann man die Ware aber auch gleich an die „Endverbraucherin" oder den „Endverbraucher" verkaufen – ebenfalls zu günstigen Preisen. Dazu benötigt er natürlich einen **Verkaufsraum.**

Das ist zu tun

Eines Sonntagabends nimmt sich Moritz Wagner die Zeit, um eine Liste aufzustellen, was er alles bedenken muss, wenn er ein eigenes Unternehmen gründen möchte.

Was wird auf der Checkliste alles draufstehen? Setzen Sie sich in Kleingruppen zusammen und erstellen Sie eine eigene Liste, was alles bedacht werden muss, um die Geschäftsidee von Moritz Wagner umzusetzen.

2 Persönliche und fachliche Voraussetzungen der Selbstständigkeit

Das ist geschehen

Moritz Wagner hat einen Termin bei der Industrie- und Handelskammer Duisburg. Hier will er sich mit einem Gründungsberater über seine Geschäftsidee unterhalten. Der zuständige Mitarbeiter der IHK heißt Peter Schneider und erwartet Moritz Wagner schon.

Peter Schneider: *„Schönen guten Tag, Herr Wagner. Sie wollen sich also selbstständig machen? Prima Idee! Und eine mutige Entscheidung, denn die Unternehmensgründung birgt viele Chancen, aber auch Risiken in sich."*

Moritz Wagner: *„Ja, das kann ich mir vorstellen. Aber ich denke, ich bringe die richtigen Voraussetzungen mit, sodass es schon klappen wird."*

Peter Schneider: *„Welche Voraussetzungen meinen Sie?"*

Moritz Wagner: *„Nun, erst einmal bin ich ‚vom Fach', das heißt, ich kenne mich in der Branche und mit den Produkten, die ich verkaufen will, sehr gut aus. Nach meiner Ausbildung habe ich auch noch lange in dem Bereich ‚Multimedia' gearbeitet, sodass ich viele Erfahrungen sammeln konnte."*

Peter Schneider: *„Sicher, das ist von Vorteil. Aber bringen Sie auch die anderen Voraussetzungen eines ‚Unternehmers' mit? Haben Sie Führungsqualitäten, können Sie mit angestelltem Personal umgehen? Sind Sie kreativ, um sich auch mit Neuerungen gegenüber der Konkurrenz zu behaupten? Und sind Sie so zuverlässig, wie es ein Chef sein sollte?"*

Moritz Wagner: *„Nun, in meinem alten Job war ich Gruppenleiter im Bereich ‚Multimedia', da habe ich schon drei Mitarbeitende unter mir gehabt. Mit Personalführung kenne ich mich also schon ein bisschen aus. Die anderen Dinge ..., nun ja, das wird sich wohl erst noch zeigen; aber ich traue mir schon eine Menge zu!"*

Peter Schneider: *„Da höre ich eine gute Portion Eigenmotivation heraus. Die werden Sie auch brauchen; nicht nur für die Startphase Ihres Unternehmens, sondern dauerhaft – auch wenn es mal nicht so gut läuft."*

Moritz Wagner: *„Ja, das ist mir klar. Alleine wenn ich nur daran denke, wie geregelt mein Arbeitstag als Angestellter war. Jeden Tag um halb zehn ging es los, fester Schichtdienst, geregelte Arbeits- und Pausenzeiten, angemessener Urlaubsanspruch und so weiter. Das wird sich dann wohl ändern."*

Peter Schneider: *„Richtig. Die Selbstständigkeit bedeutet, dass man alles selbst macht – und das ständig! Da greift das Arbeitsleben auch mal schnell in das Privatleben hinein."*

Moritz Wagner: *„Na ja, als Kaufmann kann ich ja rechnen. Also nicht nur, wie viel Einnahmen und Ausgaben ich habe, sondern auch, wie viele Stunden eine Woche hat und wie viel Zeitstunden Pause ich brauche, um nicht unter der Last der Selbstständigkeit zusammenzubrechen."*

Das ist zu tun

1. Listen Sie aus dem Gespräch von Moritz Wagner bei der IHK-Gründerberatung die persönlichen und fachlichen Voraussetzungen auf, die man für die Selbstständigkeit mitbringen sollte.
2. Vergleichen Sie die gefundenen Stichwörter mit Ihrer Checkliste zur Unternehmensgründung. Ermitteln Sie, wie viele Stichpunkte zu den persönlichen/fachlichen Voraussetzungen Sie bedacht haben. Welche Punkte fehlen auf Ihrer Checkliste? Prüfen Sie, ob Sie diese für wichtig oder für unwichtig befinden, und begründen Sie Ihre Entscheidung.

3 Chancen und Risiken der Selbstständigkeit

Das ist geschehen

Bei der IHK Duisburg: Moritz Wagner hat einen Beratungstermin zur Geschäftsgründung bekommen. Neben den persönlichen Voraussetzungen geht es hier auch um die Chancen und Risiken der beruflichen Selbstständigkeit. Moritz Wagner hört dem IHK-Berater Peter Schneider aufmerksam zu.

Peter Schneider: *„Gut, über die hohe Arbeitsbelastung und die Arbeitszeit haben wir ja schon gesprochen. Sie wissen auch, dass Sie starke Nerven brauchen und Durchhaltevermögen benötigen. Haben Sie genug Startkapital?“*

Moritz Wagner: *„Ich glaube schon ...“*

Peter Schneider: *„Rechnen Sie damit, dass Sie nicht gleich riesige Umsätze machen. Und schon gar nicht, dass Sie in den ersten Jahren angemessene Gewinne erzielen. Viele Unternehmen starten erst einmal defizitär, also mit negativen Unternehmensergebnissen.“*

Moritz Wagner: *„Ja, das kann passieren, aber dafür wirtschafte ich in meine eigene Tasche! Langfristig erhoffe ich mir schon, dass ich mehr verdiene als in meinem jetzigen Job. Wenn man im eigenen Betrieb ist, ist man ja auch motivierter bei der Sache, oder?“*

Peter Schneider: *„Bestimmt. Vergessen Sie aber nicht, dass Sie auch höhere Ausgaben haben als jetzt. Zum Beispiel müssen Sie Ihre Krankenversicherung in Zukunft alleine bezahlen; im Moment teilen Sie sich ja die Kosten mit Ihrem Arbeitgeber. Und Weihnachtsgeld, Urlaubsgeld – das fällt alles weg.“*

Moritz Wagner: *„Ja, die wirtschaftliche Unabhängigkeit hat Vor- und Nachteile. Dafür habe ich aber auch keinen Arbeitgeber mehr, also keinen, der mir sagt, was ich zu tun habe. Ich kann für mich selbst entscheiden und meiner Kreativität freien Lauf lassen.“*

Peter Schneider: *„Wichtig ist, dass Sie in festen Bahnen planen. Sie brauchen einen Businessplan, der funktioniert, sie brauchen einen vernünftigen Standort für Ihr Unternehmen, Sie müssen den Markt richtig einschätzen lernen und so weiter. Die notwendige Erfahrung sammelt man als Jungunternehmer erst im Laufe der Zeit!“*

Das ist zu tun

Erstellen Sie anhand des Textes eine Tabelle, in der Sie die Chancen der Selbstständigkeit den Risiken des Unternehmertums gegenüberstellen. Ergänzen Sie die Aufzählung mit eigenen Ideen.

4 Notwendige Schritte zur Unternehmensgründung (Checkliste zur Selbstständigkeit)

Das ist geschehen

Moritz Wagner hat ein Beratungsgespräch bei der IHK, weil er sich selbstständig machen möchte. Nachdem er sich schon mit Peter Schneider über mehrere Themenbereiche unterhalten hat, geht es nun ins Detail.

Peter Schneider: *„Also, Sie wollen Computer, Hi-Fi und Elektronik verkaufen. An Unternehmen und an Privatleute. Soso ... Noch kennt ja niemand Ihr neues Unternehmen ...“*

Moritz Wagner *(aufgeregt!): „Ha! Darüber habe ich mir schon reichlich Gedanken gemacht! Werbung ist schließlich eines meiner Lieblingsthemen. Sehen Sie mal, hier habe ich eine Liste, auf der ich mir genau aufgeschrieben habe, wie ich mein Unternehmen bewerbe und bekannt mache.“*

Das ist zu tun

1. Wie wird Moritz Wagner sein kleines, neues Unternehmen bekannt machen? Überlegen Sie sich sinnvolle Werbemaßnahmen und begründen Sie Ihre Auswahl.
2. Lesen Sie den weiteren Verlauf des Gespräches bei der Industrie- und Handelskammer in Duisburg. Erstellen Sie aus den Informationen eine Checkliste zur Unternehmensgründung.
3. Vergleichen Sie diese Checkliste mit derjenigen, die Sie in Kapitel 1 erstellt haben. Welche Punkte sind neu dazugekommen? Überlegen Sie, was an diesen Aspekten wichtig ist.

Peter Schneider: *„Mal etwas anderes: Sie haben mir Ihre Geschäftsidee ja schon schriftlich zugeschickt und erläutert. Wie sieht es denn mit der Kapitalplanung aus? Haben Sie denn genug Geld für den Unternehmensstart?“*

Moritz Wagner: *„Ich habe hier einen Investitionsplan aufgestellt von Dingen, die ich anschaffen muss. Von einem Betriebsgebäude über zwei Firmenfahrzeuge bis hin zur Büroeinrichtung habe ich hoffentlich an alles gedacht. Die Finanzierung ist auch schon geregelt, einen Teil des Geldes habe ich selbst, einen Teil bekomme ich von meiner Patentante geschenkt und den Rest muss ich bei den Banken leihen.“*

Peter Schneider: *„Bei den Banken Geld leihen? Da brauchen Sie Sicherheiten!“*

Moritz Wagner: *„Nun, ich bringe ja selbst ein bisschen Kapital in das Unternehmen und die Gebäude und Grundstücke müssten dann doch als Sicherheit reichen, oder?“*

Peter Schneider: *„Ja, wahrscheinlich. Insgesamt klingt das schon recht gut durchdacht. Aber denken Sie nicht nur an das Anlagevermögen wie Gebäude, Fuhrpark und so weiter. Sie brauchen auch Geld, mit dem Sie die Ware einkaufen müssen, die Sie verkaufen wollen. Sie müssen Löhne und Gehälter auszahlen und das Finanzamt wird Steuern bei Ihnen einfordern. Das kommt alles noch dazu! Haben Sie denn einen günstigen Standort für Ihr Unternehmen gefunden?“*

Moritz Wagner: *„Ja, an der Krefelder Straße. Das ist nah genug dran an der Innenstadt und es gibt reichlich Parkplätze, sodass die Kundinnen und Kunden auch mit dem Auto zu mir kommen können."*

Peter Schneider: *„An welche Zielgruppe haben Sie denn gedacht? Welchen Kundentypen wollen Sie denn mit Ihren Artikeln erreichen?"*

Moritz Wagner: *„Nun ja, der größte Anteil der Geschäfte wird wohl mit Firmenkunden gemacht werden. Deshalb muss ich auch kein Geschäft direkt in der Innenstadt haben. Und der Verkaufsshop, in dem ich dann an Privatleute verkaufen will, hat Ware, die im Wesentlichen Jugendliche anspricht: Spielekonsolen, Games, Smartphones und Tablets – auf jeden Fall aber auch Computer und Computerzubehör."*

Peter Schneider: *„Gut, da kann ich Ihnen nur raten: Machen Sie ausreichend Werbung, damit die Leute auf Ihr Geschäft aufmerksam werden!"*

Moritz Wagner: *„Sicher, da habe ich schon ein paar gute Ideen."*

Peter Schneider: *„Haben Sie denn schon Lieferanten herausgefunden, die Ihnen die Ware liefern können?"*

Moritz Wagner: *„Da bin ich im Moment auf der Suche. Ich stehe in Kontakt mit mehreren Lieferbetrieben, dabei achte ich natürlich darauf, dass diese mir die Ware günstig und schnell liefern können."*

Peter Schneider: *„Ich sehe schon, Sie machen sich viel Arbeit! Da sollten Sie auch überlegen, ob Sie Personal einstellen."*

Moritz Wagner: *„Sicher, alles kann ich ja nicht alleine schaffen. Ich brauche jemanden im Lager, jemanden für die Buchhaltung, für den Einkauf und für den Verkauf. Und vielleicht Personal für den Verkaufsshop."*

Peter Schneider: *„Vergessen Sie nicht, das Personal auch bei der Krankenkasse für die Sozialversicherungen anzumelden, damit die Leute unter anderem kranken- und arbeitslosenversichert sind. Ihr Unternehmen müssen Sie übrigens auch bei der Ordnungsbehörde anmelden. Die übernehmen dann die weitere Anmeldung beim Finanzamt, bei der IHK und bei der Berufsgenossenschaft."*

Moritz Wagner: *„Berufsgenossenschaft? Ach so, wegen des Arbeitsschutzes und der Unfallversicherung, richtig?"*

Peter Schneider: *„Genau. Apropos Versicherung. Sie sollten über die eine oder andere Versicherung nachdenken, zum Beispiel eine Feuerversicherung, eine Einbruchdiebstahlversicherung, vielleicht eine Transportversicherung oder eine Betriebshaftpflichtversicherung."*

Moritz Wagner: *„Gut, dass Sie das sagen. Darüber habe ich mir noch keine Gedanken gemacht."*

Peter Schneider: *„Na sehen Sie, da habe ich ja doch noch ein paar Ideen für Sie gehabt. Haben Sie denn schon eine Firmenbezeichnung?"*

Moritz Wagner: *„Einen Namen für mein Unternehmen? Nein, darüber habe ich noch gar nicht nachgedacht. Aber da fällt mir schon noch etwas ein."*

Aufgaben

Aufgaben zur Wiederholung

In dem über mehrere Kapitel gehenden Gespräch zwischen Peter Schneider und Moritz Wagner sind viele Fachbegriffe gefallen, die zum kaufmännischen Grundwortschatz gehören.

1. Listen Sie aus dem Gesprächstext alle kaufmännischen Fachbegriffe auf und sortieren Sie diese alphabetisch. Nutzen Sie dazu ein Textverarbeitungsprogramm und die Sortierfunktion.
2. Finden Sie Erläuterungen zu den Fachbegriffen. Formulieren Sie selbstständig oder nutzen Sie das Internet, um verständliche Erklärungen zu suchen.

5 Rechtliche und formale Grundlagen der Unternehmensgründung

5.1 Firma

Das ist geschehen

Moritz Wagner ist zuversichtlich, dass er an alles gedacht hat, was zur Unternehmensgründung notwendig ist. Das Gespräch mit dem IHK-Berater (→ LF 1, AS 1.1., Kapitel 4) hat ihn sehr zuversichtlich gestimmt. Am nächsten Tag ruft er sich das Ende des Gespräches in Erinnerung:

IHK-Berater Peter Schneider: *„Haben Sie denn schon eine Firmenbezeichnung?"*

Moritz Wagner: *„Einen Namen für mein Unternehmen? Nein, darüber habe ich noch gar nicht nachgedacht. Aber da fällt mit schon noch etwas ein."*

Und Moritz Wagner erinnert sich genau, was der IHK-Berater Peter Schneider daraufhin geantwortet hat: *„Gut. Sie sind kreativ genug, um sich eine Firma auszudenken. Aber berücksichtigen Sie, dass einige wichtige Grundsätze bei der Namensgebung beachtet werden müssen."*

Moritz Wagner setzt sich an seinen Schreibtisch und überlegt sich nicht nur einen Namen für sein Unternehmen, sondern möchte auch gleich eine Visitenkarte gestalten.

Das ist zu tun

Seien Sie kreativ und gestalten Sie eine Visitenkarte für das Unternehmen von Moritz Wagner. Aber Vorsicht: Sie müssen sich nicht nur einen Namen ausdenken und ein ansprechendes Logo gestalten, sondern auch die unten stehenden Informationen und Grundsätze beachten!

Das sollte man wissen

Die Firma

Was das Wort „Firma" bedeutet, steht im Handelsgesetzbuch (HGB).

§ 17 HGB (Firma)

(1) Die Firma eines Kaufmanns ist der Name, unter dem er seine Geschäfte betreibt und die Unterschrift abgibt.

(2) Ein Kaufmann kann unter seiner Firma klagen und verklagt werden.

Der Name eines Unternehmens – die Firma – kann aus vier verschiedenen Varianten gewählt werden:

Firmenarten			
Personenfirma	Sachfirma	Mischfirma	Fantasiefirma
Die Firma besteht aus Namen von Personen.	Die Firma bezeichnet den Gegenstand des Unternehmens, das heißt die Sache, mit der „Geld verdient wird".	Dies ist eine Mischung aus Personen- und Sachfirma.	Die Firma ist ein ausgedachter Name, ein „Fantasieprodukt".
Beispiel: *Fischer und Schmitt OHG*	**Beispiel:** *Dortmunder Stahlhandel KG*	**Beispiel:** *Gebäudereinigung Mertens GmbH*	**Beispiel:** *sunlife e. K.*

Hat man erst einmal eine Auswahl aus diesen Möglichkeiten getroffen, müssen noch verschiedene Grundsätze beachtet werden.

Firmengrundsätze

1. **Firmenausschließlichkeit:** Jede Firma muss sich von den anderen am Ort befindlichen Firmen deutlich unterscheiden.
2. **Firmenwahrheit:** Die Firma darf keine irreführenden Angaben enthalten und muss klar über die geschäftlichen Verhältnisse informieren.
3. **Firmenöffentlichkeit:** Die Firma muss im zuständigen Handelsregister eingetragen werden. Das Handelsregister ist für jeden, das heißt öffentlich einsehbar.
4. **Firmenbeständigkeit:** Der Firmenname kann bestehen bleiben, wenn das Unternehmen verkauft wird bzw. die Inhaberin oder der Inhaber wechselt.

Merke:

Die **Firma** ist der **Name,** unter dem eine Kauffrau/ein Kaufmann

- Handelsgeschäfte betreibt,
- Unterschriften leistet,
- klagt und verklagt werden kann.

Letztendlich ist zwingend vorgeschrieben, dass im Unternehmensnamen die Rechtsform genannt wird. Dies nennt man den **Firmenzusatz.**

Die unten stehenden Unternehmensformen sind auch Gegenstand dieses Buches (→ LF 1, AS 1.1, Kapitel 6). Im Folgenden werden – zur Auswahl für die Firma des Unternehmens von Moritz Wagner – erst einmal nur die Abkürzungen der verschiedenen **Rechtsformen** genannt:

- Einzelunternehmen (eingetragener Kaufmann/eingetragene Kauffrau): e. K./ e. Kffr.
- Offene Handelsgesellschaft: OHG
- Kommanditgesellschaft: KG

- Gesellschaft mit beschränkter Haftung: GmbH
- Unternehmergesellschaft: UG
- Aktiengesellschaft: AG

Aufgaben

Aufgaben zur Wiederholung

1. Erläutern Sie, warum sich Moritz Wagner bei der Wahl seiner Firma im eigenen Interesse an den Firmengrundsatz „Firmenausschließlichkeit" halten muss.
2. Listen Sie die vier Firmenarten auf. Nennen Sie dann je Firmenart ein Beispiel aus Ihrer Stadt/Region.
3. Was bedeutet der Firmengrundsatz „Firmenwahrheit" in der Praxis? Nennen Sie zwei Firmen als Beispiele, bei denen gegen diesen Grundsatz verstoßen würde.

5.2 Handelsregister

Das ist geschehen

Moritz Wagner hat sich für einen Namen entschieden. Er nennt seine Firma „Moritz Wagner Mediaworld e. K." (kurz: Mediaworld e. K.) Er weiß aus dem Gespräch mit dem IHK-Berater Peter Schneider (→ LF 1, AS 1.1, Kapitel 4), dass er sein Unternehmen beim Handelsregister anmelden muss. Die Neueintragung erfolgt am 05.07.20. .

Das ist zu tun

1. Füllen Sie den folgenden Auszug aus dem Handelsregister mit den entsprechenden Daten für Moritz Wagners Firma aus.

Amtsgericht Duisburg				
Nummer	a) Firma b) Ort der Niederlassung c) Gegenstand des Unternehmens	Geschäfts-inhaber/-in, . . .	Vertretungs-befugnis	Tag der Eintragung
	a) b) c)			

2. Erläutern Sie kurz, warum Moritz Wagner seine Firma beim Handelsregister anmelden muss.
3. Erklären Sie, wie „der Rest der Welt" von der Handelsregistereintragung und damit von der Neugründung des Unternehmens von Moritz Wagner erfährt.

Das sollte man wissen

Das Handelsregister

Das Handelsregister ist ein Verzeichnis, in dem Tatsachen über Kaufleute eingetragen werden, die für die Geschäftspartnerinnen und -partner der Kaufleute und die Allgemeinheit interessant sind. Dieses Verzeichnis wird bei den Amtsgerichten geführt, für Moritz Wagner und die Mediaworld e. K. ist entsprechend das Amtsgericht Duisburg zuständig. Die Pflicht, sein Unternehmen beim Handelsregister anzumelden, ergibt sich aus dem Handelsgesetzbuch (HGB).

§ 29 HGB (Anmeldung)

Jeder Kaufmann ist verpflichtet, seine Firma, den Ort und die inländische Geschäftsanschrift seiner Handelsniederlassung bei dem Gericht, in dessen Bezirke sich die Niederlassung befindet, zur Eintragung in das Handelsregister anzumelden.

Wer der Eintragungspflicht nicht nachkommt, kann mit einer Ordnungsstrafe (bis zu 5.000,00 €!) dazu gezwungen werden (§ 14 HGB). Bei der Firmengründung sind der Name und der Ort des Unternehmens einzutragen.

Darüber hinaus gibt es noch weitere Anlässe, die zu Eintragungen im Handelsregister verpflichten; zum Beispiel:

- Änderung der Firma
- Änderung der Inhaber/-innen der Firma
- Verlegung der Niederlassung
- Erteilung oder Widerruf der Prokura (das Recht, die Geschäftsführung vertreten zu können, → LF1, AF 1.2, Kapitel 4)

Das Handelsregister besteht aus den folgenden zwei Abteilungen:

Abteilung A	Abteilung B
Einzelkaufleute: • eingetragener Kaufmann (e. K.) eingetragene Kauffrau (e. Kffr.) **Personengesellschaften:** • Offene Handelsgesellschaft (OHG) • Kommanditgesellschaft (KG)	**Kapitalgesellschaften:** • Aktiengesellschaft (AG) • Gesellschaft mit beschränkter Haftung (GmbH) • Unternehmergesellschaft (UG)

Beispiel

Die Mediaworld e. K., die am 05.07.20.. im Handelsregister eingetragen wird, steht in Abteilung A. Die Handelsregisternummer lautet entsprechend HRA 593-02 05.

Da das Handelsregister für jeden einsehbar ist, kann auch jeder Informationen über das Unternehmen von Moritz Wagner einholen. Die Eintragungen im Handelsregister werden über das Internet veröffentlicht. Man kann über die Internetseite **www.handelsregister.de** (und auch über andere Anbieter) einen Auszug aus dem jeweiligen Handelsregister gegen eine entsprechende Gebühr bekommen.

Aufgaben

Aufgaben zur Wiederholung

1. Eintragungen in das Handelsregister erfolgen in zwei verschiedenen Abteilungen. Erläutern Sie, worin sich die beiden Abteilungen unterscheiden.
2. Ordnen Sie zu, in welcher Abteilung sich die folgenden Firmen mit ihren Eintragungen befinden:
   a) Volkswagen AG
   b) Gebrüder Meier OHG
   c) Stahlhandel Duisburg KG
   d) Elfriedes Kaffeestübchen e. K.
   e) H. W. Möhrke Bau GmbH
3. Bei Neugründung muss ein Unternehmen im Handelsregister eingetragen werden. Listen Sie auf, welche Tatsachen im Laufe des Unternehmenslebens zu weiteren Eintragungen führen. Begründen Sie, warum diese Änderungen eingetragen werden müssen.

6 Rechtsformen der Unternehmen

6.1 Überblick

Das ist geschehen

Moritz Wagner ist auf dem Weg in die Selbstständigkeit. Nachdem er seine alte Stelle im Hi-Fi- und Computermarkt gekündigt hat, beginnt er mit dem Aufbau eines eigenen Unternehmens. Bei der Firma, die er sich überlegt hat (Moritz Wagner Mediaworld), fehlt noch der Zusatz der Rechtsform, der Aufschluss darüber gibt, ob es sich zum Beispiel um ein Einzelunternehmen (e. K.), um eine Gesellschaft mit beschränkter Haftung (GmbH) oder um eine andere Rechtsform handelt. Moritz Wagner verschafft sich zunächst einen Überblick über die möglichen Rechtsformen.

Das sollte man wissen

Einzelunternehmen und Gesellschaftsunternehmen im Überblick

Das Einzelunternehmen wird von einem Unternehmer oder einer Unternehmerin alleine gegründet und geführt. Dies ist das wichtigste Unterscheidungsmerkmal zu den anderen Rechtsformen, die in der Regel von mehreren Personen gegründet werden. Die Einzelunternehmerin oder der Einzelunternehmer ist zumeist auch Eigentümerin oder Eigentümer des Unternehmens. Die Rechtsform wird abgekürzt mit e. K. (eingetragener Kaufmann) bzw. e. Kffr. (eingetragene Kauffrau).

Gesellschaftsunternehmen werden in der Regel von mehreren Personen gegründet und geführt. Man unterscheidet **Personengesellschaften** und **Kapitalgesellschaften.** Personengesellschaften werden ins Leben gerufen, indem sich mehrere Personen zusammenschließen, um mit ihrem Kapital ein Unternehmen zu gründen. Diese Personen sind für gewöhnlich nicht nur die Eigentümer/-innen, sondern führen das Unternehmen auch. Bei Kapitalgesellschaften ist dies zumeist nicht so. Hier wird von vielen Menschen Kapital zusammengetragen, um ein Unternehmen zu gründen, das dann von einem oder mehreren **anderen** Menschen geleitet wird.

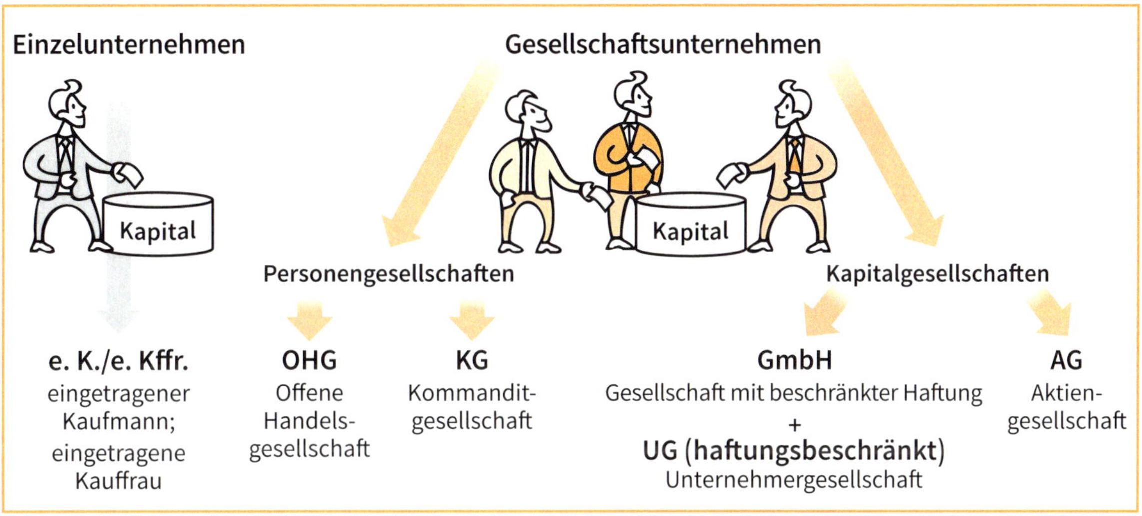

Die wichtigsten Rechtsformen sind in obiger Übersicht dargestellt. In den folgenden Kapiteln wird näher auf die Besonderheiten der einzelnen Rechtsformen eingegangen.

Erstellen Sie in Ihrem Heft eine Übersicht nach dem folgenden Muster:

Das ist zu tun

Unternehmensform	e. K./ e. Kffr.	OHG	KG	GmbH	UG (haftungsbeschränkt)	AG
Anzahl der Gründer/-innen	...	...	...	...	...	...
Firma	...	...	...	...	...	...
Formvorschrift	...	...	...	...	...	...
Eigenkapitalaufbringung	...	...	...	...	...	...
Geschäftsführung	...	...	...	...	...	...
Vertretung	...	...	...	...	...	...
Gewinnverteilung	...	...	...	...	...	...
Verlustverteilung	...	...	...	...	...	...
Haftung	...	...	...	...	...	...

Nach der Erarbeitung der folgenden Kapitel werden Sie jeweils aufgefordert, die Übersicht mit den entsprechenden Angaben zur Gründung, zur Firma usw. zu ergänzen.

6.2 Einzelunternehmen

Das ist geschehen

Jetzt weiß Moritz Wagner, welche verschiedenen Rechtsformen es gibt. Für ihn kommt bei genauerer Betrachtung eigentlich nur das Einzelunternehmen (e. K.) infrage, da er sein Unternehmen allein gründen und führen will. Dass dies mit vielen Vorteilen verbunden ist, scheint Moritz einleuchtend. Allerdings befürchtet er, dass die Wahl der Rechtsform „Einzelunternehmen" auch Nachteile bedeuten kann.

Das ist zu tun

Stellen Sie die Vor- und Nachteile des Einzelunternehmens in einer kleinen Tabelle gegenüber. Nutzen Sie dazu die folgenden Informationen.

Das sollte man wissen

Das Einzelunternehmen

Für die Gründung seiner Firma als Einzelunternehmen benötigt Moritz Wagner keinen weiteren Partner, dies kann er als Einzelunternehmer alleine machen. Daraus ergibt sich natürlich, dass er auch alleine das Kapital für die Unternehmensgründung zur Verfügung stellen muss. Dieses Problem hat Moritz Wagner wie folgt gelöst: In den Jahren seiner Tätigkeit als Verkäufer hat er monatlich Geld zur Seite gelegt und gespart. Daneben hat er noch eine „kleine Starthilfe" von seiner Tante geschenkt bekommen. Das eigene Geld, das er für die Unternehmensgründung nutzen will, ist das **Eigenkapital** des Unternehmens.

Das reicht aber noch lange nicht aus, daneben muss er sich noch fremdes Geld von einer Bank beschaffen. Dieses Geld ist dann das **Fremdkapital** des Unternehmens. Je mehr Kapital er selbst einbringt, desto mehr Geld wird die Bank ihm zur Verfügung stellen, da er mehr Sicherheiten bieten kann. Hat er das notwendige Kapital zusammen, kann er sein Unternehmen gründen, ohne besondere Formvorschriften (→ LF 7, AS 7.1, Kapitel 4.1) zu beachten, allerdings muss er sein Unternehmen beim Handelsregister anmelden (→ LF 1, AS 1.1, Kapitel 5.2).

Als Eigentümer seines Unternehmens ist Moritz Wagner berechtigt, die Geschäfte alleine zu führen. Dies bedeutet, dass er alle Anordnungen im Betrieb selbst treffen kann, ohne auf die Meinungen und Wünsche anderer eingehen zu müssen – natürlich muss er dabei die geltenden Gesetze beachten, zum Beispiel das Arbeitszeitgesetz mit seinen vorgeschriebenen Ruhepausen. Im Geschäftsverhältnis mit anderen, also mit Kundschaft, Lieferbetrieben oder Angestellten, gilt, dass Moritz Wagner als Einzelunternehmer sein Unternehmen allein vertritt. Kauft jemand bei seinem Unternehmen ein, so schließt Moritz Wagner für sein Unternehmen mit der Kundin oder dem Kunden Kunden einen **Kaufvertrag.** Fängt jemand bei seinem Unternehmen an zu arbeiten, so schließt Moritz Wagner für sein Unternehmen einen **Arbeitsvertrag** mit der neuen Mitarbeiterin oder neuen Mitarbeiter ab.

Diese Belastung mit Arbeit und Verantwortung ist in einer Einzelunternehmung aber auch profitabel: Schließlich darf die Einzelunternehmerin oder der -unternehmer – falls das Unternehmen Gewinn erwirtschaftet – diesen Gewinn alleine behalten und verwenden. Dies trifft aber auch für den Fall zu, dass sein Unternehmen Verlust macht. Diesen trägt die Einzelunternehmerin oder der Einzelunternehmer alleine. Es stellt sich noch die Frage der Haftung, das heißt, wie das Unternehmen für seine Schulden geradesteht. Auch hier gilt: Die Einzelunternehmerin oder der Einzelunternehmer muss alleine für die Schulden ihres oder seines Unternehmens einstehen. Sie oder er haftet zum einen mit dem Geschäftsvermögen, zum anderen aber auch mit dem Privatvermögen. Macht Moritz Wagners Unternehmen Schulden, kann für die Rückzahlung der Schulden neben dem Geld und Sachvermögen des Unternehmens auch auf das Privatvermögen von Moritz Wagner und sein privates Sachvermögen zurückgegriffen werden. Er haftet also nicht nur mit seinem Privatvermögen, sondern auch z. B. mit seinem eigenen Haus oder seinem Auto.

Die Vorschriften zur Firma sind Moritz Wagner mittlerweile hinreichend bekannt (→ LF 1, AS 1.1, Kapitel 5.1). Dem Namen muss er nur noch den Zusatz eines Einzelunternehmens beifügen, dies ist die Abkürzung e. K. (eingetragener Kaufmann). Zusammengenommen heißt das von ihm gegründete Unternehmen nun **Moritz Wagner Mediaworld e. K.**

Aufgaben

Aufgaben zur Wiederholung

1. Ergänzen Sie Ihre Übersicht der einzelnen Unternehmensformen mit den Informationen zum Einzelunternehmen.
2. Beurteilen Sie die zusammengetragenen Vor- und Nachteile des Einzelunternehmens aus Sicht einer Arbeitnehmerin oder eines Arbeitnehmers, der bei einem Einzelunternehmen arbeitet.
3. „Der Erfolg eines Einzelunternehmens ist abhängig von der Person der Einzelunternehmerin oder des Einzelunternehmers.“

   Beurteilen Sie den Wahrheitsgehalt dieser Aussage und begründen Sie Ihre Meinung.

6.3 Personengesellschaften

6.3.1 Offene Handelsgesellschaft (OHG)

Das ist geschehen

Moritz Wagner hat durch die Gegenüberstellung von Vor- und Nachteilen des Einzelunternehmens erfahren, dass bei der Wahl dieser Unternehmensform nicht alles positiv zu beurteilen ist. Er überlegt, wie er die Nachteile des Einzelunternehmens durch Hinzunahme einer Partnerin oder eines Partners ausgleichen könnte.

Das ist zu tun

1. Sehen Sie sich noch einmal die Liste der Nachteile des Einzelunternehmens an. Notieren Sie sich, wie es sich auf diese Nachteile auswirken würde, wenn Moritz Wagner eine Partnerin oder einen Partner mit aufnehmen würde.
2. Sie werden erkannt haben, dass sich viele Nachteile des Einzelunternehmens durch die Hinzunahme einer zweiten Person ausgleichen lassen. Trotzdem ist

es nicht immer ratsam, eine Partnerin oder einen Partner ins Unternehmen zu holen, da sich daraus auch Nachteile ergeben. Lesen Sie die Informationen zur OHG und finden Sie die Nachteile dieser Rechtsform heraus.

Das sollte man wissen

Die OHG

Die offene Handelsgesellschaft heißt so, weil „offen" erkennbar ist, dass mehrere Personen in dem Unternehmen gemeinschaftlich handeln. Dies ist das Gegenteil von sogenannten stillen Beteiligungen, bei denen nicht bekannt ist, wer alles am Unternehmen mit Kapital beteiligt ist. Bei der Eintragung der OHG im Handelsregister werden die einzelnen Partnerinnen oder Partner, die **Gesellschafter** genannt werden, angegeben, sodass sie für alle bekannt sind. Damit erkennbar ist, dass es sich um eine offene Handelsgesellschaft handelt, muss im Unternehmensnamen die Bezeichnung **OHG** auftauchen.

Wenn sich Moritz Wagner mit mindestens einer Partnerin oder einem Partner zur Gründung einer OHG zusammenschließen würde, würden diese als Gesellschafter des Unternehmens einen **Vertrag** schließen. In dem Vertrag müsste man sich zum Beispiel darüber einigen, wer die Geschäftsführung übernimmt oder wie der Gewinn verteilt werden soll. Der Vertrag kann mündlich oder schriftlich geschlossen werden, eine bestimmte Form ist nicht vorgeschrieben. Natürlich bietet es sich an, den Vertrag schriftlich abzuschließen.

Das **Eigenkapital** der OHG wird von den Gesellschaftern aufgebracht. Damit ist aber nicht nur Geld gemeint; als Kapital kann man auch ein Grundstück, einen Lkw oder eine Lagerhalle mit in das Unternehmen einbringen. Je mehr Eigenkapital die Gesellschafter zusammenbekommen, desto größer ist die Aussicht auf Fremdkapital, da das Eigenkapital als Sicherheit für die Fremdkapitalgeber – in der Regel eine Bank oder Sparkasse – gilt. Bei der OHG sind alle Gesellschafter alleine zur Führung der Geschäfte berechtigt, das heißt, es ist nicht notwendig, dass bei jeder betrieblichen Entscheidung alle Gesellschafter gefragt werden müssen. Im Geschäftsverhältnis mit anderen kann ebenfalls jeder Gesellschafter alleine Geschäfte tätigen, Verträge für das Unternehmen abschließen und Ähnliches. Wenn aber einer der Gesellschafter bei einem Vertrag widerspricht, so kann der Vertrag nicht abgeschlossen werden – somit besteht auch eine gewisse Kontrolle zwischen den einzelnen Gesellschaftern.

Da alle Gesellschafter an der Führung des Unternehmens beteiligt sind und alle ihr Kapital zur Verfügung gestellt haben, ist es verständlich, dass auch alle am **Gewinn** beteiligt werden wollen. Die Verteilung des Gewinnes wird zumeist im Gesellschaftsvertrag geregelt und richtet sich nach den vereinbarten Beteiligungsverhältnissen. Wenn hierzu keine Regelungen getroffen wurden, verteilt man den Gewinn nach dem Anteil an Kapitaleinlagen.

Beispiel

Moritz Wagner hat mit seinen Freunden Hermann Fränzer und Lutz Berg eine OHG gegründet. Im ersten Geschäftsjahr fällt ein Gewinn von 100.000,00 € an.

Gesellschafter	Kapital	Anteil am Gewinn nach Kapitalanteilen	Kapital nach Gewinnverteilung
Moritz Wagner	400.000,00 €	40.000,00 €	440.000,00 €
Hermann Fränzer	400.000,00 €	40.000,00 €	440.000,00 €
Lutz Berg	200.000,00 €	20.000,00 €	220.000,00 €
Summe	**1.000.000,00 €**	**100.000,00 €**	**1.100.000,00 €**

Sollten in einem Geschäftsjahr einmal Verluste anfallen, werden diese nach Köpfen verteilt und vom Kapital der Gesellschafter abgezogen.

Beispiel

Moritz Wagner hat mit seinen Freunden Hermann Fränzer und Lutz Berg eine OHG gegründet. Im ersten Geschäftsjahr fällt ein Verlust von 30.000,00 € an.

Gesellschafter	Kapital	Verlustaufteilung nach Köpfen	Restkapital nach Verlustaufteilung
Moritz Wagner	400.000,00 €	10.000,00 €	390.000,00 €
Hermann Fränzer	400.000,00 €	10.000,00 €	390.000,00 €
Lutz Berg	200.000,00 €	10.000,00 €	190.000,00 €
Summe	**1.000.000,00 €**	**30.000,00 €**	**970.000,00 €**

Für die Möglichkeit, an der Geschäftsführung und dem Gewinn der OHG voll beteiligt zu werden, müssen die einzelnen Gesellschafter aber auch einen hohen Preis bezahlen: Alle Gesellschafter haften für die Schulden des Unternehmens, und zwar wie eine Einzelunternehmerin oder ein Einzelunternehmer mit dem Geschäftsvermögen und dem Privatvermögen. Dabei muss jeder Gesellschafter auch für die Schulden eines anderen Gesellschafters einstehen.

Aufgaben

Aufgaben zur Wiederholung

1. Ergänzen Sie Ihre Übersicht der einzelnen Unternehmensformen mit den Informationen zur OHG.
2. Begründen Sie, warum es sich anbietet, den Vertrag zur Gründung einer OHG schriftlich abzuschließen.
3. Nehmen wir noch einmal an, dass Moritz Wagner mit seinen Freunden Hermann Fränzer und Lutz Berg eine OHG gegründet hat. Moritz Wagner ist mit 500.000,00 € Kapital beteiligt, Hermann Fränzer mit 400.000,00 € und Lutz Berg mit 300.000,00 €.

a) Im ersten Geschäftsjahr fällt ein Gewinn von 75.000,00 € an. Verteilen Sie den Gewinn nach den gesetzlichen Bestimmungen.

b) Angenommen, es fällt ein Jahresgewinn von 90.000,00 € an. Im Gesellschaftsvertrag ist folgendes Beteiligungsverhältnis zur Gewinnverteilung vereinbart worden: Moritz Wagner: 40 %, Hermann Fränzer 35 % und Lutz Berg 25 %. Verteilen Sie den Gewinn.

c) Wie wäre ein Verlust in Höhe von 120.000,00 € zu verteilen?

6.3.2 Kommanditgesellschaft (KG)

Das ist geschehen

Angenommen, Moritz Wagner benötigt für die Mediaworld e. K. Kapital, um sein Geschäft zu vergrößern. Wenn er weitere Personen als Gesellschafter in das Unternehmen holt und eine OHG gründet, haften alle Gesellschafter unbeschränkt. Es ist aber durchaus vorstellbar, dass nicht alle Gesellschafter, die dem Unternehmen Geld zum Wirtschaften zur Verfügung stellen, die volle Haftung übernehmen wollen. Was kann man tun?

Das ist zu tun

Bei der im Folgenden erläuterten Unternehmensform, der Kommanditgesellschaft, gibt es sogenannte Vollhafter/-innen und Teilhafter/-innen. Stellen Sie die Unterschiede zwischen diesen Gesellschafterarten in einer Gegenüberstellung heraus. Benennen Sie die beiden Typen von Gesellschaftern auch mit ihrem Fachbegriff.

Das sollte man wissen

Kommanditgesellschaft (KG)

Die Kommanditgesellschaft ist eine abgeänderte Form der OHG. Deshalb gilt vieles, was für die OHG gilt, auch bei der KG. Der wesentliche Unterschied liegt darin, dass einige Gesellschafter – wie bei der OHG – mit ihrem gesamten Privat- und Geschäftsvermögen haften, andere Gesellschafter aber haften nur mit dem Kapital, das sie dem Unternehmen zur Verfügung gestellt haben. Diese **Teilhafterinnen und Teilhafter** nennt man **Kommanditisten.** Sie haben im Vergleich zu den **Vollhafterinnen und Vollhaftern,** den **Komplementären,** auch nur verminderte Rechte.

Kommanditisten dürfen sich nicht an der Geschäftsführung des Unternehmens beteiligen. Sie können in der Regel auch nicht den Komplementären, die die Geschäfte führen, bei deren Tätigkeit widersprechen. Die

Teilhafterinnen und Teilhafter dürfen die KG auch nicht vertreten, das heißt Verträge für das Unternehmen abschließen. All dies bleibt den Vollhafterinnen und Vollhaftern überlassen.

Dennoch hat man als Teilhafterin oder Teilhafter etwas davon, wenn man dem Unternehmen sein Kapital zur Verfügung stellt: Man hat Anspruch auf einen Teil des Gewinns. Dabei wird die Gewinnverteilung so abgewickelt wie bei der OHG: Der Gewinn wird nach den vereinbarten Beteiligungsverhältnissen aufgeteilt. Ist hierüber nichts vereinbart, verteilt man den Gewinn nach Kapitaleinlagen. Wer mit mehr Kapital am Unternehmen beteiligt ist, bekommt auch einen höheren Gewinnanteil.

Wenn in einem Geschäftsjahr ein Verlust anfällt, wird dieser in einem angemessenen Verhältnis vom Kapital der Gesellschafter abgezogen.

Beispiel

Moritz Wagner hat mit seinen Freunden Hermann Fränzer und Lutz Berg eine KG gegründet. Im ersten Geschäftsjahr fällt ein Gewinn von 120.000,00 € an.

Gesellschafter	Gesellschaftertyp	Kapital in €	Anteil am Gewinn nach Kapitalanteilen	Kapital nach Gewinnverteilung
Moritz Wagner	Komplementär	300.000,00	60.000,00	360.000,00
Hermann Fränzer	Kommanditist	150.000,00	30.000,00	180.000,00
Lutz Berg	Kommanditist	150.000,00	30.000,00	180.000,00
Summe		**600.000,00**	**120.000,00**	**720.000,00**

Aufgaben

Aufgaben zur Wiederholung

1. Ergänzen Sie Ihre Übersicht der einzelnen Unternehmensformen mit den Informationen zur KG. Bedenken Sie dabei, dass vieles, was bei der OHG gilt, auch bei der KG gültig ist – aber eben nicht alles!
2. Nehmen wir noch einmal an, dass Moritz Wagner mit seinen Freunden Hermann Fränzer und Lutz Berg eine KG gegründet hat. Moritz Wagner ist als Komplementär mit 600.000,00 € Kapital beteiligt, Hermann Fränzer und Lutz Berg sind als Kommanditisten mit 300.000,00 € und mit 200.000,00 € beteiligt.

   a) Im ersten Geschäftsjahr fällt ein Gewinn von 110.000,00 € an. Verteilen Sie den Gewinn nach den Kapitalanteilen der Gesellschafter.

   b) Wie wäre ein Verlust in Höhe von 110.000,00 € zu verteilen?

6.4 Kapitalgesellschaften

6.4.1 Gesellschaften mit eingeschränkter Haftung (GmbH und UG)

Das ist geschehen

Moritz Wagner hat bei vielen Firmen, die er aus seiner Heimatstadt Duisburg kennt, die Rechtsbezeichnung „GmbH“ gesehen. Er weiß auch, dass dies „Gesellschaft mit beschränkter Haftung“ bedeutet. Im Vergleich zur unbeschränkten Haftung beim Einzelunternehmen oder bei der OHG hört sich **beschränkte** Haftung gut an, denkt er sich.

Das ist zu tun

1. Finden Sie heraus, was Moritz Wagner veranlassen könnte, statt eines Einzelunternehmens eine GmbH zu gründen. Stellen Sie dazu die Vorteile der Unternehmensform GmbH anhand des folgenden Informationstextes heraus.
2. Statt in eine GmbH könnte Moritz Wagner sein bestehendes Unternehmen auch in eine UG (haftungsbeschränkt) umwandeln. Zeigen Sie die Unterschiede zwischen einer GmbH und einer UG auf.

Das sollte man wissen

Die GmbH und die UG (haftungsbeschränkt)

Auch wenn sich der Begriff „Gesellschaft“ nach mehreren Personen anhört, ist es dennoch möglich, eine GmbH allein zu gründen. In der Regel wird dies aber von zwei oder mehr Personen getan. Die Vorschriften zur Gründung sind strenger als bei den bisher erarbeiteten Rechtsformen.

- Es ist ein notariell beurkundeter Gesellschaftsvertrag notwendig. Die **notarielle Beurkundung** ist eine besonders strenge Formvorschrift und besagt, dass es nicht ausreicht, einfach einen Vertrag mündlich zu schließen oder nur aufzuschreiben (zur genaueren Bedeutung der notariellen Beurkundung → LF 7, AS 7.1, Kapitel 4.1).
- Als Kapital der Gesellschaft muss für die **GmbH** mindestens 25.000,00 € zur Verfügung stehen. Man nennt dieses Kapital **„Stammkapital“.**
- Die GmbH muss in das Handelsregister eingetragen werden (solange man dies nicht macht, entfällt die beschränkte Haftung und man haftet unbeschränkt!). Damit die beschränkte Haftung für jedermann erkennbar ist, muss die Firma den **Zusatz „GmbH“** tragen.

Die **Gesellschafter der GmbH,** also diejenigen Personen, die ihr Geld in dem Unternehmen angelegt haben, müssen nicht unbedingt auch diejenigen sein, die die Geschäfte des Unternehmens führen. Dafür könnte eine geschäftsführende Person eingesetzt werden. Dieser muss die Weisungen der Gesellschafter und Kapitalgeber beachten, führt aber das Unternehmen im „Tagesgeschäft“ im Wesentlichen allein und vertritt es bei Rechtsgeschäften.

Der **Gewinn** einer GmbH steht den Gesellschaftern zu, gewissermaßen als Entschädigung oder als Zins für das zur Verfügung gestellte Kapital. Wenn nichts anderes vereinbart ist, wird der Gewinn entsprechend der Geschäftsanteile verteilt: Wem mehr vom Unternehmen gehört (wer mehr Kapital im Unternehmen investiert hat), der bekommt auch mehr Anteil vom Gewinn.

Beispiel

Moritz Wagner hat mit seinen Freunden Hermann Fränzer und Lutz Berg eine GmbH gegründet. Im ersten Geschäftsjahr fällt ein Gewinn von 100.000,00 € an.

Gesellschafter	Kapital	Anteil am Gesamtgewinn
Moritz Wagner	400.000,00 €	40.000,00 €
Hermann Fränzer	400.000,00 €	40.000,00 €
Lutz Berg	200.000,00 €	20.000,00 €
Summe	**1.000.000,00 €**	**100.000,00 €**

Sollten in einem Geschäftsjahr einmal Verluste anfallen, werden diese ebenfalls „angemessen" verteilt und vom Kapital der Gesellschafter abgezogen.

Das Kernstück der GmbH, die **beschränkte Haftung,** zeigt sich darin, dass die Gesellschafter nicht für die Schulden der GmbH haften. Dies gilt übrigens auch für die Geschäftsführung. Nur die GmbH selbst, also das Unternehmen, haftet für seine Schulden. Damit ist das Risiko der Gesellschafter auf das Geschäftsvermögen beschränkt. Im Extremfall, wenn die GmbH hoch verschuldet ist und „pleite macht", ist nur dieses Geschäftsvermögen betroffen. Das Privatvermögen der Gesellschafter bleibt unangetastet.

Als Alternative zur GmbH wurde Ende 2008 eine neue Rechtsform eingeführt, die **Unternehmergesellschaft (UG),** die den Zusatz **haftungsbeschränkt** trägt. Man hat es den Unternehmensgründerinnen und -gründern hinsichtlich des benötigten Kapitals einfach gemacht: Zur Gründung ist lediglich (aber mindestens) 1,00 € erforderlich. Man benötigt wie bei der GmbH-Gründung einen notariell beurkundeten Gesellschaftsvertrag, der mithilfe eines sogenannten Musterprotokolls recht schnell und einfach aufgesetzt werden kann. In diesem Musterprotokoll sind die wichtigsten Unternehmensdaten erfasst, zum Beispiel

- die Firma und deren Sitz,
- der Gegenstand des Unternehmens,
- das Stammkapital,
- die Geschäftsanteile der Gesellschafter und
- wer das Unternehmen führt bzw. vertritt.

Insgesamt gesehen reicht 1,00 € natürlich nicht aus, um das Unternehmen tatsächlich zu gründen. Es fallen auch hier Kosten für den Gründungsvorgang an, so für die Handelsregistereintragung, die Notarkosten usw. Und letztlich benötigt man – wie bei Gründung jeder anderen Unternehmensform auch – Startkapital zum Wirtschaften.

Wenn man allerdings seine Geschäftsidee alleine umsetzt, so ist die Gründung einer Unternehmergesellschaft vergleichsweise einfach und finanziell überschaubar – und man hat im Gegensatz zum Einzelunternehmen den Vorteil der beschränkten Haftung. Damit das Unternehmen nicht dauerhaft auf das sehr geringe Stammkapital begrenzt ist, muss allerdings jedes Jahr ein Viertel des Gewinns angespart werden. Somit vergrößert sich jedes Jahr die Kapitalausstattung der UG. Wenn das Stammkapital eine Summe von 25.000,00 € erreicht hat, kann man zu einer GmbH umfirmieren.

Aufgaben

Aufgaben zur Wiederholung

1. Ergänzen Sie Ihre Übersicht der einzelnen Unternehmensformen mit den Informationen zur GmbH.
2. Zwei Freunde gründen am 17.10.20.. gemeinsam eine Gesellschaft mit beschränkter Haftung und nehmen am gleichen Tag die Geschäfte auf. Die Eintragung in das Handelsregister erfolgt erst am 17.12.20.. Wie haften die Gesellschafter in diesem Zeitraum von zwei Monaten?
3. Moritz Wagner, Hermann Fränzer und Lutz Berg wollen eine GmbH gründen. Moritz Wagner stellt 200.000,00 € zur Verfügung, Hermann Fränzer steuert 100.000,00 € bei und Lutz Berg ebenfalls noch einmal 100.000,00 €.
   a) Wie hoch ist das Stammkapital der GmbH?
   b) Wer soll die Geschäftsführung übernehmen? Machen Sie Vorschläge.
   c) Erklären Sie die Bedeutung der „beschränkten Haftung" für die drei Gesellschafter, wenn das Unternehmen scheitert und nach zwei Jahren pleite ist.
   d) Angenommen, es fällt im ersten Geschäftsjahr ein Gewinn von 40.000,00 € an. Wie ist dieser Gewinn zu verteilen?
4. Ergänzen Sie Ihre Übersicht der einzelnen Rechtsformen von Unternehmen um die Informationen zur UG (haftungsbeschränkt).

6.4.2 Aktiengesellschaft (AG)

Das ist geschehen

Um (Mit-)Eigentümerin oder -Eigentümer einer Unternehmung zu werden, muss man nicht gleich ein eigenes Unternehmen gründen, wie Moritz Wagner es vorhat. Man muss sich auch nicht unbedingt mehrere Geschäftspartnerinnen und -partner suchen, um mit diesen ein Unternehmen zu gründen. Es geht auch „im Kleinen" und „einfacher", wie man bei der Unternehmensform „Aktiengesellschaft" sieht.

Das ist zu tun

Zeigen Sie die Besonderheiten der Unternehmensform „Aktiengesellschaft" anhand der Zeichnung auf.

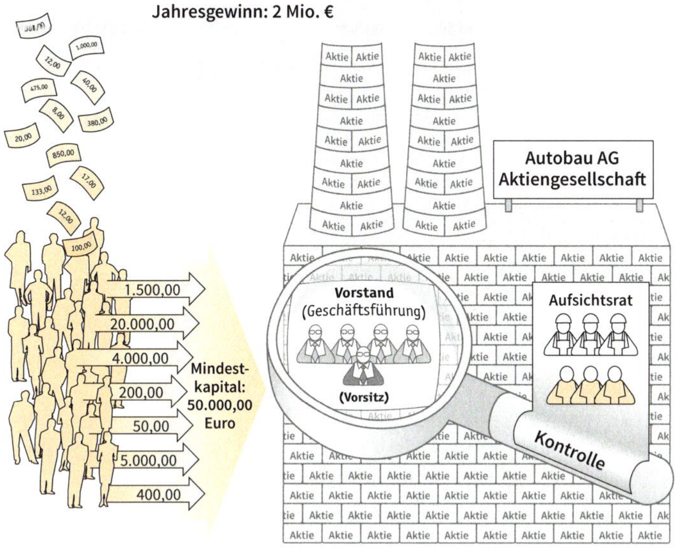

Aktiengesellschaft (AG)

Das sollte man wissen

Zur Gründung einer Aktiengesellschaft wird wie bei der GmbH ein Gesellschaftsvertrag aufgesetzt, der notariell beurkundet sein muss. Außerdem muss eine Aktiengesellschaft in das Handelsregister eingetragen werden. Ähnlich wie bei der GmbH-Gründung ist eigentlich nur eine Person notwendig, in der Regel sind aber mehrere bzw. viele Personen beteiligt. In der Grafik ist dies deutlich dargestellt: Kapital wird von vielen Personen zusammengetragen, um die AG mit Eigenkapital zu versehen. Bei vielen Geldgebern bekommt man auch genügend Kapital zusammen, um ein großes Unternehmen damit zu versorgen. Deshalb ist die Rechtsform der Aktiengesellschaft häufig bei sehr großen Unternehmen zu finden.

Die Besonderheit ist, dass praktisch alle einer Aktiengesellschaft Geld zum Wirtschaften zur Verfügung stellen können. Alle können Aktionärinnen oder Aktionäre und so (Mit-)Eigentümerinnen oder (Mit-)Eigentümer einer AG werden. Als „Beleg" für das Eigentum bekommt die Aktionärin oder der Aktionär **Aktien** des Unternehmens. Je mehr Aktien man von einem Unternehmen hat, desto mehr Anteile gehören einem von diesem Unternehmen. Wenn die AG einen Jahresgewinn erwirtschaftet hat, bekommt die Aktionärin oder der Aktionär je Aktie Anteile vom Gewinn (= **Dividende**).

Beispiel

Von der Autobau AG gibt es 500 000 Aktien. Aktionär Moritz Wagner hat 50 Aktien dieser Gesellschaft. Damit gehören ihm 0,01 % der AG. Angenommen, das Unternehmen erzielt einen Jahresgewinn von 2 Mio. €, der komplett auf die Aktionärinnen oder Aktionäre verteilt wird, dann erhält Moritz Wagner 0,01 % vom Gewinn, das sind 200,00 €.

Die Geschäftsführung wird nicht von den Eigentümerinnen oder Eigentümern der AG, der Aktionärsgruppe, sondern vom Vorstand übernommen. Die Aktionärinnen und Aktionäre treffen sich einmal im Jahr in einer sogenannten Hauptversammlung, um die Gewinnverwendung und andere Dinge zu beschließen.

Aufgaben

Aufgaben zur Wiederholung

1. Ergänzen Sie Ihre Übersicht der einzelnen Unternehmensformen mit den Informationen zur AG.

2. a) Tragen Sie Namen von Unternehmen zusammen, die den Firmenzusatz „AG“ tragen.

   b) Finden Sie heraus, welchen Unternehmenszweck die von Ihnen gefundenen Unternehmen verfolgen.

   c) Erläutern Sie, warum man die Rechtsform „AG“ häufig bei sehr großen Unternehmen findet.

3. Bastian Lenz möchte für die Berufsschule wissen, wie die Verteilung der Rechtsformen in der Bundesrepublik Deutschland aussieht. Auf der Homepage des Statistischen Bundesamtes (**https://www.destatis.de/DE/Themen/Branchen-Unternehmen/Unternehmen/Unternehmensregister/Tabellen/unternehmen-rechtsformen-wz08.html**) hat er eine Übersicht gefunden.

Arbeiten mit dem PC

Arbeiten Sie die Schulung *Dateneingabe* durch.
Geben Sie für Bastian Lenz die Daten in eine Excel-Tabelle ein. Datei: LF1 → Excel-Schulungen → *Schulung Dateneingabe*.

	A	B	C	D	E	F
1	**Unternehmen nach Rechtsformen (Stand 2018)**					
2						
3			Mitarbeiter			
4		0 bis 93	10 bis 49	50 bis 249	250 und mehr	Insgesamt
5	Einzelunternehmer	2078768	64740	2457	78	
6	Personengesellschaften	324411	55038	13013	2953	
7	Kapitalgesellschaften	530852	152527	42920	9980	
8	Sonstige Rechtsformen	169865	26569	7079	2441	
9	Insgesamt					
10						

a) Berechnen Sie alle Summen.

b) Bastian Lenz hat sich vertippt: Der Wert in Zelle E6 muss 2150 sein. Ändern Sie den Wert und prüfen Sie das Ergebnis. Haben sich die Werte in den Zellen F6 und E9 ebenfalls geändert? Prima! Falls nein: LF1 → Excel-Schulungen → *Formelberechnung*.

c) Drucken Sie die Tabelle einmal in der „Formelansicht“ aus. LF1 → Excel-Schulungen → *Schulung Druck machen!*.

Arbeit mit dem PC

4. Im nächsten Geschäftsjahr möchten die drei Gesellschafter aus dem Beispiel zur OHG (Seite 26 f.) die Gewinnverteilung mit Excel berechnen lassen. Excel-Dateien → *Gewinnverteilung*.

	A	B	C	D	E	F	G
1	**Gewinnverteilung in der OHG**						
2		Gewinn	90000				
3		Verzinsung vom Kapital	4	Prozent			
4		Restgewinn nach Verzinsung					
5	Gesellschafter	Gesellschaftertyp	Kapital in €	Verzinsung	Restgewinn in €	Gesamtgewinn in €	Kapital neu in €
6	Moritz Wagner	OHG-Gesellschafter	450000				
7	Hermann Fränzer	OHG-Gesellschafter	225000				
8	Lutz Berg	OHG-Gesellschafter	225000				
9	Summe						

Drucken Sie die Tabelle anschließend im Querformat aus.

Lernaktion 1

Lernaktionen

Aktien werden an der Börse gekauft und verkauft. Wird eine Aktie häufig nachgefragt, steigt der Preis der Aktie (der sogenannte Kurs); wird die Aktie weniger nachgefragt, sinkt der Kurs. Wenn man eine Aktie günstig einkauft und teuer wieder verkauft, kann man als Aktionärin oder Aktionär Geld verdienen (neben der Beteiligung am Unternehmensgewinn). Probieren Sie das Aktionärsdasein aus und kaufen und verkaufen Sie Aktien – natürlich nur auf dem Papier, damit Sie keine echten Verluste erzielen:

1. Sehen Sie in der Tageszeitung – oder ganz professionell in einer Börsenzei-tung oder im Internet – nach, welche Aktiengesellschaften es in Deutschland gibt. Hier finden Sie auch die aktuellen Preise (Kurse) je Aktie.
2. Tun Sie so, als würden Sie jeweils zehn Aktien von drei Firmen Ihrer Wahl kaufen. Sehen Sie nach, wie viel Geld Sie ausgegeben haben.
3. Aktiengeschäfte sind meistens ein Geduldsspiel und auf längere Zeit angelegt. Sehen Sie trotzdem einmal am nächsten Tag nach, ob sich die Kurse „Ihrer“ Aktien verändert haben. Wie viel Geld würden Sie bekommen, wenn Sie nach einem Tag schon alle Aktien verkaufen würden?
4. Sehen Sie nach einer Woche, nach einem Monat oder am Ende des Schulhalbjahres nach, wie sich die Aktienkurse verändert haben. Wenn Sie alle Aktien wieder verkaufen: Haben Sie Geld dazuverdient oder Geld verloren?
5. Finden Sie (mithilfe Ihrer Lehrkraft) heraus, warum sich die Kurse „Ihrer“ Aktien so entwickelt haben, wie Sie es festgestellt haben. Welche Lehren können Sie daraus ziehen? – Bedenken Sie, dass Sie Ihre Aktien gekauft haben, ohne lange über die Auswahl nachzudenken.

Lernaktion 2

Situationsbeschreibung: Friedhelm Kluge und Erwin Fromm sind Gesellschafter der Kluge & Fromm OHG, einer Großhandlung, die sich auf den Verkauf von Sportmoden spezialisiert hat. Die OHG wurde vor vielen Jahren gegründet. Der folgende Gesellschaftsvertrag liegt vor:

Gesellschaftsvertrag der Kluge & Fromm OHG

§ 1	Die Gesellschafter Friedhelm Kluge und Erwin Fromm errichten aus dem Einzelunternehmen „Sport Kluge e. K.“ eine Offene Handelsgesellschaft.
§ 2	Die Firma lautet „Kluge & Fromm OHG“.
§ 3	Geschäftsführer der OHG sind die beiden Gesellschafter Friedhelm Kluge und Erwin Fromm.
§ 4	Gesellschafter Friedhelm Kluge bringt sein Unternehmen „Sport Kluge e. K.“ in die OHG ein (Wert: 1.500.000,00 €). Erwin Fromm leistet eine Bareinlage von 1.500.000,00 €.
§ 5	Beide Gesellschafter haften unmittelbar, unbeschränkt und solidarisch.
§ 6	Die Gesellschaft endet nicht mit dem Tod eines Gesellschafters, die Anteile werden vererbt.
§ 7	...

1. Wie ist die Kluge & Fromm OHG entstanden?
2. Nennen Sie Gründe, die Friedhelm Kluge dazu bewogen haben, aus seinem Einzelunternehmen eine Personengesellschaft zu machen.
3. Erklären Sie, auf welche Art und Weise die beiden Gesellschafter der OHG ihre Einlagen geleistet haben.
4. Erläutern Sie, wie die Haftung in einer OHG geregelt ist.
5. Was sagt § 6 des Gesellschaftsvertrages aus? Benennen Sie den Vorteil, der mit dieser Regelung verbunden ist!

Fortsetzung der Situationsbeschreibung: Erwin Fromm ist verstorben. Er hinterlässt eine Frau, zwei Söhne und seine Beteiligung an der OHG. Aufgrund der Erbschaftsregelung ist die Kluge & Fromm OHG nicht mit dem Tod von Erwin Fromm aufgelöst, sondern soll weitergeführt werden. Allerdings ergeben sich Probleme, da die Interessen der Erbin und der Erben sehr unterschiedlich sind.

Luise Fromm ist die Witwe von Erwin Fromm, Hausfrau und seit dem Tod ihres Mannes recht vermögend. Sie plant, ihren Wohnsitz nach Ibiza zu verlegen. Mit der Firma ihres Mannes will sie nichts weiter zu tun haben, das investierte Geld möchte sie aber im Unternehmen belassen und dafür jährlich am Gewinn beteiligt werden.

Peter Fromm ist 38 Jahre alt, hat eine Ausbildung zum Groß- und Außenhandelskaufmann absolviert und danach Betriebswirtschaftslehre studiert. Nach seinem Studienabschluss ist er in eine Textilfirma in einer Nachbarstadt als stellvertretender Geschäftsführer eingestiegen. Er würde gerne in der Firma seines Vaters arbeiten und Verantwortung übernehmen.

Helge Fromm ist der zweite Sohn, 32 Jahre alt und Künstler. Seit vielen Jahren lebt er in einer deutschen Großstadt und stellt seine Kunstwerke aus – mit großer Begeisterung, aber mäßigem Erfolg. Er möchte sein Erbe wie die Mutter im Unternehmen belassen. Mit der Geschäftsführung will er lieber nichts zu tun haben, allerdings wäre er über eine regelmäßige Beteiligung am Erfolg des Unternehmens sehr froh.

Die drei Fromms und Friedhelm Kluge wollen die Kluge & Fromm OHG in eine andere Unternehmensform umwandeln.

6. Welche Rechtsform bietet sich an, um die Interessen der vier Personen (Friedhelm Kluge und Familie Fromm) bestmöglich zu berücksichtigen?

7. Erwin Fromm war mit 1.500.000,00 € am Unternehmen beteiligt. Dieser Betrag wird auf die drei hinterbliebenen Familienmitglieder Peter, Luise und Helge Fromm im Verhältnis 2 : 1 : 1 aufgeteilt. Mit wie viel Euro Kapital sind die einzelnen Mitglieder der Familie Fromm am Unternehmen beteiligt?
8. Entscheiden und begründen Sie, wer die Geschäfte des neuen Unternehmens übernehmen soll.
9. Welche Positionen/Funktionen bleiben für die übrigen Beteiligten?
10. Machen Sie einen Vorschlag für die Gewinnverteilung.

    Hinweis: Sie müssen sich dabei **nicht** an die gesetzliche Regelung halten!
11. Setzen Sie einen Gesellschaftsvertrag auf, in dem Sie sich die wesentlichen Daten, die Sie festgelegt haben, notieren.

Lernaktion 3

Lösen Sie die Wiederholungsaufgabe 4 auf Seite 34 mit Excel.

Kopieren Sie hierzu in der Excel-Datei *Gewinnverteilung* die Tabelle der OHG in das Register 2. Verteilen Sie den Gewinn **der KG** mit Formeln unter Verwendung von Zelladressen.

Hinweis: Moritz Wagner ist der Komplementär, die anderen beiden Gesellschafter und Kommanditisten.

Finden Sie Argumente dafür, warum

- in der OHG der Kapitalanteil mit 4 % verzinst wird, aber der Restgewinn nach Köpfen verteilt wird,
- in der KG der Kapitalanteil ebenfalls mit 4 % verzinst wird, aber der Restgewinn auch nach Anteilen zu verteilen ist.

Anforderungssituation 1.2

Unternehmensführung

1 Betriebsaufbau

1.1 Aufbauorganisation in der Mediaworld e. K.

Das ist geschehen

Die Unternehmensgründung von Moritz Wagner ist erfolgreich verlaufen. Der Handel mit Multimedia-Artikeln scheint genau die richtige Idee zu sein, das Unternehmen gewinnt zunehmend mehr Kundschaft und die Umsätze steigen erfreulich an. Je größer das Unternehmen wird, desto weniger kann Moritz Wagner die anfallenden Aufgaben alleine erledigen. Daher hat er nach und nach Mitarbeitende eingestellt, die die unterschiedlichsten Aufgaben erledigen und ihm Arbeit abnehmen.

Das ist zu tun

1. Erstellen Sie eine Liste von Tätigkeiten, die täglich in der Mediaworld e. K. anfallen.
2. Welche Tätigkeiten gehören zusammen? Bilden Sie Schwerpunkte und Überschriften.
3. Ordnen Sie die Begriffe „Aufgabenanalyse“ und „Aufgabensynthese“ Ihren gerade durchgeführten Tätigkeiten zu.

Das sollte man wissen

Die Aufbauorganisation

Die Aufgaben, die in einem Betrieb erledigt werden müssen, sind so vielfältig, dass sie zumeist nicht von einer Person alleine bewältigt werden können. Wenn mehrere Personen zuständig sind, muss geklärt werden, wer sich um welche Aufgaben kümmern soll. Dazu müssen die Tätigkeiten genau bekannt sein. Außerdem muss bekannt sein, in welche Teilaufgaben sich eine Tätigkeit untergliedert. Dies herauszufinden ist Ziel der Aufgabenanalyse:

Merke:

Die **Aufgabenanalyse** ist das Zerlegen der in einem Betrieb anfallenden Aufgaben in Teilaufgaben.

Hat man die Teilaufgaben herausgefunden, werden sie so geordnet und zusammengefasst, dass man sie sinnvoll auf einzelne Mitarbeitende verteilen kann. Alle Mitarbeitenden haben im Betrieb eine Stelle inne, sodass man auch sagen kann, dass die Teilaufgaben bestimmten Stellen zugeordnet werden können. Einzelne Stellen im Betrieb werden dann zu Abteilungen zusammengefasst:

Merke:

Die **Aufgabensynthese** ist die Zusammenfassung von Teilaufgaben und ihre Übertragung auf Mitarbeitende bzw. Stellen.

Das folgende Schaubild verdeutlicht den Ablauf noch einmal:

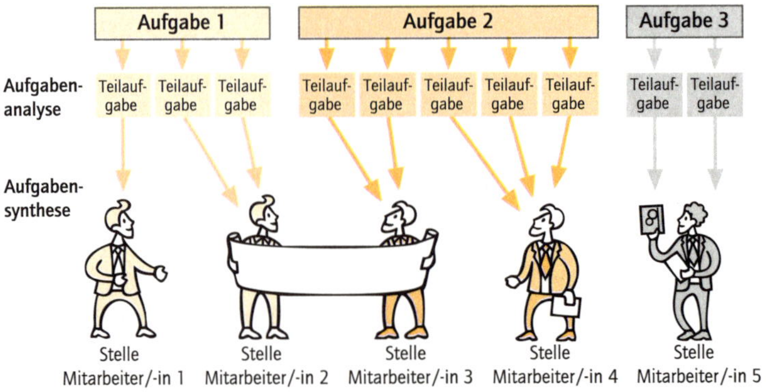

Bei den auf diese Art und Weise gebildeten Stellen wird noch unterschieden, ob eine Stelle mit **Weisungsbefugnis** ausgestattet ist oder nicht.

Wenn dies der Fall ist, haben die Mitarbeitenden, die eine sogenannte Weisungsstelle inne haben, das Recht, Anordnungen und Weisungen an andere Mitarbeitende zu geben, die ihnen untergeordnet sind. Besitzen eine Stelle und die Mitarbeitenden dieser Stelle keine Weisungsbefugnis, so dürfen sie keine Anordnungen erteilen. Eine derartige Stelle nennt man **Ausführungsstelle,** da die Mitarbeitenden nur Arbeiten auf Anweisungen ausführen und wenig selbstständig arbeiten.

Bei größeren Betrieben werden einzelne Stellen zu **Abteilungen** zusammengefasst. Diese werden häufig nach der Tätigkeit, die in der Abteilung durchgeführt wird, gebildet. Entsprechend können alle Stellen, die mit dem Verkauf von Waren beschäftigt sind, zur Abteilung Verkauf zusammengefasst werden. Die Abteilungsleitung koordiniert und kontrolliert dann die Tätigkeiten der einzelnen Mitarbeitenden der Abteilung.

Hierarchie eines Unternehmens

Da die Mediaworld e. K. ein eher kleineres Unternehmen ist, wurden hier zwar Abteilungen gebildet, diese sind aber jeweils nur mit einer oder zwei Stellen belegt. Eine Darstellung des Betriebsaufbaus finden Sie im Vorspann dieses Buches (→ Seite 4).

Der Betriebsaufbau der Moritz Wagner Mediaworld e. K. zeigt auch, wer in dem Unternehmen das Sagen hat: derjenige, der im Unternehmen in der Rangordnung ganz oben steht. Diese Rangordnung nennt man **Hierarchie.** Sie kann vereinfacht als Pyramide dargestellt werden und ist übertragbar auf die Mediaworld e. K., denn auch hier ist die Unternehmensleitung oben zu finden.

Die Pyramidenform zeigt deutlich, dass die Zahl der Stellen mit Weisungsbefugnis von oben nach unten abnimmt. Die betrieblichen Entscheidungen treffen die Personen, die die Stellen im oberen Teil der Pyramide innehaben, die Erledigung der einzelnen Sachaufgaben (bearbeiten, rechnen, sortieren, prüfen usw.) geschieht im unteren Teil der betrieblichen Hierarchie.

Aufgaben

Aufgaben zur Wiederholung

1. Erläutern Sie, was die Darstellung der Unternehmenshierarchie in Pyramidenform vom Betriebsaufbau der Mediaworld e. K. unterscheidet.
2. Sehen Sie sich Ihr Ergebnis aus den Arbeitsaufträgen 1 und 2 (siehe „Das ist zu tun" auf Seite 38) an. Stellen Sie Gemeinsamkeiten und Unterschiede zwischen Ihrem Ergebnis und der Lösung der Mediaworld e. K. bezüglich der Abteilungsbildung heraus.
3. Ordnen Sie die folgenden Stellen der betrieblichen Hierarchie zu, wie sie in der Pyramide dargestellt ist:
   a) Geschäftsführung
   b) Schreibkraft im Schreibpool
   c) Buchhalter/-in
   d) Vorstandvorsitzende/-r
   e) Abteilungsleitung Verkauf
   f) Lagerist/-in
   g) Pförtner/-in
   h) Komplementär/-in und Geschäftsführung einer KG

1.2 Organigramme und Leitungssysteme

Das ist geschehen

Stress in der Mediaworld e. K.: Das Geschäft läuft auf vollen Touren, alle Mitarbeitenden sind angespannt und etwas gereizt. In der Kantine unterhalten sich Peter Bäumer aus dem Lager und der Buchhalter Florian Peek miteinander.

Peter Bäumer: *„... und gestern hat die Hauser aus dem Einkauf doch tatsächlich meine Bestandszahlen aus dem Lager angezweifelt. Als wenn ich nicht richtig rechnen könnte. Die wollte doch tatsächlich, dass ich alles noch einmal durchzähle!"*

Florian Peek: *„Unglaublich. Von mir wollte sie vorgestern eine Statistik darüber, wie viel Umsatz wir bei welchem Lieferanten haben. Als wenn ich jetzt zum Ende des Geschäftsjahres nichts Besseres zu tun hätte ... Aber von der lass ich mir so schnell nichts sagen!"*

Peter Bäumer: *„Genau, die hat hier gar nichts zu melden, das darf nur der Chef!"*

Der Auszubildende Bastian Lenz hat das Gespräch mitbekommen und denkt sich seinen Teil.

Das ist zu tun

1. Halten Sie es für sinnvoll, wenn die Einkaufssachbearbeiterin Sabine Hauser dem Lageristen bzw. dem Buchhalter Anweisungen erteilen darf? Begründen Sie Ihre Meinung.

2. Die Hierarchie eines Unternehmens zeigt auf, welche Stelle über oder unter einer anderen Stelle steht. Zeigen Sie auf, was das Schaubild der Mediaworld e. K. im Vorspann des Buches (→ Seite 4) über die Hierarchie des Unternehmens aussagt.
3. Lesen Sie die folgenden Informationen. Vergleichen Sie dann die drei Organigramme der Mediaworld e. K. Begründen Sie, welche Varianten Sie für sinnvoll halten.

Organigramme und Leitungssysteme

Das sollte man wissen

Die Mediaworld e. K. ist mit ihren sechs Mitarbeitenden, einem Auszubildenden und einem Geschäftsführer ein recht übersichtlicher Betrieb. Die Zusammenhänge, Abteilungen und die hierarchische Ordnung dieses Unternehmens aufzuzeigen, ist vergleichsweise einfach; dies wird anhand der Unternehmensdarstellung im Vorspann dieses Buches (→ Seite 4) deutlich.

Natürlich gibt es auch Unternehmen, die viel mehr Mitarbeitende und Abteilungen haben. Hier wird die Darstellung des Unternehmensaufbaus komplexer. Dennoch ist eine grafische Aufbereitung des Aufbaus und der Zusammenhänge im Unternehmen hilfreich, um beispielsweise erkennen zu können, wie die einzelnen Abteilungen und Stellen einander zu- und untergeordnet sind.

Um den Unternehmensaufbau darzustellen, nutzt man häufig ein Organisationsdiagramm, kurz: **Organigramm.** Es zeigt die einzelnen Abteilungen und Stellen, die Weisungswege und den hierarchischen Aufbau eines Unternehmens. Die Hierarchie wird im Organigramm dadurch deutlich, dass Abteilungen bzw. Stellen, die den gleichen Rang haben, auch auf die gleiche Ebene gestellt werden. Wenn bei der Erstellung eines Organigramms ein paar Vereinheitlichungen beachtet werden, dann ist es leichter, aus der Darstellung auch die tatsächlichen Strukturen zu erkennen.

Für die einzelnen Stellen werden zunächst die folgenden Symbole verwendet:

Vierecke stehen für **Instanzen,** das sind weisungsberechtigte Stellen, die unter sich andere weisungsgebende und/oder ausführende Stellen haben.

Kreise stehen für **Stabsstellen,** das sind Stellen, die nicht anderen Stellen Weisungen geben, sondern nur Beratungsfunktion haben und anderen Stellen zuarbeiten.

Dreiecke werden häufig als Symbol für **ausführende Stellen** genutzt, je nach Anzahl derartiger Stellen werden aber manchmal auch einfach Spiegelstriche genommen.

Um die Beziehungen zwischen den einzelnen Stellen zu verdeutlichen, werden unterschiedliche Arten von Linien gezeichnet.

Durchgezogene Linien zeigen **Weisungswege** auf. Sind zwei Stellen untereinander aufgezeichnet und mit so einer Linie verbunden, gibt die oben angeordnete Stelle Weisungen nach unten.

Gestrichelte Linien zeigen **Beratungswege** auf, die von den Stabsstellen zu anderen Stellen führen.

Für die Mediaworld e. K. könnte sich unter Berücksichtigung aller Stellen und der aufgezeigten Gestaltungskriterien das folgende Organigramm ergeben:

Das oben dargestellte Organigramm zeigt in der obersten Hierarchieebene die Geschäftsführung. Darunter sind zwei weisungsbefugte Stellen (Einkauf und Verkauf) und zwei ausführende Stellen (Buchhaltung/Zahlungsverkehr und Allgemeine Verwaltung). In der unteren Ebene sind zwei weitere Stellen, die den beiden Instanzen der mittleren Ebene zugeordnet sind: Das Lager gehört hier zum Einkauf, der Verkaufsshop untersteht dem Verkauf und somit Karl Herwig. Ein derartiger Aufbau mit den hier sichtbaren Weisungswegen nennt man **Einliniensystem.** Jede Stelle im Organigramm bezieht ihre Anweisungen nur von einer ihr übergeordneten Stelle. Das hat den Vorteil, dass man genau weiß, von wem man Anordnungen entgegenzunehmen hat und von wem nicht: Die Zuständigkeiten sind genau geregelt. Nachteilig ist natürlich, dass die Kommunikationswege nach unten sehr lang sein können. Wenn in der Mediaworld e. K. die Geschäftsführung Weisungen ausgibt, erreichen diese die untere Hierarchieebene nur über die dazwischen liegenden Instanzen. Bei Unternehmen, die noch mehr Ebenen aufweisen, sind die Kommunikationswege noch länger.

Dieser Nachteil wird beim **Mehrliniensystem** vermieden. Hier können einzelne Stellen von mehreren anderen Stellen (Instanzen) Weisungen bekommen und entgegennehmen. Wenn man die Mediaworld e. K. mit einem Mehrliniensystem aufzeichnet, ergibt sich vielleicht folgendes Organigramm.

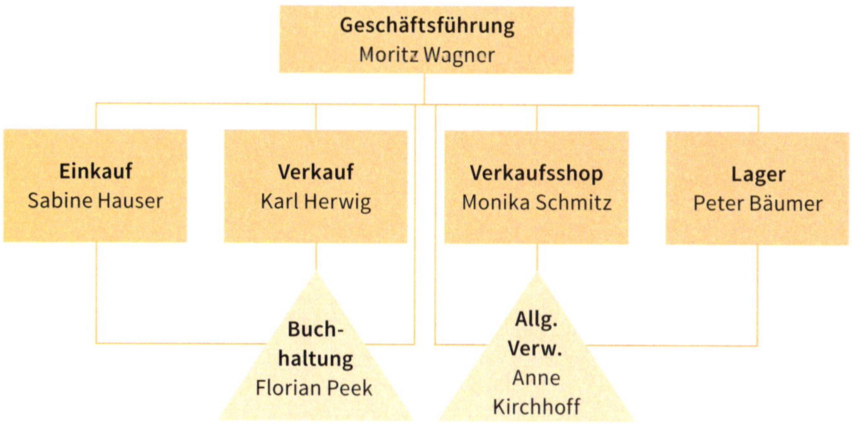

Die Buchhaltung und die Allgemeine Verwaltung sind jetzt Stellen, die Anweisungen von mehreren anderen Stellen bekommen. Beispielsweise kann der Verkauf Anweisungen an die Buchhaltung geben, bestimmte Daten zur Kalkulation von Preisen zusammenzustellen, der Einkauf dagegen könnte die Buchhaltung anweisen, bestimmte Rechnungen schneller zu bezahlen als andere. Darüber hinaus hat die Geschäftsführung immer einen direkten Zugriff auf die untere Hierarchieebene. Lange Kommunikationswege gibt es also bei diesem System nicht. Trotzdem gibt es Nachteile, zum Beispiel könnte es zu Kompetenzgerangel kommen, wenn die Buchhaltung vor lauter Arbeit nicht mehr weiß, wessen Anweisungen sie nun zuerst befolgen soll.

Eine dritte und letzte Variante von Leitungssystemen stellt das **Stabliniensystem** dar. Dies ist vom Prinzip her genauso geordnet wie das Einliniensystem; es gibt klare Zuständigkeiten und Hierarchien. Da dies aber dazu führen kann, dass insbesondere die oberen Ebenen mit zu vielen Aufgaben belastet sind, gibt es beim Stabliniensystem sogenannte **Stabsstellen.** Diese haben eine beratende Funktion, sind zuarbeitende Stellen, aber niemals weisungsbefugt. Sie entlasten bestimmte andere Stellen im Unternehmen und sind diesen in der Regel direkt zugeordnet. Bei der Mediaworld e. K. könnte dies vielleicht so aussehen:

Nun ist aus der Allgemeinen Verwaltung ein Sekretariat geworden, das direkt der oberen Hierarchieebene zugeordnet ist – ein Chefsekretariat. Als Stabsstelle, die die Geschäftsführung entlastet, ist sie kreisförmig gezeichnet, die gestrichelte Linie deutet an, dass es sich nicht um eine Weisungsbefugnis gegenüber der Chefin oder dem Chef handelt, sondern nur um Beratung, Unterstützung und um zuarbeitende Tätigkeiten.

Aufgaben

Aufgaben zur Wiederholung

1. a) Unterscheiden Sie die folgenden Arten von Stellen:
   - Instanz
   - Stabsstelle
   - ausführende Stelle

   b) Nennen Sie reale Beispiele für die drei verschiedenen Stellenarten.

   c) Begründen Sie, warum der Auszubildende Bastian Lenz in den oben dargestellten Organigrammen der Mediaworld e. K. nicht berücksichtigt wird.

   Arbeit mit dem PC

   d) Erstellen Sie das Organigramm des Stabliniensystems der Mediaworld e. K. mit SmartArt LF1 → SmartArt-Schulung → *Organigrammerstellung mit SmartArt.*

2. Instanzen und Stabsstellen lassen sich von ihren Aufgaben her unterscheiden. Entscheiden Sie, ob die folgenden Aufgaben eher für eine Instanz oder eher für eine Stabsstelle typisch sind.
   a) Entscheidungsalternativen erarbeiten und aufzeigen
   b) Anweisungen erteilen
   c) Informationen an untergeordnete Stellen weiterleiten
   d) Entscheidungsträger von Routinearbeiten entlasten
   e) Durch Beratung die Entscheidungssicherheit erhöhen
   f) Entscheidungen treffen
   g) Mitarbeitende kontrollieren
   h) Kontrollmöglichkeiten aufzeigen

3. Das Mehrliniensystem weist Vor- und Nachteile auf. Entscheiden Sie bei den unten stehenden Aussagen, ob
   - ein Vorteil des Mehrliniensystems beschrieben wird,
   - ein Nachteil des Mehrliniensystems beschrieben wird,
   - die Aussage nicht auf das Mehrliniensystem zutrifft.

   a) Es besteht die Gefahr von Weisungskonflikten.
   b) Der Dienstweg ist lang und schwerfällig.
   c) Es besteht die Möglichkeit der Spezialisierung der Instanzen.
   d) Der Dienstweg ist kurz.
   e) Alle Mitarbeitenden haben mehr als eine ihnen gegenüber weisungsbefugte Vorgesetzte oder einen ihnen gegenüber weisungsbefugten Vorgesetzten.

f) Durch die vielen Weisungszuständigkeiten werden die Mitarbeitenden verunsichert.

g) Die Instanzen werden durch ihnen persönlich zugeordnete Mitarbeitende entlastet.

h) Es können Koordinationsprobleme zwischen den Vorgesetzten auftreten.

4. Ordnen Sie die Organisationsformen Einliniensystem, Mehrliniensystem und Stabliniensystem den nachfolgenden Beschreibungen zu:

a) Die Organisationsform des Unternehmens weist eine Mehrfachunterstellung der Mitarbeitenden auf.

b) Neben den streng hierarchisch eingeordneten Stellen bestehen noch andere, die mit Spezialisten mit beratender Funktion besetzt sind.

c) Das Unternehmen ist streng hierarchisch mit klaren Kompetenzabgrenzungen und eindeutig festgelegten Weisungswegen aufgebaut.

5. Erstellen Sie für ein Unternehmen ein Organigramm nach den folgenden Vorgaben.

- Die Geschäftsführung hat Frau Waltraud Niemeier inne.
- Darunter gibt es die beiden Abteilungen Verkauf und Einkauf.
- Die Abteilungen Personal und Allgemeine Verwaltung sind auf der gleichen Hierarchieebene wie die Verkaufs- und die Einkaufsabteilung.
- Die Abteilung Lager ist dem Einkauf unterstellt.
- Die Abteilung Allgemeine Verwaltung hat noch zwei weitere Abteilungen unter sich, die Poststelle und die Registratur.

6. Erstellen Sie mit SmartArt anhand der unten stehenden Angaben ein Organigramm.

Arbeit mit dem PC

- Dr. Wienand berät als angestellter Rechtsanwalt die Geschäftsführung in Rechtsfragen.
- Alleiniger Geschäftsführer ist Herr Freund.
- Die Abteilung Personal und die Abteilung Planung sind der Geschäftsführung direkt unterstellt.
- Die kaufmännische Abteilung ist untergliedert in Vertrieb, Einkauf und Verwaltung.
- Die kaufmännische Leitung (Frau Müller) und die technische Leitung (Herr Schmitz) sind gleichrangig mit der Personalabteilung bzw. der Planungsabteilung.
- Die Planungsabteilung ist in die beiden Gruppen „Fertigungsbereich I" und „Fertigungsbereich II" unterteilt.
- Die technische Leitung ist in drei Unterabteilungen aufgegliedert: Konstruktion (Herr Leider), Arbeitsvorbereitung (Frau Selten) und Werkerhaltung (Frau Sünder).
- Die Abteilungen Fertigungsvorbereitung und die Zeitplanung sind Frau Selten unterstellt.

2 Stellenbeschreibung

Das ist geschehen

Sabine Hauser arbeitet als Sachbearbeiterin in der Abteilung Einkauf der Mediaworld e. K. Sie ist erst seit wenigen Wochen im Unternehmen. Als Moritz Wagner ihr eines Morgens eine Anweisung gibt, kommt es zu einer kleinen Meinungsverschiedenheit zwischen ihm und Frau Hauser:

Moritz Wagner: *„Frau Hauser, ich habe aus dem Lager eine Mitteilung bekommen, dass die letzte Lieferung der Multitask GmbH mit Computermäusen nicht einwandfrei ist. Einige Mäuse sind wohl beschädigt, Genaueres steht hier in der Mitteilung. Rufen Sie bitte bei der Multitask GmbH an und klären Sie das."*

Sabine Hauser: *„Aber Herr Wagner, ich habe im Moment so viel zu tun, das kann doch bestimmt jemand anderes machen!"*

Moritz Wagner: *„Ich bitte Sie! Die anderen haben auch viel zu tun, kümmern Sie sich bitte darum."*

Sabine Hauser: *„Das gehört doch gar nicht zu meinen Aufgaben. Herr Herwig aus dem Verkauf, der regelt doch die Reklamationen."*

Moritz Wagner: *„Reklamationen unserer Kundschaft entgegennehmen, das ist Aufgabe von Herrn Herwig. Bei unseren Lieferbetrieben zu reklamieren, ist Ihre Aufgabe. Haben Sie etwa Ihre Stellenbeschreibung nicht gelesen?"*

Sabine Hauser: *„Anscheinend nicht genau genug ..."*

Das ist zu tun

1. Finden Sie heraus, ob es wirklich die Aufgabe von Sabine Hauser ist, die mangelhafte Ware beim Lieferbetrieb zu reklamieren. Nutzen Sie dazu die Stellenbeschreibung „Sachbearbeiter(in) im Einkauf".
2. Wozu nützt eine Stellenbeschreibung? Beantworten Sie die Frage aus Sicht von Sabine Hauser und aus Sicht von Moritz Wagner.

Das sollte man wissen

Stellenbeschreibung

Das Zusammenfassen von Teilaufgaben und die Übertragung dieser Aufgaben auf Mitarbeitende führen zur Stellenbildung im Unternehmen. Welche Aufgabenbereiche eine Stelle nun tatsächlich umfasst, muss schriftlich festgehalten werden – dies geschieht in der Stellenbeschreibung.

Eine **Stellenbeschreibung** wird verfasst, damit sich die Person auf der Stelle, also der Mitarbeiter bzw. die Mitarbeiterin, jederzeit vergewissern kann, was zu seinen/ihren Aufgaben gehört und welche Tätigkeiten von anderen Mitarbeitenden erledigt werden. Das schriftliche Festhalten ist auch deshalb wichtig, weil Stellen im Laufe der Zeit auch von anderen Arbeiterinnen bzw. Arbeitern oder Angestellten besetzt werden können, die dann ihrerseits nachsehen, was sie zu tun haben. Ein Beispiel für eine Stellenbeschreibung ist im Folgenden für die Sachbearbeiterstelle im Einkauf der Mediaworld e. K. gegeben.

Stellenbeschreibung „Sachbearbeiter(in) im Einkauf"

Stellenbezeichnung:	Sachbearbeiter(in) in der Abteilung Einkauf
Stelleninhaber(in):	Sabine Hauser
Abteilung:	Einkauf
Unmittelbarer Vorgesetzter:	Geschäftsführer Moritz Wagner
Untergeordnete Stelle(n):	keine
Vertretung:	gegenseitige Vertretung mit dem/der Sachbearbeiter(in) Verkauf (zzt. Karl Herwig)
Aufgabe der Stelle:	Regelung des gesamten Einkaufs von Handelswaren mit Beschaffungsplanung, -durchführung und -nachbereitung
Tätigkeiten:	• Planung des Einkaufes nach Warenart und Mengen • Ermittlung möglicher Lieferbetriebe • Einholen von Angeboten • Auswahl geeigneter Lieferbetriebe • Durchführung der Bestellung • Überwachung der Lieferung (inkl. Terminüberwachung) • sachliche und rechnerische Prüfung der Lieferpapiere • Erteilung von Mängelrügen bei Lieferbetrieben • Führen der Kartei mit Lieferbetrieben
Befugnisse/Verantwortung:	Die anfallenden Aufgaben werden eigenverantwortlich und selbstständig durchgeführt. Rücksprache mit der oder dem Vorgesetzten ist ab einer Bestellhöhe von 15.000,00 € notwendig.
Anforderungen an den/die Stelleninhaber(in):	• mittlerer Bildungsabschluss • abgeschlossene kaufmännische Ausbildung • Erfahrungen in Einkaufstätigkeiten • Warenkenntnisse und Marktkenntnisse • Selbstständigkeit, Verhandlungsgeschick, Zuverlässigkeit

In der Stellenbeschreibung kann Sabine Hauser jederzeit nachsehen, welche Tätigkeiten in ihr Aufgabengebiet fallen. Wenn sie wissen will, welche Aufgaben die anderen Mitarbeitenden des Unternehmens haben, muss sie nur die Stellenbeschreibung der jeweiligen Mitarbeiterin/des jeweiligen Mitarbeiters bzw. der jeweiligen Stelle durchlesen. Mithilfe von Stellenbeschreibungen erreicht man demnach, dass alle Mitarbeitenden eines Betriebes genau wissen, was sie zu tun haben.

Darüber hinaus erfährt man anhand einer Stellenbeschreibung aber auch noch etwas über die Unternehmenshierarchie (→ die beiden vorangegangenen Kapitel 1.1 und 1.2), denn hier sind auch die unmittelbaren Vorgesetzten vermerkt und die Stellen, die sich unterhalb der eigenen Position befinden.

Letztendlich dient die Stellenbeschreibung auch noch dem Zweck der Stellenbesetzung. In einer Stellenbeschreibung stehen neben den Aufgaben und Tätigkeiten auch die Voraussetzungen, die die Stelleninhaberin oder der Stelleninhaber erfüllen muss. Werden neue Mitarbeitende gesucht, schreibt man in die Stellenausschreibung (z. B. in die Zeitungsanzeige), welchen Schulabschluss man von diesen erwartet, welche fachlichen Qualitäten sie mitbringen müssen usw. Dies sind alles Informationen, die in der Stellenbeschreibung zu finden sind.

Aufgaben

Aufgaben zur Wiederholung

1. Nennen Sie Gründe, warum in Unternehmen Stellenbeschreibungen verfasst werden.

Arbeit mit dem PC

2. Erstellen Sie eine Liste der Tätigkeiten, die in einer Stellenbeschreibung für eine Sachbearbeiterstelle in der Abteilung „Verkauf" stehen würden. Informieren Sie sich auch im Internet über typische Aufgabenbereiche im Verkauf. Erstellen Sie eine entsprechende Stellenbeschreibung in Word. Nutzen Sie bei der Bearbeitung der Aufgabe auch die Stellenbeschreibung für die Abteilung „Einkauf" und leiten Sie entsprechende Aufgaben und Tätigkeiten für den Verkauf ab. LF1 → Word-Schulungen → *Schulung Word-Tabellen*

3 Führungsstile und Führungstechniken

Das ist geschehen

Bastian Lenz ist der Auszubildende in der Mediaworld. e. K. Er und seine Mitschülerinnen und Mitschüler haben sich in der Berufsschule über ihre Vorgesetzten und Ausbildenden unterhalten. Dabei haben sie festgestellt, dass es unterschiedliche „Arten von Chefinnen oder Chefs" gibt. Die folgenden Zeichnungen zeigen dabei typische Situationen aus unterschiedlichen Ausbildungsunternehmen:

Das ist zu tun

1. Kennzeichnen Sie die Besonderheiten der beiden unterschiedlichen Typen von Vorgesetzten.
2. Mit welchem Typus von Chefin oder Chef würden Sie lieber zusammenarbeiten? Begründen Sie Ihre Entscheidung mit den Vorteilen, die damit verknüpft sind.

Das sollte man wissen

Führungsstile und Führungstechniken

Zu den sogenannten Vorgesetzten in einem Unternehmen zählen nicht nur die Unternehmensleitung, also die Geschäftsführung, sondern auch die Abteilungsleitungen und andere Personen im Unternehmen, die Entscheidungen treffen und Anweisungen geben müssen. Die Art und Weise, wie die Entscheidungen getroffen werden und wie Anweisungen an Mitarbeitende gegeben werden, nennt man **Führungsstil.**

Dabei werden im Wesentlichen zwei sehr unterschiedliche Arten von Führungsstilen unterschieden:

der autoritäre Führungsstil	← Mischformen →	der kooperative Führungsstil

Beide Arten von Führungsstilen sind Extrempositionen, die in ihrer reinen Form eher selten vorkommen. Die Führungsstile von Vorgesetzten haben zumeist Merkmale von beiden Seiten und je nachdem, ob die Merkmale in der Mehrzahl autoritär oder kooperativ sind, kann man den Führungsstil der einen oder der anderen Position zuordnen.

Der **autoritäre Führungsstil** ist dadurch gekennzeichnet, dass die oder der Vorgesetzte

- die Mitarbeitenden nicht mitbestimmen lässt,
- Entscheidungen alleine trifft,
- wichtige Aufgaben alleine übernimmt,
- alleine die Verantwortung trägt.

Der **kooperative Führungsstil** zeichnet sich dadurch aus, dass die oder der Vorgesetzte

- die Mitarbeitenden mitbestimmen lässt,
- Entscheidungen gemeinsam mit den Mitarbeitenden trifft,
- Aufgaben auch an Mitarbeitende abgibt,
- die Mitarbeitenden an der Verantwortung beteiligt.

Beide Führungsstile haben Vor- und Nachteile:

Autoritärer Führungsstil	
Vorteile	**Nachteile**
• Entscheidungen werden schnell getroffen. • Entscheidungen kommen „aus einer Hand“.	• Erfahrung und Ideen von Mitarbeitenden werden nicht genutzt. • Mitarbeitende fühlen sich unterdrückt. • Die Mitarbeitenden werden nicht motiviert. • Die oder der Vorgesetzte muss fast alles alleine machen und entscheiden.

Kooperativer Führungsstil	
Vorteile	**Nachteile**
• Entscheidungen werden von mehreren Mitarbeitenden durchdacht, bevor sie getroffen werden. • Die Mitarbeitenden können sich mit den Entscheidungen und Betriebsabläufen identifizieren. • Die Mitarbeitenden fühlen sich nicht unterdrückt, sondern beteiligt.	• Entscheidungen werden lange diskutiert. • Entscheidungen können sich widersprechen, da sie von verschiedenen Mitarbeitenden getroffen werden. • Mitarbeitende müssen in der Lage sein, Verantwortung zu tragen.

Neben den Führungsstilen werden sogenannte **Führungstechniken** unterschieden. Dies sind die verschiedenen Möglichkeiten, wie man Aufgaben an Mitarbeitende delegieren, also abtreten kann.

Es gibt drei wesentliche Führungstechniken:

Führen nach dem Ausnahmeprinzip	Führen durch Delegation von Verantwortung	Führen durch Festlegung von Zielvereinbarungen
(Management by Exception)	(Management by Delegation)	(Management by Objectives)
Die Unternehmensführung greift nur in Ausnahmefällen (Exceptions) ein, ansonsten arbeiten die Mitarbeitenden selbstständig in ihrem Aufgabenbereich.	Die Unternehmensführung delegiert feste Aufgabengebiete auf die Mitarbeitenden. Das „Tagesgeschäft" liegt also bei ihnen, nur die eigentlichen Führungsaufgaben bleiben bei der Unternehmensleitung.	Für die Mitarbeitenden gibt es feste Zielvorgaben, die erreicht werden sollen. Die Mitarbeitenden bzw. die Abteilungen werden an der Zielerreichung gemessen und beurteilt.

Aufgaben

Aufgaben zur Wiederholung

1. Unterscheiden Sie den autoritären und den kooperativen Führungsstil anhand von drei verschiedenen Merkmalen.
2. Ordnen Sie die folgenden Beispiele einem der beiden Führungsstile zu:
   a) Die Entscheidung wird alleine von der Chefin oder vom Chef getroffen und muss von den Mitarbeitenden nur noch umgesetzt werden.
   b) Die Mitarbeitenden sind wenig motiviert, sich selbst Gedanken zu machen, weil ihre Vorschläge sowieso nicht berücksichtigt werden.
   c) Die Mitarbeitenden kooperieren mit ihrer Chefin oder ihrem Chef im Team, um Probleme im Betrieb zu lösen.
   d) Eine Entscheidung verzögert sich lange, weil sie erst mit vielen Mitarbeitenden besprochen werden muss.
   e) Die Chefin oder der Chef überträgt einen Teil der Verantwortung auf eine oder einen Mitarbeitenden, die oder der als geeignet dafür angesehen wird.
   f) Die Chefin oder der Chef trifft auch Fehlentscheidungen, da sie oder er versucht, alles alleine zu machen.

g) Die Mitarbeitenden arbeiten nur auf Anweisung, etwas „selbst in die Hand zu nehmen“ trauen sie sich nicht.

h) Die oder der Vorgesetzte hört sich gerne gute Vorschläge an und setzt sie auch um, wenn sie sinnvoll erscheinen.

3. Welchen Führungsstil würden Sie als Vorgesetzte oder Vorgesetzter in einem Unternehmen wählen? Begründen Sie Ihre Entscheidung, indem Sie die jeweiligen Vorteile und auch die Nachteile, die mit Ihrer Entscheidung verknüpft sind, aufzeigen.

4 Die Chefin oder den Chef vertreten: Vollmacht und Prokura

4.1 Handlungsvollmacht

Das ist geschehen

Moritz Wagner geht in die Buchhaltung der Mediaworld e. K., um mit Florian Peek zu sprechen:

Moritz Wagner: *„Herr Peek, wir müssen uns mal kurz unterhalten.“*

Florian Peek: *„Was gibt es denn, Herr Wagner?“*

Moritz Wagner: *„Zurzeit wächst mir die Arbeit über den Kopf. Die Geschäfte laufen gut und wir haben reichlich zu tun. Allerdings schaffe ich es immer weniger, alle Aufgaben wirklich gründlich zu erledigen.“*

Florian Peek: *„Wie kann ich Ihnen dabei helfen?“*

Moritz Wagner: *„Zum Beispiel immer dieses lästige Tagesgeschäft mit der Bank: Schecks einlösen, Überweisungen unterschreiben und so weiter. Das wird mir alles zu viel!“*

Florian Peek: *„Aber Sie sind nun einmal der Chef dieses Unternehmens. Nur Sie können über die Geschäftskonten verfügen.“*

Moritz Wagner: *„Das ist im Prinzip richtig. Aber denken Sie einmal an meinen letzten Urlaub. Was da an Arbeit liegen geblieben ist, weil kein anderer bei uns dafür zuständig war!“*

Florian Peek: *„Nun, Sie brauchen einen Vertreter.“*

Moritz Wagner: *„Genau, aber nicht nur für den Fall, dass ich in Urlaub bin, insgesamt möchte ich einen Teil der Arbeit abgeben, das heißt auf Sie übertragen. Ich denke, so können wir auch einige Prozesse beschleunigen. In Zukunft sollen Sie den kompletten Zahlungsverkehr übernehmen, Überweisungen unterschreiben und einreichen und so weiter.“*

Florian Peek: *„Kein Problem. Aber geht denn das so einfach?“*

Das ist zu tun

1. Moritz Wagner will als Geschäftsführer der Mediaworld e. K. einen wichtigen Tätigkeitsbereich an seinen Mitarbeiter Florian Peek abgeben. Halten Sie dies für sinnvoll? Stellen Sie Vor- und Nachteile dieser Überlegung gegenüber.

2. Welche Möglichkeiten der „Vertretungsregelung“ hat Moritz Wagner? Stellen Sie in Ihrem Heft die verschiedenen Varianten in einer kleinen Übersicht gegenüber. Halten Sie sich an die folgende Vorgabe:

Arten der Vollmacht:			
Kurzbeschreibung:			

3. Welche Art von Vollmacht halten Sie im obigen Fall bei der Mediaworld e. K. für sinnvoll? Treffen Sie eine begründete Entscheidung.

Das sollte man wissen

Handlungsvollmacht

Nicht alle Aufgaben können alleine von einer Person im Unternehmen erledigt werden. Auch in der Mediaworld e. K. fallen so viele zu erledigende Tätigkeiten an, dass der Geschäftsführer nicht alles alleine schaffen kann. Moritz Wagner ist zwar Einzelunternehmer, dennoch muss er bei der Betriebsgröße, die sein Unternehmen erreicht hat, darüber nachdenken, welche Aufgaben er an die Mitarbeitenden delegieren, das heißt abgeben kann. Damit die mit gewissen Tätigkeiten beauftragten Mitarbeitende diese auch wirklich durchführen dürfen, müssen sie dazu bevollmächtigt werden. Die Mitarbeitenden müssen also zur Erledigung bestimmter Aufgaben die offizielle Erlaubnis von der Geschäftsführung haben.

Um eine **Vollmacht** zu erteilen, muss keine bestimmte Formvorschrift eingehalten werden. Sie kann mündlich, schriftlich oder auch stillschweigend gegeben werden. Es werden drei verschiedene Arten von Vollmachten unterschieden, wobei die Unterschiede in der Art und Menge der Aufgaben liegen, die der Bevollmächtigte erledigen darf.

Die umfangreichste Vollmacht ist die **Generalvollmacht.**

Wer Generalvollmacht hat, der darf alle „üblichen“ Rechtsgeschäfte des Unternehmens abschließen, in dem er arbeitet. Die oder der Generalbevollmächtigte darf also zum Beispiel:

- Personal einstellen oder kündigen,
- Verträge mit Kundinnen/Kunden und Lieferbetrieben abschließen,
- den Zahlungsverkehr regeln.

Dies bedeutet auch, dass ungewöhnliche Geschäfte für die Generalbevollmächtigte oder den Generalbevoll-mächtigten nicht erlaubt sind. Zusätzlich dürfen nur Rechtsgeschäfte durchgeführt werden, die für den Geschäftszweig, in dem sich das Unternehmen befindet, üblich sind. Auf keinen Fall darf jemand, der Generalvollmacht hat:

- Grundstücke veräußern oder belasten,
- ein Darlehen für das Unternehmen aufnehmen,
- für das Unternehmen einen Prozess führen.

Die zweite, weniger umfangreiche Art der Vollmacht ist die **Gattungs- oder Artvollmacht**.

Die Artvollmacht bezieht sich auf eine bestimmte Art von Rechtsgeschäften, die die oder der Bevollmächtigte durchführen darf. Dies kann zum Beispiel bedeuten, dass die oder der Bevollmächtigte

- als Buchhalterin bzw. Buchhalter eingehende Rechnungen bezahlen darf,
- als Sachbearbeiterin bzw. Sachbearbeiter im Einkauf für das Unternehmen Einkäufe erledigen darf,
- als Mitarbeiterin bzw. Mitarbeiterin im Rechnungswesen/Zahlungsverkehr Bargeld auf das Geschäftskonto einzahlen und vom Geschäftskonto abheben darf.

Bei der dritten Art der Vollmacht sind die Tätigkeitsbereiche deutlich mehr eingegrenzt, dies ist die **Spezialvollmacht.**

Diese Art der Vollmacht ist speziell auf ein bestimmtes Geschäft oder auf mehrere genau festgelegte Geschäfte begrenzt. Die Spezialvollmacht wird beispielsweise erteilt, wenn

- eine Mitarbeiterin bzw. ein Mitarbeiter mehrere Schecks bei der Bank zur Gutschrift einreichen soll,
- eine Mitarbeiterin bzw. ein Mitarbeiter beauftragt wird, neue Bürostühle für ein Büro auszusuchen und zu kaufen,
- eine Mitarbeiterin bzw. ein Mitarbeiter mit einem Malerbetrieb den Neuanstrich eines Lagerraumes vereinbaren soll.

Vollmachten gelten nicht ewig. Sie verfallen, wenn

- das zu erledigende Rechtsgeschäft vollständig ausgeführt ist (dies gilt insbesondere für die Spezialvollmacht!).
- die Vollmacht widerrufen wird.
- die vertragliche Basis zwischen der Vollmachtgeberin bzw. dem Vollmachtgeber und der bzw. dem Bevollmächtigten nicht mehr gültig ist, zum Beispiel wenn die oder der Bevollmächtigte kündigt oder ihr oder ihm gekündigt wird.

4.2 Prokura

Das ist geschehen

Ein Gespräch zwischen Florian Peek aus der Buchhaltung und Bastian Lenz, dem Auszubildenden der Mediaworld e. K., ist in vollem Gange. Florian Peek hat Bastian gerade erzählt, dass Moritz Wagner ihm die Vollmacht für den Geschäftsbereich „Zahlungsverkehr" erteilt hat.

Bastian Lenz: *„Soso, dann sind Sie jetzt also der Stellvertreter vom Chef."*

Florian Peek: *„Na ja, das ist etwas übertrieben ausgedrückt!"*

Bastian Lenz: *„Wieso, wenn Sie den Chef doch vertreten, wenn er mal im Urlaub ist oder so, dann sind Sie doch jetzt stellvertretender Geschäftsführer."*

Florian Peek: *„Nein. Das würde bedeuten, dass ich Prokurist wäre. Bin ich aber nicht!"*

Bastian Lenz: *„Prokurist? Was ist das denn nun wieder?"*

Das ist zu tun

1. Erläutern Sie anhand der unten stehenden Informationen, was eine Prokuristin/ein Prokurist ist.
2. Stellen Sie die wichtigsten Unterschiede zwischen Prokura und Handlungsvollmacht gegenüber.

Das sollte man wissen

Prokura

Die Prokura ist die umfassendste Vollmacht, die erteilt werden kann. Die Prokuristin oder der Prokurist ist Stellvertreter der Unternehmerin oder des Unternehmers. Sie oder er kann wie die Geschäftsführung für das Unternehmen tätig werden. Daher wird man als Prokuristin oder Prokurist auch als das „zweite Ich des Unternehmers" bezeichnet. Sie oder er kann alle Aufgaben in die Hand nehmen, die zum Tagesgeschäft des Unternehmens gehören. Lediglich die Rechtsgeschäfte, die die Existenz des Betriebes infrage stellen oder stark verändern, sind der Prokuristin oder dem Prokuristen verboten.

Dazu gehören zum Beispiel

- das Einstellen des Betriebes,
- das Verkaufen des Geschäftes,
- das Verkaufen oder Belasten von Betriebsgrundstücken,
- einen neuen Gesellschafter in das Unternehmen aufnehmen.

Die Prokura lässt sich im Gegensatz zur Handlungsvollmacht auch nicht auf bestimmte Tätigkeitsgebiete beschränken. Zwar kann die Geschäftsführung der Prokuristin oder dem Prokuristen verbieten, bestimmte Rechtsgeschäfte zu tätigen, allerdings ist dies nach außen hin nicht wirksam, das heißt, alle, die mit der Prokuristin oder dem Prokuristen Rechtsgeschäfte durchführen, können auf die Gültigkeit dieses Rechtsgeschäftes vertrauen.

Beispiel

Eine Unternehmerin erteilt einem Mitarbeiter Prokura. Allerdings möchte die Unternehmerin nicht, dass der neue Prokurist in Personalangelegenheiten tätig wird. Während die Chefin ihren Sommerurlaub nimmt, stellt der Prokurist zwei Lagerarbeiterinnen ein – was er eigentlich nicht darf! Trotzdem gelten die Arbeitsverträge, da Außenstehende (die neuen Mitarbeiterinnen) darauf vertrauen dürfen, dass Rechtsgeschäfte von Prokuristinnen/Prokuristen Gültigkeit haben.

Die Prokura darf nicht wie die Handlungsvollmacht formfrei erteilt werden. Vielmehr ist vorgeschrieben, dass die Prokura ausdrücklich erteilt wird. Außerdem wird die Erteilung der Prokura im Handelsregister eingetragen, sodass Außenstehende hiervon erfahren.

Bei der Prokura werden die folgenden drei Arten unterschieden:

- **Gesamtprokura:** Mehrere Prokuristinnen/Prokuristen vertreten gemeinsam ein Unternehmen.
- **Einzelprokura:** Eine Prokuristin/Ein Prokurist vertritt alleine das Unternehmen.
- **Gemischte Prokura:** Die gemischte Prokura gilt nur für Handlungen, die mit

jeweiliger Zustimmung eines Gesellschafters oder des Vorstandes einer Gesellschaft durchgeführt werden.

Aufgaben

Aufgaben zur Wiederholung

1. Welche der folgenden Tätigkeiten darf eine Bevollmächtigte oder ein Bevollmächtigter durchführen?
   a) Waren einkaufen
   b) Geschäftsgrundstücke verkaufen
   c) Personal einstellen
   d) Einen Scheck für die Bezahlung gelieferter Ware unterschreiben
   e) Mit einer Kundin oder einem Kunden einen Rabatt von 10 % aushandeln
   f) Einen Prozess für das Unternehmen führen
   g) Geld von Kundinnen oder Kunden an der Kasse kassieren
   h) Eine Mitarbeiterin oder einen Mitarbeiter entlassen
   i) Ein Darlehen von 15.000,00 € für das Unternehmen aufnehmen
2. Erläutern Sie, wodurch sich die Einzelprokura, die Gesamtprokura und die gemischte Prokura unterscheiden?
3. Welche Vollmacht ist für die folgenden Rechtsgeschäfte notwendig?
   a) Einmalige Bestellung von Lagerregalen zur Neuausstattung eines Lagerraumes
   b) Berechnung und Überweisung der Gehälter und Löhne der Mitarbeitenden eines Unternehmens
   c) Einkauf von Waren, Überwachung der Lieferzeiten und Reklamationen beim Lieferbetrieb
   d) Beratung, Verhandlung und Vertragsabschluss mit Kundinnen und Kunden für einen Teilbereich des Sortimentes
   e) Einlösen eines Schecks bei der Hausbank eines Unternehmens
   f) Leitung einer Filiale eines Unternehmens mit Berechtigung für alle anfallenden gewöhnlichen Rechtsgeschäfte
4. Beurteilen Sie die folgenden Fälle:
   a) Fritz Fischer ist Unternehmer. Da die Geschäfte gut laufen, er aber überarbeitet ist, ernennt er seine Frau zur Prokuristin. Diese hat aber keine rechte Lust zu arbeiten und stellt ihrerseits eine Sekretärin ein.
   b) Hans Keller ist Sachbearbeiter im Einkauf einer Großhandlung für Tierfutter. Er hat Artvollmacht für seinen Bereich. Eines Tages kauft er für das Unternehmen als Firmenwagen einen neuen Porsche.
   c) Heidi Framm arbeitet als Buchhalterin. Eines Tages löst sie wie üblich bei der Bank zwei Barschecks des Unternehmens ein und kauft eigenmächtig von dem Geld auf dem Rückweg zum Büro Toner für den Drucker.

Lernaktionen

Lernaktion 1

Moritz Wagners Freund Wolf Bullmann möchte ebenfalls ein Unternehmen zum Verkauf von Computern mit angeschlossenem technischem Support für Privatkunden im benachbarten Krefeld gründen. Die Idee ist, dass Bullmann mit der Moritz Wagner Mediaworld e. K. im Bereich technischer Support kooperiert.

Nachdem Wolf Bullmann sein Unternehmen im Handelsregister hat eintragen lassen, mietet er Büroräume an. Bullmann überlegt, welche Mitarbeiterinnen und Mitarbeiter er mit welchen Aufgaben beauftragen soll.

Aufgabenanalyse

Folgende Aufgaben fallen in seinem Unternehmen normalerweise an:

Schreiben von Bestellungen, Prüfen der ankommenden Ware im Lager, Vergleichen von Bestellung und Lieferschein/Rechnung auf Übereinstimmung, Schreiben von Rechnungen, Schreiben von Briefen am PC, Kaffee kochen, Telefonieren, eingehende E-Mails prüfen und beantworten, Berechnung von Löhnen und Gehältern, Ausstellen von Arbeitszeugnissen, Treffen von Grundsatzentscheidungen, Buchen von Geschäftsfällen.

Helfen Sie Wolf Bullmann, für sein Unternehmen Stellen zu bilden. Ergänzen Sie gegebenenfalls die Tätigkeitsliste oben.
Wolf Bullmann kennt bereits fünf Freunde, die mitarbeiten möchten:

- Monika Klein, 25 Jahre, Sachbearbeiterin Einkauf, gelernte Kauffrau für Büromanagement,
- Detlef Packer, 40 Jahre, gelernter Lagerist,
- Alexandra Schmiel, 50 Jahre, ehemalige Chefsekretärin,
- Francesco Sanitra, 50 Jahre, Verkaufsprofi, gelernter Kaufmann im Einzelhandel,
- Bahire Yilmaz, 31 Jahre, Studienabschluss in Wirtschaft (Fachhochschule).

Arbeit mit dem PC

Verteilen Sie in einer Excel-Tabelle die Aufgaben auf die einzelnen Personen.

Finden Sie einen Namen für jede Stelle (hier auch: Abteilung) in dem kleinen Unternehmen.

Beachten Sie: Die Zuordnung ist nicht in jedem Fall eindeutig. Bereiten Sie sich darauf vor, ihre Aufteilung in der Lerngruppe sachgerecht zu begründen.

Formatieren sie die Excel-Tabelle wie folgt:

- Schriftgröße 9, fett, zentriert in der Kopfzeile
- Schriftgröße 10 im Tabellenbereich
- Kopfzeile Tabelle grau
- Rahmen

LF1 ➔ Excel-Schulungen ➔ *Schulung Tabellen- und Zahlenformatierungen.*

Lernaktion 2

Der Schwachstromfall

Die Kühn OHG ist ein Hersteller von Haushalts-Elektrogeräten mit insgesamt 400 Mitarbeiterinnen und Mitarbeitern. Die besondere Stärke des Unternehmens liegt in der qualitativ hochwertigen Ausführung der Produkte. Die Geschäftsleitung – die Inhaber Kurt Kühn und Martin Koch – haben sich entschlossen, das Produktionsprogramm ständig auszudehnen, um ein möglichst hohes Wachstum des Unternehmens zu erreichen. So wurde eine neue Serie entwickelt, die per App vom Mobiltelefon aus angesteuert werden kann. Der angestrebte Umsatz von 6 Mio. € wurde im letzten Jahr nur zur Hälfte erreicht.

Eine Analyse durch eine Unternehmensberatung brachte folgende Ergebnisse:

- Das Unternehmen ist nach Funktionen gegliedert.
- Innerhalb der Funktionen ist aufgrund der Unternehmensentwicklung stets der Bereich der Haushalts-Elektrogeräte vorrangig behandelt worden. Weil die Mitarbeiterinnen und Mitarbeiter mit den Aufgaben betraut sind, die für die klassischen Haushaltsgeräte anfallen, kam der neue Bereich der Produktpalette zu kurz.
- Die Produkte sind nicht nur in der Herstellung unterschiedlich zu behandeln, sondern auch im Vertrieb.

Die Konkurrenz ist bereits mit Nachahmerprodukten auf den Markt gedrungen. Daher konnte die Einführung der neuen Produkte nebenbei nicht gelingen.

Die Linienorganisation der Kühn OHG hat dazu geführt, dass sich die Mitarbeiterinnen und Mitarbeiter nur in einem Bereich engagieren, das heißt, sie führen nur vorgegebene Aufgaben durch, denken nicht an Nachbarbereiche und entwickeln kaum eigene Ideen. Gerade hier meint die Unternehmensberatung, müsse die Geschäftsleitung dringend eine Änderung herbeiführen.

Aufgrund der Untersuchungsergebnisse entschließen sich Kühn und Koch, an die Unternehmensberatung einen Anschlussauftrag zu geben.

Diese soll nun Vorschläge zur Reorganisation des Unternehmens machen.

Arbeit mit dem PC

Sie als Angestellte(r) der Unternehmensberatung erhalten die Aufgabe, den Auftrag der Kühn OHG zu erledigen. Bereiten Sie eine PowerPoint-Präsentation vor:

Folie 1	Deckblatt
Folie 2	1. Stellen Sie die Gründe für das Versagen des bisherigen Organisationssystems dar.
Folie 3	2. Nennen Sie Ihnen bekannte Leitungssysteme, die die Probleme des bisherigen Systems vermeiden mit der Begründung, warum diese Probleme vermieden werden.
Folie 4	3. Entwickeln Sie einen Lösungsvorschlag für die anstehende Reorganisation.
Folie 5	4. Stellen Sie das neue Leitungssystem für die Kühn OHG grafisch dar.

LF1 → PowerPoint-Schulung → *Schulung PowerPoint.*

Lernaktion 3

In Kapitel 2, Anforderungssituation 1.2, in Lernfeld 1, Seite 47, finden Sie die Stellenbeschreibung von Sabine Hauser, der Sachbearbeiterin im Einkauf in der Mediaworld e. K. Angenommen, diese Stelle müsste zum ersten des übernächsten Monats neu besetzt werden, weil Frau Hauser gekündigt hat.

a) Nennen Sie verschiedene Möglichkeiten, die offene Stelle bekannt zu machen, sodass eine neue Mitarbeiterin oder ein neuer Mitarbeiter gefunden werden kann.

b) Nennen Sie Gründe, die dafür sprechen, eine neue Mitarbeiterin bzw. einen neuen Mitarbeiter über

- eine Stellenanzeige in der Zeitung,
- eine Stellenanzeige im Internet

zu suchen.

c) Finden Sie anhand von Stellenanzeigen aus der Zeitung und auch aus dem Internet heraus, welche Inhalte unbedingt in eine Stellenanzeige gehören.

Arbeit mit dem PC

d) Gestalten Sie für die Mediaworld e. K. mithilfe eines Textverarbeitungsprogramms eine Stellenanzeige für die Zeitung. Nutzen Sie dazu die Stellenbeschreibung auf Seite 47. Gestalten Sie den Text mithilfe Ihrer Formatierungskenntnisse aus Excel.

Lernaktion 4

Testen Sie in einem Rollenspiel die verschiedenen Führungsstile. Gehen Sie dabei von einer selbst ausgedachten Situation oder von dem unten stehenden Beispiel aus. Wählen Sie auf der einen Seite eine Person, die als Arbeitnehmerin/Arbeitnehmer aus den beschriebenen (oder selbst ausgedachten) Gründen zu ihrer Chefin oder seinem Chef muss, und auf der anderen Seite die Vorgesetzte oder den Vorgesetzten, entweder als kooperative oder autoritäre Chefin bzw. als kooperativen oder autoritären Chef.

Beispielsituation:

Mitarbeiter oder Mitarbeiterin Kim Krause hat in der Abteilung Lager, in der er/sie tätig ist, zum dritten Mal in diesem Monat beim Gabelstaplerfahren einen Schaden angerichtet. Beim ersten Mal war ein Paket mit Elektroartikeln heruntergefallen (Wert: ca. 800,00 €), beim zweiten Mal hat der Stapler selbst einen Blechschaden davongetragen, diesmal ist Krause mit dem Stapler einem Mitarbeiter, der hinter einem Regal saß und Schrauben sortiert hat, über die Hand gefahren (Hand gebrochen). Kim Krause meint, er/sie sei auf der einen Seite ziemlich unschuldig an den Situationen, zum anderen aber auch aufgrund der Arbeitsbelastung im Dauerstress und außerdem sei in den Vorjahren eigentlich nie etwas passiert.

Controlling

1 Unternehmensziele: Zielharmonien und Zielkonflikte

Anforderungssituation 2.1

Das ist geschehen

Gestern fand in der Mediaworld e. K. eine Abteilungskonferenz statt. Dort wurden unter anderem die folgenden Standpunkte vertreten:

Das ist zu tun

1. Beschreiben Sie, welche Unternehmensziele die verschiedenen Mitarbeitenden der Mediaworld e. K. verfolgen.
2. Welche Ziele passen zueinander (Zielharmonie)?
3. Welche Ziele konkurrieren miteinander (Zielkonflikt)?

Ziele und Zielkonflikte

Das sollte man wissen

Unternehmen verfolgen Ziele. Die Festlegung von Zielen gehört zu den ersten Schritten bei der Unternehmensplanung. Die festgelegten Ziele werden aber immer wieder überprüft und hinterfragt, bei Bedarf sogar geändert.

Festgelegt werden die Unternehmensziele von der Geschäftsleitung. Hierbei müssen aber die verschiedensten Einflussfaktoren berücksichtigt werden. Welche Faktoren und welche Personengruppen auf die Wahl der Unternehmensziele Einfluss nehmen können, zeigt das folgende Schaubild.

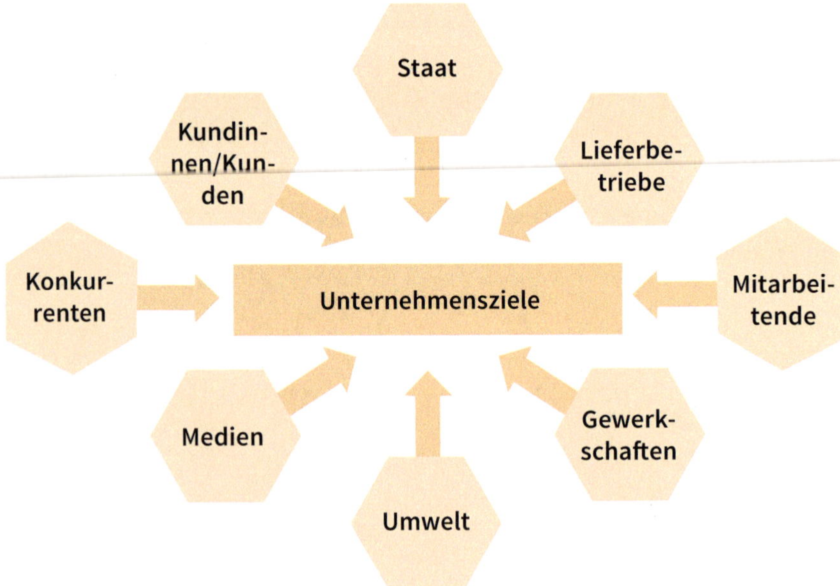

All diese vielfältigen Faktoren beeinflussen die Unternehmensziele. Wichtigstes Unternehmensziel ist in der Regel die Erzielung von Gewinn. Unternehmen, die langfristig keinen Gewinn erzielen, werden sich nicht am Markt halten können, daher kommt dem Ziel des Gewinnstrebens eine existenzielle Bedeutung zu. Daneben können aber noch andere, ähnliche Ziele angestrebt werden, etwa die Erreichung eines möglichst hohen Umsatzes oder einer hohen Rentabilität (→ LF 2, AS 2.1, Kapitel 2).

Der Erfolg eines Unternehmens lässt sich aber nicht nur allein am Gewinn festmachen. Er zeigt sich zum Beispiel auch anhand der Konkurrenzsituation eines Unternehmens: Wenn es einem Unternehmen gelungen ist, die Marktführerschaft zu erreichen, das heißt, wenn das Unternehmen den größten Anteil am Markt erobert hat, dann kann man auch von einem erfolgreichen Unternehmen sprechen. Insofern kann es ein Unternehmensziel sein, einen bestimmten Marktanteil zu erreichen. Die Marktführerschaft eines Unternehmens kann sich aber auch in anderen Bereichen zeigen, etwa darin, dass ein Unternehmen qualitativ sehr hochwertige Produkte herstellt (Qualitätsführerschaft).

Alle bisher genannten Unternehmensziele sind **wirtschaftliche Ziele,** weil sie sich direkt auf die wirtschaftliche Situation des Unternehmens beziehen. Wirtschaftliche Ziele richten sich nach dem ökonomischen Prinzip, das man wie folgt unterteilt (→ LF 10, AS 10.1, Kapitel 2.1, Seite 446):

Minimalprinzip	Maximalprinzip
Ein gegebenes Ziel soll mit möglichst geringem Mitteleinsatz erreicht werden.	Mit gegebenen Mitteln soll ein möglichst großer Erfolg erzielt werden.
Beispiel In der Mediaworld e. K. werden 300 Stück des Artikels H 1003 MP3-Player benötigt. Sie werden aufgrund eines Angebotsvergleiches bei dem günstigsten Lieferbetrieb bestellt.	**Beispiel** Peter Bäumer aus der Abteilung Lager der Mediaworld e. K. nutzt den vorhandenen Lagerraum so, dass er möglichst viele Waren unterbringen kann.

Die Erreichung wirtschaftlicher Unternehmensziele kann man messen. Die Überprüfung des Gewinnziels zeigt sich in der Gewinn- und Verlustrechnung, ebenso das Umsatzziel. Der Marktanteil kann in Prozent des Gesamtmarktes ausgedrückt werden. Und auch Qualitätsziele lassen sich messen und überprüfen (Testberichte, Rücklauf- und Reklamationsquoten usw.).

Neben den wirtschaftlichen Zielen gibt es aber auch noch Ziele in anderen Bereichen. Beispielsweise kann es sein, dass ein Unternehmen versucht, besonders umweltfreundlich zu produzieren und möglichst ökologisch verträgliche Produkte auf den Markt zu bringen.

Ein derartiges **ökologisches Ziel** lässt sich erreichen durch:

- energiesparende Produktion,
- Einsatz umweltfreundlicher Energien,
- Nutzung und Verarbeitung umweltfreundlicher und/oder wiederverwendbarer Materialien,
- Recycling,
- umweltgerechte Entsorgung von Abfällen.

Ein weiterer nichtwirtschaftlicher Aspekt bei der Festlegung von Unternehmenszielen ist die Verfolgung **sozialer Ziele.** Diese beziehen sich auf die Mitarbeitenden und zeigen sich in sozialen Leistungen, die neben dem eigentlichen Verdienst stehen.

Hierzu gehören zum Beispiel:

- Sicherung von Arbeitsplätzen,
- Urlaubsgeld,
- Weihnachtsgeld,
- betriebliche Altersrenten,
- Kinderbetreuung,
- (kostenlose) Kantine.

Verfolgt ein Unternehmen mehr als eines der vielen genannten Ziele, kann es zu Zielkonflikten oder zu Zielharmonien kommen. **Zielharmonie** bedeutet, dass durch das Streben nach dem einen Ziel ein anderes Ziel gleichzeitig gefördert wird. Ein **Zielkonflikt** liegt vor, wenn durch die Erreichung eines Zieles das Streben nach einem anderen Ziel behindert wird.

Beispiel 1

Zielharmonie

Die Mediaworld e. K. strebt eine Umsatzerhöhung von 10 % an (Ziel: Umsatzsteigerung). Wenn die Umsätze erhöht werden, ergibt sich – falls die Aufwendungen gleich geblieben sind – ein höherer Gewinn (Ziel: Gewinnsteigerung).

Beispiel 2

Zielkonflikt

Die Mediaworld e. K. möchte ihre Produkte möglichst umweltfreundlich ausliefern (Ziel: Umweltfreundlichkeit im Vertrieb). Also rüstet das Unternehmen auf Elektroautos um. Diese sind in der Anschaffung vergleichsweise teuer. Dies wird den Gewinn des Unternehmens vermindern (Ziel: Gewinnsteigerung).

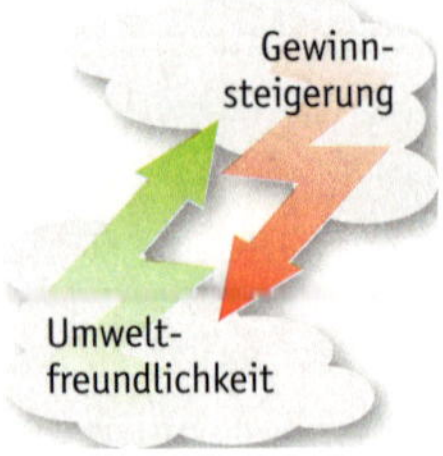

Aufgaben

Aufgaben zur Wiederholung

1. Erstellen Sie eine Übersicht mit den drei im Text aufgezählten Bereichen von Unternehmenszielen. Notieren Sie sich zu jedem Bereich Beispiele aus dem Text und eigene Beispiele.
2. Erläutern Sie anhand von Beispielen, wie die einzelnen Faktoren und Personengruppen, die im Schaubild auf Seite 60 dargestellt sind, auf die Unternehmensziele der Mediaworld e. K. (Gewinnsteigerung, Umsatzsteigerung, Umweltschutz, soziale Ziele für die Mitarbeitenden wie Urlaubsgeld, Weihnachtsgeld) Einfluss nehmen.
3. Nennen Sie je zwei Beispiele zu Zielharmonien und Zielkonflikten.
4. Erläutern Sie, wie aus dem Zielkonflikt, der im Text in Beispiel 2 genannt wurde, eine Zielharmonie entstehen kann.

2 Einfache Kennzahlen der Wirtschaftlichkeit

Das ist geschehen

Moritz Wagner hat sich aus der Buchhaltung die aktuellen Zahlen des letzten Monats geben lassen. Die Buchhaltung hat diese als Gewinn- und Verlustrechnung in Kontenform zusammengestellt (zum vollständigen Aufbau der GuV-Rechnung siehe LF 11, AS 11.1, Kapitel 2.5.3). Den Erträgen des Unternehmens (rechte Seite) stehen die Aufwendungen des Unternehmens gegenüber (linke Seite):

Soll	(verkürztes) Gewinn- und Verlustkonto, Monat: NOVEMBER 20..		Haben
Aufwendungen für Waren	221.890,00	Umsatzerlöse für Waren	416.500,00
Löhne	3.320,00	Weitere Erlöse	2.800,00
Gehälter	17.140,00		
Weitere Aufwendungen	165.950,00		
Eigenkapital (Gewinn)	???		
	419.300,00		419.300,00

„Komisch“, denkt sich Moritz Wagner, nachdem er den Gewinn für den November ausgerechnet hat, *„genauso viel wie im Vormonat! Dabei hat Florian Peek*

aus der Buchhaltung behauptet, dass wir schlechter gewirtschaftet hätten als im Oktober ...“

Soll	**(verkürztes) Gewinn- und Verlustkonto, Monat: OKTOBER 20..**		**Haben**
Aufwendungen für Waren	121.760,00	Umsatzerlöse für Waren	250.400,00
Löhne	2.940,00	Weitere Erlöse	8.900,00
Gehälter	17.140,00		
Weitere Aufwendungen	106.460,00		
Eigenkapital (Gewinn)	???		
	259.300,00		259.300,00

Das ist zu tun

1. Berechnen Sie den Gewinn der Mediaworld e. K. für den Monat November, indem Sie die November-Aufwendungen von den Erträgen dieses Monats abziehen.
2. Überprüfen Sie, ob im Vormonat wirklich der gleiche Gewinn erzielt wurde, indem Sie diesen anhand des GuV-Kontos aus dem Oktober errechnen.
3. Lesen Sie die Informationen zur Überprüfung der Wirtschaftlichkeit einer Unternehmung. Ermitteln Sie dann die Wirtschaftlichkeit als Kennzahl für den Oktober und November. Beurteilen Sie Ihre Ergebnisse.

Einfache Kennzahlen der Wirtschaftlichkeit

Das sollte man wissen

Die Gewinn- und Verlustrechnung eines Unternehmens zeigt an, ob ein Unternehmen erfolgreich gewirtschaftet hat. Hier kann man das Unternehmensziel „Erreichung eines Gewinnes“ überprüfen. Im Zeitvergleich, also wenn man mehrere Monate oder verschiedene Jahre nebeneinanderlegt, kann man auch die Entwicklung des Gewinnes überprüfen und damit zum Beispiel das Ziel „Gewinnsteigerung“.

Das Unternehmensziel „**Wirtschaftlichkeit**“ selbst ist ebenfalls messbar. Um die Wirtschaftlichkeit zu ermitteln, wird der Ertrag (die Erlöse), der erzielt wurde, in Bezug zum Einsatz (dem Aufwand), den man zur Erreichung des Zieles aufgebracht hat, gesetzt. Mathematisch bedeutet dies:

$$\text{Wirtschaftlichkeit} = \frac{\text{Ertrag}}{\text{Aufwand}}$$

Beispiel

Die Mediaworld e. K. hat im abgelaufenen Monat einen Nettoumsatz (Umsatzerlös) von 390.000,00 € erzielt. Dabei fielen Aufwendungen von 170.000,00 € an.

Die Wirtschaftlichkeit des Unternehmens im abgelaufenen Monat beträgt:

$$\text{Wirtschaftlichkeit} = \frac{\text{Ertrag}}{\text{Aufwand}} = \frac{390\,000{,}00}{170\,000{,}00} = 2{,}3$$

Durch Kostensenkungen, zum Beispiel im Bereich Personal oder beim Warenbezug, kann es zu einer Erhöhung der Wirtschaftlichkeit kommen.

Fortsetzung des Beispiels

Im folgenden Monat hat die Mediaworld e. K. den gleichen Umsatz von 390.000,00 € erzielt, allerdings konnten die Aufwendungen des Unternehmens um 20.000,00 € auf 150.000,00 € gesenkt werden.

$$\text{Wirtschaftlichkeit} = \frac{\text{Ertrag}}{\text{Aufwand}} = \frac{390\,000{,}00}{150\,000{,}00} = 2{,}6$$

Ähnlich zur Wirtschaftlichkeit verhält es sich mit dem Unternehmensziel „Steigerung der Produktivität". Die **Produktivität** (von der schon im vorherigen Kapitel die Rede war) wird gemessen als Verhältnisgröße zwischen einer Ausbringungsmenge und der Einsatzmenge:

$$\text{Produktivität} = \frac{\text{Ausbringungsmenge}}{\text{Einsatzmenge}}$$

Die Ausbringungsmenge kann in einem Produktionsbetrieb zum Beispiel die hergestellte Stückzahl sein; die Einsatzmenge kann die geleistete Arbeitszeit sein, die zur Herstellung des Stückes notwendig war. Das folgende Beispiel zeigt die Produktivität des Arbeitseinsatzes in der Mediaworld e. K.:

Beispiel

Die Mediaworld e. K. hat fünf reguläre Beschäftigte (ohne das Personal im Verkaufsshop, die Praktikantinnen oder Praktikanten und Auszubildenden). Diese fünf regulären Beschäftigten erwirtschafteten im letzten Geschäftsjahr einen Jahresumsatz von 4.800.000,00 €.

$$\text{Produktivität je Mitarbeiter/-in} = \frac{\text{Ausbringungsmenge}}{\text{Einsatzmenge}} = \frac{4\,800\,000{,}00\ €}{5} = 960.000{,}00\ €$$

Das Unternehmen interessiert es besonders, wie hoch die **Rendite** seines investierten Kapitals ist. Hiermit ist gemeint, wie gut sich das angelegte Kapital verzinst hat. Ähnlich wie die Zinsen, die man von einer Bank oder Sparkasse bekommt, wenn man dort sein Geld anlegt, erwartet eine Unternehmerin oder ein Unternehmer eine Verzinsung vom Unternehmen. Diese nennt man Rendite oder **Rentabilität**. Zur Berechnung benötigt man den Gewinn und die Höhe des eingesetzten Kapitals (zur genaueren Berechnung der Rentabilität siehe LF 11, AS 11.2, Kapitel 2.2):

$$\text{Rentabilität} = \frac{\text{Gewinn} \cdot 100}{\text{Eigenkapital}}$$

Beispiel

Die Mediaworld e. K. hat 600.000,00 € Eigenkapital. Damit wurde im vergangenen Jahr ein Gewinn in Höhe von 80.000,00 € erwirtschaftet. Die Rentabilität ergibt:

$$\text{Rentabilität} = \frac{\text{Gewinn} \cdot 100}{\text{Eigenkapital}} = \frac{80\,000{,}00\ € \cdot 100}{600\,000{,}00\ €} = 13{,}33\ \%$$

Aufgaben

Aufgaben zur Wiederholung

1. a) Ein Unternehmen hat einen Nettoumsatz von 650.000,00 € erzielt, dabei sind Aufwendungen in Höhe von 420.000,00 € angefallen. Berechnen Sie die Wirtschaftlichkeit des Unternehmens.

b) Dasselbe Unternehmen hat in der folgenden Periode bei gleichen Umsätzen Aufwendungen in Höhe von 480.000,00 € zu verzeichnen. Berechnen Sie die Wirtschaftlichkeit und vergleichen Sie Ihr Ergebnis mit dem Ergebnis aus Aufgabenteil a).

c) In der nächsten Betrachtungsperiode erzielt das Unternehmen bei Aufwendungen in Höhe von 420.000,00 € einen Nettoumsatz von 720.000,00 €. Berechnen Sie die Wirtschaftlichkeit und vergleichen Sie Ihr Ergebnis wiederum mit dem Ergebnis aus Aufgabenteil a).

2. a) Beschreiben Sie, was die Kennzahl „Produktivität" aussagt.

b) Der Lagermitarbeiter Kai Hansen hat in sechs Stunden Arbeitszeit 188 Artikel verpackt und versendet. Ermitteln Sie die Produktivität des Lagerarbeiters.

c) Ein anderer Lagermitarbeiter namens Guido Kühl hat in sieben Stunden Arbeitszeit 208 Artikel verpackt und verschickt. Beurteilen Sie, welcher der beiden Lagermitarbeiter produktiver gearbeitet hat.

3. Ein Unternehmer hat 200.000,00 € als Eigenkapital in sein Unternehmen investiert. Das Unternehmen erwirtschaftet einen Gewinn in Höhe von 30.000,00 €. Berechnen Sie die Rentabilität.

4. a) Ein Kapitalanleger hat ein Angebot der örtlichen Sparkasse vorliegen: Für eine Geldanlage in Höhe von 150.000,00 € wird ein Zinssatz von 5 % (Rendite) garantiert. Berechnen Sie, wie viel Euro Zinsen der Kapitalanleger nach einem Jahr von der Bank bekommt.

Der Kapitalanleger hat sich entschlossen, das Geld nicht bei der Sparkasse anzulegen, sondern als Eigenkapital in einem Unternehmen zu investieren (als sogenannte stille Beteiligung). Sein Gewinnanteil nach einem Jahr beträgt 9.750,00 €. Berechnen Sie die Rentabilität seiner Kapitalanlage.

Lernaktionen

Lernaktion 1

a) Lesen Sie den folgenden Artikel aus der „Viersener Tagespost“. Notieren Sie sich dabei Begriffe, deren Bedeutung Ihnen unbekannt ist.

b) Listen Sie auf, welche unternehmerische Zielsetzung Sie aufgrund des Artikels bei der „Pepp GmbH“ finden.

c) Erläutern Sie, wie das Unternehmen versucht, diese Ziele zu erreichen.

d) Diskutieren Sie, ob der Weg, den die „Pepp GmbH“ bei der Umsetzung dieses wichtigen Unternehmenszieles einschlägt, erfolgreich sein wird.

e) Nennen Sie ergänzende Maßnahmen, wie man das gewünschte Ziel erreichen kann.

f) Nennen Sie weitere mögliche Ziele, die das Unternehmen verfolgen wird.

g) Zeigen Sie Zielharmonien und Zielkonflikte auf, die zwischen denen von Ihnen gefundenen Zielen in Aufgabenteil f) und dem im Text genannten Zielen bestehen.

Workshop zur Nachhaltigkeit: Die Pepp GmbH „goes green“

Das Unternehmen beauftragt seine Mitarbeiterinnen und Mitarbeiter, Energie-, Wasser- und Abfalleinsparungsmöglichkeiten zu entdecken.

Die Pepp GmbH, ein Hersteller von Werbe- und Dekorationsartikeln, gibt Mitarbeiterinnen und Mitarbeitern aus allen betrieblichen Bereichen eine Woche lang die Aufgabe, neue Ideen zur Förderung der Umweltfreundlichkeit des Unternehmens zu sammeln. Dabei werden Möglichkeiten gesucht, wie man Energie oder Wasser einsparen kann und wie sich Abfall vermeiden oder recyceln lässt. Die Ideen werden nach Möglichkeit sofort umgesetzt und führen somit auch unmittelbar zu Ergebnissen.

Die besten Vorschläge, die in der Ideenwoche gemacht wurden, haben innerhalb kurzer Zeit zu Energieeinsparungen in Höhe von 25 % und zur Verminderung des Wasserverbrauchs um 30 % beigetragen. Beim Thema Müllvermeidung konnte man immerhin eine Reduzierung von 20 % erreichen. Die Geschäftsleitung hat den Wert dieser umweltschonenden Einsparungen auf ca. 30.000,00 € pro Jahr geschätzt.

„Die Einsparungen kommen nicht allein dem Unternehmen und der Umwelt zugute“, betont Walter Pape von der Geschäftsleitung, „schließlich verdanken wir die Ideen unseren Mitarbeiterinnen und Mitarbeitern. Diese werden an den Einsparungen in Form von Ideen-Prämien beteiligt, entweder mit einem Pauschalbetrag oder prozentual bezogen auf die Einsparungen.“

Das Programm zur Entwicklung von Ideen, um das Unternehmen umweltfreundlich und nachhaltig werden zu lassen, läuft weiter. Die Geschäftsleitung hat auch für die Zukunft eine finanzielle Belohnung für die Mitarbeiterinnen und Mitarbeiter in Aussicht gestellt.

Lernaktion 2

In einem Unternehmen ergibt sich zum Geschäftsjahresende die unten stehende Gewinn- und Verlustrechnung. Auf der linken Seite sind alle Aufwendungen zu sehen („was Geld gekostet hat"), auf der rechten Seite sieht man die Erträge („was Geld eingebracht hat"):

Soll	Gewinn- und	Verlustkonto	Haben
Aufwendungen für Waren	3.500.400,00	Umsatzerlöse für Waren	6.250.000,00
Verpackungsmaterial	67.050,00	Provisionserträge	5.000,00
Energieaufwand	15.000,00	Zinserträge	9.000,00
Fremdinstandsetzung	34.000,00	Weitere Erlöse	3.000,00
Löhne	479.000,00		
Gehälter	190.000,00		
Mieten, Pachten	67.650,00		
Werbung	130.000,00		
Betriebliche Steuern	56.000,00		
Weitere Aufwendungen	188.500,00		
	...		...

a) Ermitteln Sie die Summe der Erträge.

b) Ermitteln Sie die Summe der Aufwendungen.

c) Ermitteln Sie, ob das Unternehmen einen Gewinn oder einen Verlust erwirtschaftet hat, und berechnen Sie die Höhe dieses Unternehmensergebnisses.

d) Erläutern Sie, wer über die Gewinnverwendung entscheidet, wenn das Unternehmen

da) ein Einzelunternehmen,

db) eine OHG,

dc) eine GmbH oder

dd) eine AG ist.

e) Angenommen, das vorliegende Unternehmen ist eine Kommanditgesellschaft. Führen Sie die Gewinnverteilung anhand der folgenden Informationen durch:

Komplementäre sind Adam Apfel und Bertram Birne. Sie stellen zusammen 70 % des Kapitals der KG. Ihre Anteile sind gleich groß. Die restlichen 30 % des Gesellschaftskapitals werden von den zwei Kommanditisten Klemens Kirsche (2/3) und Olaf Orange (1/3) gestellt. Das Gesamtkapital der Gesellschaft beträgt 2.800.000,00 €. Die Verteilung des Unternehmensgewinnes erfolgt nach den gesetzlichen Vorschriften zur KG.

f) In der vorangegangenen Aufgabe wurde unterstellt, dass der Gesamtgewinn an die Eigentümerinnen und Eigentümer des Unternehmens ausgeschüttet wird. Machen Sie Vorschläge über andere Möglichkeiten der Gewinnverwendung in einem Unternehmen.

g) Angenommen, im vorliegenden Fall würde der Jahresgewinn exakt 1.500.000,00 € betragen. Ermitteln Sie die Eigenkapitalrentabilität, wenn das Eigenkapital des Unternehmens 67.500.000,00 € beträgt.

h) Wie hoch hätte im Fall g) der Jahresgewinn sein müssen, wenn die Eigenkapitalrentabilität 5 % betragen sollte.

i) Wie hoch ist das Eigenkapital des Unternehmens, wenn die Eigenkapitalrentabilität 7 % und der Jahresgewinn 1.500.000,00 € betragen?

j) Im vorliegenden Unternehmen liegen die folgenden Informationen vor:
Im November des letzten Geschäftsjahres wurden 220 000 Stück Fertigerzeugnisse produziert. Dazu wurden insgesamt 5 950 Arbeitsstunden abgeleistet. Im Dezember wurden 190 000 Stück hergestellt, dabei wurden bei gleicher Anzahl an Beschäftigten 5 050 Arbeitsstunden gezählt.

ja) Ermitteln Sie die Produktivität für die Monate November und Dezember.

jb) Erläutern Sie, was die Produktivität aussagt.

jc) Nennen Sie Gründe, warum im Dezember weniger Arbeitsstunden abgeleistet wurden, obwohl sich die Beschäftigtenzahl nicht verändert hat.

jd) Finden Sie Gründe, warum die Produktivität im Dezember höher ist als im November.

je) Vergleichen Sie die Kennzahl „Produktivität“ mit der Kennzahl „Rentabilität“. Überlegen Sie dann, ob eine höhere Produktivität auch zu einer höheren Rentabilität führt, und zeigen Sie dies anschaulich auf.

Beschaffungsmarktforschung und Beschaffungsplanung

Anforderungssituation 3.1

1 Bezugsquellen ermitteln und analysieren

Das ist geschehen

Moritz Wagner: *„Wir sollten endlich noch eine Wireless-Mouse mit in das Sortiment aufnehmen. Unsere Kundschaft fragt schnurlose Computermäuse immer mehr nach!“*

Bastian Lenz: *„Woher nehmen, wenn nicht stehlen?“*

Moritz Wagner: *„Wir haben ja unsere Lieferbetriebe Multitask und Müller & Schneider OHG. Aber wir sollten auch noch einmal im Internet nachsehen, welche Herstellungs- oder Großhandelsbetriebe uns dies anbieten können. Vielleicht finden wir ja einen günstigeren als den bisherigen Lieferbetrieb Multitask GmbH.“*

Bastian Lenz: *„Prima Idee, ich brauche auch noch ein neues Smartphone für mich. Mit 64 GB Arbeitsspeicher und 50 MP Front- und Rückkamera.“*

Das ist zu tun

1. Informieren Sie sich mit Moritz Wagner im Internet über herstellende Unternehmen von schnurlosen Computermäusen. Verwenden Sie hierbei gängige Suchstrategien. Zeigen Sie danach in der Lerngruppe, welche Internetsuchseiten sie verwendet haben, und geben sie eine Wertung über diese Seiten ab.
2. Die erste Recherche ist geschafft. Führen Sie nun auch für Bastian Lenz eine Internetabfrage für sein neues Smartphone durch. Finden Sie zwei alternative Bezugsquellen für Bastians neues Telefon.

Arbeit mit dem PC

LF 3 → Internetschulung → *Schulung Internetsuche.*

Das sollte man wissen

Bezugsquellenermittlung

Das oberste Ziel der Beschaffung ist die langfristige Sicherstellung der ausreichenden Versorgung des Betriebes mit Handelswaren. Diese Versorgung sollte den Anforderungen des Betriebes gerecht werden und zu möglichst geringen Kosten erfolgen. Deshalb ist es wichtig, die Lieferbetriebe genau auszuwählen.

Vorher stellt sich aber erst einmal die die Frage, bei welchem Lieferbetrieb man bestellen soll. Dieses Problem umschreibt man mit dem Begriff **Bezugsquellenermittlung.** Die Abteilung Einkauf/Beschaffung eines Betriebes kümmert sich hierum. Dabei gibt es prinzipiell zwei Wege, um Adressen von möglichen Lieferbetrieben für die benötigten Waren herauszufinden.

Bezugsquellenermittlung	
→ **interne** Bezugsquellen ermitteln	→ **externe** Bezugsquellen ermitteln
Innerhalb des Unternehmens liegen Daten und Adressen von möglichen Lieferbetrieben vor, z. B. in der Datei mit den Lieferbetrieben.	Man sucht außerhalb des Unternehmens nach Adressen von möglichen Lieferbetrieben, z. B. im Internet über Suchmaschinen, im Branchenbuch, in Fachzeitschriften, bei Messebesuchen.

Auf diese Art und Weise kommt man wahrscheinlich zu einer Vielzahl von möglichen Lieferbetrieben, bei denen man bestellen kann. Hieraus muss man dann eine Auswahl treffen, wer tatsächlich die Ware liefern soll. Dabei spielen verschiedene Kriterien eine Rolle, etwa der Preis, die Qualität der Ware, der Liefertermin, die Zuverlässigkeit des Lieferbetriebes, die Zahlungsbedingungen und ökologische Aspekte. Zu bewerten sind zuerst das quantitative Kriterium „Preis", aber auch weitere qualitative Kriterien (Qualität der Ware, Lieferpünktlichkeit, Zahlungsziel usw.).

Aufgaben

Aufgabe zur Wiederholung

Bastian Lenz hat im Internet drei verschiedene Lieferbetriebe für schnurlose Computermäuse gefunden. Er hat sich von jedem Lieferbetrieb die Homepage angesehen und dabei Folgendes notiert:

Lieferbetrieb:	Compool KG	Tigrabyte AG	Jesmen Inc.
Standort:	Essen	Sofia	Hongkong
Art des Unternehmens:	Großhandel	Herstellendes Unternehmen	Herstellendes Unternehmen
Produkt:	Trimouse wl	PC-Mouse „Klick"	PC-Mouse „Wirefire"
Preis:	16,00 €	4,00 €	7,50 €
Bewertung des Produktes laut Kundenbewertung auf Mammazone.web	Im Durchschnitt: fünf von fünf Sternen (48 Bewertungen)	Im Durchschnitt: zwei von fünf Sternen (3 Bewertungen)	Im Durchschnitt: vier von fünf Sternen (19 Bewertungen)
Serviceleistungen	Kostenloser Versand ab 100,00 € Bestellwert	Keine Angaben	Englischsprachige 24-Std.-Hotline
Garantie	Drei Jahre Herstellergarantie	Zwei Jahre Herstellergarantie	Keine Angaben

a) Nennen Sie weitere Kriterien für eine Analyse der Bezugsquellen für schnurlose Computermäuse.

b) Bewerten Sie die Wichtigkeit der oben von Bastian Lenz gefundenen Kriterien mit Schulnoten.

c) Versuchen Sie, eine Entscheidung zu treffen! Bei welchem Lieferbetrieb würden Sie bestellen? Begründen Sie Ihre Meinung gegenüber Ihren Mitschülerinnen/Mitschülern.

2 Bestellmengen planen

Das ist geschehen

In der Mediaworld e. K. werden zweimal im Jahr kabellose Tastaturen nachbestellt. Der Gesamtjahresbedarf liegt bei 1 200 Stück, sodass bei jeder Bestellung 600 Stück angefordert werden. Peter Bäumer, der Lagerist, beschwert sich bei Sabine Hauser aus dem Einkauf, weil gerade heute wieder 600 Tastaturen im Lager angeliefert wurden, die er kontrollieren und einlagern muss. *„Das sind viel zu viele, und die liegen hier die ganze Zeit rum. Bis die mal wieder verkauft werden …“*, schimpft er vor sich hin. Sabine Hauser kontert: *„Nun mal halblang, Herr Bäumer. Dafür muss ich auch nicht so oft bestellen, ich spare viel Zeit, weil ich nicht ständig den günstigsten Lieferbetrieb herausfinden muss und so …“.*

Das ist zu tun

Berechnen Sie, welche Bestellmenge bei dem Artikel Speedy-Computertastatur optimal ist. Fertigen Sie dazu im Heft eine Tabelle nach dem folgenden Muster an und berechnen Sie die entsprechenden Daten. Es sind die vom Lieferbetrieb vorgegebenen möglichen Bestellmengen angegeben.

Bestellmenge in Stück je Bestellung pro Jahr	Zahl der Bestellungen pro Jahr	Bestellkosten in € pro Jahr	Durchschnittlicher Lagerbestand in Stück	Durchschnittlicher Lagerbestand in €	Lagerkosten in € pro Jahr	Gesamtkosten in € pro Jahr
1 200						
600	2	140,00	300	2.520,00	630,00	770,00
400						
300						
200						
100						
50						

Weitere Daten:

- Bestellkosten je Beschaffungsvorgang: 70,00 €
- Lagerhaltungskostensatz: 25 %
- Einkaufspreis je Stück: 8,40 €

Bestellmengen planen

Das sollte man wissen

Bei jeder Bestellung, die getätigt wird, fallen Kosten an. Dies sind Kosten für die Bearbeitung der Bedarfsmeldung, die Einholung des Angebotes und den Angebotsvergleich, die Wareneingangsprüfung, die Rechnungsprüfung usw. Je häufiger eine Ware bestellt wird, desto häufiger fallen diese Kosten an. Insofern könnte man denken, dass es sinnvoll ist, nicht oft einzukaufen. Stattdessen könnte man ja sehr selten bestellen und dafür gleich eine große Menge an Ware beschaffen.

Auf der anderen Seite kostet die Lagerung der Ware auch Geld: Es fallen Kosten für das Lagerpersonal und den Lagerumschlag an, dazu kommen die Zinsen für das gebundene Kapital, die Kosten des Lagerrisikos usw. Je kleiner ein Lager ist und umso weniger Ware gelagert wird, desto geringer sind diese Lagerkosten.

Man erkennt schnell: Lagerkosten und Bestellkosten sind gegenläufig:

Häufiges Bestellen	Nicht so häufiges Bestellen
• führt zu kleinen Bestellmengen, • zu kleinen Lagermengen, • damit auch zu geringen Lagerkosten, • aber zu hohen Bestellkosten.	• führt zu großen Bestellmengen, • zu großen Lagermengen, • damit auch zu hohen Lagerkosten, • aber zu geringen Bestellkosten.

Aufgrund dieses Zusammenhangs stellt sich die Frage nach der Menge, die nun tatsächlich bestellt werden soll. Dies muss – wirtschaftlich gedacht – die Menge sein, bei der die geringsten Kosten anfallen. Dabei muss man beide Kostenarten, die bei der Bestellung *und* Lagerung anfallen, berücksichtigen: die Bestell- und die Lagerhaltungskosten. Ist die Summe dieser beiden Kosten minimal, hat man die optimale Bestellmenge gefunden.

Beispiel

Der Artikel H 1001 wird in der Mediaworld e. K. viermal im Jahr nachbestellt. Der gesamte Jahresabsatz dieses Artikels beträgt 3 040 Stück. Die Kosten einer Bestellung betragen 105,00 €. Die Lagerung wird mit einem Lagerhaltungskostensatz von 25 % bewertet, der Einstandspreis des Artikels beträgt 18,00 €.

- Jährliche Bestellkosten bei vier Bestellungen im Jahr: 4 · 105,00 € = **420,00 €**
- Durchschnittlicher Lagerbestand in Stück: 3 040 : 4 = 760 Stück : 2 = 380 Stück
- Durchschnittlicher Lagerbestand in Euro: 380 · 18,00 € = 6.840,00 €
- Lagerhaltungskosten: 6.840,00 · 0,25 = **1.710,00 €**
- Summe aus Bestell- und Lagerkosten: **2.130,00 €** (Gesamtkosten)

Sabine Hauser aus dem Einkauf prüft, wie sich die Kostensituation verändert, wenn man doppelt so häufig, also achtmal bestellt:

- Jährliche Bestellkosten bei acht Bestellungen im Jahr: 8 · 105,00 € = **840,00 €**
- Durchschnittlicher Lagerbestand in Stück: 3 040 : 8 = 380 Stück : 2 = 190 Stück
- Durchschnittlicher Lagerbestand in Euro: 190 · 18,00 € = 3.420,00 €
- Lagerhaltungskosten: 3.420,00 · 0,25 = **855,00 €**
- Summe aus Bestell- und Lagerkosten: **1.695,00 €** (Gesamtkosten)

Man erkennt am Beispiel, dass sich zwar die Bestellkosten durch das häufigere Bestellen verdoppeln, allerdings sinken die Lagerhaltungskosten deutlich, weil deutlich weniger Ware gelagert werden muss. Durch das Errechnen der Gesamtkosten bei unterschiedlich großen Bestellmengen kann man auf die optimale Bestellmenge stoßen.

Grafisch zeigt der Zusammenhang zwischen Bestell- und Lagerkosten, dass sich die beiden gegensätzlich verlaufenden Kurven schneiden. Die Zusammenfassung beider Kurven zu den Gesamtkosten zeigt, dass deren Verlauf einen Tiefpunkt hat. An diesem Punkt kann man relativ genau die optimale Bestellmenge ablesen.

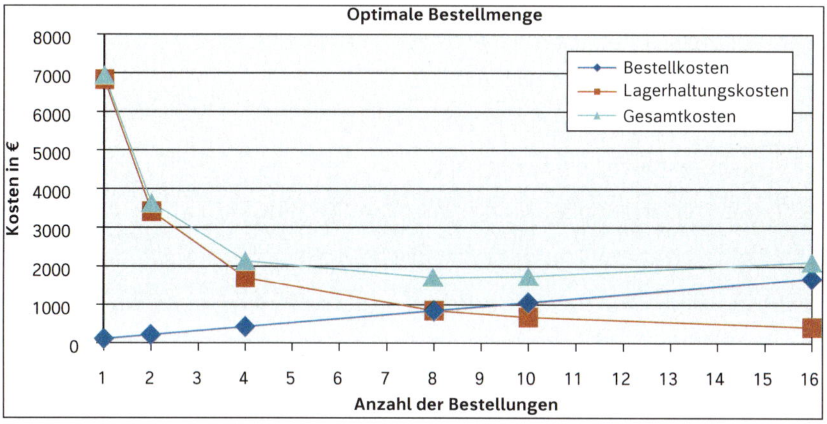

Das beschriebene Beispiel beruht auf ein paar Annahmen, die in der Realität nicht immer so anzutreffen sind. Beispielsweise wird von einem regelmäßigen Lagerabgang ausgegangen, sodass sich der Jahresbedarf tatsächlich sehr gleichmäßig über das Jahr verteilt. Häufig ist es aber so, dass der Absatz schwankt, zum Beispiel aus saisonalen Gründen. Dies zeigt, dass man neben der reinen Kostenbetrachtung auch noch andere Faktoren bei der Ermittlung der optimalen Bestellmenge berücksichtigen muss.

Zu beachten ist demnach:

- Der Bedarf/Absatz an Gütern schwankt während des Jahres.
- Liefert ein Lieferbetrieb nur unter Vorgabe von Mindestbestellmengen?
- Mengenrabatte bei hohen Bestellmengen führen zu geringeren Einstandspreisen.

- Ist ein Lieferbetrieb in der Lage, die optimale Bestellmenge auch zu liefern?
- Reicht die Lagerkapazität für die optimale Bestellmenge auch aus?

Trotz dieser Faktoren gibt die Ermittlung der optimalen Bestellmenge allein unter Berücksichtigung der Kosten wichtige Hinweise, wie hoch die bestmögliche Bestellmenge sein sollte.

Aufgaben

Aufgaben zur Wiederholung

1. a) Erläutern Sie, was man unter der optimalen Bestellmenge versteht.

b) Nennen Sie konkrete Beispiele für die Kosten, die mit dem Begriff „Bestellkosten" umschrieben sind.

c) Welche Kosten sind gemeint, wenn man von Lagerhaltungskosten spricht? Nennen Sie auch hier konkrete Beispiele.

d) Welche Bedingungen müssen vorliegen, damit man die optimale Bestellmenge rein kostenrechnerisch ermitteln kann?

2. In der Mediaworld e. K. sind zu einem Artikel die folgenden Daten bekannt:

- Einstandspreis: 1,20 € je Stück
- Jahresbedarf: 300 000 Stück
- Kosten je Bestellvorgang: 290,00 €
- Lagerhaltungskostensatz: 10 %
- Alternative Bestellhäufigkeiten 1, 2, 4, 6, 8, 10, 12

a) Ermitteln Sie die optimale Bestellmenge mithilfe einer Tabelle.

b) Fertigen Sie anhand Ihrer Tabelle eine Zeichnung an, in der die Bestellkosten, die Lagerhaltungskosten und die Gesamtkosten gegenübergestellt werden.

c) Unter sonst gleichen Bedingungen verdoppeln sich die Bestellkosten auf 580,00 € je Bestellung. Wie verändert sich die optimale Bestellmenge?

d) Angenommen, die Bestellkosten betragen weiterhin 290,00 €. Berechnen Sie die neue optimale Bestellmenge, wenn der Einstandspreis der Ware auf 1,90 € steigt.

Arbeit mit dem PC

3. Die Mediaworld e. K. schätzt den Bedarf an Tablet-PCs auf 400 Stück. Die Lagerhaltungskosten pro Stück betragen 0,75 €, die Beschaffungskosten pro Bestellung 40,00 €. Ermitteln Sie formelgesteuert unter Verwendung kopierfähiger Zelladressen mit einer Excel-Tabelle die optimale Bestellmenge rechnerisch. Die Tabelle könnte folgendes Aussehen haben:

	A	B	C	D	E	F
1	**Optimale Bestellmenge**					
2						
3	Menge		400			
4	Lagerhaltungskosten		0,75 €			
5	Beschaffungskosten		40,00 €			
6						
7	**Anz. Bestell.**	**Bestellmenge**	**durchschn. Lagerbestand**	**Lagerkosten**	**Bestellkosten**	**Gesamtkosten**
8	1					
9	2					
10	3					
11	4					

Arbeit mit dem PC

Zur Wiederholung: LF1 → Excel-Schulungen → *Schulung Tabellen- und Zahlenformatierungen.*
LF3 → Excel-Schulungen → *Schulung Absolute Adressierung.*

3 Bestellzeitpunkte ermitteln

Das ist geschehen

In der Mediaworld e. K. liegen von zwei Artikeln die Lagerbestände für den Monat April vor. Anhand der Daten kann man nachvollziehen, wie schnell der Lagerabgang war, wann die Artikel nachbestellt wurden und wie lange die jeweilige Lieferzeit ist. Moritz Wagner möchte sich die Daten grafisch darstellen lassen, um daran die Besonderheiten der Bestelltermine und Bestellrhythmen zu sehen.

Lagerbestand Artikel H 1004 April 20..						
Tag des Monats	1	5	8	11	14	30
Lagerbestand in Stück	220	140	80 320	180	20 320	100 320

Weitere Daten:

- Mindestbestand: 20 Stück
- Meldebestand: 140 Stück
- Höchstbestand: 320 Stück

Lagerbestand Artikel C 3006 April 20..							
Tag des Monats	1	5	10	15	20	25	30
Lagerbestand in Stück	150	110 210	160 260	100 200	70 170	30 130	100 200

Weitere Daten:

- Mindestbestand: 10 Stück
- Höchstbestand: 250 Stück

Das ist zu tun

Vergleichen Sie die Daten zu den beiden Artikeln, indem Sie die Situation jeweils in einem Koordinatensystem darstellen. Gehen Sie wie folgt vor:

1. Fertigen Sie ein Koordinatensystem an. Auf der x-Achse sind die Tage des Monats (ein Tag je 0,5 cm), auf der y-Achse die Lagerbestände in Stück einzutragen (Skalierung 10 St. je 0,5 cm).
2. Tragen Sie die jeweils angegebenen Lagerbestände der Artikel ein. Zwei Daten an einem Tage bedeuten, dass zuerst der niedrigere Bestand erreicht wird, dann eine neue Lieferung eintrifft und der obere Bestand am gleichen Tag einzutragen ist.
3. Verbinden Sie die jeweiligen Punkte als durchgezogene bzw. als gestrichelte Linie.
4. Vergleichen Sie die beiden Kurvenverläufe. Worin liegen die Unterschiede bezüglich der Bestände, die erreicht werden, und bezüglich der Bestelltermine/-rhythmen?

Das sollte man wissen

Bestellzeitpunkte ermitteln

Die Planung des Bestelltermins ist eine sehr wichtige Angelegenheit. Wird zu früh bestellt, liegen noch reichlich Produkte auf Lager, sodass mit der neuen Lieferung zu viel Ware gelagert wird, was hohe Kosten verursacht. Wird allerdings erst zu spät bestellt, läuft man Gefahr, dass man die Kundenbestellungen nicht erfüllen kann und die Verkaufsbereitschaft nicht gegeben ist.

Bei den meisten Produkten, die sich in einem Lager befinden, werden zwei grundsätzliche Verfahren zur Ermittlung des Bestelltermins angewandt: das **Bestellpunktverfahren** und das **Bestellrhythmusverfahren.**

1. Bestellpunktverfahren

Hier gibt ein bestimmter Punkt beim Lagerbestand vor, wann Ware nachbestellt werden muss; es ist der sogenannte **Meldebestand**, an dem man den Bestelltermin ablesen kann.

Erreicht der Lagerbestand die Menge, die der Meldebestand vorgibt, muss die Ware nachbestellt werden.

2. Bestellrhythmusverfahren

Der Name dieses Verfahrens gibt die Vorgehensweise an: Es wird in einem bestimmten Bestellrhythmus Ware nachgekauft. Dabei gibt es generell auch die beiden Möglichkeiten, dass

1. immer die gleiche Menge nachbestellt wird und
2. die Bestellmenge variiert.

Hier kann es passieren, dass der Bestelltermin schon erreicht wird, obwohl noch genügend Ware auf Lager liegt. Möglicherweise wird sogar der Höchstbestand überschritten und es liegt plötzlich eine größere Menge an Gütern auf Lager, als wirtschaftlich sinnvoll ist.

Beide Verfahren haben ihre Berechtigung und ihre Vorteile, aber auch Nachteile

	Bestellpunktverfahren	Bestellrhythmusverfahren
Vorteile	• Bei gleichmäßigem Lagerabgang sehr einfaches Verfahren • Sicheres Verfahren, da Aufbrauch des Mindestbestandes nahezu ausgeschlossen wird	• Unkompliziert, da immer an festen Terminen nachbestellt wird • Keine ständige Kontrolle des Meldebestandes notwendig
Nachteile	• Hoher Anfangsaufwand, hoher Kontrollaufwand durch Festlegung und Überprüfung des Meldebestandes und des Lagerabganges • Tendenziell hohe Lagerbestände, wenn man immer bis zum Höchstbestand auffüllt • Schwierig für Sammelbestellungen • Güter mit wenig Lagerbewegung („Ladenhüter“) werden erst spät erkannt, da der Meldebestand nur langsam erreicht wird.	• Gefahr der Unterschreitung des Mindestbestandes; entsprechend ... • Großer Sicherheitsbestand notwendig, da Lagerabgang bis zum nächsten Bestelltermin schwer kalkulierbar ist • Bestand muss zusätzlich überprüft werden, um leere Lager zu vermeiden.

Just-in-time-Lieferung

Eine besondere Form dieses bedarfsgerechten Einkaufs ist das Just-in-time-Prinzip.

„Just in time“ bedeutet „zur richtigen Zeit“ und umschreibt ein Logistikkonzept, bei dem genau in dem Moment die Ware geliefert wird, in dem sie für die Produktion benötigt wird. Dies macht eine eigene Lagerung nahezu überflüssig – mit Ausnahme eines kleinen Sicherheitsbestandes, der Lieferausfälle ausgleichen soll.

Wenn keine eigene Lagerung mehr durchgeführt wird, stellt sich die Frage, wo und wann die Ware denn gelagert wird. Die Antwort darauf lautet: Die Ware lagert beim Lieferbetrieb und auf der Straße. Der Lieferbetrieb schickt die Ware so zeitgenau auf den Weg zur Kundin oder zum Kunden, dass sie termingerecht in dem Moment, wo sie benötigt wird, ankommt. Hierzu sind natürlich genaue Absprachen und Abstimmungen zwischen Lieferbetrieb und Kundin/Kunde notwendig.

Sinnvoll ist das Just-in-time-Konzept bei Gütern, die man in großen Mengen benötigt, beispielsweise bestimmte Roh- oder Hilfsstoffe oder Vorprodukte, die in die Herstellung der eigenen Waren eingehen. Deshalb findet man die lagerlose Beschaffung häufig bei Industriebetrieben, zum Beispiel bei den Automobilherstellungsunternehmen. Hier gibt es viele Vorprodukte und Bauteile, die bei Anlieferung direkt in das Auto eingebaut werden, beispielsweise die Sitze oder die Reifen.

Um den genauen Liefertermin zu treffen, muss der Lieferbetrieb sehr gute Kenntnisse über die Produktionsabläufe bei der Kundin oder beim Kunden haben. Dazu ist eine entsprechend aufwendige Kommunikation zwischen den beiden Betrieben notwendig. Der Zulieferbetrieb muss die Ware in der richtigen Art, Qualität und Reihenfolge auf den Lkw oder auf die Waggons laden, sodass bei der Kundin oder beim Kunden nur sehr kleine Lagermengen direkt an der Produktionsstätte entstehen.

Da die Zusammenarbeit zwischen Lieferbetrieb und Kundschaft sehr eng ist, werden häufig langfristige Lieferverträge abgeschlossen. Nur so lohnt es sich auf der einen Seite für den Lieferbetrieb, auf den der hohe Logistikaufwand abgewälzt wird, und auf der anderen Seite für die Kundschaft, die auf die Zuverlässigkeit des Lieferbetriebs angewiesen ist.

Just-in-time-Lieferung funktioniert nur unter bestimmten Voraussetzungen:

- Lieferbetriebe und beteiligte Transportunternehmen müssen sehr zuverlässig sein.
- Je kürzer die Entfernung, desto besser; dies minimiert Transportrisiken.
- Eine gute Verkehrsinfrastruktur muss vorhanden sein, dies schließt Verkehrsbehinderungen nahezu aus.

Insgesamt ist das Just-in-time-Konzept mit vielen Vor- und Nachteilen für den Lieferbetrieb und die Kundschaft verbunden.

	Lieferbetrieb	Kundschaft
Vorteile	• Langfristige Verträge sichern die Auslastung der Produktion. • Spezialisierung auf dieses Konzept führt zu neuen Geschäftsbeziehungen. • Anpassung der Produktion an die Kundenwünsche verbessert eigene Kompetenzen. • Räumliche Nähe zur Kundschaft minimiert Transportrisiken.	• Kostensenkung, da Lager- und Transportkosten auf den Lieferbetrieb abgewälzt werden • Verringerung des innerbetrieblichen Transports und Warenumschlags • Minimierung bzw. Abwälzung der Lagerrisiken auf den Lieferbetrieb • Günstigere Beschaffungspreise, da durch die langfristige Bindung an einen Lieferbetrieb große Mengen abgenommen werden • Die eingesparten Lagerhallen oder -flächen können anderweitig genutzt werden.
Nachteile	• Lager- und Transportaufwand wird von der Kundschaft auf ihn abgewälzt. • Abhängigkeit von der Kundschaft • Risiko der pünktlichen Lieferung auch bei unvorhersehbaren Ereignissen (Verkehrsbehinderungen usw.)	• Große Abhängigkeit vom Lieferbetrieb • Produktionsausfall bei Unzuverlässigkeit des Lieferbetriebes • Gefahr durch nicht vorhersehbare Störungen im Logistikfluss (Staus, Streiks, Unwetter, ...) • Hoher Kommunikationsaufwand mit dem Lieferbetrieb

Neben den Vor- und Nachteilen, die sich auf die direkt Beteiligten am Just-in-time-Konzept beziehen, hat dies natürlich auch Auswirkungen auf die Allgemeinheit. Dies erkennt man auch an dem zunehmenden Straßenverkehr und den dadurch erhöhten Umweltbeeinträchtigungen.

Aufgaben zur Wiederholung

Aufgaben

1. a) Beschreiben Sie die wesentlichen Merkmale des Bestellpunktverfahrens und des Bestellrhythmusverfahrens.

   b) Nennen Sie Vor- und Nachteile zu beiden Verfahren.

2. Entscheiden Sie, ob der Bestellzeitpunkt (Erreichen des Meldebestandes) in den folgenden Fällen vorgezogen oder nach hinten geschoben werden muss.

   a) Der Bedarf an einem Lagergut steigt.

   b) Der Beschaffungszeitraum verlängert sich.

   c) Der Bedarf an einem Lagergut sinkt.

   d) Der Lieferbetrieb verspricht eine schnellere Lieferzeit.

   e) Der Mindestbestand wurde in den letzten Bestellabschnitten mehrfach unterschritten.

   f) Der bisherige Lieferbetrieb ist insolvent. Es muss zukünftig bei einem Lieferbetrieben aus dem außereuropäischen Ausland bestellt werden.

3. a) Erklären Sie, unter welchen Umständen der Bestellrhythmus beim selbigen Verfahren über das Geschäftsjahr verteilt gleichmäßig sein kann (z. B. alle drei Monate).

   b) Überlegen Sie, wodurch sich beim Bestellrhythmusverfahren Vereinfachungen gegenüber dem Bestellpunktverfahren ergeben.

4. Die Müller und Schneider KG, ein großes Industrieunternehmen, das am Rande einer Kleinstadt liegt, plant, ihre Lagerhaltung umzustellen und für einen Großteil der Vorprodukte und Rohstoffe auf Just-in-time-Anlieferung umzustellen. Nach langen Verhandlungen mit den Zulieferbetrieben, die zum Teil einen neuen Betriebsstandort nahe der Müller und Schneider KG errichten, beginnt die Umstellung. Dazu werden zunächst eine neue Zufahrtsstraße zum Unternehmen und neue Umschlagshallen und -flächen errichtet.

   a) Beurteilen Sie aus Sicht der Müller und Schneider KG und aus Sicht der Zulieferbetriebe, welche Vorteile und Chancen mit der Umstellung auf Just-in-time-Produktion verbunden sind.

   b) Schätzen Sie ab, welche Auswirkungen diese Umstellung auf die Allgemeinheit, insbesondere auf die Bewohnerinnen und Bewohner der nahe gelegenen Kleinstadt hat. Gehen Sie hier auf Vor- und Nachteile ein.

4 Anfrage

Das ist geschehen

In der Abteilung Einkauf bei der Mediaworld e. K. liegt der folgende Beleg aus dem Lager vor:

Bedarfsmeldung	
Artikel-Nr.	Artikelbezeichnung
H 1 0 0 5	Surroundsystem „Feeling“
dringender Bedarf: ______60_____Stück	voraussichtlicher Liefertermin:
29.05.20.., Peter Bäumer Datum, Unterschrift Lager	________________________ Datum, Unterschrift Einkauf

Das ist zu tun

1. Erläutern Sie mit eigenen Worten, welchen Zweck dieser Beleg erfüllt.
2. Prüfen Sie für die Abteilung Einkauf, bei welchen Lieferbetrieben die Mediaworld e. K. diesen Artikel nachbestellen kann.
3. Nennen Sie Gründe, die dafür sprechen, nicht bei einem der bekannten Lieferbetriebe zu bestellen, sondern einen anderen, neuen Lieferbetrieb zu suchen.
4. Stellen Sie in einer Liste zusammen, welche Angaben und Daten in einen Brief an mögliche Lieferbetriebe gehören, um die gewünschte Ware anzufragen.

Das sollte man wissen

Anfrage

Häufig wird vor dem Abschluss eines Kaufvertrages verglichen, welche Verkäuferin/welcher Verkäufer und Lieferbetrieb die günstigsten Preise hat, die beste Qualität bietet oder zu einem gewünschten Termin liefern kann. Um diese und andere Dinge herauszufinden und miteinander vergleichen zu können, wird eine Anfrage an alle infrage kommenden Lieferbetriebe gestellt. Mit der **Anfrage** wird die Ware noch nicht bestellt, es werden nur Daten zur Ware, zum Preis und zu den Zahlungsbedingungen usw. erfragt. Damit stellt die Anfrage keine Willenserklärung zum Kauf der Ware dar. Sie bindet die Anfragenden auch nicht daran, die Ware bei dem Lieferbetrieb, dem sie eine Anfrage geschickt haben, tatsächlich zu kaufen.

Eine Anfrage ist nicht an eine bestimmte Form gebunden (→ LF 7, AS 7.1, Kapitel 4.1). Sie kann mündlich, fernmündlich oder schriftlich erfolgen. Dabei ist es vom Inhalt der Anfrage abhängig, ob es sich um eine **allgemeine Anfrage** oder um eine **bestimmte Anfrage** handelt. In der allgemeinen Anfrage bittet man um einen Katalog, eine Preisliste, einen Vertreterbesuch und weitere Informationen. Im Gegensatz dazu wird man in der bestimmten Anfrage konkreter: Hier werden Preise von bestimmten Artikeln, der genaue Liefertermin, umfassende Angaben zur Qualität einer Ware oder Rabatte für bestimmte Abnahmemengen einer Ware erfragt.

Aufgaben zur Wiederholung

Aufgaben

1. Fassen Sie in wenigen Stichwörtern die Informationen zur Anfrage zusammen. Benutzen Sie dabei das folgende Überlegungsschema:
   - Welcher Zweck wird mit einer Anfrage verfolgt?
   - Welche rechtlichen Folgen hat eine Anfrage?
   - Welche Form kann eine Anfrage haben?
   - Welche Arten von Anfragen werden unterschieden, worin liegen die Unterschiede?
2. Erstellen Sie eine Liste möglicher Informationen, um die man in einer Anfrage bitten kann.
3. An welche Lieferbetriebe der Mediaworld e. K. kann man Anfragen senden, wenn man Informationen zu Artikeln der Warengruppe 1, 2 oder 3 bekommen möchte?
4. In der Mediaworld e. K. ist der Artikel C003 USB-Speicher 2 TB zurzeit nicht mehr vorrätig. Schreiben Sie mit heutigem Datum eine DIN-Norm-gerechte Anfrage an einen möglichen Lieferbetrieb aus der Liste mit Lieferbetrieben der Mediaworld e. K. Erfragen Sie insbesondere den genauen Kaufpreis, einen möglichen Rabatt, das schnellstmögliche Lieferdatum und die Zahlungsbedingungen.

   Arbeit mit dem PC

   LF3 → Word-Schulungen → *Geschäftsbrief erstellen 2020*
   Word-Datei → *Mediaworld_Geschäftsbriefvordruck _leer 2020*
   Word-Datei → *Logo Mediaworld*
   LF3 → *Schulung Geschäftsbrief nach DIN 5008_2020_Anschriften, Ziffern und Zeichen*

5 Angebot

5.1 Formen des Angebots und Angebotsbindung

Das ist geschehen

Die Abteilung Verkauf der Mammuth GmbH hat aufgrund der Anfrage der Firma Mediaworld e. K. das folgende Angebot verschickt:

Mammuth GmbH
Audiogeräte

Mammuth • Gelsenstr. 32 • 46147 Oberhausen

Gelsenstraße 32
46147 Oberhausen

Telefon: 028 88888-12
Telefax: 028 88888-13

E-Mail: mammuthaudio@wvd.de
www.mammuthaudio-wvd.de

Mediaworld e. K.
Frau Sabine Hauser
Krefelder Straße 92
47226 Duisburg

Angebot-Nr.: 211

Kunden-Nr.: 355

Datum: 07.06.20..

Sehr geehrte Frau Hauser,

vielen Dank für Ihre Anfrage. Wir bieten Ihnen an:

60 St. Art. Nr. 440055 „Surroundsystem Feeling"
Stückpreis netto: 69,00 €
Rabatt: 15 %
Zahlungsziel: 30 Tage; bei Zahlung innerhalb von 7 Tagen gewähren wir 3 % Skonto
Lieferzeit: 2–3 Tage nach Bestellungseingang.

Sagt Ihnen das Angebot zu? Wenn Sie weitere Fragen haben, beraten wir Sie gerne.

Das ist zu tun

1. Beschreiben Sie, wozu sich die Mammuth GmbH mit der Versendung dieses Briefes an die Mediaworld e. K. verpflichtet.
2. Wie lange gilt das abgegebene Angebot? Nennen Sie mit Begründung das genaue Datum.
3. Erläutern Sie, was es bedeuten würde, wenn die Mammuth GmbH folgende Formulierung gewählt hätte: „Wir bieten Ihnen freibleibend an ..."

Formen des Angebots und der Angebotsbindung

Das sollte man wissen

Ein Angebot ist eine Willenserklärung der Anbietenden. Mit dem Angebot werden die Vertragspartner/-innen aufgefordert, das Angebot anzunehmen, damit ein Vertrag zustande kommt. Dies unterscheidet das Angebot von der Anfrage: Die Anfrage ist lediglich eine Aufforderung zur Abgabe einer Willenserklärung: Sie ist unverbindlich.

ANFRAGE	Unterschied zwischen Anfrage und Angebot	ANGEBOT
Keine Willenserklärung!	←→	Willenserklärung!
Unverbindlich		Verbindlich

Grundsätzlich kann ein Angebot formfrei abgegeben werden. Dies bedeutet, dass mündliche, fernmündliche und schriftliche Angebote erlaubt sind. Zur Vermeidung von Missverständnissen und aus Gründen der Beweissicherung ist es ratsam, Angebote schriftlich abzugeben.

Mit dem Angebot bindet man sich an das, was man hineingeschrieben hat: Die Waren, die Preise, die Lieferbedingungen, die Zahlungsbedingungen und weitere Inhalte des Angebotes sind verbindlich in dem Sinne, dass die- oder derjenige, der oder dem man das Angebot unterbreitet, sich auf diese Daten verlassen kann.

Bestellt die Käuferin oder der Käufer aufgrund des Angebotes, gelten die Preise, Lieferzeiten und die anderen Daten, die die oder der Anbietende hier hineingeschrieben hat.

Beispiel

Die Firma Elektro-Günther e.K. bestellt rechtzeitig aufgrund des Angebotes der Mediaworld e. K. die 15 4K-Fernseher. Dann muss die Mediaworld e. K. die angebotenen 15 % Rabatt gewähren, den Preis von 462,18 € einhalten, das Zahlungsziel von 30 Tagen beibehalten usw.

Die Bindung an das, was im Angebot geschrieben steht, kann man einschränken. Dazu bedient man sich der **Freizeichnungsklauseln.** Dies sind Worte oder Sätze, mit denen man im Angebot darauf hinweist, dass bei einem tatsächlichen Vertragsabschluss noch Änderungen eintreten können. Typische Freizeichnungsklauseln sind im Folgenden aufgeführt:

Freizeichnungsklausel	Bedeutung
• Angebot freibleibend • Angebot unverbindlich • ohne Gewähr, ohne Obligo	Das gesamte Angebot ist unverbindlich, alles kann sich noch bis zum Vertragsabschluss ändern.
• Preise unverbindlich • Preisänderungen vorbehalten	Die Preise können sich bis zum Vertragsabschluss noch ändern.
• solange Vorrat reicht • Lieferung vorbehalten	Wenn zu spät bestellt wird, kann vielleicht nicht mehr geliefert werden.
• Lieferzeit freibleibend	Die angegebene Lieferzeit ist unverbindlich.

Angebote gelten natürlich nicht ewig. Nach einer gewissen Zeit ist die Verbindlichkeit von abgegebenen Angeboten aufgehoben. Sonst könnte man sich heute ein Angebot über einen bestimmten Artikel einholen und in vielleicht fünf Jahren diesen Artikel bestellen in der Hoffnung, der fünf Jahre alte Preis würde noch gelten. Die Länge der Frist, in der Angebote gelten, nennt man **Bindungsfrist.** Sie ist abhängig von der Art, wie das Angebot abgegeben wurde:

- **Mündliches Angebot:** Ein mündliches Angebot kann nur angenommen werden, solange das Gespräch dauert. Ist das Gespräch beendet, gilt auch das Angebot nicht mehr.

Beispiel

Moritz Wagner bietet im Verkaufsgespräch einem Kunden einen USB-Stick zum Sonderpreis von 9,99 € an. Der Kunde kauft den USB-Stick nicht und verlässt das Geschäft. Wenn er zurückkommt und den USB-Stick doch kaufen will, muss Moritz Wagner den Preis von 9,99 € nicht mehr einhalten, da die Bindung an das Angebot erloschen ist.

- **Fernmündliches Angebot:** Dies kann auch nur während des Gespräches angenommen werden.
- **Schriftliches Angebot (per Brief):** Die im Angebot genannten Bedingungen gelten sieben Tage. Man geht von zwei Tagen Briefverkehr zur Käuferin/zum Käufer aus, drei Tage Bedenkzeit und zwei Tage für den Postweg der Antwort der Käuferin/des Käufers.
- **Schriftliches Angebot (per Fax oder per E-Mail):** Da ein Fax bzw. eine E-Mail deutlich schneller ist als der Postversand, ist hier die Bindungsfrist auf einen Tag beschränkt.

Natürlich können die Anbietenden die Frist, in der das Angebot gelten soll, auch selbst festlegen.

Beispiel 1

Ein Lieferbetrieb schreibt in ein Angebot, das er per Briefpost verschickt: „Dieses Angebot ist vier Wochen gültig."

Beispiel 2

Ein Verkäufer sagt im Verkaufsgespräch dem anwesenden Kunden: „Wenn Sie es sich bis heute Abend überlegen, gebe ich Ihnen auf den Kaufpreis 5 % Rabatt."

In bestimmten Fällen des täglichen (Geschäfts-)Lebens begegnet man Fällen, bei denen es sich nicht um Angebote, sondern um eine sogenannte **Anpreisung** handelt. Darunter versteht man das Ausstellen von Waren in Schaufenstern, die Zusendung von Warenproben und das Verschicken von Katalogen oder Preislisten. Mit einer Anpreisung verpflichtet man sich im Gegensatz zu einem Angebot zu nichts!

Aufgaben

Aufgaben zur Wiederholung

1. Unterscheiden Sie die folgenden Begriffe, indem Sie zu jedem Begriff eine Erläuterung in einem Satz schreiben:

Anfrage = ... Angebot = ... Anpreisung = ...

2. Handelt es sich in den folgenden Beispielen um eine Anfrage, ein Angebot oder eine Anpreisung?

a) Kerstins Handy-Schale ist fürchterlich verkratzt. Sie ruft im Handy-Shop an und fragt den Verkäufer, was eine neue Handy-Schale kostet.

b) Der Verkäufer des Handy-Shops nennt Kerstin den Preis für die neue Handy-Schale.

c) Jennifer bekommt den neuen Katalog eines Textil-Versandhauses zugeschickt.

d) Die Mediaworld e. K. bekommt als Warenprobe ein neues Mousepad von der Firma Multitask GmbH – Computerzubehör zugesandt.

e) Frau Maus nimmt sich im Supermarkt den Prospekt der „Angebote der Woche" mit.

f) Frau Hauser aus der Abteilung Einkauf der Mediaworld e. K. fragt per Brief an, ob die Firma Müller & Schneider OHG bis Ende der nächsten Woche 50 Digitalkameras liefern kann.

g) Der Auszubildende Bastian Lenz und der Praktikant Andreas Zimmer gestalten das Schaufenster des Verkaufsshops der Mediaworld e. K. neu.

3. a) Nennen Sie vier verschiedene Formen, in denen man Angebote abgeben kann.

b) Welche Bindungsfristen gelten für die von Ihnen in Aufgabe 3 a) gefundenen Formen von Angeboten?

4. Beurteilen Sie bei den folgenden Fällen, wie lange der Anbieter an sein Angebot gebunden ist.

a) In einem Verkaufsgespräch bietet eine Verkäuferin dem anwesenden Kunden die Ware mit einem zehnprozentigen Rabatt an.

b) Ein Lieferbetrieb schickt an seinen Kunden ein schriftliches Angebot per Brief.

c) Per Telefongespräch bietet ein Händler seinem Kunden an, die Ware noch am gleichen Tag loszuschicken.

d) Ein Angebot trifft per Fax ein. Im Angebotstext steht der Satz: „Dieses Angebot ist bis Ende des Monats gültig."

5.2 Bezugskalkulation und Angebotsvergleich

Das ist geschehen

In der Mediaworld e. K. liegt noch das Angebot der Mammuth GmbH vor.

Mammuth GmbH
Audiogeräte

Mammuth • Gelsenstr. 32 • 46147 Oberhausen

Gelsenstraße 32
46147 Oberhausen

Telefon: 028 88888-12
Telefax: 028 88888-13

E-Mail: mammuthaudio@wvd.de
www.mammuthaudio-wvd.de

Mediaworld e. K.
Frau Sabine Hauser
Krefelder Straße 92
47226 Duisburg

Angebot-Nr.: 211

Kunden-Nr.: 355

Sehr geehrte Frau Hauser, Datum: 07.06.20..

vielen Dank für Ihre Anfrage. Wir bieten Ihnen an:

Art. Nr. 440055 „Surroundsystem Feeling“
Stückpreis netto: 69,00 €
Rabatt: 15 %;
Zahlungsziel: 30 Tage, 3 % Skonto bei Zahlung innerhalb von 10 Tagen
Lieferung frei Haus, Lieferzeit: 2–3 Tage nach Bestellungseingang.

Wir hoffen, Ihnen ein attraktives Angebot unterbreitet zu haben, und freuen uns auf Ihre Bestellung.

Mit freundlichen Grüßen

Sabine Hauser aus der Abteilung Einkauf hat noch nicht bei diesem Lieferbetrieb bestellt, weil ihr ein zweites Angebot vorliegt. Dies ist von dem neuen, bisher unbekannten Lieferbetrieb „Electric Import KG“ aus Flensburg; hier wird der gleiche Artikel zum Bezugspreis von 61,00 € angeboten.

Das ist zu tun

1. Begründen Sie, warum Sabine Hauser, bevor sie die Ware bestellt, erst einmal einen Preisvergleich zwischen den Lieferbetrieben anstellt.
2. Berechnen Sie den Bezugspreis für ein Surroundsystem „Feeling" bei der Mammuth GmbH. Benutzen Sie dazu die Informationen im folgenden Text.
3. Nennen Sie Kriterien, die neben dem Preis wichtige Entscheidungshilfen für die Auswahl der Lieferbetriebe bei der Nachbestellung sind.

Bezugskalkulation und Angebotsvergleich

Das sollte man wissen

Im Angebot der Mammuth GmbH für die Mediaworld e. K. ist als wichtige Information natürlich auch der Preis der Ware genannt. Um herauszufinden, wie viel der angefragte Artikel oder auch die gesamte Menge tatsächlich kostet, muss man mit den im Angebot genannten Preisen und Konditionen eine sogenannte **Bezugskalkulation** durchführen. Hierfür benötigt man nachfolgendes Kalkulationsschema.

Hat man mehrere Angebote von verschiedenen Lieferbetrieben bekommen, kann man mithilfe dieses Berechnungsschemas die angebotenen Preise vergleichbar machen.

Bezugskalkulation	Erläuterungen
Listeneinkaufspreis	Verkaufspreis des Anbieters/Lieferbetriebes ohne Abzüge
– Rabatt	Preisnachlass (z. B. als Mengenrabatt)
= Zieleinkaufspreis	Preis, der zu zahlen ist, wenn die Lieferung außerhalb der Skontofrist, aber noch innerhalb des Zahlungsziels bezahlt wird
– Skonto	Preisnachlass für Bezahlung innerhalb der Skontofrist
= Bareinkaufspreis	Einkaufspreis inklusive Rabatt- und Skontoabzug
+ Bezugskosten	Kosten für den Warentransport, für Verpackung, Transportversicherung usw.
= Bezugspreis	endgültiger Einstandspreis

Im folgenden Beispiel wird für ein Stück einer Ware aus einem Angebot eines Lieferanten der Bezugspreis ermittelt:

Beispiel

Bezugskalkulation	Angebot	Rechenweg
Listeneinkaufspreis	120,00 €	
– Rabatt	(laut Angebot) 10 % = 12,00 €	$\frac{120{,}00 \cdot 10}{100} = 12{,}00$ €
= Zieleinkaufspreis	108,00 €	120,00 – 12,00 = 108,00 €
– Skonto	(laut Angebot) 2 % = 2,16 €	$\frac{108{,}00 \cdot 2}{100} = 2{,}16$ €
= Bareinkaufspreis	105,84 €	108,00 – 2,16 = 105,84 €

Bezugskalkulation	Angebot	Rechenweg
+ Bezugskosten	(laut Angebot) 2,00 € je Stück	
= Bezugspreis	107,84 €	105,84 + 2,00 = 107,84 €

Im Kalkulationsschema ist der Begriff **Rabatt** genannt. Hierunter versteht man einen Preisnachlass. Dieser kann als Kundenrabatt, Mengenrabatt, Treuerabatt oder im Zuge einer besonderen Verkaufsaktion als Aktionsrabatt gewährt werden (→ LF 3, AS 3.2, Kapitel 1.3, Seite 102). Unter **Skonto** versteht man dagegen einen Preisnachlass, der nur innerhalb einer bestimmten Frist gewährt wird. Überschreitet man die „Skontofrist", kann man diesen Preisnachlass nicht mehr in Anspruch nehmen.

Im Prinzip geht es bei der Bezugskalkulation darum, den günstigsten Bezugspreis zu ermitteln. Aber nicht immer ist es sinnvoll, bei dem Lieferbetrieb mit dem niedrigsten Einkaufspreis auch tatsächlich zu bestellen. Es kann sein, das hier die Lieferzeit zu lang ist, die Qualität der Ware nicht so gut ist, wie man es wünscht, oder dass der günstige Lieferbetrieb nicht besonders zuverlässig ist.

Um diese qualitativen Kriterien mit in einen Angebotsvergleich hineinzunehmen, muss man sie messbar, also quantifizierbar machen. Dazu benutzt man eine sogenannte Entscheidungsbewertungstabelle.

Beispiel

Entscheidungsbewertungstabelle

Kriterien zur Bewertung der Lieferbetriebe	Wichtigkeit des Kriteriums in Punkten (Gewichtung)	Lieferbetrieb 1 (Mammuth GmbH)		Lieferbetrieb 2 (Electric Import KG)	
		Einzelpunkte[1]	Gewichtete Punkte	Einzelpunkte[1]	Gewichtete Punkte
Preis	30	4	120	3	90
Lieferzeit	20	4	80	2	40
Qualität	20	3	60	3	60
Service	10	5	50	2	20
Kulanz	5	4	20	3	15
Zahlungsziel	15	4	60	2	30
Summe	**100**	---	**390**	---	**255**

[1] *Die Einzelpunkte werden hier in einer Skala von 5 (sehr gut) bis 1 (mangelhaft) vergeben.*

Im Beispiel sieht man, dass die qualitativen Kriterien zuerst mit Punkten versehen werden, wie wichtig man das Kriterium jeweils einschätzt. Danach werden Einzelpunkte vergeben, wie gut jeder Lieferbetrieb das Kriterium erfüllt. Als letzten Schritt multipliziert man die Einzelpunkte mit der Gewichtung und erhält die gewichteten Punkte. Der Lieferbetrieb, der hier die höchste Punktzahl erzielt, ist – über alle Kriterien hinweg – der beste Lieferbetrieb.

Aufgaben

Aufgaben zur Wiederholung

1. Berechnen Sie den Bezugspreis für das folgende Angebot eines Lieferbetriebes: Listenpreis: 780,00 €, Rabatt: 15 %, Skonto: 2,5 %, Verpackungskosten: 25,00 €, Transportkosten: 83,00 €.

2. Berechnen Sie die drei Bezugspreise für die angebotenen Waren:

Sonderverkaufsaktion

Sehr geehrter Herr Wagner,

im Zuge unserer Sonderverkaufsaktion bieten wir Ihnen an:

1	Paar Mammuth-Boxen „Eiszeit“	28,00 €
1	Paar Auto-Hi-Fi-Boxen „Senegal“	38,00 €
1	Paar PC-Lautsprecher	12,00 €

Als langjährigem Kunden bieten wir Ihnen einen Rabatt von 12 % an.
Die Zahlungsbedingungen lauten wie üblich: 30 Tage Ziel,
innerhalb von 10 Tagen 2 % Skonto. Die Lieferung erfolgt frei Haus.

Arbeit mit dem PC

3. In der Mediaworld e. K. treffen vier Angebote von verschiedenen Lieferbetrieben ein. Berechnen Sie die Bezugspreise für eine Lieferung von 200 Stück des Artikels und ermitteln Sie den günstigsten Lieferbetrieb. Übernehmen Sie hierfür die Ausgangswerte. Excel-Dateien → *Angebotsvergleich.*

	A	B	C	D	E	F	G	H	I	J
1	**Angebotsvergleich**									
2	Artikel-Nr.:			Artikelbezeichnung:						
3	Bestellmenge:	200	Müller & Schneider OHG		Herscheidt HiFi Systeme GmbH		Mammuth GmbH Audiogeräte		Audiovision KG	
4		Lieferer								
5		Angebot vom:								
6		**Listenpreis**		30,00 €		25,00 €		28,00 €		31,00 €
7		**– Rabatt**	5%		0%		2%		9%	
8		**= Zieleinkaufspreis**								
9		**– Skonto**	3%		1,5%		1%		0%	
10		**= Barkeinkaufspreis**								
11		**+ Bezugskosten**		- €		1,50 €		- €		- €
12		**= Einstandspreis**								
13		**Gesamtpreis**								
14	**Entscheidung für Lieferer:**									
15										

Lassen Sie die Bezugspreise für eine Lieferung von 200 Stück des Artikels mit Zelladressen und kopierfähigen Formeln berechnen und ermitteln Sie den günstigsten Lieferbetrieb.

LF 3 → Excel-Schulungen → *Schulung Einfache Formatierungen.*

4. Der Listeneinkaufspreis eines Artikels beträgt 85,00 €, der Zieleinkaufspreis 72,25 € und der Bareinkaufspreis 71,53 €. Wie hoch sind Rabatt und Skonto in Euro und in Prozent?

Lernaktionen

Lernaktion 1

In der Mediaworld e. K. sind die Artikel H 1003 und C 3003 nicht mehr in ausreichender Menge im Lager vorrätig und müssen nachbestellt werden (H 1003: 150 Stück, C 3003 350 Stück). Der Lagerist Peter Bäumer hat dies schon weitergemeldet. Sabine Hauser im Einkauf kümmert sich um die Nachbestellung.

a) Finden Sie anhand der Liefererkartei heraus, bei welchen Lieferbetrieben die beiden Artikel nachbestellt werden könnten.

b) Natürlich sollen die beiden Artikel möglichst günstig eingekauft werden. Um die aktuellen Preise und Rabatte sowie die genauen Liefer- und Zahlungsbedingungen der verschiedenen Lieferbetriebe in Erfahrung zu bringen, müssen Anfragen an diese geschickt werden. Formulieren Sie beispielhaft eine Anfrage an einen möglichen Lieferbetrieb für beide Artikel. Fragen Sie nach Preisen, Rabatten sowie Lieferungs- und Zahlungsbedingungen. Das Tagesdatum ist der 04.01.20..

c) Aufgrund der Anfragen, die die Mediaworld e. K. an verschiedene Lieferbetriebe geschickt hat, treffen Angebote ein. Führen Sie einen rechnerischen Angebotsvergleich entsprechend des Schemas der Bezugskalkulation durch. Entscheiden Sie, bei welchem Lieferbetrieb welche Artikel bestellt werden sollen.

MULTI TASK GmbH
Computerzubehör

Florentinastraße 67
33102 Paderborn
Telefon: 05251 89110-0
Telefax: 05251 89110-11
E-Mail: multitask@wvd.de
www.multitask-wvd.de

Multitask GmbH, Florentinastr. 67, 33102 Paderborn

Mediaworld e. K.
Sonnenstraße 92
35039 Marburg

Ihr Zeichen	Unser Zeichen	Telefon, Name 05251 89110-	Datum
	VK-Till	09, Tillmann	08.01.20..

Angebot Nr. 145

Sehr geehrte Frau Hauser,

vielen Dank für Ihre Anfrage. Wir bieten freibleibend an:

Art.-Nr. 4089 Stereo-Headset	Einzelpreis 18,50 €
Art.-Nr. 5992 USB-Festplatte	Einzelpreis 35,90 €

Wir bieten Ihnen einen Kundenrabatt von 15 %. Das Zahlungsziel beträgt 30 Tage. Bei Zahlung innerhalb von 10 Tagen erhalten Sie 2 % Skonto.
Die Bezugskosten lauten wie folgt:

Bestellmenge	bis 100 Stück	ab 100 Stück
Stereo-Headset	0,25 € je Stück	0,15 € je Stück
USB-Festplatte	1,00 € je Stück	versandkostenfrei

Über eine Bestellung würden wir uns sehr freuen.

Mit freundlichen Grüßen

Multitask GmbH

Tillmann

i. V. Tillmann

Volksbank Paderborn
Konto: 4 459 873
BLZ 472 601 21
BIC: DGPBDE3M
IBAN: DE25 4726 0121 0004 4598 73

L·A·V·E·X
Multimedia AG

Lavex Multimedia AG, Nusselweg 3, 36041 Fulda

Fax an
Mediaworld e. K.
Abteilung Einkauf

Lavex Multimedia AG
Nusselweg 3 • 36041 Fulda
Telefon: 0661 445540
Telefax: 0661 445541
E-Mail: lavex@multimedia-wvd.de
USt-IdNr.: DE 123 476 532
Deutsche Bank Fulda
BIC: DEUTDEFF530
IBAN: DE99 5307 0007 0674 5638 70

Ansprechpartner:
Herr Dussel

Ihr Zeichen, Ihre Nachricht vom	Unser Zeichen, unsere Nachricht vom	Telefon, Name	Datum
P 31495		0221 445540	09.01.20..

Angebot Nr. 12/01

Sehr geehrte Damen und Herren,

wir bedanken uns für Ihr Interesse an unserem Sortiment und bieten an:

Art.-Nr. P1243 Stereo-Headset Einzelpreis 16,99 €
Art.-Nr. R991 USB-Festplatte Einzelpreis 39,95 €

Auf beide Artikel können Sie jeweils einen Rabatt von 20 % in Abzug bringen. Ihre Zahlungsbedingungen lauten: Ziel 30 Tage, innerhalb von 20 Tagen erhalten Sie 1,5 % Skonto. Die Lieferung erfolgt per Lkw frei Haus.

Wir hoffen, Ihnen ein attraktives Angebot unterbreitet zu haben, und freuen uns auf Ihre Bestellung.

Mit freundlichen Grüßen

Lavex Multimedia AG

Dussel

i. A. Dussel

	Multitask GmbH			Lavex AG		
Artikel		Stereo-Headset	USB-Festplatte		Stereo-Headset	USB-Festplatte
Bestellmenge	in Stück	150	350	in Stück	150	350
	in %	in €	in €	in %	in €	in €
Listeneinkaufspreis		?	?		?	?
– Rabatt	?	?	?	?	?	?
= Zieleinkaufspreis		?	?		?	?
– Skonto	?	?	?	?	?	?
= Bareinkaufspreis		?	?		?	?
+ Bezugskosten		?	?		?	?
= Bezugspreis		?	?		?	?
Summe		?			?	

Lernaktion 2

Die Mediaworld e. K. hat unter anderem auch Film-DVDs und Blu-Rays im Angebot. Bei dieser Warenart ist nicht der Preis das wichtigste Kriterium bei der Auswahl der Lieferbetriebe, da sich die Bezugspreise kaum unterscheiden. Es ist vielmehr wichtig, dass zum Beispiel neue Filme auch schon am Erscheinungstag im Laden verfügbar sein sollten. Ebenso ist es wichtig, dass Kundenwünsche und -bestellungen schnell ausgeführt werden können. Insofern führt Sabine Hauser aus der Abteilung Einkauf hier einen qualitativen Angebotsvergleich durch.

Zunächst hat sie einige Daten zu den drei möglichen Lieferbetrieben herausgesucht:

Lieferbetrieb Nr. 1	Lieferbetrieb Nr. 2	Lieferbetrieb Nr. 3
• Hat seinen Geschäftssitz im benachbarten Essen • Die Ware ist in der Regel sicher verpackt. • Die vereinbarte Lieferzeit wird nicht immer genau eingehalten. • Lieferzeit: in der Regel zwei Tage • Die Bestellungsannahme ist umständlich und nur über Telefon möglich. • Bei Problemen wie z. B. Falschlieferungen zeigt sich das Unternehmen sehr kulant.	• In letzter Zeit traten häufig Probleme mit beschädigter Ware auf (Transportschäden). • Bis jetzt sind keine Lieferverzögerungen aufgetreten. • Lieferzeit: vier Tage • Bestellungsannahme ist über Internet, Telefon und Fax möglich. • Der Geschäftssitz befindet sich in Nord-Hessen. • Das Unternehmen zeigt sich wenig kulant, wenn Störungen bei der Vertragsabwicklung auftreten.	• Fällt durch schnelle und zuverlässige Lieferung auf • Bei Problemen ist ein Austausch von mangelhafter Ware durch mangelfreie umgehend möglich. • Die Ware ist professionell und sicher verpackt, jeder Transport ist kostenlos versichert. • Bestellungsannahme ist per Fax und Telefon möglich. • Die Lieferzeit wird in der Regel eingehalten. • Standort: Schweiz

Erstellen Sie eine Tabelle wie hier in der Vorgabe und führen Sie einen qualitativen Angebotsvergleich durch (Einzelpunkte von 5 [sehr gut] bis 1 [mangelhaft]).

Kriterien	Gewichtung der Kriterien	Lieferbetrieb Nr. 1		Lieferbetrieb Nr. 2		Lieferbetrieb Nr. 3	
		Einzelpunkte	Gewichtete Punkte	Einzelpunkte	Gewichtete Punkte	Einzelpunkte	Gewichtete Punkte
Standort							
Lieferzeit							
Bestellungsannahme							
Verpackung							
Zuverlässigkeit							
Kulanz							
Summe	100						

Beschaffungsabwicklung und Logistik/ Bestandsplanung, -führung und -kontrolle

Anforderungssituation 3.2

1 Kaufverträge anbahnen und abschließen

1.1 Willenserklärungen

Das ist geschehen

Bastian Lenz, der Auszubildende der Mediaworld e. K., ist in der Abteilung Verkauf eingesetzt. Er bekommt den Auftrag, im E-Mail-Posteingang nachzusehen, ob dort neue Nachrichten eingetroffen sind. Er findet die folgende E-Mail:

> Sehr geehrter Herr Herwig,
>
> wir benötigen dringend 15-mal den Artikel Nr. C 3001. Liefern Sie bitte umgehend.
>
> Mit freundlichem Gruß
>
> Emil Meister e.K. Büroausstattung
>
> Maise

Andreas Zimmer, der Praktikant, meint: „*Das ist doch keine richtige Bestellung, die rufen doch sicher noch einmal an.*"

Das ist zu tun

1. Prüfen Sie, ob es sich bei der obigen E-Mail um eine Willenserklärung handelt.
2. In welcher Art und Weise können Willenserklärungen abgegeben werden? Ordnen Sie die obige E-Mail Ihren Antworten zu.
3. Begründen Sie, ob mit der E-Mail der Firma Emil Meister e. K. Büroausstattung ein Vertrag zustande gekommen ist.

Das sollte man wissen

Willenserklärung

Ein Vertrag kommt zustande, wenn sich die Vertragsparteien auf die Inhalte des Vertrages geeinigt haben. Dazu müssen beide Vertragsparteien darlegen, was ihrem Willen nach Gegenstand des Vertrages sein soll. Diese **Vertragserklärung** nennt man **Willenserklärung.** Nur wenn die Willenserklärungen der beiden Vertragsparteien übereinstimmen, kann der Vertrag tatsächlich zustande kommen.

Beispiel

Die Firma Emil Meister e. K. Büroausstattung aus Duisburg bestellt bei der Mediaworld e. K. eine Speedy-Computertastatur zum Preis von 15,99 €. Da die Tastatur aber zu einem Listenpreis von 19,99 € angeboten wurde, kommt der Kaufvertrag nicht zustande: Der von den Vertragsparteien gewünschte Verkaufspreis weicht voneinander ab, die Willenserklärungen stimmen nicht überein, der Vertrag kommt somit nicht zustande.

Eine Willenserklärung kann auf verschiedene Arten abgegeben werden:

Mündliche Willenserklärung

Schriftliche Willenserklärung

Fernmündliche Willenserklärung

Willenserklärung durch schlüssiges Handeln

Ausnahmsweise kann eine Willenserklärung auch schweigend abgegeben werden, wenn zum Beispiel Kaufleute in einer ständigen Geschäftsbeziehung stehen, bei der regelmäßig eine Warenlieferung erfolgt. Bei einem Kauf auf Probe (→ LF 7, AS 7.1, Kapitel 4.2, Seite 258) wird das Schweigen der einen Vertragspartei auch als Willenserklärung in dem Sinne angesehen, dass davon auszugehen ist, dass er die ausprobierte Ware akzeptiert. Neben diesem Sonderfall ist es aus Beweisgründen in der Regel ratsam, seinen Willen schriftlich zu erklären, dadurch kann man Missverständnisse und Auseinandersetzungen vermeiden.

Neben der Art, wie Willenserklärungen erteilt werden können, ist es auch bedeutsam, ob eine Willenserklärung empfangen werden muss oder nicht. Bei einigen Rechtsgeschäften werden zwei Willenserklärungen benötigt, damit das Rechtsgeschäft gültig wird. Diese nennt man **zwei- oder mehrseitige Rechtsgeschäfte,** dazu gehören Verträge wie der Mietvertrag oder der Kaufvertrag. Daneben gibt es die **einseitigen Rechtsgeschäfte,** bei denen man nur eine Willenserklärung benötigt. Dazu gehören unter anderem das Testament oder die Kündigung.

Ein Testament ist gültig, ohne dass eine andere Person – etwa der zukünftige Erbe – das Testament bekommt, diese Willenserklärung ist nicht empfangsbedürftig.

Eine Kündigung ist nur gültig, wenn die andere Person – etwa diejenige, deren Arbeitsverhältnis gekündigt wird – diese Willenserklärung auch erhält. Hier handelt es sich um eine empfangsbedürftige Willenserklärung. Sie ist erst gültig, wenn sie der Empfängerin oder dem Empfänger auch zugeht.

Beispiel 1

Dem Arbeiter Fred Müller soll fristlos gekündigt werden, weil er im Betrieb geklaut hat. In dem Moment, in dem Fred Müller die Kündigung erhält, ist sie wirksam.

Beispiel 2

Die Firma Kurt Wächter, Fernseh- und Hi-Fi-Fachhandel aus Dortmund, hat schriftlich bei der Mediaworld e. K. 50 Schnitzer-T 04 Ultra-HD-Fernsehgeräte bestellt. Kurz nachdem der Brief abgeschickt wurde, stellt man fest, dass sich doch noch Fernsehgeräte im Lager befinden. Die Willenserklärung ist noch nicht bei der Mediaworld e. K. eingetroffen und noch nicht wirksam. Mit einem schnellen Telefongespräch kann man sie noch widerrufen.

Aufgaben zur Wiederholung

Aufgaben

1. Übernehmen Sie die folgende Übersicht in Ihr Heft und ergänzen Sie die fehlenden Informationen.

Willenserklärungen können

...	...	...	...	...

abgegeben werden.

Man benötigt

bei einem einseitigen Rechtsgeschäft ... Willenserklärung. **Beispiele:** ...	bei einem ... Rechtsgeschäft ... Willenserklärungen. **Beispiele:** ...

Es gibt Willenserklärungen, die sind

... **Beispiel:** ...	... **Beispiel:** ...

2. Erläutern Sie, wodurch sich einseitige und mehrseitige Rechtsgeschäfte unterscheiden.

3. Handelt es sich bei den folgenden Beispielen um ein einseitiges oder um ein mehrseitiges Rechtsgeschäft?
   a) Das Ehepaar Franz und Marita Schneider mietet für sich und ihren kleinen Sohn eine Vier-Zimmer-Wohnung von Frau Hildegard Wrede.
   b) Heribert Flaßbeck unterschreibt bei der Firma Müller Stahlbau KG einen unbefristeten Arbeitsvertrag.
   c) Bastian Lenz kauft im Supermarkt ein Toastbrot und ein Glas Erdbeermarmelade.
   d) Die Firma Müller Stahlbau KG kündigt dem Mitarbeiter Heribert Flaßbeck in der Probezeit.
   e) Monika Schmitz bestellt telefonisch bei einem Versandhaus zwei neue Gartenstühle und einen passenden Gartentisch.
   f) Werner Schuh ist 92 Jahre alt und verfasst handschriftlich sein Testament.

4. a) Erläutern Sie den Unterschied zwischen einer empfangsbedürftigen Willenserklärung und einer nicht empfangsbedürftigen Willenserklärung.
   b) Wann wird eine empfangsbedürftige Willenserklärung wirksam?

1.2 Zustandekommen des Kaufvertrages

Das ist geschehen

Sabine Hauser aus der Einkaufsabteilung der Mediaworld e. K. hat aufgrund des Angebotes der Mammuth GmbH eine Bestellung verfasst und abgeschickt.

Mediaworld/e. K.

Mediaworld e. K., Krefelder Straße 92, 47226 Duisburg

Krefelder Straße 92
47226 Duisburg
Tel.: 02065 99977-0
Fax: 02065 99977-7

E-Mail: mediaworld@wvd.de
www.mediaworld-wvd.de

Mammuth GmbH
Gelsenstr. 32
46147 Oberhausen

Ihre Nachricht vom	Unser Zeichen	Telefon, Name	Datum:
07.06.20.. yi	SH	03, Hauser	10.06.20...

Bestellung

Sehr geehrter Herr Yildrim,

vielen Dank für Ihr Angebot. Wir bestellen:

75 St. Art. Nr. 440055 „Surroundsystem Feeling“
Stückpreis netto: 69,00 €
Rabatt: 15 %
Zahlungsziel: 30 Tage; 3 % Skonto

Wir hoffen auf zügige Bearbeitung unserer Bestellung.

Mit freundlichen Grüßen

Mediaworld e. K.
Sabine Hauser
i. A. Sabine Hauser

Das ist zu tun

1. Vergleichen Sie die vorliegende Bestellung mit dem Angebot der Mammuth GmbH auf Seite 86. Finden Sie heraus, in welchen Punkten die Willenserklärungen der Firma Mammuth GmbH und der Mediaworld e. K. übereinstimmen.
2. Welche Verpflichtung geht die Mediaworld e. K. mit der Bestellung ein?
3. Erläutern Sie, wozu die Mammuth GmbH durch das Eintreffen des Briefes verpflichtet ist.

Zustandekommen des Kaufvertrages

Das sollte man wissen

Eine **Bestellung** ist eine Willenserklärung. Die Käuferin/Der Käufer signalisiert mit der Bestellung, welchen Artikel er in welcher Menge zu welchem Preis usw. kaufen möchte. Dabei wird die Käuferin/dem Käufer keine besondere Form vorgeschrieben, das heißt, eine Bestellung kann schriftlich erfolgen, aber auch mündlich oder fernmündlich abgegeben werden. Durch die Bestellung ist die Käuferin/der Käufer aber verpflichtet, die bestellte Ware anzunehmen, da es sich bei einer Bestellung um eine **verbindliche Willenserklärung** handelt. Die Bindung kann nur aufgehoben werden, wenn man die Bestellung schneller widerruft, als sie bei der Verkäuferin/beim Verkäufer eintrifft.

Beispiel Frau Hauser aus der Abteilung Einkauf der Mediaworld e. K. bestellt schriftlich 20 Stück des Artikels S 2002 Schnitzer 4K-Fernseher. Als ihr am gleichen Tag noch auffällt, dass die Bestellung gar nicht nötig gewesen wäre, da noch genügend Stück dieses Artikels auf Lager liegen, ruft sie schnell beim Lieferbetrieb an und nimmt die Bestellung zurück.

Ein Vertrag kommt durch zwei übereinstimmende Willenserklärungen zustande. Wenn im obigen Fallbeispiel die Willenserklärung der Mediaworld e. K. (siehe hierzu die Bestellung auf Seite 97) mit dem Angebot der Mammuth GmbH (siehe Seite 86) übereinstimmt, ist ein Kaufvertrag zustande gekommen. Dies ist eine Möglichkeit, wie ein Vertrag zum Abschluss gebracht werden kann.

1. Möglichkeit des Zustandekommens von Verträgen:

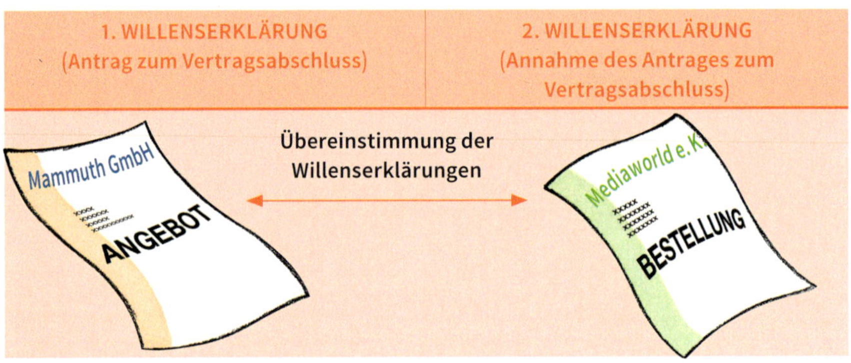

Wenn eine Käuferin oder ein Käufer Ware bestellt, ohne dass sie oder er vorher ein Angebot erhalten hat, kommt der Kaufvertrag dadurch zustande, dass die Bestellung angenommen wird. Die Bestellung ist dabei die erste Willenserklärung, die Annahme der Bestellung die zweite Willenserklärung.

2. Möglichkeit des Zustandekommens von Verträgen:

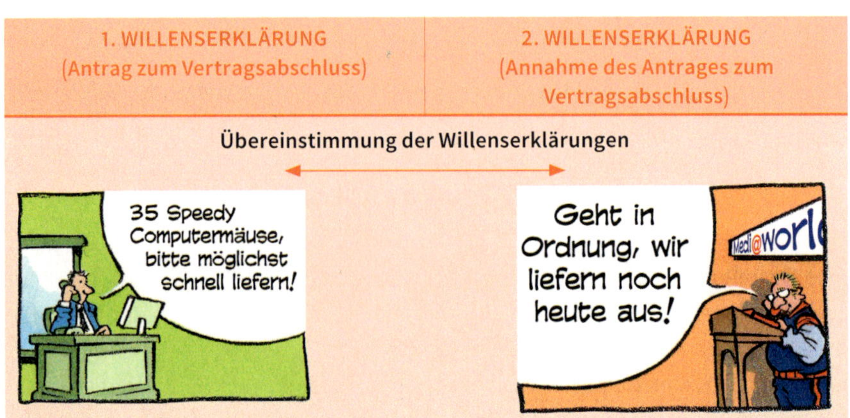

Die Annahme der Bestellung muss dabei nicht unbedingt mündlich erfolgen. Häufig wird eine Bestellung schriftlich bestätigt und dadurch der Kundin oder dem Kunden signalisiert, dass man die Bestellung angenommen hat und ausführen wird. Diese schriftliche Bestätigung nennt man **Auftragsbestätigung.**

Eine dritte Möglichkeit zum Zustandekommen eines Kaufvertrages ergibt sich dadurch, dass eine Bestellung erst gar nicht bestätigt wird, sondern gleich die Lieferung erfolgt:

3. Möglichkeit des Zustandekommens von Verträgen:

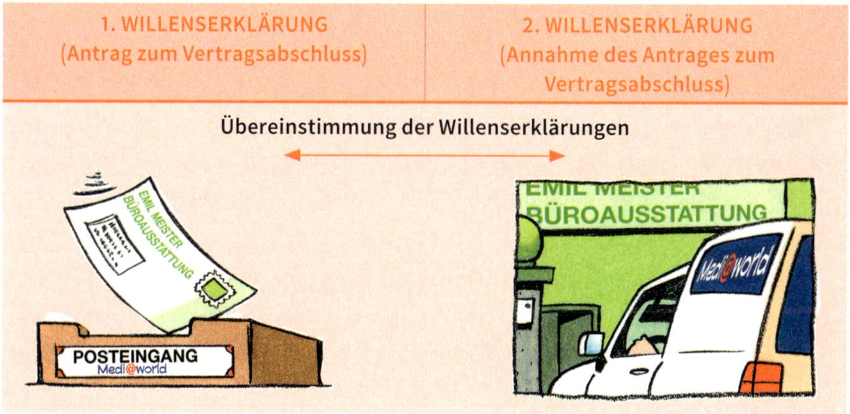

Die folgenden Beispiele zeigen, wie das Zustandekommen von Kaufverträgen auch scheitern kann. Dabei werden vier mögliche Gründe aufgezeigt.

Beispiel 1

Eine Vertragspartei widerruft seine Willenserklärung.
Die Mediaworld e. K. nimmt ein schriftlich versandtes Angebot rechtzeitig telefonisch zurück, weil die angebotene Ware dringend für eine andere Kundin oder einen anderen Kunden benötigt wird.

Beispiel 2

Eine Vertragspartei lehnt die Willenserklärung der anderen Vertragspartei ab.
Frau Hauser aus dem Einkauf der Mediaworld e. K. ruft bei einem Lieferbetrieb an, dass die schriftlich angebotene Ware zu teuer ist und sie zu diesem Preis nicht bestellen wird.

Beispiel 3

Eine Vertragspartei ändert die Willenserklärung der anderen Vertragspartei ab.
Die Mediaworld e. K. bietet einer Kundin oder einem Kunden einen Artikel mit einem Rabatt von 10 % an. Die Kundin/Der Kunde bestellt schriftlich den Artikel und schreibt in die Bestellung: Rabatt 15 %.

Beispiel 4

Die Bindung an eine Willenserklärung ist abgelaufen.
Ein Lieferbetrieb der Mediaworld e. K. bietet schriftlich mit Datum 10. September einen Artikel zum Sonderpreis an. Die Abteilung Einkauf der Mediaworld e. K. bestellt diesen Artikel erst am 28. September – und damit zu spät.

Aufgaben

Aufgaben zur Wiederholung

1. Erläutern Sie, was man im kaufmännischen Sinne unter einer Bestellung versteht.
2. Zählen Sie Gründe auf, die eine Käuferin oder einen Käufer veranlassen könnten, eine abgeschickte Bestellung zu widerrufen.
3. Zeigen Sie anhand von Beispielen, dass es möglich ist, dass eine Bestellung vom Verkaufspersonal abgelehnt wird.
4. Beurteilen Sie in den folgenden Fällen, ob ein Vertrag zustande gekommen ist oder nicht. Begründen Sie Ihre Meinung.
   a) Eine Firma bestellt schriftlich bei einem Lieferbetrieb. Dieser liefert die Ware gleich am übernächsten Tag.
   b) Ein Lieferbetrieb bietet eine Ware schriftlich per Fax an. Der Kunde bestellt die Ware ebenfalls schriftlich per Fax am nächsten Tag zu den im Angebot genannten Konditionen.
   c) Eine Kundin bestellt telefonisch eine Ware zum Katalogpreis von 10,00 €. Der Verkäufer bestätigt diesen Preis und schickt die Ware. Auf der Rechnung, die drei Tage später bei der Kundin eintrifft, ist aber ein Verkaufspreis von 12,00 € angegeben.
   d) Ein Kunde bestellt schriftlich; der Liefertermin soll in vier Wochen sein. Da die Ware nicht vorrätig ist, wird die Bestellung schriftlich per Auftragsbestätigung angenommen, der Liefertermin wird dabei ausdrücklich bestätigt.

1.3 Inhalte des Kaufvertrages

Das ist geschehen

Bastian Lenz, der Auszubildende der Mediaworld e. K., ist zurzeit in der Abteilung Einkauf eingesetzt. Sabine Hauser beauftragt ihn, bei der Firma Müller & Schneider OHG in Herne 25 Stück Grunlag Blu-Ray-Rekorder D 05 zu bestellen. Bastian nutzt den Briefvordruck der Mediaworld e. K. und schreibt die Bestellung:

Mediaworld/e. K.

Mediaworld e. K.. Krefelder Straße 92, 47226 Duisburg

Krefelder Straße 92
47226 Duisburg
Tel.: 02065 99977-0
Fax: 02065 99977-7

Müller & Schneider OHG
Am Wäldchen 45
44623 Herne

E-Mail: mediaworld@wvd.de
www.mediaworld-wvd.de

Ihre Nachricht vom	Unser Zeichen	Telefon, Name	Datum:
	BL	07, Lenz	03.12.20 ..

Bestellung

25 Stück Grunlag Blu-Ray-Rekorder D 05 zu 69,00 €/Stück abzgl. 15 % Rabatt.

Bastian weiß inzwischen, dass der Kaufvertrag zustande kommt, wenn die Firma Müller & Schneider den Auftrag bestätigt oder die Ware einfach nur anliefert. Er fragt sich allerdings, wo denn jetzt der Kaufvertrag ist und vor allem, was in dem Kaufvertrag drinsteht.

Das ist zu tun

1. Schreiben Sie in Stichworten auf, was im Kaufvertrag zwischen der Mediaworld e. K. und der Firma Müller & Schneider OHG vereinbart ist.
2. Einige Vertragsinhalte wurden nicht schriftlich festgehalten. Finden Sie anhand des folgenden Informationstextes heraus, was neben dem Offensichtlichen noch zum Kaufvertrag zwischen den beiden Vertragsparteien gehört.

Inhalte des Kaufvertrages

Das sollte man wissen

Kaufverträge entstehen durch die Abgabe von zwei übereinstimmenden Willenserklärungen. Die Übereinstimmung der Wünsche der beiden Vertragsparteien bezieht sich auf alle Vertragsinhalte. Was inhaltlich zum Kaufvertrag gehört, findet sich in mindestens einer der Willenserklärungen wieder, entweder im Angebot des Lieferbetriebes oder in der Bestellung der Käuferin oder des Käufers. Manchmal stehen die ausführlichen Vertragsinhalte aber auch erst in der Auftragsbestätigung. Wenn Sie die im vorherigen und in diesem Kapitel abgedruckten Briefe durchsehen, finden Sie dort die verschiedenen Vertragsinhalte:

1. Zur Ware	2. Zum Preis	3. Zur Bezahlung	4. Zur Lieferung	5. Zur Vertragserfüllung
Warenart, Warenqualität, Menge der Ware	Preise, Preisnachlässe	Zahlungsbedingungen	Lieferbedingungen	Erfüllungsort und Gerichtsstand

Einige Vertragsbedingungen werden nicht ausdrücklich genannt, sie sind trotzdem Vertragsgegenstand. Dabei gilt die folgende **wichtige Regel:** Wenn über einen der obigen Inhalte nichts im Vertrag vereinbart wurde, gilt das, was der Gesetzgeber vorschreibt – gesetzliche Grundlage sind hierbei im Wesentlichen das Bürgerliche Gesetzbuch und das Handelsgesetzbuch.

1. Zur Ware

Im Kaufvertrag wird festgelegt, welche Ware bzw. welcher Artikel in welcher Menge geliefert werden soll. Dabei bedient man sich der Bezeichnungen, die das Verkaufspersonal im Angebot oder im Katalog benutzt. Die Warenqualität kann sich auf die Haltbarkeit der Ware, auf die Leistungsfähigkeit, die Verarbeitung, das Material, die Nutzungsdauer oder auf die Umweltverträglichkeit beziehen. Für bestimmte Bereiche gibt es Gütezeichen, die die Qualität der Ware garantieren. Beispiele für **Gütezeichen** aus dem täglichen Leben sind:

Hier wird die allgemeine Sicherheit eines Produktes garantiert.	Hier wird garantiert, dass es sich um ein umweltfreundliches Produkt handelt.	Hier wird garantiert, dass das Produkt aus einem bestimmten Material gefertigt wurde.

Wird im Kaufvertrag nichts über die Güte der Ware gesagt, so muss die Verkäuferin oder der Verkäufer laut Gesetz Ware in mittlerer Güte liefern.

2. Zum Preis

Der Preis, auf den sich die Vertragsparteien geeinigt haben, bezieht sich entweder auf eine einzelne Mengeneinheit (z. B. ein Stück, ein Liter, ein Kilogramm) oder auf die zu liefernde Gesamtmenge. Interessant ist die Festlegung eines Preisnachlasses in Form eines Rabattes. Dieser **Rabatt** kann frei zwischen Käuferin/Käufer und Verkäuferin/Verkäufer ausgehandelt werden. In der Mediaworld e. K. wurde mit jeder einzelnen Kundin oder jedem einzelnen Kunden ein individueller Kundenrabatt ausgehandelt. Neben diesem allgemeinen Kundenrabatt gibt es weitere Rabattarten:

Mengenrabatt:
ein Rabatt für die Abnahme einer bestimmten (Mindest-)Menge

Treuerabatt:
ein Nachlass für besonders treue, langjährige Kundinnen/Kunden

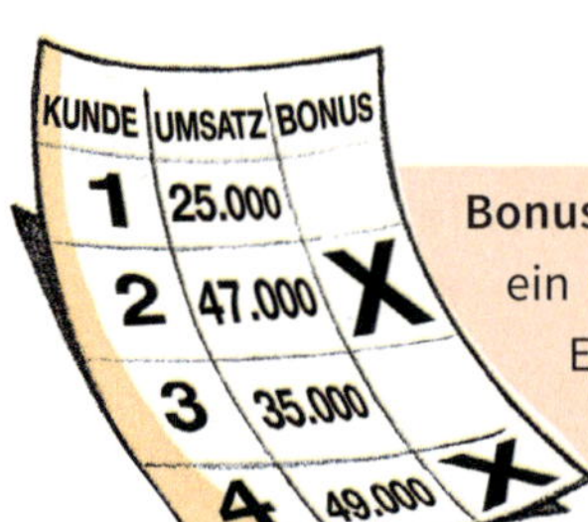

Bonus:
ein Rabatt, der nachträglich gewährt wird, z. B. am Ende eines Geschäftsjahres, weil eine Kundin/ein Kunde einen bestimmten Umsatz erreicht hat

Jubiläumsrabatt:
ein Preisnachlass aus besonderem Anlass,
z. B. für ein Firmenjubiläum

Naturalrabatt:
ein Rabatt, der nicht in Geld, sondern in Waren gewährt wird (z. B. „Kaufe 3, bezahle 2!")

3. Zur Bezahlung

Bei der Festlegung der Art und Weise der Bezahlung ist es in der Regel nicht wichtig, ob die Ware bar bezahlt oder der Betrag überwiesen wird. Wichtig ist vor allem der Zeitpunkt, an dem die gelieferte Ware zu bezahlen ist. Dabei werden drei Möglichkeiten unterschieden:

- **Bezahlung vor Lieferung der Ware:** Der Kaufpreis wird erst bezahlt, dann wird die Ware übergeben. Möglich ist auch, dass die Ware zunächst nur teilweise angezahlt wird, der Restbetrag wird dann zu einem späteren Zeitpunkt fällig.
- **Bezahlung bei Lieferung der Ware:** Sofort bei Anlieferung bzw. Aushändigung der Ware ist der Kaufpreis fällig. Dies ist im Einzelhandel üblich – so auch im Verkaufsshop der Mediaworld e. K. Manchmal wird eine Ware auch „per Nachnahme" geliefert, dann muss bei der Anlieferung durch das Zustellunternehmen bezahlt werden.
- **Bezahlung nach Lieferung der Ware:** Erst nachdem die Ware bei der Käuferin oder beim Käufer angekommen ist, muss bezahlt werden. Dabei kann es sein, dass direkt nach der Anlieferung bezahlt oder ein Zahlungsziel gewährt wird. Dies bedeutet, dass erst nach einer bestimmten Frist gezahlt werden muss – z. B. „Zahlungsziel: 30 Tage". Die Rechnung muss innerhalb der nächsten 30 Tage bezahlt werden.

Neben den obigen Möglichkeiten gibt es noch den sogenannten **Ratenkauf.** Hier wird vereinbart, dass der Kaufpreis erst nach und nach bezahlt wird.

Beispiel

Die Mediaworld e. K. verkauft Waren im Wert von 12.000,00 € an einen Kunden. Es wird vereinbart, dass ein Jahr lang monatlich 1.000,00 € gezahlt werden müssen.

Wird im Kaufvertrag nichts über den Zeitpunkt der Bezahlung gesagt, muss sofort bezahlt werden, wenn die Ware angeliefert worden ist bzw. wenn die Rechnung vorliegt.

4. Zur Lieferung

Bei der Anlieferung der Ware ist zum einen der **Liefertermin** wichtig. Dieser kann individuell zwischen den Vertragsparteien ausgehandelt werden. Wenn im

Kaufvertrag kein Liefertermin vereinbart wurde, gilt die gesetzliche Regelung, das heißt, es muss sofort nach Eintreffen der Bestellung geliefert werden.

Die zweite wichtige Frage zu den Lieferbedingungen sind die **Kosten der Anlieferung.** Dabei gibt es einige Fachausdrücke, die die Verteilung der Kosten auf die Käufer- und Verkäuferseite festlegen.

In der folgenden Übersicht sind die möglichen Vereinbarungen aufgeführt:

Verkäufer/-in	Transport zur Versandstation (Bahnhof) = Rollgeld	Versandstation Ladegebühr	Fracht	Entladestation Entladegebühr	Transport zur Kundin/zum Kunden = Rollgeld	Käufer/-in
ab Werk	Käufer/-in trägt alle Kosten.					
ab hier, unfrei, frei Bahnhof hier		Käufer/-in trägt die Kosten ab der Versandstation.				
frei Waggon, frei Schiff			Käufer/-in trägt die Kosten ab der Versendung.			
frei, frachtfrei, frei Bahnhof dort				Käufer/-in trägt die Kosten ab der Entladung.		
frei Haus	Verkäufer/-in trägt alle Kosten.					

Wenn im Kaufvertrag nichts über die Beförderungskosten vereinbart wurde, gilt die gesetzliche Regelung, die besagt, dass die Käuferin/der Käufer alle Beförderungskosten ab der Versandstation zu bezahlen hat (unfrei). Zusätzlich können noch Kosten für die Transportverpackung anfallen, für diese gilt ebenfalls, dass sie die Käuferin/der Käufer zu bezahlen hat, es sei denn, es ist im Kaufvertrag etwas anderes vereinbart worden.

5. Zur Vertragserfüllung (Erfüllungsort und Gerichtsstand)

Im Kaufvertrag muss festgelegt werden, an welchem Ort die Verpflichtung, die die beiden Vertragsparteien eingegangen sind, zu erfüllen ist. Diesen Ort nennt man den Erfüllungsort. Die gesetzliche Regelung, die immer gilt, wenn im Kaufvertrag nichts über den Erfüllungsort festgelegt ist, lautet, dass die Leistung an dem Ort zu erbringen ist, wo die Schuldnerin oder der Schuldner der Leistung den Sitz hat.

Beispiel

Multitask GmbH	Beispiel	Mediaworld e. K.
schuldet der Kundin/dem Kunden die Warenlieferung. ↓ **Grundsatz 1: Warenschulden sind Holschulden** Wenn im Kaufvertrag nichts anderes vereinbart ist, muss die geschuldete Ware abgeholt werden. Die Warenübergabe (= **der Erfüllungsort für die Ware**) findet statt am Geschäftssitz der Verkläuferin/des Verkäufers (hier: bei der Fa. Multitask GmbH in Paderborn).	Bestellung der Mediaworld e. K., Duisburg, bei der Firma Multitask GmbH, Paderborn **Vertragsinhalt:** Lieferung von 15 Stück Schnitzer 4K-Fernsehgeräte PF 107	schuldet der Verkäuferin/dem Verkäufer die Bezahlung der Ware. ↓ **Grundsatz 2: Geldschulden sind (modifizierte) Bringschulden** Das Geld muss die Mediaworld e. K. auf ihre Kosten und Gefahr zum Verkäufer übermitteln. Der Erfüllungsort für die Geldschuld ist der Geschäftssitz des Verkäufers (Paderborn).

Unabhängig von dieser gesetzlichen Regelung können die Vertragsparteien auch einen beliebig anderen Erfüllungsort für die Waren- wie auch für die Geldschuld vertraglich vereinbaren.

Vom Erfüllungsort ist auch meistens der **Gerichtsstand** abhängig. Dies ist der Ort, an dem ein Prozess stattfindet, falls es bei der Durchführung des Kaufvertrages Meinungsverschiedenheiten und Probleme gibt. Der Gerichtsstand ist in der Regel dort, wo der jeweilige Erfüllungsort ist. Der Erfüllungsort und der Gerichtsstand für die Ware ist der Geschäftssitz des Verkäufers; der Erfüllungsort für die Bezahlung der Ware ist der Geschäftssitz der Verkäuferin/Verkäufers, der Gerichtsstand bleibt aber am Ort der Käuferin/des Käufers (modifizierte Bringschuld).

Die folgenden Beispiele beziehen sich auf die obige Bestellung der Mediaworld e. K. (Duisburg) bei der Firma Multitask GmbH, Paderborn.

Beispiel 1

Die Warenlieferung ist mit Mängeln versehen, es kommt zu Streitigkeiten zwischen Verkäufer und Käufer, es wird vor Gericht geklagt.

Erfüllungsort für die Ware:	**Gerichtsstand:**
Paderborn, da Warenschulden Holschulden sind.	Paderborn, das heißt, der Fall wird am Gericht in Paderborn verhandelt.

Beispiel 2

Die Warenlieferung ist in Ordnung, aber Mediaworld e. K. bezahlt die Rechnung auch auf mehrmalige Mahnung hin nicht. Die Multitask GmbH klagt vor Gericht.

Erfüllungsort für das Geld:	**Gerichtsstand:**
Paderborn, da Geldschulden (modifizierte) Bringschulden sind.	Duisburg, das heißt, der Fall wird am Gericht in Duisburg verhandelt.

Natürlich kann man den Erfüllungsort auch vertraglich festlegen:

Beispiel 3

Beim obigen Geschäft zwischen der Mediaworld e. K. und der Firma Multitask GmbH wird vereinbart, dass der Erfüllungsort und der Gerichtsstand Paderborn ist. Wenn es nun zu einer Gerichtsverhandlung kommt, wird in Paderborn verhandelt.

Aufgaben

Aufgaben zur Wiederholung

1. Nennen Sie weitere Gütezeichen außer den im Text aufgeführten Beispielen.
2. Erläutern Sie die Unterschiede zwischen „Rabatt“, „Skonto“ und „Bonus“.
3. Schlagen Sie bei den folgenden Beispielen vor, wie und wann die Bezahlung der Ware erfolgen soll.
   a) Ein Kunde bestellt per Internet einen Artikel im Wert von 45,00 €. In der Vergangenheit ist dieser Kunde öfters dadurch aufgefallen, dass er Rechnungen nur sehr spät und erst nach mehrmaliger Aufforderung bezahlt hat.

b) Es erfolgt eine Lieferung in die Ukraine. Der Postweg/Transportweg ist sehr unsicher, und der Lieferbetrieb ist nicht sicher, ob die Ware überhaupt unbeschädigt und ob die Kundin bezahlen wird.

c) Eine Ware wird an einen Kunden versandt, der seit Jahren als zuverlässiger und zahlungskräftiger Kunde gilt.

d) Eine Kundin bestellt Waren im Wert von mehreren zehntausend Euro. Da die Warenmenge sehr groß ist, kann erst in vier Monaten geliefert werden. Vorher muss die Ware bestellt werden, was ebenfalls sehr viel Geld kostet.

e) Ein Kunde möchte einen neuen, sehr teuren Fernseher kaufen, kann aber nicht gleich den vollen Kaufpreis bezahlen.

4. Wer trägt bei den folgenden Formulierungen die Lieferkosten?

a) unfrei

b) frachtfrei

c) frei Haus

d) ab Werk

5. Erläutern Sie die beiden Regeln:

a) Warenschulden sind Holschulden.

b) Geldschulden sind Bringschulden.

6. Die Mediaworld e. K. verkauft zwölf „Grunlag Blu-Ray-Rekorder D 05“ an die Firma Kurt Wächter e. K., Fernseh- und Hi-Fi-Fachhandel in Dortmund.

a) Die Firma Wächter e. K. schreibt an die Mediaworld e. K. eine Mängelrüge, weil angeblich acht der zwölf gelieferten Rekorder mit erheblichen Lackschäden angeliefert wurden. In der Mediaworld e. K. ist man sich sicher, dass die Rekorder in einwandfreiem Zustand abgeschickt wurden. Da beide Seiten sich nicht einig werden, kommt es zu einer Gerichtsverhandlung. Wo findet die Verhandlung statt, wenn im Vertrag nichts über den Erfüllungsort vereinbart wurde?

b) Die zwölf gelieferten Blu-Ray-Rekorder sind mangelfrei bei der Firma Wächter e. K. angekommen, allerdings bezahlt diese Firma die Ware auch nach mehrmaliger Aufforderung nicht. Die Mediaworld e. K. klagt vor Gericht. Wo findet die Verhandlung statt, wenn im Vertrag nichts über den Erfüllungsort vereinbart wurde?

c) Wie hätte die Mediaworld e. K. sich im Fall b) davor schützen können, dass die Gerichtsverhandlung so weit weg stattfindet?

2 Kaufvertragsstörungen und Allgemeine Geschäftsbedingungen

2.1 Mangelhafte Lieferung (Schlechtleistung)

Das ist geschehen

In der Mediaworld e. K. treffen im Laufe eines Tages viele Warenanlieferungen ein. In der letzten Woche hat sich Geschäftsführer Moritz Wagner aufgeschrieben, was bei den Anlieferungen alles passiert ist:

1. Statt der erwarteten Lieferung von 45 Spindeln mit Blu-Ray-Rohlingen wurde die gleiche Menge an DVD-Rohlingen geliefert.
2. Der Praktikant der Mediaworld e. K., Andreas Zimmer, packt eine der angelieferten 50 Computermäuse Speedy aus und schließt sie fehlerhaft an einen PC an. Der Stecker am Mauskabel ist sofort defekt.
3. Statt der bestellten 80 Stück Rollax Digitale Videokamera DVK 2005 wurden nur zehn Stück geliefert.
4. Es werden 125 Stück Stereo-Headsets angeliefert, die auch bestellt wurden. Beim Einräumen in das Lager fällt dem Lageristen Peter Bäumer auf, dass noch ausreichend Ware auf Lager liegt.
5. Der neu ins Sortiment aufgenommene 3-D-Blu-Ray-Rekorder ist nicht für 3-D-Filme geeignet.
6. Eine der 25 gelieferten Mikroanlagen Boost MC 101 ist fehlerhaft zusammengebaut worden.
7. Bei der Anlieferung fällt dem Lageristen der Mediaworld e. K. ein Karton mit Autoradios vom Hubwagen. Zwei der zehn Radios sind kaputt.
8. Bei den neu ins Sortiment aufgenommenen Soundkarten Soundmaster IV liegt eine fehlerhafte Montageanleitung bei, sodass bereits drei Kunden die Soundkarten ins Geschäft zurückgebracht und reklamiert haben.
9. Die ebenfalls neu ins Sortiment aufgenommene Grafikkarte Viva-Speed verspricht in der Werbung eine ruckel- und flimmerfreie Grafik. Das Gegenteil ist jedoch der Fall: Die Computerbilder laufen nicht flüssig und der Bildschirm flimmert.

Das ist zu tun

1. Stellen Sie fest, ob es sich bei den Beispielen jeweils um einen Mangel im Sinne des Gesetzes handelt oder nicht.
2. Ordnen Sie die herausgefundenen Mängel den Mangelarten zu.

Mangelhafte Lieferung

Das sollte man wissen

Die Verkäuferin oder der Verkäufer schuldet der Käuferin oder dem Käufer die Übergabe einer mangelfreien Ware. Ist die Ware nicht mangelfrei, sondern mit einem Mangel versehen, stehen der Käuferin oder dem verschiedene Rechte zu, die wahrgenommen werden können. Vorab muss aber herausgefunden werden, welche Art von Mangel vorliegt. Das Gesetz (BGB) trifft hierzu die folgenden unterschiedlichen Festlegungen.

Mangelarten

1. Eine Kaufsache kann mit einem **Sachmangel** versehen sein. Ein solcher Sachmangel liegt vor, wenn …

Erstens:

… zu wenig geliefert wird.

Zweitens:

… die falsche Ware geliefert wird.

Drittens:

… die Ware nicht die vereinbarte Beschaffenheit hat.

Viertens:

… die Ware defekt, beschädigt, falsch montiert oder falsch zusammengebaut ist.

Fünftens:

… die Montageanleitung der Sache fehlerhaft ist.

Sechstens:

… die Werbung Eigenschaften der Ware versprach, die die Ware nicht einhält.

2. Eine Kaufsache kann mit einem **Rechtsmangel** versehen sein. Ein solcher Rechtsmangel liegt zum Beispiel vor, wenn eine Verkäuferin/ein Verkäufer nicht Eigentümer/-in, sondern nur Besitzer/-in einer Sache ist (→ LF 7, AS 7.1, Kapitel 3, Seite 252). In diesem Fall ist die gelieferte Sache als mangelhaft zu betrachten und die Verkäuferin/der Verkäufer kann seine ihm zustehenden Rechte wahrnehmen.

   Unterschieden wird noch, ob ein Mangel offensichtlich ist oder nicht. Ein sogenannter offener Mangel ist ein Schaden oder Fehler an der Ware, der bei einer gründlichen Prüfung der Ware auffällt. Dazu gehören etwa äußere Beschädigungen der Ware, aber auch fehlerhafte Teile. Ein offener Mangel muss gegenüber dem Lieferbetrieb umgehend gemeldet werden.

   Daneben gibt es noch den sogenannten versteckten Mangel. Dieser ist nicht so leicht festzustellen und muss entsprechend auch erst dann dem Lieferbetrieb angezeigt werden, wenn er entdeckt wird. Ein versteckter Mangel ist beispielsweise ein Materialfehler, der sich erst nach langer Benutzung der Ware einstellt.

Rechte des Käufers bei einer mangelhaften Lieferung

Zunächst steht der Käuferin/dem Käufer das Recht zu, den Mangel von der Verkäuferin/vom Verkäufer beseitigen zu lassen. Dies ist das sogenannte **vorrangige Recht.** Es kann auf zwei Arten geschehen: Entweder, die Verkäuferin/der Verkäufer nimmt die Ware zurück und liefert eine mangelfreie Ware. Oder die Verkäuferin/der Verkäufer nimmt die Ware zurück und behebt den Mangel durch Reparatur, Austausch einzelner defekter Teile oder Ähnliches. Diese beiden Möglichkeiten nennt man **Nacherfüllung.** Nacherfüllung kann somit erfolgen durch Neulieferung oder Nachbesserung.

Nacherfüllung

- Nachbesserung (Reparatur)
- Neulieferung

Wenn die Nachbesserung zweimal fehlgeschlagen ist, sieht man die Nacherfüllung als gescheitert an und die Käuferin/der Käufer kann nun weitere sogenannte **nachrangige Rechte** in Anspruch nehmen.

Rechte der Käuferin/des Käufers, wenn die Nacherfüllung fehlgeschlagen ist:			
Rücktritt vom Vertrag (nicht bei geringfügigen Mängeln) Rückabwicklung des Vertrages: Die gekaufte Sache wird an die Verkäuferin/den Verkäufer zurückgegeben, der bezahlte Kaufpreis wird erstattet.	**Minderung des Kaufpreises** (auch bei geringfügigen Mängeln) Herabsetzung des Preises der Ware, etwa wenn die gekaufte Sache mit Einschränkungen benutzbar ist.	**Schadenersatz statt der Leistung** (nicht bei geringfügigen Mängeln) Dieses Recht bezieht sich auf die mangelhafte Sache selbst und auf einen Schaden, der der Käuferin/dem Käufer durch die mangelhafte Sache entstanden ist.	**Ersatz vergeblicher Aufwendungen** (nicht bei geringfügigen Mängeln) Erstattung von Kosten, die angefallen sind, weil sich die Käuferin/der Käufer darauf verlassen hat, dass die Ware mangelfrei geliefert wird.
Beispiel Die Mediaworld e. K. hat von einem Lieferbetrieb 20 fehlerhafte Tintenstrahldrucker bezogen. Die Mediaworld e. K. gibt die Drucker zurück an den Lieferbetrieb; die geleistete Anzahlung des Kaufpreises muss der Lieferbetrieb erstatten.	**Beispiel** Ein Kunde hat bei der Mediaworld e. K. eine Digitalkamera gekauft und zu Hause festgestellt, dass das Gehäuse an der Seite leicht zerkratzt ist. Er bekommt im Geschäft eine Gutschrift über 10 % des Kaufpreises.	**Beispiel** Die Mediaworld e. K. hat eine Lieferung Blu-Ray-Player bekommen, die mit hohem Gewinn weiterverkauft werden sollte. Da die komplette Lieferung mangelhaft ist, kann sie nicht weiterverkauft werden. Daher bekommt die Mediaworld e. K. den Kaufpreis zurück **und** den Gewinn ersetzt, der ihr durch den geplatzten Weiterverkauf entgangen ist.	**Beispiel** Die Mediaworld e. K. hat zum Bundesligastart eine große Werbeaktion für einen Sonderverkauf von Fernsehern durchgeführt. Die gelieferten und beworbenen Fernseher sind leider alle defekt. Die Kosten für die Werbeaktion und den Sonderverkauf müssen vom Lieferbetrieb übernommen werden.
Voraussetzungen: Der Verkäuferin/dem Verkäufer muss eine angemessene Frist zur Nacherfüllung gestellt worden sein. Diese Frist muss nicht gesetzt werden, wenn die Verkäuferin/der Verkäufer die Nacherfüllung verweigert.		**Voraussetzungen:** Die Verkäuferin/der Verkäufer hat den Mangel zu verschulden! Außerdem muss der Verkäuferin/dem Verkäufer eine angemessene Frist zur Nacherfüllung gestellt werden. Auf diese Frist kann beispielsweise verzichtet werden, wenn die Verkäuferin/der Verkäufer die Leistung verweigert.	

Rügefristen

Es ist gesetzlich festgelegt, dass die Käuferin oder der Käufer – sofern es sich um eine Kauffrau oder einen Kaufmann handelt – sofort nach der Anlieferung der Ware diese auf Mängel untersuchen muss. „Sofort" bedeutet, dass dies ohne verschuldete Verzögerung zu geschehen hat.

Beispiel Eine Warenanlieferung in der Mediaworld e. K. wird in der Regel gleich nach der Anlieferung ins Lager gebracht und auf sichtbare und erkennbare Mängel untersucht. Wenn aber kurz vor Feierabend angeliefert wird, ist es auch in Ordnung, dass der Lagerist Peter Bäumer die Ware erst am nächsten Tag inspiziert.

Hat die Käuferin oder der Käufer einen Mangel festgestellt, muss dies der Verkäuferin oder dem Verkäufer sofort gemeldet werden. Dies geschieht in Form einer sogenannten **Mängelrüge,** die zwar auch mündlich erteilt werden kann, aus Beweisgründen aber in der Regel schriftlich erfolgt. Jeder einzelne Mangel ist dabei zu nennen. Wenn es sich um versteckte Mängel handelt, die bei einer „normalen" Untersuchung nicht zu erkennen sind, ist sofort nach der Entdeckung eine Mängelrüge an die Verkäuferin oder den Verkäufer zu richten.

Anderes gilt, wenn die Ware an eine Privatperson (eine Endverbraucherin/einen Endverbraucher) verkauft wird. Hier haftet die Verkäuferin oder der Verkäufer innerhalb der Frist der Sachmängelhaftung (zwei Jahre).

Aufgaben

Aufgaben zur Wiederholung

1. Ordnen Sie bei den folgenden Fällen die entsprechende Mangelart zu.
   a) Es werden 50 Paar Mammuth-Hi-Fi-Boxen „Eiszeit" geliefert. Bei drei Paar Boxen stellt man bei der Einlagerung fest, dass sie durch kleine, kaum sichtbare Kratzer beschädigt sind.
   b) Eine Kundin kauft in der Mediaworld e. K. ein Autoradio „Vision" mit abnehmbarem Bedienteil. Am nächsten Tag kommt sie zurück in den Laden und beschwert sich, dass sich das Bedienteil aufgrund eines Montagefehlers gar nicht abnehmen lässt.
   c) Die Mediaworld e. K. kauft bei einem neuen Lieferbetrieb 40 Blu-Ray-Brenner. Bei der Anlieferung probiert der Auszubildende Bastian Lenz einen der Brenner aus und stellt fest, dass dieser nicht – wie bei den Produkteigenschaften aufgeführt – alle gewünschten Formate brennt.
   d) Ein auf dem Markt neu erschienener Tintenstrahldrucker wird in der Werbung angepriesen: „Mit einer Farbpatrone können Sie mindestens 1 000 Seiten ausdrucken." Eine Kundin kauft diesen Drucker und zählt ihre Ausdrucke genau mit: Nach 250 Seiten ist die Tintenpatrone jeweils leer.
   e) Ein Kunde kauft in der Mediaworld e. K. einen USB-Stick. Aufgrund der schwer verständlichen Montageanleitung stöpselt er den USB-Stick in den falschen Eingang seines PCs und beschädigt dadurch den USB-Stick und den PC.

f) Eine Kundin kauft in der Mediaworld e. K. eine aktuelle Hip-Hop-CD. Als sie zu Hause die CD öffnet, stellt sie fest, dass sich in der Hülle die CD einer Schlagersängerin befindet.

g) Beim Auspacken und Einlagern einer Ladung 4K-Fernseher stellt der Lagerist Peter Bäumer fest, dass nur 25 statt der bestellten 28 Fernseher geliefert wurden.

2. Versetzen Sie sich in die Lage der Käuferin/des Käufers und entscheiden Sie in den Fällen a) bis e) der Aufgabe 1, welches der Ihnen zustehenden Rechte Sie in Anspruch nehmen würden, wenn eine Nacherfüllung fehlgeschlagen ist. Begründen Sie Ihre Entscheidung kurz.

3. Erläutern Sie, welche Rügefristen in den folgenden Beispielen gelten:

a) Oma Erna kauft in der Mediaworld e. K. eine neue Mikroanlage, um auch in der Küche Musik hören zu können. Zu Hause stellt sie fest, dass sich der Schacht des CD-Spielers bei der Mikroanlage nicht öffnen lässt.

b) Bei der Mediaworld e. K. wird Ware angeliefert, deren Verpackung in Ordnung erscheint. Erst beim Einräumen in das Lager wird festgestellt, dass ein Teil der Ware fehlt.

c) Gleiches Beispiel wie a), nur wird schon in der Mediaworld e. K. festgestellt, dass die Mikroanlage diesen Schaden aufweist.

4. Entscheiden Sie, welches Recht die Käuferin/der Käufer bei der mangelhaft gelieferten Ware in Anspruch nehmen sollte, wenn eine Nachbesserung des Verkäufers schon zweimal fehlgeschlagen ist.

a) Ein neu geliefertes Motorrad, das als geländetauglich verkauft wurde, erweist sich aufgrund der schlechten Stoßdämpfer als absolut unbrauchbar für Fahrten im Gelände.

b) Um auf einem Weihnachtsmarkt Waffeln verkaufen zu können, hat jemand fünf Waffeleisen, ein Büdchen und mehrere Stehtische gemietet. Leider sind alle für den Waffelteig gelieferten Eier abgelaufen und faul, sodass keine Waffeln gebacken werden können.

c) Bei einem neu gekauften Handy findet der Käufer kleine Kratzer an der Seite. Der Gebrauch des Handys ist dadurch aber nicht eingeschränkt.

d) Bei einem neu gekauften Handy entdeckt die Käuferin Kratzer auf dem Display. Die Anzeige ist dadurch nur eingeschränkt zu erkennen.

e) Bei einem im Fahrradladen individuell zusammengestellten Fahrrad bricht bei ganz normalem Gebrauch nach drei Wochen ein Pedal ab. Der Käufer stürzt, bricht sich ein Bein und kann daher vier Wochen lang seinen Beruf als selbstständiger Handelsvertreter nicht ausüben.

5. Bei der Mediaworld e. K. werden gemäß der Bestellung vom 02.12.20.. beim Lieferbetrieb Multitask GmbH 50 Stück Speedy-Computermäuse angeliefert. Beim Auspacken aus der Transportverpackung und Einräumen in das Lager stellt der Lagerist Mängel an der Ware fest, die er der Abteilung Einkauf schriftlich meldet:

```
05.12.20..

Anlieferung der Multi-
task GmbH, 50 Speedy-
Computermäuse, davon:

10 Mäuse ohne USB-
Stecker

5 Mäuse ohne Scroll-
Rad
```

Schreiben Sie für die Mediaworld e. K. eine Mängelrüge an den Lieferbetrieb Multitask GmbH, in der Sie die Mängelarten benennen und Vorschläge zur weiteren Vorgehensweise machen.

2.2 Lieferungsverzug

Das ist geschehen

Moritz Wagner, der Geschäftsführer der Mediaworld e. K., hat sich bei einem Computerhändler ein neues Notebook bestellt, das mit einem besonders guten Bildschirm ausgestattet ist und auch ein außergewöhnlich breites Format hat. In der Bestellung wird festgehalten: „Sobald die Ware lieferbar ist, wird das Notebook per Postversand zugeschickt." Nach drei Wochen ist das Notebook immer noch nicht da. Bastian Lenz, der Auszubildende, rät seinem Chef, einfach vom Vertrag zurückzutreten und sich woanders ein Notebook zu bestellen. Moritz Wagner selbst ist skeptisch: Er möchte gern das bestellte Notebook haben und nicht irgendein anderes.

Das ist zu tun

1. Was würden Sie „aus dem Bauch heraus" in der Situation von Moritz Wagner tun?
2. Prüfen Sie nach dieser gefühlsmäßigen Entscheidung, welche Rechte Moritz Wagner zustehen.
3. Prüfen Sie den Vorschlag von Bastian Lenz: Welche Voraussetzungen müssen eintreten, damit Moritz Wagner vom Vertrag zurücktreten kann?
4. Prüfen Sie die Überlegungen von Moritz Wagner: Unter welchen Voraussetzungen kann er auf der Lieferung des Notebooks bestehen?
5. Angenommen, der Lieferbetrieb verweigert die Lieferung des Notebooks. Moritz Wagner hat sich allerdings schon für genau dieses Notebook eine Ledertasche mit Aufdruck seines Lieblingsfußballvereins herstellen lassen, Kostenpunkt: 65,00 €. Diese Tasche passt leider nicht für andere Notebooks.

Das sollte man wissen

Lieferungsverzug

Von einem Lieferungsverzug spricht man, wenn der Lieferbetrieb – also die Verkäuferin/der Verkäufer – die Ware nicht zu dem vereinbarten Termin an den Käufer übergibt. Für die Käuferin oder den Käufer, die/der in diesem Fall die oder der Geschädigte ist, ergeben sich bestimmte Rechte, die wahrgenommen werden können.

Rechte der Käuferin/des Käufers

1. Recht:	**Lieferung verlangen und eventuell Schadenersatz fordern (Verzögerungsschaden)** Die Käuferin/Der Käufer besteht darauf, dass sie oder er die Lieferung noch bekommt. Zusätzlich kann Schadenersatz gefordert werden, wenn durch die Lieferverzögerung ein Schaden entstanden ist.
2. Recht:	**Schadenersatz statt Leistung** Die Verkäuferin/Der Verkäufer muss in diesem Fall nicht mehr liefern, allerdings muss der Käuferin/dem Käufer der entstandene Schaden ersetzt werden.
3. Recht:	**Ersatz vergeblicher Aufwendungen** Anstelle eines Schadenersatzes kann die Käuferin/der Käufer auch den Ersatz von vergeblichen Aufwendungen fordern.
4. Recht:	**Rücktritt vom Vertrag** Der Vertrag wird rückgängig gemacht. Zusätzlich kann ein Schadenersatz gefordert werden, falls ein Schaden entstanden ist.

Bevor man als Käuferin/Käufer die eigenen Rechte in Anspruch nehmen kann, muss aber genau überlegt werden, ob die Schuldnerin oder der Schuldner, die oder der die Lieferung der Ware schuldig geblieben ist, tatsächlich in Verzug ist. Dazu muss man bei den einzelnen Rechten genau die dazugehörigen Voraussetzungen überprüfen.

Voraussetzungen

zum 1. Recht:	**Lieferung verlangen und eventuell Schadenersatz fordern (Verzögerungsschaden)**

Um als Käuferin/Käufer auf diesem Recht bestehen zu können, müssen die folgenden Voraussetzungen eintreten:

1. **Voraussetzung: Die Forderung muss fällig sein.**
   Dies bedeutet, dass der Termin, zu der die Lieferung erfolgen sollte, abgelaufen ist.

2. **Voraussetzung: Die ausstehende Lieferung wurde angemahnt.**
   Dies bedeutet, dass die Käuferin/der Käufer die Verkäuferin/den Verkäufer noch einmal darauf hinweisen muss, dass die Lieferung fällig ist. Hierauf kann beispielsweise verzichtet werden,
   - wenn die Verkäuferin/der Verkäufer die Lieferung verweigert,
   - wenn der Liefertermin so genau festgelegt wurde, dass er mit einem Kalender bestimmt werden kann (z. B. „Lieferung am 15.05.20..“, „Lieferung bis Ende Mai 20..“).

   Besteht die Käuferin/der Käufer darauf, dass die Lieferung noch kommt und will zusätzlich Schadenersatz fordern, gilt als

3. **Voraussetzung: Die Verkäuferin/Der Verkäufer Verkäufer hat es zu verschulden, dass die Lieferung nicht pünktlich an die Käuferin/den Käufer überbracht worden ist.**

zum 2. Recht:	**Schadenersatz statt Leistung**

Um dieses Recht in Anspruch zu nehmen, muss die Käuferin/der Käufer folgende Voraussetzungen beachten:

1. **Voraussetzung: Die Forderung muss fällig sein.**

2. **Voraussetzung: Der Schuldnerin/Dem Schuldner muss eine angemessene Nachfrist gestellt werden.**
   Dies bedeutet, dass der Verkäuferin/dem Verkäufer eine letzte Frist gesetzt wird, innerhalb der sie/er versuchen kann, die Ware doch noch zu liefern. Somit weiß die Verkäuferin/der Verkäufer (wenn sie/er sich weiter bemüht, die Ware doch noch zu liefern), ab wann eine Lieferung nicht mehr notwendig ist. Diese Nachfrist muss nicht gesetzt werden, wenn …
   - die Verkäuferin/der Verkäufer die Lieferung verweigert,
   - besondere Umstände vorliegen, die dazu führen, dass ein sofortiges Fordern des Schadensersatzes gerechtfertigt ist.
3. **Voraussetzung: Die Verkäuferin/Der Verkäufer verschuldet den Lieferungsverzug.**

zum 3. Recht: **Ersatz vergeblicher Aufwendungen**

Hier gelten die gleichen Voraussetzungen wie bei der Forderung „Schadenersatz statt Leistung".

zum 4. Recht: **Rücktritt vom Vertrag**

1. **Voraussetzung: Die Forderung muss fällig sein.**
2. **Voraussetzung: Der Schuldnerin/Dem Schuldner muss eine angemessene Nachfrist gestellt werden.**
   Auf die Nachfrist kann verzichtet werden, wenn …
   - die Leistung von der Verkäuferin/vom Verkäufer verweigert wird.
   - wenn ein Fixgeschäft vorliegt (der Liefertermin ist genau festgelegt worden, das ganze Geschäft steht und fällt mit Einhaltung des Termins (→ LF 7, AS 7.1, Kapitel 4.2, Seite 257 ff.).
   - wenn ein Zweckkauf vorliegt (die Lieferung erfüllt einen bestimmten Zweck; verspätet sich die Lieferung, so ist sie überflüssig).

   Das Verschulden der Lieferungsverzögerung durch die Verkäuferin/den Verkäufer ist bei diesem vierten Recht nicht als Voraussetzung notwendig. Wenn aber zusätzlich Schadenersatz gefordert wird, gilt wieder als
3. **Voraussetzung: Es muss ein Verschulden der Verkäuferin/des Verkäufers vorliegen.**

Aufgaben

Aufgaben zur Wiederholung

1. Erstellen Sie sich eine Übersicht, wie sie unten angedeutet ist. Füllen Sie Ihre Übersicht mithilfe des Textes aus.

Lieferungsverzug			
Rechte der Käuferin/des Käufers:			
1. …	2. …	3. …	4. …
Voraussetzungen:			
bei 1: …	bei 2: …	bei 3: …	bei 4: …

2. a) Bei welchen Rechten muss der Verkäuferin/dem Verkäufer eine Nachfrist gesetzt werden?

b) In welchen Fällen ist eine Mahnung entbehrlich?

c) Bei welchem Recht der Käuferin/des Käufers sind die gleichen Voraussetzungen zu beachten wie bei „Schadenersatz statt Leistung?“

d) In welchen Fällen muss überprüft werden, ob ein Verschulden der Verkäuferin/des Verkäufers vorliegt?

3. Bei welchen der folgenden Beispiele ist die Lieferung kalendermäßig bestimmbar?

a) Lieferung am 5. August

b) Lieferung frühestens 20. März

c) Lieferung frühestens in 20 Tagen

d) Lieferung zwischen dem 1. August und dem 15. August

e) Lieferung nicht vor Anfang November

f) Lieferung 30. März fix

g) Lieferung in der neunten Woche des Jahres

h) Lieferung noch im Mai

4. Die Mediaworld e.K. hat bei einem Lieferbetrieb 50 Stück des Artikels „Headset Booster“ bestellt. Als Liefertermin wurde die zweite Juniwoche zugesagt. Durch ein Versehen beim Lieferbetrieb ist die Bestellung abhanden gekommen; es erfolgt keine Lieferung bis 30. Juni des Jahres.

a) Prüfen Sie, ob sich der Lieferbetrieb in Verzug befindet. (Begründung!)

b) Welches Recht wird die Mediaworld e.K. bei einem Lieferungsverzug geltend machen, wenn ...

- man die Headsets mittlerweile bei einem anderen Lieferbetrieb günstiger bestellen kann?
- nachweisbar ein Schaden entstanden ist?

5. Lösen Sie den folgenden Rechtsfall mit Begründung:

Hoteleigentümer Ingo Igel hat sein Hotel vergrößert und für die neu dazugekommenen Zimmer bei einem Möbelfabrikanten (H. Klug OHG) 25 Birkenholz-Schlafzimmer bestellt. Der feste Liefertermin (1. Dezember des Jahres) wurde schriftlich bestätigt.

Am 8. Dezember sind die Schlafzimmer immer noch nicht da und Ingo Igel glaubt, dass das Weihnachtsgeschäft gefährdet ist.

a) Muss Ingo Igel die Lieferung anmahnen?

b) In welchem Fall muss Ingo Igel eine Nachfrist setzen?

c) Auf welchem Recht würden Sie anstelle von Ingo Igel bestehen?

2.3 Allgemeine Geschäftsbedingungen

Das ist geschehen

Bastians altes Fernsehgerät funktioniert nicht mehr, deshalb hat er sich privat ein neues bestellt. Der Lieferbetrieb Müller & Schneider OHG hat einen „Schnitzer T04 Farbfernseher" an ihn verkauft, aber das Gerät gibt keinen Ton von sich. Bastian telefoniert mit dem Verkäufer der Müller & Schneider OHG, Herrn Müller.

AGB der Müller & Schneider OHG (Auszug):

§ 9: Im Falle eines Gewährleistungsanspruches aufgrund defekter Ware behalten wir uns das Recht vor, zunächst eine Nachbesserung durchzuführen, bevor eine Neulieferung erwogen wird.

Bastian: *„Ich hätte gerne ein anderes Gerät."*

Hr. Müller: *„Tut mir leid, ich kann Ihnen nur anbieten, dieses Gerät zu reparieren."*

Bastian: *„Ich hätte aber lieber gleich einen neuen Fernseher! Vielleicht kann man diesen gar nicht reparieren!"*

Hr. Müller: *„Das kann ich nicht beurteilen. Wir lassen das von einem Fachmann prüfen. Im Übrigen habe ich Sie im Angebot auf unsere Allgemeinen Geschäftsbedingungen hingewiesen. Da steht drin, dass wir zuerst versuchen, defekte Geräte zu reparieren, bevor wir diese gegen Neugeräte austauschen."*

Bastian: *„Allgemeine Geschäftsbedingungen? Ja, ja, das Kleingedruckte auf der Rückseite Ihres Angebotes. Da bin ich beim Bestellen gar nicht dazu gekommen, das zu lesen!"*

Das ist zu tun

1. Finden Sie heraus, was man unter Allgemeinen Geschäftsbedingungen versteht.
2. Warum setzen Unternehmen Allgemeine Geschäftsbedingungen auf?
3. Erläutern Sie anhand der obigen Situation, ob die Allgemeinen Geschäftsbedingungen der Müller & Schneider OHG Bestandteil des Kaufvertrages zwischen der Müller & Schneider OHG und Bastian Lenz geworden sind.

Das sollte man wissen

Allgemeine Geschäftsbedingungen

In Unternehmen werden täglich eine Vielzahl von Verträgen abgeschlossen. Im vorherigen Kapitel haben wir gesehen, dass in jedem einzelnen Kaufvertrag viele Inhalte und Details vereinbart werden. Wenn man diese mit jeder Kundin oder jedem Kunden immer gesondert vereinbaren müsste, würde das sehr viel Zeit in Anspruch nehmen. Daher werden bestimmte Vertragsbedingungen vorher schon festgelegt und als Ganzes mit in den einzelnen Vertrag aufgenommen. Diese nennt man **Allgemeine Geschäftsbedingungen (AGB).** Sie werden umgangssprachlich häufig als „das Kleingedruckte" bezeichnet.

AGB sind …

- vorformulierte Vertragsbedingungen,
- die für eine Vielzahl von Verträgen gelten und
- von einer Vertragspartei der anderen Vertragspartei gestellt werden.

In den AGB werden Klauseln (= Vereinbarungen) über Lieferfristen, Zahlungsbedingungen, Reklamationen, Schadensersatzansprüchen usw. festgelegt. Beachtenswert ist dabei, dass sie von **einer** Vertragspartei gestellt werden. Hieraus können

Probleme zwischen Käuferin/Käufer und Verkäuferin/Verkäufer erwachsen, da die Käuferin oder der Käufer an der Formulierung der AGB nicht beteiligt ist. Der Gesetzgeber schützt daher die Vertragspartei, die in der schwächeren Position ist, indem zunächst einmal genau festgelegt wird,

1. **wann die AGB überhaupt als Vertragsbestandteil gelten und**
2. **wann die AGB gültig oder ungültig sind.**

Zu 1: Unter welchen Voraussetzungen werden AGB Inhalt des Vertrages?

Dazu steht im Bürgerlichen Gesetzbuch (BGB):

§ 305 BGB (Einbeziehung Allgemeiner Geschäftsbedingungen in den Vertrag)

(2) Allgemeine Geschäftsbedingungen werden nur dann Bestandteil eines Vertrags, wenn der Verwender bei Vertragsabschluss

1. die andere Vertragspartei ausdrücklich oder [...] durch deutlich sichtbaren Aushang am Orte des Vertragsschlusses auf sie hinweist und
2. der anderen Vertragspartei die Möglichkeit verschafft, in zumutbarer Weise [...] von ihrem Inhalt Kenntnis zu nehmen und

wenn die andere Vertragspartei mit ihrer Geltung einverstanden ist.

Ohne einen ausdrücklichen Hinweis auf die AGB werden diese also nicht Bestandteil des Vertrages. Dies gilt aber nicht, wenn die Käuferin oder der Käufer ein Unternehmen ist. Hier reicht es, wenn die Kauffrau oder der Kaufmann den AGB nicht widerspricht, damit sie Vertragsbestandteil werden (§ 310 BGB).

Bei bestimmten Klauseln ist im Gesetz geregelt, dass sie von vornherein **nicht** Vertragsbestandteil werden können. Dazu steht im BGB:

§ 305c BGB (Überraschende ... Klauseln)

(1) Bestimmungen in Allgemeinen Geschäftsbedingungen, die nach den Umständen [...] so ungewöhnlich sind, dass der Vertragspartner [...] mit ihnen nicht zu rechnen braucht, werden nicht Vertragsbestandteil.

Werden neben den AGB Absprachen zwischen den Vertragsparteien getroffen, haben diese immer Vorrang vor den AGB. Zur Sicherheit und aus Beweisgründen sollte man diese Absprachen aber immer schriftlich festhalten.

Zu 2: Welche AGB sind wirksam und welche AGB haben keine Auswirkungen?

Zum weiteren Schutz der Käuferin oder des Käufers vor Benachteiligung durch die Verkäuferin oder den Verkäufer ist festgelegt, dass nicht alles, was die Verkäuferin oder der Verkäufer in seine AGB hineinschreibt, auch automatisch gültig ist.

Zu den unwirksamen Klauseln gehören	Beispiele aus den AGB eines Lieferbetriebes der Mediaworld e. K.
1. Nachträgliche, kurzfristige Preiserhöhung binnen vier Monaten nach Vertragsabschluss	*„Im Falle einer Preiserhöhung auf unseren Beschaffungsmärkten behalten wir uns vor, die Verkaufspreise kurzfristig zu ändern."*
2. Freistellung von der Pflicht einer Mahnung	*„Zahlung bei Lieferung. Der Verzug tritt ohne Mahnung ein."*

Zu den unwirksamen Klauseln gehören	Beispiele aus den AGB eines Lieferbetriebes der Mediaworld e. K.
3. Rücktrittsvorbehalt der Verkäuferin/des Verkäufers	*„Bei Einkäufen behalten wir uns vor, vom Vertrag zurückzutreten, wenn von uns nicht zu vertretende Umstände (z. B. Streik, Aussperrung) die Lieferung unangemessen verzögern."*
4. Änderung der Beweislast[1]	*„Im Falle einer mangelhaften Lieferung ist die Käuferin/der Käufer in jedem Falle angehalten zu beweisen, dass die Ware schon bei Übergabe diesen Mangel aufwies."*
5. Vereinbarung einer Vertragsstrafe	*„Zahlt eine Käuferin/ein Käufer nicht innerhalb der vereinbarten Frist, fällt für ihn eine Vertragsstrafe in Höhe von 5 % des Warenwertes, mindestens 100,00 €, an."*

1 Die „Beweislast" sagt aus, wer einen bestimmten Umstand beweisen muss.

Falls eine Klausel in den AGB eines Unternehmens unwirksam ist, heißt dies nicht, dass die ganzen AGB unwirksam sind, sondern dass der Vertrag bestehen bleibt und nur in den Teilen, die unwirksam sind, nach dem Gesetz gehandelt wird (z. B. nach dem BGB).

Beispiel

Ein Homeshopping-Service für Lebensmittel schreibt in seine AGB eine Lieferzeit von 14 bis 21 Tagen. Es handelt sich um eine unangemessen lange Lieferzeit und die Klausel ist nicht gültig. Stattdessen gilt die Regelung des BGB, wonach die Verkäuferin oder der Verkäufer sofort zu liefern hat.

Aufgaben

Aufgaben zur Wiederholung

1. a) Erläutern Sie mit eigenen Worten, was AGB sind.

b) Beschreiben Sie, unter welchen drei Voraussetzungen Allgemeine Geschäftsbedingungen Vertragsbestandteil werden.

c) Nennen Sie Gründe für die Nichtwirksamkeit von AGB-Klauseln. Führen Sie zu jedem Grund ein eigenes Beispiel an.

2. Überprüfen Sie bei den folgenden Klauseln aus den AGB verschiedener Unternehmen, ob sie wirksam sind oder nicht:

a) Ein Elektrofachgeschäft vereinbart in seinen AGB, dass der Kunde ein gekauftes Elektrogerät einmal im halben Jahr zur kostenpflichtigen Überholung im Geschäft abgeben muss.

b) Die Ware bleibt bis zur vollständigen Bezahlung im Eigentum des Verkäufers.

c) Wenn die gelieferte Ware nicht innerhalb von zehn Tagen bezahlt wird, kann sie ohne weitere Maßnahmen von uns sofort wieder abgeholt werden.

d) Erfüllungsort und Gerichtsstand ist für beide Vertragsteile Duisburg.

e) Sollte die gelieferte Ware einen Mangel aufweisen, hat die Verkäuferin/der Verkäufer das Recht, so lange einen Reparaturversuch vorzunehmen, bis der Defekt behoben ist.

f) Im Falle einer mangelhaften Lieferung ist eine Neulieferung ausgeschlossen.

3. Suchen Sie gültige AGB und überprüfen Sie diese auf unwirksame Klauseln. Nutzen Sie dazu das Internet und die dort vertretenen Onlineshops.

3 Wirtschaftliche Lagerhaltung

3.1 Lagerbestand in Zahlen

Das ist geschehen

Der Praktikant Andreas Zimmer hilft im Lager aus, da heute viele Bestellungen zu kommissionieren sind. Gerade stellt er eine Lieferung an die Firma Emil Meister e. K. zusammen. Da zeigt ihm das Display seines Handheld-Computers an, dass der Meldebestand beim Artikel C 3003 „USB-Speicher" erreicht ist.

„Was muss ich nun machen?", fragt er den Lageristen Peter Bäumer. *„Oh, nicht viel, du musst nur bestätigen, dass die Meldung an den Einkauf weitergegeben wird. So weiß Frau Hauser, was los ist, und sie kann für Nachschub sorgen."* *„Warum denn?"*, fragt Andreas. *„Es sind doch noch über 100 Stück da – reichen die nicht noch eine Weile?"*

Waren-gruppe	Artikel-nummer	Artikelbezeichnung	Datum	Zugang	Abgang	Aktueller Bestand	Melde-bestand	Mindest-bestand	Höchst-bestand
3	C 3001	Saltero Foto Center Lieferzeit: 5 Tage, durchschnittlicher täglicher Abgang: 4 Stück	01.01.			48	60	40	90
			02.01.		5	43			
3	C 3003	USB-Speicher 2 TB Lieferzeit: 3 Tage, durchschnittlicher täglicher Abgang: 10 Stück	01.01.			160	???	100	250
			02.01.		20	140			
			03.01.		10	130			

Das ist zu tun

1. Erklären Sie die Begriffe Mindestbestand und Höchstbestand.
2. Erläutern Sie die Bedeutung des Meldebestandes. Ermitteln Sie den Meldebestand des Artikels C 3003 in Stück anhand der obigen Lagerdatei und der Informationen im Text.
3. Es wird angenommen, dass eine neue Lieferung genau dann eintrifft, wenn der Mindestbestand erreicht wird. Bei jeder Lieferung wird der Bestand wieder maximal aufgefüllt. Benennen Sie die Formel für die Berechnung der Bestellmenge.

Lagerbestand in Zahlen

Das sollte man wissen

Es gibt Bestandszahlen im Lager, die helfen, den Überblick über die aktuellen Vorräte zu behalten, und die eine Kontrollmöglichkeit sind, um beispielsweise stets verkaufsbereit zu sein oder um rechtzeitig Ware nachzubestellen. Die folgende Grafik zeigt diese Bestandszahlen. Bei der Darstellung ist zur Vereinfachung unterstellt, dass der tägliche Absatz gleich ist und dass immer pünktlich, also ohne Verzögerungen, geliefert wird.

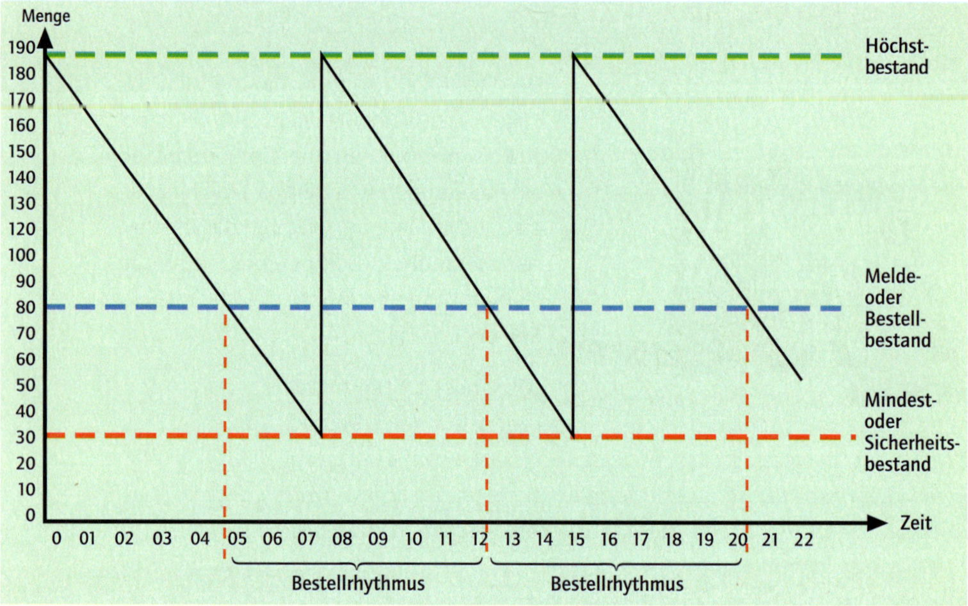

5006_684

Der **Höchstbestand** ist definiert als der Bestand, der maximal von einem Artikel vorhanden ist. In der Grafik liegt dieser bei 190 Stück. Dieser Bestand wird immer genau dann erreicht, wenn eine neue Bestellung angeliefert wird.

Im Gegensatz dazu findet sich im unteren Bereich der Darstellung der **Mindestbestand**. Dieser wird auch Sicherheitsbestand oder „eiserne Reserve" genannt. Dieser Punkt wird immer am gleichen Tag erreicht, an dem eine neue Lieferung eintrifft. Die eiserne Reserve dient dazu, die Verkaufsbereitschaft oder in Produktionsbetrieben die Fertigungsbereitschaft aufrechtzuerhalten, falls sich eine Lieferung aus nicht vorhersehbaren Gründen verspätet. Die Höhe des Mindestbestandes ist nicht vorgeschrieben oder rechnerisch zu ermitteln, sie ergibt sich aus Erfahrungswerten und betrieblichen Gegebenheiten. Der Mindestbestand hilft, wenn der tatsächliche Bedarf über dem berechneten Bedarf liegt, der Lieferbetrieb ausfällt oder die Lagermenge aus Versehen nicht mit dem Listenbestand übereinstimmt.

Der **Meldebestand** zeigt an, wann ein Artikel nachbestellt werden muss. Er muss so festgelegt werden, dass der oben angesprochene Turnus (Erreichen des Mindestbestandes, gleichzeitig Auffüllen des Lagers bis zum Höchstbestand) auch eingehalten werden kann. Dazu muss sichergestellt sein, dass die Mindestreserve während der laufenden Bestellung noch nicht angebrochen wird. Dies bedeutet, dass der Zeitraum, in dem die Bestellung vom Lieferbetrieb bearbeitet und geliefert wird, bei der Ermittlung des Meldebestandes berücksichtigt werden muss. Ist der Lieferzeitraum in Tagen angegeben und der (gleichmäßige!) tägliche Absatz bekannt, ergibt sich aus diesen beiden Daten zusammen mit dem Mindestbestand der Meldebestand:

Meldebestand = Mindestbestand + täglicher Absatz · Lieferzeit in Tagen

Der Zeitraum von einer Bestellung zur nächsten wird **Bestellrhythmus** genannt (→ LF 3, AS 3.1, Kapitel 3, Seite 76). Es ist der Abstand zwischen dem einen Erreichen des Meldebestandes bis zum nächsten. Die **Bestellmenge** ist die Differenz zwischen dem Höchstbestand und dem Mindestbestand, denn genau diese Menge wird geliefert, um das Lager wieder aufzufüllen.

Aufgaben

Aufgaben zur Wiederholung

1. a) Erläutern Sie, warum der Mindestbestand häufig auch „eiserne Reserve" genannt wird.
   b) Überlegen Sie, welche Folgen es hat, wenn von verschiedenen Artikeln im Lager der Höchstbestand überschritten wird.
   c) Erklären Sie die Berechnung des Meldebestandes.

2. Nennen Sie Faktoren, die in einem Unternehmen die Höhe des Mindestbestandes, des Höchstbestandes und des Meldebestandes beeinflussen.

3. Beurteilen Sie die folgenden Aussagen:
   a) „Der Höchstbestand muss immer möglichst hoch gewählt werden, damit stets die Verkaufsbereitschaft im Unternehmen gegeben ist."
   b) „Der Meldebestand ist davon abhängig, wie schnell der Lieferbetrieb meine Bestellung auch ausführen kann. Wechsele ich den Lieferbetrieb, verändert sich höchstwahrscheinlich auch der Meldebestand."
   c) „Die eiserne Reserve ist wichtig, da es schnell einmal zu Lieferverzögerungen kommen kann. Beispielsweise kann der Lkw des Lieferbetriebes in einen Unfall verwickelt sein, der Container mit meiner Ware kann auf dem Schiff falsch abgeladen worden sein oder es kommt zu einem Streik im Zuliefererbetrieb."
   d) „Der Meldebestand kann nicht mathematisch errechnet werden. Die Lieferzeit und der tägliche Absatz sind schwankende Größen und nicht stets gleich hoch, deshalb kann man den Meldebestand nur grob aus Erfahrungswerten schätzen."
   e) „Die Bestellmenge muss nicht zwingend immer gleich hoch sein. Vielleicht sind gerade aus irgendeinem Grund die Preise für bestimmte Waren sehr hoch, da bestelle ich eher wenige und fülle das Lager nicht bis zum Höchstbestand auf. Wenn die Preise gesunken sind, kann ich dann wieder mehr bestellen."

4. a) Bastian Lenz hat für einen bestimmten Artikel einen eisernen Bestand von 45 Stück ermittelt. Der Meldebestand liegt bei 144 Stück. Aus der Statistik ergab sich ein täglicher Absatz von 9 Stück. Von wie vielen Tagen Lieferzeit war Bastian ausgegangen?
   b) Erläutern Sie, was mit dem „Bestellzeitpunkt" gemeint ist.

3.2 Lagerkennzahlen ermitteln

Das ist geschehen

Moritz Wagner diskutiert mit Peter Bäumer aus dem Lager:

Das ist zu tun

1. Warenlagerung kostet Geld. Erläutern Sie, was die Kosten verursacht.
2. Stellen Sie gegenüber, was für und was gegen ein großes Lager spricht.
3. Der Artikel „Autoradio Vision" hat eine Umschlagshäufigkeit von 8. Überprüfen Sie, ob Moritz Wagner die durchschnittliche Lagerdauer des Artikels richtig berechnet hat.
4. Wie hoch ist der durchschnittliche Lagerbestand dieses Artikels, wenn man folgende Daten vorliegen hat:
   Jahresanfangsbestand: 66 Stück, Bestand Ende März: 88 Stück, Bestand Ende Juni: 98 Stück, Bestand Ende September: 116 Stück, Bestand Ende Dezember: 82 Stück?

Lagerkennzahlen

Das sollte man wissen

Die Lagerung von Waren verursacht Kosten, dennoch lässt sie sich aber nicht vermeiden. Nur wenn immer ein ausreichend großer Warenbestand auf Lager liegt, kann ein Handelsbetrieb seine Verkaufsbereitschaft – die ständige Möglichkeit, die nachgefragte Ware auch sofort auszuliefern – aufrechterhalten. Zusätzlich erfüllt ein Lager auch noch andere Funktionen, zum Beispiel kann nur derjenige in großen Mengen und somit günstig einkaufen, der die gekauften Waren auch entsprechend lagern kann.

Je mehr Waren gelagert werden und je größer das Lager ist, umso höher sind die Kosten, die mit dem Lager verbunden sind. Die Lagerkosten lassen sich in folgende Bereiche aufschlüsseln:

Lagerkosten umfassen:

Raumkosten	Personalkosten	Kapitalkosten
Miete, Stromkosten, Heizkosten, Versicherungskosten, Instandhaltungskosten, ...	Löhne/Gehälter und Personalzusatzkosten für die im Lager arbeitenden Mitarbeitenden	Zinsen für das in Lagereinrichtung und Waren investierte Kapital

Um die Kosten, die durch die Warenlagerung entstehen, zu kontrollieren, können bestimmte Berechnungen durchgeführt werden, die anzeigen, dass zum Beispiel Artikel zu lange im Lager liegen oder dass der Bestand bestimmter Artikel zu hoch oder zu niedrig ist. Die Kostenkontrolle des Lagers erfolgt mithilfe der Lagerkennzahlen. Diese sind im Einzelnen:

1. der durchschnittliche Lagerbestand,
2. die Umschlagshäufigkeit,
3. die durchschnittliche Lagerdauer.

1. Der durchschnittliche Lagerbestand

Der Lagerbestand eines Artikels verändert sich ständig. Der Artikel wird verkauft, dadurch sinkt der Lagerbestand und der Artikel wird wieder nachbestellt, dadurch steigt der Lagerbestand. Um eine Übersicht zu haben, wie viel Stück eines Artikels tatsächlich im Schnitt auf Lager liegen, berechnet man den durchschnittlichen Lagerbestand. Dazu nutzt man die folgende Formel.

$$\text{durchschnittlicher Lagerbestand} = \frac{\text{Anfangsbestand} + \text{Endbestand}}{2}$$

Anfangs- und Endbestand beziehen sich dabei auf den betrachteten Zeitraum. Wird also der durchschnittliche Lagerbestand für das ganze Jahr berechnet, nimmt man den Jahresanfangsbestand und den Jahresendbestand. Soll der durchschnittliche Lagerbestand des letzten Monats errechnet werden, nimmt man den Monatsanfangsbestand und den Monatsendbestand.

Beispiel

In der Mediaworld e. K. soll der durchschnittliche Lagerbestand des Artikels Nr. H 1003 Stereo-Headset „Booster" ermittelt werden. Am Jahresanfang zeigt die Lagerkarteikarte einen Anfangsbestand von 950 Stück, am Jahresende liegen 630 Stück auf Lager.

$$\text{durchschn. Lagerbestand} = \frac{\text{Anfangsbestand} + \text{Endbestand}}{2} = \frac{950 + 630}{2} = 790 \text{ St.}$$

Dieser Wert ist ziemlich ungenau, weil nur zwei Jahreswerte berücksichtigt werden. Genauer wird die Berechnung, wenn die Bestände am Ende eines jeden Quartals in die Rechnung einbezogen werden:

$$\text{durchschnittlicher Lagerbestand} = \frac{\text{Anfangsbestand} + 4 \text{ Quartalsendbestände}}{5}$$

Fortsetzung des Beispiels

Um den durchschnittlichen Lagerbestand des Artikels Stereo-Headset „Booster" zu ermitteln, liegen die folgenden Zahlen vor:

Jahresanfangsbestand: 950 Stück, Bestand Ende März: 1 200 Stück, Bestand Ende Juni: 870 Stück, Bestand Ende September: 790 Stück, Bestand Ende Dezember: 630 Stück.

$$\text{durchschnittl. Lagerbestand} = \frac{\text{Anfangsbestand} + 4 \text{ Quartalsendbestände}}{5}$$

$$\text{durchschnittl. Lagerbestand} = \frac{950 + 1\,200 + 870 + 790 + 630}{5} = 888 \text{ Stück}$$

Noch genauer ist die Berechnung, wenn man den Endbestand eines jeden Monats in der Formel berücksichtigt:

$$\text{durchschnittlicher Lagerbestand} = \frac{\text{Anfangsbestand} + 12 \text{ Monatsendbestände}}{13}$$

Fortsetzung des Beispiels

Für die Berechnung des durchschnittlichen Lagerbestandes des Artikels Stereo-Headset „Booster" liegen die folgenden Daten vor:

Jahresanfangsbestand:	950 Stück	Bestand 31.07.:	830 Stück
Bestand 31.01.:	830 Stück	Bestand 31.08.:	710 Stück
Bestand 28.02.:	950 Stück	Bestand 30.09.:	790 Stück
Bestand 31.03.:	1 200 Stück	Bestand 31.10.:	539 Stück
Bestand 30.04.:	899 Stück	Bestand 30.11.:	590 Stück
Bestand 31.05.:	820 Stück	Bestand 31.12.:	630 Stück
Bestand 30.06.:	870 Stück		

$$\text{durchschnittl. Lagerbestand} = \frac{\text{Anfangsbestand} + 12\ \text{Monatsendbestände}}{13}$$

$$= \frac{950 + 830 + 950 + 1\,200 + 899 + 820 + 870 + 830 + 710 + 790 + 539 + 590 + 630}{13}$$

$$= 816\ \text{St.}$$

Der durchschnittliche Lagerbestand ist ein Wert, der für die Berechnung der Umschlagshäufigkeit benötigt wird.

2. Die Umschlagshäufigkeit

Die Umschlagshäufigkeit zeigt an, wie häufig die eingekaufte Menge eines Artikels, die gelagert wird, abverkauft wird. Anders ausgedrückt zeigt die Umschlagshäufigkeit, wie oft der Lagerbestand eines Artikels im Jahr durch Abverkauf und Nachbestellung ausgetauscht wird. Die Formel zur Berechnung der Umschlagshäufigkeit lautet:

$$\text{Umschlagshäufigkeit} = \frac{\text{Jahresabsatz}}{\text{durchschnittlicher Lagerbestand}}$$

Beispiel

Der Artikel Stereo-Headset „Booster" hat einen durchschnittlichen Lagerbestand von 816 Stück. Im gesamten Jahr wurden von diesem Artikel 7 344 Stück verkauft.

$$\text{Umschlagshäufigkeit} = \frac{\text{Jahresabsatz}}{\text{durchschnittl. Lagerbestand}} = \frac{7\,344}{816} = 9\text{-mal}$$

Der durchschnittliche Lagerbestand dieses Artikels wurde insgesamt 9-mal in diesem Jahr abverkauft.

Die Umschlagshäufigkeit ist eine wichtige Kennzahl, die anzeigt, ob sich ein gelagerter Artikel schnell abverkaufen lässt oder nicht. Je höher die Umschlagshäufigkeit ist, desto geringer sind die Lagerkosten, da bei hoher Umschlagshäufigkeit ein geringer Lagerbestand vorliegt. Wenn die Umschlagshäufigkeit zu niedrig ist, kann der durchschnittliche Lagerbestand abgesenkt werden, um die Umschlagshäufigkeit zu erhöhen.

3. Die durchschnittliche Lagerdauer

Je länger ein Artikel auf Lager liegt, desto höher sind die Kosten, die durch die Lagerung verursacht werden. Daher muss die durchschnittliche Lagerdauer der Waren im Lager niedrig gehalten werden. Sie errechnet sich mit folgender Formel.

$$\text{durchschnittl Lagerdauer} = \frac{360}{\text{Umschlagshäufigkeit}}$$

Im Zähler des Bruches steht die Zahl 360, weil man wie in der Zinsrechnung von einem Jahr mit 360 Tagen ausgeht. Je höher die Umschlagshäufigkeit ist, desto geringer ist die Lagerdauer eines Artikels.

Beispiel

Der Artikel Stereo-Headset „Booster“ wird 9-mal im Jahr umgeschlagen. Die durchschnittliche Lagerdauer dieses Artikels beträgt:

$$\text{durchschnittl. Lagerdauer} = \frac{360}{\text{Umschlagshäufigkeit}} = \frac{360}{9} = 40 \text{ Tage}$$

Der Artikel liegt im Schnitt 40 Tage auf Lager, das heißt, zwischen Eintreffen der Bestellung bzw. Einlagerung und dem Verkauf des Artikels vergehen im Schnitt 40 Tage.

Aufgaben

Aufgaben zur Wiederholung

1. In einer Großhandlung liegen die folgenden Lagerbestandsdaten eines Artikels vor. Berechnen Sie jeweils den durchschnittlichen Lagerbestand.

a) Jahresanfangsbestand: 1 300 Stück, Jahresendbestand: 930 Stück

b)

Jahresanfangsbestand:	1 300 Stück
Bestand Ende März:	1 450 Stück
Bestand Ende Juni:	1 380 Stück
Bestand Ende September:	1 510 Stück
Bestand Ende Dezember:	930 Stück

c) Jahresanfangsbestand: 1 300 Stück

Bestand 31.01.:	1 320 Stück	Bestand 31.07.:	1 341 Stück
Bestand 28.02.:	1 360 Stück	Bestand 31.08.:	1 420 Stück
Bestand 31.03.:	1 450 Stück	Bestand 30.09.:	1 510 Stück
Bestand 30.04.:	1 470 Stück	Bestand 31.10.:	1 470 Stück
Bestand 31.05.:	1 400 Stück	Bestand 30.11.:	1 290 Stück
Bestand 30.06.:	1 380 Stück	Bestand 31.12.:	930 Stück

2. Berechnen Sie die Umschlagshäufigkeit.

a) Jahresabsatz: 54 000 Stück, durchschnittlicher Lagerbestand: 9 000 Stück

b) Jahresabsatz: 2 500 Stück, durchschnittlicher Lagerbestand: 200 Stück

c) Jahresabsatz: 13 440 Stück, durchschnittlicher Lagerbestand: 1 920 Stück

3. Wie lange lagern die folgenden Artikel im Durchschnitt?

Artikel A: Umschlagshäufigkeit = 8-mal
Artikel B: Umschlagshäufigkeit = 9-mal
Artikel C: Umschlagshäufigkeit = 6-mal

4. Am Jahresende soll in der Mediaworld e. K. der durchschnittliche Lagerbestand des Artikels Nr. S 2004 „Grunlag DVD-Rekorder" ermittelt werden. Es liegen die folgenden Bestandsdaten aus der Lagerkartei vor:
Jahresanfangsbestand: 550 Stück

Bestand 31.01.: 618 Stück	Bestand 31.07.: 550 Stück
Bestand 28.02.: 650 Stück	Bestand 31.08.: 570 Stück
Bestand 31.03.: 668 Stück	Bestand 30.09.: 520 Stück
Bestand 30.04.: 685 Stück	Bestand 31.10.: 495 Stück
Bestand 31.05.: 630 Stück	Bestand 30.11.: 489 Stück
Bestand 30.06.: 539 Stück	Bestand 31.12.: 420 Stück

a) Berechnen Sie den durchschnittlichen Lagerbestand.

b) Ermitteln Sie die Umschlagshäufigkeit, wenn der Jahresabsatz bei 5 112 Stück liegt.

c) Berechnen Sie die durchschnittliche Lagerdauer des Artikels.

5. a) Der durchschnittliche Lagerbestand eines Artikels beträgt 250 Stück. Wie hoch ist der Jahresabsatz, wenn die Umschlagshäufigkeit 9,5 beträgt?

b) Ein Artikel liegt durchschnittlich 72 Tage auf Lager. Wie hoch ist die Umschlagshäufigkeit?

4 Zahlungsverkehr

4.1 Barzahlung

Das ist geschehen

In der Mediaworld e.K. werden von einem Elektriker am Mittwoch, dem 05.04.20.. zwei neue Lampen installiert, die den Verkaufsraum besser ausleuchten sollen. Der Elektriker ist nach knapp zwei Stunden Arbeit fertig und packt seine Sachen ein. Dann spricht er Bastian Lenz an, der heute im Verkaufsshop bedient: *„So, das war's. Zwei Stunden Arbeit und 80,00 € Materialkosten, macht inklusive Mehrwertsteuer genau 162,40 €. Hier ist die Auflistung. Hoffentlich haben Sie es klein, ich kann nämlich nicht wechseln."* Bastian Lenz ist etwas irritiert: *„Ich soll das gleich bezahlen? Können wir das nicht überweisen?" „Ne, ne"*, winkt der Elektriker ab, *„Beträge unter 200,00 € kassieren wir sofort. Anweisung vom Chef!" „Na gut, ich hab ja genug Geld in der Kasse"*, sagt Bastian und bezahlt die Forderung des Elektrikers. Der nimmt seine Sachen und verlässt den Laden. Nach Feierabend wird Bastian von seinem Chef, Moritz Wagner, angesprochen: *„Es fehlen 162,40 € in der Kasse. Wo ist das Geld?" „Oh, ich hab damit den Elektriker bezahlt"*, sagt Bastian. Moritz Wagner ist sauer: *„Und, wo ist die Quittung?"*, fragt er Bastian.

Das ist zu tun

1. Erläutern Sie, warum der Chef von Bastian sauer ist.
2. Begründen Sie, warum mithilfe einer Quittung der Fehler, der Bastian passiert ist, hätte vermieden können.
3. Wie füllt man eine Quittung aus? Sehen Sie sich die Bestandteile einer Quittung an und überlegen Sie, was bei den Positionen 1 bis 6 des auf der folgenden Seite abgebildeten Quittungsformulars geschrieben werden muss.

Das sollte man wissen

Barzahlung

Barzahlung bedeutet, dass Bargeld in Form von Münzen und/oder Scheinen vom Schuldner an die Zahlungsempfängerin oder den Zahlungsempfänger übergeben wird. Dabei ist es auch möglich, dass das Geld per Botendienst überbracht wird. Bei der Barzahlung benötigen weder die Zahlenden noch die Zahlungsempfänger/-innen ein Bankkonto.

Die Barzahlung ist im Einzelhandel zwischen Kauffrau/Kaufmann und Endverbraucher/Endverbraucherin sowie unter Nichtkaufleuten häufig anzutreffen. Ein Vorteil der Barzahlung besteht für die Zahlungsempfängerin oder den Zahlungsempfänger darin, dass sie oder er sofort das Geld bekommt und damit Probleme, die beim Geldtransfer über Banken und Bankkonten entstehen können, ausgeschlossen sind. Wer als Schuldner/-in stets bar bezahlen möchte, muss natürlich immer einen entsprechenden Vorrat an Bargeld dabei haben.

Es gibt zwei Möglichkeiten, bar zu bezahlen:	
1. **Persönliche Bezahlung (oder per Botendienst)**	2. Zahlung mittels **Postbank/Western Union**

1. Persönliche Bezahlung (oder per Botendeinst)

Wer als Schuldner/-in einen Geldbetrag an die Zahlungsempfängerin oder den Zahlungsempfänger übergibt, der möchte in der Regel auch einen Beweis dafür haben, dass tatsächlich bezahlt wurde. Im Alltagsgeschäft im Einzelhandel erhält man einen Kassenbon, mit dem man nachweisen kann, dass bezahlt worden ist. Wenn man einen solchen Beleg nicht bekommt, kann man als Schulnder/-in verlangen, dass die Zahlungsempfängerin oder der Zahlungsempfänger den Empfang der Ware quittiert. Dazu wird ein Quittungsformular benutzt.

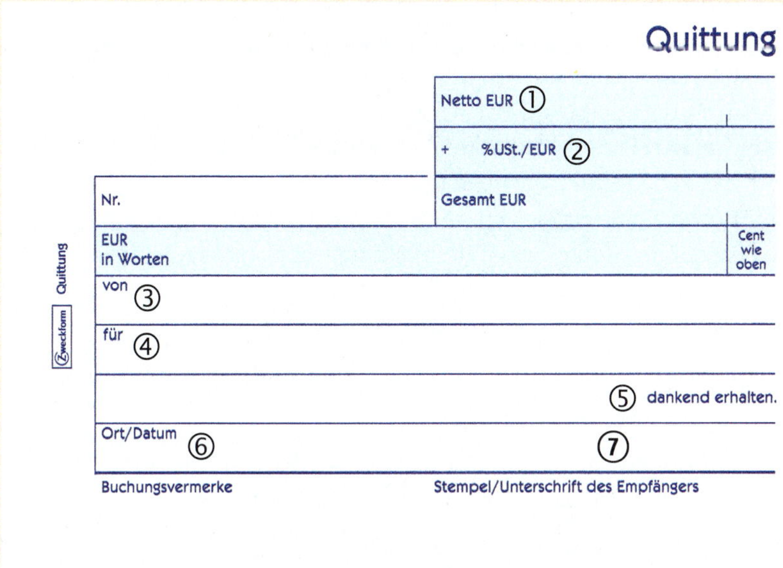

Eine Quittung hat die folgenden Bestandteile:

1 Betrag (brutto)
2 Enthaltene Mehrwertsteuer
3 Name der Schuldnerin/des Schuldners
4 Grund der Zahlung
5 Empfangsbestätigung
6 Ort und Tag
7 Unterschrift der Zahlungsempfängerin/des Zahlungsempfängers

Aufgaben zur Wiederholung

Aufgaben

1. Im deutschen Einzelhandel macht die Barzahlung immerhin noch ungefähr ein Drittel aller Zahlungen aus. Erläutern Sie anhand dreier Beispiele, wann Barzahlung sinnvoll bzw. notwendig ist.

2. Bilden Sie eigene Beispiele und Situationen, an denen Sie aufzeigen, welche Gefahren und Risiken bei Barzahlung auf die Zahlenden und die Zahlungsempfänger/-innen lauern können.

3. Besorgen Sie sich ein Quittungsformular (z. B. unter **www.equittung.de**) und füllen Sie dieses zum folgenden Fall aus: Frau Schmitz aus dem Verkaufsshop der Mediaworld e. K. bestätigt die Zahlung von Daniel Graf aus Duisburg, der am 25.06.20.. eine Rollax Digitale Videokamera DVK DC 2005 zum Nettopreis von 109,00 € erworben hat.

4.2 Halbbare Zahlung

4.2.1 Kontoeröffnung

Das ist geschehen

Andreas Zimmer, Praktikant in der Mediaworld e. K., soll für seine abgeleisteten vier Wochen Praktikum eine kleine Anerkennung bekommen. Moritz Wagner bespricht mit Florian Peek aus der Abteilung Buchhaltung/Verwaltung, dass er 200,00 € auf das Konto von Andreas Zimmer überweisen soll. Andreas freut sich, dass er nicht umsonst gearbeitet hat, allerdings kann er die Frage nach den Daten seiner Bankverbindung nicht beantworten: Er hat gar kein Konto.

Das ist zu tun

1. Erläutern Sie, warum Andreas Zimmer ein Konto bei einer Bank oder Sparkasse eröffnen sollte.
2. Welche Kosten wird Andreas zu tragen haben, wenn er ein Konto bei einem Kreditinstitut eröffnet und führen lässt?
3. Wenn Andreas ein Konto eröffnet hat, wie kann er dann erfahren, wie viel Geld er zurzeit darauf hat?
4. Beschreiben Sie, was passiert, wenn Andreas sein Konto überziehen würde.

Das sollte man wissen

Kontoeröffnung

Eine halbbare Zahlung ist nur möglich, wenn entweder Schuldner/-in oder Gläubiger/-in ein Konto bei einer Bank oder Sparkasse hat. Für die bargeldlose Zahlung ist es sogar notwendig, dass beide – Schuldner/-in oder Gläubiger/-in – jeweils ein Konto haben.

Da heutzutage viele Zahlungen bargeldlos abgewickelt werden, haben auch sehr viele Menschen ein Konto. Spätestens mit Beginn der Berufsausbildung ist es in der Regel notwendig, ein eigenes Konto zu eröffnen. Die Zahlung der Ausbildungsvergütung erfolgt dann vom Geschäftskonto des Unternehmens auf das Girokonto der oder des Auszubildenden.

Ein Konto bei einer Bank oder bei einer Sparkasse zu eröffnen, ist meistens kostenlos. Es muss ein entsprechendes Formular ausgefüllt werden, das gleichzeitig als Vertrag zwischen Kontoninhaber/-in und dem Kreditinstitut gilt. Das Führen des Kontos, das heißt alle Einzahlungen entgegenzunehmen und auf dem Konto gutzuschreiben sowie die Auszahlungen vorzunehmen, ist Aufgabe des Kreditinstitutes. Hierfür fällt eine Gebühr an, die Kontoführungsgebühr genannt wird. Für Schüler/-innen und Auszubildende wird das Girokonto bei vielen Kreditinstituten aber kostenlos geführt.

Wenn ein Konto eröffnet wurde, erhält man eine girocard (früher: EC-Karte). Mit dieser kann man am Geldautomaten Geld vom Konto abheben und am

Serviceterminal Kontoauszüge ausdrucken. Mit der girocard kann man auch bargeldlos bezahlen (→ Kapitel 4.3 in diesem Lernfeld, Seite 135 ff.).

Ein **Kontoauszug** gibt Auskunft darüber, was auf dem Konto „passiert ist“, welche Einzahlungen stattgefunden haben und welche Auszahlungen veranlasst wurden. Zusätzlich erfährt die Kontoinhaberin oder der Kontoinhaber den aktuellen Kontostand.

Deutsche Bank Duisburg **Kontoauszug** Nr. 18 vom 19.03.20.. Blatt 1

		Soll (–)	Haben (+)
	Alter Kontostand in EUR:		10.120,35
Wert	Buchungstext	Umsätze	
26.02.	Herscheidt GmbH Re.-Nr. 91 vom 08.02.20..	798,50	
26.02.	Heka GmbH, Rechnungsausgleich Nr. 81/05 vom 21.02.20..		1.901,02
	Ihr neuer Kontostand In EUR:		11.222,87
Moritz Wagner Mediaworld e. K. Krefelder Straße 92 47226 Duisburg		**Kontonummer:** 123 456 789 **Bankleitzahl:** 350 700 30 **BIC:** DEUTDEDE350 **IBAN:** DE05 3507 0030 0123 4567 89	

Abbuchungen vom Konto werden im Soll, Einzahlungen auf das Konto werden im Haben ausgewiesen.

Wenn mehr Geld abgehoben wird, als eingezahlt wurde, kann es passieren, dass das Girokonto überzogen wird. Der Kontostand ist dann negativ, die Kontoinhaberin oder der Kontoinhaber hat Schulden gegenüber der Bank. Als Kontoinhaber/-in vereinbart man mit der Bank, ob eine solche Möglichkeit gegeben sein soll oder nicht. Wenn man keinen Überziehungskredit vereinbart, werden keine Auszahlungen mehr veranlasst, falls der Kontostand nicht ausreichend ist.

Vereinbart man einen Überziehungskredit, kann der Kontosaldo negativ werden. Mit jeder Kontoinhaberin/jedem Kontoinhaber handelt das Kreditinstitut individuell aus, um wie viel Euro er sein Konto überziehen kann. Den Überziehungskredit nennt man bei Privatleuten **Dispokredit,** bei Kaufleuten **Kontokorrentkredit.**

Wie jeder Kredit kostet das Überziehen des Girokontos Zinsen. Der Zinssatz hierfür ist hoch, da es sich um einen kurzfristigen Kredit handelt, für den keine Sicherheiten vereinbart sind. Auf Dauer sein Girokonto zu überziehen, ist eine kostspielige Angelegenheit, daher sollte man einen negativen Saldo auf dem Girokonto möglichst schnell wieder ausgleichen.

Aufgaben

Aufgaben zur Wiederholung

1. Beschreiben Sie, wie man ein Girokonto eröffnet.
2. Nennen Sie die Daten, die man einem Kontoauszug entnehmen kann.
3. a) Berechnen Sie die Überziehungszinsen für den folgenden Fall:
   - Soll-Betrag des Girokontos: 1.200,00 €
   - Zeitraum: 01.03.20.. bis 31.03.20..
   - Dispo-Zinssatz des Kreditinstitutes: 14,5 %

   b) Berechnen Sie die Zinsen für den gleichen Betrag und den gleichen Zinssatz bei einem Zeitraum von einem Jahr.

4.2.2 Zahlschein, Nachnahme und Western Union Online-Service

Das ist geschehen

Andreas Zimmer hat noch nicht die Zeit gefunden, ein Girokonto zu eröffnen. Neulich hat er sich über das Internet ein Buch bei einer Internetbuchhandlung bestellt. Dem Paket, in dem ihm das Buch zugestellt wurde, lag eine Rechnung bei. Diese muss noch bezahlt werden.

Das ist zu tun

1. An welche Möglichkeit denkt Bastian? Lesen Sie sich die Möglichkeiten einer halbbaren Zahlung durch und entscheiden Sie sich.
2. Wie läuft die Zahlungsweise ab, die sich hier anbietet? Stellen Sie ein Schaubild auf, in dem die Ablaufschritte des Vorganges dargestellt sind.

Vorschlag zur schematischen Darstellung des Schaubildes:

1. Schritt: ... → 2. Schritt: ... ...

Halbbare Zahlung

Das sollte man wissen

Halbbare Zahlung bedeutet, dass entweder die Gläubigerin/der Gläubiger oder die Schuldnerin/der Schuldner über ein Konto verfügt. Die oder der jeweils andere hat kein Konto und zahlt bar.

Es gibt drei Möglichkeiten der halbbaren Zahlung:		
Western Union Online Service	Zahlschein	Nachnahme

1. Der Zahlschein

Bezahlung per Zahlschein ist möglich, wenn die Zahlungsempfängerin/der Zahlungsempfänger ein Konto hat; die Schuldnerin/der Schuldner hingegen muss kein eigenes Konto haben. Die Schuldnerin/der Schuldner zahlt das Geld bar ein und füllt den Zahlschein (entspricht dem Überweisungsformular!) aus. Es können beliebig hohe Beträge per Zahlschein bezahlt werden. Der Gläubigerin/dem Gläubiger wird der Betrag auf seinem Konto gutgeschrieben. Die Benutzung eines Zahlscheines kostet eine Gebühr, die die Schuldnerin/der Schuldner zu zahlen hat.

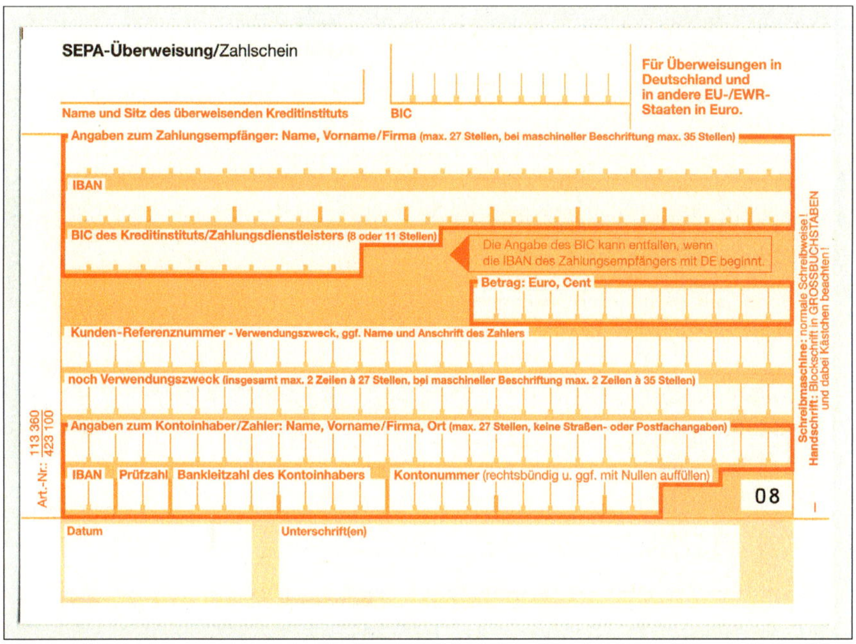
SEPA-Überweisung/Zahlschein

Name und Sitz des überweisenden Kreditinstituts
BIC
Für Überweisungen in Deutschland und in andere EU-/EWR-Staaten in Euro.
Angaben zum Zahlungsempfänger: Name, Vorname/Firma (max. 27 Stellen, bei maschineller Beschriftung max. 35 Stellen)
IBAN
BIC des Kreditinstituts/Zahlungsdienstleisters (8 oder 11 Stellen)
Die Angabe des BIC kann entfallen, wenn die IBAN des Zahlungsempfängers mit DE beginnt.
Betrag: Euro, Cent
Kunden-Referenznummer - Verwendungszweck, ggf. Name und Anschrift des Zahlers
noch Verwendungszweck (insgesamt max. 2 Zeilen à 27 Stellen, bei maschineller Beschriftung max. 2 Zeilen à 35 Stellen)
Angaben zum Kontoinhaber/Zahler: Name, Vorname/Firma, Ort (max. 27 Stellen, keine Straßen- oder Postfachangaben)
IBAN | Prüfzahl | Bankleitzahl des Kontoinhabers | Kontonummer (rechtsbündig u. ggf. mit Nullen auffüllen)
08
Art.-Nr.: 113 360 / 423 100
Schreibmaschine: normale Schreibweise! Handschrift: Blockschrift in GROSSBUCHSTABEN und dabei Kästchen beachten!
Datum
Unterschrift(en)

2. Die Nachnahme

Bei der Nachnahme ist es erforderlich, dass die Gläubigerin/der Gläubiger ein Konto hat, die Schuldnerin/der Schuldner benötigt kein Konto, sondern bezahlt bar.

Die Bezahlung per Nachnahme ist mit der Versendung eines Briefes oder Paketes, das heißt mit einem Warenversand verbunden. Wenn die Verkäuferin oder der Verkäufer den Warenversand per Nachnahme schickt, bedeutet dies, dass ein Paketdienst beauftragt wird, die Ware an die Kundin oder den Kunden zu übergeben und von dieser/diesem das Geld einzuziehen. Die Zustellerin oder der Zusteller übergibt die Ware aber nur, wenn die Empfängerin oder der Empfänger vorher bezahlt. Das Bargeld wird auf das Konto der Zahlungsempfängerin oder des Zahlungsempfängers überwiesen.

Warenversand per Nachnahme bietet sich aus Händlersicht an, wenn man nicht sicher ist, ob die Kundin oder der Kunde die Waren auch bezahlen wird. Dies kann bei neuen Kundinnen oder Kunden der Fall sein oder bei solchen, mit deren Zahlungsmoral man schlechte Erfahrungen gemacht hat. Aus Händlersicht ist der Warenversand per Nachnahme bequem, sicher und vor allem kostenlos, da die Empfängerin oder der Empfänger der Ware nicht nur die Ware, sondern auch die Nachnahmegebühr bezahlen muss.

3. Der Western Union Online-Service

Dieser Service kann genutzt werden, um über die Internetseite des Anbieters „Western Union" Geld vom eigenen Konto ins Ausland zu überweisen. Dort kann das Geld bar ausgezahlt werden, die Empfängerin/der Empfänger muss also nicht zwingend ein Konto haben. Deshalb gehört dieser Service zu den halbbaren Zahlungsarten. Je nach Geldsumme oder Empfängerland fallen unterschiedlich hohe Gebühren an.

Eine besondere Form der halbbaren Zahlung bietet neben den drei genannten Varianten der Barscheck. Da Scheckzahlungen eher selten geworden sind, wird hierauf nicht näher eingegangen.

Aufgaben

Aufgaben zur Wiederholung

1. Geben Sie für die drei Möglichkeiten der halbbaren Zahlung an, ob die Gläubigerin/der Gläubiger oder die Schuldnerin/der Schuldner ein Konto haben muss.
2. a) Begründen Sie, warum es sich aus Händlersicht anbietet, eine Versendung von Waren per Nachnahme zu schicken.

   b) Was spricht aus Sicht der Warenempfängerin/des Warenempfängers dagegen, sich eine Ware per Nachnahme schicken zu lassen?
3. In der Mediaworld e. K. wird nur sehr selten eine halbbare Zahlung vorgenommen. Nennen Sie Gründe, warum dies so ist.
4. Beschreiben Sie Vorteile und Gefahren des Geldtransfers mit dem Western Union Online-Service ins Ausland.

4.3 Bargeldlose Zahlung

4.3.1 Überweisung, Dauerauftrag und SEPA-Lastschriftverfahren

Das ist geschehen

Der Auszubildende Bastian Lenz und der Buchhalter Florian Peek unterhalten sich:

Das ist zu tun

1. Unterscheiden Sie die beiden Formen des bargeldlosen Zahlungsverkehrs: Überweisung und Lastschriftverfahren.
2. Erläutern Sie, ob das, was Bastian befürchtet, tatsächlich passieren kann.
3. Was meint Florian Peek damit, dass man „etwas dagegen tun kann“?

Überweisung, Dauerauftrag und SEPA-Lastschriftverfahren

Das sollte man wissen

Für die bargeldlose Zahlung benötigen Zahlende und Zahlungsempfänger/-innen ein Konto bei einer Bank oder Sparkasse. Die Überweisung spielt bei der bargeldlosen Zahlung die wichtigste Rolle. Ohne Überweisung wäre der moderne Zahlungsverkehr nicht vorstellbar.

Mit der Überweisung wird Geld vom Konto der Schuldnerin/des Schuldners auf das Konto des Gläubigers und Zahlungsempfängers übermittelt. Auf dem Konto der Schuldnerin/des Schuldners wird der überwiesene Betrag abgebucht, auf dem Konto der Empfängerin/des Empfängers wird der Betrag gutgeschrieben.

Die Überweisungsformulare der Sparkassen und Banken gleichen sich. Es müssen die folgenden Daten eingetragen werden:

1. Name der Empfängerin/des Empfängers
2. IBAN[1] (und für Überweisungen ins Ausland die BIC[2]) der Zahlungsempfängerin oder des Zahlungsempfängers
3. Betrag
4. Verwendungszweck
5. Name der Kontoinhaberin/des Kontoinhabers
6. IBAN der Inhaberin/des Inhabers
7. Datum, Unterschrift

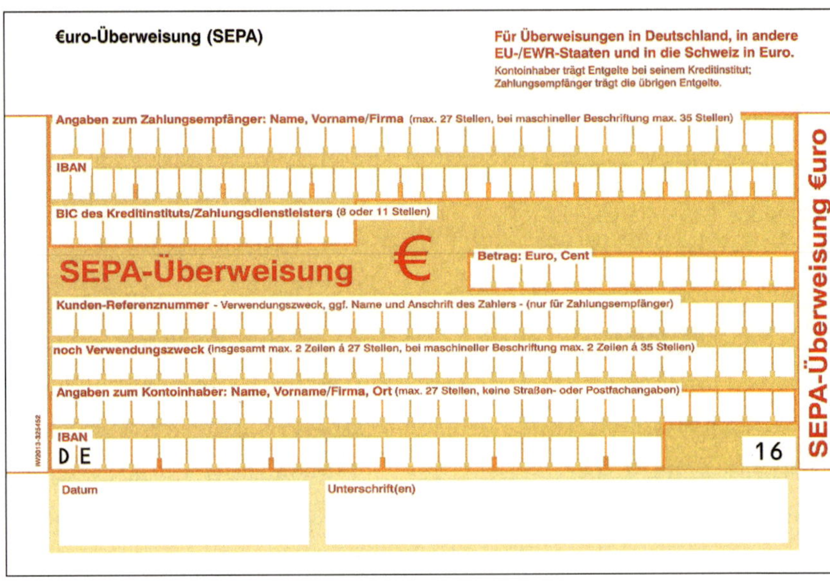

€uro-Überweisung (SEPA)

Für Überweisungen in Deutschland, in andere EU-/EWR-Staaten und in die Schweiz in Euro.
Kontoinhaber trägt Entgelte bei seinem Kreditinstitut; Zahlungsempfänger trägt die übrigen Entgelte.

Angaben zum Zahlungsempfänger: Name, Vorname/Firma (max. 27 Stellen, bei maschineller Beschriftung max. 35 Stellen)

IBAN

BIC des Kreditinstituts/Zahlungsdienstleisters (8 oder 11 Stellen)

SEPA-Überweisung €

Betrag: Euro, Cent

Kunden-Referenznummer - Verwendungszweck, ggf. Name und Anschrift des Zahlers - (nur für Zahlungsempfänger)

noch Verwendungszweck (insgesamt max. 2 Zeilen à 27 Stellen, bei maschineller Beschriftung max. 2 Zeilen à 35 Stellen)

Angaben zum Kontoinhaber: Name, Vorname/Firma, Ort (max. 27 Stellen, keine Straßen- oder Postfachangaben)

IBAN
DE 16

Datum

Unterschrift(en)

SEPA-Überweisung €uro

Eine Überweisung kostet in der Regel Gebühren, die von Bank zu Bank bzw. Sparkasse unterschiedlich hoch sein können. Für Schüler/-innen und Auszubildende mit kostenlosem Girokonto ist auch das Überweisen kostenlos.

Das zu überweisende Geld wird noch am gleichen Tag der Überweisung vom Konto abgebucht. Wenn das Geld auf ein Konto der gleichen Bank überwiesen werden soll, ist es meist am nächsten Tag schon gutgeschrieben. Als Beweis der durchgeführten Überweisung kann die oder der Zahlende den Kontoauszug heranziehen, sobald das Geld vom Konto abgebucht ist.

1 IBAN = International Bank Account Number (Kontonummer)

2 BIC = Bank Identifier Code (Internationale Bankleitzahl)

Es gibt Sonderformen der Überweisung, mit denen bestimmte Geldtransfers vereinfacht werden. Zu diesen **Sonderformen** gehören:

der **Dauerauftrag**	das **SEPA-Lastschriftverfahren**

Der **Dauerauftrag** wird benutzt, wenn man eine Zahlung in immer gleicher Höhe zu leisten hat, die sich in bestimmten Abständen wiederholt. Dazu gehört zum Beispiel die Zahlung der Miete. Jeden Monat die Miete per Überweisung zu bezahlen, ist umständlich und auch unsicher, weil man durchaus die Zahlung vergessen kann und dadurch vielleicht in Zahlungsverzug gerät. Daher bietet es sich an, seine Bank zu beauftragen, das zu zahlende Geld automatisch zu bestimmten Terminen zu überweisen, ohne dass jedes Mal ein gesonderter Auftrag erteilt werden muss.

An die
Sparkasse Duisburg

Ich bitte Sie, folgenden **Dauerauftrag** auszuführen:

IBAN:	*DE64 3505 0000 0009 0238 81*
Ausführung:	☒ monatlich ❑ vierteljährlich ❑ halbjährlich ❑ jährlich
Betrag in €:	*350,00*
Verwendungszweck:	*Mietzahlung Wohnung Düsseldorfer Straße*
Name des Empfängers:	*Hartwig Woltermeier*
IBAN des Empfängers:	*DE56 3505 0000 0009 8124 41*
BIC:	*DUISDE33XXX*
Name des Kreditinstitutes:	*Sparkasse Duisburg*
Kontoinhaber:	*Bastian Lenz*
Ort, Datum:	*Duisburg, 19.06.20..*
Unterschrift:	*Bastian Lenz*

Das **SEPA-Lastschriftverfahren** wird benutzt, wenn die zu überweisenden Beträge immer unterschiedlich hoch sind. Das könnte zum Beispiel die Bezahlung von Einkäufen beim immer gleichen Onlinehandel per Lastschrift sein.

Beim SEPA-Lastschriftverfahren wird der Zahlungsempfängerin oder dem Zahlungsempfänger erlaubt, vom Konto der Schuldnerin/des Schuldners fällige Rechnungsbeträge einzuziehen. Dazu benötigt der Gläubiger die Einzugsermächtigung in Form eines sogenannten SEPA-Lastschriftmandates.

Sollte es beim Zahlungseinzug zu Problemen kommen, etwa dass die Gläubigerin/der Gläubiger ungerechtfertigterweise Geld vom Konto der Schuldnerin/des Schuldners abgezogen hat, kann die Schuldnerin/der Schuldner die Bank beauftragen, dass Geld zurückzuholen. Innerhalb von acht Wochen besteht diese Möglichkeit, eine geleistete Zahlung rückgängig zu machen.

Eine besondere Form der bargeldlosen Zahlung stellt der Verrechnungsscheck dar. Da Scheckzahlungen stark rückläufig sind und kaum noch eine Rolle spielen, wird hierauf nicht näher eingegangen.

Aufgaben

Aufgaben zur Wiederholung

1. a) Erläutern Sie, was man unter bargeldlosem Zahlungsverkehr versteht.
   b) Erläutern Sie, welche Voraussetzung notwendig ist, damit Geld bargeldlos übermittelt werden kann.
   c) Nennen Sie die Vorteile, die die Überweisung zur häufigsten Form des bargeldlosen Zahlungsverkehrs macht.
2. a) Erläutern Sie, wie das SEPA-Lastschriftverfahren funktioniert.
   b) Wie kann eine Schuldnerin/ein Schuldner überprüfen, dass eine Zahlung im Lastschriftverfahren auch richtig (in der richtigen Höhe, von der richtigen Gläubigerin/vom richtigen Gläubiger, ...) durchgeführt wurde?
3. Überlegen Sie bei den folgenden Beispielen, ob Sie eine Überweisung, einen Dauerauftrag oder das SEPA-Lastschriftverfahren wählen würden:
   a) Rechnung einer Buchsendung einer Internetbuchhandlung
   b) die monatliche Telefonrechnung
   c) Bezahlung der Miete
   d) Bezahlung der Strom- und Wasserrechnung
   e) einmalige Spende an eine Umweltschutzorganisation
   f) Bezahlung der Löhne der Arbeiter/-innen
   g) Bezahlung der Rechnung eines Lieferbetriebes

4.3.2 Kartenzahlung

Das ist geschehen

Das ist zu tun

1. Was spricht aus Sicht von Moritz Wagner dafür, dass der Kunde mit seiner girocard und seiner PIN bezahlt?
2. Die Mediaworld e. K. akzeptiert nicht jede Kreditkarte, nur die MasterCard und die American Express Card. Was spricht aus Sicht der Mediaworld e. K. dagegen und was spricht dafür, dass der Kunde mit seiner Kreditkarte bezahlt?

Das sollte man wissen

Kartenzahlung

Bei der Bezahlung mit einer Karte nutzt man diese als echte Plastikkarte oder als digitale Version, zum Beispiel auf dem Handy. Die verschiedenen Sorten von Karten kann man im Wesentlichen in zwei Bereiche einteilen:

girocard	Kreditkarte
	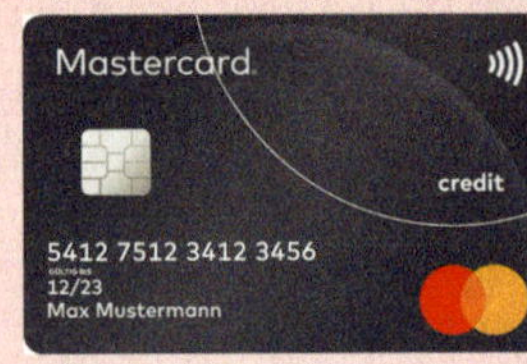

girocard

Die **girocard** (früher ec Karte) ist die führende Debitkarte in Deutschland. Mit Eröffnung eines Girokontos wird der Kontoinhaberin oder dem Kontoinhaber in der Regel eine girocard zur Verfügung gestellt.

Mit dieser Karte kann man:

- am Geldautomaten Geld vom Konto abheben,
- bargeldlos bezahlen im Rahmen des girocard-Systems,
- am Kundenterminal Kontoauszüge ausdrucken, Überweisungen und Daueraufträge eingeben usw.

Für Zahlungen außerhalb des girocard-Akzeptanznetzes, wie z. B. in der Regel im Ausland, wird mit internationalen Anbietern zusammengearbeitet, wie zum Beispiel V-Pay, Visa Debit, Maestro oder Debit Mastercard. Für die Karteninhaberin oder den Karteninhaber verläuft dieser Vorgang genauso wie im Inland. Gegebenenfalls wird ein Auslandsentgelt erhoben.

Für die meisten Funktionen benötigt die Karteninhaberin oder der Karteninhaber nicht nur die Karte, sondern auch eine Geheimzahl, die sogenannte **PIN** (**P**ersönliche **I**dentifikations-**N**ummer), eine vierstellige Zahl, die der Karteninhaberin oder dem Karteninhaber nach Aushändigung der Karte mitgeteilt wird. Auf der girocard ist vermerkt, bis zum Ablauf welchen Jahres die Karte noch gültig ist.

Mit der girocard und der PIN kann man bargeldlos bezahlen. Dazu wird die Karte in ein Lesegerät gesteckt, das die Daten der Karte einliest (zum Beispiel IBAN, Bankinstitut). Nach Eingabe der PIN wird **bei einer Onlinetransaktion** überprüft, ob die

Karte gesperrt ist und ob die Höhe der Zahlung vom Konto der Karteninhaberin oder des Karteninhabers geleistet werden kann oder nicht. Die Käuferin/Der Käufer (Kontoinhaber/-in) bekommt einen Ausdruck als Quittung für die geleistete Zahlung. Das Konto der Kundin oder des Kunden wird sofort belastet. Beim kontaktlosen Bezahlen mit der girocard wird diese nah an das Bezahlterminal gehalten. Bei Beträgen bis 50 EURO ist in der Regel keine PIN-Eingabe erforderlich.

NICHT GANZ SO SICHER

Beim Bezahlen mit Unterschrift handelt es sich um Zahlungen auf Basis des elektronischen Lastschriftverfahrens. Der Zahlbetrag wird im Nachhinein vom Kundenkonto eingezogen. Die dafür benötigten Daten werden aus dem frei auslesbaren Teil der girocard ermittelt. Die Kundin oder der Kunde unterschreibt anschließend die Lastschrift über den Betrag und gestattet zudem, dass der Händler bei fehlender Deckung auf dem Girokonto die persönlichen Kontaktdaten der Kundin oder des Kunden von der Bank erfragen darf. Durch die fehlende Bonitätsprüfung geht der Händler dabei das Risiko eines Zahlungsausfalls ein.

GANZ SICHER

Die Girocard kann man auch als digitale Karte nutzen und dann zum Beispiel mit dem Handy bezahlen. Hierzu nutzt man Apple Pay oder Apps, die von den Banken angeboten werden. Die Karte wird auf dem Handy digital hinterlegt, die Bezahlung erfolgt dann über das Handy und das entsprechende Lesegerät. Die Legitimierung findet auf dem Handy statt, zum Beispiel durch Fingerabdruck. Dies schützt vor Missbrauch.

Kreditkarte

Während die girocard im Prinzip für alle zu haben ist, die ein Konto besitzen, wird eine **Kreditkarte** nicht an jeden ausgehändigt. Kreditkarten werden von Kreditkartenorganisationen (wie zum Beispiel American Express) oder von Banken ausgegeben. Eine Kreditkarte bekommt nur jemand, der ein regelmäßiges Einkommen und eine entsprechende Kontodeckung nachweisen kann.

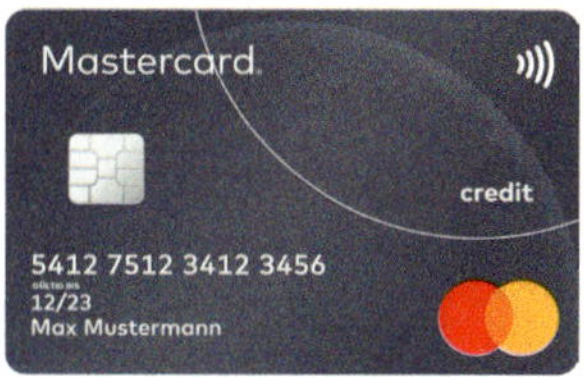

Mit der Kreditkarte kann man in allen Geschäften, Hotels, Tankstellen, Autovermietungen usw. bezahlen, die das entsprechende Symbol der jeweiligen Karte ausgehängt haben. Die Inhaberin oder der Inhaber einer Kreditkarte hat einen bestimmten Kreditrahmen. Innerhalb dieses Kreditrahmens kann er Einkäufe mit seiner Kreditkarte tätigen. Bei der Bezahlung ist die Kreditkarte vorzulegen und der Händlerbeleg zu unterschreiben. Der Händler rechnet mit der Kreditkartengesellschaft direkt ab; diese überweist ihm das Geld. Die Karteninhaberin oder der Karteninhaber bekommt eine Aufstellung über die Einkäufe von der Kreditkartengesellschaft und kann so die Ausgaben nachvollziehen und prüfen.

Vorteil der Kreditkarte	Nachteil der Kreditkarte
Die Abbuchung aller Zahlungen eines Monats vom Konto erfolgt erst am Monatsende.	Man kann leicht im Laufe des Monats den Überblick über seine Ausgaben verlieren.

Kreditkarten sind in Deutschland nicht so verbreitet wie zum Beispiel die girocard. Dies liegt nicht nur daran, dass die Karteninhaberin oder der Karteninhaber für die Nutzung der Kreditkarte etwas bezahlen muss, auch für die Händler ist es teurer, wenn eine Kundin oder ein Kunde mit Kreditkarte und nicht mit girocard bezahlt. Deshalb werden Kreditkarten auch nicht in jedem Geschäft akzeptiert.

Die Kreditkarte kann ebenso wie die Girocard zum digitalen Bezahlen genutzt werden. Die Funktionsweise ist die gleiche, nur die Art der hinterlegten Karte ist anders.

Kundenkarten im Einzelhandel

Eine ganz spezielle Kreditkarte ist die sogenannte **Kundenkarte,** häufig auch Handelskarte genannt. Sie wird nicht von Banken oder Kreditkartenorganisationen herausgegeben, sondern von einzelnen oder mehreren Geschäften. Dabei gibt es verschiedene Arten von Kundenkarten.

Kundenkarten mit Bezahlfunktion sind mit einer Kreditkarte verknüpft. Die Kundinnen und Kunden können also in den entsprechenden Geschäften mit der Karte bezahlen, das Geld wird später von ihrem Konto abgebucht. Häufig sind weitere Funktionen bei diesen Kundenkarten enthalten, etwa besondere Angebote, Rabatte oder die Möglichkeit, Bonuspunkte zu sammeln.

Kundenkarten ohne oder mit eingeschränkter Bezahlfunktion gibt es ebenfalls in vielen Einzelhandelsketten. Hier können zum Beispiel Punkte gesammelt werden. Wenn genügend Punkte vorhanden sind, kann mit diesen bezahlt werden. Oder sie funktionieren als Bonuskarte, das heißt, ab Erreichen eines bestimmten Umsatzes bekommt man eine Gutschrift oder einen Warengutschein.

Mit der Ausgabe von Kundenkarten wollen Unternehmen erreichen, dass die Kundinnen und Kunden häufiger bei ihnen einkaufen und sie so an sich binden. Durch die Auswertung der Daten, was die Kundin oder der Kunde wann eingekauft hat, erhält das Unternehmen Informationen über das Kaufverhalten der Kundin oder des Kunden. Dies erscheint aus Sicht des Verbraucherschutzes bedenklich.

Aufgaben

Aufgaben zur Wiederholung

1. Finden Sie zur girocard und zur Kreditkarte die Vor- und Nachteile aus Sicht des Karteninhabers heraus und stellen Sie diese in einer Übersicht gegenüber.
2. Erstellen Sie eine weitere Übersicht, in der Sie die Vor- und Nachteile der jeweiligen Kartenart aus Sicht des Händlers gegenüberstellen.
3. Wie kann man sich schützen, wenn man die girocard oder Kreditkarte verliert?
4. Begründen Sie, warum Einzelhandelsgeschäfte Kundenkarten an ihre Kundschaft herausgeben.
5. Erläutern Sie die Unterschiede zwischen der Kundenkarte und der Kreditkarte.
6. Überlegen Sie, wem eine Bank oder eine Kreditkartenorganisation keine Kreditkarte ausstellen würde.
7. In Deutschland hat sich bei bargeldlosen Bezahlen die Kreditkarte (noch) nicht so durchgesetzt wie die girocard. Erläutern Sie, woran dies liegt.

Lernaktionen

Lernaktion 1

In der Mediaworld e. K. ist der Artikel USB-Speicher 2 TB nicht mehr ausreichend vorrätig.

a) Schreiben Sie mit Datum vom 11.01.20.. eine frei formulierte Bestellung an die Multitask GmbH und bestellen Sie dort den Artikel USB-Speicher 2 TB: tragbare Festplatte mit 2 TB Speicherplatz, USB-Schnittstelle. Es sollen 350 Stück dieses Artikels bestellt werden.

Arbeit mit dem PC

b) In der Mediaworld e. K. werden täglich zahlreiche Bestellungen geschrieben. Um den Bestellvorgang zu vereinfachen, soll ein entsprechender Vordruck erstellt werden. Gestalten Sie für die Mediaworld e. K. ein solches Bestellformular mithilfe eines Textverarbeitungsprogramms. Als Anregung können Sie das Bestellformular der Firma Sulram KG nutzen.

Sulram KG Großhandel für Bürobedarf

Kraftstraße 12–14 • 64239 Darmstadt
Tel. 06151 173488-0
Fax 06151 173488-10

Sulram KG • Kraftstr. 12–14 • 64293 Darmstadt

E-Mail: info@sulram-wvd.de
www.sulram-wvd.de

Heidtkötter KG
Gütersloher Straße 111
33647 Bielefeld

Ihre Nachricht vom	Unser Zeichen	Telefon, Name	Datum:
VK-Sim	eld	45, Eldirad	12.09.20..

Bestellung

Kundennummer	Bestellnummer	Lieferdatum	Lieferart
889912	31-09	18.0920..	Lkw frei

Wir bestellen zu den vereinbarten Lieferungs- und Zahlungsbedingungen:

Pos.	Art.-Nr.	Artikelbezeichnung	Menge	Einzelpreis
1	W 3409	Bürodrehstuhl „Fango“	15	129,00 €
2	H 599	Konferenztisch „Helsinki“	3	522,00 €

Bemerkungen:
Zahlungsbedingungen: 30 Tage Ziel, 3 % Skonto innerhalb von 15 Tagen

Mit freundlichen Grüßen

Sulram KG

Till Eldirad

Till Eldirad

USt-IdNr.: 987 448 459
Erfüllungsort und Gerichtsstand: Darmstadt
HRB 31279 Amtsgericht Darmstadt
Geschäftsführer: Alois Sulram

Sparkasse Darmstadt
IBAN: DE55 5085 0150 0077 9811 14
BIC: HELADEF1DAS

Lernaktion 2

Arbeit mit dem PC

Peter Bäumer sieht sich nach einer Warenauslieferung von heute Morgen die Lagerkarte der Stereo-Headsets an. Öffnen Sie die Datei ebenfalls und vergleichen Sie mit Herr Bäumer den Meldebestand mit dem Mindestbestand. Excel-Dateien → *Lagerkarten*.

A	B	C	D	E	F	G	H	U	K	L	M	N	O	P	Q	R	S	Sch	St	T	U	V	W	XY	Z

Artikelkarte: Lager

Artikelbezeichnung:		Stereo-Headset "Booster"			**Artikelnummer:**	H 1003		**Seite**
Einheit:	Stück		**Höchstbestand:**	60	**Meldebestand:**			
			Artikelbewegung		**Lagerbestand**		**Bedarf gemeldet**	
Datum	**Beleg-Nr.**	**Vorgang**	**Zugang**	**Abgang**	aktueller Ist-Best.	davon reserviert	Menge	Datum
01.01.20	IV 1003	Inventurbestand	30					
15.01.20	AR 23	Warenausgabe		5				
16.01.20	AR 25	Auftrag Klosonic		15				

1. a) Erläutern Sie den Unterschied zwischen Mindestbestand, Meldebestand und Höchstbestand.

   b) Lassen Sie formelgesteuert die jeweiligen aktuellen Ist-Bestände berechnen.

   c) Leider hat Peter Bäumer aus Versehen die Angabe über den Meldebestand gelöscht. Ermitteln Sie den Meldebestand, wenn der Mindestbestand 2 Stück, der durchschnittliche Warenabgang 4 Stück und die Lieferzeit 2 Tage beträgt.

   d) Wie viele Stereo-Headsets müssen beschafft werden?

   e) Peter Bäumer schickt eine Bedarfsmeldung an Sabine Hauser im Einkauf. Füllen Sie die Bedarfsmeldung des Lagers an den Einkauf aus. Excel-Dateien → *Bedarfsmeldung*.

Bedarfsmeldung		**Artikel-Nr.**	**Artikel-Nr.**	**Artikel-Nr.**
1.	Höchstbestand			
2.	Meldebestand			
3.	IST-Bestand			
4.	davon reserviert			
5.	frei verfügbarer Bestand (Zeile 3 minus Zeile 4)			
6.	Auffüllung des Lagers bis zum Höchstbestand **dringender Bedarf ===> (Zeile 1 minus Zeile 5)**			

Datum — Unterschrift Sachbearbeiter Lager

2. Sabine Hauser muss nun von den Lieferbetrieben Angebote einholen, um einen günstigen Einkaufpreis zu erzielen.

   a) Wie bezeichnet man diese Bitte um ein Angebot?

   b) Formulieren Sie die Anfrage in Word. Word-Dateien → *Mediaworld_Brief_FormB*. Verwenden Sie die nachfolgenden Textbausteine.

Textbausteine für Anfragen

Alternativen für die Anrede

- Sehr geehrte Frau ...,
- Sehr geehrter Herr ...,
- Sehr geehrte Damen und Herren,

Brieferöffnung

- bitte unterbreiten Sie uns ein Angebot über:
- bitte senden Sie uns ein ausführliches Angebot mit Angabe der kürzesten Lieferfrist über:
- bitte senden Sie uns unter Einschluss Ihrer Lieferungs- und Zahlungsbedingungen ein Angebot für:

Artikelbezeichnung und eventuell genaue Artikelbeschreibung (Einrückung)

Briefabschluss

- Wir benötigen die Ware ... (*Liefertermin*)
- Bitte senden Sie uns umgehend ein Angebot.
- Vielen Dank für Ihre Antwort.

Grußformel

- Mit freundlichem Gruß

Mediaworld/e. K.

Mediaworld e. K., Krefelder Str. 92, 47226 Duisburg

Ihr Zeichen: ______

Ihre Nachricht vom: ______

Unser Zeichen: ______

Unsere Nachricht vom: ______

Name: ______

Tel.: 02065 99977-0 • Fax 02065 99977-20
E-Mail: mediaworld@wvd.de
Internet: www.mediaworld-wvd.de

Datum: ______

Bitte nicht ins Buch schreiben!

c) Die Moritz Wagner e. K. führt eine Excel-Datei *Postausgangsbuch*. Tragen Sie dort den Briefversand an die möglichen Lieferbetriebe ein.

Postausgang

Datum	Empfänger	Art der Sendung	absendende Abteilung	Namenszeichen

d) Nach einer Woche liegen Sabine Hauser die beiden Angebote vor. Zusätzlich hat die Lavex Multimedia AG, die bisher keine Geschäftsbeziehung mit Mediaworld e. K. hatte, ein unverlangtes Aktionsangebot gefaxt. Tragen Sie den Briefeingang in die Excel-Datei *Posteingangsbuch* ein.

Posteingang

Datum	Absender	Art der Sendung	Abteilung	Namenszeichen

3. a) Führen Sie den Angebotsvergleich für Sabine Hauser mithilfe von Excel durch. Beachten Sie, dass Sie die Konditionen für die richtige Bestellmenge übernehmen. Verwenden Sie Formeln mit Zelladressen. Weisen Sie das günstige Angebot mithilfe einer statistischen Funktion aus. Excel-Dateien → *Angebotsvergleich*.

Angebotsvergleich

Artikel-Nr.:		Artikelbezeichnung		
Bestellmenge				
Lieferer				
Angebot vom				
Listenpreis				
− Rabatt				
= Zieleinkaufspreis				
− Skonto				
= Barkeinkaufspreis				
+ Bezugskosten				
= Einstandspreis				
Lieferzeit				

b) Sabine Hauser wägt weitere Aspekte der Auswahl der Lieferbetriebe ab. Welche Punkte sind außer dem Preis für die Auswahl des Lieferbetriebes wichtig?

c) Sabine Hauser gibt Bastian Lenz den Angebotsvergleich und die Daten zu den Lieferbetrieben. *„Bastian, schreiben Sie bitte umgehend die Bestellung, das Lager schreit nach Ware. Sie können auch von mir aus eine E- Mail schreiben!“* Helfen Sie Bastian und verfassen Sie eine entsprechende E-Mail. Outlookdateien → *Anfrage als E-Mail leer.*

MULTI TASK GmbH
Computerzubehör

Florentinastraße 67
33102 Paderborn

Multitask GmbH, Florentinastr. 67, 33102 Paderborn

Telefon: 05251 89110-0
Telefax: 05251 89110-11
E-Mail: multitask@wvd.de
www.multitask-wvd.de

Mediaworld e. K.
Frau Hauser
Krefelder Straße 92
47226 Duisburg

Ihre Zeichen	Unser Zeichen	Telefon, Name	Datum:
	Kloe	05251 89110-10 Klöppel	13.05.20..

Angebot Nr. 256

Sehr geehrte Frau Hauser,

vielen Dank für Ihre Anfrage.

Gern unterbreiten wir Ihnen freibleibend folgendes Angebot:

Art.-Nr.:	Menge	Artikelbezeichnung	Listeneinzelpreis netto (€)	Rabatt
0256	50	Stereo-Headset „Booster“	19,00	15 %

Wir gewähren Ihnen ein Zahlungsziel von 60 Tagen. Bei Zahlung innerhalb von 30 Tagen können Sie 3 % Skonto in Abzug bringen. Die Lieferung übertragen wir einem Paketservice innerhalb von 4 Werktagen. Wir stellen Ihnen für Verpackung, Versand und Transportversicherung 25,00 € netto in Rechnung.

Wir freuen uns auf Ihre Bestellung.

Mit freundlichen Grüßen

Klara Klöppel

Klara Klöppel

HRB Paderborn 5896
Geschäftsführer: Hans Hups
USt-IdNr.: 175 893 996

Volksbank Paderborn
IBAN: DE39 4726 0121 0004 4598 73
BIC: DGPBDE3 XXX

Mammuth GmbH
Audiogeräte

Mammuth GmbH • Gelsenstr. 32 • 46147 Oberhausen

Mediaworld e. K.
Frau Hauser
Krefelder Straße 92
47226 Duisburg

Gelsenstraße 32
46147 Oberhausen
Telefon: 028 88888-12
Telefax: 028 88888-13
E-Mail: mammuthaudio@wvd.de
www.mammuthaudio-wvd.de

Datum:
14.05.20..

Angebot-Nr.: 978

Kunden-Nr.: 355

Sehr geehrte Frau Hauser,

wir danken für Ihre Anfrage und bieten Ihnen wie gewünscht an:

50 Stück	**Stereo-Headset „Booster"**
Artikelnummer:	**A 13100**
Listenstückpreis, netto:	**19,80 €**

Auf den Warenwert gewähren wir Ihnen 5 % Rabatt.

Die Lieferung erfolgt innerhalb von 2 Werktagen nach Bestellung durch Boten.
Liefer- und Verpackungskosten werden nicht in Rechnung gestellt.

Der Rechnungsbetrag ist zahlbar innerhalb von 30 Tagen netto oder innerhalb von 10 Tagen mit 2 % Skonto.

Wir halten uns für 14 Tage an dieses Angebot gebunden.

Wir hoffen weiterhin auf gute Geschäftsbeziehungen und erwarten ihre Bestellung.

Mit freundlichem Gruß
Mehmet Yildrim
Mehmet Yildrim

L•A•V•E•X
Multimedia AG

Lavex Multimedia AG, Nusselweg 3, 50933 Köln

Lavex Multimedia AG
Nusselweg 3
50933 Köln

Telefon: 0221 445540
Telefax: 0221 445541

E-Mail: lavex@multimedia.de
USt-IdNr.: DE 123476532

Deutsche Bank Köln
IBAN: DE62 3707 0000
0674 5638 70
BIC: DEUTDEDK 402

Ansprechpartner:
Herr Dussel

Fax an
Mediaworld e. K.
Abteilung Einkauf

Ihr Zeichen, Ihre Nachricht vom	Unser Zeichen, unsere Nachricht vom	Telefon, Name	Datum
		0221 445540	20.03.20..

Sommerfaxaktion – Listen to the beat

Sehr geehrte Damen und Herren,

wir erweitern unser Sortiment und unseren Kundenstamm.

Stereo-Headset „Booster" als Surround Sound Gaming
Kopfhörer mit USB-Stecker und Mikrofon
Art.-Nr.: 281001
Preis pro Stück: 17,00 €
(zuzüglich 19 % gesetzliche Mehrwertsteuer)
ab 25 Stück gewähren wir Ihnen 10 % Aktionsrabatt

Wir beliefern Sie innerhalb von 3 Tagen und berechnen lediglich 20,00 € Versandkostenpauschale – egal wohin!

Bei einer Auftragsmenge ab 50 Stück erfolgt die Lieferung innerhalb von 24 Stunden ohne Versand- und Verpackungskosten.

Die Zahlung ist innerhalb von 30 Tagen zu leisten.

Wir sehen uns 2 Wochen an dieses Angebot gebunden.
Lassen Sie sich von uns überzeugen.

Mit freundlichen Grüßen

Lavex Multimedia AG
Dussel
i. A. Dussel

Bestellbuch – Einkauf Seite

Bestell-datum	Bestell-Nr.	Lieferanten-Nr.	Lieferant	Artikelnummern des Lieferanten	bestellte Menge	vereinbarter Liefertermin	Wareneingang		Bemerkungen
							Datum	Lieferschein	

d) Sabine Häuser erhält von Bastian Lenz einen Ausdruck der E-Mail. Erfassen Sie mit Sabine Häuser die Bestellung. Excel-Dateien → *Bestellbuch.*

e) Ergänzen Sie den Datenbestand der Mediaworld e. K. um den neuen Lieferbetrieb.
- Excel-Dateien → *Liste mit Lieferbetrieben.*
- Excel-Dateien → *Katei mit Lieferbetrieben.*

L•A•V•E•X
Multimedia AG

Lavex Multimedia AG, Nusselweg 3. 50933 Köln

Mediaworld e. K.
Krefelder Straße 92
47226 Duisburg

Lavex Multimedia AG
Nusselweg 3
50933 Köln

Telefon: 0221 445540
Telefax: 0221 445541

E-Mail: lavex@multimedia.de
Ust-IdNr.: DE 123476532

Deutsche Bank Köln
IBAN: DE62 3707 0000 0674 5638 70
BIC: DEUTDEDK 402

Ansprechpartner:
Herr Dussel

Lieferschein Nr. 32
Ihre Kundennummer: P 31495
Lieferscheindatum: 30.05.20..

Artikelnummer	Artikelbezeichnung	Einheit	Menge
281 001	Stereo-Headset „Booster“, Surround Sound Gaming Kopfhörer mit USB-Stecker und Mikrofon	Stück	50

Ware ordnungsgemäß erhalten:

Datum Unterschrift

Die gelieferten Waren bleiben bis zur vollständigen Bezahlung unser Eigentum.

4. a) Peter Bäumer überprüft den Lieferschein, die Quittung und kurz den Inhalt des gelieferten Kartons. Nachdem er festgestellt hat, dass alles in Ordnung ist, unterschreibt er die Quittung des Lkw-Fahrers.
Nun muss die Ware in das Lager. Peter Bäumer darf nicht vergessen, die Lagerkarte fortzuschreiben und den Lieferschein abzuheften. Öffnen Sie die Excel-Datei *Lagerkartei* und tragen Sie den Warenzugang in der Karteikarte ein.

b) Am selben Tag trifft die Rechnung bei Mediaworld e. K. ein. Sabine Häuser füllt zunächst den Posteingangsstempel aus.

EINGEGANGEN
am:
Namenszeichen Abteilung

Rechnung Nr. 32
Ihre Kundennummer: P 31495
Lieferscheindatum: 30.05.20..

Pos.	Artikel-Nr.	Artikelbezeichnung	Menge	Einzelpreis €	Rabatt %	Gesamtpreis €
1	281 001	Stereo-Headset „Booster“, Surround Sound Gaming Kopfhörer mit USB-Stecker und Mikrofon	50	17,00	10	765,00

Warenwert €	Verpackung	Fracht	Summe netto €	USt %	USt €	Summe brutto €
765,00	–	–	765,00	19	145,35	910,35

Zahlung innerhalb von 30 Tagen

Tragen Sie mit Sabine Häuser danach die Angaben in die Excel-Datei *Posteingangsbuch* ein.

Textbausteine für die Bestellung

Anrede

- Sehr geehrte Frau ...,
- Sehr geehrter Herr ...,
- Sehr geehrte Damen und Herren,

Brieferöffnung

- vielen Dank für Ihr Angebot. Wir bestellen:
- wir bestellen aufgrund Ihres Angebots vom ...
- vielen Dank für Ihr Angebot. Wir bestellen zu den dort genannten Konditionen:
- *Menge und Einzelheiten*
- *Bezeichnung (z. B. Stück, kg, Paar)*
- *Artikelbezeichnung*
- *Artikelnummer der Lieferbetriebe*

- *genaue Artikelbeschreibung*
- *Preisbestandteile*
- *Zahlungsbedingungen*

Briefschluss

- Für eine zuverlässige Abwicklung unseres Auftrages sind wir dankbar.
- Bitte liefern Sie so schnell wie möglich.
- Wir erwarten Ihre Lieferung zum nächstmöglichen Termin.

Grußformel

- Mit freundlichem Gruß

Mediaworld/e. K.

Mediaworld e. K., Krefelder Str. 92, 47226 Duisburg

Ihr Zeichen: ______

Ihre Nachricht vom: ______

Unser Zeichen: ______

Unsere Nachricht vom: ______

Name: ______

Tel.: 02065 99977-0 • Fax 02065 99977-20
E-Mail: mediaworld@wvd.de
Internet: www.mediaworld-wvd.de

Datum: ______

Bitte nicht ins Buch schreiben!

5. Peter Bäumer stellt erschrocken fest, dass statt der bestellten silberfarbenen Stereo-Headsets rote geliefert wurden. Andreas Zimmer schaut erstaunt.

Andreas Zimmer: „Rot? Das gibt's doch nicht! Natürlich habe ich die silberfarbenen Stereo-Headsets bestellt."

a) Warum handelt es sich bei dem oben geschilderten Fall um eine mangelhafte Lieferung?

b) Beschreiben Sie die Rechte, die die Mediaworld e. K. in diesem Fall hat.

c) Was muss Andreas Zimmer tun, um die Rechte von Mediaworld e. K. zu sichern?

d) Formulieren Sie mit der Word-Datei *Mediaworld_Brief_FormB* eine Mängelrüge an Lavex. Beachten Sie hierzu auch die Schulung *Mittelstrich und Silbentrennung*. Nennen Sie die Art des Mangels und machen Sie einen Vorschlag für das weitere Vorgehen. Führen Sie eine automatische Silbentrennung durch.

Arbeit mit dem PC

e) Tragen Sie den Versand der Mängelrüge in die Excel-Datei *Postausgangsbuch* ein.

f) Die Mängelrüge an die Lavex Multimedia AG hat gewirkt. Andreas Zimmer liest den Brief:

L•A•V•E•X
Multimedia AG

Lavex Multimedia AG, Nusselweg 3, 50933 Köln

Lavex Multimedia AG
Nusselweg 3
50933 Köln

Telefon: 0221 445540
Telefax: 0221 445541

E-Mail: lavex@multimedia.de
USt-IdNr.: DE 123476532

Deutsche Bank Köln
IBAN: DE62 3707 0000
0674 5638 70
BIC: DEUTDEDK 402

Ansprechpartner:
Herr Dussel

Fax an
Mediaworld e. K.
Abteilung Einkauf

Ihr Zeichen, Ihre Nachricht vom	Unser Zeichen, unsere Nachricht vom	Telefon, Name	Datum
Ihre Kundennummer: P 31495		0221 445540	03.06.20..

Ihre Mängelrüge

Sehr geehrter Herr Zimmer,

vielen Dank für Ihre schnelle Reaktion. Leider ist uns bei der Kommissionierung ein Fehler unterlaufen. Die falsch gelieferte Ware werden wir sofort abholen lassen und Ihnen die bestellte Ware in der richtigen Farbe übersenden.

Wir bedauern unsere Falschlieferung und senden Ihnen eine kleine Entschuldigung für die Umstände.

Wir hoffen in Zukunft auf gute Zusammenarbeit!

Mit freundlichen Grüßen

Dussel

6. Folgende Notiz von Peter Bäumer liegt am Montag auf dem Schreibtisch von Andreas Zimmer:

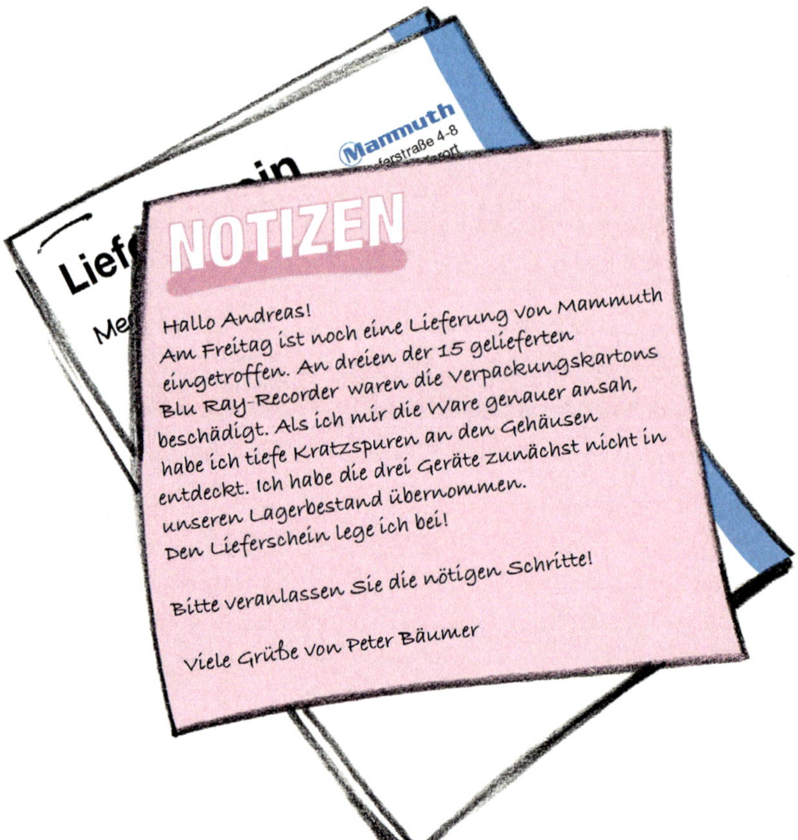

Hallo Andreas!
Am Freitag ist noch eine Lieferung von Mammuth eingetroffen. An dreien der 15 gelieferten Blu Ray-Recorder waren die Verpackungskartons beschädigt. Als ich mir die Ware genauer ansah, habe ich tiefe Kratzspuren an den Gehäusen entdeckt. Ich habe die drei Geräte zunächst nicht in unseren Lagerbestand übernommen.
Den Lieferschein lege ich bei!

Bitte veranlassen Sie die nötigen Schritte!

Viele Grüße von Peter Bäumer

Mammuth GmbH
Audiogeräte

Mammuth GmbH • Gelsenstr. 32 • 46147 Oberhausen

Mediaworld e. K.
Krefelder Straße 92
47226 Duisburg

Gelsenstraße 32
46147 Oberhausen

Telefon: 028 88888-12
Telefax: 028 88888-13

E-Mail: mammuthaudio@wvd.de
www.mammuthaudio-wvd.de

Datum:
14.06.20..

Kunden-Nr.: 355 | **Bestelldatum:** 10.06.20..
Lieferschein-Nr.: 3344 | **Versandart:** Lkw
Lieferdatum: 15.06.20..

Artikelnummer	Artikelbezeichnung	Menge
W 236 625	Grunlag Blu-Ray-Rekorder D05, 4K Ultra HD	15

Ware ordnungsgemäß erhalten: ______________ ______________
erhalten: Datum Unterschrift

Überlegen Sie, was Andreas Zimmer zu tun hat, und formulieren Sie eine Mängelrüge.

7. a) Sie haben den Prozess der Warenbeschaffung erledigt und können die ausgeführten Tätigkeiten in einer Übersicht zusammenfassen. Bringen Sie die Arbeitsschritte in die richtige Reihenfolge. Word-Dateien → *Ablauf Beschaffungsprozess*.

b) Drucken Sie gegebenenfalls alle Dokumente aus. Sorgen Sie im Klassenverbund dafür, dass alle Dokumente mit Ihrem Namen versehen sind. In einigen Klassenverwaltungsprogrammen geschieht dies über den PC der Lehrkraft. Fragen Sie also nach!

Arbeit mit dem PC

Lernaktion 3

Die Mitarbeitenden der Mediaworld e. K. zahlen im Privatleben auch gerne mal „mit Karte“.
Entscheiden Sie, welche Art von Plastikgeld Sie der jeweiligen Person empfehlen würden. Begründen Sie Ihre Empfehlung ausführlich.

Moritz Wagner (Geschäftsführer der Mediaworld e. K.) ...

... ist nicht nur von Beruf Händler für Multimedia-Artikel, er bastelt auch gerne in seiner Freizeit in seinem Kellerraum an Computern und Hi-Fi-Artikeln. Dabei schraubt er manchmal an sehr teuren Geräten und benutzt auch sehr teures Werkzeug. Er braucht für sich eine Karte, mit der er problemlos in seinem Lieblingsgeschäft, dem „Duisburger Elektrowerkzeug-Fachmarkt" einkaufen kann. Schön wäre es auch, wenn die zu zahlenden Beträge nicht immer von seinem Kontostand abhängen würden. Daneben denkt er auch an den nächsten Sommerurlaub in den USA. Dort will er die Vorteile der bargeldlosen Zahlung nutzen, denn er scheut das Risiko, viel Bargeld mit sich herumzutragen.

Sabine Hauser (Abteilung Einkauf der Mediaworld e. K.) ...

... ist Stammkundin der Warenhauskette „Kaufstadt" in der Duisburger Innenstadt. Von diesem Kaufhaus wird eine Art Kreditkarte angeboten, die nur in den „Kaufstadt"-Filialen gilt. Diese Karte kostet nichts. Frau Hauser erledigt alle Großeinkäufe dort und sorgt für entsprechend viel Umsatz in dem Geschäft. Bisher musste sie immer viel Bargeld mitnehmen. Bei Engpässen in der Geldbörse und auf dem Konto kam es vor, dass Frau Hauser nicht alles das kaufen konnte, was sie eigentlich kaufen wollte.

Bastian Lenz (Auszubildender der Mediaworld e. K.) ...

... kann eigentlich nicht mit Geld umgehen. Ständig ist er pleite und leiht sich Geld bei seiner Oma oder von guten Freunden. Sein großes Hobby ist „Shopping", also bummeln durch die verschiedenen Geschäfte und kaufen, was gerade spontan gefällt. Er weiß, dass er vielleicht eine Kreditkarte bekommen könnte, da er ein festes Gehalt hat und schon über 18 Jahre alt ist. Er hat aber Zweifel, ob er damit auch gewissenhaft umgehen kann. Außerdem ist eine Kreditkarte mit einer Jahresgebühr verbunden.

Andreas Zimmer (Praktikant der Mediaworld e. K.) ...

... ist ein zerstreuter Mensch. Er verlegt oft Sachen und findet sie nicht wieder, manchmal verliert er sie auch. Außerdem kann er sich schlecht Zahlen merken, seine eigene Handy-Nummer ist so ziemlich das einzige, was er behalten kann. Eigentlich braucht er keine Karte, um bargeldlos zu bezahlen, da er keine großen Ausgaben hat. Praktisch wäre es allerdings, wenn er seine Busfahrten und an der Kinokasse bargeldlos bezahlen könnte.

Leistungsprogrammplanung

Anforderungssituation 4.1

1 Ein Sortiment zusammenstellen

Das ist geschehen

Bastian Lenz: *„Diese Tablet-PCs sind einfach klasse. Die könnten wir in unserem Onlineshop prima anbieten."*

Moritz Wagner: *„Ich bin da nicht ganz so sicher. Unser Sortiment ist schon groß genug. Und wollen unsere Kundinnen und Kunden das überhaupt?"*

Bastian Lenz: *„Fragen über Fragen …"*

Das ist zu tun

1. Klären Sie, wie die Mediaworld e. K. ihr Sortiment bislang zusammengestellt hat.
2. Erstellen Sie eine kurze Checkliste darüber, welche Probleme Moritz Wagner bei der Einführung der Tablet-PCs zu beachten hätte.

Ein Sortiment zusammenstellen

Das sollte man wissen

Das Sortiment ist die Summe aller Waren und Dienstleistungen, die ein Handelsbetrieb seinen Kundinnen und Kunden anbietet.

Was die Mediaworld e. K. einkauft, sollte sich nach den Erfahrungen der Vergangenheit richten. Technische Neuerungen, Trends, Kundenwünsche und Verkaufserfolge der Konkurrenten können dazu führen, dass der Großhandel ein neues Produkt in sein Sortiment aufnehmen möchte.

Wie **breit** ein **Sortiment** ist, hängt im Wesentlichen davon ab, wie **viele verschiedene Warengruppen** geführt werden. Bei einem Warenhaus kann von einem sehr breiten Sortiment gesprochen werden, denn dort werden z. B. Lebensmittel, Tabakwaren, Postwaren, Drogerieartikel, Möbel, Gardinen, Teppiche, Stoffe, Sportartikel, Haushaltswaren, Textilien, Fahrräder, Kinderausstattung, Schmuck, Kosmetika usw. angeboten – „alles unter einem Dach". Umgekehrt führt der Spezialhandel meist ein sehr schmales Sortiment, etwa bei Konzentration auf nur eine Warengruppe; dies kann jedoch sehr tief gegliedert sein, wie z. B. im Handel mit Fischereibedarf, Rauchwaren, Fahrrädern oder Schallplatten.

Wie **tief** gegliedert ein **Sortiment** ist, hängt im Wesentlichen davon ab, wie viele Sorten als **Varianten** eines Artikels **innerhalb einer Warengruppe** angeboten werden.

Aufgaben

Aufgaben zur Wiederholung

1. Ordnen Sie zu:

   breites Sortiment, schmales Sortiment, tiefes Sortiment und flaches Sortiment.

   a) wenige Artikel einer Warengruppe, z. B. werden in einem Supermarkt nur drei verschiedene Kugelschreiber angeboten

   b) viele Artikel einer Warengruppe, z. B. werden in einem Fachgeschäft für Schreibwaren 70 verschiedene Kugelschreiber angeboten

   c) nur eine oder wenige Warengruppen, z. B. Fachgeschäft für Herrenausstattung, Fachmarkt für Gartenbedarf

   d) viele Warengruppen, z. B. Warenhaus mit Textilien, Lebensmitteln, Elektroartikeln, Parfümerie, Fotoartikeln

2. Zeigen Sie aus Ihrem eigenen Erfahrungsbereich jeweils ein Beispiel für ein

   - breites Sortiment,
   - schmales Sortiment,
   - tiefes Sortiment,
   - flaches Sortiment.

2 Kriterien für eine ansprechende Warenplatzierung und Warenpräsentation

Das ist geschehen

Moritz Wagner: „Wenn ich es überlege, könnten wir auch einmal für eine Neueröffnung des Verkaufsshops für die Endkundschaft den Verkaufsraum neu gestalten. Die Winker GmbH hat das auch gemacht …"

Das ist zu tun

1. Beschreiben Sie die Möglichkeiten der Warenplatzierung und der Verkaufsraumgestaltung.
2. Finden Sie konkrete Beispiele, wie die Mediaworld e. K. die „Tipps zur Gestaltung des Verkaufsraumes" genau umsetzen könnte.

Das sollte man wissen

Kriterien für eine ansprechende Warenplatzierung und Warenpräsentation

Im Rahmen der **Warenplatzierung** ist die Frage zu beantworten, an welchem Ort, in welchem Umfang und in welcher Form Warengruppen und einzelne Produkte im Verkaufsraum und im Regal (Warenträger) platziert werden.

Ansprüche an die Warenplatzierung			
Geringer Suchaufwand	Einfache Vergleichbarkeit	Kaufanregung	Ansprechendes optisches Erscheinungsbild
Entlastungsansprüche		Ansprüche auf ein Kauferlebnis	

Die **Verkaufsraumgestaltung** geht dabei der Frage nach, wie die Warengruppen und Warenträger im Verkaufsraum verteilt werden. Die Warenpräsentation betrachtet die Unterbringung der einzelnen Produkte im Regal. Man spricht in diesem Zusammenhang auch von Flächen- und Regalmanagement.

Warenplatzierung	
Verkaufsraumgestaltung	Warenpräsentation
Verteilung der Warenträger und Warengruppen im Verkaufsraum	Darbietung der Waren in den Warenträgern

Ein Verkaufsraum lässt sich allgemein in drei Funktionsflächen aufteilen:

- **Warenfläche:** Flächen, auf denen Waren auf Warenträgern präsentiert werden
- **Kundenfläche:** Flächen für den Kundenlauf, z. B. Eingänge, Laufwege, Treppen
- **übrige Verkaufsfläche:** z. B. Kassenzonen, Umkleidekabinen usw.

Als Warenträger stehen zum Beispiel folgende Modelle zur Verfügung:

Wandregal

Mittenregal

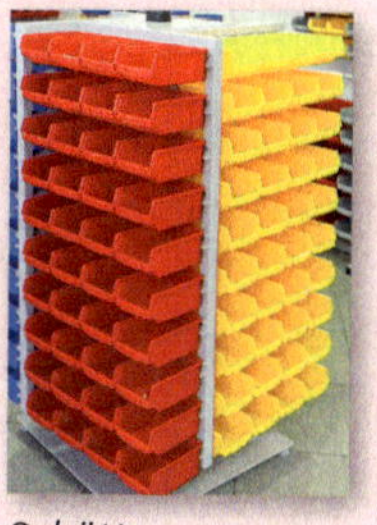
Schütte

Bedingt durch die Laufgewohnheiten der Kundinnen und Kunden, werden bestimmte Zonen eines Geschäftes von diesen häufiger besucht. Diese Zonen gelten als verkaufsstark, da Produkte, die die Kundin oder der Kunde sieht, eine bessere Abverkaufschance haben. Es ist verständlich, dass der Einzelhandel an den besten Plätzen des Verkaufsraumes diejenigen Produkte unterbringt, die für ihn besonders interessant sind, weil sie z. B. mit einer hohen Gewinnspanne kalkuliert wurden.

Produkte, die vor allem für die Kundinnen und Kunden interessant sind und an denen der Einzelhandel häufig wenig oder gar nichts verdient, werden daher eher an den verkaufsschwachen Stellen des Geschäftes dargeboten. Ein **erster Grundsatz** lässt sich daher wie folgt formulieren:

> Die besten Plätze im Verkaufsraum erhalten
> die für den Einzelhandel interessanten Produkte.

Der Einzelhandel nutzt die Lenkungsmöglichkeiten, die sich aus der Anordnung der Warenträger und der Platzierung der Warengruppen ergeben, um die Kundinnen und Kunden in seinem Sinne durch das Geschäft zu führen.

Ein zweiter Grundsatz lautet demnach:

Durch eine überlegte Anordnung der Warenträger und eine geschickte Platzierung der Warengruppen wird der Kundenweg im Geschäft beeinflusst.

Durch die Anordnung der Warenträger und die Platzierung der Warengruppen kann der Einzelhandel den Kundenlauf beeinflussen.

Tipps zur Gestaltung des Verkaufsraums:

Tipp 1: Kundinnen und Kunden benötigen Orientierung. Finden sich die Kundinnen und Kunden im Laden gut zurecht, steigt die Stimmung der Konsumentinnen und Konsumenten, die Eigenschaften von Produkten werden als besser beurteilt und die Kauffreude steigt.

Tipp 2: Kundinnen und Kunden sollen sich in einem Geschäft wohlfühlen. Wenn sich die Kundschaft gerne in einem Geschäft aufhält, entsteht eine verkaufsfördernde Ladenatmosphäre mit den oben beschriebenen positiven Folgen für das Einkaufsverhalten.

Tipp 3: Die Anzahl der Produktkontakte sollte minimiert werden. Je länger die Kundinnen und Kunden im Laden sind, desto höher ist der Umsatz. Allerdings sollte die Ursache der Verweildauer am besten nicht durch das Nichtzurechtfinden in einem Geschäft ausgelöst worden sein.

Tipp 4: Die Laufgewohnheiten der Kundinnen und Kunden sollten beachtet werden. Die Kundinnen und Kunden laufen links herum und freifen gerne rechts.

Aufgaben

Aufgaben zur Wiederholung

1. Sind folgende Aussagen richtig (r) oder falsch (f)?
   a) Die Kundinnen und Kunden gehen im Laden immer mit dem Uhrzeigersinn.
   b) Die für den Einzelhandel interessanten Produkte werden immer am Ende des Ladens platziert.
   c) Es ist gut, den Laden alle zwei Wochen umzuräumen, denn das schafft neue Kaufanreize für die Kundinnen und Kunden.
   d) Die Warenplatzierung umfasst die Verkaufsraumgestaltung und die Warenpräsentation.
2. Welche der nachfolgenden Vorkehrungen sind für eine erfolgreiche Präsentation von Artikeln in einem Selbstbedienungsbetrieb passend?
   a) In den verkaufsschwachen Zonen werden Artikel des täglichen Bedarfs präsentiert.

b) In den verkaufsschwachen Zonen werden hochwertige Geschenkartikel präsentiert.

c) In der Sichtzone eines Regals werden preiswerte Markenartikel präsentiert.

d) In den verkaufsstarken Zonen im Kassenbereich werden Impulsartikel präsentiert.

e) In der Bückzone der Regale werden hochwertige Markenartikel präsentiert.

3. Überlegen und begründen Sie: Soll die Mediaworld e. K. Teile ihres Sortiments in Ausstellungsvitrinen im allgemeinen Bereich ihres Gebäudes präsentieren?

3 Verkaufspreise bilden

3.1 Einflussgrößen auf die Preisbildung

Moritz Wagner: *„Wir müssen kostendeckend kalkulieren!"*

Karl Herwig: *„Aber die Konkurrenz ist günstiger und hat die neuesten Technologietrends auch erkannt!"*

Das ist geschehen

1. Lesen Sie sich den folgenden Artikel aufmerksam durch. Markieren Sie unklare Begriffe und sehen Sie diese im Internet nach.

Das ist zu tun

Die Zukunft der Consumer Technology – 2023

Das Metaverse schon wieder verschwunden? Alles auf einmal künstliche Intelligenz? Wer schaut überhaupt noch fern? Und was wollen die Nutzerinnen und Nutzer der Consumer Technology? Gesellschaftlicher Wandel, technologischer Fortschritt und veränderte Bedürfnisse prägen die Consumer Technology. Da fällt es manchmal schwer, den Überblick zu behalten. Seit 2007 hat es sich die vorliegende Studie deshalb zur Aufgabe gemacht, Orientierung zu bieten: mit einem Überblick über den Status quo und einem Ausblick in die Zukunft der Consumer Technology. So auch in diesem Jahr.

Das Metaverse bleibt aktuell. Denn egal, ob man es Metaverse, virtuelle Welten, Web 4.0 oder nochmal anders nennt: Als eine 3D-Erweiterung des bestehenden Internets wird es viele Bereiche unseres Lebens prägen. Es wird die Art und Weise, wie wir mit unseren Mitmenschen und mit Computern interagieren, natürlicher und intuitiver machen.

Augmented Reality (AR) und Virtual Reality (VR) als zentrale Schlüsseltechnologien sind Zugänge ins Metaverse. Beide können aber auch jenseits des Konzepts Metaverse eingesetzt werden. Die Gerätekategorie VR-Brillen entwickelt sich derzeit stark weiter und macht von Generation zu Generation einen deutlichen Technologiesprung. Im Gegensatz zu VR-Brillen sind alltagstaugliche und leistungsfähige AR-Brillen noch Zukunftsmusik.

Schon lange vor ChatGPT & Co. hat KI in unseren Alltag Einzug gehalten: mit den digitalen Sprachassistenten. Über alle Geräte hinweg verwenden 57 % der Internetnutzerinnen und Internetnutzer ab 16 Jahren zumindest hin und wieder Sprachassistenten. Das sind deutlich mehr als im Vorjahr (47 %). Dazu mögen auch die Sprachsysteme in Autos beigetragen haben.

Die klassische Trennung zwischen kabel-, antennen- oder satellitenbasiertem Fernsehen und internetfähigen Endgeräten existiert nicht mehr. Internetstreamingdienste werden heutzutage auch auf dem Fernseher genutzt. Der klassische Weg, Filme und Serien über DVD oder Blue-Ray anzusehen, hat stark an Bedeutung verloren.

Neben dem Videostreaming ist das Audiostreaming interessant, das Audiostreaming-Angebot ist vielfaltig und schier endlos. Derzeit machen 68 Prozent der Deutschen ab 16 Jahren davon Gebrauch, sie sind Audio-Streamerinnen und -Streamer. Absolut selbstverständlich ist Audiostreaming insbesondere für die 16- bis 29-Jährigen sowie die 30- bis 49-Jährigen: Rund 9 von 10 Personen aus diesen Altersgruppen (91 bzw. 88 Prozent) streamen Audioinhalte. Bei den über 65-Jährigen ist es nur rund ein Drittel (31 Prozent). Es gibt eine breite Palette an Plattformen und Portalen, um Audioinhalte zu streamen. In den Vorjahren lagen Video-Plattformen wie YouTube oder Vimeo an der Spitze, um Musik, Hörbücher, Hörspiele und Co. zu streamen. Sie bleiben in diesem Jahr stark, allerdings konnten dezidierte Audio-streaming-Dienste wie Spotify, Deezer oder Apple Music deutlich zulegen.

Im Reich der Consumer Technology wird nicht nur in virtuelle Welten aufgebrochen, geschaut und gehört, sondern auch gespielt. Im Jahr 2023 bleibt der Anteil der Gamerinnen und Gamer an der Gesamtbevölkerung ab 16 Jahren praktisch unverändert.

Aktuell spielen 53 Prozent der Deutschen zumindest gelegentlich Video- oder Computerspiele. Dies liegt auf dem Niveau des Vorjahres (54 Prozent). Verglichen mit dem letzten Vor-Corona-Jahr 2019 ist das ein Plus von 10 Prozentpunkten. Besonders auffällig ist in diesem Jahr die hohe Anzahl in der Altersgruppe der 16- bis 29-Jährigen: Hier ist der Anteil der Gamerinnen und Gamer auf bemerkenswerte 91 Prozent gewachsen.

Quelle: Bitkom e. V.: Die Zukunft der Consumer Technology – 2023, Berlin 2023, abgerufen unter: www.bitkom.org/Bitkom/Publikationen/Studie-Die-Zukunft-der-Consumer-Technology-2023 [11.12.2023].

2. Führen Sie eine Excel-gesteuerte Umsatzauswertung für die Mediaworld e. K. durch. Excel-Dateien → *Umsatzauswertung Mediaworld.*

Arbeit mit dem PC

	A	B	C	D	E
1	**Umsatzentwicklung Mediaworld e. K.**				
2					
3					
4		**Jahr-4**	**Jahr-3**	**Jahr-2**	**Jahr-1**
5	Hören	200.000,00 €	210.000,00 €	190.000,00 €	150.000,00 €
6	Sehen	350.000,00 €	450.000,00 €	475.000,00 €	480.000,00 €
7	Computerzubehör	123.000,00 €	234.000,00 €	210.000,00 €	240.000,00 €
8	*Summe*				
9					
10					
11					
12		**Anteil Jahr-2**	**Anteil Jahr-1**	**Rel. Änderung Jahr-3 zu Jahr-2**	**Rel. Änderung Jahr-2 zu Jahr-1**
13	Hören				
14	Sehen				
15	Computerzubehör				
16					

Einflussgrößen auf die Preisbildung

Das sollte man wissen

Um den Preis für seine angebotenen Leistungen zu ermitteln, muss der Großhandel wissen, welche Einflussfaktoren dafür relevant sind. Typischerweise sind die Konzepte zur Preisfindung:

- Der Einkaufspreis ist gegeben. Das Unternehmen möchte die eigenen Kosten decken und einen Gewinnaufschlag einkalkulieren.

- Die Konkurrenz übt einen Preisdruck aus. Damit ist der Preis einigermaßen vorgegeben. Wenn ein bestimmter Gewinn noch erzielt werden soll, muss ein Lieferbetrieb gefunden werden, der entsprechend günstig liefern kann.
- Einkaufspreise und Verkaufspreise sind nicht verhandelbar. Das Unternehmen kann nur an der Gewinnschraube drehen.

Die Marktsituation zwingt den Großhandel häufig, Artikel des Sortiments mit unterschiedlichen Handelsspannen zu kalkulieren. Ausgleichsnehmer decken ihre Handlungskosten nicht und erwirtschaften keinen angemessenen Gewinn. Artikel mit überdurchschnittlichen Handelsspannen sind dagegen die Ausgleichsgeber. Dies nennt man Mischkalkulation.

Aufgaben

Aufgaben zur Wiederholung

1. Von welchen Einflussgrößen wird die Festlegung von Verkaufspreisen im Großhandel beeinflusst?
2. Überlegen Sie, bei welchen Artikeln sich die Kundinnen und Kunden besonders preisbewusst verhalten.
   a) Margarine
   b) Milch
   c) Tablet-PC
   d) Pkw
   e) Trendkleidung
   f) Nudeln
   g) Einbauküche
3. a) Beschreiben Sie, was man unter Mischkalkulation versteht.
   b) Nennen Sie aus dem Sortiment der Mediaworld e. K. Artikel, die sich als Ausgleichsträger bzw. Ausgleichsgeber eignen.

Arbeit mit dem PC

4. Fassen Sie Ihre Ergebnisse aus der „Das ist zu tun ...“-Aufgabe in einer aussagefähigen PowerPoint-Präsentation zusammen.
   Beachten Sie hierzu auch die Schulung *PowerPoint*.

3.2 Verkaufskalkulation

Das ist geschehen

Moritz Wagner, Geschäftsführer der Mediaworld e. K., hat beschlossen, einen neuen Artikel in das Sortiment aufzunehmen. Es handelt sich um das Mauspad Space, das aus einem neu entwickelten Stoff besteht, der im Dunkeln leuchtet. Der Listeneinkaufspreis für das Mauspad beträgt 1,20 €.

Der Lieferbetrieb gibt einen Rabatt von 10 % bei Abnahme von 2 000 Stück. Darüber hinaus gewährt er Skonto von 2 %. Die Bezugskosten betragen 83,20 € bei dieser Absatzmenge. Moritz Wagner kalkuliert einen Handlungskostensatz von 15 %, außerdem möchte er einen Gewinn von 20 % erzielen. Er beauftragt die

Abteilung Verkauf, einen Verkaufspreis für den neuen Artikel zu errechnen und den Artikel dann in die Sortimentsliste aufzunehmen.

Das ist zu tun

1. Berechnen Sie den gesamten Bezugspreis für das Mauspad Space, wenn eine Menge von 2 000 Stück bei dem Lieferbetrieb bestellt wird.
2. Wie hoch ist der Bezugspreis für ein Mauspad?
3. Nutzen Sie die Informationen zur Verkaufskalkulation und berechnen Sie den Barverkaufspreis für ein Mauspad Space.

Verkaufskalkulation

Das sollte man wissen

Die Kalkulation des Verkaufspreises läuft wie die in LF 3, AS 3.1, Kapitel 5.2 erläuterte Bezugskalkulation nach einem festen Schema ab. Dabei schließt sich die Verkaufskalkulation an die Bezugskalkulation an, das bekannte Schema der Bezugskalkulation wird entsprechend einfach nur verlängert.

Neu hinzu kommen die sogenannten **Handlungskosten**. Diese umfassen alle Kosten, die bei der Geschäftstätigkeit anfallen, von den Lagerkosten über die Verwaltungskosten bis zu den Personalkosten. Die Handlungskosten werden als prozentualer Zuschlag auf den ermittelten Bezugspreis der Bezugskalkulation addiert.

Damit sich bei jedem Warenverkauf und auch am Jahresende ein Unternehmensgewinn ergibt, muss dieser ebenfalls in den Verkaufspreis der Waren einkalkuliert werden. Hier wird auch mit einem prozentualen Zuschlag kalkuliert, wobei der Prozentsatz vom Unternehmen festgelegt wird. Dabei kann ein hoher Gewinnzuschlag einkalkuliert werden oder ein niedriger Gewinnzuschlag, was unter anderem davon abhängig ist, wie viel der gleiche Artikel bei der Konkurrenz kostet und wie viel Geld die Kundinnen und Kunden bereit sind, für diesen Artikel zu bezahlen. Die Gewinnzuschläge müssen nicht bei allen Artikeln eines Unternehmens gleich sein. Es ist durchaus üblich, dass bestimmte Artikel mit hohem Gewinnzuschlag kalkuliert werden und andere Artikel mit niedrigem Gewinnzuschlag.

Das Schema der **Verkaufskalkulation** ist wie folgt aufgebaut (der obere Teil ist die bekannte Bezugskalkulation!):

Bezugskalkulation	Erläuterungen
Listeneinkaufspreis	Verkaufspreis des anbietenden Unternehmens/Lieferbetriebes ohne Abzüge
– Rabatt	Preisnachlass (z. B. als Mengenrabatt)
= Zieleinkaufspreis	Preis, der zu zahlen ist, wenn die Lieferung außerhalb der Skontofrist, aber noch innerhalb des Zahlungsziels bezahlt wird
– Skonto	Preisnachlass für Bezahlung innerhalb der Skontofrist
= Bareinkaufspreis	Einkaufspreis inklusive Rabatt und Skonto
+ Bezugskosten	Kosten für den Warentransport, für Verpackung, Transportversicherung usw.
= Bezugspreis	endgültiger Einstandspreis

Verkaufskalkulation	Erläuterungen
Bezugspreis	endgültiger Einstandspreis
+ Handlungskosten	Zuschlag für die im Betrieb angefallenen Kosten, die über den Verkaufspreis wieder hereingeholt werden sollen
= Selbstkosten	Preis, der alle Kosten abdeckt, aber bei dem noch kein Gewinn erzielt wird
+ Gewinnzuschlag	Zuschlag für den Gewinn des Unternehmens
= Barverkaufspreis (netto)	Verkaufspreis ohne Abzüge, d. h. ohne Kundenrabatt und ohne Kundenskonto
+ Umsatzsteuer	19 % oder 7 %
= Barverkaufspreis (brutto)	Verkaufspreis inklusive Umsatzsteuer, d. h. der Preis, mit dem die Ware ausgezeichnet wird

Das folgende Beispiel zeigt die Kalkulation des Verkaufspreises, ausgehend von einem gegebenen Bezugspreis.

Beispiel

Ein Händler kalkuliert die zu einem Stückpreis von 16,00 € bezogene Ware mit Handlungskosten von 25 % und einem Gewinnzuschlag von 10 %. Die Umsatzsteuer beträgt 19 %.

Schema Verkaufskalkulation	Werte	Rechenweg
Bezugspreis	16,00 €	
+ Handlungskosten	25 % = 4,00 €	$\frac{16{,}00\,€ \cdot 25}{100} = 4{,}00\,€$
= Selbstkosten	20,00 €	16,00 € + 4,00 € = 20,00 €
+ Gewinnzuschlag	10 % = 2,00 €	$\frac{20{,}00\,€ \cdot 10}{100} = 2{,}00\,€$
= Barverkaufspreis (netto)	22,00 €	20,00 € + 2,00 € = 22,00 €
+ Umsatzsteuer	19 % = 4,18 €	$\frac{22{,}00\,€ \cdot 19}{100} = 4{,}18\,€$
= Barverkaufspreis (brutto)	26,18 €	22,00 € + 4,18 € = 26,18 €

Aufgaben

Aufgaben zur Wiederholung

1. Kalkulieren Sie den Verkaufspreis für die folgenden Artikel, wenn ...
   - der Handlungskostenzuschlag 25 %,
   - der Gewinnzuschlag 20 %,
   - die Umsatzsteuer 19 %

   betragen:

   a) Bezugspreis der Ware: 34,00 €

   b) Bezugspreis der Ware: 9,00 €

   c) Listeneinkaufspreis der Ware: 5,60 €, Rabatt für den Lieferbetrieb: 10 %, Skonto für den Lieferbetrieb: 2 %, keine Bezugskosten

   d) Listeneinkaufspreis der Ware: 7,50 €, Rabatt für den Lieferbetrieb: 15 %, Skonto für den Lieferbetrieb: 3 %, gesamte Bezugskosten der Lieferung: 200,00 € bei einer Menge von 350 Stück

2. a) Die Verkaufsabteilung der Mediaworld e. K. kalkuliert die Verkaufspreise für die folgenden zwei Artikel:

Artikel 1		Artikel 2	
Bezugspreis:	420,00 €	Bezugspreis:	85,00 €
Handlungskostenzuschlag:	25 %	Handlungskostenzuschlag:	25 %
Gewinnzuschlag:	25 %	Gewinnzuschlag:	10 %
Umsatzsteuer:	19 %	Umsatzsteuer:	19 %

b) Nennen Sie Gründe, warum bei den beiden Artikeln unterschiedliche Gewinnzuschläge genommen werden.

3. Aus der Kalkulation eines Händlers liegen die folgenden Daten vor:

- Bezugspreis: 78,00 €
- Selbstkosten: 89,70 €
- Nettoverkaufspreis: 107,64 €
- Bruttoverkaufspreis: 128,09 €

Berechnen Sie jeweils in Euro und in Prozent die Handlungskosten, den Gewinn und die Umsatzsteuer.

4. a) Moritz Wagner möchte die Preiskalkulation aus der Aufgabe 2 automatisieren. Zu diesem Zweck bittet er Sie, die Tabelle zu erstellen. Sie könnte folgendes Aussehen haben:

Arbeit mit dem PC

	A	B	C	D	E
1	**Verkaufskalkulation**				
2				%	
3		Bezugspreis			420,00 €
4	+	Handlungskosten		25	
5	=	Selbstkosten			
6	+	Gewinnzuschlag		10	
7	=	Barverkaufspreis (netto)			
8	+	USt		19	
9	=	Barverkaufspreis (brutto)			

Zur Wiederholung LF 1 → Excel-Schulungen → *Schulung Tabellen- und Zahlenformatierungen*

b) Kalkulieren Sie den Preis für den Artikel. Verwenden Sie Formeln mit Zelladressen. Verändern Sie

- den Handlungskostensatz auf 15 %,
- den Gewinnzuschlag auf 12 %,
- den Bezugspreis auf 410,00 €.

Notieren Sie sich auf dem Tabellenblatt, welche Auswirkungen die Änderungen auf den Verkaufspreis haben.

c) Drucken Sie die Tabelle in der Formelschreibweise aus.

Arbeit mit dem PC

Zur Wiederholung LF1 → Excel-Schulungen → *Schulung Druck machen!*

3.3 Kalkulationsvereinfachungsverfahren

Das ist geschehen

Andreas Zimmer: *„Du, Bastian, ich habe hier zehn Kundenanfragen, die ich beantworten soll. Immer die Preise zu kalkulieren, ist echt ätzend. Gibt's da nicht eine Vereinfachung?"*

Bastian Lenz: *„Ich glaube, ich habe mal bei Moritz Wagner eine Liste mit Kalkulationsvereinfachungen gesehen. Am besten, wir fragen ihn mal . . .!"*

Das ist zu tun

Ermitteln Sie zu den nachfolgenden Artikeln die Kalkulationszuschlagssätze.

Mikroanlage Boost:
Einkaufspreis 20,21 €; Verkaufspreis 32,77 €

Grunlag Blu-Ray-Rekorder D05:
Einkaufspreis: 350,00 €; Verkaufspreis: 419,33 €

Das sollte man wissen

Kalkulationsvereinfachungsverfahren

Die **Kalkulation** des Listenverkaufspreises **kann vereinfacht werden**, wenn die Prozentsätze für die Handlungskosten des Unternehmens, der angestrebte Gewinn, der Kundenskonto und der Kundenrabatt bekannt sind.

Diese fünf Prozentsätze können zu einer Größe, dem **Kalkulationszuschlagssatz**, zusammengefasst werden. Dabei ergibt sich die Zusammenfassung nicht aus der Addition der einzelnen Prozentsätze, sondern aus dem Kalkulationsschema.

Aufgrund des im Beispiel (→ Seite 166) bekannten Bezugspreises und des Verkaufspreises kann der Kalkulationszuschlagssatz ebenfalls ermittelt werden:

$$\textbf{Kalkulationszuschlagssatz} = \frac{(\text{Verkaufspreis Netto-Bezugspreis}) \cdot 100}{\text{Bezugspreis}}$$

Beispiel

$$\frac{(26{,}18\text{ €} - 16{,}00) \cdot 100}{16{,}00\text{ €}} = 63{,}63\ \%$$

Vorwärts gerechnet kann der Listenverkaufspreis mithilfe des Kalkulationszuschlagssatzes wie folgt berechnet werden:

Bezugspreis zuzüglich 63,63 % vom Bezugspreis ergibt den Verkaufspreis (netto)

Beispiel

16,00 € + 10,18 € = 26,18 €

Der Kalkulationsfaktor dient ebenfalls der Vereinfachung der Kalkulation. Er ist eine Zahl, die multipliziert mit dem Einkaufspreis den Verkaufspreis ergibt.

$$\textbf{Kalkulationsfaktor} = \frac{\text{Barverkaufspreis}}{\text{Bezugspreis}}$$

Beispiel

$$\frac{\mathbf{26{,}18\ €}}{\mathbf{16{,}00\ €}} = \mathbf{1{,}63}$$

16,00 € · 1,63 = 26,18 €

Aufgaben

Aufgaben zur Wiederholung

1. Berechnen Sie den Verkaufspreis und den Kalkulationsfaktor.
   a) Bezugspreis: 482,00
      Kalkulationszuschlag: 68 %
   b) Bezugspreis: 43,00
      Kalkulationszuschlag: 72 %
2. Ein Lieferbetrieb bietet eine externe Festplatte zu einem Bezugspreis von 70,00 € an. Ein Einzelhandelsgeschäft bietet das Produkt zu einem Bruttoverkaufspreis (einschließlich 19 % MwSt.) von 126,00 €. Ermitteln Sie den Kalkulationsfaktor dieses Konkurrenzunternehmens.

Arbeit mit dem PC

3. Erweitern Sie die Excel-Tabelle *Verkaufskalkulation* um ein Feld *Kalkulationszuschlag*. Lassen Sie den Kalkulationszuschlag mithilfe einer Formel unter Verwendung von Zelladressen berechnen. Runden Sie auf eine ganze Zahl.

	A	B	C	D	E
1	**Verkaufskalkulation**				
2				%	
3		Bezugspreis			420,00 €
4	+	Handlungskosten		25	105,00 €
5	=	Selbstkosten			525,00 €
6	+	Gewinnzuschlag		10	52,50 €
7	=	Barverkaufspreis (netto)			577,50 €
8	+	USt		19	109,73 €
9	=	Barverkaufspreis (brutto)			687,23 €
10					
11					
12		Kalkulationszuschlag:			

Besänftigungseffekt: Kleine Geschenke können selbst hohe Preise erträglicher machen, denn man hat zumindest einen kleinen Triumph erzielt: „Das Kabel (für wenige Cent) gebe ich Ihnen noch dazu."

Cash-Effekt: Barzahlung wird überbewertet. Kann mit Kreditkarte oder in Raten gezahlt werden, wirken die Preise niedriger, die Kaufbereitschaft ist höher.

Die **Preisauszeichnung**, auch **Preisangabe**, ist nach den Vorgaben der Preisangabenverordnung (PAngV) gegenüber Endverbraucherinnen und Endverbrauchern verpflichtend als Endpreis vorzunehmen.

Wer Endverbraucherinnen und Endverbrauchern gewerbsmäßig Dienstleistungen oder Waren anbietet oder unter Angabe von Preisen wirbt, ist verpflichtet, den Preis einschließlich Umsatzsteuer (USt) und aller ggf. zusätzlich anfallenden Preisbestandteile kenntlich zu machen. Der sogenannte Endpreis muss sofort ersichtlich sein. Nicht zum Endpreis zählt dabei das Pfand (z. B. bei Mehrwegflaschen oder Einweggebinden). Dieses ist zusätzlich zum Endpreis anzugeben.

Endverbraucher/-in ist, wer eine Ware oder Dienstleistung für den privaten Verbrauch erwirbt. Die Preisangabenverordnung gilt deshalb nicht für den Großhandel gegenüber gewerblichen Abnehmern, solange sichergestellt ist, dass keine Waren an Endverbraucherinnen oder Endverbraucher verkauft werden.

Alle angegebenen Preise müssen den entsprechenden Waren oder Dienstleistungen eindeutig zuzuordnen sein. Dabei müssen sie leicht erkennbar und deutlich lesbar sein. Werden Einzelpreise aufgegliedert, muss jeder Einzelpreis die verschiedenen Preisbestandteile enthalten. Der Gesamtpreis aller Einzelteile ist deutlich hervorzuheben.

Aufgaben

Aufgaben zur Wiederholung

1. Ordnen Sie zu, welcher Preiseffekt mit der jeweiligen Maßnahme gemeint ist:
   a) In einem Laden werden reduzierte Waren mit roter Preisauszeichnung versehen.
   b) Zwei Sorten annähernd gleicher USB-Speicher liegen in einem Regal nebeneinander.
   c) Der Tintenstrahldrucker „ENGY 2013" kostet nur 40,00 €. Die Ersatzpatrone schlägt mit 25,00 € zu Buche.
   d) Im Einzelhandel wird ein Preis mit 6,54 € verzeichnet.
   e) Beim Kauf einer PC-Maus erhalten die Kundinnen und Kunden einen Prospekt dazu.
2. Überlegen und begründen Sie, warum die Preisangabenverordnung nur für Händler gilt, die an Endverbraucherinnen und Endverbraucher verkaufen.

Lernaktion 1:

Lernaktionen

In der Nähe der Krefelder Str. 92 steht ein Ladenlokal zur Vermietung. Die Größe beträgt ca. 150 m^2. Dahinter ist ein kleiner Lagerraum von ca. 30 cm^2.

Planen Sie für die Mediaworld e. K. das Ladenlokal. Dort sollen alle Warengruppen präsentiert werden. Informieren Sie sich gegebenenfalls im Internet über mögliche Shop-Layouts:
www.wirtschaftslexikon24.com/d/ladengestaltung/ladengestaltung.htm

Lernaktion 2:

Arbeit mit dem PC

Erstellen Sie eine PowerPoint-Präsentation, in der Sie die Kosten vorstellen, die im Lager vorkommen.

Die einzelnen Kostenarten sollen durch entsprechend geeignete Bilder aus dem Internet visualisiert werden. Zur Wiederholung LF1 → PowerPoint-Schulung → *Schulung PowerPoint*.

Anforderungssituation 4.2 Leistungsentwicklung

1 Umsatz als Abbild des Warenverkehrs

Das ist geschehen

Karl Herwig: *„Sollen wir wirklich davon noch nachbestellen? Der Artikel läuft nicht mehr so gut. Ich habe gelesen, die Umschlagshäufigkeit bei den ‚Sehartikeln' beträgt bei der Konkurrenz 15."*

Moritz Wagner: *„Wir sollten uns einmal die Umsatzentwicklungen und auch die Umschlagshäufigkeit ansehen. Dann können wir eine Entscheidung treffen. Einige Daten hatte ich schon in Excel vorbereitet. Leider ist der Wert von Sehen im Jahr-1 nur 420.000,00 €."*

Karl Herwig: *„Na, wenn die bloße Umsatzentwicklung reicht ... Wir sollten uns nachher unbedingt auch mit den einzelnen Artikeln befassen."*

Excel-Tabelle von Moritz Wagner (verbessert im Jahr-1):

	A	B	C	D	E	F
1	**Umsatzentwicklung Mediaworld e. K.**					
2						
3						
4		**Jahr-4**	**Jahr-3**	**Jahr-2**	**Jahr-1**	**Gesamt**
5	Hören	200.000,00 €	210.000,00 €	190.000,00 €	150.000,00 €	750.000,00 €
6	Sehen	350.000,00 €	450.000,00 €	475.000,00 €	**420.000,00 €**	1.695.000,00 €
7	Computerzubehör	123.000,00 €	234.000,00 €	210.000,00 €	240.000,00 €	807.000,00 €
8	*Summe*	673.000,00 €	894.000,00 €	875.000,00 €	810.000,00 €	

Das ist zu tun

1. Ergänzen Sie in der Tabelle eine Spalte „Gesamt“. Ändern Sie den Wert von Jahr-1 im Bereich „Sehen“ in 420.000,00 €. Überprüfen Sie die Auswirkungen auf die formelberechneten anderen Werte. Excel-Dateien → *Umsatzauswertung Mediaworld.*
2. Analysieren Sie die Umsatzentwicklung in der Mediaworld e. K. und erstellen Sie zwei Diagramme:
   a) Umsatzentwicklung aller Produktsparten
   b) Gesamtentwicklung der Jahre

   LF4 → Excel-Schulungen → *Schulung Einfache Diagrammerstellung.*

Arbeit mit dem PC

3. Schlagen Sie vor, wie die Mediaworld. e. K. auf die aktuellen Zahlen reagieren sollte.

Umsatz als Abbild des Warenverkehrs

Das sollte man wissen

Umsatz bzw. Umsatzerlöse entsprechen den zusammengefassten Verkaufserlösen der Produkte oder Dienstleistungen eines Unternehmens.

Der Umsatz lässt sich als Produkt aus Absatzmenge x Preis für alle Produkte berechnen; Erlösschmälerungen wie z. B. Rabatte, Boni oder Skonti werden vom Umsatz abgezogen. Die Umsatzsteuer geht nicht mit ein — es handelt sich in der Gewinn- und Verlustrechnung um den Nettoumsatz.

Der Umsatz stellt eine der wesentlichsten Kennzahlen eines Unternehmens dar, da er die Fähigkeit des Unternehmens widerspiegelt, seine Produkte oder Dienstleistungen am Markt abzusetzen.

Aufgaben zur Wiederholung

Aufgaben

1. a) Ermitteln Sie die Umsätze der folgenden Produkte eines Schreibwarenhandels:

Produkt	Preis	Menge
Füller	19,00 €	250
Radierer	0,50 €	500
Textmarker	1,50 €	750
Whiteboard	350,00 €	20

   b) Zeigen Sie, welchen prozentualen Anteil die einzelnen Produkte am Gesamtumsatz haben.

2. Richtig oder falsch?
   a) Der Umsatz ist immer kleiner als der Absatz.
   b) Der Umsatz berechnet sich aus Preis + Menge.
   c) Das Produkt mit dem geringsten Umsatz sollte stets besonders beworben werden.

d) Der Rabatt wird vom Umsatz abgezogen und wird stets ab einer bestimmten Verkaufsmenge gewährt.

e) Der Umsatz bei hochpreisigen Produkten ist immer geringer als der bei niedrigpreisigen Produkten.

3. Der Praktikant Andreas Zimmer hat die nachfolgende Tabelle für seinen Praktikumsbericht erstellt. Dabei sind ihm einige Fehler unterlaufen. Finden Sie diese.

	A	B	C	D	E
1	**Umsätze der Produkte**				
2					
3	**Produkt**	**Preis**	**Menge**	**Absatz**	**Rel. Absatzanteil**
4	A	19,95	400	419,95	29,12114009
5	B	5,95	789	4694,55	2,605025568
6	C	12,95	258	19,92278	613,8411822
7	D	15	354	5310	2,303092802
8	E	17	105	1785	6,851217244
9			Summe	12229,423	654,7216579

2 Sortimentsveränderung

2.1 Sortimentsbestimmende Faktoren

Das ist geschehen

Bastian Lenz: *„Meine kleine Schwester hat schon wieder ein neues Smarti!“*

Moritz Wagner: *„Diese bunte Pillenrolle?“*

Bastian Lenz: *„Nein. Ein Handy! Sie wundert sich schon, dass wir so etwas nicht auch im Sortiment haben.*

Moritz Wagner: *„Alles geht eben nicht.“*

Das ist zu tun

1. Sehen Sie sich die Kundenliste der Mediaworld e. K. an. Notieren Sie sich anschließend Gründe, warum die Mediaworld e. K. bislang keine Mobiltelefone in ihrem Sortiment hat.
2. Nennen Sie die maßgebliche Bestimmungsgröße für die Sortimentspolitik der Mediaworld e. K.

Sortimentsbestimmende Faktoren

Das sollte man wissen

Die Mediaworld e. K. hat das Ziel, **die richtige Ware zum richtigen Zeitpunkt in ausreichender Menge** zur Verfügung zu haben und den Kundinnen und Kunden bereitstellen zu können. Aus der Vielfalt der Möglichkeiten, das Sortiment zu gestalten, muss zunächst eine Auswahl getroffen werden, die **auf die Zielgruppe abgestimmt ist**, den eigenen Möglichkeiten gerecht wird und Gewinn verspricht. Kurz: Die Sortimentsplanung hat zum Ziel, ein im Hinblick auf **Verkäuflichkeit und Rentabilität** optimales Warenangebot zu erstellen.

Festlegung der Sortimentsziele

Dazu werden zunächst **aus den Unternehmenszielen** bzw. der angestrebten Marktpositionierung **die Sortimentsziele abgeleitet**. Anschließend werden sie weiter konkretisiert und in operative Vorgaben (konkrete Maßnahmen) umgewandelt. Dabei gilt es, sowohl den externen als auch den internen Einflussfaktoren ausreichend Rechnung zu tragen. Die Vorgehensweise veranschaulicht die folgende Abbildung:

Unternehmensziel/Marktposition
z. B. Branche   z. B. Zielgruppe

Externe Einflussfaktoren
- Marktvolumen/Standort
- Nachfragetendenzen/Zielgruppe
- Situation am Beschaffungsmarkt
- Konkurrenzsituation

Interne Einflussfaktoren
- Flächenkapazität
- Personalkapazität
- Kapitalausstattung

Sortimentsplanung
- Grundsortiment/Randsortiment
- Warengruppenstruktur und -gewichtung (additives Warenangebot)
- Artikelsortierung (alternatives Warenangebot)
- Verfügbarkeit/Lagerhaltung

Die Entscheidung eines Großhandelsbetriebes über seine Sortimentsorientierung bestimmt den Rahmen des Sortimentsinhalts. Großhandelsbetriebe lassen sich unterscheiden nach:

- **Stofforientiertes Sortiment**: alle Produkte aus einem Werkstoff
- **Herkunftsorientiertes Sortiment**: Sortiment eines bestimmten herstellenden Unternehmens und/oder eines Herkunftslandes
- **Bedarfsorientiertes Sortiment**: zielgruppenorientiertes Sortiment

Nach der Bedeutung für den Gesamtumsatz kann man das Sortiment unterteilen in **Kernsortiment** und **Randsortiment**.

- Das Kernsortiment macht den „Kern" des Umsatzes aus.
- Das Randsortiment dient der Abrundung des Kernsortiments.

Aufgaben

Aufgaben zur Wiederholung

1. Durch welche Einflussfaktoren wird die Gestaltung eines Sortiments nicht beeinflusst?
   a) Modetrends
   b) Anzug des Verkäufers
   c) Lagerbereich des Unternehmens
   d) Ladekapazität des firmeneigenen Lastwagens
   e) Farbgebung der Firmenhomepage
2. Welche der folgenden Artikel gehören zum Kernsortiment eines Spielwarenhandels Daubenbüchel:
   a) Knallfrösche für Silvester
   b) Straßenmalkreide
   c) Karnevalsschminke
   d) Lego-Eisenbahn
3. Finden sie jeweils zwei konkrete Beispiele für Händler mit:
   a) stofforientierten Sortimenten,
   b) herkunftsorientierten Sortimenten,
   c) bedarfsorientierten Sortimenten.
4. Besuchen Sie ein Handelsunternehmen Ihrer Wahl an Ihrem Wohnort. Führen Sie dort ein Interview über folgende Fragestellungen:
   Welcher Branche gehören Sie an?
   Wer ist Ihre Zielgruppe?
   Welchen Einflussfaktoren unterliegt die Sortimentsbildung in Ihrem Unternehmen?
   Wie sehen die Warengruppenstruktur und -gewichtung aus?
   Gibt es ein alternatives Warenangebot zu den Standardartikeln?
   Welche Lagermöglichkeiten haben Sie?

Arbeit mit dem PC

Fassen Sie Ihre Interviewergebnisse in einer kurzen PowerPoint-Präsentation zusammen. LF1 → PowerPoint-Schulung → *Schulung PowerPoint.*

2.2 Arten der Sortimentsveränderung

Das ist geschehen

Das ist zu tun

a) Sehen Sie in der Artikeldatei nach, ob die Mediaworld e. K. den Kassettenspieler noch im Programm hat.

b) Überlegen Sie, welche Gründe für das aktuelle Sortiment vorliegen könnten.

c) Zeigen Sie, welche Art der Sortimentspolitik in der Mediaworld e. K. durchgeführt wurde.

d) Welches alternative Produkt der Mediaworld e. K. wäre geeignet, Kassetten abzuspielen? Handelt es sich bei diesem Produkt um die gleiche Zielgruppe?

Arten der Sortimentsgestaltung

Das sollte man wissen

Im Gegensatz zu den Zeiten, in denen ausschließlich die Verfügbarkeit der Waren das Angebot prägte (Verkäufermarkt), wird die Struktur eines Handelssortiments **heute maßgeblich von der Nachfrage bestimmt (Käufermarkt)** und unterliegt somit einem permanenten Wandel. Wenn durch die Sortimentskontrolle Sortimentslücken oder nicht bzw. schwerverkäufliche Artikel festgestellt werden, sind Veränderungen im Sortiment erforderlich. Aus dem Ziel, das Warenangebot möglichst optimal den Wünschen der

Verbraucher anzupassen, lassen sich im Hinblick auf die Sortimentsgestaltung folgende Modifikationsmaßnahmen ableiten:

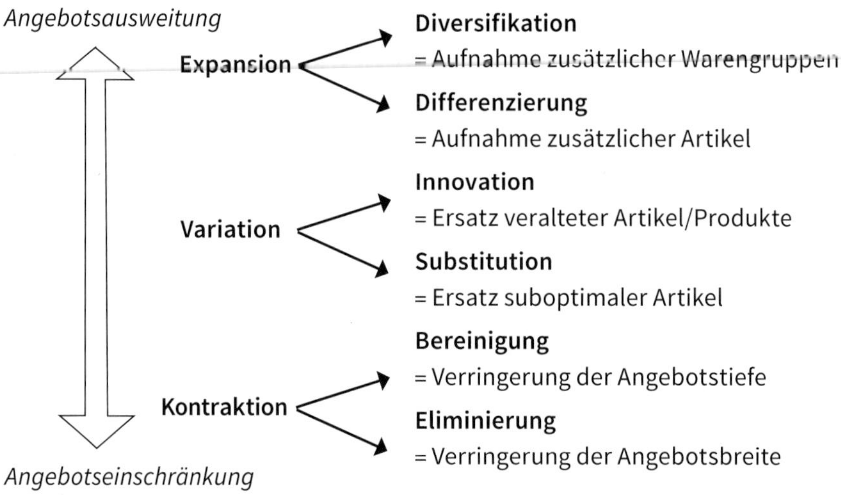

In der Praxis treten diese Formen oftmals gemeinsam auf. So ist beispielsweise eine stärkere Spezialisierung in der Regel eine Kombination aus Eliminierung und Differenzierung, das heißt, die Angebotsbreite wird zugunsten einer größeren Angebotstiefe verringert.

Um eine möglichst realitätsnahe Planung zu erstellen, bedarf es im Vorfeld umfassender Informationen. Gängige Informationsquellen zur Marktentwicklung sind z. B.

- betriebsinterne Statistiken,
- Rückmeldungen aus dem Verkauf,
- Fachzeitschriften,
- Vertreter/-innen und Lieferbetriebe,
- Mitbewerber.

Darüber hinaus sind für die Sortimentsplanung aus betriebswirtschaftlicher Sicht vor allem auch folgende Kennzahlen von Bedeutung:

- Umsatzentwicklung und -anteile,
- Preisänderungen und erreichte Kalkulation,
- Terminierung der Wareneingänge und Lagerumschlag,
- Abverkaufsquoten,
- Trends.

Aufgaben

Aufgaben zur Wiederholung

1. Beschreiben Sie, was Sie unter einer Sortimentsbereinigung und einer Sortimentserweiterung verstehen.

2. Die Zusammensetzung eines Sortiments erfolgt nach bestimmten Gesichtspunkten. Welcher der folgenden Gesichtspunkte zählt nicht dazu?

a) Preislage

b) Verbraucherbedarf

c) Material

d) Fassade des Ladenlokals

e) Lieferbetriebe

Begründen Sie Ihre Entscheidung

3. Welcher der folgenden Einflussfaktoren beeinflusst nicht die Veränderung eines bestehenden Sortiments?

a) technischer Fortschritt

b) Verbraucherverhalten

c) neues Warenwirtschaftssystem

d) Wirtschaftlichkeit des Sortiments

e) Modetrend

Begründen Sie Ihre Entscheidung.

Arbeit mit dem PC

4. Recherchieren Sie im Internet, was man unter einer „horizontalen Diversifikation" und einer „lateralen Diversifikation" versteht.

2.3 Kontrolle des Sortiments

Das ist geschehen

Moritz Wagner: „Ich glaube, über den Einkaufspreis des Florida Blu-Ray-Rekorders müssen wir gar nicht erst lange verhandeln, Herr Herwig."

***Karl Herwig:** „Ja, stimmt. Ich habe hier schon eine Liste erstellt ...“*

Renner-Penner-Bericht (Auszug)

Warengruppe 2:
Art.-Nr. 2003
Florida Blu-Ray-Rekorder VK-Preis: 289,00 € Bestand: 650
EK-Preis: 150,00 €
Abverkauf vom Bestand: 15 %

Warengruppe 3:
Art.-Nr. 3002
Netzwerkkarte 2port VK-Preis: 31,93 € Bestand: 90
EK-Preis: 15,25 €
Abverkauf vom Bestand: 85 %

Das ist zu tun

1. Analysieren Sie die Renner-Penner-Liste: Wie hoch ist das im Lager gebundene Kapital am aktuellen Bestand
   - zu Einkaufspreisen,
   - zu Verkaufspreisen?
2. Vergleichen Sie Ihre Ergebnisse mit der Umsatztabelle aus Kapitel 1. Welche Schlussfolgerungen können Sie für die Sparte „Sehen“ ziehen?

Das sollte man wissen

Kontrolle des Sortiments

Durch **ständige Kontrolle** können schwer verkäufliche Waren herausgefunden werden. Aus dem Artikelbericht können eine „Renner-“ und eine „Pennerliste“ erstellt werden. Die **„Rennerliste“** enthält alle Artikel, die **gut verkauft** wurden. Die „Pennerliste“ führt die Artikel auf, die wenig gut verkauf wurden.

Die Renner-Penner-Einteilung kann zur ABC-Analyse führen. Die **ABC-Analyse** ist ein betriebswirtschaftliches Analyseverfahren. Sie teilt eine Menge von Objekten in die **Klassen A, B und C** auf, die **nach absteigender Bedeutung** geordnet sind. Eine typische ABC-Analyse gibt beispielsweise an, welche Produkte am stärksten am Umsatz eines Unternehmens beteiligt sind (A) und welche am wenigsten (C).

Durchschnittlicher Wertanteil an jährlichen Materialkosten für die drei Kategorien:

Wertanteil ungefähr zusammengefasst („kumuliert“)	Klasse
70 % bis 80 %	A
20 % bis 30 %	B
ca. 10 %	C

Bei einer geringen Anzahl von Artikeln sollte die Grenze zwischen A-, B- und C-Gütern unternehmensintern festgelegt werden.

Beispiel

Ein einfaches Beispiel:

1. Von allen Artikeln werden die Erlöse zu Verkaufspreisen ermittelt.
2. Danach wird der Erlösanteil der einzelnen Artikel am Gesamterlös ermittelt.
3. Schließlich werden die hochprozentigen Erlösanteile aufsummiert, bis ungefähr ein Wert von 80 % erreicht wird. Diese Artikel sind A-Artikel.
4. Weitere Artikel werden zu B-Artikeln aufsummiert.
5. Die restlichen Artikel sind C-Artikel.

Art.-Nr.	VK-Preis	Menge	Erlös	%-Anteil	ABC
001	19,95 €	200	3.990,00 €	19,01	A
002	35,95 €	10	359,50 €	1,71	C
003	140,00 €	15	2.100,00 €	10,00	B
004	350,00 €	3	1.500,00 €	5,00	B
005	195,00 €	24	4.680,00 €	22,31	A
006	250,00 €	10	2.500,00 €	11,91	A
007	175,00 €	36	6.300,00 €	30,02	A

Die A-Artikel sind „Selbstdreher". Hier sollte das Unternehmen versuchen, die Einkaufspreise mit dem Lieferbetrieb zu verhandeln, da hierdurch der Prozentaufschlag (Handlungskosten und Gewinnaufschlag) erhöht werden kann.

Aufgaben

Aufgaben zur Wiederholung

1. Sie sind im Log im Logistikmanagement der PC AG, einem Konkurrenten der Mediaworld e. K., tätig. Bei einer Untersuchung der verschiedenen Läger kam zutage, dass in einem Lager vergleichsweise höhere Kosten anfallen. Ihre Aufgabe besteht nun darin, dieses Problem zu untersuchen, Verbesserungsvorschläge zu entwickeln und zu implementieren.

Sie streben an, bei der Aus wahl der Dispositionsverfahren nach der wertmäßigen Bedeutung der Vorratsgüter zu differenzieren, um unnötige Kapitalbindung zu vermeiden. Daher beschließen Sie, eine ABC-Analyse des Bestandes durchzuführen.

Die PC AG hat folgende firmenweite Regeln aufgestellt:

Wertanteil	Kategorie
ca. 70 %	A-Güter
ca. 20 %	B-Güter
ca. 10 %	C-Güter

Des Weiteren ist es üblich, im Zweifelsfall das Gut mit dem näherliegenden Wertanteil als erstes Gut der entsprechenden Kategorie zuzuschreiben.

Arbeit mit dem PC

Aus der Lagerbuchhaltung haben Sie Daten über den Stückpreis und den Jahresbedarf der einzelnen Artikel erhalten. Übernehmen Sie die Tabelle in eine Excel-Datei oder Ihr Heft:

Artikelnummer	Stückpreis	Verkaufsmenge
1	16,50 €	7 300
2	10,00 €	25 000
3	5,00 €	35 000
4	1.200,00 €	800
5	330,00 €	1 500
6	1,23 €	80 000
7	0,75 €	111 000
8	0,30 €	150 000
9	6,50 €	46 600
10	2.500,00 €	500
11	4,50 €	50 000
12	23,00 €	17 500
13	1,75 €	60 000
14	50,00 €	2 300
15	80,00 €	5 500

a) Welchen wertmäßigen Jahresverbrauch hat Artikel 10?
   a) 105.00,00 €
   b) 45.000,00 €
   c) 250.000,00 €
   d) 495.000,00 €

b) Welchen relativen Wertanteil hat Artikel 8?
   ba) 19 %
   bb) 1,6 %
   bc) 5,9 %
   bd) 0,9 %

c) Welche Artikel fallen in Kategorie C?
   ca) 4, 5, 10, 12 und 15
   cb) 1, 6, 7, 8, 13 und 14
   cc) 1, 2, 3, 9 und 11
   cd) 1, 3, 13 und 14

2. Erstellen Sie die ABC-Analyse mit kopierfähigen Formeln. Excel-Tabellen → *ABC-Analyse.*

Arbeit mit dem PC

	A	B	C	D	E	F	G	H	I	J
1	Art.-Nr.	Beschreibung	Warengruppe	VK-Preis	EK-Preis	Aufschlag	Verkaufte	Gesamt-	Gesamt-	ABC-
2						in %	Stückzahl	erlöse	erlöse in %	Einteilung
3	1001	Mikroanlage	1	32,77 €	20,00 €		160			
4	1002	Autoradio "Vision"	1	74,79 €	55,25 €		30			
5	1003	MP3-Player	1	32,77 €	28,75 €		480			
6	1004	Mammuth-Boxen	1	41,18 €	35,90 €		180			
7	1005	Surroundsystem	1	108,40 €	89,00 €		240			
8	2001	Schnitzer T04	2	74,79 €	60,00 €		750			
9	2002	Schnitzer PF 107	2	462,19 €	350,00 €		650			
10	2003	Florida Blue-ray	2	242,86 €	150,00 €		120			
11	2006	Rollax DVK 2005	2	251,26 €	220,00 €		85			
12	2007	Grundlag Blue Ray Rec	2	163,87 €	120,00 €		20			
13	3001	Saltero Foto-Center	3	74,79 €	30,00 €		125			
14	3002	Netzwerkkarte	3	31,93 €	15,25 €		350			
15	3003	USB 2 TB	3	49,58 €	25,00 €		850			
16	3004	USB 32 GB	3	15,97 €	10,00 €		550			
17	3005	Blue Ray Rohlinge	3	8,32 €	5,00 €		1020			
18	3006	Salem-Multi-Brenner	3	57,98 €	45,00 €		780			
19	3007	Speedy Maus	3	5,03 €	1,20 €		1012			
20	3008	Speedy Tastatur	3	16,80 €	7,50 €		854			
21	Summe									

a) Ermitteln Sie den prozentualen Aufschlag (Änderungsrate) vom Einkaufspreis (= 100 %) zum Verkaufspreis.

b) Lassen Sie den Gesamterlös der verkauften Stückzahl berechnen.

c) Zeigen Sie, welchen prozentualen Anteil die einzelnen Artikel am Gesamterlös der Mediaworld e. K. haben.

d) Teilen Sie „per Hand" den Artikeln die Zuordnung A, B oder C zu. Wie beurteilen Sie die Situation des Unternehmens?

Lernaktionen

Lernaktion 1

Der Abteilungsleiter Verkauf Karl Herwig und der Auszubildende Bastian Lenz unterhalten sich über 3-D-LED-Fernseher, die laut Aussage der Fachzeitschrift „Videostar", den Fernsehmarkt erobern.

Arbeit mit dem PC

Herr Herwig ist der Meinung, dass auch die Mediaworld e. K. den 3-D-LED-Fernseher in das Sortiment aufnehmen sollte, obwohl schon der Fernseher Schnitzer T04 und der 4K-Fernseher PF 107 angeboten werden.

Von Bastian Lenz will er nun wissen, wie gut die beiden preisgünstigeren Fernseher laufen, um möglicherweise einen der Fernseher, der nicht so verkauft wird, aus dem Sortiment zu nehmen und dafür ein neues Gerät in das Sortiment aufzunehmen.

Bastian Lenz wird damit beauftragt, eine PowerPoint-Präsentation zu erstellen, die

- das neue Produkt vorstellt,
- die Umsatzwerte der bisherigen Fernseher zeigt (Einbindung in PowerPoint) und
- eine Handlungsempfehlung für die Geschäftsleitung gibt.

Gehen Sie ins Internet und finden Sie einen entsprechenden hochwertigen Fernseher in der Preisklasse bis 600,00 € im Verkaufspreis. Erstellen Sie eine kurze Produktbeschreibung.

Werten Sie die folgenden Zahlen der Mediaworld e. K. aus. Geben Sie die Daten in Excel ein und berechnen Sie alle fehlenden Werte. Speichern Sie die Daten in Excel-Dateien → *Umsatzauswertung Fernseher.*

	A	B	C	D	E	F	G	H
1		VK-Preis	Januar	Februar	März	April	Mai	Juni
2			Menge	Menge	Menge	Menge	Menge	Menge
3	Schnitzler T04	299,00 €	130	120	140	180	190	210
4	PF 107	315,00 €	210	195	201	160	150	151
5								
6								
7								
8								
9			Januar	Februar	März	April	Mai	Juni
10			Umsatz	Umsatz	Umsatz	Umsatz	Umsatz	Umsatz
11	Schnitzler T04							
12	PF 107							
13	Summe							

Erstellen Sie ggf. auch ein Diagramm, das die Umsätze und die Umsatzsumme darstellt. LF4 → Excel-Schulungen → *Schulung Einfache Diagrammerstellung*

Das Diagramm könnte nach ähnlichem Muster aufgebaut sein:

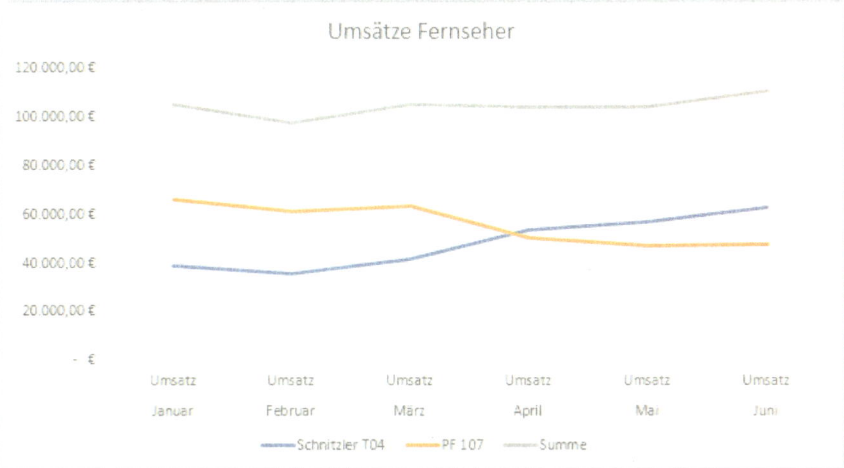

Hinweis: Die zu markierenden Bereiche sind A9:A13 **und** C9:H13.

Zeigen Sie, welcher der beiden Fernseher Ihrer Meinung nach aus dem Programm genommen werden sollte. Begründen Sie Ihre Entscheidung.

Bereiten Sie sich darauf vor, Ihre Präsentation in der Klasse darzustellen.

Lernaktion 2

Eine Unternehmensleitung möchte ihre Logistikanstrengungen konzentrieren und beauftragt eine Person aus der Logistik-Abteilung, eine ABC-Analyse durchzuführen. Der Mitarbeiterin bzw. dem Mitarbeiter werden die folgenden Daten zur Verfügung gestellt:

Produkt	Verkauf in Stück	Stückpreis in €	Verkauf in €
1	22 500	8,00	180.000,00
2	11 250	38,00	427.500,00
3	36 900	4,00	147.600,00
4	23 400	76,00	1.778.400,00
5	49 500	7,00	346.500,00
6	4 050	42,00	170.100,00
7	8 100	84,00	680.400,00
8	14 400	12,00	172.800,00
9	36 000	3,20	115.200,00
10	22 050	78,00	1.719.900,00
	228 150		5.738.400,00

Nehmen Sie eine ABC-Analyse vor und stellen Sie das Ergebnis grafisch dar.

Anforderungssituation 5.1 Leistungserbringung und innerbetriebliche Logistik

1 Wareneingänge erfassen und prüfen

Das ist geschehen

Die Mediaworld e. K. hat Ware von der Multitask GmbH erhalten:

Bastian Lenz möchte die Ware nun einlagern. ***Peter Bäumer*** zeigt auf einen Karton:

*„**Die Kiste** ist ja außen beschädigt."*

***Bastian Lenz:** „Macht ja nichts, ist ja nur außen."*

Das ist zu tun

1. Erstellen Sie eine tabellarische Checkliste darüber, wie die Mediaworld e. K. bei der Annahme der Waren vorgehen muss.

In Anwesenheit der Transportfirma	Vor der Einlagerung

2. Schreiben Sie eine Tatbestandsaufnahme in kurzer Textform für das beschädigte Paket.

Das sollte man wissen

Wareneingänge erfassen und prüfen

Vertragsmäßig gelieferte Ware muss angenommen werden. Doch nicht immer ist eine Lieferung einwandfrei. Die Ware kann Mängel aufweisen, die entweder der Hersteller zu verantworten hat oder die durch die Transportfirma (Spedition, Post, Bahn usw.) verursacht wurden.

Die Kontrolle gegenüber der Transportfirma erfolgt sofort, also auf der Stelle mithilfe der Warenbegleitpapiere. Bei der Ware könnte es sich auch um Irrläufer oder unverlangte Ware handeln.

Auch die Verpackung muss sofort überprüft werden. Noch bei Anwesenheit des Überbringers muss überprüft werden, ob die Verpackung beschädigt ist. Bei unverpackten Artikeln ist die äußere Hülle auf Beschädigungen zu überprüfen.

Ergeben sich Mängel, verlangt Großhandelsbetriebes eine Tatbestandaufnahme. Sie richtet sich gegen den Transporteur der Ware. Die Warenannahme kann dann abgelehnt werden oder nur unter Vorbehalt erfolgen.

Der Zustand der Ware ist durch Auspacken zu überprüfen. Eine genaue Kontrolle lässt sich aus zeitlichen Gründen nicht immer sofort bei der Übergabe der Ware durchführen. Sie hat aber „unverzüglich" zu erfolgen. Dabei darf die Prüfung nicht ohne wichtigen Grund verzögert werden. Bei größeren Mengen kann auch eine Stichprobenkontrolle erfolgen. Als Kontrollunterlagen können unter anderem Lieferscheine, Rechnungen und Bestellunterlagen des Unternehmens verwendet werden.

Aufgaben

Aufgaben zur Wiederholung

1. Erklären Sie, warum ein Großhandelsbetrieb bei der Annahme von Waren bestimmte Kontrollen vornehmen muss.
2. Zeigen Sie, wann der folgende Mangel angezeigt werden muss. Verwenden Sie die Begriffe „sofort" oder „unverzüglich".
   a) Auf dem Lieferschein steht, dass die Ware beim Konkurrenzbetrieb angeliefert werden muss.
   b) Im Umzugskarton befinden sich statt drei TFT-Bildschirmen nur zwei TFT-Bildschirme.
   c) Auf dem Lieferschein stehen 300 USB-Sticks, es sind offensichtlich nur 250 USB-Sticks geliefert worden.
   d) Die Verpackung ist beschädigt.
3. Am 24. April trifft eine Lieferung bei der Mediaworld e. K. ein. Was müssen Sie in Anwesenheit des Transporteurs prüfen?
   a) die äußere Verpackung
   b) die Art der Ware
   c) die Qualität der Ware
   d) den Preis der Ware
   e) die Beschaffenheit der Ware

2 Weiterleitung von Waren nach vorgegebenen betrieblichen Regelungen

Das ist geschehen

Das ist zu tun

1. Andreas Zimmer informiert sich im nachstehenden Text über die Arbeit mit einem Warenwirtschaftssystem (WWS). Suchen Sie zusätzlich im Internet weitere Informationen über offene, geschlossene und integrierte Warenwirtschaftssysteme.
2. Erstellen Sie für Andreas Zimmer einen Ablaufplan über alle reihenfolgerichtigen Tätigkeiten bei der Warenannahme. Word-Dateien → *Ablaufdiagramm Warenannahme.*

Arbeit mit dem PC

Setzen Sie folgende Begriffe ein:
Lieferschein prüfen – Verpackung prüfen – Ware prüfen – Ware annehmen – Unstimmigkeiten bescheinigen lassen – Beschäftigungen bescheinigen lassen – Annahme verweigern – Waren werden angeliefert – WWS fortschreiben – Ware prüfen – Ware aufbewahren/lagern – Mängel dem Lieferbetrieb mitteilen – Inhalte des Lieferscheins mit Bestellkopie vergleichen.

Das sollte man wissen

Weiterleitung von Waren nach vorgegebenen betrieblichen Regelungen

Ein EDV-gestütztes **Warenwirtschaftssystem** (WWS) stellt **detaillierte Informationen für alle Artikel** zur Verfügung. Diese Daten können auch bei der Warenannahme verwendet werden.

Bei umfassenden WWS wird der erwartete Wareneingang mit Menge, Gewicht und benötigter Lagerart und -fläche rechtzeitig vorher angekündigt. Dann können alle Vorkehrungen getroffen werden, damit die Ware schnell angenommen, kontrolliert und eingelagert wird.

Beispiel

Die Mediaworld e. K. hat genügend **Park- und Abladeflächen für die Lkws** der Lieferanten.
Der Spediteur kann die **Waren** nicht irgendwo abladen, sondern muss sie **sachgerecht hinstellen**.
Es gibt **innerbetriebliche Transportmöglichkeiten** für die Ware, z. B. Hubwagen.
Es ist ausreichend **Personal anwesend** und **auf der Lagerfläche ist noch Platz**.

Die angelieferte Ware wird im WWS mit den Bestelldaten verglichen. Dabei muss die Warenannahme gerade wegen eines WWS besonders sorgfältig erfolgen: Werden hier Fehler gemacht, wirkt sich das in allen anderen Bereichen der Warenwirtschaft aus.

Umfassendere WWS ermöglichen die einmalige Datenerfassung. Dies spart nicht nur Zeit und Kosten, die Fehleranfälligkeit durch mehrfache Dateneingabe und -pflege entfällt ebenfalls.

Das WWS hilft bei der Abklärung folgender Fragen:

- Wie ist die **Termintreue der Lieferbetriebe?**
- **Entspricht** die gelieferte **Warenmenge** der bestellten Warenmenge?
- Wie unterscheiden sich die **verschiedenen Lieferbetriebe** bezüglich der **Warenqualität?**

Damit alle Mitarbeiterinnen und Mitarbeiter die Warenannahme genau kennen, hat die Mediaworld e. K. den Ablauf beschrieben:

*„**Kündigt** der **Lieferant** die Ware **an,** sorgen wir dafür, dass alle **Voraussetzungen** im Unternehmen dafür gegeben sind. Wenn die Ware eintrifft, meldet sich der Transporteur an der Rampe. Wir **kontrollieren** zuerst, **ob die Ware für uns bestimmt ist**. Dies geschieht durch die Adresse auf dem Lieferschein. Danach wird anhand des Lieferscheins geprüft, ob die **richtige Ware in der richtigen Menge** geliefert wurde. Wenn der Transporteur die Ware abgeladen hat, wird sie **sofort** auf **äußere Beschädigungen** geprüft. Die Beschädigungen werden beim Transporteur festgehalten. Danach fragen wir den Vorgesetzten, was mit der Ware geschehen soll. Gegebenenfalls rufen wir den Lieferant auch an und finden schnell eine Lösung oder wir lagern die Ware erst einmal ein. **Ist die Ware äußerlich fehlerfrei,** wird dies beim Transporteur unterschrieben, damit der wieder wegfahren kann. Danach wird die **Warenlieferung im WWS eingetragen**. Auch die Warenmängel und das Verhalten des Lieferanten wird verzeichnet. Das können wir hinterher noch verwenden. Danach wird die **Ware ausgepackt und geprüft**. Ergeben sich hier Mängel, sind diese wieder dem Einkauf zu melden. Der Einkauf setzt sich dann mit dem Lieferanten in Verbindung. Die **Ware wird dann aufbewahrt oder** – falls ohne Mängel – **eingelagert**. Auch dies halten wir im WWS fest.“*

Weitere Informationen zu den WWS finden Sie unter:
www.erp-system.de/warenwirtschaftssystem/.

Aufgaben

Aufgaben zur Wiederholung

1. Zeigen Sie, welche Maßnahmen ein Großhandelsbetrieb ergreifen muss, wenn das WWS eine Lieferung des Lieferanten ankündigt.
2. Am 14. Oktober trifft eine Lieferung bei der Mediaworld e. K. ein. Was muss in Anwesenheit des Transporteurs geprüft werden, bevor die Quittierung der Ware erfolgt?
   a) Die Art der Ware
   b) Die Qualität der Ware
   c) Die Beschaffenheit der Ware
   d) Der Preis der Ware
3. Für welche Aktionen ist ein WWS nicht geeignet?
   a) Überprüfung der Termintreue des Lieferanten
   b) Zuteilung der Arbeitsplätze in einem flexiblen Büro
4. Prüfen Sie die folgenden Aussagen zum WWS nach ihrer Richtigkeit.
   1. Das WWS eines Großhandelsbetriebes umfasst alle Arbeiten, die mit der Beschaffung, der Lagerung und dem Absatz von Waren zusammenhängen.
   2. Offene WWS bieten den Vorteil, dass alle Mitglieder jederzeit über alle Informationen verfügen können.
   3. Geschlossene WWS sind immer auch EDV-Systeme.

5. Die Mediaworld e K. möchte die Fehlerquote des Lieferanten reduzieren. Zu diesem Zweck sollen die Lieferanten angesprochen werden, deren Anteil an Mängelrügen über 30 % liegen.

Arbeit mit dem PC

a) Erfassen Sie folgende Excel-Tabelle:

	A	B	C	D
1	**Fehlerquote der Warenlieferung aus dem WWS**			
2				
3	**Lieferant**	**Mängellieferung**	**Mängelanteil**	**Qualitätsaudit**
4		**Anzahl**	**Prozent**	**Entscheidung**
5	Multitask GmbH	3		
6	Mamuth GmbH	1		
7	Müller & Schneider OHG	2		
8	Audiotronic GmbH	4		
9	Summe			
10				

LF5 ➔ Excel-Schulungen ➔ *Schulung Einfache Wenn-Funktion.*

b) Ermitteln Sie formelgesteuert die prozentualen Mengenanteile der Mängellieferungen.

Zur Wiederholung LF 3 ➔ Excel-Schulungen ➔ *Schulung Absolute Adressierung*

c) Lassen Sie mithilfe einer Auswahlentscheidung ausgeben, ob mit dem Lieferbetrieb ein Qualitätsaudit durchgeführt werden soll.

d) Ändern Sie die Anzahl der Mängellieferungen bei den Lieferanten. Testen Sie die Auswirkungen auf die WENN-Funktion.

3 Sachgerechte Lagerung und Pflege der Ware

Das ist geschehen

35 Grad – endlich richtiger Sommer, Gewitterwolken mit Blitz am Himmel. Moritz Wagner parkt sein Auto vor dem Bürogebäude und geht zum Lager, da trifft ihn fast der Schlag: Drei Kisten mit PCs stehen geöffnet vor dem Lagertor.

Bastian Lenz: *„Das Regal war voll. Eine Lieferung vom Kunden kam wieder zurück. Er hatte aus Versehen doppelt bestellt."*

Moritz Wagner: „Das mit dem Lager wird mir jetzt aber zu chaotisch … Übrigens, bald gibt es Regen."

Das ist zu tun

1. Beschreiben Sie in eigenen Worten, was im Lager der Mediaworld e. K. schiefgelaufen ist.
2. Erstellen Sie für die Mediaworld e. K. eine tabellarische Übersicht über die unten aufgeführten Lagergrundsätze. Zeigen Sie dabei ganz genau, was mit dem jeweiligen Lagergrundsatz gemeint ist. Sehen Sie die Grundsätze gegebenenfalls im Internet nach.

   Die Tabelle könnte folgendes Aussehen haben:

Lagergrundsatz	Bedeutung und Beispiel

3. Zeigen Sie, gegen welche Grundsätze verstoßen wurde.

4. a) Überlegen Sie, welche Art von Lager die Mediaworld e. K. hat.

   b) Notieren Sie sich die Aufgaben des Lagers. Finden Sie zu jeder Aufgabe jeweils ein konkretes Beispiel.

Sachgerechte Lagerung und Pflege der Ware

Das sollte man wissen

Die Hauptaufgabe des Lagers ist der Ausgleich zwischen Beschaffung und Absatz von Waren.

Die Ware im Lager sichert die Lieferbereitschaft des Unternehmens. Auch werden Artikel auf Vorrat gehalten, um Nachfrageschwankungen auszugleichen. Wenn Einkauf und Verkauf der Waren zeitlich auseinanderfallen, kann das Lager dazu beitragen, diesen Zeitraum zu überbrücken. Zudem bietet das Lager die Möglichkeit, bei günstigen Preisen auf dem Beschaffungsmarkt Ware in größeren Mengen einzukaufen. Einige Waren, z. B. Obst und Wein, erfahren durch die Lagerung zusätzliche Veredelung.

Werden Waren in großen Verpackungseinheiten eingekauft, sind oft Umpack-, Umfüll-, Misch- und Sortiervorgänge notwendig.

Wichtige Lagerarten

<table>
<tr><th colspan="5">Lagerarten</th></tr>
<tr><th colspan="5">Einteilung nach dem Ort de Aufbewahrung</th></tr>
<tr><td colspan="4">Eigenlager: Nutzung eigener Lagerräume</td><td>Fremdlager: Nutzung fremder Lagerräume z. B. in Lagerhäusern</td></tr>
<tr><th colspan="5">Einteilung nach dem Grad der Aufteilung</th></tr>
<tr><td colspan="2">Zentrales Lager: vor Ort</td><td colspan="3">Dezentrales Lager: Verteilung der Ware auf verschiedene Lager</td></tr>
<tr><th colspan="5">Einteilung nach Bauformen</th></tr>
<tr><td>Freilager: draußen</td><td>Flachlager: Lager bis max. 7 m Höhe</td><td>Etagenlager: Übereinander geordnete Flachlager</td><td>Hochflach/ Hochregallager: Lager bis max. 12 m Höhe</td><td>Bunker/Silo/ Tanklager: Lagerung von Schüttgut, Flüssigkeiten oder Gasen</td></tr>
<tr><th colspan="5">Sonderlager nach gesetzlichen Bestimmungen</th></tr>
<tr><td colspan="2">Lager für gefährliche Güter: z. B. radioaktive Stoffe, Betäubungsmittel</td><td colspan="2">Steuerlager: Aufgrund der Gesetzgebung sind bestimmte Waren z. B. Alkohol getrennt zu halten.</td><td>Zollgutlager: Verwahrung von Zollgut</td></tr>
</table>

Grundsätze im Lager

Das Lager muss so organisiert sein, dass alle dort normalerweise anfallenden Vorgänge der Warenhandhabung ordnungsgemäß durchgeführt werden können.

Dies sind:

- optimale Warenannahme und Eingangskontrolle,
- optimale Lagerbehandlung der Ware,
- optimale Zusammenstellung von Kundenaufträgen (Kommissionierung),
- optimale Warenmanipulation (Herbeiführung der Verwendungsreife),
- optimaler Warentransport im Lager selbst,
- optimale Geräumigkeit der Lagerfläche und
- optimale Übersichtlichkeit des Lagers (fester Lagerplatz oder „chaotisches Lager").

Gerade bei verderblichen oder modischen Waren gilt: „First in – first out". In einigen Fällen ist es empfehlenswert, die zuletzt eingelagerte Ware zuerst auszulagern.

- Artgemäße Lagerung
- Beachtung der Umweltschutzvorschiften
- Sicherheitsvorgaben (Brandschutz, Überwachung und Arbeitsschutz)

Aufgaben

Aufgaben zur Wiederholung

1. Erklären Sie mit eigenen Worten, warum Lagerhaltung notwendig ist.
2. Welche Aufgaben erfüllen die Lager in den folgenden Fällen?
   a) Im November werden Schokoladenosterhasen gelagert.
   b) Vor den Weihnachtsferien erhöht die Mediaworld e. K. ihre Lagerbestände an Artikeln bis 200,00 €.
   c) Nach der Ernte werden Äpfel eingelagert.
   d) Fleischwürste werden in 50-g-Plastikpackungen als geschnittene Scheiben verpackt.
   e) Der Lieferbetrieb für PC-Mäuse unterbreitet der Mediaworld e. K. ein besonders günstiges Angebot.
3. Begründen Sie, welches Lager für die Ware sinnvoll ist.
   a) Sand für die Baustelle, vorgesehenes Baustellenende: sechs Wochen
   b) 30 Kisten mit Rumflaschen
   c) Pkw-Neuwagen, durchschnittliche Standzeit: vier Wochen
   d) Fünf Paletten Badewannen, gelagert in einem Lager in Kundennähe
   e) Wassermischer für das Waschbecken
   f) TFT-Bildschirme des Herstellers „Amer". Die Ware soll schnell zum Großhandel gelangen.
   g) 20 Kisten Bürostühle. Das eigene Lager ist voll.
4. Erläutern Sie, wovor die nachstehenden Waren geschützt werden müssen.

a) Papier	d) Obst	g) Sand
b) Wurst	e) Tabak	h) Filme
c) Leder	f) Holz	i) CD-ROMs

5. Recherchieren Sie die Begriffe „Fifoverfahren“ und „Lifoverfahren“ im Internet. Finden Sie jeweils ein passendes Beispiel bei der Wareneinlagerung und -entnahme.

6. a) Unterscheiden Sie die „normale“ von der „chaotischen“ Lagerhaltung. Finden Sie jeweils Vor- und Nachteile.

b) Sehen Sie im Internet nach, was man unter einem Warenwirtschaftssystem (WWS) versteht und wie das WWS die chaotische Lagerhaltung unterstützt.

7. Die Mediaworld e. K. hat aus einem Sonderposten 100 Stück Schnitzer 4K-Fernseher erworben. Vor der Anlieferung der 4K-Fernseher muss die Mediaworld e. K. entscheiden, ob die Eigen- oder die Fremdlagerung günstiger ist.

Arbeit mit dem PC

a) Recherchieren Sie im Internet, was genau man unter Eigenlagerung und Fremdlagerung versteht. Finden Sie heraus, wer die Fremdlagerung übernehmen könnte.

b) Eine Recherche von Bastian Lenz hat Folgendes ergeben:

Die fixen Lagerkosten pro Monat der Mediaworld e. K. betragen 150,00 €. Die variablen (= veränderlichen) Kosten betragen 25,00 € je Laptop.

Ein Anruf bei einem Duisburger Lagerhaus hat ergeben, dass dort die Kosten der Fremdlagerung 30,00 € betragen.

Erstellen Sie eine Excel-Tabelle, in der Sie die Kostenentwicklungen der beiden Lagermöglichkeiten mithilfe von Formeln und kopierfähigen Zelladressen (absolute Adressierung) gegenüberstellen. Die Tabelle könnte folgendes Aussehen haben:

	A	B	C	D	E
1	**Eigenlager oder Fremdlager**				
2					
3			fixe Lagerkosten		
4			var Lagerkosten pro Stück		
5			Kosten Fremdlager pro Stück		
6					
7					
8					
9		**Lagerkosten**	**Lagerkosten**	**Gesamtkosten**	**Gesamtkosten**
10		**fix**	**variabel**	**Eigenlager**	**Fremdlager**
11		**in €**	**in €**	**in €**	**in €**
12	10				
13	20				
14	30				
15	40				
16	50				
17	60				
18	70				
19	80				
20	90				
21	100				
22	110				
23	120				
24	130				

Zur Wiederholung LF3 → Excel-Schulungen → *Schulung Absolute Adressierung.*

c) Markieren Sie in der Excel-Tabelle farblich, ab wann die Eigenlagerung der Fremdlagerung vorzuziehen ist.
Sprechen Sie eine Empfehlung für die konkrete Situation in der Mediaworld e. K. aus.

4 Warenverkehr anhand von Belegen erfassen

Das ist geschehen

Das ist zu tun

1. Bringen Sie die nachfolgenden Belege bzw. Schriftstücke in die richtige Reihenfolge.
2. Beschreiben Sie detailliert, worüber die Belege Auskunft geben.
3. Was meint Bastian Lenz mit dem „fehlenden Brief“? Begründen Sie Ihre Aussage.

Das sollte man wissen

Warenverkehr anhand von Belegen erfassen

Folgende Belege fielen gestern in der Mediaworld e. K. an.

Beleg 1

Elektro-Günther e. K.

Fachhandel für Hi-Fi und Elektronik

Elektro-Günther e. K. Grabenweg 38 57078 Siegen

Mediaworld e. K.
Herrn Karl Herwig
Krefelder Str. 92
47226 Duisburg

Grabenweg 38
57078 Siegen
Tel.: 0271 987-0
Fax: 0271 987-20

E-Mail: elektroguenther@wvd.de
www.elektroguenther-wvd.de

USt-IdNr.: DE 335 987 120
Bankverbindung:
Sparde-Bank Wuppertal
BIC: GENODED1SPW
IBAN: DE85 3306 0592 0007 8999 33

Ihr Zeichen, Ihre Nachricht vom	Unser Zeichen, unsere Nachricht vom	Telefon, Name	Datum
Me-He, 30.06.20..	Gü-Gr	0271 987-6024	04.07.20..

Lieferung DVD-Rohlinge

Sehr geehrter Herr Herwig,

am 02.07.20.. erhielten wir 100 Packungen DVD-Rohlinge. Wie bereits telefonisch mitgeteilt, wiesen 10 Packungen erhebliche Beschädigungen auf.

Diese Packungen sind nicht mehr verkäuflich. Auch intern haben wir dafür keine Verwendung.

Wie besprochen, werden wir sie Ihrem Fahrer bei der nächsten Lieferung wieder mitgeben.

Bitte senden Sie uns schnellstmöglich Ersatz, denn auch unsere Kunden erwarten die Ware.

Mit freundlichen Grüßen

Gruenewald

Beleg 2

Elektro-Günther e. K.

Fachhandel für Hi-Fi und Elektronik

Elektro-Günther e. K. Grabenweg 38 57078 Siegen

Mediaworld e. K.
Herrn Karl Herwig
Krefelder Str. 92
47226 Duisburg

Grabenweg 38
57078 Siegen
Tel.: 0271 987-0
Fax: 0271 987-20

E-Mail: elektroguenther@wvd.de
www.elektroguenther-wvd.de

USt-IdNr.: DE 335 987 120
Bankverbindung:
Sparde-Bank Wuppertal
BIC: GENODED1SPW
IBAN: DE85 3306 0592 0007 8999 33

Ihr Zeichen, Ihre Nachricht vom	Unser Zeichen, unsere Nachricht vom	Telefon, Name	Datum
Me-He, 30.06.20..	Gü-Gr	0271 987-6024	20.06.20..

Bestellung

Sehr geehrter Herr Herwig,

Wir bestellen:

100 Packungen DVD-R-Rohlinge (Inhalt 100 Stück),

4,7 GB Speicherkapazität — Preis von 8,32 € zzgl. MwSt.

Bitte führen Sie den Auftrag sorgfältig aus.

Mit freundlichen Grüßen

Gruenewald

Artikelkarte: Lager

Artikelbezeichnung:	USB-Speicher 32 GB	**Artikelnummer:**	H 3005	**Seite**
Einheit:	100 Stück	**Höchstbestand:**	400	**Meldebestand:**

			Artikelbewegung		Lagerbestand		Bedarf gemeldet	
Datum	**Beleg-Nr.**	**Vorgang**	**Zugang**	**Abgang**	aktueller Ist-Best.	davon reserviert	Menge	Datum
01.01.20..	IV 1003	Inventurbestand	300		300	5		
30.03.20..	AR 65	Warenausgabe		8	?			
02.07.20..	AR76	Auftrag Günther e. K.		100	?			

Beleg 3

Mediaworld/e. K.

Mediaworld e. K. + Krefelder Straße 92 + 47226 Duisburg

Elektro Günther e. K.
Grabenweg 38
57078 Siegen

Ihr Zeichen: Gu-Me
Ihre Nachricht vom: 13.06.20..
Unser Zeichen: Me-He
Unsere Nachricht vom:

Name: Karl Herwig
Tel.: 02065 99977-0 • Fax: 02065 99977-20
E-Mail: mediaworld@wvd.de
Internet: www.mediaworld-wvd.de

Datum: 15.06.20..

Angebot USB-Speicher

Sehr geehrter Herr Mersel,

vielen Dank für Ihre Anfrage. Gerne bieten wir Ihnen unverbindlich an:

USB-Speicher	100er-Packung	Preis: 8,32 €	zzgl. MwSt.
	32 GB Speicherkapazität		

Die Lieferung erfolgt frei Haus.

Bei Zahlung innerhalb von 14 Tagen gewähren wir 2 % Skonto.

Über Ihren Auftrag freuen wir uns. Haben Sie noch Fragen? Rufen Sie mich einfach an.

Mit freundlichen Grüßen

Karl Herwig

Karl Herwig
Mediaworld e. K.

Beleg 4

Aufgaben

Aufgaben zur Wiederholung:

1. Erklären Sie die Bedeutung folgender Schriftstücke:

a) Lieferschein

b) Rechnung

c) Anfrage

d) Auftragsbestätigung

e) Bestellung

f) Angebot

g) Lagerkartei (WWS)

h) Bestandsanfrage

2. Welche der folgenden Aussagen ist falsch?

a) Eine Anfrage kann an viele Lieferbetriebe verschickt werden.

b) Eine Reservierung von Artikeln ist unnötig. Die Kundinnen und Kunden akzeptieren Wartezeiten, falls die Mediaworld e. K. nicht lieferbereit ist.

c) Die Bestellung ist eine rechtsverbindliche Willenserklärung.

d) Bei unverbindlichen Bestellungen muss eine Auftragsbestätigung geschickt werden.

Lernaktionen

Lernaktion 1

In der Mediaworld e. K. wird Ware angeliefert. Es handelt sich um die Bestellung bei der Mammuth GmbH über 75 Stück des Artikels „Surroundsystem Feeling“.

Mammuth GmbH
Audiogeräte

Mammuth GmbH • Gelsenstr. 32 • 46147 Überhausen

Gelsenstraße 32
46147 Überhausen

Mediaworld e. K.
Krefelder Straße 92
47226 Duisburg

Telefon: 028 88888-12
Telefax: 028 88888-13

E-Mail: mammuthaudio@wvd.de
www.mammuthaudio-wvd.de

Datum:
18.06.20..

Kunden-Nr.: 355

Bestelldatum: 18.06.20..

Lieferschein Nr.: 3150

Versandart: Lkw

Lieferdatum: 19.06.20..

Artikelnummer	Artikelbezeichnung	Menge
W 390 887	Surroundsystem Feeling	75 Stück; einzeln verpackt auf zwei Paletten

Ware ordnungsgemäß erhalten: ____________ Datum ____________ Unterschrift

1. Benennen Sie, welche Sachverhalte der Lagerist der Mediaworld e. K. in Gegenwart des Lkw-Fahrers prüfen muss.
2. Listen Sie auf, welche Formulare und Papiere zur Kontrolle der Ware in Gegenwart des Fahrers, aber auch später, wenn die Ware eingelagert wird, herangezogen werden können.
3. Innerhalb welcher Frist muss die Mediaworld e. K. einen offensichtlichen Schaden an der Ware gegenüber der Mammuth GmbH melden?

Lernaktion 2

Lernaktionen

Andreas Zimmer ist zurzeit im Lager der Mediaworld e. K. eingesetzt.

Mediaworld/e. K.

Mediaworld e. K. • Krefelder Straße 92 • 47226 Duisburg

Müller & Schneider OHG
Am Wäldchen 45
44623 Herne

Ihr Zeichen: 10
Ihre Nachricht vom: 24.04.20..
Unser Zeichen:
Unsere Nachricht vom: 20.04.20..

Name: Sabine Hauser
Tel.: 02065 99977-24 • Fax: 02065 99977-20
E-Mail: mediaworld@wvd.de
Internet: www.mediaworld-wvd.de
Datum: 20.04.20..

Auftrag

Sehr geehrte Damen und Herren,

vielen Dank für Ihr Angebot vom 20.04.20...

Aus Ihrem Sortiment bestellen wir:

Art-Nr.	Artikelbezeichnung	Menge	Preis pro Stück
10 123	Rollax Digitalkamera	50	90,00 €
20 125	USB-Speicher	30	10,00 €
30 130	Salem Multibrenner	30	30,00 €

3 % Skonto bei Zahlung innerhalb von 10 Tagen.

Bitte liefern Sie bis zum 05.05.20..

Mit freundlichen Grüßen

Sabine Hauser

Tel.: 02065 99977-0
Fax: 02065 99977-20
E-Mail: mediaworld@wvd.de
Internet: www.mediaworld-wvd.de

Inhaber: Moritz Wagner
Handelsregister AG Duisburg
HRA 593-02 05
Steuernummer: 56 951 36749

Stadtsparkasse Duisburg
IBAN: DE26 3505 0000 0250 7161 67
BIC: DUISDE 33XXX
USt-IdNr.: DE 124 596 988

Deutsche Bank Duisburg
IBAN: DE05 3507 0030 0123 4567 89
BIC: DEUTDEDE350

Im Hof trifft der Lastwagen ein.

1. a) Zeigen Sie, welche Kontrollen Andreas Zimmer bei der Warenannahme in Anwesenheit des Transporteurs erledigen muss.

Arbeit mit dem PC

b) Führen Sie die Kontrolle durch. Vergleichen Sie den Lieferschein mit der Bestellung der Mediaworld e. K.

Word-Dateien → *Müller&Schneider_Lieferschein.*

c) Sie quittieren in Anwesenheit des Transporteurs die Ware. Vermerken Sie gegebenenfalls Abweichungen von der Bestellung auf dem Lieferschein in dem dafür vorgesehenen Textfeld. (Eine Kopie des Lieferscheins nimmt der Transporteur mit und sendet sie dem Lieferbetriebes.)

2. a) Benachrichtigen Sie den Lieferbetrieb über die fehlende Ware und erbitten Sie eine Nachlieferung (→ Kapitel 2.1, Seite 107).

Word-Dateien → *Mediaworld_Geschäftsbriefvordruck-komplett2020*

Mediaworld/e. K.

Mediaworld e. K. • Krefelder Straße 92 • 47226 Duisburg

Ihr Zeichen
Ihre Nachricht vom
Unser Zeichen
Unsere Nachricht vom

Name
Tel. 02065 99977-0 • Fax 02065 99977-20
E Mail mediaworld@wvd.de
Internet www.mediaworld-wvd.de

Datum

Zur Wiederholung LF3 → Word-Schulungen → *Schulung Geschäftsbrief nach DIN 5008_2020_Anschriften, Ziffern und Zeichen.*

b) Welche der nachfolgenden Tätigkeiten müssen Sie im Folgenden nicht durchführen?

aa) Eintrag des Wareneingangs in das Bestellbuch mit dem Vermerk „Ware nicht vollständig“

bb) Kopieren der Rechnung auf grünes und gelbes Papier

cc) Eintragen der gelieferten Menge in die Lagerkarteikarte

dd) Download des neuen Kataloges mit Lieferbetrieben im PDF-Format

Arbeit mit dem PC

Lernaktion 3

Erstellen Sie eine PowerPoint-Präsentation über die Möglichkeiten von Warenwirtschaftssystemen (WWS). Berücksichtigen Sie dabei folgende Aspekte:

- Funktionen von WWS
- mögliche Bestandteile
- Arten von WWS
- Vorteile von WWS

Lernaktion 4

Besuchen Sie Ausbildungsklassen Ihres Berufskollegs. Befragen Sie die Schülerinnen und Schüler nach den betrieblichen Regelungen der Warenannahme und der Warenlagerung.

Absatzmarktforschung

Anforderungssituation 6.1

1 Kaufgründe und Marketing

Das ist geschehen

Zwei Verkaufsgespräche aus der Mediaworld e. K.

Karl Herwig aus der Abteilung Verkauf im Gespräch mit einem Geschäftskunden:

Bastian Lenz beim Verkaufsgespräch mit einem Kunden im Shop der Mediaworld e. K.:

Das ist zu tun

1. Finden Sie anhand der Bilder heraus, welche Verkaufsargumente Karl Herwig und Bastian Lenz in ihren Verkaufsgesprächen anwenden.
2. Welche Kaufgründe der Kundschaft sprechen sie damit an?

Das sollte man wissen

Kaufgründe und Marketing

Die Mediaworld e. K. verkauft ihre Artikel an zwei verschiedene Abnehmergruppen:

Kundengruppen der Mediaworld e. K.

Geschäftskunden	Privatkundinnen und -kunden
d. h. Unternehmen, die bei der Mediaworld e. K. eingekaufte Ware weiterverkaufen wollen	d. h. Endverbraucher/-innen

Diese beiden Kundenkreise haben sehr unterschiedliche Gründe, warum sie Ware bei der Mediaworld e. K. einkaufen, und sie stellen sehr unterschiedliche Ansprüche an die Ware.

Die Geschäftskunden und Unternehmen benötigen die Ware, um sie weiterzuverkaufen und um damit Geschäfte zu machen. Die Kaufgründe sind also rein wirtschaftlicher Natur. Ziel der Unternehmen ist es, den eigenen Gewinn zu maximieren (→ LF 2, AS 2.1, Kapitel 1, Seite 60). Hierfür muss die Ware, die sie einkaufen, in erster

Linie einen günstigen Preis haben. Zum Preisvergleich wird eine Bezugskalkulation durchgeführt, bei der man den günstigsten Lieferbetrieb ermittelt (→ LF 3, AS 3.1, Kapitel 5.2, Seiten 87-88). Neben dem Preis als Kaufargument sind aber auch zum Beispiel die Lieferzeit, die Qualität der Ware, ein zuverlässiger Lieferbetrieb und andere Dinge wichtig.

Privatkundinnen und -kunden, das sind die Endverbraucher/-innen der Ware, haben ganz andere Kaufgründe. Sicherlich spielt häufig der Preis eine wichtige Rolle bei der Kaufentscheidung, daher steht er in der Liste der Kaufmotive der Kundschaft ganz oben. Daneben gibt es aber noch andere Kaufmotive:

Kaufmotiv	Erläuterung
Preis	• preiswert einkaufen • ein gutes Preis-Leistungs-Verhältnis erzielen • den Preis als Qualitätsmaßstab nehmen
Geltung	• andere beeindrucken • sich und den Artikel zeigen • beachtet werden • etwas Besonderes kaufen und besitzen wollen
Nützlichkeit	• Zweckmäßigkeit • Bequemlichkeit • Funktionalität
Schönheit	• schönes Design • schöne Farben
Umweltbewusstsein	• ökologische Herstellung • umweltfreundliche Verwendung • umweltgerechte Entsorgungsmöglichkeit

Es ist wichtig, die Kaufgründe der Kundschaft zu kennen, damit man auf sie eingehen kann und den Kundinnen und Kunden mit ihren Wünschen entgegenkommt.

Die **Kaufmotive der Kundschaft beeinflussen unternehmerische Entscheidungen** in fünf wichtigen Bereichen, bei ...

der Zusammenstellung des Sortimentes	der Preisgestaltung der Ware	der Verkaufsargumentation	dem Vertrieb der Ware	dem Serviceangebot
↓	↓	↓	↓	↓
Hieraus ergeben sich die fünf Marketinginstrumente:				
↓	↓	↓	↓	↓
Produkt- und Sortimentspolitik	**Preispolitik**	**Kommunikationspolitik und Werbung**	**Distributionspolitik (Vertriebspolitik)**	**Service- und Konditionenpolitik**

Beispielsweise kann man durch geschickte Preisgestaltung den Kundenwünschen nach einem günstigen Preis oder einem angemessenen Preis-Leistungs-Verhältnis nachkommen, durch eine sorgfältige Sortimentszusammenstellung kann man dem Kundenwunsch nach ökologischen Produkten entsprechen und so weiter. Durch gezieltes Marketing kann man aber auch Kaufgründe beeinflussen, etwa durch gezielte Werbung oder durch ein geschickt geführtes Verkaufsgespräch.

Die Beispiele zeigen, dass die Kaufgründe Kundschaft Ausgangspunkt von Marketingentscheidungen sein können. Um mehr über die Kundinnen und Kunden und ihre Kaufgründe zu erfahren, wird häufig versucht, durch Marktforschung mehr Informationen zu bekommen. Was Marktforschung ist und wie Marktforschung betrieben wird, ist Gegenstand des nächsten Kapitels, im Anschluss daran wird auf die einzelnen Marketinginstrumente eingegangen.

Aufgaben

Aufgaben zur Wiederholung

1. Nennen Sie Beispiele für Kaufgründe
   a) bei Geschäftskunden,
   b) bei Privatabnehmerinnen/-abnehmern.
2. Welcher Kaufgrund liegt bei den folgenden Beispielen vor?
   a) Ein Kunde möchte die günstigste Spielekonsole des Sortiments haben.
   b) Eine Kundin fragt nach der Entsorgungsmöglichkeit eines Kühlschranks, wenn er in acht oder zehn Jahren nicht mehr funktioniert.
   c) Ein Kunde sucht sich einen sehr eleganten Mantel aus, der nicht nur einen hohen Preis hat, sondern dem man auch ansieht, dass er viel gekostet hat.
   d) Ein Kunde benötigt ein Textverarbeitungsprogramm für seinen Computer, das ganz einfach zu bedienen ist.
   e) Eine Kundin wählt eine modische Designerlampe, die farblich genau zu den Möbeln ihres Wohnzimmers passt.
   f) Eine Kundin möchte Laufschuhe kaufen, die möglichst bequem und leicht sind.
   g) Ein Kunde kauft ein Marken-T-Shirt mit deutlich sichtbarem Logo des Herstellers, obwohl es 5,00 € teurer ist als das T-Shirt eines anderen, unbekannten herstellenden Unternehmens.
3. a) Welche Marketinginstrumente gibt es?
   b) Finden Sie Beispiele zu den Marketinginstrumenten.

2 Marktforschung

2.1 Primärforschung am Beispiel des Fragebogens

Das ist geschehen

Moritz Wagner ist unzufrieden, die Verkaufszahlen der Mediaworld e. K. sind seit drei Monaten rückläufig. *„Wenn das so weitergeht, sind wir in wenigen Wochen in den roten Zahlen!“*, denkt er sich und überlegt, warum der Verkauf so stark zurückgegangen ist.

Er möchte Abhilfe schaffen und die Situation verbessern, er weiß allerdings nicht so genau, ob das Wegbleiben der Kundschaft vielleicht

- an den angebotenen Artikeln,
- an fehlenden Artikeln im Sortiment,
- am Preisniveau,
- am Service,
- am Verkaufspersonal,
- an der Ladengestaltung

oder vielleicht an anderen Faktoren liegt.

Er beschließt, die Kundinnen und Kunden seines Verkaufsshops in einer Fragebogenaktion interviewen zu lassen. Er beauftragt den Auszubildenden Bastian Lenz und den Praktikanten Andreas Zimmer, einen Fragebogen vorzubereiten und eine Befragung durchzuführen.

Das ist zu tun

Erstellen Sie einen Fragebogen, der für eine Befragung der Kundinnen und Kunden des Verkaufsshops der Mediaworld e. K. genutzt werden kann. Orientieren Sie sich an den Fragen, die Moritz Wagner in der obigen Situationsbeschreibung unklar sind. Beachten Sie dabei die Informationen zum Aufbau eines Fragebogens und nutzen Sie die verschiedenen Möglichkeiten der Fragestellung.

Das sollte man wissen

Fragebogen

Die Befragung ist neben der Beobachtung und dem Experiment eine Methode der Primärforschung. Sie ist die Methode, die am häufigsten angewandt wird. Dabei kann eine Befragung mündlich oder schriftlich stattfinden, sie kann im direkten Gespräch mit dem Gegenüber oder per Telefon durchgeführt werden.

Grundlage einer Befragung ist ein Fragebogen. Je genauer die Fragen formuliert sind und je enger die Antwortmöglichkeiten eingegrenzt sind, desto eher lässt es sich vermeiden, dass die Person, die das Interview führt, die Befragte oder den Befragten beeinflusst. Ein weiterer Vorteil des durch feste Fragen und Antwortmöglichkeiten standardisierten Interviews ist, dass die Ergebnisse vergleichbar sind und sich einfache Durchschnittswerte ermitteln lassen.

Beispiel

Frage: Wie empfinden Sie die Verkaufsatmosphäre im Verkaufsshop der Mediaworld e. K.?

Antwort: **angenehm** **unangenehm**

1 2 3 4 5

Auswertung: 24 x 1, 32 x 2, 13 x 3, 2 x 4, 1 x 5
= Durchschnittswert für die Verkaufsatmosphäre: **1,9**

Um ein möglichst gutes und brauchbares Ergebnis bei der Befragung zu erzielen, muss der Fragebogen richtig aufgebaut sein. Bei der Gestaltung sollte man sich an die folgenden fünf Abschnitte halten:

Aufbau eines Fragebogens

1. Einleitungstext

Zu Beginn des Fragebogens stellt sich die Interviewerin oder der Interviewer vor und erklärt das Ziel der Befragung.

Beispiel

„Hallo, wir sind die Firma XY. Wir führen eine Befragung über das Einkaufsverhalten in Duisburg durch und möchten Ihnen ein paar Fragen stellen."

2. Filterfrage und Eisbrecherfrage

Um Kosten bei der Befragung zu sparen, muss sofort zu Beginn der Befragung geklärt werden, ob die befragte Person überhaupt Kenntnisse zu dem Befragungsthema hat. Falls dies nicht der Fall ist, muss die Befragung an dieser Stelle abgebrochen werden.

Beispiel

Filterfrage bei einer Fragebogenaktion über den Geschmack eines Joghurts: *„Haben Sie schon einmal diesen Joghurt gegessen?"*

Die Eisbrecherfrage soll der befragten Person die ersten Hemmungen nehmen und die Gesprächssituation auflockern.

Beispiel

Eisbrecherfrage bei der Befragung über den Geschmack von Joghurt: *„Wie gefällt Ihnen unser Geschmacksangebot bei Joghurt im Allgemeinen?"*

3. Kernfragen

Hierbei handelt es sich um die eigentlichen Fragen zum Thema. Man unterscheidet dabei Fragen nach Fakten, Meinungen, Verhalten und Motiven.

Beispiel

„Kennen Sie die Marke XYZ?" „Wie empfinden Sie die Beratung unseres Verkaufspersonals?" „Halten Sie die Parkmöglichkeiten an unserem Geschäft für ausreichend oder für nicht ausreichend?"

4. Statistikfragen

Diese Fragen sind vorrangig zur befragten Person selbst. Sie werden am Schluss des Fragebogens gestellt, da die Befragten dann in der Regel auskunftsfreudiger sind.

Beispiel *„Welchen Beruf üben Sie aus?" „Wie viel Geld steht Ihnen im Monat zur Verfügung?"*

5. Dank für das Gespräch

Am Ende des Fragebogens erfolgt eine Danksagung, um sich bei der befragten Person in guter Erinnerung zu halten.

Beispiel *„Vielen Dank, dass Sie sich die Zeit genommen haben, an unserer Befragung teilzunehmen."*

Die einzelnen Fragen eines Fragebogens können in verschiedenen Formen gestellt werden. Der eigentliche Unterschied der Frageformen zeigt sich bei den Antwortmöglichkeiten. Die folgende Auflistung zeigt verschiedene Frageformen:

Frageformen

Offene Fragen	Frageform
Welcher Artikel fehlt Ihnen in unserem Sortiment?	Unstrukturierte Frage
Bei der Auswahl eines Bürostuhls ist mir besonders wichtig, dass …	Ergänzungssatz
Welches Wort fällt Ihnen bei folgenden Begriffen und Beispielen zuerst ein? Fußballweltmeisterschaft .... Bahn fahren .... Mediaworld e. K.	Wortassoziation

Geschlossene Fragen	Antwortmöglichkeiten	Frageform
Essen Sie gerne Pizza?	Ja ☐ Nein ☐	Ja-/Nein-Frage
Welche Art von Musik hören Sie gerne? Vergeben Sie Noten von 1 bis 5.	Klassik ☐ Jazz ☐ Popmusik ☐ Rockmusik ☐ Schlager ☐	Zuordnungsfrage

Geschlossene Fragen	Antwortmöglichkeiten	Frageform
Wie finden Sie das Preis-Leistungs-Verhältnis?	angemessen ☐ ☐ ☐ ☐ ☐ unangemessen	Skalierungsfrage
Ich fahre gern mit der Bahn, weil …	☐ … ich mich dort entspannen kann. ☐ … ich damit am schnellsten zu meinem Ziel gelange. ☐ … man hier immer neue Menschen kennenlernt. ☐ … ich die Zeit zum Lesen oder Arbeiten nutzen kann.	Alternativfrage
Der Service der Unternehmens-Hotline ist …	☐ ausgezeichnet ☐ gut ☐ zufriedenstellend ☐ ausreichend ☐ schlecht	Beurteilungsfrage
Der Kauf im Fachhandel erscheint mir sicherer als die Bestellung über das Internet.	☐ Stimme voll zu ☐ Stimme zu ☐ Weiß ich nicht genau ☐ Stimme eher nicht zu ☐ Stimme überhaupt nicht zu	Zustimmungsfrage

Andere Formen der Primärforschung

Die **Befragung ist** eine Methode der Primärforschung. Sie kann in einem **persönlichen Gespräch** erfolgen, über ein Telefongespräch ablaufen oder schriftlich durchgeführt werden. Bei einer Befragung handelt es sich im Allgemeinen um eine Methode der Marktanalyse, das heißt um eine einmalige Erhebung von Daten zu einem bestimmten Zeitpunkt. Die Befragung kann jedoch auch für die laufende Informationsbeschaffung genutzt werden, hier spricht man vom sogenannten **Panelverfahren.** Dabei wird eine feste Gruppe von Personen in regelmäßigen Abständen zu bestimmten, gleichbleibenden Themen befragt und/oder beobachtet. Über die Erfassung von Daten eines Panels kann man Entwicklungen in der Personengruppe beobachten, wie sich z. B. Meinungen oder das Kaufverhalten verändern.

Bei einer **Beobachtung** benötigt man keine direkte Auskunft von den Personen, von denen man Informationen gewinnen möchte, es wird lediglich deren Verhalten unter bestimmten Umständen (z. B. beim Einkauf, bei der Betrachtung eines neuen Produktes) betrachtet und ausgewertet. Es lässt sich aber nur das feststellen, was auch sichtbar ist; über die Einstellung und die Meinung der oder des Beobachteten bekommt man keine Informationen.

Wenn man ein **Experiment** oder einen **Test** mit Personen durchführt, wird überprüft, ob bestimmte Vermutungen zutreffen. Beispielsweise kann man vermuten,

Das sollte man wissen

Sekundärforschung

Um Entscheidungen im Marketing treffen zu können, die sich positiv auf Verkauf und Absatz auswirken, muss man Informationen über den Absatzmarkt sammeln. Hierbei darf man nicht nur an die Kundschaft denken, die Sammlung von Informationen bezieht sich auf vier wichtige Bereiche:

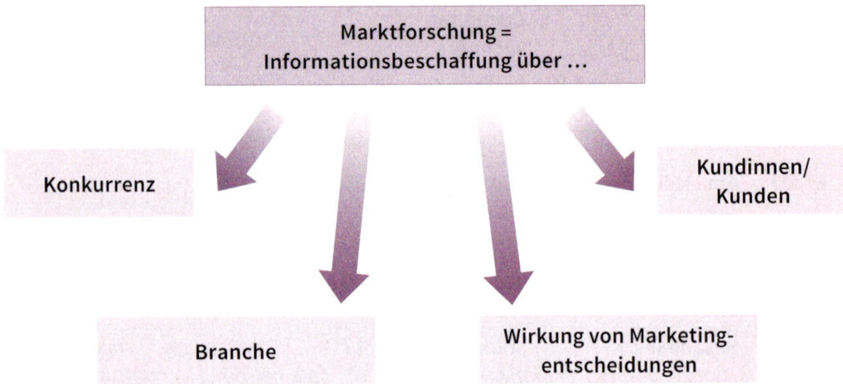

Diese umfangreichen Daten kann man nicht alleine über die Primärforschung einholen, hierzu bedarf es auch der Sekundärforschung.

Bei der Sekundärforschung werden Informationen und Daten ausgewertet, die schon vorhanden und aufbereitet sind. Die Daten werden nicht erst gewonnen, wie es bei der Primärforschung der Fall ist (→ vorheriges Kapitel).

Man unterscheidet bei der Sekundärforschung zwischen Daten, die im eigenen Unternehmen vorzufinden sind, und Daten, die außerhalb des eigenen Unternehmens gesammelt und erhoben wurden.

Sekundärforschung bedeutet, die vorliegenden Daten, die meist für einen anderen Zweck gewonnen wurden, für die eigene Zielsetzung auszuwerten. Dabei ist es einfacher, betriebsinterne Daten heranzuziehen, da diese immer zur Verfügung stehen und man auf sie problemlos zugreifen kann.

Sekundärforschung	
Betriebsinterne Daten	**Betriebsexterne Daten**
Beispiele • Daten der Buchführung • Absatzstatistiken • Umsatzstatistiken • Berichte von Außendienstmitarbeitenden • Kundenkarteien • Lagerkarteien	**Beispiele** • Amtliche Statistiken vom Statistischen Bundesamt, von Ministerien, von der Bundesbank • Informationen von wissenschaftlichen Instituten • Informationen von Wirtschaftsverbänden • Veröffentlichungen in Zeitungen oder Fachzeitschriften

Häufig reichen die Daten der Sekundärforschung aber nicht aus. In diesem Fall müssen neue Daten selbst erhoben werden, indem man Primärforschung betreibt.

Aufgaben

Aufgaben zur Wiederholung

1. Entscheiden Sie, ob es sich bei den folgenden Beispielen um betriebsinterne oder um betriebsexterne Daten handelt.
   1. Bericht einer Außendienstmitarbeiterin bzw. eines Außendienstmitarbeiters
   2. Lagerstatistik
   3. Veröffentlichung der IHK zum Thema „Der Einzelhandel in Duisburg"
   4. Gewinn- und Verlustrechnung
   5. Kataloge der Konkurrenzunternehmen
   6. Absatzstatistik
2. Erläutern Sie, warum kleinere Betriebe häufiger Sekundärforschung als Primärforschung durchführen.
3. a) Erfassen Sie die Umsatzstatistik in Excel. Die Tabelle könnte folgendes Aussehen haben:

Arbeit mit dem PC

	A	B	C	D	E	F	G	H
1	**Kunden-**	**Kunde**	**Branche**	**Ort**	**Umsatz**	**Umsatz**	**Veränderung**	**%-Anteil**
2	**Nr.**				**lfd. Jahr**	**Vorjahr**		**lfd. Jahr**
3	24001	Heinz Lamprecht e.K.	Computerzubehör	Duisburg	220.000,00 €	218.000,00 €		
4	24002	Elektro Günther e. K.	Hi-Fi / Elektronik	Siegen	190.000,00 €	175.000,00 €		
5	24003	Emil Meister e. K.	Büroausstattung	Duisburg	176.000,00 €	177.000,00 €		
6	24004	Kurt Wächter e. K.	Fernseh / Hi-Fi	Dortmund	233.000,00 €	349.000,00 €		
7	24005	Kasadhar e. K.	Sound & Videoshop	Köln	245.000,00 €	243.000,00 €		
8	24006	Heka Mulitmedia GmbH	Computer / Hi-Fi	Wesel	199.000,00 €	244.000,00 €		
9	Summe							

   b) Ermitteln Sie mithilfe von kopierfähigen Formeln unter Verwendung von Zelladressen die Gesamtumsätze der beiden Geschäftsjahre.

   c) Ermitteln Sie in Spalte G die Veränderung des Umsatzes vom laufenden Jahr zum Vorjahr.

   d) Zeigen Sie in der Spalte H, welchen Prozentanteil die einzelnen Kundinnen und Kunden am Gesamtumsatz haben.

   Zur Wiederholung LF3 ➔ Excel-Schulungen ➔ *Schulung Absolute Adressierung.*

   Speichern Sie die Tabelle unter Exceldateien ➔ Umsatzsatzstatistik.

Lernaktionen

Lernaktion

Ziel dieser Lernaufgabe ist es, dass Sie in einer Primärforschung Daten selbst erheben und auswerten. Gehen Sie wie folgt vor:

1. Überlegen Sie sich Beispiele und Themengebiete für eine Befragung der Schülerinnen und Schüler Ihrer Schule (zum Beispiel Zufriedenheit mit der Schulcafeteria, Schulhofgestaltung).
2. Entscheiden Sie sich in der Klasse für ein Themengebiet.
3. Entwerfen Sie in Kleingruppen jeweils einen Fragebogen zu diesem Themengebiet.
4. Suchen Sie aus den entstandenen Fragebögen jeweils die besten Varianten und Fragen zu den Bereichen:
   - Einleitung
   - Filterfrage/Eisbrecherfrage
   - Kernfragen
   - Statistikfragen
   - Dank für das Gespräch
5. Führen Sie die Befragung mithilfe Ihrer Fachlehrkraft durch.
6. Werten Sie die Ergebnisse aus.
7. Bereiten Sie die Daten ansehnlich auf. Nutzen Sie dazu hilfreiche Präsentations- und Tabellenkalkulationsprogramme.

   Arbeit mit dem PC

   Zur Wiederholung LF 1 ➔ PowerPoint-Schulung ➔ *Schulung PowerPoint.*
8. Veröffentlichen Sie die Daten in der Schule.

Analyse, Einsatz und Kombination absatzpolitischer Instrumente

Anforderungssituation 6.2

1 Produktpolitik

1.1 Produktlebenszyklus

Das ist geschehen

Moritz Wagner ist aufgefallen, dass sich der Artikel C 3008 „Speedy-Computer-Tastatur" nicht mehr so gut verkaufen lässt wie noch vor einigen Monaten.

Er schaut sich die Lagerkarteikarte des Artikels an und druckt sich an seinem Computer die Verkaufszahlen der letzten 13 Monate aus:

Verkaufszahlen Artikel Nr. C 3008 „Speedy-Computer-Tastatur													
Monate	Jan.	Feb.	März	April	Mai	Juni	Juli	Aug.	Sept.	Okt.	Nov.	Dez.	Jan.
Absatz in Stück	150	180	220	280	390	520	570	590	600	590	520	400	300

„Hab ich es mir doch gedacht", sagt er zu sich selbst, als er die Zahlen sieht, *„die Verkaufszahlen gehen zurück. Am besten ist es, wenn ich mir dies grafisch darstellen lasse."* Er bittet Bastian Lenz, den Auszubildenden, aus den Zahlen eine Grafik zu erstellen.

Das ist zu tun

Stellen Sie den Verlauf der Verkaufszahlen über die Monate grafisch dar:

Arbeit mit dem PC

Handschriftlich	Mit einem Tabellenkalkulationsprogramm
1. Erstellen Sie dazu ein Koordinatensystem, bei dem Sie auf der x-Achse die Monate und auf den y-Achse die Verkaufszahlen (den Absatz) eintragen. 2. Tragen Sie die Werte aus der Tabelle von Moritz Wagner in das Koordinatensystem ein. 3. Verbinden Sie die Punkte. 4. Beschreiben Sie den Verlauf der Kurve.	1. Tasten Sie die obige Tabelle mit einem Tabellenkalkulationsprogramm ein. 2. Erstellen Sie über den Diagrammassistenten ein Liniendiagramm, bei dem die x-Achse die Monate und die y-Achse die Verkaufszahlen widerspiegeln. 3. Beschreiben Sie den Verlauf der Kurve.

Produktlebenszyklus

Das sollte man wissen

Der Verkauf bzw. der Absatz eines jeden Produktes, das auf dem Markt kommt, folgt einem bestimmten Verlauf. Dieser Verlauf wird Produktlebenszyklus genannt. Er lässt sich grafisch darstellen, wenn die Verkaufszahlen in Stück über einen bestimmten Zeitverlauf bekannt sind.

Bei sehr vielen Produkten verläuft der Absatz gleich: Zunächst werden sehr wenige Stück verkauft, da das Produkt noch unbekannt ist, dann steigt der Absatz plötzlich schnell an. Irgendwann flacht sich der Absatz wieder etwas ab und steigt nicht mehr so stark an, dann erreicht der Verkauf des Produktes seinen Höhepunkt. Danach geht es mehr oder weniger schnell abwärts. Grafisch dargestellt sieht der Verlauf dieses idealen Produktlebenszyklus so aus:

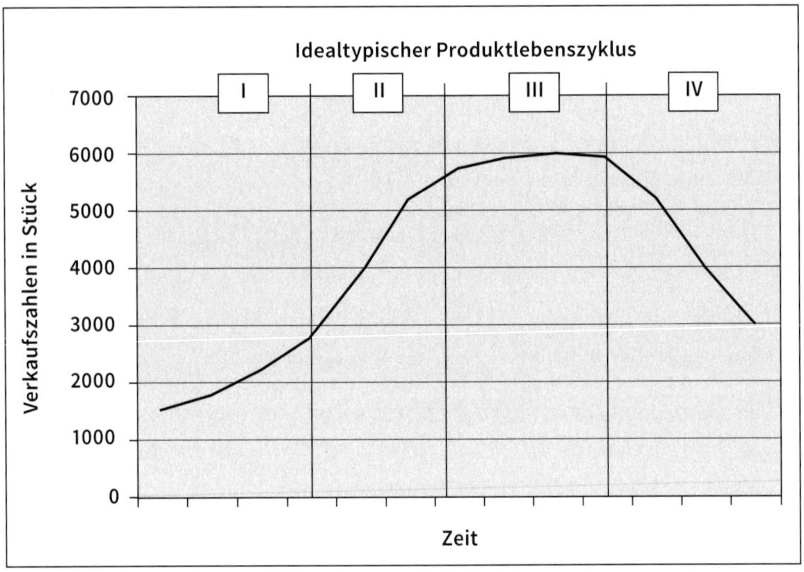

Der Produktlebenszyklus wird in vier Phasen eingeteilt, die in der Zeichnung auch angedeutet sind:

I. Einführungsphase	II. Wachstumsphase	III. Sättigungsphase	IV. Abschwungphase
Das Produkt wird neu in den Markt eingeführt.	Die Absatzzahlen wachsen rasant an.	Die Nachfrage ist gesättigt.	Die Absatzzahlen gehen stark zurück.

Die Phase, in der sich ein Produkt befindet, entscheidet über die Marketingaktivitäten, die in Angriff genommen werden müssen. Beispielsweise muss in der Einführungsphase viel Werbung betrieben werden, um das Produkt bekannt zu machen. In der Abschwungphase kann durch Marketingaktivitäten erreicht werden, dass der Abschwung hinausgezögert oder verhindert wird. Hier können alle fünf Instrumente des Marketings zum Einsatz kommen.

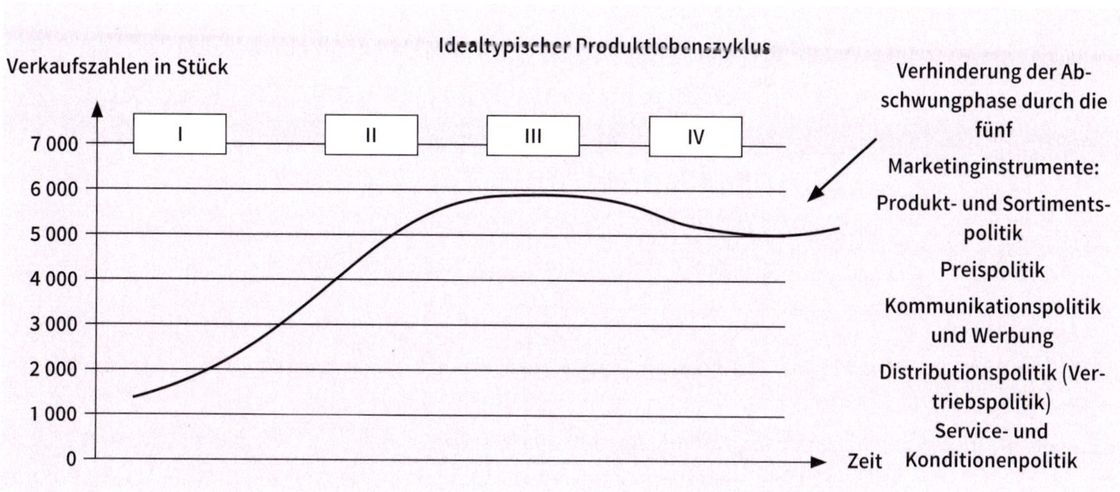

Natürlich ist der Produktlebenszyklus kein Konzept, das immer stimmt. Zum Beispiel kann man anhand der Verkaufszahlen nicht immer genau sagen, in welcher Phase des Lebenszyklus sich ein Produkt befindet, da der Verlauf der Kurve nicht bei allen Produkten gleich ist. Die Dauer der Phasen ist auch nicht eindeutig vorhersagbar. Letztlich kann man auch nicht immer genau sagen, ob der Lebenszyklus nur für ein Produkt gilt oder gleich für eine ganze Produktgattung.

Beispiel

Die sinkenden Verkaufszahlen des Artikels C 3008 „Speedy-Computer-Tastatur" können darauf hinweisen, dass sich das Produkt am Ende seines Lebenszyklus befindet, oder sie können anzeigen, dass sich diese Art von Computer-Tastaturen generell nicht mehr so gut verkaufen lässt.

Für den Produktlebenszyklus gibt es noch andere Verläufe als den dargestellten idealtypischen Verlauf. Einerseits gibt es zum Beispiel sogenannte ewige Produkte, das sind Waren, die nie in eine echte Abschwungphase kommen, wie etwa Coca Cola oder Nivea-Creme. Andererseits gibt es Produkte, die nie in eine echte Wachstumsphase gelangen und kurz nach der Einführung gleich wieder vom Markt verschwinden. Beispiele hierfür findet man des Öfteren im Fernsehprogramm, wo Sendungen oder Serien nach wenigen Folgen eingestellt werden, da zu wenig Zuschauerinnen und Zuschauer sie ansehen wollen.

Aufgaben

Aufgaben zur Wiederholung

1. a) Beschreiben Sie das Konzept des Produktlebenszyklus.
   b) Benennen Sie die Phasen des idealtypischen Produktlebenszyklus.
   c) Welche Schlüsse kann man aus dem Konzept des Produktlebenszyklus ziehen?
2. Am Ende des Produktlebenszyklus steht die Abschwungphase. Nennen Sie Beispiele, wie die Abschwungphase hinausgezögert oder sogar verhindert werden kann.

3. Nehmen Sie kritisch zum Konzept des Produktlebenszyklus Stellung.
4. Der Produktlebenszyklus sieht nicht bei allen Produkten gleich aus. Zeichnen Sie einen Produktlebenszyklus für ein
   a) ewiges Produkt und
   b) für ein Produkt, das am Markt gefloppt (gescheitert) ist.
   c) Nennen Sie Beispiele für ewige Produkte und für Flops.

1.2 Maßnahmen der Produkt- und Sortimentspolitik

Das ist geschehen

Moritz Wagner möchte auf die zurückgehenden Verkaufszahlen des Artikels C3008 „Speedy-Computer-Tastatur" reagieren. Er fragt beim Lieferbetrieb dieses Produktes nach und erhält die folgende Antwort:

MULTI TASK GmbH
Computerzubehör

Florentinastraße 67
33102 Paderborn

Multitask GmbH, Florentinastr. 67, 33102 Paderborn

Mediaworld e. K.
Krefelder Straße 92
47226 Duisburg

Telefon: 05251 89110-0
Telefax: 05251 89110-11
E-Mail: multitask@wvd.de
www.multitask-wvd.de

Ihre Zeichen	Unser Zeichen	Telefon, Name 05251 89110-	Datum:
	VK-Till	10 Klöppel	12.02.20..

Anfrage „Speedy-Computertastatur"

Sehr geehrter Herr Wagner,

wie Ihnen ist auch unserer Firma die rückläufige Nachfrage nach der Computertastatur „Speedy" aufgefallen. Der Artikel wird von der Kundschaft nicht mehr so häufig nachgefragt, weil derart einfache Computertastaturen nicht mehr modern sind. Die Herstellerfirma des Artikels hat hierauf reagiert und die ergonomische „Speedy-wl-Tastatur" mit einstellbarer Beleuchtung auf den Markt gebracht.

Ich schicke Ihnen in den nächsten Tagen eine dieser neuen Tastaturen zur kostenlosen Ansicht zu. Bei Gefallen nenne ich Ihnen gerne Preis, Liefer- und Zahlungsbedingungen.

Mit freundlichen Grüßen

Multitask GmbH

Tillman

i. V. Tillman

Das ist zu tun

1. Beschreiben Sie, wie die Herstellerfirma der „Speedy-Computer-Tastatur“ auf die rückläufige Nachfrage nach ihrem Produkt reagiert hat.
2. Benennen Sie diese Maßnahme der Produktpolitik mit dem Fachbegriff.

Maßnahmen der Produktpolitik

Das sollte man wissen

Die Produktpolitik als eines der fünf Instrumente des Marketings wird in der Regel von der Produktherstellerfirma betrieben, denn nur dieser hat Einfluss auf die tatsächliche Produktgestaltung oder -veränderung.

Es gibt vier verschiedene Maßnahmen der Produktpolitik:

Die vier produktpolitischen Maßnahmen:			
1. Produktinnovation	2. Produktdifferenzierung	3. Produktvariation	4. Produktelimination

Zu 1. Produktinnovation:

Produktinnovation ist die Entwicklung völlig neuer Produkte.

Beispiel

Der Touchscreen, Bluetooth-Anwendungen und Streaming-TV-Angebote sind Innovationen der letzten 15 Jahre, die massenmarkttauglich geworden sind.

Zu 2. Produktdifferenzierung:

Dies bedeutet, dass verschiedene Produktvarianten gleichzeitig angeboten werden.

Beispiel

Ein Automodell wird zusätzlich als Kombi und als Cabrio angeboten.

Zu 3. Produktvariation:

Hiermit ist gemeint, dass das Produkt im Laufe der Zeit abgewandelt wird.

Beispiel

Ein Smartphone-Modell wird neuerdings mit besserer Kamera, besserem Display und größerem Speicher angeboten.

Zu 4. Produktelimination:

Eliminieren bedeutet „etwas beseitigen“, mit Produktelimination meint man die Herausnahme eines Produktes aus dem Markt, das Produkt wird dann nicht mehr angeboten.

Beispiel

Röhren-Bildschirme

Der Produktlebenszyklus einzelner Artikel kann hilfreich sein, wenn es um produktpolitische Entscheidungen geht. In der Wachstumsphase kann man über eine Produktdifferenzierung nachdenken, um den guten Abverkauf des Produktes weiter zu fördern. Wenn sich ein Produkt in der Sättigungsphase befindet, bietet es sich vielleicht an, das Produkt zu variieren. Wenn sich eine Abschwungphase nicht mehr aufhalten lässt, muss man eine Produktelimination in Betracht ziehen.

Aufgaben

Aufgaben zur Wiederholung

1. Finden Sie Beispiele zu den Maßnahmen der Produktpolitik für die folgenden Firmen bzw. Produkte:

	Volkswagen	Coca Cola	Nivea
P-Differenzierung			
P-Variation			
P-Innovation			

2. a) Nennen Sie Produktinnovationen aus den letzten 10 bis 15 Jahren.
   b) Welche Beispiele für Produkteliminationen sind Ihnen bekannt?

3. Bei der Brainware GmbH, einem Computerspielehersteller aus Solingen, nimmt man seit einigen Wochen den Rückgang der Verkäufe des PC-Spieles „Football Classics“ wahr. In dem Spiel kann man sich – bezogen auf Fußballweltmeisterschaften – Mannschaften zusammenstellen und über PC online mit Spielpartnern Fußballspiele austragen.

   Argumentieren Sie anschaulich aus Sicht der Produktmanager des Unternehmens, ob sich in dieser Situation eine
   a) Produktelimination und gleichzeitig eine -innovation,
   b) eine Produktdifferenzierung oder
   c) eine Produktvariation
   anbietet.

2 Preispolitik

2.1 Preisbildung

Das ist geschehen

Die Compu-Trade KG, ein direktes Konkurrenzunternehmen der Mediaworld e. K., bietet in einigen Bereichen das gleiche Sortiment an wie die Mediaworld e. K. Ab und zu vergleicht Moritz Wagner die Preise seines Unternehmens mit denen der Konkurrenz, so auch heute wieder. Er stellt fest, dass die Compu-Trade KG den CD-/DVD-/Blu-Ray-Brenner „Salem Multi-Brenner“ für nur 61,00 € anbietet – in der Preisliste der Mediaworld e. K. steht er mit 69,00 €. Moritz Wagner bittet Herrn Herwig aus der Abteilung Verkauf zu prüfen, ob die Mediaworld e. K. den Artikel auch für 61,00 € anbieten kann.

Das ist zu tun

1. Um welche Art der Preisbildung handelt es sich im obigen Fallbeispiel?
2. Angenommen, der Artikel „Salem Multi-Brenner“ würde für 61,00 € angeboten werden. Wie hoch darf dann maximal der Bezugspreis des Artikels sein, wenn man von 19 % Umsatzsteuer, 25 % Gewinnzuschlag und 35 % Handlungskosten ausgeht?
3. Benennen Sie weitere Arten der Preisbildung.

Preisbildung

Das sollte man wissen

Den Verkaufspreis einer Ware kann sich der verkaufende Betrieb Betrieb nicht einfach irgendwie ausdenken, er muss bei der Preisfestsetzung mehrere Faktoren berücksichtigen: die Kosten, die Konkurrenz und die Kundschaft bzw. die Nachfrage. Daneben sind auch noch die angestrebten Preisstrategien wichtig (→ nächstes Kapitel).

Preis

Der Einfluss der Konkurrenz, der Kosten und der Kundschaft auf die Preisbildung stellt sich wie folgt dar:

1. Konkurrenzorientierte Preisbildung

Die meisten Unternehmen haben in den Märkten, in denen sie wirtschaften, viele Konkurrenten. Daher muss der Preis der Ware unter Beachtung der Preise der Mitbewerber gebildet werden. Die erste Möglichkeit ist, die eigene Preisgestaltung am Durchschnittspreis der Konkurrenz auszurichten.

Beispiel

Die Mediaworld e. K. hat im Hi-Fi-Bereich vier direkte Konkurrenten, die auch den Artikel „Schnitzer T04 Farbfernseher“ anbieten. Die Konkurrenten verkaufen zu den folgenden Preisen:
Konkurrent 1: 98,00 €
Konkurrent 2: 94,00 €
Konkurrent 3: 83,00 €
Konkurrent 4: 81,00 €
Durchschnittspreis: 89,00 € = Verkaufspreis der Mediaworld e. K.

Die zweite Möglichkeit besteht darin, sich bei der Preisgestaltung an einem Preisführer zu orientieren. Dies ist der Fall, wenn ein oder wenige Unternehmen den Markt beherrschen und die Preise vorgeben können. In diesem Fall kann man sich den Preisen der Konkurrenz anpassen.

Beispiel Im Bereich Auto-Hi-Fi gibt es im Umfeld der Mediaworld e. K. ein marktbeherrschendes Unternehmen. Dieses bietet den Artikel „Autoradio Vision" zu einem Preis von 89,00 € an. Die Mediaworld e. K. hat sich dieser Preisvorgabe der Konkurrenz angepasst und verkauft den Artikel zum gleichen Preis.

Wenn man seine Preise den Konkurrenzpreisen anpassen muss, passiert es häufiger, dass man dabei eine Preissenkung vornehmen muss. Dabei stellt sich die Frage, ob eine Preissenkung bzw. ein Anbieten zum Preis der Konkurrenz überhaupt wirtschaftlich ist. Dies ist nur der Fall, wenn die Ware entsprechend günstig eingekauft werden kann. Um den höchstmöglichen Einkaufspreis bei feststehendem Verkaufspreis berechnen zu können, kann man das aus LF4, AS 4.1, Kapitel 3.2, Seiten 165-166, bekannte Kalkulationsschema rückwärts rechnen. Diese Rückwärts-kalkulation zeigt das folgende Beispiel:

Beispiel Ein Unternehmen muss aufgrund der Konkurrenzsituation einen Artikel zu einem Barverkaufspreis (brutto) von maximal 325,73 € verkaufen. Wie viel Euro darf der Bezugspreis höchstens betragen, wenn der Artikel mit 19 % Umsatzsteuer belegt ist und das Unternehmen mit 20 % Gewinnzuschlag und 30 % Handlungskosten kalkuliert?

Bekannte Verkaufskalkulation
Bezugspreis
+ Handlungskosten
= Selbstkosten
+ Gewinnzuschlag
= Barverkaufspreis (netto)
+ Umsatzsteuer
= Barverkaufspreis (brutto)

Rückwärtskalkulation	Werte	Rechenweg	Erläuterung
Bezugspreis	175,46 €	= 228,10 – 52,69	
– Handlungskosten (30 %)	52,64 €	= 228,10 · 30 : 130	vermehrter Grundwert!
= Selbstkosten	228,10 €	= 273,72 – 45,62	
– Gewinnzuschlag (20 %)	45,62 €	= 273,72 · 20 : 120	vermehrter Grundwert!
= Barverkaufspreis (netto)	273,72 €	= 325,73 – 52,01	
– Umsatzsteuer (19 %)	52,01 €	= 325,73 · 19 : 119	vermehrter Grundwert!
= Barverkaufspreis (brutto)	325,73 €		

HINWEIS: Die Pfeile zeigen die Rechenrichtung an: Bei der Vorwärtskalkulation beginnt man im Rechenschema oben, bei der Rückwärtskalkulation beginnt man im Rechenschema unten!

2. Kostenorientierte Preisbildung

Bei der Festlegung des Verkaufspreises darf ein Unternehmen nicht vergessen, dass die eigenen Kosten für die Warenanschaffung, für die Lagerung der Waren, für die Verwaltung des Betriebes usw. gedeckt werden müssen. Nimmt man den Selbstkostenpreis, bei dem alle Kosten gedeckt sind, als Verkaufspreis, wird allerdings kein Gewinn erzielt, dieser muss zusätzlich in den Verkaufspreis eingerechnet werden.

Stellt man Erlöse und Kosten eines Produktes gegenüber, erhält man den Gewinn, der mit dem Verkauf des Produktes erzielt wurde. Die Erlöse ergeben sich hierbei durch die Multiplikation der verkauften Menge mit dem Verkaufspreis. Je höher der Verkaufspreis gesetzt wird, desto besser sind die anfallenden Kosten gedeckt. Ab einem bestimmten Preis sind alle Kosten gedeckt und bei einem Preis darüber wird sogar ein Gewinn erzielt.

Beispiel

Ein Artikel verursacht Kosten in Höhe von 99.000,00 €. Welcher Verkaufspreis muss gewählt werden, um die Kosten zu decken, wenn insgesamt 1 100 Stück des Artikels verkauft werden können?

Absatzmenge	Preis	Erlöse	Kosten	Gewinn/Verlust
1 100	75,00 €	82.500,00 €	99.000,00 €	–16.500,00 €
1 100	80,00 €	88.000,00 €	99.000,00 €	–11.000,00 €
1 100	85,00 €	93.500,00 €	99.000,00 €	–5.500,00 €
1 100	**90,00 €**	99.000,00 €	99.000,00 €	**+/–0,00 €**
1 100	95,00 €	104.500,00 €	99.000,00 €	+5.500,00 €

Bei einem Preis von 90,00 € sind alle Kosten gedeckt.

3. Kundenorientierte Preisbildung

Letztlich stellt sich noch die wichtige Frage, ob ein Preis, der unter Beachtung der Konkurrenzpreise festgelegt wurde und alle Kosten deckt, auch von den Kundinnen und Kunden akzeptiert wird. Informationen über die Preisvorstellungen der Kundschaft und der nachfragenden Personen kann die Marktforschung liefern. Tendenziell kann man davon ausgehen, dass die Kundinnen und Kunden lieber einen niedrigen als einen hohen Preis akzeptieren. Manch-mal gilt der Preis aus Kundensicht aber auch als Qualitätsmaßstab. In diesem Fall wird dann das teurere Produkt gekauft, da die Kundin oder der Kunde sich erhofft, damit auch das qualitativ bessere Produkt erworben zu haben. Ähnliches gilt für Produkte, die als ökologisch bzw. umweltverträglich gelten. Auch hier sind Kundinnen und Kunden zumeist bereit, einen höheren Preis als für „normale" Vergleichsprodukte zu bezahlen.

Aufgaben zur Wiederholung

Aufgaben

1. Erläutern Sie die drei Möglichkeiten der Preisbildung an jeweils einem Beispiel.
2. Der Bruttoverkaufspreis einer Ware beträgt inklusive 19 % Umsatzsteuer 178,50 €. Der Gewinnzuschlag beträgt 25 %. Berechnen Sie die Selbstkosten dieses Artikels.

3. Ein Unternehmen möchte einen Artikel zu einem Brutto-Barverkaufspreis von 249,00 € verkaufen. Wie viel Euro darf der Bezugspreis höchstens betragen, wenn der Artikel mit 19 % Umsatzsteuer belegt ist und der Unternehmer mit 15 % Gewinnzuschlag und 35 % Handlungskosten kalkuliert?

4. Ein Lieferbetrieb bietet einen Artikel zu einem Listeneinkaufspreis in Höhe von 65,00 € an. Zusätzlich werden 15 % Rabatt und 1 % Skonto angeboten. Die Bezugskosten betragen 0,30 € pro Stück. Der Artikel wird von einem Unternehmen gekauft, das mit Handlungskosten in Höhe von 30 % rechnet. Wie hoch ist der verbleibende Gewinn, wenn der Artikel zu 95,00 € inklusive 19 % Umsatzsteuer verkauft wird? Berechnen Sie den Gewinn in Euro und Prozent.

2.2 Preisstrategien und Preisdifferenzierung

Das ist geschehen

Gesprächssituation 1

Gesprächssituation 2

Das ist zu tun

1. Erläutern Sie, welche Strategie Moritz Wagner bei der Preisfestsetzung für die 4K-Fernsehgeräte verfolgt.
2. Nennen Sie weitere Beispiele für Waren, die in unterschiedlichen Regionen unterschiedliche Preise haben.
3. Benennen Sie die Art der Preisdifferenzierung aus Arbeitsauftrag 2.

Preisstrategien

Das sollte man wissen

Mit einer Preisstrategie legt man die Preisgestaltung für einzelne Produkte oder auch das ganze Sortiment eines Unternehmens fest. Hierbei gibt es zwei Extrempositionen, bei denen die Preise besonders niedrig bzw. besonders hoch angelegt werden.

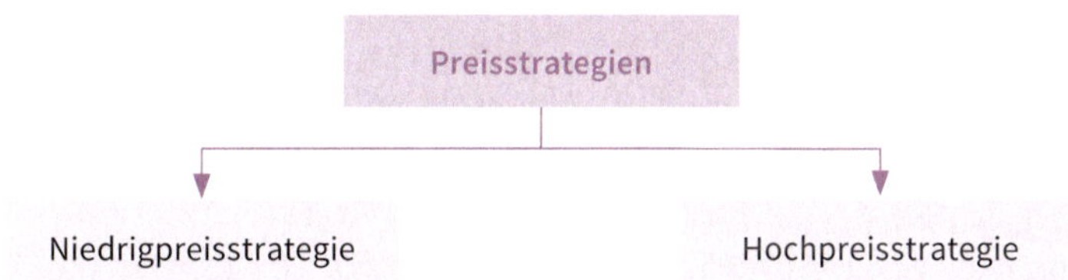

Bei der **Hochpreisstrategie** werden hohe Preise festgelegt. Damit ist in der Regel eine hohe Produktqualität verbunden, ansonsten würde man die hohen Preise gegenüber den Kundinnen und Kunden nicht rechtfertigen können. Die Produkte, die zu Hochpreisen verkauft werden, haben häufig ein besonderes Image, sind von einer besonderen Marke oder zeichnen sich durch einen besonderen Nutzen für die Kundinnen und Kunden aus. Typische Beispiele für Produkte, die im Zuge der Hochpreisstrategie verkauft werden, sind Markenprodukte wie Nivea, Persil, Puma oder Luxusprodukte wie Rolex oder Porsche (die natürlich auch gleichzeitig Markenprodukte sind). Markenprodukte zeichnen sich dadurch aus, dass sie einen hohen Bekanntheitsgrad haben, eine gleichbleibende Qualität aufweisen und – wie gesagt – zumeist etwas teurer sind als vergleichbare Produkte.

Die Hochpreisstrategie wird nicht immer auf Dauer angelegt, es gibt viele Beispiele für Produkte, die zuerst zu einem hohen Preis verkauft werden, deren Preis aber im Zeitverlauf sinkt. Man findet dies häufig bei neu eingeführten Produkten, deren Preis nach und nach gesenkt wird, wenn eine erste Marktsättigung (→ den Produktlebenszyklus aus Kapitel 1.1 in diesem Lernfeld) einsetzt.

Beispiel

Spielekonsolen werden, wenn sie neu auf den Markt kommen, zuerst teuer verkauft, nach und nach wird der Preis aber gesenkt, um auch die Käuferschaft anzusprechen, die nicht bereit ist, so viel Geld für das Produkt zu bezahlen wie die Erstkäuferinnen und -käufer.

Bei der **Niedrigpreisstrategie** ist es typisch, dass die Verkaufspreise immer etwas niedriger liegen als die Preise der anderen Anbieter. Manchmal wird auch nur durch Werbung der Eindruck erweckt, dass eine Niedrigpreisstrategie vorliegt, wobei diese aber nicht für alle Produkte des Unternehmens gilt. Beispiele für Niedrigpreisanbieter sind Discount-Geschäfte wie Aldi, Lidl, KiK und Möbel Roller. Der Preis ist bei diesen

Unternehmen das wichtigste Verkaufsargument und die Kundschaft ist darauf vorbereitet, dass das Verkaufsumfeld einfacher gestaltet ist als bei vergleichbaren Geschäften – es wird an Geschäftseinrichtung, Service und Beratung gespart, damit überhaupt zu günstigen Preisen angeboten werden kann.

Preisdifferenzierung

Preisdifferenzierung bedeutet, dass das gleiche Produkt zu unterschiedlichen Preisen angeboten wird. Die unterschiedlichen Preise können sich auf unterschiedliche Abnehmergruppen, eine andere Uhr- oder Jahreszeit, eine andere Region oder eine andere Abnahmemenge beziehen. Entsprechend werden die folgenden Arten der Preisdifferenzierung unterschieden:

Vier Arten der Preisdifferenzierung			
Personelle Preisdifferenzierung	**Zeitliche Preisdifferenzierung**	**Räumliche Preisdifferenzierung**	**Mengenmäßige Preisdifferenzierung**
Beschreibung			
Es gelten unterschiedliche Preise für unterschiedliche Kundengruppen.	Je nach Zeit gelten unterschiedliche Preise.	Die Preise variieren je nach Region, in der das Produkt angeboten wird.	Der Preis wird in Abhängigkeit von der gekauften Menge bestimmt.
Beispiele			
Eintrittspreise für Kinder, Erwachsene, Rentnerinnen und Rentner	Saisoneintrittspreise für das Hallenbad	Preise für Burger der gleichen Kette in verschiedenen Städten	Bei Abnahme von 500 Stück: 0,10 €/St. 1 000 Stück: 0,09 €/St. 1 500 Stück: 0,08 €/St.

Voraussetzung für die Preisdifferenzierung ist, dass sich der Markt, in dem man sein Produkt anbietet, in Teilmärkte trennen lässt. Außerdem dürfen die Kundinnen und Kunden nicht die Chance haben, zu den jeweils günstigeren Preisen einzukaufen. Eine Preisdifferenzierung bei Benzinpreisen ist beispielsweise nur möglich, wenn es sich für die Käuferschaft nicht lohnt, in den Ort zu fahren, in dem der Benzinpreis im Moment am günstigsten ist.

Aufgaben

Aufgaben zur Wiederholung

1. a) Benennen Sie die zwei Preisstrategien mit den Fachbegriffen.
   b) Listen Sie zu den Preisstrategien Beispiele mit realen Produkten auf.
   c) Benennen Sie reale Produkte, die mit einem hohen Preis im Markt eingeführt werden, deren Preis aber nach und nach sinkt.
   d) Welche Voraussetzungen müssen erfüllt sein, damit ein Unternehmen seine Produkte mit der Hochpreisstrategie verkaufen kann?

2. a) Ordnen Sie die folgenden Beispiele den Arten der Preisdifferenzierung zu:
   - aa) Schülerinnen und Schüler bekommen einen Rabatt beim Eintritt in den Zoo.
   - ab) Der Eintritt für ein Musikkonzert des internationalen Rap-Stars „Golden Retriever“ ist in England teurer als in Griechenland.
   - ac) Ein Spielwarenhandel bietet ein Spielzeug in Polen günstiger an als in Deutschland oder der Schweiz.
   - ad) Kauft man statt nur einem Kasten Mineralwasser fünf Kästen, bekommt man je Kasten einen Nachlass von 50 Cent.
   - ae) Winterkleidung wird im März günstiger angeboten.
   - af) Die Preise für eine Übernachtung in einem Hotel im Sauerland sind im späten Herbst deutlich günstiger als im Hochwinter.

   b) Benennen Sie eigene Beispiele zu den vier Arten der Preisdifferenzierung.

   c) Erläutern Sie, welche Voraussetzungen erfüllt sein müssen, damit man erfolgreich eine Preisdifferenzierung durchführen kann.

3 Kommunikationspolitik

3.1 Instrumente der Kommunikationspolitik

Das ist geschehen

Eines Tages kommt Thorsten Ramme, der Vereinsvorstand des örtlichen Handballvereins „HV 1960 Duisburg-Rheinhausen e. V.“, zu Moritz Wagner in die Mediaworld e. K. Er bittet Moritz Wagner darum, auf den Trikots des Handballvereins Werbung für die Mediaworld e. K. zu machen. Dafür müsste die Mediaworld e. K. nur die Trikotkosten für die nächste Saison übernehmen und als Haupt-Trikot-Sponsor 12.000,00 € bezahlen. Moritz Wagner sagt dem Vereinsvorstand, dass dies „ein ziemlicher Haufen Geld“ ist. Aber er überlegt, ob sich die Kosten für den Werbeaufwand nicht auch rechnen, da so die Mediaworld e. K. viel bekannter werden würde.

Das ist zu tun

1. Benennen Sie die Art der Kommunikationspolitik, die Moritz Wagner für die Mediaworld e. K. plant, mit dem Fachbegriff.
2. Bei welchem Personenkreis wird durch diese Art der Kommunikationspolitik die Mediaworld e. K. bekannter?

Das sollte man wissen

Instrumente der Kommunikationspolitik

Kommunikationspolitik ist der Austausch von Informationen mit der Kundschaft. Ziel ist es, die Kundinnen und Kunden in der Kaufentscheidung zu beeinflussen. Dabei wird auf fünf unterschiedliche Instrumente zurückgegriffen:

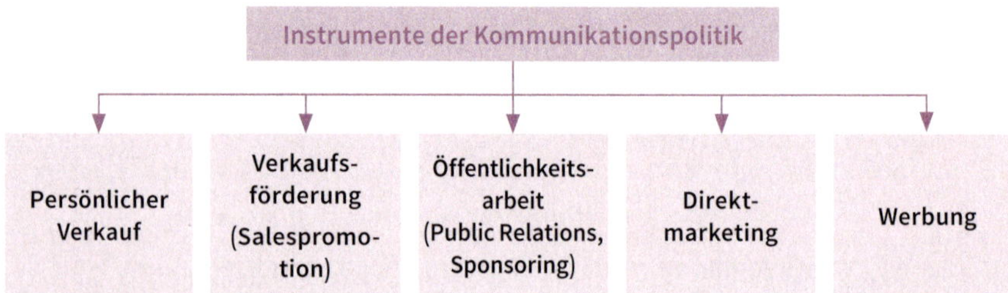

1. Persönlicher Verkauf

Im persönlichen Verkauf stehen Verkaufspersonal und Käuferschaft im direkten Kontakt, dies ist die einfachste Art für das Personal, die Kaufentscheidung der Kundschaft in seinem Sinne zu beeinflussen. Der persönliche Verkauf spielt im Einzelhandel eine wichtige Rolle, wobei er nur in Geschäften, in denen noch Bedienungs- und Beratungspersonal zur Verfügung steht, angeboten werden kann. Daneben gibt es den persönlichen Verkauf in den Bereichen von Unternehmen, die direkt mit dem Absatz der Produkte beauftragt sind, also den Abteilungen Verkauf und den dazugehörigen Mitarbeitenden im Unternehmen und im Außendienst.

2. Verkaufsförderung (Salespromotion)

Verkaufsförderung ist ein Instrument der Kommunikationspolitik, das den Absatz von Produkten kurzfristig und unmittelbar begünstigen soll. In der Regel sind die Endverbraucher/-innen die Adressaten der Verkaufsförderung, es gibt aber auch Beispiele, dass Groß- oder Einzelhandelsgeschäfte Ziel von Verkaufsfördermaßnahmen sind.

Wichtige Maßnahmen sind:

- Verteilung von Produktproben
- Gutscheinaktionen
- Warenrücknahme-Aktionen für neu gekaufte Produkte
- Einführungsangebote und -preise
- Preisrätsel und Preisausschreiben
- Werbebriefe
- Produktvorführungen

Durch die Verkaufsförderung verspricht man sich einen höheren Absatz für die geförderten Produkte. Häufig sind aber auch neu auf den Markt gekommene Produkte Objekt der Verkaufsförderung.

3. Öffentlichkeitsarbeit (Public Relations Sponsoring)

Verkaufsförderung zielt auf die direkte Erhöhung des Absatzes von Produkten, Öffentlichkeitsarbeit dagegen soll indirekt wirken: Durch die Schaffung eines positiven Unternehmens- oder Produktimages soll eine positive Stimmung im Unternehmensumfeld und bei der Kundschaft hervorgerufen werden, was letztendlich auch zum Kauf von Produkten führen soll.

Maßnahmen der Öffentlichkeitsarbeit sind:

- Pressekonferenzen abhalten
- Vorträge und Diskussionsrunden abhalten
- Geschäftsberichte veröffentlichen
- Jubiläumsschriften veröffentlichen
- Betriebsbesichtigungen veranstalten
- Tag der offenen Tür ermöglichen

Bei allen Maßnahmen der Öffentlichkeitsarbeit sind gute Kontakte zu Presse, Rundfunk und Fernsehen wichtig, da es immer darum geht, an die Öffentlichkeit zu gehen und die Öffentlichkeit zu informieren. Ebenso ist die Präsenz und ein positiver Auftritt in den sozialen Netzwerken wichtig.

Einen besonderen Bereich der Public Relations stellt das **Sponsoring** dar. Hier stellt ein Unternehmen einer Person, einem Team oder einer Institution Geld zur Verfügung und erhält dafür eine Gegenleistung.

Diese Gegenleistung ist in der Regel die Möglichkeit einer besonderen Bewerbung des Unternehmens oder seiner Produkte. Sponsoring trifft man besonders häufig im Sport an. Hier werden Trikots, Sportgeräte, Sportfelder, Banden und ganze Sportarenen mit Namen von Produkten oder Unternehmen versehen und dienen damit als Werbefläche. Die eigene Marke wird durch das Sponsoring bekannter und das Unternehmen profitiert vom sportlichen Erfolg des gesponserten Teams.

4. Direktmarketing

Die Werbung zielt in der Regel auf eine breite, anonyme Masse. Dagegen werden beim Direktmarketing gezielt einzelne Kundinnen und Kunden oder eine ausgesuchte Zielgruppe angesprochen. Eine Besonderheit des Direktmarketings besteht in seiner Antwortmöglichkeit, sodass von den Kundinnen und Kunden auch eine Reaktion erwartet werden kann. Dabei stehen dem Direktmarketing zahlreiche Instrumente zur Verfügung, wie beispielsweise persönlich adressierte Werbeanschreiben, E-Mails oder Telefonmarketing.

Die Medien des Direktmarketings werden häufig auch gleichzeitig und ergänzend eingesetzt, um ihre Wirkung zu verstärken. Zum Beispiel kann ein volladressierter Werbebrief von einem Telefonanruf begleitet werden oder einem Telefonanruf kann eine E-Mail mit weiteren Informationen folgen. Hierdurch verstärkt man den Effekt, von den Kundinnen und Kunden eine Antwort zu bekommen bzw. einen Vertragsabschluss zu erwirken.

Direktmarketing sticht aus dem Überfluss an Massenwerbung heraus, da eine direkte Ansprache der Kundschaft völlig anders wirkt und – gut gemacht – als angenehmer empfunden wird und wirkungsvoller ist. Tritt Direktmarketing in Massen auf, kann es aber auch zur Ablehnung führen. Bei der Neukundengewinnung gelten auch gesetzliche Einschränkungen: Die sogenannte Kaltakquise (die Kontaktaufnahme mit Personen, mit denen man bisher in keiner geschäftlichen Beziehung steht) ist bei Privatpersonen zum Beispiel verboten.

5. Werbung

Werbung ist Information über Produkte eines Unternehmens. Werbung meint aber auch die Beeinflussung der Kundschaft, damit diese zum Kauf bestimmter Produkte angeregt wird. Bei dem Stichwort „Werbung" fallen einem gleich die Werbespots im Fernsehen und auf Streaming-Plattformen ein, aber auch die Werbeanzeigen in Zeitschriften und die Plakatwerbung in den Städten. Da die Werbung das wichtigste Instrument der Kommunikationspolitik ist, wird im folgenden Kapitel hierauf eingegangen.

Aufgaben

Aufgaben zur Wiederholung

1. a) Erläutern Sie die drei Instrumente der Kommunikationspolitik „Verkaufsförderung", „Öffentlichkeitsarbeit" und „Sponsoring" mit eigenen Worten.

   b) „Tue Gutes und sprich darüber!" – dies ist der Leitsatz der Öffentlichkeitsarbeit. Erläutern Sie diesen Satz.

2. Entscheiden Sie bei den folgenden Beispielen, ob es sich um Maßnahmen der Verkaufsförderung, der Öffentlichkeitsarbeit, des Sponsorings, des Direktmarketings oder der Werbung handelt:
   a) Ein Unternehmen wirbt für sein Produkt auf dem Teambus einer Fußballmannschaft.
   b) Ein Unternehmen lässt durch ein Call-Center alle Kundinnen und Kunden anrufen, um über eine Sonderverkaufsaktion zu informieren.
   c) In einer Fachzeitschrift erscheint die Anzeige eines herstellenden Unternehmens für Elektrowerkzeuge, in der die Vorzüge einer bestimmten Bohrmaschine dargestellt werden.
   d) Im Supermarkt findet eine große Verlosung statt, zu gewinnen sind Einkaufsgutscheine im Gesamtwert von 10.000,00 €.
   e) Ein Reiseunternehmen zeigt einen Spot im Kino.
   f) Die örtliche Sparkasse hängt bei einem Kindergartenfest ein großes Plakat auf, dafür fördert die Sparkasse das Fest mit 100,00 €.

g) In einer Diskothek werden Produktproben einer Schokoladenfabrik verteilt.
h) Ein Versandhaus schreibt allen Kundinnen und Kunden eine E-Mail, um über den „Sommerschlussverkauf" zu informieren.
i) Eine Aktiengesellschaft veröffentlicht ihren Jahresgeschäftsbericht.
j) In der Bäckerei eines Supermarktes wird verschiedenes Gebäck zum kostenlosen Probieren ausgestellt.

3. Finden Sie zu den Instrumenten der Kommunikationspolitik eigene Beispiele.

3.2 Werbeplanung und Werbung

Das ist geschehen

Moritz Wagner hat festgestellt, dass der Verkaufsshop der Mediaworld e. K. zu wenig bekannt ist. Das Geschäft liegt etwas abseits der Fußgängerzone, deshalb überlegt er, durch Werbung sein Unternehmen und den Verkaufsshop bekannter zu machen.

Er unterhält sich mit Karl Herwig aus der Abteilung Verkauf darüber, wie sie eine Werbeaktion angehen sollten. Dieser meint: *„Nun, unser Ziel ist es ja, die Bevölkerung aus der Umgebung durch Werbung auf den Verkaufsshop der Mediaworld e. K. aufmerksam zu machen. Dazu sollten wir erst einmal einen Werbeplan erstellen."*

Das ist zu tun

Erstellen Sie einen Werbeplan für eine kurze Werbeaktion der Mediaworld e. K., mit der der Bekanntheitsgrad des Verkaufsshops des Unternehmens gesteigert werden soll. Nutzen Sie dazu die Vorlage zur Erstellung eines Werbeplanes, wie sie im Informationstext vorgegeben ist.

Werbeplanung und Werbung

Das sollte man wissen

Bevor man eine Werbeaktion durchführt, sollte man diese genau planen, damit das Ziel der Aktion auch tatsächlich erreicht wird. Bei der Werbeplanung werden sieben Punkte festgelegt, die die Art, den Umfang und das anvisierte Ziel bestimmen. Anhand der folgenden sieben Frageworte kann man einen Werbeplan aufstellen:

Fragewort	Erläuterung	Beispiel
Wer?	**Absender** der Werbebotschaft, also ein herstellendes Unternehmen, ein Händler usw.	ein deutsches Telekommunikationsunternehmen
Was?	**Inhalt** der Werbebotschaft bzw. der Werbemitteilung (nicht zur verwechseln mit dem Werbeslogan!)	ein neuer, günstiger Tarif für mobiles Telefonieren und unbegrenztes Surfen im Internet
Wem?	Empfängerinnen und Empfänger der Werbebotschaft, auch **Zielgruppe** genannt	jugendliche und erwachsene Smartphone-Besitzer/-innen

Fragewort	Erläuterung	Beispiel
Wann?	Festlegung des Zeitpunktes und der Dauer der Werbung, auch **Streuzeit** genannt	zwei Monate lang, Start der Aktion kurz bevor der neue Tarif gültig ist
Wie?	**Werbemittel**, mit denen geworben werden soll	Anzeigen, Zeitschriften, Plakate an Bushaltestellen und Bahnhöfen, Fernsehspots, Social-Media-Werbung
Wo?	Region bzw. Absatzmarkt, der beworben werden soll, auch **Streugebiet** genannt	deutschlandweit
Wie viel?	finanzielle Mittel, die für die Werbung zur Verfügung stehen, auch **Werbebudget** genannt	25 Mio. €

Um den Erfolg von Werbemaßnahmen zu messen, wird in der Regel eine Werbeerfolgskontrolle durchgeführt. Hier wird anhand der Werbeziele geprüft, ob diese auch erreicht wurden. Dies kann man durch die Instrumente der Marktforschung (→ LF 6, AS 6.1, Kapitel 2.1, Seite 206) wie zum Beispiel eine Befragung herausfinden.

Beispiel Die Mediaworld e. K. startet eine befristete Werbeaktion zur Steigerung des Bekanntheitsgrades ihres Verkaufsshops in ihrem Umfeld in Duisburg. Vorher und nachher wird durch Befragungen festgestellt, wie vielen Menschen überhaupt bekannt ist, dass es den Verkaufsshop der Mediaworld e. K. gibt.

Nach erfolgter Werbeplanung kann die eigentliche Werbemaßnahme in Angriff genommen werden. Dabei müssen – unabhängig von der Art, dem Umfang und der Zielgruppe der Werbung – ein paar wichtige Grundsätze beachtet werden:

Grundsätze der Werbung

Wahrheit
Die Werbebotschaft muss der Wahrheit entsprechen. Es darf nichts versprochen werden, was nicht eingehalten werden kann. Dies schädigt das Image des Produktes und des Unternehmens und führt auch zu rechtlichen Schwierigkeiten.

Wirtschaftlichkeit
Das Werbeziel, das vorgegeben ist, muss mit möglichst geringen Mitteln erreicht werden (ökonomisches Prinzip!). Dies bedeutet auch, dass der finanzielle Aufwand einer Werbemaßnahme in einem angemessenen Verhältnis zum Erfolg stehen muss.

Wirksamkeit
Bei einer Werbemaßnahme müssen das Werbeziel, die Zielgruppe, das Streugebiet usw. genau aufeinander abgestimmt sein, damit sie wirksam ist.

Originalität und Einprägsamkeit
Die Werbemaßnahme sollte so originell sein, dass sie sich von anderen Werbungen unterscheidet. Damit sie bei der Zielgruppe im Gedächtnis haften bleibt, sollte sie entsprechend einprägsam sein.

Die Auswahl an zur Verfügung stehenden Werbemitteln ist reichhaltig, zu jedem Werbemittel gehört ein sogenannter Werbeträger.

Das **Werbemittel** beinhaltet die eigentliche Werbebotschaft, der **Werbeträger** ist das Medium, mit dem die Werbebotschaft an den Empfänger herangetragen wird.

Beispiel

Werbemittel	Werbeträger
Anzeigen, Beilagenblätter und Prospekte	Zeitungen, Zeitschriften
Spots	Fernsehen, Rundfunk, Streaming-Angebote im Internet
Plakate	Litfaßsäule, Plakatwände
Aufschriften	Straßenbahn, Heißluftballon, Rennwagen, Banden in Sportstätten
Internetseiten, Pop-ups	Internet

Bei der Gestaltung des Werbemittels wird häufig auf die AIDA-Formel zurückgegriffen, die die gewünschte Wirkung von Werbung in vier Stufen aufzeigt:

A = ATTENTION = Werbung soll AUFMERKSAMKEIT erregen.

I = INTEREST = Werbung soll das INTERESSE der Konsumentinnen und Konsumenten am Produkt erwecken.

D = DESIRE = Werbung soll den Kauf-WUNSCH der Konsumentinnen und Konsumenten auslösen.

A = ACTION = Werbung soll die Kauf-AKTION bei den Konsumentinnen und Konsumenten bewirken.

Diese vier Stufen sind so zu verstehen, dass sie der Reihe nach erreicht werden sollen. Zuerst wird also durch Werbung die Aufmerksamkeit der Konsumentinnen und Konsumenten erweckt, danach kann das Interesse am Produkt ausgelöst werden usw.

Aufgaben

Aufgaben zur Wiederholung

1. Erläutern Sie die folgenden Begriffe:
   a) Zielgruppe
   b) Streugebiet
   c) Streuzeit
   d) Werbebudget

2. a) Erläutern Sie die Begriffe „Werbemittel“ und „Werbeträger.“
   b) Nennen Sie zu beiden Begriffen jeweils reale Beispiele.

3. Welcher Werbegrundsatz verbirgt sich hinter den folgenden Aussagen?
   a) „Wenn wir bundesweit Jugendliche ansprechen wollen, sollten wir Werbung im Kino und auf Online-Videoplattformen machen.“
   b) „Werbeziel ist eine Umsatzsteigerung von 500.000,00 €. Daher sollte die Werbemaßnahme auf keinen Fall 2 Mio. € kosten.“ ➡

c) „Die Produkte unseres Unternehmens haben viele Tests unabhängiger Gutachter bestanden.“

d) „Just do it.“

4. Bei der Durchführung von Werbemaßnahmen sollen die drei Grundsätze „Wahrheit, Wirksamkeit, Originalität/Einprägsamkeit“ beachtet werden.

a) Untersuchen Sie verschiedene Werbespots mithilfe einer Video-Onlineplattform auf diese drei Werbegrundsätze. Finden Sie eindeutige Beispiele, bei denen diese drei Grundsätze eingehalten werden (oder eben auch nicht). Führen Sie die entsprechenden Spots Ihren Mitschülerinnen und Mitschülern vor.

b) Der vierte Werbegrundsatz „Wirtschaftlichkeit“ ist anhand von Werbespots schwieriger zu überprüfen. Nennen Sie Möglichkeiten, wie man die Einhaltung des Grundsatzes der Wirtschaftlichkeit trotzdem überprüfen kann.

4 Distributionspolitik

Das ist geschehen

Moritz Wagner überlegt, ob er für sein Unternehmen eine Person für den Außendienst einstellen soll. Diese könnte in Deutschland herumreisen, die Kundschaft besuchen, Geschäfte abschließen und auch Neukundinnen und -kunden werben. Er diskutiert diese Idee mit Karl Herwig aus der Abteilung Verkauf. Dieser ist nicht so begeistert. Er meint, eine solche Person im Außendienst mit Handlungsreisen sei zu teuer. Seine Idee ist es, vielleicht eine Handelsvertreterin oder einen Handelsvertreter zu engagieren.

Das ist zu tun

1. Stellen Sie anhand des Informationstextes die Unterschiede zwischen einer oder einem Handlungsreisenden und einer Handelsvertreterin/einem Handelsvertreter gegenüber.
2. Welche Variante ist tatsächlich günstiger, die bzw. der Handlungsreisende oder die Handelsvertreterin/der Handelsvertreter? Berechnen Sie die Vergütung für beide bei einem angenommenen Monatsumsatz von 60.000,00 €. Die oder der Handlungsreisende würde ein festes Gehalt von 2.500,00 € plus einer Umsatzprovision von 2 % bekommen, die Handelsvertreterin bzw. Handelsvertreter nur eine Umsatzprovision in Höhe von 7 %.

Das sollte man wissen

Distributionspolitik

Mit dem Begriff „Distributionspolitik“ ist der Vertrieb von Produkten gemeint. Ausgehend vom herstellenden Unternehmen kann das Produkt über verschiedene Vertriebskanäle zur Kundschaft – Geschäftskunde oder Privatverbraucher/-innen – gelangen. Das herstellende Unternehmen hat dabei prinzipiell die Wahl zwischen zwei Absatzwegen, dem direkten und dem indirekten Absatz. Beim **direkten Absatz** gelangt das Produkt unmittelbar von der Herstellung zur Verbraucherin bzw. zum Verbraucher beim **indirekten Absatz** sind sogenannte Absatzmittler dazwischengeschaltet, sodass das Produkt über mehrere Stationen zum Endverbraucher gelangt.

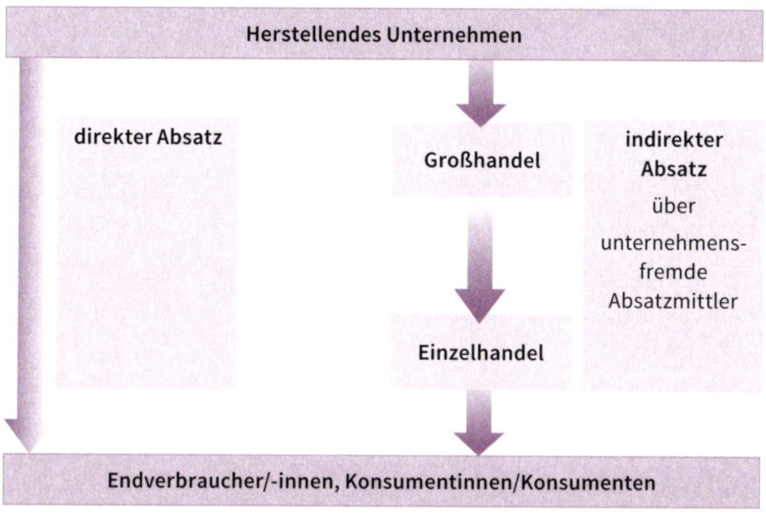

Absatzwege: direkter und indirekter Absatz

Beispiel direkter Absatz

Eine Schuhfabrik verkauft einen Teil seiner Ware direkt in einem Verkaufsshop am Fabrikgelände (Fabrikverkauf).

Beispiel indirekter Absatz

Die Firma Schnitzer stellt Fernsehgeräte her. Diese werden an den Groß- und Einzelhandel verkauft, also auch an die Mediaworld e.K. Diese bietet die Fernsehgeräte dann auch den Endverbrauchenden an.

Neben dem Verkauf über Handelsgeschäfte kann ein Unternehmen erwägen, eine Handelsvertreterin bzw. einen Handelsvertreter für den Vertrieb einzusetzen. Eine **Handelsvertreterin** oder ein **Handelsvertreter** ist eine selbstständige Kauffrau oder ein selbstständiger Kaufmann, die oder der sich um den Absatz der Produkte eines Unternehmens bemüht, indem sie oder er Kontakte zur Kundschaft aufbaut, diese besucht und in Verkaufsgesprächen zu Vertragsabschlüssen kommt. Die Handelsvertreterin bzw. der Handelsvertreter arbeitet nicht nur für ein Unternehmen, meistens werden mehrere Firmen mit ihren Sortimenten betreut.

Beispiel

Ingo Hausmann ist Handelsvertreter. Er bereist ganz Deutschland und wickelt Geschäfte ab für drei verschiedene Unternehmen, die „Metallwerke Oberhausen AG“, die „Niederrheinische Metallfabrik KG“ und die „Metall Müller & Schulze GmbH“. Je nach Bedarf wickelt er mit seinen Kundinnen und Kunden mal Geschäfte für das eine, mal für das andere Unternehmen ab.

Dem gegenüber steht die oder der **Handlungsreisende** oder auch einfach „Reisende bzw. Reisender“ genannt. Diese Person ist bei einem Unternehmen fest angestellt und betreut auch nur die Kundschaft dieses Unternehmens. Sie handelt als Außendienstmitarbeitende, berät die Kundschaft und führt Vertragsabschlüsse herbei.

Beispiel Werner Langbein ist Außendienstmitarbeiter der „Bleigießerei Krümmer & Klein OHG“. Als Reisender ist er in ganz Deutschland unterwegs und schließt Geschäfte für die Bleigießerei ab. Eine seiner wichtigsten Aufgaben ist dabei auch die Gewinnung von Neukunden.

Häufig wird die Frage, ob eine Handelsvertreterin bzw. ein Handlungsvertreter oder eine Handlungsreisende bzw. ein Handlungsreisender mit dem Vertrieb der Produkte betraut werden soll, anhand der entstehenden Kosten entschieden. Die Vergütung der beiden Vertriebsorgane erfolgt auf unterschiedliche Weise:

Vergütung der Handlungsreisenden	Vergütung der Handelsvertreter/-innen
Die Vergütung besteht aus einem fixen Anteil, der unabhängig vom erzielten Umsatz der Reisetätigkeit ist, und einer Erfolgsprämie (Provision), die abhängig ist vom erzielten Umsatz.	Die Vergütung ist insgesamt erfolgsabhängig und wird als Provision auf den erzielten Umsatz gezahlt.
Festes Monatsgehalt zuzüglich Umsatzprovision **Beispiel:** Feste Personalkosten: 2.800,00 € Umsatzprovision: 3 % Monatsumsatz von 40.000,00 €	Lediglich eine Umsatzprovision **Beispiel:** Umsatzprovision: 11 % Monatsumsatz: 40.000,00 €
Vergütung: 2.800,00 € + 40.000 · 0,03 = 4.000,00 €	Vergütung: 40.000,00 · 0,11 = 4.400,00 €

Franchising

Eine besondere Form der Distribution stellt neben den dargestellten Absatzmöglichkeiten noch das **Franchising** dar. Hierbei handelt es sich um einen Vertrieb über Filialen und Einrichtungen, die zwar selbstständig sind, aber eng an den Herstellerbetrieb gebunden sind. Bei diesem muss es sich nicht unbedingt um ein herstellendes Unternehmen handeln, wie die Beispiele Fressnapf oder OBI zeigen. Aber manchmal verkauft ein solches Unternehmen seine Produkte über Franchisefilialen, wie zum Beispiel Kamps.

Die einzelnen Filialen des Unternehmens sind dabei rechtlich selbstständig und tragen das geschäftliche Risiko. Man bezeichnet die Person, die eine Filiale eines solchen Franchise-Unternehmens führt, als Franchisenehmer. Er bekommt vom Franchisegeber die Geschäftsausstattung, den Namen, Warenzeichen und Produktbezeichnungen und die Produkte des Sortiments gestellt. Daher sieht es in allen Filialen des Franchising-Unternehmens gleich aus und die Produkte, die verkauft werden, sind gleich, wobei sie in der Regel auch noch überall den gleichen Preis haben. Der Franchisegeber verbietet dafür dem Franchisenehmer, gleichzeitig auch noch andere Produkte fremder Unternehmen zu verkaufen. Er bekommt vom Franchisenehmer eine einmalige Abschlagszahlung oder ein laufendes, umsatzabhängiges Entgelt.

Franchising führt dazu, dass ein Unternehmen schnell ein Filialsystem aufbauen kann, da der Franchisenehmer an den Kosten der Filiale beteiligt ist. Dadurch, dass alle Filialen mit dem gleichen Auftritt in Erscheinung treten und das Unternehmen und seine Produkte immer insgesamt und nicht je Filiale oder Region beworben werden, haben das Unternehmen und die Marke einen hohen Wiedererkennungswert.

Aufgaben

Aufgaben zur Wiederholung

1. a) Erläutern Sie den Unterschied zwischen direktem und indirektem Absatz.

   b) Nennen Sie verschiedene Möglichkeiten des direkten Absatzes.

2. Ein Unternehmen steht vor der Wahl, eine Handlungsreisende bzw. einen Handlungsreisenden einzustellen oder eine Handelsvertreterin bzw. einen Handelsvertreter zu beschäftigen. Die oder der Handlungsreisende würde im Monat 2.500,00 € Festgehalt kosten und eine Umsatzprovision von 4 % bekommen. Die Handlungsvertreterin bzw. der Handelsvertreter würde eine Umsatzprovision von 9 % bekommen. Ab welchem Umsatz lohnt sich der Einsatz einer oder eines Handlungsreisenden? Berechnen Sie die Vergütung für beide Absatzmittler bei einem Umsatz von 30.000,00 €, 40.000,00 €, 45.000,00 €, 50.000,00 €, 55.000,00 € und 60.000,00 €.

3. Erläutern Sie den Vertriebsweg des Franchising.

5 Service- und Konditionenpolitik

Das ist geschehen

Moritz Wagner ist aufgefallen, dass der Preiskampf unter den Unternehmen von Jahr zu Jahr schlimmer wird. Jedes Unternehmen versucht, das Konkurrenzunternehmen preislich zu unterbieten. Da die Mediaworld e. K. in diesem Preiskampf nicht immer mithalten kann, überlegt er, wie man mit anderen Mitteln die Kundschaft an sein Geschäft binden könnte. Er macht sich eine Liste mit möglichen Service-leistungen und Konditionen, die er seinen Kundinnen und Kunden anbieten könnte.

Das ist zu tun

1. Erstellen Sie eine Liste mit Serviceleistungen und besonderen Konditionen, die Ihnen schon einmal in Geschäften und bei Unternehmen begegnet sind. Benennen Sie dabei auch die Unternehmen!
2. Suchen Sie aus Ihrer Liste die Leistungen heraus, die Ihnen für die Mediaworld e. K. sinnvoll erscheinen.

Das sollte man wissen

Service- und Konditionenpolitik

Die Wettbewerbssituation auf den verschiedenen Märkten ist zumeist so hart, dass sich die Unternehmen neben der Produkt- und Preispolitik vor allem durch ein Serviceangebot und durch unterschiedliche Verkaufskonditionen (= Bedingungen) voneinander abheben müssen. In einigen Bereichen, wie den Discountern, die eine Niedrigpreisstrategie fahren, werden Serviceleistungen von vornherein ausgeschlossen. In anderen Bereichen dagegen versuchen sich die Konkurrenten mit besonderen Serviceangeboten gegenseitig zu übertreffen.

Zur Konditionenpolitik gehören alle **Verkaufsbedingungen**, die vom verkaufenden Unternehmen angeboten und im Kaufvertrag festgelegt werden. Hierzu gehören:

- Rabatte und Boni
- Zahlungsbedingungen (Skontosatz, Skontofrist, Zahlungsziel)
- Lieferbedingungen (Verpackungs- und Transportkosten, Lieferzeit)
- Garantieleistungen
- Kulanz (Entgegenkommen bei Umtausch usw.)

Besondere Service- und Kundendienstleistungen werden von Unternehmen als zusätzliche, zumeist kostenlose Leistungen beim Kauf von Produkten angeboten. Unternehmen, die Serviceleistungen anbieten, verfolgen damit häufig das Ziel, einen Preiswettbewerb zu umgehen, indem statt eines günstigeren Preises lieber ein zusätzlicher Service für die Kundschaft angeboten wird. Hiermit können die Kundinnen und Kunden auch zu Wiederholungskäufen angeregt und an das Unternehmen gebunden werden. Letztlich ist es offensichtlich, dass Serviceangebote das Image eines Unternehmens im Sinne von Kundenfreundlichkeit anheben.

Serviceleistungen, die im Handel häufig angetroffen werden, sind:

- Beratung vor Ort
- Ratenzahlung
- Anlieferungs- und Aufbauservice
- Entsorgung von Altgeräten
- Wartungs- und Reparaturservice
- Lieferung von Ersatzteilen
- Erstellung individueller Angebote für die Kundschaft
- Kostenvoranschläge
- Finanzierungsmöglichkeiten (es wird ein Kredit zur Bezahlung der Ware gewährt)
- Finanzkauf
- Inzahlungnahme

Im Einzelhandel findet man häufig noch spezifische Serviceleistungen, die nur hier im Kontakt mit den Endverbraucherinnen und Endverbrauchern sinnvoll sind:

- Einpackservice (Geschenkverpackung)
- Kinderhort
- kostenloses Parken
- Restaurant, Cafeteria
- Ruhezonen
- Aufbewahrung für Gepäck

Aufgaben

Aufgaben zur Wiederholung

1. Nennen Sie Gründe, warum Unternehmen Serviceleistungen und besondere Konditionen anbieten.
2. Welche Kundendienstleistungen bieten Unternehmen und Geschäfte beim Kauf von:
   a) Kühlschränken,
   b) Hi-Fi- und Elektroartikeln,
   c) Möbeln,
   d) Autos,
   e) Pflastersteinen,
   f) Büchern?
3. a) Unterscheiden Sie die Begriffe „Ratenzahlung“ und „Finanzkauf“.
   b) Unterscheiden Sie die Begriffe „Garantieleistung“ und „Kulanz“.

6 Marketingmix

Das ist geschehen

Die Mediaworld e. K. hat einen neuen Artikel, die „Y-Box“, ins Sortiment aufgenommen. Dies ist die Spielekonsole einer der führenden Anbieter auf diesem Markt. Moritz Wagner unterhält sich mit Bastian Lenz, dem Auszubildenden, über den neuen Artikel.

Moritz Wagner: *„Wir verkaufen die Y-Box erst einmal zur unverbindlichen Preisempfehlung des Herstellers.“*

Bastian Lenz: *„Aber das ist sehr teuer! Sollten wir nicht einfach die Y-Box günstiger anbieten, damit mehr davon verkauft werden?“*

Moritz Wagner: *„Mit dem Preis können wir runtergehen, wenn die Nachfrage nachlässt. Der Artikel ist neu und trendy, es ist kein Problem, wenn wir den teuer verkaufen.“*

Bastian Lenz: *„Aha, wenn die Nachfrage zurückgeht, senken wir einfach den Preis. Und dann läuft es wieder."*

Moritz Wagner: *„Ja, das klappt meistens. Außerdem wird der Hersteller das Produkt, wenn es schon länger auf dem Markt ist, noch ein bisschen verändern: zusätzliche Funktionen einbauen, die Grafik verbessern, das Design ändern. Das kurbelt den Absatz noch einmal an."*

Bastian Lenz: *„Und woher bekommt die Kundschaft die ganzen Informationen über die Produkteinführung, den Preis, ein neues Design und so weiter?"*

Moritz Wagner: *„Darum kümmert sich der Hersteller. Ich habe jedenfalls im Netz schon Spots mit der Y-Box gesehen. Und Werbeanzeigen findet man in jeder Computer-Zeitschrift! Die Werbung ist gerade jetzt in der Einführungsphase wichtig."*

Bastian Lenz: *„Verstehe. Aber was macht man, wenn die Konkurrenz ein ähnliches Produkt zu etwa dem gleichen Preis verkauft? Schließlich gibt es doch mehr als nur eine Spielekonsole!"*

Moritz Wagner: *„Nun, man könnte einen besonderen Service anbieten, etwa 24-Stunden-Reparatur-Service vor Ort oder drei Jahre Garantie oder Ähnliches."*

Bastian Lenz: *„Und wenn das Produkt gar nicht mehr läuft, wenn es schon fast veraltet ist in vielleicht zwei oder drei Jahren?"*

Moritz Wagner: *„Dann kann man die Preise noch weiter senken und vielleicht neue Vertriebswege suchen. Jetzt wird die Y-Box ja fast nur in Geschäften wie unserem, also im Fachhandel angeboten. Man kann solche Produkte – insbesondere wenn die Verkäufe stark zurückgehen und das Produkt alt wird – aber auch über Discountmärkte verkaufen oder im Versandhandel anbieten."*

Das ist zu tun

1. Benennen Sie die Marketinginstrumente, die in dem Gespräch zwischen Moritz Wagner und Bastian Lenz zum Ausdruck kommen.
2. Ordnen Sie die gefundenen Marketinginstrumente den vier Phasen des idealtypischen Produktlebenszyklus (→ Kapitel 1.1 in diesem Lernfeld, Seite 216) zu.
3. Erläutern Sie anhand der Ergebnisse aus Arbeitsauftrag 1 und 2 und des Informationstextes, was man unter Marketingmix versteht.

Das sollte man wissen

Marketingmix

Marketingmix ist die Mischung und Kombination der verschiedenen Marketinginstrumente. Dies bedeutet, dass die einzelnen Instrumente wie Produktpolitik oder Werbung nicht getrennt voneinander eingesetzt werden, sondern dass zur Erreichung eines Marketingzieles eine Mischung aus verschiedenen Instrumenten benötigt wird. Dabei kommt es auf die richtige Auswahl und die Dosierung der Marketinginstrumente an.

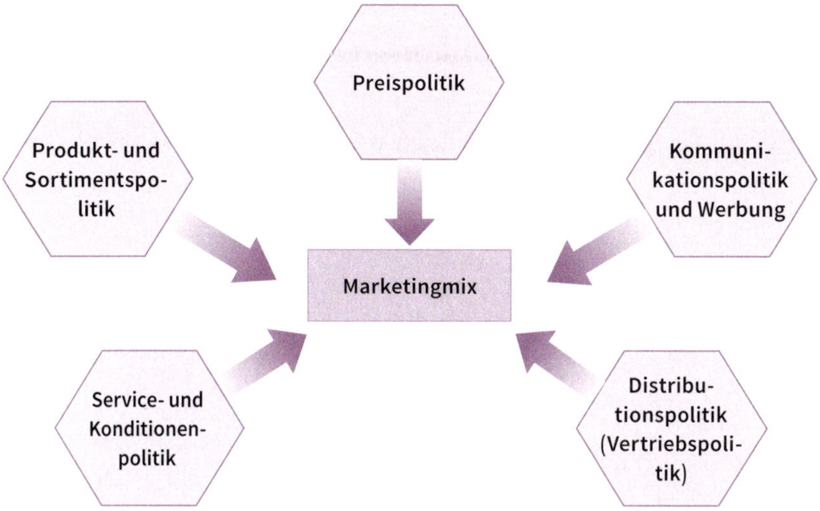

Welche Instrumente beim Marketingmix eine Rolle spielen, ist abhängig von den Produkten, die verkauft werden sollen. Bei Möbeln ist die Servicepolitik mit Anlieferung und Aufbau oder die Konditionenpolitik mit Raten- und Finanzkauf wichtig, bei Lebensmitteln spielen diese Instrumente keine Rolle. Hier sind eher die Preispolitik, die Produktpolitik oder die Distributionspolitik wichtig.

Die einzelnen Instrumente müssen beim Marketingmix auch nicht immer gleichzeitig eingesetzt werden, sondern können auch nacheinander zum Einsatz kommen. Das größte Problem, das beim Marketingmix gelöst werden muss, ist es, den richtigen Zeitpunkt und die richtige Stärke des Einsatzes der einzelnen Marketinginstrumente zu wählen. Der Produktlebenszyklus kann hierbei Hilfestellung geben:

Beispiel:

Bei der Einführung eines Produktes wird zunächst die preispolitische Entscheidung getroffen, das Produkt zu einem hohen Preis auf den Markt zu bringen. Erst in der Sättigungsphase wird der Preis gesenkt. Die Werbung spielt in der Einführungs- und Wachstumsphase eine wichtige Rolle, in der Abschwungphase kann durch Veränderungen am Produkt (Produktpolitik) versucht werden, den Abschwung hinauszuzögern.

Der Marketingmix ist somit bei jedem Produkt sehr individuell, aber auch aus Unternehmenssicht ist je nach Branche und Betriebstyp ein unterschiedlicher Einsatz der Marketinginstrumente notwendig.

Beispiel:

Die Produktpolitik kann im Prinzip nur von den Unternehmen, die Produkte herstellen, genutzt werden, die Kommunikationspolitik dagegen spielt auf allen Wirtschaftsstufen – vom Hersteller über den Großhandel bis zum Einzelhandel – eine wichtige Rolle.

Aufgaben

Aufgaben zur Wiederholung

1. Geben Sie in der folgenden Tabelle an, ob das entsprechende Marketinginstrument bei dem vorgegebenen Beispiel eine wichtige oder eine weniger wichtige Rolle spielt. Diskutieren Sie Ihr Ergebnis mit Ihren Mitschülerinnen und Mitschülern.

	Beispiele			
Marketinginstrument	Parfüm	Lkw	Beton	Haftpflichtversicherung
Produktpolitik				
Preispolitik				
Distributionspolitik				
Kommunikationspolitik				
Servicepolitik				

2. Geben Sie zu den von Ihnen in Aufgabe 1 als wichtig identifizierten Marketinginstrumenten Beispiele für konkrete Maßnahmen an.

3. Benennen Sie zu den folgenden Beispielen das jeweils genutzte und beschriebene Marketinginstrument. Überlegen Sie sich im zweiten Schritt, welche ergänzenden Maßnahmen im Marketingmix dazu passen würden.

   a) Ein Kaufhaus in der Innenstadt von Düsseldorf veranstaltet einen verkaufsoffenen Sonntag.

   b) Ein Unternehmen hat für die Halloween-Kollektion viele neue Produkte ins Sortiment aufgenommen.

   c) In einem Schuhgeschäft wird neben kostenlosen Parkplätzen, Kinderspielfläche, Beratung und Anprobe auch die Rücknahme von alten Schuhen angeboten.

   d) Ein Unternehmen überlegt, alle Artikel in Zukunft auch in Filialen in Innenstädten zu verkaufen. Dazu werden Geschäftsräume in Bochum, Essen und Duisburg angemietet.

   e) Ein Motorradhändler möchte in Zukunft neben Motorrädern auch Motorradbekleidung verkaufen. Dazu wurde eigens ein neuer Verkaufsraum geschaffen. Dieser soll am nächsten Samstag mit einem „Tag der offenen Tür“ eingeweiht werden.

   f) Am Ende der Oktoberfest-Saison versucht ein Unternehmen, die Restbestände aus den Lagern zu bekommen. Dazu werden alle Oktoberfest-Artikel mit einem Rabatt von 40 % angeboten.

4. Machen Sie bei den folgenden Situationsbeschreibungen Vorschläge für sinnvolle Marketingmaßnahmen aus dem Marketingmix.

a) Die KuK KG, ein Textilunternehmen, das sich auf (Karnevals-)Kostüme spezialisiert hat, führt im Sortiment auch den Artikel „James Bond". Dies ist ein Kostüm, das aus einem schwarzen Anzug, einem weißen Hemd, einer Fliege und einer Spielzeugpistole besteht. Seit geraumer Zeit beobachtet man, dass die Verkäufe dieses Artikels deutlich zurückgegangen sind. Es werden aufgrund der geringen Absätze auch keine Gewinne mehr mit dem Artikel erzielt. Der Marktanteil ist sehr klein und aufgrund der letzten Marktforschungsergebnissen ist auch keine Verbesserung der Absätze zu erwarten.

b) Die Müller & Schneider OHG stellt Tierfutter her. Man hat sich auf Haustiere spezialisiert und ist seit vier Jahren auch im Segment des veganen Tierfutters tätig. Dies ist ein stark wachsender Markt und mit den beiden Produkten „VegDog" und „VegCat" hat man zwei Produkte im Programm, die in ihrem Lebenszyklus noch am Anfang stehen und einen eher kleinen Marktanteil haben. Für die Zukunft wünscht sich das Unternehmen deutlich steigende Absatzzahlen und ein Plus an neuen Kunden.

Lernaktionen

Lernaktion 1

Führen Sie eine Marketingmaßnahme für die schuleigene Cafeteria durch.

- Überlegen Sie zunächst, was im Mittelpunkt der Aktion stehen soll (Einführung eines neuen Produktes in der Cafeteria, Durchführung einer Sonderverkaufsveranstaltung, Gewinnspielaktion oder Ähnliches).
- Betreiben Sie Marktforschung und befragen Sie Ihre Mitschülerinnen und Mitschüler, um mehr über deren Wünsche und Vorstellungen bezüglich Ihrer geplanten Aktion herauszufinden. Je mehr Sie über die „Kundenbedürfnisse" wissen, desto erfolgreicher wird Ihre Aktion laufen!
- Überlegen Sie, welche Instrumente Sie in Ihrem Marketingmix benötigen.
- Planen Sie die einzelnen Marketinginstrumente, die Sie benötigen, im Detail (Gestaltung von Werbematerial, Berechnung und Kalkulation von Preisen, Variation von Produkten und/oder Produktinnovation, ...).
- Führen Sie die Aktion durch und ermitteln Sie den Erfolg der durchgeführten Maßnahme.

Arbeit mit dem PC

Lernaktion 2

a) Richten Sie ein Tabellenblatt „Absatzwege" ein und erstellen Sie einen Kostenvergleich für die Umsätze von 50.000,00 € bis 150.000,00 € in Schritten von jeweils 10.000,00 €:

	A	B	C	D	E	F
1	**Kostenvergleich zwischen Reisendem und Handelsvertreter**					
2						
3	Provision Vertreter in %:		5			
4	Provision Reisender in %:		2,5			
5	Festgehalt Reisender:		1.800			
6						
7						
8	Umsatz	Reisender	Vertreter			
9	50000					
10	60000					
11	70000					
12	80000					
13	90000					
14	100000					
15	110000					
16	120000					
17	130000					
18	140000					
19	150000					
20						

b) Stellen Sie die Kostenverläufe in einem Liniendiagramm dar.

Zur Wiederholung LF 4 ➔ Excel-Schulungen ➔ *Schulung Einfache Diagrammerstellung*

LF6 ➔ Excel-Schulungen ➔ *Schulung Erweiterte Diagrammerstellung.*

c) Speichern Sie die Datei „ReisendeVertreter" unter Excel-Dateien.

Kundenauftragsabwicklung und Logistik

1 Rechtssubjekte und Rechtsfähigkeit

Anforderungssituation 7.1

Das ist geschehen

Peter Bäumer führt das Lager der Mediaworld e. K. Er ist Single und hat keine Familie, nur seine Schildkröte Struppi wohnt mit in seiner Wohnung.

Da Peter Bäumer mittlerweile 53 Jahre alt ist, denkt er darüber nach, wem er, wenn er stirbt, seine Ersparnisse vererben soll. Da seine Schildkröte erst acht Jahre alt ist und noch viele Jahrzehnte vor sich hat, überlegt er, ob er nicht sein Vermögen und seine Wohnung mit Garten seiner Schildkröte hinterlassen soll, damit diese es nach seinem Tod immer noch gut hat.

Das ist zu tun

1. Prüfen Sie, ob der Wunsch von Peter Bäumer, sein Vermögen seiner Schildkröte zu vererben, durchführbar ist.
2. Peter Bäumer ist auch Mitglied des Fußballvereins MSV Duisburg. Er überlegt, ob er sein Geld nicht lieber dem Fußballverein hinterlässt, damit dieser sich vielleicht einen neuen Mittelstürmer leisten kann. Prüfen Sie, ob dies möglich ist.

Das sollte man wissen

Rechtssubjekte und Rechtsfähigkeit

Rechtssubjekte und Rechtsfähigkeit sind Begriffe, bei denen es darum geht, „Rechte zu haben“. Genau gesagt bedeutet **Rechtsfähigkeit,** dass jemand die Fähigkeit hat, Rechte und Pflichten zu haben.

Zu diesen **Rechten** können gehören:

- das Recht, etwas zu kaufen
- das Recht, wählen zu dürfen
- das Recht, etwas zu verschenken
- das Recht, etwas zu erben

Zu den **Pflichten** können gehören:

- die Pflicht, zur Schule gehen zu müssen
- die Pflicht, Steuern zu zahlen

Nur Rechtssubjekte können Rechte und Pflichten haben. Zu den Rechtssubjekten zählen zum einen die Menschen, und zwar unabhängig vom Alter, vom Geschlecht, von der Intelligenz oder anderen Eigenschaften. Die Menschen werden im Gesetz als **„natürliche Personen“** bezeichnet. Ob der einzelne Mensch tatsächlich Rechte und auch Pflichten hat, ist zunächst einmal nicht wichtig. Man kann sich dies an einem Beispiel verdeutlichen.

Beispiel 18-jährige Schülerinnen und Schüler mit deutscher Staatsangehörigkeit haben das Recht, bei einer Bundestagswahl wählen gehen zu dürfen. Dagegen sind sie nicht verpflichtet, wählen gehen zu müssen. Andererseits haben sie aber die Pflicht, die Einkünfte aus gut bezahlten Nebenjobs dem Finanzamt anzuzeigen und ggf. Steuern zu bezahlen.

Wann die Rechtsfähigkeit der natürlichen Personen (der Menschen) beginnt, ist im Bürgerlichen Gesetzbuch festgelegt:

§ 1 BGB (Beginn der Rechtsfähigkeit)
Die Rechtsfähigkeit des Menschen beginnt mit der Vollendung der Geburt.

Die Rechtsfähigkeit der natürlichen Personen endet mit dem Tod. Die Rechtsfähigkeit ist laut Gesetzestext auf Menschen beschränkt, das bedeutet, dass Sachen und Tiere nicht Träger von Rechten und Pflichten sein können.

Neben den natürlichen Personen zählt aber noch ein weiterer Personenkreis zu den Rechtssubjekten, das sind die sogenannten **juristischen Personen.** Die juristischen Personen werden aufgeteilt in:

Juristische Personen des öffentlichen Rechts	Juristische Personen des Privatrechts
Diese dienen staatlichen Aufgaben und öffentlichen Zwecken. Der Staat ist eine juristische Person öffentlichen Rechts, daneben zählen noch Körperschaften, Anstalten und öffentlich-rechtliche Stiftungen dazu: • Deutsche Rentenversicherung • IHK • Öffentlich-rechtliche Fernsehanstalten • Konrad-Adenauer-Stiftung • …	Diese dienen privaten bzw. privatwirtschaftlichen Zwecken. Dazu zählen zum Beispiel die Unternehmensformen, aber auch Vereine und private Stiftungen: • AG • GmbH • Genossenschaften • MSV Duisburg e. V. • TSV Gummersbach • Stiftung zur Erhaltung des brasilianischen Regenwaldes • …

Juristische Personen sind künstliche Einrichtungen, die dazu gebildet werden, den Umgang mit ihnen zu erleichtern. Die juristische Person kann nicht selbst handeln, zum Beispiel kann eine GmbH nicht selbst Geschäfte abschließen, das muss dann die Vertreterin oder der Vertreter der GmbH tun – die Geschäftsführung. Juristische Personen werden aber wie natürliche Personen behandelt. Sie sind rechtsfähig und haben damit Rechte und Pflichten:

- Juristische Personen müssen Steuern zahlen.
- Juristische Personen können verklagt werden.
- Juristische Personen dürfen ein Erbe antreten.

Die Rechtsfähigkeit der juristischen Personen beginnt mit ihrer Eintragung in das jeweilige staatlich geführte Register. Dies ist zum Beispiel das Handelsregister (→ Lernfeld 1, AS 1.1, Kapitel 5.2, Seite 20), das Genossenschaftsregister oder das Vereinsregister. Die Rechtsfähigkeit endet mit der Löschung aus dem jeweiligen Register.

Aufgaben

Aufgaben zur Wiederholung

1. Übernehmen Sie die folgende Übersicht in Ihr Heft und vervollständigen Sie diese anhand der Informationen aus dem Text.

Rechtsfähigkeit = …			
Rechtssubjekte			
Natürliche Personen, Beispiele:		**Juristische Personen, Beispiele:**	
…	…	…	…
Beginn der Rechtsfähigkeit:	**Ende der Rechtsfähigkeit:**	**Beginn der Rechtsfähigkeit:**	**Ende der Rechtsfähigkeit:**
…	…	…	…

2. Handelt es sich bei den folgenden Personen um

- natürliche Personen,
- juristische Personen öffentlichen Rechts,
- juristische Personen privaten Rechts?

a) Peter Bäumer, Lagerist bei der Mediaworld e. K.
b) Stadt Duisburg
c) F. Porsche AG
d) Rechtsanwalt Wilhelm Meier
e) Heiner Leisten Baustoffgroßhandel GmbH
f) TuS Waiblingen e. V.
g) Stadtsparkasse Duisburg
h) Steuerberaterin Herta Funkel
i) Stiftung Warentest

3. Entscheiden Sie, ob folgende Personen rechtsfähig sind:

a) eine Katze
b) ein Fanclub
c) ein Oberstudienrat

2 Geschäftsfähigkeit

Das ist geschehen

Als Moritz Wagner eines Morgens in den Verkaufsraum der Mediaworld e.K. kommt, herrscht dort helle Aufregung. Der Auszubildende Bastian Lenz diskutiert mit einer Frau und deren Sohn. Bastian sieht, dass Moritz Wagner den Laden betritt.

Bastian Lenz: *„Herr Wagner – gut, dass Sie kommen. Wir haben hier ein kleines Problem."*

Moritz Wagner *begrüßt die Kundin und fragt: „Wie kann ich weiterhelfen?"*

Kundin: *„Mein Sohn Daniel hat gestern in Ihrem Laden ein Computerspiel gekauft, mit dem ich gar nicht einverstanden bin. Ich möchte, dass Sie das Spiel zurücknehmen und uns den Preis erstatten."*

Daniel: *„Aber Mama, das Spiel ist frei ab 16 und ich bin 17, ich darf mir sowas kaufen!"*

Kundin: *„Kommt gar nicht infrage. Das Spiel ist nichts für dich. Ich bin schließlich deine Mutter, ich bestimme, was gut ist für dich und was nicht! Du gibst das Spiel zurück!"*

Bastian Lenz: *„Gute Frau, Ihr Sohn hat gestern das Spiel gekauft und bezahlt. Vertrag ist Vertrag – wir können das Computerspiel nicht einfach so zurücknehmen."*

Moritz Wagner: *„Moment mal, Bastian. Vielleicht hat die Dame ja doch Recht ..."*

Das ist zu tun

1. Machen Sie – „aus dem Bauch heraus" – Vorschläge, wie die Situation wohl enden könnte.
2. Finden Sie sich mit Mitschülerinnen und Mitschülern zusammen, die die gleiche Meinung haben wie Sie (Daniel muss das Spiel zurückgeben **oder** Daniel darf das Spiel behalten), und bilden Sie mit maximal je vier Personen eine Kleingruppe.
3. Schreiben Sie das angefangene Gespräch in der Kleingruppe in Ihrem Sinne weiter (Daniel muss das Spiel zurückgeben **oder** Daniel darf das Spiel behalten). Nutzen Sie die folgenden Informationen zur Geschäftsfähigkeit.
4. Lesen Sie in der Klasse verschiedene Versionen des Gespräches mit verteilten Rollen vor.

Das sollte man wissen

Geschäftsfähigkeit

Nur jemand, der **geschäftsfähig** ist, kann Rechtsgeschäfte tätigen, also zum Beispiel

- etwas verleihen (einen Leihvertrag abschließen) oder
- etwas kaufen (einen Kaufvertrag abschließen) oder
- einen Vertrag kündigen (z. B. einen Mietvertrag).

Die Geschäftsfähigkeit hängt zunächst einmal vom Alter ab. Dabei werden **drei Stufen der Geschäftsfähigkeit** unterschieden:

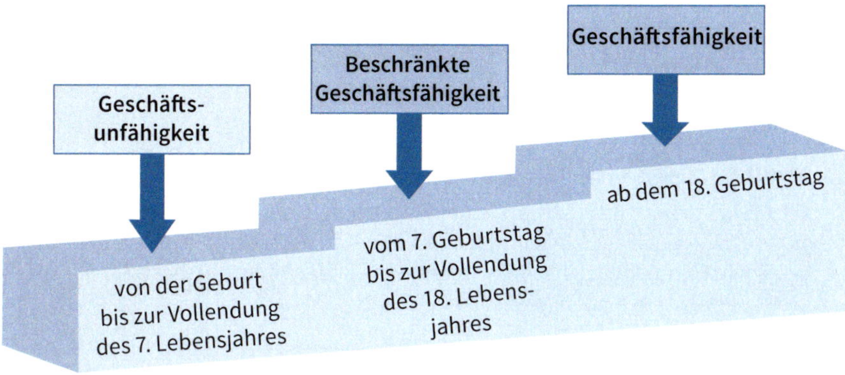

- **Geschäftsunfähigkeit:** Schließt eine geschäftsunfähige Person ein Rechtsgeschäft ab, ist dieses Geschäft nichtig, das heißt ungültig. Ein derart ungültiges Geschäft muss unter Umständen rückgängig gemacht werden.
- **Beschränkte Geschäftsfähigkeit:** Schließt eine beschränkt geschäftsfähige Person ein Rechtsgeschäft ab, ist dies zunächst schwebend unwirksam, das heißt, wenn der gesetzliche Vertreter nachträglich dem Geschäft zustimmt, ist das Geschäft gültig.
- **Geschäftsfähigkeit:** Schließt eine voll geschäftsfähige Person ein Rechtsgeschäft ab, ist dieses Geschäft gültig.

Ergänzungen und Ausnahmen zu den drei Stufen der Geschäftsfähigkeit

- **Geschäftsunfähigkeit:** Ein Kind ist zwar geschäftsunfähig, aber nicht gleichzeitig völlig handlungsunfähig. Sogenannte Botengänge sind erlaubt.

Beispiel

Der sechsjährige Michael wird von seiner Mutter zum Brötchenholen in die nahe gelegene Bäckerei geschickt. Im Auftrag seiner Mutter tätigt Michael dort ein Rechtsgeschäft: Er schließt einen Vertrag über den Kauf von Brötchen ab, er erhält die Brötchen und er bezahlt mit dem Geld seiner Mutter.

- **Beschränkte Geschäftsfähigkeit:** Eine beschränkt geschäftsfähige Minderjährige oder ein beschränkt geschäftsfähiger Minderjähriger darf unter Umständen Rechtsgeschäfte abschließen. Hierzu sind im Bürgerlichen Gesetzbuch (BGB) ein paar Ausnahmeregelungen getroffen:

1. Ausnahmeregelung

§ 113 BGB (Dienst- oder Arbeitsverhältnis)

(1) Ermächtigt der gesetzliche Vertreter den Minderjährigen, in Dienst oder in Arbeit zu treten, so ist der Minderjährige für solche Rechtsgeschäfte unbeschränkt geschäftsfähig, welche [...] die Erfüllung der sich aus einem solchen Verhältnis ergebenden Verpflichtungen betreffen.

Beispiel Für Bastian bedeutet dies, dass er – da seine gesetzlichen Vertreter (seine Eltern) der Berufsausbildung zugestimmt haben – im Rahmen der Ausbildung auch im Laden der Mediaworld e. K. verkaufen darf. Das heißt, die von ihm abgeschlossenen Kaufverträge sind gültig.

2. Ausnahmeregelung

§ 110 BGB (Bewirken der Leistung mit eigenen Mitteln [„Taschengeldparagraf"])
(1) Ein von dem Minderjährigen ohne Zustimmung des gesetzlichen Vertreters geschlossener Vertrag gilt als von Anfang an wirksam, wenn der Minderjährige die vertragsgemäße Leistung mit Mitteln bewirkt, die ihm zu diesem Zweck oder zu freier Verfügung [...] überlassen worden sind.

3. Ausnahmeregelung

§ 112 BGB (Selbständiger Betrieb eines Erwerbsgeschäfts)
(1) Ermächtigt der gesetzliche Vertreter mit Genehmigung des Familiengerichts den Minderjährigen zum selbständigen Betrieb eines Erwerbsgeschäfts, so ist der Minderjährige für solche Rechtsgeschäfte unbeschränkt geschäftsfähig, welche der Geschäftsbetrieb mit sich bringt.

4. Ausnahmeregelung

§ 107 BGB (Einwilligung des gesetzlichen Vertreters)
Der Minderjährige bedarf zu einer Willenserklärung, durch die er nicht lediglich einen rechtlichen Vorteil erlangt, der Einwilligung seines gesetzlichen Vertreters.

Letzteres bedeutet umgekehrt, dass eine Minderjährige bzw. ein Minderjähriger für Rechtsgeschäfte, durch die sie bzw. er nur Vorteile hat, **nicht** die Einwilligung des gesetzlichen Vertreters benötigt.

Aufgaben

Aufgaben zur Wiederholung

1. Übertragen Sie das folgende Schaubild in Ihr Heft und vervollständigen Sie es mithilfe der Informationen aus dem Text.

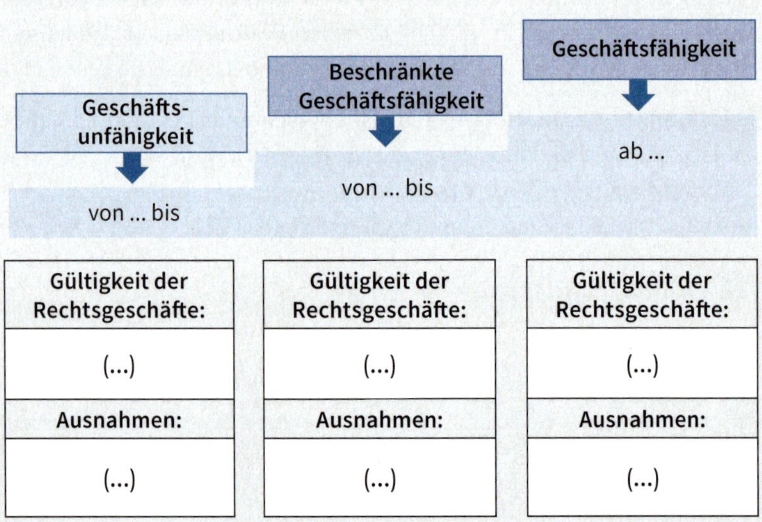

2. In der Mediaworld e. K. ereignen sich im Laufe der Woche noch drei verschiedene Fälle, bei denen sich die Frage nach der Geschäftsfähigkeit stellt. Helfen Sie bei der Beurteilung der Rechtslage.

a) Ein Vater kommt mit seinem Sohn in den Laden. Der Auszubildende Bastian denkt sich still, dass der Junge nicht wie ein 18-Jähriger aussieht. Der Vater drückt dem Jungen einen 50-Euro-Schein in die Hand und sagt: „Hier, kauf dir was Schönes!" Der Junge sucht sich drei Spielfilme aus und will bei Bastian an der Kasse bezahlen.

b) Der Praktikant Andreas arbeitet mit Bastian zusammen am Mittwochnachmittag im Laden der Mediaworld e. K. Während Bastian mal kurz zur Toilette ist, möchte eine Kundin ein USB-Kabel bezahlen. Andreas überlegt, ob er als 16-Jähriger diesen Kaufvertrag überhaupt abschließen darf.

c) Moritz Wagner arbeitet am Donnerstagnachmittag mit Bastian im Laden der Mediaworld e. K. Herr Wagner verkauft an einen Kunden, der nicht wie ein 18-Jähriger aussieht, ein Computerspiel. Nachdem der Kunde den Laden verlassen hat, fragt Bastian Herrn Wagner, ob der Kunde denn schon 18 Jahre alt sei. Moritz Wagner sagt ja, er kenne den Kunden. „Aber", sagt Bastian, „und wenn er doch noch nicht 18 Jahre alt ist?"

3. Entscheiden Sie bei den folgenden Fällen über die Rechtslage. Begründen Sie Ihre Entscheidung.

a) Der fünfjährige Markus findet unter dem Wohnzimmersofa ein 2-Euro-Stück. Begeistert läuft er zum Eiswagen und will für sich und seine kleine Schwester ein Eis kaufen. Die Eisverkäuferin weigert sich, das Geschäft auszuführen.

b) Wie wäre der Fall a) zu beurteilen, wenn der fünfjährige Markus das Geld von seinem Taschengeld genommen hätte?

c) Die Geschwister Marten sind seit zwei Jahren zerstritten. Doris Marten kann ihren Bruder Philipp nicht mehr leiden, obwohl er der Patenonkel ihrer Tochter Marie ist. Onkel Philipp schickt seiner Patentochter Marie zu deren 15. Geburtstag 50,00 € per Brief zu. Als ihre Mutter dies mitbekommt, verlangt sie, dass Marie das Geld zurückgibt.

d) Die 16-jährige Meliha kauft von ihrem ersparten Taschengeld ein gebrauchtes Headset.

e) Peter (17 Jahre alt) hat vor vier Wochen einen Nebenjob als Prospektverteiler begonnen. Er hat in den vier Wochen gemerkt, dass ihm die Arbeit keinen Spaß macht. Daraufhin kündigt er das Arbeitsverhältnis, ohne vorher seine Eltern informiert zu haben.

3 Eigentum und Besitz

Das ist geschehen

1. Ein Kunde hat im Verkaufsshop ein Autoradio „Vision“ gekauft es direkt bezahlt und mitgenommen.
2. Ein Headset wurde aus dem Verkaufsshop gestohlen.
3. Die Firma Kurt Wächter e. K., Fernseh- und Hi-Fi-Fachhandel aus Dortmund, hat 15 Netzwerkkarten bestellt, die schon ausgeliefert sind, aber noch nicht bezahlt wurden.
4. Geschäftsführer Moritz Wagner hat ein Paar Hi-Fi-Boxen der Marke Mammuth „Eiszeit“ an den Auszubildenden Bastian Lenz verliehen, damit dieser die Vorführmodelle zu Hause einmal ausprobieren kann.

Das ist zu tun

Prüfen Sie anhand der folgenden Informationen, wer in den Fällen 1. bis 4. jeweils Besitzer/-in bzw. Eigentümer/-in der Gegenstände ist.

Das sollte man wissen

Eigentum und Besitz

Die beiden Begriffe Eigentum und Besitz werden im Sprachgebrauch nahezu gleichbedeutend benutzt. Rechtlich gesehen bedeuten sie aber etwas sehr Unterschiedliches.

Wer eine Sache „besitzt“, der hat die Verfügungsgewalt über diese Sache, was aber noch nicht bedeutet, dass ihm die Sache tatsächlich auch gehört – dann nämlich wäre er Eigentümer. Anders ausgedrückt ist der **Besitz** die **tatsächliche Herrschaft über eine Sache.**

Beispiele 1 bis 4

1. Marco leiht Julia einen Kugelschreiber, damit sie sich etwas aufschreiben kann. Julia ist Besitzerin des Kugelschreibers.
2. Marco schenkt Julia einen Kugelschreiber, auch jetzt ist Julia Besitzerin des Kugelschreibers.
3. Julia klaut Marco den Kugelschreiber, in diesem Falle wird Julia ebenfalls Besitzerin des Kugelschreibers.
4. Julia kauft Marco den Kugelschreiber für 0,50 € ab und erhält ihn umgehend, somit ist Julia Besitzerin des Kugelschreibers.

Es wird in den Beispielen deutlich, dass Julia zwar in allen vier Fällen Besitzerin des Kugelschreibers ist, ihr aber der Kugelschreiber nicht in allen Fällen wirklich gehört – sie ist nicht in allen Fällen die Eigentümerin. Denn **Eigentum** ist festgelegt als die **rechtliche Herrschaft an einer Sache.** Hat man an einer Sache das Eigentum erworben, kann man mit der Sache machen, was man will – wenn man nur Besitzerin bzw. Besitzer einer Sache ist, geht das natürlich nicht.

Fortsetzung der Beispiele 1 bis 4

In den Beispielfällen 2 und 4 hat Julia das Eigentum an dem Kugelschreiber erworben, in diesen Fällen gehört ihr der Kugelschreiber wirklich. In den Fällen 1 und 3 bleibt Marco der Eigentümer, da er den Kugelschreiber zurückbekommen bzw. gar nicht abgeben wollte.

Besitz und Eigentum sind demnach zwei unterschiedliche Begriffe, die auch nicht zusammenfallen müssen. Man kann sogar Eigentümerin bzw. Eigentümer einer Sache sein, die man aber gar nicht besitzt.

Beispiel 5

Peter Bäumer wohnt in einer Eigentumswohnung, die ihm selbst gehört. Er ist Besitzer und Eigentümer. Würde er die Wohnung an jemanden vermieten und selbst woanders wohnen, wäre er zwar Wohnungseigentümer, aber nicht mehr Besitzer – das wäre jetzt der neue Mieter der Eigentumswohnung.

Das Eigentum an einer Sache wird übertragen, indem sich die alten und neue Eigentümer/-innen einigen und die Sache von der alten Eigentümerin/vom alten Eigentümer an die neue oder den neuen übergeben wird. Kompliziert wird es, wenn jemand nur Besitzer einer Sache ist und jemand anderem das Eigentum an dieser Sache verschaffen will.

Beispiel 6

Ganove Ede Wolf hat in der Mediaworld e. K. ein Smartphone geklaut. Er ist Besitzer, nicht Eigentümer des Smartphones. Verkauft er es an einen „Kunden" weiter, wird dieser nicht Eigentümer des Smartphones, sondern nur Besitzer. Das Smartphone gehört nach wie vor der Mediaworld e. K., denn in deren Geschäft wurde es gestohlen.

Beispiel 7

Bastian Lenz hat sich die Hi-Fi-Boxen in der Mediaworld e. K. ausgeliehen. Er ist nur Besitzer der Boxen, nicht Eigentümer. Angenommen, er verkauft die Boxen an seinen Freund Steffen weiter, dann wird Steffen Eigentümer der Boxen, da er davon ausgegangen war, dass die Boxen Bastian gehört haben.

Den Vorgang in Beispiel 7 nennt man „gutgläubigen Erwerb". Steffen war guten Glaubens, dass Bastian die Boxen verkaufen durfte, er konnte nicht wissen, dass sie Bastian nur geliehen hatte. Eigentlich müsste man in Beispiel 6 genauso argumentieren, allerdings ist festgelegt, dass man gestohlene Sachen nicht gutgläubig erwerben kann. Wer also Diebesgut kauft, muss immer damit rechnen, dass die ursprüngliche Eigentümerin bzw. der ursprüngliche Eigentümer eines Tages die Sachen – zu Recht! – zurückfordert.

Eigentum wird lediglich dadurch übertragen, dass man sich einig ist und die Sache übergibt. Damit ist die Eigentumsübertragung unabhängig von einer eventuellen Bezahlung. Wer Waren kauft und sie geliefert bekommt, wird Eigentümerin bzw. Eigentümer der Ware, auch wenn diese noch nicht bezahlt wurde. Zur Absicherung vereinbaren die Verkäufer/-innen in solchen Fällen häufig einen **Eigentumsvorbehalt.** Dieser besagt, dass man erst zur Eigentümerin bzw. zum Eigentümer der Waren wird, wenn man diese vollständig bezahlt hat. Wer schon einmal Ware über das Internet gekauft hat, wird feststellen, dass die Verkäufer/-innen häufig in den Lieferpapieren bzw. in der Rechnung auf diesen Eigentumsvorbehalt hinweisen.

Die Beispiele und Erläuterungen beziehen sich auf sogenannte bewegliche Sachen. Bei unbeweglichen Sachen – bei Immobilien – gelten zum Teil andere Bestimmungen (→ die Formvorschriften in Kapitel 4.1, Seite 255 in diesem Lernfeld).

Merke

- Besitz ist die tatsächliche Herrschaft an einer Sache (man „hat" etwas).
- Eigentum ist die rechtliche Herrschaft an einer Sache (es „gehört" einem etwas).
- Eigentum wird durch Einigung und Übergabe übertragen.
- Man kann durch gutgläubigen Erwerb Eigentümerin bzw. Eigentümer werden, aber nicht, wenn die Sache gestohlen wurde, die Voreigentümerin bzw. der Voreigentümer sie verloren hat oder sie ihr bzw. ihm sonst wie abhanden gekommen ist.
- Eigentumsvorbehalt bedeutet, dass man erst nach vollständiger Bezahlung Eigentümerin bzw. Eigentümer einer Sache wird.

Aufgaben

Aufgaben zur Wiederholung

1. Erläutern Sie mit eigenen Worten, wodurch sich Besitz und Eigentum unterscheiden.
2. Denken Sie sich fünf verschiedene Beispiele aus, mit denen Sie die Begriffe „Besitz" und „Eigentum" erläutern.
3. Erläutern Sie die Begriffe „gutgläubiger Erwerb" und „Eigentumsvorbehalt" jeweils mit einem Beispiel.

4 Rechtlich verbindliche Kaufverträge abschließen

4.1 Vertragsfreiheit und Formvorschriften

Das ist geschehen

Im Verkaufsshop der Mediaworld e. K. geht es hoch her. Ein Kunde benimmt sich gegenüber der Verkäuferin Frau Schmitz ziemlich daneben:

Kunde: *„Sie haben ja überhaupt keine Ahnung! Wie sind Sie bloß an diesen Job gekommen?"*

Frau Schmitz: *„Entschuldigen Sie mal! Wenn ich Ihnen sage, dass man mit diesem Drucker scannen und kopieren kann, können Sie mir das ruhig glauben. Ich kann Ihnen das gerne vorführen."*

Kunde: *„Ach was. Sie wollen doch nur den Preis hochtreiben!"*

Frau Schmitz: *„Der angegebene Preis ist ein Festpreis. Da gibt es nichts hochzutreiben. Und runterhandeln können Sie den Preis auch nicht."*

Kunde: *„Sehen Sie! Nicht mal handeln kann man hier!"*

Moritz Wagner, der das Gespräch aus dem Hinterraum beobachtet hat, tritt hinzu.

Moritz Wagner: *„Sehen Sie! Wir haben hier alle keine Ahnung und handeln können Sie auch nicht mit uns. Also kaufen Sie bitte woanders!"*

Kunde: *„WIE? Wollen Sie kein Geschäft mit mir machen? Ich wollte gerade den Drucker hier kaufen."*

Moritz Wagner: *„Nein, verlassen Sie bitte das Geschäft. Wir möchten Ihnen nichts verkaufen!"*

Das ist zu tun

Überlegen Sie, ob eine Unternehmerin oder ein Unternehmer es ablehnen darf, mit einer Kundin oder einem Kunden Geschäfte zu machen. Beurteilen Sie das Verhalten von Moritz Wagner.

Das sollte man wissen

Vertragsfreiheit

Vertragsfreiheit bedeutet, dass alle für sich entscheiden können, mit wem sie Verträge eingehen und mit wem nicht. Anders ausgedrückt meint die Vertragsfreiheit, dass niemand gezwungen werden kann, einen Vertrag abzuschließen. Auch der Inhalt von Verträgen kann frei zwischen den Vertragsparteien ausgehandelt werden. Die Grenzen dieser Freiheit ergeben sich allerdings durch gesetzliche Bestimmungen.

Hierzu ein Beispiel:

Beispiel

Dem Praktikanten der Mediaworld e. K., Andreas Zimmer, werden von einem entfernten Bekannten gestohlene Waren zum Kauf angeboten. Wenn Andreas auf dieses Angebot eingeht, die Waren kauft und bezahlt, ist zwar ein Vertrag zustande gekommen, dieser ist aber ungültig, denn das Handeln mit gestohlener Ware ist verboten (→ Kapitel 4.3, Seite 262, Nichtigkeit von Rechtsgeschäften).

Formvorschriften

Das sollte man wissen

Rechtsgeschäfte müssen in den meisten Fällen nicht in irgendeiner besonderen Form aufgesetzt oder ausgehandelt werden. Dies nennt man den **Grundsatz der Formfreiheit.** Mündlich abgeschlossene Verträge sind daher in der Regel gültig, auch wenn es sich hierbei um Verträge handelt, in denen große Geldsummen eine Rolle spielen.

Diese Formfreiheit ist allerdings in manchen Fällen eingeschränkt. Per Gesetz wird für viele Rechtsgeschäfte ein Formzwang vorgeschrieben. Dies hat den Zweck, die Geschäftspartner vor unüberlegten Äußerungen oder Erklärungen zu bewahren.

Die wichtigsten **Formvorschriften,** die im Bürgerlichen Gesetzbuch festgelegt sind, lauten:

1. **Schriftform:** Der Vertrag ist schriftlich abzufassen und muss eigenhändig durch Namensunterschrift unterzeichnet werden.

Beispiele

Verbraucherdarlehensvertrag, Kündigung eines Arbeitsverhältnisses, Ausbildungsvertrag

2. **Öffentliche Beglaubigung:** Der Vertrag ist schriftlich abzufassen, die Unterschriften der Vertragsparteien werden notariell beglaubigt.

Beispiele

Maschinenschriftliche Testamente, Anmeldung in das Vereinsregister

3. **Notarielle Beurkundung:** Eine Notarin bzw. ein Notar setzt den Text des Vertrages aufgrund der Willenserklärungen und Wünsche der Vertragsparteien auf. Der Vertrag ist in Gegenwart der Notarin bzw. des Notars von den Vertragsparteien zu unterschreiben. Der Vertrag wird von der Notarin bzw. vom Notar mit einem Siegel versehen und in die Urkundenrolle aufgenommen, das heißt beim Notariat hinterlegt. Die Vertragsparteien erhalten Kopien des Vertrages.

Beispiele Kaufverträge über Immobilien, Eheverträge, Eintragungen ins Grundbuch

Wird für einen Vertrag oder ein einseitiges Rechtsgeschäft die vorgeschriebene Form nicht eingehalten, führt dies dazu, dass das Rechtsgeschäft nicht gültig ist (→ Kapitel 4.3, Seite 261 ff.).

Die Wichtigkeit der Formvorschrift nimmt von Punkt 1 bis 3 zu, daraus ergibt sich, dass die jeweils bedeutendere Form die vorherige ersetzen kann. Neben dem Schutz der Vertragsparteien vor unbedachten Willenserklärungen dient das Vorschreiben einer bestimmten Form auch **Beweissicherungsgründen** – etwa wenn für manche Rechtsgeschäfte die Schriftform vorgeschrieben ist. Letztlich sorgt die Formvorschrift „notarielle Beurkundung" dafür, dass der Vertragsinhalt – der hier ja von einem Notariat und damit von einer „fachkundigen Person" aufgeschrieben wird – möglichst klar, verständlich und eindeutig ist.

Aufgaben

Aufgaben zur Wiederholung

1. Erläutern Sie mit jeweils einem Satz die folgenden drei Begriffe:

a) Vertragsfreiheit

b) Formfreiheit

c) Formvorschrift

2. Beurteilen Sie bei den folgenden Fällen, ob sie im Sinne der Vertragsfreiheit rechtens sind oder nicht:

a) Moritz Wagner weigert sich, eine Bestellung von einer Kundin, die bei den letzten drei Lieferungen immer erst sehr spät und nur auf mehrfache Mahnung hin gezahlt hat, anzunehmen.

b) Im Verkaufsshop der Mediaworld e. K. werden in dieser Woche die vollständigen Staffeln einer amerikanischen Serie für 89,99 € angeboten. In der letzten Woche musste hierfür noch 119,00 € bezahlt werden.

c) Moritz Wagner wird von einem Handelsvertreter bedrängt, einen bestimmten Artikel ins Sortiment der Mediaworld e. K. zu übernehmen. Der Handelsvertreter benutzt Sätze wie: „*Das Angebot müssen Sie einfach annehmen!*" und „*Die Kundennachfrage zwingt Sie geradezu, diesen Artikel bei uns zu bestellen!*"

3. Welches der folgenden Rechtsgeschäfte ist gültig und welches nicht? Überprüfen Sie zudem, ob die jeweils vorgeschriebenen Formvorschriften eingehalten wurden.

a) Ein Kaufvertrag zwischen der Mediaworld e. K. und einem Lieferbetrieb wurde schriftlich aufgesetzt.

b) Ein Kaufvertrag zwischen der Mediaworld e. K. und einem Lieferbetrieb ist nur mündlich am Telefon zustande gekommen.

c) Einem Mitarbeiter muss gekündigt werden. Die Chefin des Unternehmens geht zu diesem Mitarbeiter und sagt: *„Tut mir leid, ich muss Sie entlassen. Räumen Sie bitte Ihren Schreibtisch leer und gehen Sie nach Hause."*

d) Opa Heinrich möchte auf seine alten Tage sein Testament festlegen. Er erzählt seiner Pflegerin, dass sein Enkel Hubert alles erben soll.

e) Opa Heinrich hat es sich anders überlegt und geht zu einem Notar. Dieser setzt zusammen mit ihm das Testament schriftlich auf und Opa Heinrich unterschreibt in Anwesenheit des Notars.

f) Herbert Kallweis möchte seiner Tochter sein Haus verkaufen. Dazu einigen sich die beiden per Handschlag.

g) Herbert Kallweis entscheidet sich, seiner Tochter auch noch sein Auto zu verkaufen. Wieder einigen sich die beiden per Handschlag.

4.2 Kaufvertragsarten

Das ist geschehen

Das ist zu tun

Finden Sie anhand der im Folgenden aufgeführten Kaufvertragsarten heraus, um welche Arten des Kaufvertrages es sich hier handelt. Es trifft mehr als ein Begriff zu!

Das sollte man wissen

Kaufvertragsarten

Mit dem Abschließen eines Kaufvertrages geht man Verpflichtungen ein (z. B. die Verpflichtung, die gekaufte Ware zu bezahlen) und man erhält Rechte (beispielsweise das Recht, die gekaufte Ware auch zu erhalten). Je nach Art des Kaufvertrages ergeben sich unterschiedliche Verpflichtungen und Nebenbestimmungen, die man kennen muss, um nicht unnötig von ihnen überrascht zu werden. Die folgende Auflistung zeigt und erläutert die verschiedenen Kaufvertragsarten.

Stückkauf: Bei einem Stückkauf ist die gekaufte Ware ganz genau bestimmt. Es ist festgelegt, dass nur dieses Stück geliefert wird und kein anderes. Manchmal gibt es die Ware auch nur ein einziges Mal. Dies ist bedeutsam, da die Ware nicht wieder besorgt werden kann, wenn sie zum Beispiel beim Transport zur Käuferin oder zum Käufer zerstört wird.

Beispiele Kauf von zwei Hi-Fi-Boxen aus der Ausstellung; Kauf eines Computers, der extra auf Wunsch der Kundin bzw. des Kunden zusammengebaut wurde.

Gattungskauf: Von einem Gattungskauf spricht man, wenn die gekaufte Ware nur nach allgemeinen Kriterien festgelegt ist.

Beispiel Bestellung des Artikels S 2005 „Rollax Digital-Videokamera DVK 2005"

Kauf auf Probe: Die Käuferin bzw. der Käufer bekommt die Ware zum Ausprobieren ausgehändigt. Es wird ein Zeitraum zum Ausprobieren der Ware festgelegt. Meldet sich die Käuferin bzw. der Käufer nach Ablauf dieser Frist nicht, gilt die Ware als gekauft.

Beispiel Kauf eines Paares Hi-Fi-Boxen für zwei Tage auf Probe, damit die Kundin bzw. der Kunde die Boxen zu Hause ausprobieren kann. Meldet sich die Kundin bzw. der Kunde nach Ablauf der zwei Tage nicht, gelten die Boxen als gekauft.

Kauf nach Probe: Die Kundin bzw. der Käufer erhält zunächst ein kostenloses Muster. Wird die Ware bestellt, muss die Lieferung genau dem Muster entsprechen.

Beispiel Die Mediaworld e. K. verschickt ein kostenloses Musterexemplar des Artikels Nr. C 3007 „Speedy-Computermaus" an einen Neukunden. Der Kunde bestellt aufgrund des Musters 250 Stück des Artikels Nr. C 3007.

Kauf zur Probe: Die Kundin bzw. der Kunde kauft zunächst eine kleine Menge eines Artikels ein, um sich diesen Artikel anzusehen und auszuprobieren. Bei Gefallen bestellt die Kundin bzw. der Kunde eine größere Menge nach.

Beispiel

Ein Computerfachgeschäft bestellt bei der Mediaworld e. K. 50 Stück des Mousepads „Space“, um zu sehen, ob sich dieser Artikel gut verkaufen lässt. Als sich dies bestätigt, bestellt das Computerfachgeschäft 300 Stück nach.

Kauf auf Abruf: Hier wird eine Ware bestellt, ohne dass festgelegt wird, wann genau die Ware geliefert werden soll. Erst wenn die Käuferin bzw. der Käufer Bescheid gibt, dass die Ware geliefert werden kann, wird sie ausgeliefert.

Beispiel

Ein Fernsehfachgeschäft bestellt im August bei der Mediaworld e. K. 75 „Schnitzer T 04 Farbfernseher“, um diese im Weihnachtsgeschäft als Sonderangebot zu verkaufen. Es wird „Kauf auf Abruf“ vereinbart, da das Fernsehfachgeschäft nur ein kleines Lager hat und so viele Geräte nicht so lange lagern kann. Erst kurz vor Weihnachten meldet sich der Kunde, dass die Ware geliefert werden soll.

Sofortkauf: Die Verkäuferin oder der Verkäufer muss die Ware sofort nach Eingang der Bestellung liefern. Dies ist immer der Fall, wenn im Kaufvertrag nichts anderes vereinbart wurde (→ LF 3, AS 3.2, Kapitel 1.3, Seite 100 ff.).

Bestimmungskauf (Spezifikationskauf): Die Vertragsparteien einigen sich bei Vertragsabschluss lediglich auf die Warenart und die Menge, die geliefert werden soll. Eine genaue Bestimmung der Ware erfolgt erst später innerhalb einer festgelegten Frist.

Beispiel

Moritz Wagner bestellt für die Büroarbeiten in der Mediaworld e. K. drei neue Computer. Auf den Rechnern muss ein bestimmtes Programm laufen, von dem eine neue Version erst in einigen Wochen auf den Markt kommen wird. Moritz Wagner vereinbart mit dem Computerverkäufer, dass die Ausstattung der neuen PCs (Größe der Festplatte, des Arbeitsspeichers usw.) erst in sechs Wochen festgelegt wird, wenn die Mediaworld e. K. die Anforderungen an die neuen Rechner kennt.

Terminkauf: Verkäuferin/Verkäufer und Käuferin/Käufer legen einen bestimmten Zeitraum oder Zeitpunkt zur Anlieferung der Ware fest.

Beispiel

Lieferung innerhalb der 23. Kalenderwoche

Fixkauf: Hier wird der Liefertermin genau festgelegt. Der Vertrag erhält außerdem Bezeichnungen wie „Lieferung fix am ...“, „Lieferung genau am ...“ oder „Nachlieferung ausgeschlossen“. Bedeutsam ist hier, dass das ganze Geschäft mit der Einhaltung der Lieferzeit steht und fällt. Wenn nicht pünktlich geliefert wird, ergeben sich Besonderheiten, die bei den Kaufvertragsstörungen genauer betrachtet werden (→ Lernfeld 3, AS 3.2).

Bürgerlicher Kauf: Hier ist ein Kaufvertrag zwischen zwei Privatleuten gemeint. Da beiden Vertragsparteien als Nichtkaufleuten keine besonderen Rechtskenntnisse unterstellt werden, sind die Verpflichtungen zum Teil weniger streng, als wenn Kaufleute Verträge aushandeln.

Beispiel

Simone verkauft an Heidrun ihren schon 20 Jahre alten CD-Spieler. Da die Garantie und die Gewährleistung des Herstellers schon lange abgelaufen sind, will Simone natürlich auch nicht garantieren, dass das Gerät noch lange hält. Sie vereinbaren, dass eine Gewährleistung ausgeschlossen ist, das heißt, dass Simone nicht verantwortlich gemacht werden kann, wenn der CD-Spieler vielleicht schon nächste Woche kaputtgeht. Wenn Simone als Unternehmerin den CD-Spieler verkauft hätte, müsste sie mindestens ein Jahr Gewährleistung auf Mängel des Gerätes geben.

Einseitiger Handelskauf: Hier ist eine der Vertragsparteien eine Kauffrau oder ein Kaufmann. Dann ist das Geschäft ein Handelsgeschäft und es gelten schärfere Bedingungen, als wenn das Geschäft von Privatleuten getätigt werden würde (→ Beispiel zum bürgerlichen Kauf).

Zweiseitiger Handelskauf: Hier sind beide Vertragsparteien Kaufleute und für beide gelten strengere Bestimmungen als für Privatleute.

Beispiel

Bei der Mediaworld e. K. wird von einem Lieferbetrieb beschädigte Ware angeliefert, die Mediaworld e. K. muss als Kaufmann sofort die mangelhafte Lieferung beim Lieferbetrieb rügen, damit diesem klar ist, dass die Ware in der beschädigten Form als nicht genehmigt gilt. Als Nichtkaufmann muss eine Mängelrüge **nicht** sofort nach Entdeckung des Mangels erfolgen.

Aufgaben

Aufgabe zur Wiederholung

Entscheiden Sie bei den folgenden Fällen, um welche Kaufvertragsart es sich handelt.

a) Eine Kundin kauft bei der Mediaworld e. K. einen neuen Fernseher der Marke Schnitzer.

b) Ein Weinhändler kauft eine kleine Menge (zwei Flaschen) eines bestimmten Weines auf Probe ein. Er testet die Ware, diese sagt ihm zu und er bestellt eine größere Menge dieses Weines. Er muss sowohl die Probe als auch die größere Lieferung bezahlen.

c) Eine Vertreterin legt Moritz Wagner einige Muster mit verschiedenen Computer-Mousepads vor. Frau Hauser aus der Abteilung Einkauf bestellt auf der Grundlage dieser Muster. Die Lieferung soll innerhalb der 23. Kalenderwoche erfolgen.

d) Ein Einzelhändler bestellt für einen kommenden Jubiläumsverkauf große Mengen verschiedener Artikel bei der Mediaworld e. K. Wegen geringer Lagermöglichkeiten fordert er die Artikel je nach Bedarf an.

e) Eine Kundin kauft in einem Blumenladen ein individuelles Blumengesteck.

f) Die Mediaworld e.K. liefert einem Kunden einen Blu-Ray-Rekorder drei Tage zur unverbindlichen Ansicht. Danach kann der Kunde entscheiden, ob er das Gerät kauft oder nicht.

g) Großhandel und Einzelhandel vereinbaren beim Kauf einer bestimmten Ware einen festen Liefertermin und schreiben in den Kaufvertrag „Nachlieferung ausgeschlossen".

h) Ein Einzelhändler verlangt bei der Vertragsaufsetzung, dass er die Ware erst geliefert bekommt, wenn er sich telefonisch meldet und mitteilt, wann die Ware geliefert werden kann. Dabei werden schon feste Teillieferungen von jeweils einem Drittel der Gesamtmenge vereinbart.

i) Eine Unternehmerin bestellt eine Ware und behält sich das Recht vor, die genaue Spezifikation noch innerhalb der nächsten 14 Tage anzugeben.

j) Valerie kann sehr gut zeichnen. Sie vereinbart eines Nachmittags mit Antonio, dass sie für 10,00 € ein Bild von ihm zeichnet, das er sofort mitnehmen kann.

4.3 Nichtigkeit und Anfechtbarkeit

4.3.1 Nichtigkeit von Rechtsgeschäften

Das ist geschehen

Das ist zu tun

Finden Sie mithilfe der Gesetzestexte (siehe unten) heraus, warum die zeichnerisch dargestellten Rechtsgeschäfte nichtig sind. Benennen Sie dabei genau die Gründe für die Nichtigkeit.

Das sollte man wissen

Nichtigkeit

Wenn ein Rechtsgeschäft nichtig ist, bedeutet dies, dass das Geschäft von Anfang an ungültig ist. Zwischen den Beteiligten ist keine Rechtsbeziehung zustande gekommen. Wenn ein Vertrag abgeschlossen wurde, der als nichtig erkannt wird, haben die Vertragsparteien keine Verpflichtungen und keine Rechte aus diesem Vertrag.

Die Paragrafen des Bürgerlichen Gesetzbuches, in denen festgelegt ist, wann ein Rechtsgeschäft nichtig ist, sind im Folgenden aufgeführt.

§ 105 BGB (Nichtigkeit der Willenserklärung)

(1) Die Willenserklärung eines Geschäftsunfähigen ist nichtig.

(2) Nichtig ist auch eine Willenserklärung, die im Zustand der Bewusstlosigkeit oder vorübergehender Störung der Geistestätigkeit abgegeben wird.

§ 117 BGB (Scheingeschäft)

(1) Wird eine Willenserklärung, die einem anderen gegenüber abzugeben ist, mit dessen Einverständnis nur zum Schein abgegeben, so ist sie nichtig.

§ 118 BGB (Mangel der Ernstlichkeit)

Eine nicht ernstlich gemeinte Willenserklärung, die in der Erwartung abgegeben wird, der Mangel der Ernstlichkeit werde nicht verkannt werden, ist nichtig.

§ 125 BGB (Nichtigkeit wegen Formmangels)

Ein Rechtsgeschäft, welches der durch Gesetz vorgeschriebenen Form ermangelt, ist nichtig. […]

§ 134 BGB (Gesetzliches Verbot)

Ein Rechtsgeschäft, das gegen ein gesetzliches Verbot verstößt, ist nichtig, […].

§ 138 BGB (Sittenwidriges Rechtsgeschäft; Wucher)

(1) Ein Rechtsgeschäft, welches gegen die guten Sitten verstößt, ist nichtig.

4.3.2 Anfechtbarkeit von Rechtsgeschäften

Das ist geschehen

In der Einkaufsabteilung der Mediaworld e. K. herrscht helle Aufregung. Sabine Hauser hat die folgende Bestellung an einen Lieferbetrieb rausgeschickt:

Mediaworld/e. K.

Mediaworld e. K., Krefelder Straße 92, 47226 Duisburg

Müller & Schneider OHG
Am Wäldchen 45
44623 Herne

Krefelder Straße 92
47226 Duisburg
Tel.: 02065 99977-0
Fax: 02065 99977-7
E-Mail: mediaworld@wvd.de
www.mediaworld-wvd.de

Ihre Nachricht vom	Unser Zeichen,	Telefon, Name	
30.05.20.. Mü	SH	03, Hauser	16.05.20..

Bestellung

Sehr geehrter Herr Müller,

aufgrund Ihres Angebotes bestellen wir **2 000 Stück des Stereo-Headsets „Booster“.**

Wir bitten um umgehende Lieferung.

Mit freundlichen Grüßen

„Und jetzt hat die Müller & Schneider OHG die Bestellung bestätigt und angenommen. Dabei brauchen wir doch nur 200 Stück und nicht 2 000 Stück dieses Artikels!“, jammert Frau Hauser. Moritz Wagner wird als Geschäftsführer hinzugerufen. Er beruhigt: *„Keine Panik, wir können die Bestellung noch zurücknehmen!“ „Wieso denn das?“*, fragt der Auszubildende Bastian Lenz, *„Ich denke, da ist ein gültiger Vertrag zustande gekommen!“*

Das ist zu tun

1. Finden Sie heraus, ob tatsächlich ein gültiger Vertrag zwischen der Mediaworld e. K. und der Firma Müller & Schneider OHG zustande gekommen ist.
2. Warum könnte sich die Mediaworld e. K. veranlasst sehen, die Bestellung zurückzunehmen?
3. Finden Sie anhand der unten stehenden Gesetzestexte heraus, ob die Bestellung bzw. der Vertrag anfechtbar sind.

Das sollte man wissen

Anfechtbarkeit von Rechtsgeschäften

Es kommt vor, dass jemand eine Willenserklärung abgibt, die er so eigentlich nicht abgeben wollte. Der eigentliche Wille und das, was er in der Willenserklärung zum Ausdruck gebracht hat, stimmen nicht überein. Wenn die Vertragspartei aber diese irrtümliche, eigentlich falsche Willenserklärung bestätigt, kommt ein Vertrag zustande.

Damit die- oder derjenige, die oder der sich vertan hat, keinen Schaden aufgrund seines Irrtums erleidet, kann die Willenserklärung angefochten werden, das heißt, sie kann nachträglich gelöscht werden.

Die Gründe, die zu einer solchen Anfechtung führen können, sind im Bürgerlichen Gesetzbuch festgehalten:

§ 119 BGB (Anfechtbarkeit wegen Irrtums)

(1) Wer bei der Abgabe einer Willenserklärung über deren Inhalt im Irrtum war oder eine Erklärung dieses Inhalts überhaupt nicht abgeben wollte, kann die Erklärung anfechten [...].

(2) Als Irrtum über den Inhalt der Erklärung gilt auch der Irrtum über solche Eigenschaften einer Person oder Sache, die [...] als wesentlich angesehen werden.

Beispiel

Eine wesentliche Eigenschaft einer Person kann zum Beispiel eine abgeschlossene Berufsausbildung sein. Wenn die Mediaworld e. K. einen neuen Mitarbeiter einstellt, der sich als Einzelhandelskaufmann ausgibt, jedoch sich nachträglich herausstellt, dass der neue Mitarbeiter die Ausbildung nie abgeschlossen hat, kann der Arbeitsvertrag angefochten werden, das heißt, er wird nachträglich ungültig.

§ 120 BGB (Anfechtbarkeit wegen falscher Übermittlung)

Eine Willenserklärung, welche durch die zur Übermittlung verwendete Person oder Einrichtung unrichtig übermittelt worden ist, kann unter der gleichen Voraussetzung angefochten werden wie nach § 119 eine irrtümlich abgegebene Willenserklärung.

§ 123 BGB (Anfechtbarkeit wegen Täuschung oder Drohung)

(1) Wer zur Abgabe einer Willenserklärung durch arglistige Täuschung oder widerrechtlich durch Drohung bestimmt worden ist, kann die Erklärung anfechten.

Wird eine Willenserklärung nicht angefochten, bleibt sie (und das entsprechende Rechtsgeschäft) gültig. Will man eine Willenserklärung anfechten, dann geht dies nur sofort, das heißt unmittelbar, nachdem man den Irrtum bemerkt hat.

Bei Vorliegen von arglistiger Täuschung hat man bis zu einem Jahr Zeit für eine Anfechtung, bei widerrechtlicher Drohung ebenfalls bis zu einem Jahr nach Wegfall der Drohung.

Aufgaben

Aufgaben zur Wiederholung

1. a) Erläutern Sie mit eigenen Worten, was es bedeutet, wenn ein Rechtsgeschäft nichtig ist.

b) Erläutern Sie mit eigenen Worten, was es bedeutet, wenn ein Rechtsgeschäft anfechtbar ist.

2. Erstellen Sie eine tabellarische Übersicht, in der Sie die Gründe aufführen, warum ein Rechtsgeschäft nichtig bzw. anfechtbar sein kann.

3. Benennen Sie den Grund für die Nichtigkeit der folgenden Rechtsgeschäfte:

a) Benny ärgert sich über sein neues Smartphone, da er noch nicht mit allen Funktionen zurechtkommt. Marie sagt lächelnd zu ihm: „*Dann gib es doch mir!*" Doch Benny flucht: „*Bitte, das kannste geschenkt haben!*" Marie sagt „*Danke!*" und geht ihres Weges. Benny stutzt und ruft hinter ihr her: „*Moment mal! Mein Smartphone!*"

b) Heiner und Elke schließen schriftlich einen Ehevertrag. Beide unterschreiben und hinterlegen ihn dann in der Schublade in der Küche. „*So*", sagt Elke, „*jetzt bin ich abgesichert für den Fall, dass du dich mal von mir scheiden lassen willst!*"

c) Der vierjährige Dirk schenkt seiner Kindergartenfreundin Zeliha sein Fahrrad, das er zu seinem Geburtstag letzte Woche bekommen hat.

d) Peter schließt bei einem privaten Kreditvermittler einen Kredit über 10.000,00 € ab. Die jährlichen Zinsen des Kredites betragen 35 %.

e) Der Betrüger Herbert Klein kauft bei einem anderen Kriminellen eine Pistole mit Munition.

4. Benennen Sie den Grund für die Anfechtbarkeit der folgenden Rechtsgeschäfte:

a) Die Mediaworld e. K. bietet einer Kundin per Fax den Artikel H 1003 Stereo Headset „Booster" für 39,00 € je Stück an. Die Kundin denkt aufgrund des schlechten Ausdrucks ihres Faxgerätes, dass der Einzelpreis bei 29,00 € liegt. Sie bestellt sofort die angefragte Menge.

b) Die Firma Kurt Wächter e.K., Fernseh- und Hi-Fi-Fachhandel aus Dortmund, bestellt 1 000 Paar Mammuth-Boxen „Eiszeit". Die Mediaworld e.K. bestätigt den Auftrag schriftlich. Kurz darauf ruft Herr Wächter aufgeregt an und meint, er hätte sich vertan. Er wollte doch nur 10 und nicht 1 000 Paar Boxen haben.

c) In einem Kaufhaus zwingt der Filialleiter einen Kunden, der beim Diebstahl erwischt wurde, einen Ratenkaufvertrag über den Kauf eines Fernsehgerätes abzuschließen. Sollte er sich weigern, würde man ihn bei der Polizei anzeigen.

5. Beurteilen Sie bei den folgenden Fällen, ob das Rechtsgeschäft nichtig, anfechtbar oder gültig ist.

a) Ein Kunde bestellt im Buchhandel ein Dutzend eines neu erschienenen Buches. Er glaubt, ein Dutzend wären zwei Stück – ein Buch für sich und eins für seinen Bruder.

b) Eine Metallfabrik schließt mit einem Großhandelsbetrieb einen Vertrag über die Lieferung von 50 Tonnen Stahl. Die Lieferung soll in drei Monaten erfolgen. Der Stahl ist noch nicht hergestellt worden.

c) Eine Spedition stellt einen Kraftfahrer für den Transport von gefährlichen Gütern mit Tanklastwagen ein. Der Kraftfahrer sagt, dass er hierfür die erforderliche Erlaubnis habe. Bei einer polizeilichen Kontrolle wird festgestellt, dass er sie doch nicht hat.

d) Eine Jugendliche kauft sich von ihrem Taschengeld ein Comic-Heft im Comic-Shop. Zu Hause angekommen stellt sie zu ihrem Entsetzen fest, dass das Heft in Italienisch abgefasst ist, was sie nicht beherrscht.

e) Ein Dealer verkauft an einen Süchtigen harte Drogen.

f) Ein Kunde kauft von einem Möbelhändler einen echt antiken Wohnzimmerschrank. Als ein Schreiner den Schrank sieht, stellt er fest, dass der Schrank keine zwei Jahre alt sein kann.

6. Finden Sie die richtigen Wörter für die Lücken im Text.

Rechtsgeschäfte können von Anfang an ungültig, d. h. _____(1)_____, sein, das bedeutet, dass das Rechtsgeschäft eigentlich gar nicht _____(2)_____ gekommen ist. Rechtsgeschäfte können aber auch zunächst _____(3)_____ sein und im Nachhinein _____(4)_____ werden, diesen Fall nennt man _____(5)_____ von Rechtsgeschäften. Bei der Anfechtung gibt es insgesamt _____(6)_____ Gründe, aus denen man ein Rechtsgeschäft nachträglich rückgängig machen kann. Ein Grund wäre beispielsweise ein _____(7)_____ in der Erklärung, ein weiterer der Irrtum in der _____(8)_____.

Die Anfechtung muss aber _____(9)_____ erfolgen, das heißt unmittelbar, nachdem man den Irrtum _____(10)_____ hat. Insgesamt _____(11)_____ Gründe können dazu führen, dass ein _____(12)_____ nichtig ist. Dazu gehören beispielsweise das _____(13)_____-Geschäft oder der Verstoß gegen ein _____(14)_____ Verbot. Ebenso sind Geschäfte mit _____(15)_____ nichtig.

4.4 Verbrauchsgüterkauf und Internethandel

Das ist geschehen

Das ist zu tun

Die beiden Zeichnungen zeigen Situationen, in denen Verbrauchende mithilfe gesetzlicher Regelungen vor der Marktmacht des Handels und der Herstellerfirmen geschützt werden.

1. Beschreiben Sie, was in den beiden Zeichnungen dargestellt ist.
2. Ordnen Sie die beiden Zeichnungen inhaltlich den gesetzlichen Regelungen dieses Kapitels zu.
3. Klären Sie nun, wie die rechtlichen Regelungen in diesen gezeigten Situationen die Verbrauchenden tatsächlich schützen.

Das sollte man wissen

Neben den schon bekannten Regelungen aus dem Kaufvertragsrecht gibt es weitere Gesetze, die insbesondere die Verbraucherschaft schützen.

Verbrauchsgüterkauf

Die Regelungen zum Verbrauchsgüterkauf haben rechtliche Auswirkungen auf Verbrauchenden, also auf die Konsumierenden, die als Privatpersonen Dinge von Unternehmen kaufen. Die Festlegung, was ein **Verbrauchsgüterkauf** ist, findet sich im Bürgerlichen Gesetzbuch:

> **§ 474 BGB (Begriff des Verbrauchsgüterkaufs)**
> (1) Verbrauchsgüterkäufe sind Verträge, durch die ein Verbraucher von einem Unternehmer eine bewegliche Sache kauft. Um einen Verbrauchsgüterkauf handelt es sich auch bei einem Vertrag, der neben dem Verkauf einer beweglichen Sache die Erbringung einer Dienstleistung durch den Unternehmer zum Gegenstand hat.

Bei den erwähnten Vorschriften geht es um Sonderregelungen zum restlichen Kaufrecht, die eben nur relevant sind, wenn die Käuferin/der Käufer eine Verbraucherin/ein Verbraucher und die Verkäuferin/der Verkäufer eine Unternehmerin/ein Unternehmer ist, also zum Beispiel beim privaten Kauf eines Pkw im Autohaus. Es kommt dabei nicht darauf an, ob der gekaufte Gegenstand neu ist; auch gebrauchte Gegenstände fallen unter die Regelungen des Verbrauchsgüterkaufs. Die Regelungen zum regulären Kaufvertragsrecht sind hier zugunsten der Verbraucherin/des Verbrauchers Verbrauchers abgeändert worden.

Die wichtigsten Regeln zum Verbrauchsgüterkauf in der Übersicht:

- Die Käuferin/Der Käufer hat das Recht auf Nachbesserung im Sinne von Reparatur oder Neulieferung, wenn die gekaufte Sache mangelhaft ist.
- Wenn der Mangel nicht durch die Verkäuferin/den Verkäufer beseitigt werden kann oder diese/dieser es aus anderen Gründen nicht macht, hat die Käuferin/der Käufer das Recht auf Minderung des Kaufpreises, auf Rücktritt vom Vertrag oder auf Schadenersatz.
- Die Gewährleistungsfrist beträgt zwei Jahre; bei gebrauchten Gegenständen kann sie auf ein Jahr verkürzt werden. Eine weitere vertragliche Verkürzung der Gewährleistung ist nicht zulässig.
- Ein Ausschluss der Gewährleistung ist nicht zulässig.
- In den ersten zwölf Monaten muss die Verkäuferin/der Verkäufer beweisen, dass die Sache mangelfrei übergeben wurde, falls in dieser Frist ein Mangel festgestellt wird (dies nennt man Beweislastumkehr). Nach zwölf Monaten bis zum Ablauf der Gewährleistung nach zwei Jahren liegt die Beweislast bei der Verbraucherin/beim Verbraucher (Käuferin/Käufer).
- Neben der Gewährleistung kann eine Garantie vereinbart werden, die leicht verständlich formuliert sein muss und die Gewährleistungsrechte des Verbrauchers nicht einschränkt.

Fernabsatzrecht und „Haustürgeschäfte“

Verbraucher/-innen sind auch durch gesetzliche Vorschriften besonders geschützt in Bereichen, in denen Geschäfte getätigt werden, ohne dass eine wirklich umfassende Beratung stattfinden kann und die Käuferin/der Käufer die Ware oder Dienstleistung nicht vollständig prüfen und ausprobieren kann. Dies ist zum Beispiel der Fall, wenn man im Internet einkauft, oder wenn jemand unterwegs angesprochen wird und „zwischen Tür und Angel“ einen Vertrag unterschrieben hat. Zum Schutz der Verbraucher sind hierzu einige Paragrafen im Bürgerlichen Gesetzbuch (§ 312 ff. BGB) formuliert.

Darunter fallen auch die folgenden wichtigen Punkte zum **Fernabsatzrecht**, zu dem auch der Kauf im Internet (**E-Commerce**) gehört:

- Das Fernabsatzrecht gilt nur für Verträge zwischen Unternehmen und Verbraucher.
- Das Fernabsatzrecht gilt unter anderem nicht für Fernunterricht, Versicherungen, Immobilien.
- Es gilt nicht für regelmäßige Lieferungen von Lebensmitteln und Gütern des täglichen Bedarfs.
- Die Verbraucher/-innen haben ein Widerrufsrecht.
- Ein Widerruf muss innerhalb von 14 Tagen erklärt werden, es genügt die rechtzeitige Absendung.
- Der Widerruf ist ohne Angabe von Gründen möglich, muss schriftlich erfolgen und kann durch Rücksendung der Sache ausgedrückt werden.
- Die Widerrufsfrist beginnt frühestens mit Bekanntgabe des Widerrufrechts.
- Kosten und Gefahr einer Rücksendung liegen beim Verbraucher, wenn dieser darüber unterrichtet wurde.
- Ein Widerruf ist bei kundenspezifischen Waren, Zeitungen und Zeitschriften, bei entsiegelten Datenträgern und bei Versteigerungen nicht möglich.

Ähnlich wie bei Fernabsatzgeschäften gibt es bei früher sogenannten **Haustürgeschäften**[1] ein Widerrufsrecht. Auch hier haben Verbraucher/-innen eine Frist von 14 Tagen, um ein getätigtes Geschäft zu widerrufen und damit rückgängig zu machen. Der Begriff „Haustürgeschäft“ ist insofern irreführend, da dies nicht nur für die Geschäfte gilt, die direkt an der Wohnungstür getätigt werden, etwa wenn dort jemand klingelt und Zeitschriftenabos verkauft. Die Widerrufsfrist gilt auch, wenn man zum Beispiel in der Stadt angesprochen wird und dort seine Willenserklärung zu einem Geschäft abgibt – etwa einen Vertrag mit einem neuen Telefonanbieter unterschreibt.

1 Der Gesetzgeber spricht jetzt von „außerhalb von Geschäftsräumen geschlossenen Verträgen“.

Aufgaben

Aufgaben zur Wiederholung

1. Füllen Sie die Lücken im folgenden Text, indem Sie die fehlenden Begriffe herausfinden.

Das Fernabsatzrecht regelt die Vertragsbeziehungen zwischen Unternehmen und ...(1)... . Es gilt immer dann, wenn ...(2)... zwischen Parteien getätigt werden, die räumlich voneinander getrennt sind, wobei ausschließlich „Fernkommunikationsmittel" genutzt werden. Zu diesen Kommunikationsmitteln gehören Kataloge, Telefonanrufe und das ...(3)... . Um ...(4)... bei diesen Geschäften besonders zu schützen, ist diesen ein Recht zum ...(5)... ihrer Willenserklärungen eingeräumt worden. Die Frist hierfür beträgt ...(6)... Wochen. Allerdings muss so ein Widerruf unbedingt ...(7)... erfolgen. Die ...(8)... der Rücksendung muss der ...(9)... übernehmen, wenn er/sie darüber vorher belehrt wurde.

2. a) Erläutern Sie, was man unter einem Verbrauchsgüterkauf versteht.

b) Nennen Sie die Verjährungsfristen, die für die Gewährleistung beim Verbrauchsgüterkauf gelten.

c) Erläutern Sie, was man unter „Beweislastumkehr" versteht.

3. Beurteilen Sie den folgenden Fall:
Hans Muster hat im Verkaufsshop der Mediaworld e. K. ein gebrauchtes Notebook gekauft. Nach drei Wochen beschwert er sich bei der Verkäuferin Monika Schmitz, dass der Akku nicht mehr funktioniert. Er hätte gerne kostenlos einen neuen Akku. Schließlich sei dieser von Anfang an kaputt und er hätte dies nicht zu verantworten.

a) Begründen Sie ob es sich um einen Verbrauchsgüterkauf handelt.

b) Erläutern Sie, wie es um die Beweislast im vorliegenden Fall steht.

c) Beurteilen Sie, welche Rechte dem Käufer zustehen, und machen Sie einen Vorschlag, wie man den Fall gütlich lösen kann.

5 Auftragsabwicklung dokumentieren

Das ist geschehen

Bastian Lenz: „So ein Mist, wie geht denn das mit der Rechnung, wenn der Kunde Rabatt bekommt? Prozentrechnung war noch nie mein Ding!“

Karl Herwig: „Na, dann ändern wir das jetzt mal.“

Das ist zu tun

Infomieren Sie sich über die Bestandteile einer Rechnung, hier: Ausgangsrechnung.
Erstellen Sie die Rechnung von Bastian Lenz neu.

Auftragsabwicklung dokumentieren

Das sollte man wissen

Eine **Rechnung** (Faktura lat. = Bearbeitung) ist eine genau aufgeschlüsselte Aufstellung über eine Geldforderung für eine Warenlieferung oder eine sonstige Leistung. Sie kann in Papierform oder als elektronisches Dokument (per Datenfernübertragung) übermittelt werden und enthält u. a.:

- Angaben über die Leistung (Art, Menge, Datum, Preis),
- die **Zahlung** (Zahlungsbedingungen, Bankverbindung) und
- den **Aussteller** (Firma, Adresse).

Das **Ausstellen** einer Rechnung nennt man **Fakturierung**.

Unternehmen haben ein Doppel der von ihnen ausgestellten Rechnungen sowie alle Rechnungen, die sie erhalten haben, **zehn Jahre** lang aufzubewahren. Die Rechnungen müssen für den gesamten Zeitraum lesbar sein. Nachträgliche Ergänzungen oder Änderungen sind unzulässig. Die **Aufbewahrungsfrist** beginnt mit dem Schluss des Kalenderjahres, in dem die Rechnung ausgestellt worden ist.

Mediaworld/e. K.

Mediaworld e. K.• Krefelder Straße 92 • 47226 Duisburg

Mediaworld e. K.
Krefelder Straße 92
47226 Duisburg
Tel.: 02065 99977-0
Fax: 02065 99977-20
E-Mail: mediaworld@wvd.de
Internet: www.mediaworld-wvd.de

Rechnung

		Bei Zahlung bitte stets angeben!		
Ihr Auftrag Nr.	**Auftragsdatum**	**Kunden-Nr.**	**Rechnungs-Nr.**	**Rechnungsdatum**

Artikel-Nr.	Artikelbezeichnung	Menge	Einzelpreis	Rabatt	Gesamtpreis

Versandkosten	Nettopreis	% USt	USt €	Bruttopreis €

Zahlbar netto innerhalb von ___ Tagen oder innerhalb von ___ Tagen mit ___ % Skonto.
Die Ware bleibt bis zur vollständigen Bezahlung unser Eigentum.
Erfüllungsort und Gerichtsstand ist für beide Teile Duisburg.

Inhaber: Moritz Wagner
Handelsregister AG Duisburg
HRA 593-02 05
Steuernummer: 56 951 36749
USt. -IdNr.: DE 124 596 988

Stadtsparkasse Duisburg
IBAN: DE26 3505 0000 0250 7161 67
BIC: DUISDE 33XXX

Deutsche Bank Duisburg
IBAN: DE05 3507 0030 0123 4567 89
BIC: DEUTDEDE350

Für das Adressfeld gelten die gleichen DIN5008:2020-Vorgaben wie für den Geschäftsbrief.

Siehe LF3 ➔ Word-Schulungen ➔ *Geschäftsbrief nach DIN 5008_2020_Anschriften, Ziffern und Zeichen.*

Für die zu berechnenden Größen gilt:

Einzelpreis	Preis lt. Preisliste
Rabatt	Einzelpreis · Menge · Rabattsatz (%-Satz) : 100
Gesamtpreis	Einzelpreis · Menge – Rabatt
Nettopreis	Summe aller Gesamtpreise
%-Satz USt	zzt. 19 %
USt in €	Nettopreis · %-Satz USt/100
Bruttopreis	Nettopreis + USt in €

Der Lieferschein liegt der Ware bei. Der Lieferschein dient der Empfängerin oder dem Empfänger zur Kontrolle bei der Warenannahme (→ LF 5, AS 5.1, Kap. 1). Die Kopie des Lieferscheins wird beim Versand vom Lagerpersonal gegengezeichnet und gelangt zurück zur Versenderin oder zum Versender der Ware.

Aufgaben

Aufgaben zur Wiederholung

1. Nennen Sie die wesentlichen Bestandteile einer Rechnung.
2. Finden Sie die Rechenfehler in der nachfolgenden Rechnung des Lieferbetriebs Müller & Schneider OHG. ➡

Müller & Schneider OHG • Am Wäldchen 45 44023 Herne

Mediaworld e. K.
Krefelder Str. 92
47226 Duisburg

Müller & Schneider OHG
AM Wäldchen 45
44023 Herne
Tel.. U2323 93147
Fax: U2323 93148
E-Mail: ms-export@wvd.de
Internet: www.ms-export-wvd.de

Rechnung

		Bei Zahlung bitte stets angeben!		
Ihr Auftrag Nr.	Auftragsdatum	Kunden-Nr.	Rechnungs-Nr.	Rechnungsdatum
007	14.10.20..	123	5-20..	26.10.20..

Artikel-Nr.	Artikelbezeichnung	Menge	Einzelpreis	Rabatt	Gesamtpreis
2460	Stereo-Headsets	30	15,65	15 %	70,43

Versandkosten	Nettopreis €	% USt	USt €	Bruttopreis €
Frei Haus	70,43	19	13,38	57,04

Zahlbar netto innerhalb von 10 Tagen oder innerhalb von 30 Tagen mit 3 % Skonto.
Die Ware bleibt bis zur vollständigen Bezahlung unser Eigentum.
Erfüllungsort und Gerichtsstand ist für beide Teile Essen.

Gesellschafter H. Müller D. Schneider
Handelsregister AG Essen
985 366HRA 593-03 06

Steuernummer: 55 648 24535
USt.IdNr. DE 244 935 365

Sparda Bank Essen
IBAN: DE53 3606 0591 0000 0776 98
BIC: GENODED1SPE

3. Erstellen Sie „per Hand“ eine Rechnung und einen Lieferschein für die Mediaworld e. K. Verwenden Sie die *Word-Formulare Mediaworld_Rechnung_blanko 2020* und *Mediaworld_Lieferschein_blanko 2020*. Ergänzen Sie Rechnung und Lieferschein mit den Daten aus der Mediaworld e. K.

Neukundin/Neukunde	Elektro-Ruger GmbH
Artikel	Rollax Digitalkamera DVK 2005
Preis	91,60 € netto
Rabatt	Neukundin/Neukunde: 10 %

6 Warenausgang überwachen

Das ist geschehen

Peter Bäumer: „So ein Mist. Jetzt liegt gar nicht so viel im Regal, wie in der Lagerdatei eingetragen ist ...“

Das ist zu tun

1. Informieren Sie sich über den Aufbau der Lagerkartei. Schlagen Sie dazu auch noch einmal im LF 5 nach.
2. Zeigen Sie, wie die folgenden Werte der Lagerdatei ermitteln werden (→ zur Wiederholung, Seite 119):

   Höchstbestand, Mindestbestand, Meldebestand, Bestand.

Warenausgang überwachen

Das sollte man wissen

Die rechtzeitige und mengenmäßig richtige Ergänzung der Lagerbestände ist eines der wichtigsten Probleme von Handelsunternehmen. Um einen angemessenen und wirtschaftlichen Lagerbestand zu erreichen, müssen die Bestände ständig überwacht werden. Dies geschieht regelmäßig mit einer Lagerdatei, z. B. in einem Warenwirtschaftssystem.

Jede Lagerdatei hat mehr oder weniger den gleichen Aufbau. Im **Kopfbereich** befinden sich die **Grunddaten**, wie z. B. die Artikelnummer, die Artikelbezeichnung, der Höchstbestand und der Meldebestand. Möglicherweise sind auch Lieferbetriebe bzw. deren Nummern als Verbindung zur Datei mit Lieferbetrieben eingetragen.

Der Höchstbestand eine Ware hängt ab von

- Erfahrungswerten der Vergangenheit,
- baulichen Gegebenheiten im Lager und
- Mindestabnahmemengen der Lieferbetriebe.

Der Mindestbestand, die „eiserne Reserve“ des Warenbestands, ist vergleichbar mit einem Reservetank. Sie garantiert im Extremfall die Lieferfähigkeit.

Wichtig ist, dass die Ware nach einiger Zeit durch neue Ware ersetzt wird, falls diese verderblich ist oder z. B. technisch veralten kann.

Da bis zum Eintreffen der Ware noch Zeit vergehen kann, in der andere Kundinnen oder Kunden die Ware nachfragen, ist der Meldebestand über dem Mindestbestand anzusetzen. Zur Erinnerung die Formel zur Berechnung des Meldebestandes:

Meldebestand = Mindestbestand + (täglicher Lagerabgang · Lieferzeit)

Im Karteirumpf werden der aktuelle Bestand, Zugänge und Abgänge erfasst.

Der **neue Bestand** kann berechnet werden durch:

Neuer Bestand = Alter Bestand + Zugänge – Abgänge

Fehlbestände kommen durch nicht korrekte oder fehlende Eintragungen zustande. Deshalb ist es einmal im Jahr vorgeschrieben, eine körperliche Bestandsaufnahme aller Vermögensgegenstände und Schulden im Unternehmen durchzuführen (= Inventur, → LF 11, AS 11.1, Kapitel 1.2).

Aufgaben

Aufgaben zur Wiederholung

1. Zeigen Sie, welche Aufgaben die Bestandskontrolle im Lager hat.
2. Beschreiben Sie, in welchen Fällen die Verkaufsbereitschaft gefährdet ist.
3. In einem Großhandelsgeschäft werden täglich durchschnittlich 130 Stück eines Artikels verkauft. Die Lieferzeit beträgt 30 Tage. Als Mindestbestand wurden 180 Stück festgelegt. Wie hoch ist der Meldebestand?
4. Bei einem Mindestbestand von 20 Stück und einer Beschaffungszeit von fünf Tagen ergibt sich ein Meldebestand von 60 Stück.

   Wie hoch ist der tägliche Absatz?
5. Bastian Lenz hat für einen Artikel eine eiserne Reserve von 55 Stück ermittelt. Der Meldebestand für diesen Artikel wurde mit 150 Stück berechnet. Aus der Lagerstatistik ergab sich ein täglicher Absatz von zehn Stück.
   Von wie viel Tagen Lieferzeit war Bastian bei der Berechnung des Meldebestands ausgegangen?

7 Kundenaufträge logistisch abschließen

7.1 Kundenaufträge zusammenstellen

Das ist geschehen

Moritz Wagner: *„Nun machen Sie mal voran bei der Kommissionierung, der Kunde möchte die Ware schnell in den Händen halten.“*

Peter Bäumer: *„Wenn das nur so schnell gehen würde. Bekomme ich hier Kilometergeld … Wann organisieren wir das Lager neu?“*

Moritz Wagner: *„Wieso neu organisieren? Wir müssen demnächst das Lager vergrößern.“*

Das ist zu tun

1. Informieren Sie sich über den Begriff der „Kommissionierung“. Zeigen Sie, welche Arten der Kommissionierung grundsätzlich möglich sind.
2. Finden Sie eine im Moment geeignete Form der Kommissionierung für die Mediaworld e. K.
3. Präsentieren Sie Ihre Arbeitsergebnisse im Plenum in geeigneter Form.

Kundenaufträge zusammenstellen

Das sollte man wissen

Kommissionieren bedeutet das Zusammenstellen von Kundenaufträgen. Die vom Kunden bestellten Waren müssen im Lager gesammelt werden.

Unter Kommissionierungssystemen werden Sammelmethoden zusammengefasst, mit denen einzelne Artikelpositionen zu vollständigen Kundenaufträgen zusammengestellt werden.

Kommissionierungssysteme	
Serielle Kommissionierung	**Parallele Kommissionierung**
Ein Kundenauftrag wird der Reihe der Kommissionierpositionen nach abgearbeitet.	Ein Kundenauftrag wird in mehrere Teilaufträge zerlegt, wobei der Lagerort das Zerlegungskriterium ist.
Vorteil bei der seriellen Kommissionierung ist, dass sich die Kommissionierung mit Lagerzonen bzw. Übergabestellen leicht organisieren lässt. Der Auftrag wird nicht gesplittet, sondern mit der Ware weitergereicht.	**Vorteil**: Die parallele Kommissionierung verursacht kürzere Durchlaufzeiten.
Nachteil: Im Zug der Kommissionierung mit verschiedenen Lagerzonen müssen die Aufträge an den Übergabestellen zwischengelagert werden. Währenddessen werden die Kommissionierer/-innen in den verschiedenen Lagerzonen ungleichmäßig mit Arbeit versorgt.	**Nachteil:** Die Kommissionierer/-innen müssen sich gut abstimmen. Hierbei müssen die Aufträge über die EDV aufwendig vorbereitet werden.

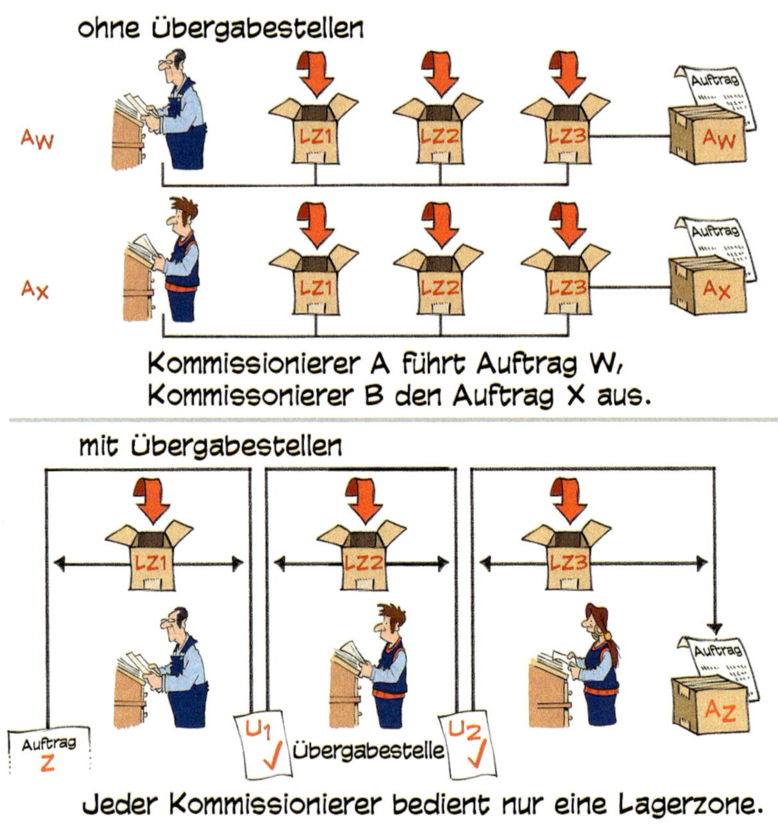

Serielle Kommissionierung

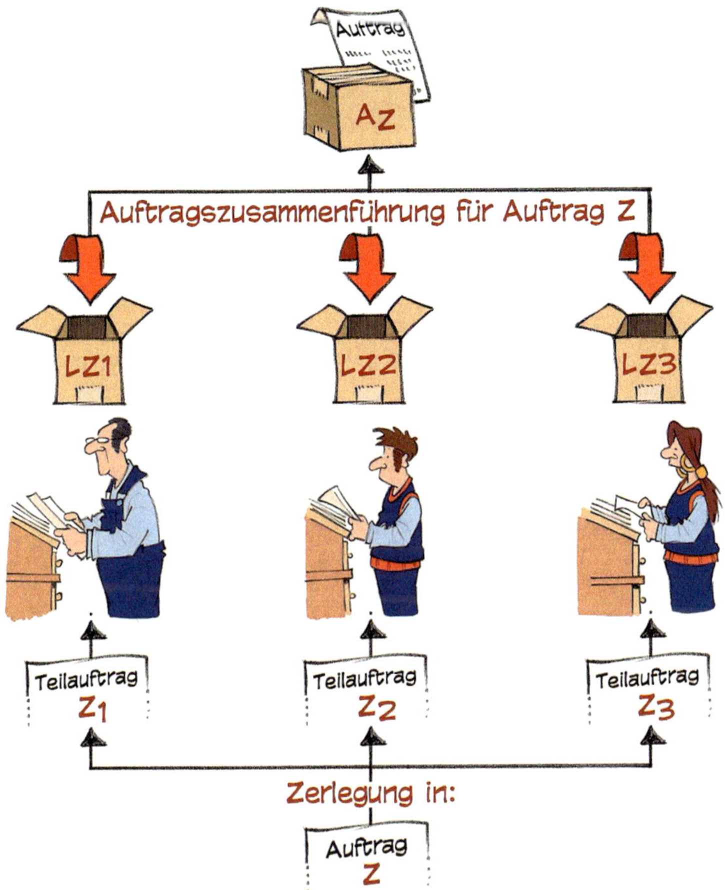

Parallele Kommissionierung

Die **Weitergabe an die Kommissionierung** kam **mit Beleg** (Pickliste, Lieferscheinkopie usw.) **oder beleglos** erfolgen. Das Kommissionieren per Beleg (schriftliche Unterlage), bei Klein- und Mittelbetrieben durchaus üblich, erfordert einen hohen Leseaufwand und führt häufig zu Fehlern. Die beleglose Kommissionierung erfolgt im Onlineverfahren. Die entsprechenden Daten werden der Kommissionierin oder dem Kommissionierer per EDV optisch, akustisch oder per Funk übermittelt.

Bei **optischer Kommunikation** werden die Kommissionierdaten infrarot- oder funkgesteuert in ein Kleinterminal mit Display und Barcodeleser übermittelt. Dabei wird gleichzeitig eine Optimierung der Wegstrecke berücksichtigt.

Bei **akustischen Kommunikationsträgern** trägt die Kommissionierin oder der Kommissionierer ein Head-set.

Aufgaben

Aufgabe zur Wiederholung

Ordnen Sie zu: SK (Serielle Kommissionierung), PK (parallele Kommissionierung), BK (Gemeinsamkeit beider Kommissionierungsmethoden)

a) Diese Kommissioniermethode ist einfach zu organisieren.

b) Hierbei wird der Auftrag geteilt. Die Teilaufträge mit den einzelnen Positionen werden gleichzeitig von mehreren Personen in der Kommissionierung bearbeitet.

c) Bei dieser Methode gibt es nur eine Kommissionierin oder einen Kommissionierer.

d) Ein großer Nachteil dieser Methode: Wenn die Ware nach „Mann zur Ware“ bereitgestellt wird, kommt es zu langen Wegen.

e) Hat die Kommissionierung die Teilaufträge fertiggestellt, werden diese an einer Sammelstelle zum Gesamtauftrag zusammengefügt.

f) Die Kommissionierung bearbeitet die Aufträge nacheinander. Ist der erste Auftrag fertig, wird der nächste genommen.

7.2 Funktionen von Verpackungen

Das ist geschehen

Andreas Zimmer *(in der Mittagspause): „Ich krieg diese Milchtüte nicht auf, kannst du mir mal helfen, bitte ...? So ein blödes Teil!“*

Bastian Lenz: *„Klar doch, hier bitte ... Aber die soll die Milch ja auch schützen!“*

Andreas Zimmer: *„Jaja, unten im Lager sind die Sachen ja auch gut verpackt. Wir sollen in der Schule zum Thema ‚Verpackungen‘ übrigens eine Präsentation erstellen.“*

Das ist zu tun

Erstellen Sie mit Andreas Zimmer die Präsentation zum Thema „Aufgaben von Produktverpackungen".

Bereiten Sie sich darauf vor, Ihre Arbeitsergebnisse zu präsentieren.

Das sollte man wissen

Funktionen von Verpackungen

Nahezu alle Güter, die gelagert, transportiert und verkauft werden, sind verpackt. Verpackungen sind überall gegenwärtig.

Achten Sie einmal beim nächsten Einkauf darauf. Alles, was Sie in einem Supermarkt einkaufen, ist verpackt. Eier liegen in einem Karton, Getränke gibt es in Flaschen und Tetrapacks, Wurst und Käse sind in Folie eingeschweißt.

Verpackungen sind also ein wichtiger Bestandteil unseres privaten Einkaufs. **Auch in der Logistik sind Verpackungen sehr wichtig**. Sie haben hier verschiedene Funktionen. Vor allem aber schützen sie die Güter und machen sie überhaupt erst transport- und lagerfähig.

Verpackungen sollen die Waren im Lager und bei Transport vor auftretenden Belastungen schützen. Diese Beanspruchungen können mechanisch oder klimatisch sein. Es können auch Beanspruchungen durch Lebewesen oder durch die Gefahr von Diebstahl auftreten. Diese Beanspruchungen werden nun kurz erklärt.

Mechanische Beanspruchung bedeutet, dass verschiedene mechanische Kräfte auf die Verpackungen einwirken können. Diese Beanspruchungen treten durch Fall, Druck, Stoß, Schub oder Erschütterungen auf. Vor allem Fallschäden treten besonders häufig auf. Diesen mechanischen Beanspruchungen müssen Verpackungen etwas entgegensetzen und so die Güter vor Beschädigung schützen.

Klimatische Beanspruchung bedeutet, dass Hitze, Kälte und Nässe auf die Verpackungen einwirken. Die Verpackungen müssen diesen Belastungen standhalten. Ansonsten drohen Qualitätseinbußen oder Beschädigungen durch Schimmelbildung, Gärung, Rost, Frostrisse oder Verdunstung. Die Packmittel müssen entsprechend ausgewählt werden, um diesen Schäden vorzubeugen. Dabei ist zu beachten, dass ein Transport der Waren unter Umständen durch verschiedene Klimazonen führt. Bei langen Transporten kann der Weg durch warme, kalte, eher nasse oder eher trockene Gebiete führen. Dies muss bei der Auswahl der Verpackung berücksichtigt werden.

Beanspruchung durch Lebewesen bedeutet, dass die Güter und Verpackungen im Lager oder auf dem Transport Schädlingen ausgesetzt sein können. Diese Schädlinge können Ratten, Mäuse, verschiedene Insekten und Schimmelpilze sein. Vor allem Lebensmittel und Textilien können durch Schädlinge verdorben, verunreinigt und beschädigt werden. Um derartige Schäden zu vermeiden, sollten die Verpackungen luftdicht und stabil genug sein. Dazu sollte beim Lagern und Transportieren alles vollkommen sauber sein. Falls nötig, werden Schutzmittel gegen Schädlinge wie Konservierungsmittel oder Fallen eingesetzt.

Beanspruchung durch Diebstahl bedeutet, dass gerade hochwertige Güter diebstahlgefährdet sind. Um einen Diebstahl zu erschweren, müssen geeignete Verpackungen genutzt werden.

Außerdem können Verpackungen mit wertvollen Gütern auf dem Transport und im Lager zwischen weniger wertvollen Gütern versteckt werden.

Verpackungen sollen für ein Produkt nicht einfach eine Hülle sein. Sie haben verschiedene Aufgaben und Funktionen:

Bei der **Schutzfunktion** geht es darum, dass das Packgut, aber auch die Menschen, die Umwelt und die Transportmittel und andere Packgüter vor Gefahren und Beeinträchtigungen geschützt werden.

Die **Lagerfunktion** dient dazu, das Packgut lagerfähig zu machen. Durch eine Verpackung können Produkte leichter, sicherer und schneller gelagert werden. Viele Produkte sind ohne eine geeignete Verpackung nicht lagerfähig. Beispielsweise können Flüssigkeiten ohne eine Verpackung nicht gelagert werden. Verpackungen ermöglichen die beste Ausnutzung des Lagerraums. Sie bieten durch die Kennzeichnung auf den Hüllen eine größere Übersichtlichkeit im Lager. Durch die Verpackungen wird ein rationelles Ausführen der Lagerarbeiten erst möglich. Dies beinhaltet auch den Einsatz von manuellen, maschinellen und automatischen Fördermitteln.

Die **Transportfunktion** ermöglicht den Transport der verpackten Güter. Durch die Verpackung können die Güter leichter aufgenommen, bewegt, abgesetzt und verstaut werden. Das Beladen und Entladen wird durch Verpackungen deutlich erleichtert.

Die **Verkaufsfunktion** verbessert die Chancen, ein Produkt zu verkaufen. Verpackungen werben für die Güter. Auf der Hülle sind Logos, Bilder und Texte, durch die die Kundschaft das Produkt und die Marke erkennen soll. Auch der Anreiz, ein Produkt zu kaufen, soll durch eine ansprechende Verpackung erhöht werden. Zusätzlich müssen Kundinnen und Kunden die Güter nicht mehr selbst wiegen und abfüllen. Eine Selbstbedienung wäre ohne Verpackungen schwieriger oder teilweise unmöglich. Letztlich haben einige Verpackungen einen Zusatznutzen. Sie können weiter als Behälter genutzt werden oder auf ihnen finden sich Gewinnspiele oder Rezepte.

Die **Informationsfunktion** gibt Informationen über das Produkt und wie es verwendet wird. Zu den Informationen gehören Inhaltsangaben, Menge, Gewicht, Preis und Haltbarkeit. Barcodes ermöglichen ein schnelles Einlesen in Kassensysteme. Auf den Verpackungen finden sich auch Hinweise dazu, wie ein Produkt genutzt werden soll. Dazu gehören Gebrauchsanweisungen und Gefahrenhinweise.

Aufgaben

Aufgaben zur Wiederholung

1. Verpackungen werden durch unterschiedliche Beanspruchungen belastet. Ordnen Sie den jeweiligen Beanspruchungen die Auslöser zu.
   a) Schädlinge, die die Güter beschädigen, auffressen oder verunreinigen
   b) Die Einwirkung von Hitze, Kälte und Nässe
   c) Die mögliche Entwendung von Einzelteilen oder kompletten Packeinheiten
   d) Die Kräfte, die beim Herunterfallen oder Umstoßen auf die Güter einwirken
2. Verpackungen haben verschiedene Funktionen. Ordnen Sie die jeweiligen Funktionen von Verpackungen den richtigen Beispielen zu.
   a) Bewahrung der Umwelt vor schädlichen Einflüssen
   b) Inhaltsangabe von Lebensmitteln
   c) Leichteres Aufnehmen, Bewegen und Absetzen der Güter
   d) Herstellung der Lagerfähigkeit
3. Entwickeln Sie Ideen, wie ein Produkt der Mediaworld e. K. vor
   a) mechanischer Beanspruchung,
   b) klimatischer Beanspruchung,
   c) Diebstahl

   geschützt werden kann.

7.3 Warenversand durch Spediteure

Das ist geschehen

Der Kunde Heka-Mulitmedia e. K. benötigt morgen noch 20 Stück Mammuth-Boxen „Eiszeit“.

***Peter Bäumer:** „... aber unser Transporter ist morgen voll mit Ladung verplant.“*

Das ist zu tun

Recherchieren Sie, wie die Mediaworld e. K. die 20 Stück zum Kunden Heka-Multimedia e. K transportieren lassen könnte.

Warenversand durch Spediteure

Das sollte man wissen

Wenn Karl Herwig in den Urlaub fahren möchte, muss er entscheiden, mit welchem Verkehrsmittel er zum Reiseziel gelangen möchte. Er kann das Auto, den Zug, das Schiff oder das Flugzeug nutzen.

Immer wenn Personen befördert werden (in dem Fall Karl Herwig zum Urlaubsort), nennt man das Personenverkehr.

In der Logistik ist das ähnlich. Hier werden aber keine Personen, sondern Güter befördert. Dies nennt man **Güterverkehr**.

Den Transport größerer Mengen einer Ware können Spediteure besorgen.

Spediteure sind selbstständige Kaufleute, die auf Rechnung des Versenders die Güterversendung durch sogenannte **Frachtführer** besorgen. Spediteure können auch selbst Frachtführer sein. Dann nimmt er das Selbsteintrittsrecht war. Spediteure und Frachtführer mit Lkw über 3,5 Tonnen sind Unternehmen des gewerblichen Güterkraftverkehrs.

Pflichten der Spediteure	Rechte der Spediteure
Wahl des günstigsten Beförderungsmittels	Vergütung
Abschluss von Frachtverträgen	Selbsteintrittsrecht als Frachtführer
Sicherung der Schadenersatzansprüche der Versenderin/des Versenders	Gesetzliches Pfandrecht an der Ware, wenn die Versenderin/der Versender nicht den Transport bezahlt
Versicherung u. a. der Ware	

Die Haftung im innerdeutschen Güterverkehr ist im Handelsgesetzbuch § 425 ff. geregelt. Danach **haftet** eine Unternehmerin/ein Unternehmer des gewerblichen Güterkraftverkehrs auch **ohne Verschulden**. Ausgeschlossen ist die Haftung bei

- höherer Gewalt,
- ungenügender Verpackung oder Kennzeichnung,
- fehlerhaften Ladevorgängen,
- besonders empfindlicher Ware und
- der Beförderung lebender Tiere.

Ansonsten muss die Unternehmerin/der Unternehmer des gewerblichen Güterkraftverkehrs voll oder teilweise beschädigte Ware beim Übergabetermin ersetzen.

Kleinere Warensendungen können mit sogenannten **KEP-Diensten** verschickt werden (Kurier-, Express-Paket).

KEP-Dienste unterscheiden sich von den bisherigen Transportsystemen durch:

... die Schnelligkeit der erbrachten Leistung,
... die Möglichkeit der Beförderung von Dokumenten im Bereich Kurierdienst,
... die Inanspruchnahme von Expressdiensten „von Haus zu Haus“,
... die Lieferung „just in time“ zur exakt vorbestimmten Zeit,
... Abholstationen und
... das Angebot, den Status einer Sendung online zu verfolgen.

Viele KEP-Dienste vereinen diese Möglichkeiten bereits in ihrem Dienstleistungsangebot.

Aufgaben zur Wiederholung

Aufgaben

1. Unterscheiden Sie „Spediteur“ und „Frachtführer“.
2. In welchen Fällen muss die Unternehmerin/der Unternehmer des gewerblichen Güterkraftverkehrs Schadenersatz leisten?
   a) Durch das Verrutschen der Ladung werden zwei Musikboxen Mammuth beschädigt.
   b) Auf dem Transport werden zehn Glasvasen beschädigt. Die Ware war ordnungsgemäß verpackt.
   c) Aufgrund von Hochwasser wurde eine Bundesautobahn gesperrt. Die Warenlieferung konnte erst zwei Wochen später erfolgen.
3. Was sind die Leistungsmerkmale von KEP-Diensten?
4. Nennen Sie einige Ihnen bekannte KEP-Dienste. Alternativ: Ermitteln Sie (z. B. mithilfe des Internets) oder der „Gelben Seiten“, welche bedeutenden KEP-Dienste es gibt.
5. Gehen Sie ins Internet. Rufen Sie dort die Seiten eines Paketdienstes auf, z. B.

   Arbeit mit dem PC

   www.dpd.com/de/

   www.ups.com/de

   www.myhermes.de

   www.dhl.de

   Ermitteln Sie für die Mediaworld e. K. die Kosten und die Laufzeit für ein 30-kg-Paket von Duisburg (PLZ 47226) nach Bergisch Gladbach (PLZ 51469). Das Paket enthält zum Schutz der Ware eigenes Packungsmaterial und sollte mindestens am Abend des nächsten Werktags bei der Kundin oder beim Kunden sein.

8 Pflege von Kundenkontakten

Das ist geschehen

Die Mediaworld e. K. ist seit einem Jahr erfolgreich am Markt tätig. Das einjährige Bestehen möchte Moritz Wagner mit seinen Mitarbeitenden sowie der Kundschaft feiern. Er erteilt dem Praktikanten Andreas Zimmer dazu einen Arbeitsauftrag.

Moritz Wagner: *„Das einjährige Bestehen der Mediaworld e. K. wollen wir am 1. Oktober feiern. Schreib doch bitte eine Einladung an alle Kundinnen und Kunden. Und leg am besten den neuen Flyer bei.“*

Andreas Zimmer *reagiert sauer: „Na, da habe ich ja mal wieder extra viel zu schreiben. Und der Flyer ist auch noch nicht fertig …“*

Moritz Wagner: *„Wieso? Du schreibst einen Brief, diese Einladung, und rufst die Serienbrieffunktion auf. Unsere Kundenliste kannst du als Datenquelle verwenden. Ich habe hier auch noch Schulungsunterlagen für die Erstellung von Serienbriefen und Flyern."*

Das ist zu tun

1. Erstellen Sie einen entsprechenden Flyer.

Arbeit mit dem PC

LF7 → Word-Schulungen → *Schulung Flyer.*

Verwenden Sie folgende Grunddaten:

Die Moritz Wagner Mediaworld e. K. wurde vor einem Jahr von Moritz Wagner gegründet. Der gelernte Einzahlhandelskaufmann entschied sich nach sechs Jahren Berufserfahrung, ein eigenes Geschäft zu eröffnen.

Das Ziel des Unternehmens war klar: Ware in großen Mengen und damit preiswert einzukaufen und diese Ware möglichst günstig an andere Geschäfte und Unternehmen weiterzuverkaufen. Die Kundschaft der Mediaworld e. K. besteht heute vorwiegend aus Einzelhandelsfachgeschäften, die selbst nicht in großen Mengen einkaufen können.

Daneben werden seit einem halben Jahr auch Direktkundinnen und -kunden über ein Ladenlokal erfolgreich bedient.

Die Mediaworld e. K. führt Artikel aus den Warengruppen „Hören", „Sehen" und „Computerzubehör".

Mediaworld e. K.
Krefelder Str. 92
47226 Duisburg
Telefon: 05065 99977-0
E-Mail: mediaworld@wvd.de

2. Verfassen Sie ein Einladungsschreiben zur Multimedia-Messe. Bereiten Sie den Brief für den Versand als Serienbrief-Dokument vor.

Arbeit mit dem PC

LF7 → Word-Schulungen → *Schulung Serienbrief.*

Das sollte man wissen

Pflege von Kundenkontakten

Als **Flyer** bezeichnet man ein beschriftetes Papierblatt, das eine Mitteilung transportiert und verbreitet. Flyer (= Flugblätter) erscheinen nicht periodisch, oftmals sogar nur einmalig.

Flugblätter werden zu aktuellen Anlässen, für Ankündigungen oder zur Werbung herausgegeben und kostenlos durch Personen oder mittels anderer Methoden aktiv verteilt oder sie liegen zur Mitnahme aus. In Unternehmen werden Flyer als kostengünstiges Werbemittel oftmals Serienbriefen beigelegt.

Der Serienbriefdruck ist vorteilhaft, wenn Texte mit weitgehend gleichlautendem Inhalt für mehrere Empfängerinnen und Empfänger gleichzeitig erzeugt werden müssen. In solchen Fällen wird ein gleicher Text zugrunde gelegt, lediglich die Anschriften, Zahlenangaben usw. sind flexibel.

Für die Erstellung eines Serienbriefs sind zwei Daten erforderlich, und zwar eine Datei, die den Brieftext enthält (das Hauptdokument), und eine weitere Datei, in der sich die Anschriften befinden (Datenquelle). Die Anschriften können z. B. aus einer herkömmlichen Word-Tabelle oder aus einer Excel-Tabelle entnommen werden. Sind beide Daten eigerichtet, werden sie durch den Seriendruck in einem eigenen Seriendruckdokument zusammengefügt:

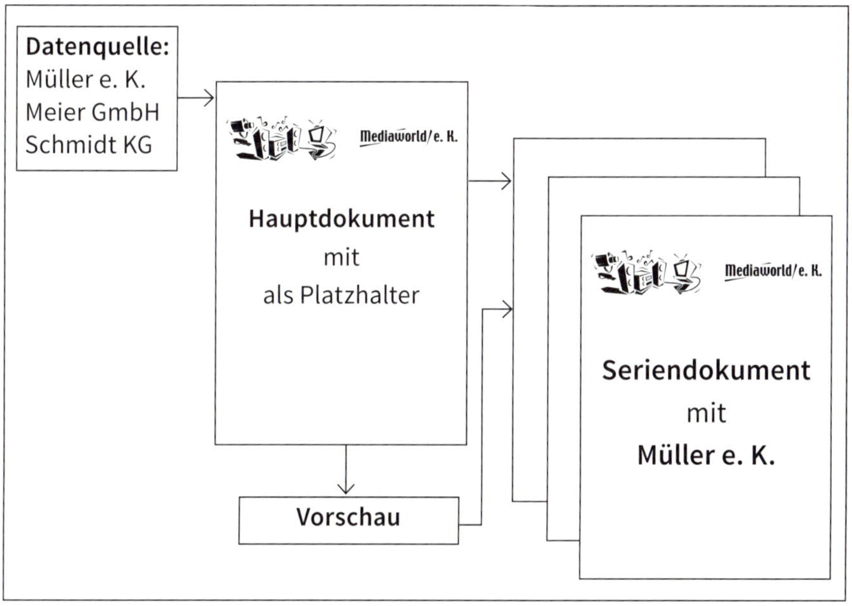

3. Ein Werbebrief soll als Seriendokument verschickt werden.

Das ist zu tun

a) Bringen Sie die nachfolgenden Schritte in die richtige Reihenfolge.

Schrittreihenfolge	Tätigkeit
	Einlesen der notwendigen Datenfelder aus einer Datenquelle
	Laden eines Geschäftsbriefvordrucks
	Schreiben den Briefinhalts
	Zusammenführung aller Daten in ein neues, dann mehrseitiges Seriendokument
	Zuordnung der Datenfelder der Datenquelle

b) Laden Sie das Briefdokument Worddateien > *Mediaworld_brief_Form B* und erfassen Sie den Brieftext von Seite 288 des Lehrbuches. Fragen Sie Ihre Lehrkraft nach der Word-Schulung > *Schulung Serienbrief* des Lernfeldes 7. Erstellen Sie nach den dortigen Vorgaben einen Serienbrief.

Arbeit mit dem PC

Mediaworld/e. K.

Mediaworld e. K. + Krefelder Straße 92 + 47226 Duisburg

.....
.....
.....
.....

Ihr Zeichen:
Ihre Nachricht vom:
Unser Zeichen:
Unsere Nachricht vom:

Name:
Tel.: 02065 99977-0 • Fax: 02065 99977-20
E-Mail: mediaworld@@wvd.de
Internet: www.mediaworld-wvd.de

Datum:
.....

Jubiläum

.....

am 1. Oktober d. J. besteht unser Unternehmen ein Jahr. Zu diesem besonderen Ereignis laden wir Sie herzlich ein.

Das Jubiläum wollen wir mit einem „Tag der offenen Tür" feiern. Gern erwarten wir Sie und Ihre Freunde und Bekannten

ab 10:00 Uhr

in unseren Geschäftsräumen.

Die beliebte Band „Randos" wird das Jubiläum musikalisch begleiten. Natürlich ist auch für Ihr leibliches Wohl gesorgt. Gastronomen aus Duisburg werden die Gäste verwöhnen.

Bitte lassen Sie uns auf der beigefügten Karte wissen, mit wie vielen Personen Sie teilnehmen. Wir freuen uns auf Sie.

Mit freundlichen Grüßen

Moritz Wagner
Moritz Wagner

Anlage
1 Postkarte

Inhaber: Moritz Wagner
Handelsregister Duisburg
HRA 593-02 05
Steuernummer: 569/5134/6749

Stadtsparkasse Duisburg
IBAN: DE26 3505 0000 0250 7161 67
BIC: DUI SDE 33XXX
USt-IdNr.:DE 124596988

Deutsche Bank Duisburg
IBAN: DE05 3507 0030 0123 4567 89
BIC: DEUTDEDE350

9 Reklamationen entgegennehmen und abwickeln

Das ist geschehen

Im Verkaufsraum der Mediaworld e. K. geht es mal wieder hoch her. Eine Kundin beschwert sich, da bei einer Film-DVD, die sie gestern gekauft hat, die Hülle ohne Inhalt, also ohne die eigentliche DVD, ist.

Kundin: *„Ich hatte mich gestern Abend so auf den Film gefreut. Und dann das! Eine leere Hülle. Ich bin echt enttäuscht!"*

Monika Schmitz: *„Das tut mir wirklich leid! Aber da die Hülle in Plastikfolie eingeschweißt war, konnte man das ja auch vorher nicht sehen oder überprüfen."*

Kundin: *„Egal, ich will auf jeden Fall jetzt endlich den Film auf DVD haben!"*

Monika Schmitz: *„Klar, kann ich verstehen. Warten Sie bitte einen Augenblick, ich suche Ihnen kurz die DVD heraus."*

Bastian Lenz hat das Gespräch aus dem Hintergrund mitbekommen. *„Mann!"*, denkt er sich, *„Frau Schmitz weiß doch gar nicht, ob die Kundin sie nicht belügt. Vielleicht war ja die DVD-Hülle gar nicht leer. Und gleich hat die Frau zwei Filme statt angeblich gar keinem."*

Das ist zu tun

1. Beurteilen Sie „aus dem Bauch heraus": Hat sich die Verkäuferin der Mediaworld e. K., Frau Monika Schmitz, richtig verhalten?
2. Nun im Detail:
   a) Benennen Sie den Reklamationsgrund, den die Kundin vorträgt.
   b) Handelt es sich um eine berechtigte Reklamation?
   c) Überprüfen Sie, welche der Regeln zum Führen von Reklamationsgesprächen Monika Schmitz beachtet hat.
   d) Formulieren Sie einen alternativen Lösungsvorschlag für die Kundenbeschwerde.

Reklamationen entgegennehmen und abwickeln

Das sollte man wissen

Gründe für Reklamationen durch Kundinnen und Kunden können sein:

- Die Ware ist defekt oder beschädigt.
- Die Ware ist unvollständig.
- Die Ware hat nicht die vereinbarte Qualität.
- Die Ware ist nicht benutzbar.

Die ersten vier Gründe sind schon bekannt aus dem LF 3, AS 3.2, Kapitel 2.1, Seite 107 „Mangelhafte Lieferung". Hier liegen jeweils Mängel vor, aufgrund derer der Käuferin oder dem Käufer Rechte zustehen, die an dortiger Stelle ausführlich besprochen wurden.

Etwas anders liegt der Fall, wenn der Kundin oder dem Kunden die Ware nicht gefällt oder nicht passt. Dann handelt es sich nicht um eine Reklamation im eigentlichen Sinne, sondern um einen Umtausch auf Kulanz.

Kundinnen und Kunden, die dagegen zu Recht reklamieren und sich somit beschweren, sind häufig aufgebracht und ungehalten. Hier gilt es, im Verkauf mit Augenmaß zu reagieren. Jede Situation, in der sich eine Kundin oder ein Kunde beschwert, ist natürlich anders.

Beispiel

Beispiel 1	Beispiel 2
Ein Kunde beschwert sich, weil das Smartphone, das er neulich im Verkaufsshop der Mediaworld e. K. gekauft hat, nicht funktioniert. Scheinbar ist der Akku defekt und lässt sich nicht aufladen. Monika Schmitz aus dem Verkaufsshop bietet dem Kunden an, das defekte Gerät zurückzunehmen und gegen ein anderes, mangelfreies Gerät, zu tauschen.	Die Firma Kasadhar e. K. aus Köln reklamiert eine Lieferung der Mediaworld e. K.: • Acht von zehn gelieferten Hi-Fi-Boxen sind während der Anlieferung durch die Mediaworld e. K. nass geworden und funktionieren nicht richtig. • Zwei gelieferte Blu-Ray-Rekorder sind in der falschen Farbe geliefert worden. Die Mediaworld e. K. bietet an, • die defekten Boxen abzuholen und diese dabei gegen neue, mangelfreie auszutauschen, • die beiden Blu-Ray-Rekorder mit einem Preisnachlass von 15 % beim Kunden zu lassen.

Im Prinzip gibt es für Gespräche mit Kundinnen und Kunden, bei denen es um deren Beschwerden wie oben in den Beispielen geht, einige wenige Regeln, die zu beachten sind:

- Die Kundinnen und Kunden sowie die Reklamation sind ernst zu nehmen.
- Es ist wichtig, die Kundinnen und Kunden zu beruhigen.
- Verständnis für die Kundinnen und Kunden sollte aufgebracht werden.
- Der Sachverhalt muss geklärt werden.
- Es sollten Lösungsvorschläge angeboten und eine Lösung mit den Kundinnen und Kunden erreicht werden.
- Das Unternehmen sollten sich für die Unnanehmlichkeiten bei den Kundinnen und Kunden entschuldigen.

Nimmt man von Kundinnen oder Kunden mangelhafte Ware zurück, muss diese beiseitegestellt werden, damit sie nicht noch einmal verkauft wird. Anschließend sollte man die Beschwerde dokumentieren. Dies ist wichtig, um nachhalten zu können, ob sich Reklamationen bei bestimmten Kundinnen und Kunden häufen, aber auch um zu überprüfen, ob sich Kundenbeschwerden immer auf die gleiche Ware beziehen.

Aufgaben

Aufgaben zur Wiederholung

1. Nennen Sie die wichtigsten Gründe für Kundenreklamationen und erläutern Sie diese jeweils mit einem anschaulichen Beispiel.
2. Die folgenden Sätze stammen aus Gesprächen mit Kundinnen und Kunden, die die gekaufte Ware reklamieren. Beurteilen Sie die Aussagen des Verkaufspersonals und machen Sie gegebenenfalls Verbesserungsvorschläge.
   a) *„Die Kratzer auf dem Display des Smartphones sind doch gar nicht so schlimm, die sieht man doch fast gar nicht."*
   b) *„Nun beruhigen Sie sich doch erst einmal. Ich kann ja verstehen, dass Sie sich über den abgebrochenen Knopf hier bei der Kamera aufregen, aber da finden wir bestimmt eine Lösung."*
   c) *„Ich denke, die Ware ist auf dem Transport kaputt gegangen. Dafür können wir ja nichts, da müssen Sie schon bei der Spedition Müller anrufen."*
   d) *„Nein, umtauschen kann ich das Fernsehgerät nicht, auch wenn er schon von Anfang an defekt war. Das war ein Einzelstück."*
3. Bieten Sie für folgende Reklamationssituationen Lösungen für die Kundinnen und Kunden an.
   a) Eine Lieferung Computertastaturen ist in der falschen Farbe angeliefert worden.
   b) Auf dem Bildschirm eines PC sind Kratzer zu sehen.
   c) Auf dem Gehäuse eines Bildschirms eines PC sind leichte Kratzer zu sehen.
   d) Ein Kunde hat für seinen Sohn die falsche (aber mangelfreie) Version eines Computerspiels gekauft.

10 Maßnahmen bei Zahlungsrückständen von Kundinnen und Kunden

10.1 Zahlungsverzug

Das ist geschehen

Die Abteilung Buchhaltung/Verwaltung der Mediaworld e. K. überwacht auch die Zahlungstermine der offenen Rechnungen der Kundinnen und Kunden. Florian Peek liegt die folgende Rechnung aus dem Dezember letzten Jahres vor.

Mediaworld/e. K.

Mediaworld e. K., Krefelder Str. 92, 47226 Duisburg

Elektro-Günther e. K.
Kölner Str. 98
47226 Duisburg

Krefelder Str. 92
47226 Duisburg
Tel.: 02065 99977-0
Fax: 02065 99977-20

E-Mail: mediaworld@wvd.de
www.mediaworld-wvd.de

Rechnungs-/Lieferdatum:
03.12.20..

Rechnung Unser Angebot vom 28.11.20.., Ihre Bestellung vom 30.11.20..

Artikel-Nr.	Artikelbezeichnung	Menge	Einzelpreis	Gesamtpreis
S 2002	Schnitzer 4K-Fernsehgerät PF 107	15	445,50 €	6.682,50 €
		abzgl. 15 % Rabatt		1.002,38 €
				5.680,12 €
		zzgl. 19 % USt		1.079,22 €
Rechnungsbetrag, zahlbar binnen 30 Tagen ab Rechnungsdatum ohne Abzug				**6.759,34 €**

Heute ist schon der 14.01.20.. und die Rechnung ist immer noch nicht bezahlt worden. Florian Peek gibt den Fall an den Auszubildenden Bastian Lenz weiter: *„Hier, kümmere dich bitte mal darum!“* Bastian überlegt, was er nun zu tun hat.

Das ist zu tun

1. Überprüfen Sie mithilfe der unten stehenden Informationen, ob der Kunde Elektro-Günther e. K. sich im Zahlungsverzug befindet.
2. Wie soll sich die Mediaworld e. K. verhalten? Zeigen Sie die möglichen Rechte auf und prüfen Sie die jeweiligen Voraussetzungen. Die Firma Elektro-Günther e. K. ist ein guter Kunde, den man nicht verlieren möchte.

Das sollte man wissen

Zahlungsverzug

In einem Kaufvertrag ist eine Vertragspartei die Schuldnerin/der Schuldner der Lieferung – das ist die Verkäuferin/der Verkäufer. Die andere Vertragspartei ist die Schuldnerin/der Schuldner für die Bezahlung der Lieferung – die Käuferin/der Käufer.

Welche Rechte der Käuferin/dem Käufer zustehen, wenn die Verkäuferin/der Verkäufer die Ware nicht rechtzeitig liefert, haben wir in LF 3, AS 3.2, Kapitel 2.2, Seite 112, gesehen. Wenn die Käuferin/der Käufer den Rechnungsbetrag nicht rechtzeitig bezahlt, ist dies im Prinzip das gleiche Problem: Eine geschuldete Sache wird nicht rechtzeitig übergeben – nur eben dass die geschuldete „Sache“ das Geld ist, das der Verkäuferin/dem Verkäufer zusteht.

Insofern sehen die Voraussetzungen und die Rechte bei dem Zahlungsverzug so aus wie bei dem Lieferungsverzug – mit ein paar kleinen Ausnahmen und Ergänzungen.

Rechte der Gläubigerin/des Gläubigers (Verkäuferin/Verkäufer) bei einem Zahlungsverzug		
Auf Zahlung bestehen; eventuell zusätzlich Schadenersatz	Schadenersatz statt Leistung oder Ersatz vergeblicher Aufwendungen	Rücktritt vom Vertrag; eventuell zusätzlich Schadenersatz
Voraussetzungen:		
1. Fälligkeit der Zahlung 2. Mahnung durch die Gläubigerin/den Gläubiger, allerdings nicht, wenn: • die Käuferin/der Käufer die Zahlung verweigert • Zahlungstermin kalendermäßig bestimmbar ist • 30 Tage nach Rechnungszugang vergangen sind 3. Die Käuferin/der Käufer hat die Verzögerung zu verschulden (bei Schadenersatzforderung).	1. Fälligkeit 2. Verschulden der Käuferin/des Käufers 3. Die Verkäuferin/Der Verkäufer setzt der Käuferin/dem Käufer eine angemessene Nachfrist, damit diese/dieser die Chance hat, doch noch zu bezahlen. Dies ist nicht notwendig, wenn die Käuferin/der Käufer die Zahlung verweigert.	1. Fälligkeit 2. Setzen einer angemessenen Nachfrist, allerdings nicht, wenn die Käuferin/der Käufer die Zahlung verweigert. 3. Wenn zusätzlich Schadenersatz gefordert werden soll, muss ein Verschulden der Käuferin/des Käufers vorliegen!

Besonderheiten beim Zahlungsverzug

- Auf eine Mahnung kann generell verzichtet werden, wenn seit dem Rechnungstermin 30 Tage vergangen sind. In diesem Fall kommt die Schuldnerin/der Schuldner automatisch in Verzug. Diese Bestimmung soll dazu führen, dass die Zahlungsbereitschaft erhöht wird.
- Eine Rechnung an eine Nichtkauffrau (Endverbraucherin) oder Nichtkaufmann (Endverbraucher) wird allerdings nur automatisch nach 30 Tagen fällig, wenn in der Rechnung darauf hingewiesen wird. Wenn dies nicht der Fall ist, dann muss die Gläubigerin/der Gläubiger die Rechnung doch noch anmahnen, falls sie nicht bezahlt wird.
- Eine Geldschuld ist zu verzinsen, wenn sie nicht rechtzeitig bezahlt wird. Bei Verbraucherinnen und Verbrauchern (Privatleuten) fallen **Verzugszinsen** in Höhe von 5 % über dem Basiszins für den Zeitraum des Zahlungsverzuges an.
- Wenn es sich um eine Rechnung handelt, die eine Kauffrau oder ein Kaufmann zu bezahlen hat, fallen Verzugszinsen in Höhe von 9 % über dem Basiszins an. Zusätzlich kann hier eine Mahnkosten-Pauschale in Höhe von 40,00 € erhoben werden.

Beispiel zur Berechnung der Verzugszinsen für eine Kauffrau/ einen Kaufmann

Eine Rechnung an einen Geschäftskunden über 2.500,00 € ist am 30.04.20.. fällig. Sie wird erst nach mehrmaliger Aufforderung am 30.06.20.. bezahlt. Die Gläubigerin/Der Gläubiger kann für diesen Zeitraum zwischen Fälligkeit und Bezahlung Verzugszinsen verlangen. Der Zeitraum beträgt 60 Tage. Bei einem Basiszinssatz z. B. 1 % beträgt der Gesamtzinssatz somit 10 %.[1]

Formel:

$$\text{Zinsen} = \frac{\text{Kapital} \cdot \text{Zinssatz} \cdot \text{Tage}}{100 \cdot 360} \qquad \text{Zinsen} = \frac{2.500{,}00\,€ \cdot 10 \cdot 60}{100 \cdot 360} = 41{,}67\,€$$

- Neben den aufgeführten Verzugszinsen kann die Gläubigerin/der Gläubiger natürlich noch das Porto für die verschickte Mahnung, Telefonkosten, Rechtsanwaltskosten oder Ähnliches in Rechnung stellen. Damit kann eine nicht rechtzeitig bezahlte Rechnung für die Käuferin oder den Käufer letztendlich sehr teuer werden.

Aufgaben

Aufgaben zur Wiederholung

1. a) In einem Kaufvertrag ist kein Termin für die Bezahlung der Lieferung genannt. Wann muss die Käuferin oder der Käufer die Rechnung bezahlen?

b) Unter welchen Voraussetzungen befindet sich die Käuferin oder der Käufer im Fall a) im Zahlungsverzug?

c) Angenommen, die Käuferin oder der Käufer befindet sich im Zahlungsverzug. Die Verkäuferin/Der Verkäufer besteht auf der Bezahlung der Rechnung. Welche weiteren Forderungen können gestellt werden.

2. Prüfen Sie in den folgenden Fällen, ob Zahlungsverzug vorliegt oder nicht. Begründen Sie Ihre Meinung.

a) Die Mediaworld e. K. verschickt an einen Kunden (Unternehmer!) eine Rechnung, in der als spätester Zahlungstermin der 03.02.20.. vermerkt ist. Am 05.02.20.. stellt die Mediaworld e. K. fest, dass das Geld immer noch nicht eingetroffen ist.

b) Die Mediaworld e. K. stellt der Firma Kurt Wächter, Fernseh- und Hi-Fi-Fachhandel aus Dortmund, eine Rechnung aus. Es wird kein Rechnungsdatum eingetragen. Nach 20 Tagen denkt sich Florian Peek aus der Buchhaltung, der auch den Zahlungsverkehr überwacht, dass die Firma Wächter endlich bezahlen muss.

c) Die Mediaworld e. K. liefert ein Fernsehgerät an eine Privatkundin. Die Rechnung wird mit der Ware versandt und mit dem Hinweis versehen, dass die Kundin sich im Zahlungsverzug befindet, wenn sie die Rechnung nicht innerhalb von 30 Tagen bezahlt. die Kundin hält sich nicht an diese Aufforderung und bezahlt die Rechnung nicht.

d) Die Mediaworld e. K. verschickt an eine Kundin (Unternehmerin!) eine Rechnung mit einem Zahlungsziel von zehn Tagen ab Rechnungsdatum. Die Kundin bezahlt nicht rechtzeitig. Auf einen Anruf hin

1 Der Vereinfachung halber wird mit der deutschen/kaufmännischen Zinsmethode gerechnet.

begründet sie ihr Verhalten damit, dass eine Rechnung grundsätzlich erst nach 30 Tagen fällig sein kann.

3. Entwickeln Sie ein Fallbeispiel, in dem die Mediaworld e. K. aufgrund eines Zahlungsverzuges das Recht in Anspruch nimmt, vom Vertrag zurückzutreten.

4. Berechnen Sie für das folgende Beispiel die Verzugszinsen, die von einem säumigen Kunden neben dem Rechnungsbetrag verlangt werden können:
   - Rechnung fällig am 10.03.20..
   - Bezahlung am 25.07.20..
   - Rechnungsbetrag: 4.500,00 €
   - Der Kunde ist Kaufmann.
   - Basiszinssatz: 1 %

5. Berechnen Sie für das folgende Beispiel die Verzugszinsen anhand der folgenden Daten:
   - Rechnung fällig am 02.07.20..
   - Bezahlung am 18.12.20..
   - Rechnungsbetrag: 1.350,00 €
   - Die Kundin ist eine Privatperson.
   - Basiszinssatz: 1,5 %

6. Finden Sie die richtigen Wörter für die Lücken im Text.

   Wenn ein ____(1)____ nach Ablauf der Zahlungsfrist nicht bezahlt, kommt er unter bestimmten Voraussetzungen in ____(2)____. Eine dieser Voraussetzungen ist die ____(3)____ des Verkäufers. Sie ist allerdings entbehrlich, wenn der Zahlungstermin ____(4)____ bestimmbar ist. Dies ist beispielsweise die Angabe: zahlbar bis ____(5)____ März diesen Jahres. Ohne Mahnung kommt der Käufer allerdings auch automatisch in Verzug, nämlich nach Ablauf einer Frist von ____(6)____ Tagen. Der ____(7)____ hat dann verschiedene Rechte. Hierzu gehören zum einen das Recht auf ____(8)____, verbunden mit sogenannten ____(9)____, oder er kann vom Vertrag ____(10)____. Der Zinssatz für die Verzinsung einer Geldschuld im Zahlungsverzug beträgt im ____(11)____ Handelskauf ____(12)____ über dem Basiszinssatz. Liegt ein einseitiger Handelskauf vor, beträgt der Zinssatz ____(13)____ über dem Basiszinssatz. Neben den Verzugszinsen können noch weitere Auslagen des Verkäufers in ____(14)____ gestellt werden, die sogenannten ____(15)____.

10.2 Kaufmännisches und gerichtliches Mahnverfahren

Das ist geschehen

Die Firma Heka-Multimedia GmbH aus Wesel hat aufgrund ihrer Bestellung Nr. 56/03 vom 25. Februar 20.. eine Lieferung über 150 Stück des Artikels Nr. S 2005 erhalten. Die Rechnung Nr. 117 in Höhe von 17.069,00 € wurde von der Mediaworld. e. K. am 2. März 20.. verschickt (Fälligkeit der Rechnung am 1. April 20..). Bei der Überprüfung der Zahlungseingänge stellt der Mitarbeiter der Abteilung Buchhaltung/Verwaltung am 5. April 20.. fest, dass die Firma Heka-Multimedia GmbH immer noch nicht gezahlt hat.

Das ist zu tun

Finden Sie anhand der unten stehenden Informationen der Mediaworld e. K. heraus, wie weiter vorzugehen ist. Bedenken Sie, dass die Heka-Multimedia GmbH ein guter Kunde der Mediaworld e. K. ist.

Das sollte man wissen

Kaufmännisches Mahnverfahren

In Kapitel 10.1 wurde als Voraussetzung des Zahlungsverzuges genannt, dass die Verspätung der Zahlung unter bestimmten Umständen angemahnt werden muss. Diese Mahnung kann einerseits durch das Unternehmen selbst vorgenommen werden. Hier spricht man von dem **kaufmännischen Mahnverfahren.** Häufig führt dies bereits dazu, dass die Käuferin oder der Käufer den geschuldeten Betrag bezahlt. Erhält die Verkäuferin oder der Verkäufer sein Geld aber über das kaufmännische Mahnverfahren nicht, kann über den gerichtlichen Weg ein Mahnverfahren angestrebt werden. Dies kann in letzter Konsequenz sogar dazu führen, dass das Geld bei der Schuldnerin/beim Schuldner durch eine Gerichtsvollzieherin/einen Gerichtsvollzieher in einer **Zwangsvollstreckung** eingetrieben wird. Die beiden zur Verfügung stehenden Mahnverfahren sind also in ihren Auswirkungen sehr unterschiedlich.

Das kaufmännische Mahnverfahren wird auch **außergerichtliches Mahnverfahren** genannt, da es ohne die Einschaltung von Gerichten vollzogen wird. Bevor man die Gerichte bemüht und die säumige Zahlerin oder den säumigen Zahler auf die Rechtsweg auf seine Zahlungsverpflichtung hinweist, wird in der Regel zunächst dieser Weg beschritten.

Man darf nicht vergessen, dass die Person, die die Rechnung nicht rechtzeitig bezahlt, ein Kunde ist, mit dem man in Geschäftsbeziehungen steht und voraussichtlich auch noch weiterhin Geschäfte machen will. Daher verfährt man bei einer Mahnung in der Regel zunächst sehr vorsichtig und erinnert die Kundin oder den Kunden an die Fälligkeit der Zahlung. Mit zunehmender Zahlungsunwilligkeit der Käuferin/des Käufers und der Schuldnerin/des Schuldners werden der Tonfall und die Maßnahmen einer Mahnung fordernder. In der Mediaworld e. K. hat der Geschäftsführer Moritz Wagner in einer Mitteilung an seine Mitarbeitenden das folgende abgestufte kaufmännische Mahnverfahren festgelegt.

Mediaworld/e. K.

Geschäftsleitung: Moritz Wagner

Hausmitteilung für die Mitarbeitenden der Abteilung Buchhaltung/Verwaltung zu Zahlungsverzug und Mahnverfahren

In letzter Zeit kommt es aufgrund der schwierigen konjunkturellen Situation und der sinkenden allgemeinen Zahlungsbereitschaft häufiger vor, dass Kundinnen und Kunden ihre Rechnungen nicht rechtzeitig bezahlen. Für diesen Fall bitte ich Sie, das folgende abgestufte Mahnverfahren anzuwenden, um nachlässige Kundinnen und Kunden an ihre Zahlungspflicht zu erinnern.

3 bis 15 Tage nach Fälligkeit:	Zahlungserinnerung
16 bis 30 Tage nach Fälligkeit:	1. Mahnung mit der Androhung von Verzugszinsen
30 bis 40 Tage nach Fälligkeit:	2. Mahnung mit Verzugszinsen
41 bis 55 Tage nach Fälligkeit:	3. und letzte Mahnung mit Mahngebühren und Verzugszinsen sowie der Androhung eines gerichtlichen Mahnverfahrens

Bei den Verzugszinsen halten wir uns an die gesetzliche Regelung und berechnen:
- bei Privatkundinnen und -kunden 5 % über dem Basiszinssatz (d. h. zzt. insgesamt 6,5 %)
- bei Geschäftskunden: 9 % über dem Basiszinssatz (d. h. zzt. insgesamt 10,5 %)

Zusätzlich erheben wir mit der dritten Mahnung eine Mahngebühr in Höhe von pauschal 40,00 €.

18. Januar 20.., Moritz Wagner

Wenn das kaufmännische Mahnverfahren nicht dazu führt, dass die Kundin oder der Kunde die Rechnung bezahlt, wird der Weg des gerichtlichen Mahnverfahrens eingeschlagen.

Gerichtliches Mahnverfahren

Am Ende des gerichtlichen Mahnverfahrens steht eine Zwangsvollstreckung durch eine Gerichtsvollzieherin/einen Gerichtsvollzieher. Bis es soweit ist, hat die säumige Schuldnerin/der säumige Schuldner allerdings noch Gelegenheit, die fälligen Beträge doch noch zu bezahlen. Das Verfahren verläuft in folgenden Schritten:

Ablaufschema des gerichtlichen Mahnverfahrens

1. Die Gläubigerin/Der Gläubiger beantragt bei Gericht, dass die Schuldnerin/der Schuldner einen gerichtlichen Mahnbescheid erhält.
2. Die Schuldnerin/der Schuldner erhält einen Mahnbescheid vom Gericht.
3. Die Schuldnerin/Der Schuldner kann dem Mahnbescheid widersprechen, sie/er kann bezahlen oder sie/er kann schweigen (Letzteres bewirkt aber letztendlich eine Zwangsvollstreckung).

4. Falls die Schuldnerin/der Schuldner Widerspruch erhebt, kommt es zu einer Verhandlung vor Gericht. In dieser Verhandlung kann die Gläubigerin/der Gläubiger noch einmal die Forderung bekräftigen und die Schuldnerin/der Schuldner den Widerspruch begründen.
5. Falls das Gericht die Forderung der Gläubigerin/des Gläubigers für richtig befunden hat, spricht es ein Urteil aus und es kommt zur Zwangsvollstreckung.
6. Bei der Zwangsvollstreckung hat die Schuldnerin/der Schuldner noch einmal die Möglichkeit zu bezahlen. Passiert dies nicht, kann gepfändet werden. Dies bedeutet, dass die Gerichtsvollzieherin/der Gerichtsvollzieher verwertbare Gegenstände mitnimmt bzw. mit einem Pfandsiegel versieht.
7. Für den Fall, dass die Gerichtsvollzieherin/der Gerichtsvollzieher keine verwertbaren Gegenstände in den Wohn- und Geschäftsräumen der Schuldnerin/des Schuldners findet, wird diese/dieser zu einer eidesstattlichen Versicherung aufgefordert. Dies bedeutet, dass eine Aufstellung über das gesamte Vermögen abgegeben werden muss. Verweigert die Schuldnerin/der Schuldner die eidesstattliche Versicherung, kann sie/er in Haft genommen werden. Werden falsche Angaben über die Vermögensverhältnisse gemacht, muss sie/er ebenfalls mit einer Haftstrafe rechnen.
8. Nach sieben Tagen werden die gepfändeten Gegenstände versteigert. Den Erlös der Versteigerung erhält die Gläubigerin/der Gläubiger.

Wie man sieht, ist es nicht unbedingt gesagt, dass die Gläubigerin/der Gläubiger am Ende des gerichtlichen Mahnverfahrens das Geld bekommt. Wenn die Schuldnerin/der Schuldner wirklich kein Vermögen mehr hat, geht die Gläubigerin/der Gläubiger unter Umständen leer aus.

Aufgaben

Aufgaben zur Wiederholung

1. a) Warum wird zuerst das kaufmännische Mahnverfahren durchgeführt und nicht gleich der Weg des gerichtlichen Mahnverfahrens beschritten?

b) Erläutern Sie das abgestufte kaufmännische Mahnverfahren der Mediaworld e. K. und begründen Sie dabei, warum die Maßnahmen zuerst ganz harmlos und dann zunehmend fordernder und drastischer werden.

2. Erstellen Sie aus dem Ablaufschema des gerichtlichen Mahnverfahrens ein Schaubild, in dem mithilfe von Stichworten und Pfeilen der Verlauf sichtbar wird. Bedenken Sie dabei, dass die Schuldnerin/der Schuldner an einigen Stellen mehrere Handlungsmöglichkeiten hat (schweigen, zahlen, ...).

3. Am 5. April 20.. soll ein Brief an das Unternehmen Heka-Multimedia GmbH in Wesel geschrieben werden (siehe „Das ist geschehen ...“).

a) Tragen Sie die Informationen zusammen, die Ihrer Meinung nach in den Brief hinein gehören.

b) Überlegen Sie sich, wie der Brief formuliert werden könnte, und setzen Sie dann das Schreiben auf.

4. Am 17. Mai 20.. ist die Rechnung der Firma Heka-Multimedia GmbH aus Wesel noch immer nicht bezahlt. Mittlerweile wurden neben der Zahlungserinnerung auch die erste und die zweite Mahnung verschickt.

a) Überlegen Sie, welche Daten in eine dritte und letzte Mahnung an dieses Unternehmen hinein gehören.

b) In welchem Schreibstil sollte diese letzte Mahnung verfasst sein? Machen Sie Formulierungsvorschläge.

c) Schreiben Sie die dritte und letzte Mahnung an die Heka Multimedia GmbH. Nutzen Sie ein Textverarbeitungsprogramm (Zahlungserinnerung: 5. April; erste Mahnung: 18. April; zweite Mahnung: 6. Mai; dritte Mahnung: 17. Mai).

5. Lesen Sie die Auszüge des Artikels „Gerichtsvollzieher: Unparteiischer Schuldeneintreiber der Justiz“ und beantworten Sie dazu nachfolgende Fragen:

a) Erläutern Sie in eigenen Worten, welche Aufgaben eine Gerichtsvollzieherin/ein Gerichtsvollzieher hat.

b) Einer Gerichtsvollzieherin/Einem Gerichtsvollzieher ist nicht alles erlaubt. Beschreiben Sie die Grenzen der Möglichkeiten.

c) Erläutern Sie in eigenen Worten, welche Rechte Schuldner/-innen gegenüber einer Gerichtsvollzieherin/einem Gerichtsvollzieher hat.

d) Erklären Sie, warum Gerichtsvollzieher/-innen an einer gütlichen Einigung interessiert sind. Wie könnte so eine Einigung aussehen?

Gerichtsvollzieher: Unparteiischer Schuldeneintreiber der Justiz

Er ist Beamter der Justiz und lässt einen unvermeidlich an den Kuckuck denken. Und er versetzt den meisten Menschen einen Schock, wenn er an der Haustür klingelt: der Gerichtsvollzieher. Denn er kommt, um Schulden bzw. Geldforderungen im Wege der Zwangsvollstreckung beizutreiben. Wenn dieser Beamte tatsächlich vor der eigenen Tür steht, muss im Vorfeld schon eine Menge passiert sein. Denn eine Zwangsvollstreckung ist nicht ohne weiteres möglich. [...]

Gerichtsvollzieher: Seine Aufgaben und Befugnisse

Gerichtsvollzieher pfänden und verwerten bzw. versteigern Wertgegenstände von Schuldnern, um deren Gläubigern zu ihrem Recht zu verhelfen. Ihre primäre Aufgabe ist es also, titulierte Geldforderungen durchzusetzen. [...] Hierunter fallen vor allem die Wegnahme, Pfändung und Versteigerung beweglicher Sachen. [...]

Doch auch andere Aufgaben fallen in das Ressort dieses Beamten, z. B.:

- *Zwangsräumungen von Wohnungen*
- *Zustellung und Abnahme einer Vermögensauskunft*
- *Einholung der Auskunft Dritter über das Vermögen des Schuldners*
- *Versuch der gütlichen Einigung*
- *Eintragung des Schuldners in das Schuldnerverzeichnis*
- *Abfragen bei anderen Behörden*

Gerichtsvollzieher: Was darf er und was darf er nicht?

Ein Gerichtsvollzieher kann seine Aufgaben nur dann erfüllen, wenn ihm das Gesetz entsprechende Befugnisse einräumt. Er kann die Sachen des Schuldners nur pfänden, wenn er Zugang zu dessen Wohnung hat. Aus diesem Grund darf er die Wohnung des Schuldners mit Gewalt öffnen und durchsuchen, wenn er eine gerichtliche Genehmigung hierfür besitzt, notfalls sogar mit polizeilicher Gewalt. Die Kosten für den Schlüsseldienst trägt dann übrigens der Schuldner.

Ein Gerichtsvollzieher hat jedoch noch weitere Rechte:

Der Gerichtsvollzieher darf Bargeld mitnehmen und pfänden. Er darf hierfür sogar einen Blick in die Geldbörse werfen (Taschenpfändung).

Allerdings darf er nicht alles geld wegnehmen. [...]

Auch Gegenstände darf er in einem gewissen Rahmen pfänden (Sachpfändung). Sachen, die für eine „bescheidene Lebens- und Haushaltsführung" notwendig sind (z. B. Haushaltsgeräte, Möbel, Kleidung), muss er dem Schuldner [...] belassen.

Luxusgegenstände und teure Neugeräte darf er mitnehmen, wenn er dem Schuldner einen funktionsfähigen Ersatz belässt. Schmuck, mit Ausnahme von Eheringen, darf der Beamte mitnehmen. [...]

Weigert sich ein Schuldner, die Vermögensauskunft abzugeben oder bleibt er unentschuldigt diesem Termin fern, so kann der Gerichtsvollzieher diesen auf der Grundlage eines entsprechenden Haftbefehls verhaften (Erzwingungshaft). Der Haftbefehl muss jedoch von einem Gläubiger beantragt werden. [...]

Was tun, wenn der Gerichtsvollzieher kommt: Rechte des Schuldners

[...] Der Gerichtsvollzieher kündigt seinen Besuch in der Regel an. Sie sollten ihn in die Wohnung lassen, weil er anderenfalls wiederkommt – dieses Mal unter Umständen mit einem richterlichen Durchsuchungsbeschluss.

Sie als Schuldner haben dabei folgende Rechte:

- *Lassen Sie sich den Dienstausweis zeigen.*
- *Zur Zwangsvollstreckung ist der Gerichtsvollzieher nur befugt, wenn er Ihnen einen entsprechenden Vollstreckungstitel des Gläubigers vorlegt. Das ist entweder ein gerichtlicher Beschluss oder ein Vollstreckungsbescheid oder ein Urteil.*
- *Sie müssen keine Frage zu Ihrer Arbeit, Ihren Bankkonten oder Ihrem Vermögen machen. Notfalls können Sie den Beamten darauf verweisen, dass Sie zunächst mit Ihrem Anwalt oder der Schuldnerberatung sprechen möchten. Die Auskunftspflicht besteht jedoch dann, wenn Sie der Gerichtsvollzieher zur Abgabe einer Vermögensauskunft auffordert.*
- *Wenn Sie das Gefühl haben, dass ein Gerichtsvollzieher zu viel gepfändet hat, können Sie einen Anwalt beauftragen oder sich bei der Rechtsantragsstelle des Amtsgerichts beschweren. [...]*

Gütliche Einigung erwünscht: Sprechen Sie mit dem Gerichtsvollzieher

Die weitreichenden Möglichkeiten eines Gerichtsvollziehers und sein zweifelhafter Ruf mögen Schuldner verunsichern. Diese Beamten wollen den Betroffenen aber nichts Böses. Auch wenn sie auf Antrag des Gläubigers handeln, sind sie unparteiisch und an einer gütlichen Einigung interessiert. Es ist sogar ihre Aufgaben, Versuche zu einer einvernehmlichen Lösung zu unternehmen. In der Regel wird ein Gerichtsvollzieher nicht sofort nach Wertgegenständen suchen, sondern erst mit dem Schuldner über die Situation sprechen. Sie können z. B. dem Gerichtsvollzieher eine Ratenzahlung vorschlagen.

Quelle: Privatinsolvenz.net: Gerichtsvollzieher: Unparteiischer Schuldeneintreiber der Justiz, abgerufen unter: www.privatinsolvenz.net/gerichtsvollzieher/ [11.12.2023].

Lernaktionen

Lernaktion 1

Sammeln Sie Produktverpackungen verschiedenster Art. Zeigen Sie, wie die Verpackungen jeweils ihren Aufgaben gerecht werden.

Lernaktion 2

Die Mediaworld e. K. erhält die nebenstehende Anfrage. Karl Herwig als „Verkaufschef" der Mediaworld e. K. zeigt dem Praktikanten Andreas Zimmer, wie der Arbeitsprozess im Verkauf abläuft.

Lamprecht e. K.
Ihr Fachmann für Computerzubehör

Bismarckstraße 18–20
47169 Duisburg

Telefon: 0203 14444-0
Telefax: 0203 14444-23

E-Mail: lamprecht@wvd.de

Targobank Duisburg
IBAN: DE49 3002 0900 0098 4523 23
BIC: CMC1DEDDXXX

Lamprecht e. K. • Bismarckstr. 18–20 • 47169 Duisburg

Mediaworld e. K.
Abteilung Verkauf
Herrn Herwig
Krefelder Straße 92
47226 Duisburg

EINGEGANGEN
am:
Namenszeichen Abteilung

Ihr Zeichen, Ihre Nachricht vom	Unser Zeichen, unsere Nachricht vom	Telefon, Name 0203 14444-	Datum
	du	04 Herr Dudel	30.08.20..

Anfrage

Sehr geehrter Herr Herwig,

bitte senden Sie uns unter Einschluss Ihrer Lieferungs- und Zahlungsbedingungen ein Angebot für:

10 Funk-Tastaturen (speedy).

Wir benötigen die Ware innerhalb der nächsten 2 Wochen.

Vielen Dank für Ihre Bemühungen!

Mit freundlichen Grüßen

Dudel

i. A. Dudel

Arbeit mit dem PC

1. Tragen Sie die Post in das Posteingangsbuch ein. Excel-Dateien → *Posteingangsbuch.*

	A	B	C	D	E
1					
2	**Posteingang**				
3					
4	**Datum**	**Absender**	**Art der Sendung**	**Abteilung**	**Namenszeichen**
5	*Datum des Poststempels*	*Multitask GmbH*	*Brief*	*Einkauf*	
6	*Datum des Poststempels*	*Mamuth GmbH*	*Brief*	*Einkauf*	
7	*Datum des Poststempels*	*Lavex*	*Brief*	*Einkauf*	
8	*Datum des Poststempels*	*Lavex*	*Brief*	*Einkauf*	
9					
10					

2. a) Lesen Sie sich mit Andreas Zimmer den Brief genau durch. Was möchte der Absender von der Mediaworld e. K.?

b) Welchem Zweck dient die Anfrage und welche rechtliche Wirkung hat sie?

3. Für die gesamte Kundschaft hat die Mediaworld e. K. Kundenkarten angelegt. Andreas Zimmer sucht in der Kundendatei nach der Kundenkarte der Firma Lamprecht e. K. Sehen Sie sich das Register „24001 Lamprecht" an. Excel-Dateien → *Kundenkarte.*

Kundenkarte Kundennummer: 24001

Firma:	Heinz Lamprecht e. K.	Ansprechpartner:	Herr Dudel
		Telefon:	0203 14444-04 (Zentrale -0)
Postfach:		Fax:	0203 14444-23
Straße:	Bismarckstr. 18 – 20	IBAN:	DE49 3002 0900 0098 4523 23
PLZ/Ort:	47169 Duisburg	BIC:	CMC1DEDDXXX
E-Mail:	lamprecht@wvd.de	Bank:	Citibank Duisburg

Zahlungs- und Lieferungsbedingungen

☐ Lieferung gegen Vorkasse — 10 % Rabatt

☐ Lieferung gegen Nachnahme — **Versandart:** Lkw frei Haus

☐ Bankeinzug (Konto oben)

☒ Zahlungsziel 30 Tage — **Zahlungsmoral:** sehr gut

3 % Skonto innerhalb 10 Tagen — **Bonität:** sehr gut

Bemerkungen

Excel-Dateien → *Kundenkarte.*

a) Vergleichen Sie, ob sich Kontaktdaten des Kunden verändert haben.

b) Was bedeuten die folgenden Angaben auf der Kundenkarte:

Lieferung gegen Vorkasse
Lieferung gegen Nachnahme
Bankeinzug (Konto oben)
Zahlungsziel … Tage
… % Skonto … Tage
Rabatt
Versandart

c) Auf der Kundenkarte sind bereits Eintragungen vorgenommen worden. Wie beurteilt Karl Herwig damit das Zahlungsverhalten der Firma Lamprecht e. K.?

4. Andreas Zimmer überlegt, was er zu tun hat: Herr Herwig hat Bestandsanfragen an das Lager zu Peter Bäumer geschickt. Füllen Sie diese aus.
Excel-Dateien → *Bestandsanfrage.*

Bestandsanfrage		Kunden-Nr	
Artikel-Nr	benötigte Stückzahl	vorhanden	lieferbar am
Datum, Unterschrift Verkauf		Datum, Unterschrift Lager	

5. Die Bestandsanfrage ist bei Peter Bäumer im Lager angekommen. Nun muss Herr Bäumer überprüfen, ob die Ware überhaupt zum gewünschten Zeitpunkt lieferbar ist. Damit Herr Bäumer nicht alle Lagerregale ablaufen muss, führt er für jeden Artikel eine Lagerkartei. Die Tastaturen werden für die Firma Lamprecht e. K. reserviert.

Füllen Sie die Lagerkarte für die Tastaturen aus. Die Bestandsanfrage geht an das Lager. Vervollständigen Sie dort die Bestandsanfrage für Herrn Bäumer (als Rückmeldung an den Verkauf). Reservieren Sie den Artikel in der gefragten Menge. Excel-Dateien → *Lagerkarten.*

A | B | C | D | E | F | G | H | IJ | K | L | M | N | O | P | Q | R | S | Sch | St | T | U | V | W | XY | Z

Artikelkarte: Lager

Artikelbezeichnung:		Speedy-Computer-Tastatur			Artikelnummer:		C 3008	Seite
Einheit:	Stück	Höchstbestand:	600		Meldebestand:		100	1

			Artikelbewegung		Lagerbestand		Bedarf gemeldet	
Datum	Beleg-Nr.	Vorgang	Zugang	Abgang	aktueller Ist-Best.	davon reserviert	Menge	Datum
01.01.20	IV 200	Inventurbestand	500		500			

6. Warum werden im Lager bereits Anfragen in der Lagerkartei des Artikels reserviert?

7. Die ausgefüllte Bestandsanfrage ist zurück. Nun muss Andreas Zimmer das Angebot schreiben. Hierfür hat Herr Herwig einige Textbausteine zusammengestellt.

Mediaworld/e. K.
Mediaworld e. K. • Krefelder Straße 92 • 47226 Duisburg
Ihr Zeichen:
Ihre Nachricht vom:
Unser Zeichen:
Unsere Nachricht vom:
Name:
Tel.: 02065 99977 0 • Fax: 02065 99977 20
E-Mail: mediaworld@wvd.de
Internet: www.mediaworld-wvd.de
Datum:

a) Schreiben Sie mit Andreas Zimmer ein Angebot an die Lamprecht e. K. Verwenden Sie die nachfolgenden Textbausteine zur Angebotserstellung. Führen Sie anschließend eine automatische Silbentrennung durch.

Word-Dateien → *Mediaworld_Geschäftsbriefvordruck_Komplett2020*

LF7 → Word-Schulungen → *Schulung Mittestrich und Silbentrennung.*

b) Tragen Sie den Postversand ein. Excel-Dateien → *Postausgangsbuch.*

Arbeit mit dem PC

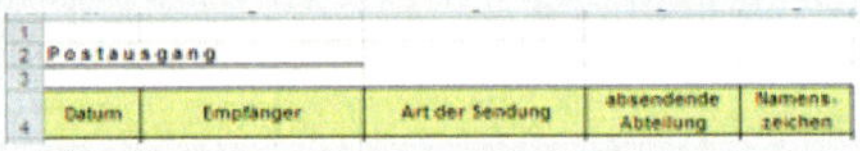

Postausgang

Datum	Empfänger	Art der Sendung	absendende Abteilung	Namens-zeichen

c) Handelt es sich in Ihrem Fall um ein verbindliches oder ein unverbindliches Angebot? Stellen Sie sich darauf ein, Ihre Entscheidung zu begründen.

d) Überlegen und begründen Sie, ob durch Ihre Formulierungen ein Kaufvertrag zustande gekommen ist.

Textbausteine für die Erstellung eines Angebotes

Anrede

- Sehr geehrte Damen und Herren,
- Sehr geehrte Frau ...,
- Sehr geehrter Herr ...,

Brieferöffnung

Verbindliches Angebot

- vielen Dank für Ihre Anfrage. Zu dem gewünschten Artikel unterbreiten wir Ihnen folgendes Angebot:
- wir danken für Ihre Anfrage. Hiermit bieten wir Ihnen, wie gewünscht, an:
- vielen Dank für Ihr Interesse an unseren Artikeln. Wunschgemäß senden wir Ihnen ein Angebot über:

Unverbindliches Angebot

- wir danken für Ihre Anfrage. Gerne unterbreiten wir Ihnen das gewünschte Angebot, das wir freibleibend abgeben:
- vielen Dank für Ihre Anfrage. Wir unterbreiten Ihnen gerne folgendes freibleibendes Angebot:
- Ihr Interesse an unseren Waren freut uns sehr. Wunschgemäß senden wir Ihnen ein unverbindliches Angebot über:

Genaue Beschreibung des Artikels, Preis

zum Beispiel:

- Artikel Nr. H1002, Autoradio „Vision", RDS-Autoradio, 36 Sendespeicher, 4x 40 Watt, abnehmbares Bedienteil, Bluetooth-Freisprecheinrichtung, Bruttopreis pro Stück: 89,00 €

Der Text kann hervorgehoben werden.

Lieferungsbedingungen

- Auf den obigen Preis gewähren wir Ihnen ... % Rabatt. Die Lieferung erfolgt per Lkw frei Haus.
- Wir gewähren Ihnen auf den Listenpreis ... % Rabatt. Versandkosten werden nicht in Rechnung gestellt.
- Vom oben genannten Preis können Sie ... % Rabatt in Abzug bringen. Versand und Verpackung sind frei.

Zahlungsbedingungen

- Wir erwarten Ihre Zahlung innerhalb von ... Tagen netto Kasse. Bei Zahlung innerhalb von ... Tagen gewähren wir ... % Skonto.
- Die Rechnung ist innerhalb von ... Tagen zu begleichen, bei vorzeitiger Zahlung innerhalb von ... Tagen räumen wir Ihnen ... % Skonto ein.
- Wir gewähren Ihnen ein Zahlungsziel von ... Tagen oder bei Zahlung innerhalb von ... Tagen ... % Skonto.

Briefabschluss

- Wir hoffen, Ihnen ein interessantes Angebot gemacht zu haben, und erwarten Ihre Bestellung.
- Ihren Auftrag werden wir sorgfältig und umgehend ausführen.
- Wir meinen, Ihnen ein attraktives Angebot unterbreitet zu haben, und freuen uns auf Ihre Bestellung.

Grußformel

- Mit freundlichem Gruß

8. Die Firma Lamprecht e. K. schickt folgende Bestellung.

Lamprecht e. K.
Ihr Fachmann für Computerzubehör

Bismarckstraße 18–20
47169 Duisburg

Telefon: 0203 14444–0
Telefax: 0203 14444–23

E-Mail: lamprecht@wvd.de

Targobank Duisburg
IBAN: DE49 3002 0900 0089 4523 23
BIC: CMCIDEDDXXX

Lamprecht e. K. • Bismarckstr. 18–20 • 47169 Duisburg

Mediaworld e. K.
Herrn Harwig
Krefelder Straße 92
47226 Duisburg

EINGEGANGEN
am:
Namenszeichen | Abteilung

Ihr Zeichen. Ihre Nachricht vom	Unser Zeichen. Unsere Nachricht vom	Telefon, Name 0203 14444-	Datum
	du	04 Herr Dudel	30.08.20..

Bestellung

Sehr geehrter Herr Herwig,

vielen Dank für das interessante Angebot. Hiermit bestellen wir

10 Speedy-Computer-Tastaturen (Artikelnummer C 3008).

Wir bitten Sie den Auftrag zu bestätigen.

Mit freundlichen Grüßen

Dudel

i. A. Dudel

Arbeit mit dem PC

a) Sofern Sie ein unverbindliches Angebot geschickt hatten, schreiben Sie nun mithilfe der Word-Datei *Mediaworld_Geschäftsbrifvordruck_Komplett2020* eine Auftragsbestätigung. Verwenden Sie die Textbausteine zur Erstellung einer Auftragsbestätigung. Tragen Sie den Briefversand in die Excel-Datei *Postausgangsbuch* ein.

Postausgang

Datum	Empfänger	Art der Sendung	absendende Abteilung	Namenszeichen

b) Tragen Sie den Auftrag in das *Auftragsbuch* ein.

Auftragsbuch Seite

Auftragsdatum	Auftragsnummer	Kundennummer	Artikelnummer	Menge	Liefertermin	Datum Auftragsbestätigung	Datum Lieferschein/ Rechnung	Bemerkung	Datum

c) Falls Sie ein verbindliches Angebot erfasst haben, überlegen Sie, welche Auswirkungen die Auftragsbestätigung für ein unverbindliches Angebot hätte.

Textbausteine für die Auftragsbestätigung

Anrede

- Sehr geehrte Damen und Herren,
- Sehr geehrte Frau ...,
- Sehr geehrter Herr ...,

Brieferöffnung

- Ihre Bestellung haben wir erhalten. Wir sagen Ihnen folgende Lieferung zu:
- gerne bestätigen wir Ihnen Ihren erteilten Auftrag wie folgt:
- vielen Dank für Ihre Bestellung. Wir liefern:

Genaue Artikelbezeichnung, Artikelnummer und ggf. Artikelbeschreibung, Menge, Preis pro Stück wie im Angebot.

Der Text wird hervorgehoben.

Lieferungs- und Zahlungsbedingungen

- Vom oben genannten Preis können Sie ... % Rabatt in Abzug bringen. Versand und Verpackung ...
- Auf den obigen Preis gewähren wir Ihnen ... % Rabatt. Die Lieferung erfolgt ...
- Wir gewähren Ihnen auf den Listenpreis ... % Rabatt. An Versandkosten werden ... € in Rechnung gestellt.

Lieferzeit

- Wir liefern innerhalb der nächsten ... Tage aus.
- Unser Lager liefert sofort aus.
- Die Lieferung erfolgt unverzüglich ab unserem Lager.
- Liefertermin ist der ...

Briefabschluss

- Wir werden Ihren Auftrag schnell und professionell erledigen.
- Wir hoffen, dass Sie mit der Ware zufrieden sein werden.
- Wir sehen weiteren Aufträgen gern entgegen.

Grußformel

- Mit freundlichem Gruß

9. Jetzt muss die Ware kommissioniert werden. Tragen Sie den Abgang der Ware in die Excel-Datei *Lagerkarten* ein.

10. Dem gepackten Paket liegt ein Lieferschein bei. Schreiben Sie den Lieferschein in der Excel-Datei *Rechnung_Lieferschein Mediaworld blanko 2020, Register „Lieferschein“.*

11. Drucken Sie die Word-Datei „Mediaworld_Rechnung_blanko2020“ aus. Sehen Sie im Kapitel 5 nach, wie der *Einzelpreis*, der Rabatt und der Gesamtpreis berechnet werden. Füllen Sie das Formular handschriftlich aus und kontrollieren Sie Ihre Ergebnisse zusammen mit Ihren Mitschülerinnen und Mitschülern.

Schreiben Sie nun die Rechnung und den zugehörigen Lieferschein an Heinz Lamprecht e. K. am PC unter Verwendung von Formeln und Zelladressen. Wählen Sie fehlende Angaben nach eigenem Ermessen. Excel-Dateien → *Rechnung_Lieferschein Mediaworld* e. K., siehe 10., nun Register „Rechung.

LF7 → Excel-Schulungen → *Schulung Rechnungsformular.*

Arbeit mit dem PC

b) Erfassen Sie den Versand der Rechnung.

Excel-Dateien → *Postausgangsbuch.*

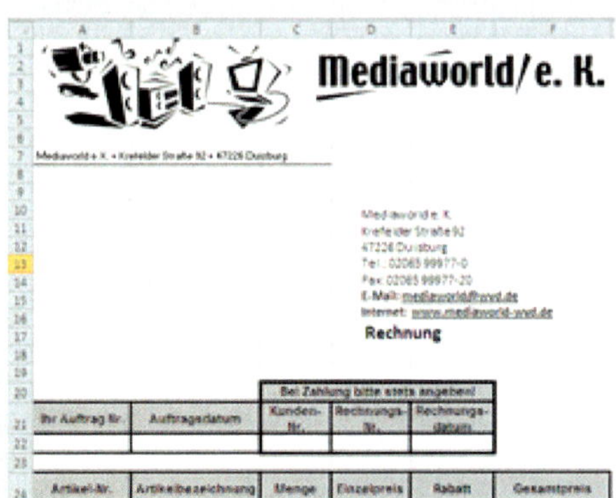

12. Wir haben gerade eine Menge erledigt. Damit Bastian Lenz für die Bearbeitung der nächsten Anfrage nicht alles vergisst, erfasst er alles der Reihe nach in einer Liste. Helfen Sie ihm dabei.

Arbeit mit dem PC

Word-Dateien → *Ablauf Absatzprozesse.*

13. Drucken Sie alle Blätter aus, sofern Sie die Aufgaben am PC bearbeitet haben.

Anforderungssituation 8.1 Personalbedarfsplanung und -beschaffung/ Personalausbildung und -entwicklung

1 Den Personalbedarf an Mitarbeitenden und Auszubildenden berechnen

Das ist geschehen

Das ist zu tun

1. Führen Sie für die Mediaworld e. K. für das kommende Jahr die quantitative (= anzahlmäßige) Personalbedarfsplanung durch. Prüfen Sie für die einzelnen Abteilung der Mediaworld e. K., ob Personal abgebaut oder eingestellt werden muss.

Arbeit mit dem PC

Excel-Dateien ➔ *Personalbedarfsrechnung.*

	A	B	C	D	E	F	G	H	I
1	Quantitiative Personalbedarfsermittlung								
2			Betroffene Bereiche/Abteilungen						
3			Leitung	Einkauf	Lager	Verkauf	Buchhaltung	Shop	Azubi
4	Personalbestand (SOLL)								
5	-Personalbestand (IST)								
6	=Unter- oder Überdeckung I								
7	+Neubedarf								
8	-Minderbedarf								
9	=Über- oder Unterdeckung II								
10	-Zugänge	Bundeswehr/Zivildienst							
11		Mutterschutz							
12		Elternzeit							
13		Übernahme aus Ausbildung							
14		Versetzung							
15	+Abgänge	Bundeswehr/Zivildienst							
16		Mutterschutz							
17		Elternzeit							
18		Rente							
19		Kündigung							
20		Sonstiges							
21	=Unter- oder Überdeckung III								

- Herr Bäumer wird zum Ende des Jahres in den wohlverdienten Ruhestand versetzt.
- Monika Schmitz betreut seit drei Jahren erfolgreich den Verkaufsshop. Hier wird ein zweiter Mitarbeiter/eine zweite Mitarbeiterin benötigt, der/die auch einen Onlineshop aufbaut. Nun ist Frau Schmitz im sechsten Monat schwanger

und geht demnächst in den Mutterschutz. Danach plant sie, drei Jahre lang in Elternzeit zu gehen.

- Der Auszubildende Bastian Lenz beendet im Sommer seine Ausbildung mit der Berufsabschlussprüfung bei der IHK. Moritz Wagner plant schon lange, dass Bastian Lenz Florian Peek im Bereich Kostenrechnung unterstützt.
- Nach den guten Erfahrungen mit Bastian Lenz möchte Moritz Wagner wieder einen Ausbildungsplatz anbieten.
- Für die Auslieferung kleiner Warenmengen hat Moritz Wagner einen VW Caddy beschafft. Hierfür benötigt die Mediaworld e. K. eine Fahrerin oder einen Fahrer. Die Fahrerin oder der Fahrer soll dem Lager angegliedert werden.

2. Zeigen Sie, wie die geplante Besetzung der freien Stellen erfolgen kann.

Der **Personalbedarfsplan** eines Unternehmens wird durch **verschiedene Einflussgrößen** bestimmt. Zu unterscheiden sind interne und externe Einflussgrößen.

Interne Einflussgrößen	Externe Einflussgrößen
Arbeitsorganisation	Konjunkturelle Entwicklungen
Leistungsvermögen der Mitarbeitenden	Tarifvertragliche Vereinbarungen
Eingesetzte Betriebsmittel	Technologische Entwicklungen
Fehlzeiten	Rationalisierungsmöglichkeiten …
Rationalisierungsmaßnahmen …	

Die **Aufgabe der Personalbedarfsplanung** ist es, zu ermitteln, wie viele Mitarbeitende mit welchen Qualifikationen zur Wahrnehmung aller betrieblichen Aufgaben benötigt werden.

Ist die **quantitative (= zahlenmäßige) Personalbedarfsplanung** abgeschlossen, muss im Rahmen der **qualitativen Personalbedarfsplanung** festgelegt werden, **welche Qualifikationen** (= Abschlüsse, Lehrgänge usw.) die zukünftigen Mitarbeitende für die Bewältigung ihrer Aufgaben benötigen. Damit hat jede Stelle ein Anforderungsprofil für die Bewerberin oder den Bewerber.

Der **Personalbedarf** kann nach **folgendem Schema** berechnet werden:

	Soll-Personalbestand	Gemäß Stellenplan
–	Ist-Personalbestand	Tatsächlich besetzte Stellen
=	Über- oder Unterdeckung I	Personal abbauen oder einstellen
+	Neubedarf	Prognose der Geschäftsentwicklung
–	Minderbedarf	z. B. durch Rationalisierung
=	Über- oder Unterdeckung II	Personal abbauen oder einstellen
–	Zugänge	Rückkehr aus Mutterschutz u. a.
+	Abgänge	Rente u. a.
=	Über- oder Unterdeckung III	Personal abbauen oder einstellen

Die **Personalbeschaffung** kann intern und extern erfolgen.

Bei der **internen Personalbeschaffung** wird die freie Stelle mit einer Arbeitskraft aus dem eigenen Betrieb besetzt. In größeren Unternehmen erfolgt dies zumeist mit einer Stellenausschreibung.

Im Rahmen der **externen Personalbeschaffung** wird die Stelle mit eine Bewerberin oder einem Bewerber vom Arbeitsmarkt besetzt.

Aufgaben

Arbeit mit dem PC

Aufgaben zur Wiederholung

1. Welche der folgenden Merkmale gehören nicht zu den Nachteilen einer innerbetrieblichen Stellenausschreibung?
   a) Geringe Auswahl
   b) Nichtberücksichtigung langjähriger Mitarbeitenden
   c) Blockierung innerbetrieblicher Aufstiegsmöglichkeiten
   d) Zahlenmäßiger Bedarf wird nicht gedeckt.
   e) Es müssen mehr PCs angeschafft werden.
2. Welches der folgenden Merkmale gehört nicht zu den Vorteilen einer außerbetrieblichen Personalbeschaffung?
   a) Stellenbesetzung ist von Tag zu Tag möglich.
   b) Hohe Auswahlmöglichkeit der Bewerberinnen und Bewerber
   c) Die Bewerberinnen und Bewerber kennen Unternehmen bereits „von innen".
3. Nicht zur internen Personalbeschaffung gehören die welche der folgenden Beschaffungswege?
   a) Stellenanzeigen
   b) Stellenausschreibung in Zweigstellen
   c) Arbeitsämter
   d) Ansprechen von Mitarbeiterinnen in der Elternzeit zur Übernahme eines geringen Stundenkontingents

Arbeit mit dem PC

4. **Moritz Wagner** zu seiner Freundin Nadine Debus: *„Du Nadine, hier steht, die Mitarbeiterfehlzeiten sind wieder gestiegen. Der Anteil in Deutschland liegt mittlerweile bei knapp 30 %."*

Nadine Debus: *„Welche Fehlzeiten sind denn gemeint? Aber in deinem Laden ist die Fehlzeitenquote doch hoffentlich nicht so hoch!"*

a) Excel-Dateien → *Auswertung Mitarbeiterfehlzeiten*

	A	B	C	D	E	F	G
1	**Abwesenheitstage im Jahr**						
2							
3	**Arbeitstage pro Jahr**		260				
4							
5		**Urlaub**	**Krankheit**	**Urlaub in % der AT**	**Krankheit in % der AT**	**Gesamt**	**in % der AT**
6	Bäumer	30	20				
7	Hauser	24	6				
8	Herwig	27	15				
9	Peek	30	9				
10	Kirchhof	24	15				
11	Gesamt						
12							
13							
14	**Durchschnitt**						
15							

b) Berechnen Sie den Anteil der Urlaubs- und Krankheitstage in Prozent der Arbeitstage.

Ermitteln Sie die gesamten Abwesenheitstage und berechnen Sie die dazugehörigen Prozentwerte.

Stellen Sie ebenfalls die benötigten Gesamt- und Durchschnittswerte zusammen.

c) Stellen Sie die Urlaubs- und Krankheitstage grafisch da.

d) Fassen Sie Ihre Untersuchungsergebnisse stichwortartig zusammen.

2 Eine Stellenanzeige analysieren und die Erwartungen an Auszubildende kennenlernen

Das ist geschehen

Die Mediaworld e. K. hat sich mittlerweile auf dem Markt für Computerdienstleistungen behauptet. Dies ist ihrem sehr guten Service zu verdanken. Der Auszubildende Bastian Lenz wird in diesem Jahr seine Ausbildung erfolgreich abschließen.

Moritz Wagner, der Inhaber der Mediaworld e. K., hat sich entschlossen, erneut eine neue Auszubildende bzw. einen neuen Auszubildenden einzustellen.

Das ist zu tun

1. a) Notieren Sie sich fünf Informationsquellen, bei denen Moritz Wagner Informationen zu der angebotenen Ausbildungsstelle hinterlegen könnte.

   b) Welche von diesen Informationsquellen haben Sie selbst bereits verwendet? Berichten Sie kurz über Ihre Erfahrungen.

2. Moritz Wagner hat bereits eine Stellenanzeige entworfen.

Mediaworld/e. K.

Kompetenz in Duisburg-Rheinhausen!

Wir sind ein erfolgreiches mittelständisches Handelsunternehmen für alle gängigen Medienprodukte mit Sitz in Duisburg-Rheinhausen.

Unsere qualitativ hochwertigen Produkte können sich auch in wirtschaftlich ungünstigen Zeiten behaupten.

Wir suchen zum 1. August 20..

1 Auszubildende(n)

als Kaufmann im Einzelhandel (m/w/d)

Voraussetzung: Abschluss der Berufsfachschule oder Höheren Berufsfachschule.

Wenn Sie an einer guten, zukunftsträchtigen Ausbildung in einem jungen und dynamischen Handelsunternehmen interessiert sind, wenn Sie bereit sind, etwas zu leisten, wenn Sie zuverlässig und teamfähig sind, wenn Sie selbstständig arbeiten können und wenn Ihr Zeugnis stimmt, dann sind Sie bei uns richtig.

Bewerbungen mit vollständigen Unterlagen an:
Mediaworld e. K., Herrn Moritz Wagner, Krefelder Straße 92, 47226 Duisburg.
E-Mail: mediaworld@wvd.de

Arbeit mit dem PC

a) Sehen Sie im Internet die Ausbildung und die Arbeitsgebiete eines Kaufmanns bzw. einer Kauffrau im Einzelhandel nach.

b) In der Anzeige wird eine Bewerbung mit vollständigen Bewerbungsunterlagen verlangt. Infomieren Sie sich im Internet, welche Unterlagen damit gemeint sind. Erstellen Sie für sich selbst eine Checkliste der Unterlagen in der richtigen Reihenfolge.

3. a) Sehen Sie sich die Anzeige der Mediaworld e. K. noch einmal genau an. Unterstreichen Sie die Ihnen wichtigen Punkte.

b) Welche Ansprüche stellt die Mediaworld e. K. in der Anzeige an die Auszubildenden? Stellen Sie sechs Ansprüche in einer Word-Tabelle im Querformat zusammen. Finden Sie jeweils ein Beispiel für anspruchsgerechtes Verhalten.

Arbeit mit dem PC

LF7 -> Word-Schulungen -> *Word-Tabellen*

Anspruch	Beispiel

Bereiten Sie sich darauf vor, Ihre Ergebnisse in der Lerngruppe zu präsentieren und Ihre Entscheidungen zu begründen.

c) Wie beurteilen Sie abschließend diese Ansprüche für sich selbst? Übertragen Sie die Liste der in der Stellenanzeige beurteilten Eigenschaften in eine zweite Word-Tabelle:

Arbeit mit dem PC

Anforderungen der Moritz Wagner Mediaworld e. K.	1	2	3	4	5	6

Schätzen Sie sich selbst realistisch ein; vergeben Sie hierfür Schulnoten: Erfüllen Sie die Anforderungen vollständig, so geben Sie sich eine „1"; entsprechen Ihre Fähigkeiten nicht den Anforderungen, so kreuzen Sie eine schlechtere Note an.

3 Das Bewerbungsverfahren meistern

3.1 Vergleichen und Beurteilen von Bewerbungsunterlagen

Das ist geschehen

Die Schüler Nathalie Reimann und Frank Bender haben sich bei der Mediaworld e. K. um den Ausbildungsplatz beworben. Prüfen Sie mit Moritz Wagner beide Bewerbungen.

Das ist zu tun

Im Folgenden finden Sie die Bewerbungsunterlagen von Frank Bender und Nathalie Reimann. Lesen Sie sich die Bewerbungsschreiben und die Lebensläufe durch.

Frank Bender
Fasanenweg 5
40668 Meerbusch

Mediaworld e.K.
Krefelder Straße 92
47226 Duisburg

30.11.20..

Bewerbung als Kaufmann für Büromanagement

Sehr geehrte Damen und Herren,
mit großem Interesse habe ich in der Westdeutschen Allgemeinen Zeitung vom 23. November gelesen, dass Sie einen Auszubildenden als Kaufmann im Einzelhandel einstellen wollen. Da ich denke, dass ich der Richtige bin, bewerbe ich mich hiermit bei Ihnen.

Zurzeit besuche ich die Berufsfachschule am Willy-Brandt-Berufskollege in Duisburg-Rheinhausen, die ich am Schuljahresende mit der Prüfung abschließen werde. Besonders die kaufmännischen Fächer wie Geschäftsprozesse, Rechnugswesen bringen mir - ebenso wie die Arbeit mit dem Pc - sehr viel Spaß. Im praxisorientieren Unterricht unserer Schule hab ich auch Einblicke in den Arbeitsablauf eines Handelsunternehmens bekommen. Zudem hab ich bereits bei der Paiergroßhandlung Pilgrim KG ein Schulpraktikum gemacht, bei dem man mit meiner Leistung absolut zufrieden gewesen ist.

Meinen Lebenslauf mit Lichtbilt und eine Kopie des letzten Zeugnisses lege ich bei.

Mit freundlichen Grüssen
Frank Bender

Frank Bender
Fasanenweg 5
40668 Meerbusch

Lebenslauf
Persönliche Angaben

Name:	Frank Bender
Geburtsort:	Krefeld
Staatsangehörigkeit:	deutsch
Schulbildung:	August 2010–Juli 2014 Städt. Gemeinschaftsgrundschule Meerbusch-Strümp
	August 2014–Juli 2022 Realschule Meerbusch-Osterath
	August 2022–Juli 2023 Berufsfachschule am Willy-Brand-Berufskolleg, Duisburg-Rheinhausen
Besondere Kenntnisse:	EDV-Grundkenntnisse an der Schule, PC-Hardwer
Beste Fächer:	Geschäftsprozesse, Religion und Sport

Meerbusch, den 25. Oktober 20..

Frank Bender

WILLY-BRANDT-BERUFSKOLLEG
DUISBURG-RHEINHAUSEN

Zeugnis (Ausschnitt)
für
Frank Bender

Berufsfachschule 2
Schulhalbjahr 1/2022–2023

Deutsch: .... ausreichend
Mathematik: .... befriedigend
Personalwirtschaftliche Prozesse: .... befriedigend
Geschäftsprozesse: .... befriedigend
Gesamtwirtschaftliche Prozesse: .... ausreichend
Religion: .... gut
Sport: .... sehr gut

Fehlstunden: 46, davon unentschuldigt: 35

Der Schulleiter
Merfens

Papiergroßhandlung Pilgrim GmbH
Jakobistraße 75 • 51065 Köln

Zeugnis über ein Schulpraktikum

Frank Bender, Fasanenweg 5, 40668 Meerbusch

Herr Bender war in der Zeit vom 01.10.2022–15.10.2022 als Schülerpraktikant bei uns.

Nach einer kurzen Phase in der Einkaufsabteilung konnten wir Herrn Bender in der Abteilung Lager/Logistik einsetzen.

Herr Bender war pünktlich und zeigte einiges Interesse für die von ihm zu erledigenden Arbeiten.

Marlies Möller

Marlies Möller

Personalabteilung

Nathalie Reimann
Schwalmweg 33
47051 Krefeld

Mediaworld e. K.
Herrn Moritz Wagner
Krefelder Straße 92
47226 Duisburg

Krefeld, 24.11.20..

Bewerbung um einen Ausbildungsplatz zur Kauffrau im Einzelhandel

Sehr geehrter Herr Wagner,

in der Westdeutschen Allgemeinen Zeitung vom 23. November suchen Sie Auszubildende für den Beruf der Kauffrau im Einzelhandel. Weil mich dieser Beruf sehr interessiert, bewerbe ich mich in ihrem Unternehmen um einen Ausbildungsplatz.

Zurzeit besuche ich die Berufsfachschule, die ich im Mai mit der Fachoberschulreife abschließen werde.

Erste Einblicke in den ähnlichen Beruf der Groß- und Außenhandelskauffrau habe ich bereits während eines vierwöchigen Praktikums bei der RAND OHG in Düsseldorf gewinnen können. Besonders gut haben mir während meiner Tätigkeit der Kontakt zu Kunden und die damit anfallenden Tätigkeiten gefallen.

Die Mediaworld e. K. ist mir während einer Internetrecherche durch die aktuelle Produktpalette aufgefallen. Ich stelle mir die Tätigkeit in einem jungen und aufstrebenden Unternehmen besonders interessant vor.

Gerne würde ich weitere Einzelheiten in einem persönlichen Vorstellungsgespräch erläutern. Bitte nennen Sie mir einen Termin.

Mit freundlichen Grüßen

Nathalie Reimann

Anlagen
Lebenslauf mit Lichtbild
Schulzeugnis
Praktikumszeugnis

Lebenslauf

Name	Nathalie Reimann
Geburtstag	01.02.2005
Geburtsort	Düsseldorf
Schulbildung	2021–2023 Walter Eucken Berufskolleg, Düsseldorf Berufsfachschule 1 und 2, Abschluss: FOR 2016–2021 Städtische Gemeinschaftshauptschule Meerbusch 2012–2016 Grundschule Meerbusch-Osterath
Praktikum	15. November bis 15. Dezember 2022 RAND OHG Großhandel für Randsortimente, Düsseldorf, Verkauf und Rechnungswesen
Sonstige Qualifikationen	VHS-Kurs ACCESS, Programmierung Delphi
Private Interessen	Lesen, Musik hören, Inlineskating

Nathalie Reimann

Walter Eucken Berufskolleg
Düsseldorf

Zeugnis BFS 2 (Ausschnitt)
für
Nathalie Reimann
Berufsfachschule
Schulhalbjahr 1/2022–2023

Deutsch: .... gut
Mathematik: .... befriedigend
Personalbezogene Prozesse .... gut
Geschäftsprozesse .... gut
Gesamtwirtschaftliche Prozesse .... befriedigend
Religion: .... befriedigend
Sport: .... befriedigend

Fehlstunden: 20, davon unentschuldigt: 0

Klassenlehrerin:
Frauke Müller

RAND OHG
Großhandel für Randsortimente
Völklinger Straße 49 • 40221 Düsseldorf

Praktikumszeugnis
für
Nathalie Reimann, geboren am 1. Februar 2005

Frau Reimann war in der Zeit vom 15. November bis 15. Dezember 2022 als Praktikantin in unserem Unternehmen tätig. Frau Reimann war in dieser Zeit in den Abteilungen Verkauf und Rechnungswesen eingesetzt.

Nach einer kurzen Einarbeitungsphase unterstützte und entlastete Frau Reimann durch ihr umsichtiges Handeln die Mitarbeiterinnen und Mitarbeiter der genannten Abteilungen.

Frau Reimann bearbeitete im Rechnungswesen aufgrund ihrer guten Kenntnisse selbstständig die vorkontierten Belege mit dem Buchhaltungsprogramm Lexware.

In beiden Abteilungen arbeitete Frau Reimann sehr fleißig mit.

Frau Reimann war immer pünktlich und zuverlässig. Das Verhältnis zu Mitarbeitenden und Vorgesetzten war jederzeit einwandfrei.

Für ihren weiteren beruflichen Werdegang wünschen wir Frau Reimann alles Gute.

Renate Rand

Renate Rand
Geschäftsführung RAND OHG

Arbeit mit dem PC

1. Prüfen Sie die Bewerbungsunterlagen der beiden, die sich bewerben, auf Fehler. Erfassen Sie Ihre Arbeitsergebnisse.

   Word-Dateien → *Auswertung_Bender,*
   Word-Dateien → *Auswertung_Reimann.*

2. Erstellen Sie für beide sich bewerbenden Personen sachgerechte Antwortschreiben.

   Word-Dateien → *Mediaworld_Zusage,*
   Word-Dateien → *Mediaworld_Absage.*

Aufgaben

Aufgaben zur Wiederholung

1. Diskutieren Sie in der Klasse folgende Aussagen.

a) Eine Onlinebewerbung ist immer besser als die „klassische“ Bewerbung mit Papier.

b) Das Lichtbild auf dem Lebenslauf kann ruhig eingescannt sein.

c) Meine Unterschrift unter dem Anschreiben wiederhole ich in Computerschrift, da sie nicht so gut lesbar ist. Schriftstücke „von Amts wegen“ machen das auch.

2. Nele Müller hat ihre Bewerbungsmappe zusammengestellt. Bringen Sie die folgenden Papiere in eine sinnvolle Reihenfolge: Lebenslauf, Deckblatt, Anschreiben, Praktikumszeugnis, die zwei letzten Schulzeugnisse.

3. Warum verlangen Unternehmen häufig die letzten beiden Schulzeugnisse und nicht nur das Abschlusszeugnis der letzten von Ihnen besuchten Schulform?

3.2 Eine eigene Bewerbung schreiben

Das ist geschehen

Nach erfolgreich abgeschlossener Schullaufbahn möchten Sie sich ebenfalls um den Ausbildungsplatz bewerben.

Das ist zu tun

1. a) Übertragen Sie die folgende Liste in ihr Heft. Überlegen Sie, wie das Anschreiben in der Argumentationsstruktur aufgebaut sein sollte. Bringen Sie hierzu die Briefbestandteile in die richtige Reihenfolge.

	Grußformel
	Anschrift
	Absender
	Angabe, um welchen Beruf es in der Bewerbung geht
	Handschriftliche Unterschrift
	Aktueller Schulbesuch
	Bitte um ein Vorstellungsgespräch
	Begründung für die Berufswahl
	Nennung der „Neigungsfächer"
	Motivation, sich gerade bei **diesem** Unternehmen zu bewerben
	Aktuelles Tagesdatum
	Anrede, möglichst mit Namen der/des Personalverantwortlichen

b) Entwerfen Sie ein passendes Bewerbungsschreiben. Verwenden Sie Ihre persönlichen Angaben.

Arbeit mit dem PC

LF8 → Wordschulungen → Schulung *Privatbrief nach DIN erstellen2020*

c) Gestalten Sie Ihren eigenen Lebenslauf mit MS-Word. Sehen Sie sich hierzu noch einmal die Bewerbungen der bisherigen einen Bewerberin und des einen Bewerbers an, aber vermeiden Sie die dort gemachten Fehler. Verwenden Sie Ihre persönlichen Angaben.

Arbeit mit dem PC

LF 8 → Wordschulungen → *Schulung Ablaufschema Lebenslauf.*

Eine eigene Bewerbung schreiben:

Leitfaden zur Bewerbung: Die vollständige Bewerbung

Das sollte man wissen

Das Deckblatt

Mit der Bewerbungsmappe erstellen Sie eine **Werbebroschüre über Ihre eigene Person**. Neben dem Inhalt ist das erste äußere Erscheinungsbild – der erste Eindruck – ein wichtiger Entscheidungsfaktor. Eröffnen Sie Ihre Bewerbungsmappe (Werbebroschüre) mit einem persönlichen Deckblatt. Setzen Sie Ihren Namen und Ihr Porträt auf die Titelseite.

Auf das **Deckblatt** gehören üblicherweise folgende Informationen:

- Ihre Adresse und Telefonnummer, Fax-Nummer (falls vorhanden) und E-Mail-Adresse
- Überschrift: z. B. „Bewerbung als ..." (Bezeichnung der Stelle, wie ausgeschrieben) oder „Bewerbungsunterlagen für die ... GmbH" (das die Stellung anbietende Unternehmen)
- Lichtbild
- eventuell das Inhaltsverzeichnis zur Bewerbungsmappe

Lichtbild

Achten Sie stets auf eine gute **Qualität des Bewerbungsfotos**; denn das Bewerbungsfoto ist der Blickfang auf dem Deckblatt.

Lassen Sie Ihre Bewerbungsfotos von einer Fachfrau oder einem Fachmann machen. Denn Sie erzielen damit fast immer eine bessere Wirkung als mit den billigen (!) Fotos aus dem Passbildautomaten. Nutzen Sie das Know-how der Fotografin oder des Fotografen; lassen Sie sich und Ihre Persönlichkeit „ins rechte Licht rücken". Ein Fotoprofi wird Ihnen in aller Regel auch nur Fotos anbieten, die den folgenden Richtlinien entsprechen: Die Größe sollte bei etwa 4,5 cm x 6 cm liegen, das Foto darf nur Kopf, Hals, eventuell Schultern und Brust zeigen (Porträt); zu bevorzugen sind Farbfotos; mittlerweile werden jedoch auch Schwarz-Weiß-Bilder wieder akzeptiert, vorausgesetzt, sie sind gut gemacht. Sie sollten auch selbst zu einem gelungenen Bild beitragen, indem Sie für eine **gepflegte Erscheinung** sorgen, wenn Sie zum Fototermin gehen: ausgeschlafen, frisiert, (bei den Männern) rasiert, gepflegte Kleidung ohne schrille Farben, Krawatte für den Mann, dezentes Make-up für die Frau usw.

Das Anschreiben

Die DIN-Norm 5008 legt die äußere Form eines Bewerbungsschreibens fest. Da es bei Bewerbungen selten darauf ankommt, die Regeln für Geschäftsbriefe genau zu kennen, Personalleitungen aber besonders auf die Einhaltung dieser Norm achten, orientieren sich unsere Hinweise an dieser Richtlinie. Wichtig ist, dass Sie eine Form wählen, mit der Sie zeigen, dass Sie Normen und Vorgaben souverän beherrschen, ohne Ihren eigenen Stil und Ihre Persönlichkeit zu verbiegen.

Ihr **Anschreiben** enthält folgende Angaben und Aussagen:

1. Ihre Anschrift mit Telefonnummer
2. linksbündig darunter die Anschrift des Unternehmens (ohne „An"), und zwar:
   a) Name des Unternehmens
   b) ggf. Zusatz „Personalabteilung"
   c) [Herrn/Frau] [Titel] [Vorname] [Name] Ihrer Ansprechpartnerin oder Ihres Ansprechpartners
3. Straße
4. PLZ und Ort
5. darunter rechtsbündig [Ort, Datum], ohne „den"
6. in Fettdruck die Bezugszeile (ohne „betr.") [Bewerbung auf die Stelle ...] einschließlich des Bezugs auf die Stellenausschreibung unter Angabe von Quelle und Datum (z. B. „Die Zeit" vom ...)
7. die Anrede, entweder persönlich mit Namen der Ansprechpartnerin oder des Ansprechpartners oder allgemein gefasst
8. den Text Ihres Anschreibens
9. Ihre eigenhändige Unterschrift (keine Kopie)
10. Zusatz: Anlagen (Auflistung der mitgesandten Unterlagen; in der Regel reicht ein Lichtbild, der Lebenslauf, Zeugnisse und sonstige Dokumente)

Achten Sie peinlichst genau auf **korrekte Rechtschreibung, Zeichensetzung und Grammatik** und vermeiden Sie unbedingt ungünstige oder unschöne Silbentrennungen. Verfassen Sie Ihr Anschreiben in einem **höflichen, aber selbstbewussten Sprachstil.**

„Zwei Sätze sind besser als ein Bandwurm." Aber: Vermeiden Sie einen „Telegrammstil" ebenso wie bürokratisch oder wissenschaftlich klingende Formulierungen. Insgesamt sollte Ihr Anschreiben nicht länger als eine maschinenschriftliche Seite sein, ein Absatz nach Möglichkeit nicht mehr als vier bis fünf Sätze enthalten. Nach fünf bis sechs Zeilen sollte ein neuer Absatz beginnen.

Der Lebenslauf

Der tabellarische Lebenslauf ist das **Kernelement Ihrer Bewerbungsunterlagen und eine wesentliche Grundlage der Personalentscheidung**. Üblich ist der maschinengeschriebene/ausgedruckte (im Gegensatz zum handschriftlichen) Lebenslauf. Er muss übersichtlich, klar gegliedert, innerhalb der Gliederungspunkte chronologisch und lückenlos zunächst Ihre Person, dann Ihre Qualifikationen und Ihren beruflichen Werdegang darstellen. Er kann eine oder mehrere Seiten umfassen. Der Lebenslauf ist nach dem Deckblatt das zweite Blatt Ihrer Bewerbungsmappe.

Erstellen Sie zunächst für sich selbst mit Ihrem Textverarbeitungsprogramm ein Muster für Ihren Lebenslauf. Dieser sollte möglichst exakt und ausführlich alles umfassen, was zu Ihrer Person und Ihrem bisherigen persönlichen Werdegang gehört. Diesen **Muster-Lebenslauf sollten** Sie **dauerhaft abspeichern und jeweils fortschreiben, wenn sich etwas ändert.**
Wie das Anschreiben, so muss auch der Lebenslauf anschließend **speziell auf das Unternehmen und die Position zugeschnitten** werden, um die Sie sich konkret bewerben.

Lassen Sie Details, die nicht so gut „ins Bild passen", weg (aber nur, wenn dadurch keine Lücken im Lebenslauf entstehen!) der Fotografin oder des beschränken Sie sich auf eine ganz knappe Darstellung. Heben Sie umgekehrt die **positiven Abschnitte** durch eine **etwas ausführlichere Beschreibung** hervor – vor allem, wenn dadurch die geforderten Schlüsselqualifikationen sichtbar werden. Versuchen Sie, Ihr individuelles Profil als den „optimalen Bewerber bzw. die optimale Bewerberin" für die angestrebte Position anzupassen, aber ohne dabei den Boden der Realität zu verlassen!

Zum Schluss noch ein Tipp: Besuchen Sie einmal eine **gut sortierte Buchhandlung in Ihrer Nähe.** Dort finden Sie zahlreiche **Ratgeber zu Bewerbungen** mit Muster. Diese Muster sind zum Teil sehr kreativ (zum Beispiel eine Bewerbung bei einer Werbeagentur als Werbefax).

Aufgaben

Aufgaben zur Wiederholung

1. In Anschreiben wird häufig auch die E-Mail-Adresse gesetzt. Welche der folgenden E-Mail-Adressen können Sie verwenden, welche nicht?
   a) Anton.Schmitz@t-online.de
   b) Anton-Schmitz@googlemail.com
   c) Al.Mül@yahoo.de
   d) Mausimaus@hotmail.com
   e) marcusbartsch-kr@t-online.de
   f) Porschefan1@gmx.de
   g) Ihre eigene aktuelle E-Mail-Adresse: ....
2. Lesen Sie sich das nachfolgende Bewerbungsschreiben durch.
   Verbessern Sie das abgedruckte Anschreiben.
   Überlegen Sie: Was fehlt? Was ist schlecht an dem Anschreiben?

Max Mustermann, Musterstr. 24, 12345 Musterstadt
Beispiel Landschaftsbau
Herrn Bernd Beispiel
Beispielstr. 12
34567 Beispielstadt

07.09.2023

Bewerbung um die Ausbildungsstelle als Gärtner – Garten- und Landschaftsbau

Sehr geehrter Herr Beispiel,

mit großem Interesse habe ich Ihre Anzeige in der Ausbildungsplatzsuche der Bundesagentur für Arbeit gelesen. Auf Ihrer Homepage habe ich mich über Ihren Betrieb informiert. Das hat mich davon überzeugt, mich bei Ihnen zu bewerben.

Während meines einwöchigen Praktikums in der Gärtnerei Blum konnte ich erste Einblicke in den beruflichen Alltag eines Gärtners gewinnen. Dabei gefielen mir besonders die Bepflanzung und die Pflege von Hausgärten. Ich arbeite sehr gern an der frischen Luft und bin körperlich belastbar. Da mir diese Arbeit viel Spaß macht, habe ich mich für den Beruf des Landschaftsgärtners entschieden.

Zurzeit besuche ich die Margareten-Schule in Musterstadt, die ich im Sommer nächsten Jahres mit dem qualifizierenden Hauptschulabschluss erfolgreich abschließen werde.

Gerne biete ich Ihnen an, ein Praktikum bei Ihnen zu absolvieren, damit Sie sich ein Bild von mir machen und sich von meinen Fähigkeiten überzeugen können.

Quelle: Bundesagentur für Arbeit: Musteranschreiben für eine Ausbildungsstelle, abgerufen unter: https://planet-beruf.de/schuelerinnen/wie-bewerbe-ich-mich/downloads-zur-bewerbung [27.11.2023].

3. Überlegen Sie, ob die folgenden Aussagen richtig (r) oder falsch (f) sind oder ob beides möglich ist (unentschieden = u):

a) Die Bewerbung sollte in einem DIN-A5-Umschlag verschickt werden.

b) Die Telefonnummer gehört sowohl auf das Anschreiben als auch auf den Lebenslauf.

c) Das Lichtbild braucht auf der Rückseite nicht mit dem Namen versehen zu werden, es klebt ja auf dem Lebenslauf.

d) Im Lebenslauf sollten stets die Geschwister und die Eltern genannt werden.

e) Eine „Lücke“ im Lebenslauf sollte immer „vertuscht“ werden. Hauptsache, es kommt nichts Negatives heraus.

f) In der Bewerbung sollte jede Bewerbungsseite in einer Klarsichthülle (Prospekthülle) stecken.

g) Das Anschreiben und der Lebenslauf sollten immer das aktuelle Datum tragen.

h) Steht ein Postfach oder eine Straßenanschrift zur Auswahl, sollte die Straßenanschrift verwendet werden.

i) Sofern in der Zeitungsanzeige eine Ansprechpartnerin oder ein Ansprechpartner genannt ist, sollte die Bewerbung auch an diese Ansprechpartnerin oder diesen Ansprechpartner adressiert werden.
j) Die Internetbewerbung ist der klassischen Bewerbung vorzuziehen.
k) Die Verwendung mehrerer Schriftarten und Schriftgrößen in der Bewerbung zeigt, dass die Bewerberin/der Bewerber das Textverarbeitungsprogramm beherrscht.
l) Die Rechtschreibprüfung des Textverarbeitungsprogramms findet recht schnell alle Rechtschreibfehler in der Bewerbung.

4 Den Ablauf eines Vorstellungsgesprächs simulieren

Das ist geschehen

Mehrere Bewerberinnen und Bewerber, die sich auf die Ausbildungsstelle beworben haben, sind zu einem Vorstellungsgespräch eingeladen. Moritz Wagner führt die Gespräche.

Das ist zu tun

Arbeit mit dem PC

1. Sie als Bewerberin oder als Bewerber bereiten sich auf das Vorstellungsgespräch bei der Mediaworld e. K. vor.
   a) Stellen Sie alle wichtigen Unternehmensdaten der Mediaworld e. K. zusammen. Nehmen Sie gegebenenfalls Ihr Schulbuch zu Hilfe. Fassen Sie das Ergebnis in übersichtlicher Form in einem Word-Dokument zusammen.
   b) Schreiben Sie in einem weiteren Word-Dokument fünf wichtige Fragen auf, die Ihnen gestellt werden könnten. Notieren Sie sich Ihre Antworten.
2. Überlegen Sie sich auch Antworten auf die folgenden Fragen:
   - Welche praktischen Erfahrungen können Sie vorweisen?
   - Wie ist Ihre private Situation? Wollen Sie heiraten?
   - Welche politischen Ereignisse beschäftigen Sie?
   - Wie ließe sich Arbeitslosigkeit bekämpfen?
   - Wie stehen Sie zum Problem der Klimapolitik?
3. a) Simulieren Sie das Vorstellungsgespräch in Ihrer Klasse mit Ihrer Fachlehrkraft oder einer bzw. einem externen Personalsachverständigen. Eine dritte Person beobachtet das Vorstellungsgespräch. Die jeweiligen Rollen können wechseln.
   b) Nehmen Sie die Rolle der Beobachterin oder des Beobachters ein. Beschaffen Sie sich den Ausdruck der Word-Datei *Auswertungsbogen_Vorstellungsgespräch*. Notieren Sie sich in dem Auswertungsbogen das, was Ihnen auffällt oder wichtig erscheint.

Den Ablauf eines Vorstellungsgesprächs simulieren

Das sollte man wissen

Die Einladung zu einem Vorstellungsgespräch zeigt, dass Sie mit Ihren schriftlichen Bewerbungsunterlagen Interesse bei der oder dem Arbeitgebenden geweckt haben. Nun gilt es, den positiven Eindruck zu festigen. Dies gelingt Ihnen am besten, indem Sie sich sorgfältig auf das Gespräch vorbereiten.

1. **Termin bestätigen**

   Bestätigen Sie Ihrer Gesprächspartnerin oder Ihrem Gesprächspartner die Einladung innerhalb von drei Tagen telefonisch oder schriftlich (per E-Mail).

2. **Holen Sie Informationen über das Unternehmen ein, wie z. B.**

   - Produkte und Branche des Unternehmens
   - Ausbildungsbereiche des Berufs
   - Anzahl der Beschäftigten
   - Unternehmensphilosophie
   - Unternehmenskultur

   Bedenken Sie dabei, dass auch Sie sich für oder gegen ein Ausbildungsunternehmen entscheiden müssen. Bedenken Sie auch, dass das Unternehmen in alle Auszubildenden eine nicht unerhebliche Summe Geld und Geduld investiert.

   Darüber hinaus erwartet auch Ihr zukünftiges Ausbildungsunternehmens von Ihnen, dass Sie sich für den Ausbildungsberuf und das Unternehmen interessieren und sich aktiv an der Berufsausbildung in Betrieb und Berufsschule engagieren.

   Informationsquellen über das Unternehmen sind z. B.

   - Homepage des Unternehmens (wenn möglich, zusätzliche Informationsmaterialien anfordern)
   - Datenbank der zuständigen Handelskammer
   - Websuche in Suchmaschinen, z. B. Google: „Vollständiger Firmenname“
   - Personensuche bei Xing, LinkedIn, yasni.de oder 123people.de: „Name des Ansprechpartners“

3. **Stellen Sie eine Frageliste für das Vorstellungsgespräch zusammen.**

   Die Fragen können Sie z. B. aus Informationen, die unklar sind, bilden. So haben Sie die Möglichkeit, das Gespräch aktiv mitzugestalten.

4. **Planen Sie Ihre An- und Abreise im Detail und sehr großzügig.**

   - Anfahrtsskizze und Wegbeschreibung
   - Reisezeit und zusätzliches Zeitpolster (wegen Stau, verspäteten öffentlichen Verkehrsmitteln u. Ä.)
   - Achten Sie auf absolute Pünktlichkeit, denn selbst eine geringe Verspätung führt zu Minuspunkten. Sollten Sie sich dennoch verspäten, informieren Sie Ihre Gesprächspartnerin oder Ihren Gesprächspartner rechtzeitig durch einen Telefonanruf.
   - Denken Sie daher an ein funktionsfähiges Handy und die Telefonnummer Ihrer Gesprächspartnerin oder Ihres Gesprächspartners.
   - Vergessen Sie aber nicht, das Handy vor dem Gespräch stumm zu schalten!

5. **Angemessene Kleidung**

   Angemessen bedeutet:

   - passend zum eigenen Typ
   - passend zur Branche

- sauber und unbeschädigt (auch die Schuhe)
- richtige Größe, keine grellen Farben (es sei denn, die Branche gestattet es)
- etwas weniger Schmuck und Parfüm (dezentes Make-up bei Frauen)
- Tätowierungen verdecken und Piercings entfernen (es sei denn, die Branche gestattet es)
- Empfehlenswert ist es, Ihre Freundinnen und Freunde oder Familie zu fragen, was sie von der Kleidung halten, die Sie zum Vorstellungsgespräch tragen möchten.

6. **Nehmen Sie alle wichtigen Unterlagen mit:**
   - Einladungsschreiben zum Vorstellungsgespräch
   - Adresse des Unternehmens sowie Name und Telefonnummer Ihrer Ansprechpartnerin oder Ihres Ansprechpartners
   - eine Mappe mit Ihrer Bewerbung (insbesondere wenn Sie sich online oder per E-Mail beworben haben)
   - Notizblock und Stift
   - Ihre Frageliste
7. **Pünktlichkeit und Aussehen:**

   Achten Sie auf absolute Pünktlichkeit. Eine Viertelstunde vor dem Termin bei der Firma einzutreffen, wird als Zeichen von Zuverlässigkeit ausgelegt. Nutzen Sie die verbleibende Zeit, um Ihr Aussehen und den Sitz Ihrer Kleidung zu überprüfen und im Kopf noch einmal die wichtigsten Punkte durchzugehen.

Aufgaben

Aufgaben zur Wiederholung

1. Beurteilen Sie folgende Fälle zu Bewerbungsgesprächen:
   a) Der Bewerber Luca Schneider wird im Bewerbungsgespräch dazu aufgefordert, etwas über das Unternehmen zu sagen. Antwort Luca Schneider: „Wenn Sie mich nehmen, werde ich Ihr Unternehmen ja kennenlernen."
   b) Die Bewerberin Jasmin Busch beschreibt ihr Hobby „Paragliding".
   c) Amy Gotthardt gibt ihre Bewerbung persönlich bei der Personalreferentin des Unternehmens ab.
   d) Mona Amiga antwortet auf die Frage: „Sind Sie schwanger?" mit Nein. Mona ist im zweiten Monat.
2. Notieren Sie sich, wie das passende „Outfit" für ein Bewerbungsgespräch für folgende Berufe sein kann. Gehen Sie jeweils von Ihrer eigenen Person aus:
   - Gärtner/-in – Garten- und Landschaftsbau
   - Kauffrau/-mann für Büromanagement
   - Kauffrau/-mann – Einzelhandel
   - medizinische Fachangestellte/medizinischer Fachangestellter
   - weiterer, eigener Berufsvorschlag …

Lernaktionen

Lernaktion

1. a) Rufen Sie im Internet die Website **www.berufswahl-tipps.de** auf und wählen Sie dort die Seite „Vorstellungsgespräch“ aus. Was finden Sie auf dieser Website? Lesen Sie sich die Tipps einmal durch.

   b) Bilden Sie in Ihrer Klasse drei Gruppen. Bearbeiten Sie anschließend die folgenden Arbeitsaufträge in Ihrer jeweiligen Gruppe. Wählen Sie eine Schriftführerin oder einen Schriftführer, die (bzw. der) die Gruppenergebnisse präsentiert.

Gruppe 1:

Vorstellungsgespräche können in verschiedenen Formen ablaufen. Fassen Sie die angegebenen Möglichkeiten in eigenen Worten zusammen.

Notieren Sie sich Arbeitsergebnisse in Ihrem Heft.

Gruppe 2:

Nennen Sie sich fünf bis sieben Ihrer Meinung nach problematische Fragen, die in einem Vorstellungsgespräch vorkommen können, und formulieren Sie eine Musterantwort.

Problematische Fragen	Musterantworten

Gruppe 3:

Sammeln Sie fünf Tipps zur Körpersprache und Körperhaltung in einem Vorstellungsgespräch. Formulieren Sie abschließend eine generelle Aussage zur Kleidung im Vorstellungsgespräch.

2. Erstellen Sie für Ihr Gruppenergebnis eine **geeignete** Präsentation. Bereiten Sie sich darauf vor, Ihre Arbeitsergebnisse in der Klasse darzustellen.

3. a) In Unternehmen werden ab und zu sogenannte Assessment-Center durchgeführt. Informieren Sie sich im Internet über dieses Bewerbungsverfahren.

Arbeit mit dem PC

   b) Erstellen Sie eine Präsentation zum Assessment-Center in PowerPoint. Überlegen Sie vorab eine sinnvolle Gliederung Ihrer Präsentation.

   Bereiten sie sich darauf vor, die Präsentation zu halten.

   c) Erstellen Sie eine Positivliste darüber, wie Sie eine Präsentation in Umfang, Sprachstil und persönlichem Auftreten an Ihre Zuhörerinnen und Zuhörer „gut rüberbringen“.

Personaleinsatz und -entlohnung

Anforderungssituation 8.2

1 Personaleinsatzplanung

Das ist geschehen

In der Mediaworld e. K. gibt es ein Problem: Monika Schmitz, die im Verkaufsshop arbeitet, ist für die komplette nächste Woche krankgeschrieben. Dies bringt die gesamte Einsatzplanung für die Woche durcheinander. Moritz Wagner überlegt, wie er es schaffen kann, den Shop ständig mit einer Verkaufskraft zu besetzen.

Dazu liegen ihm die folgenden Informationen vor:

Woche von Montag, 09.10.20.. bis Samstag, 14.10.20..

Reguläre Öffnungszeiten des Verkaufsshops:
Montags bis freitags: 10:00 Uhr bis 19:00 Uhr
Samstags: 10:00 Uhr bis 14:00 Uhr

Informationen zu den möglichen Vertretungskräften:

Moritz Wagner hat am Montag einen vollen Terminkalender, ebenso ist der Donnerstagnachmittag ab 14:00 Uhr ausgebucht. Ansonsten kann er immer mal wieder stundenweise einspringen, aber nicht den ganzen Tag im Verkaufsshop sein.

Bastian Lenz hat eine Pflicht-Wochenarbeitszeit von 37 Stunden. Er arbeitet maximal acht Stunden am Tag und hat dabei immer eine Stunde Mittagspause. Die Berufsschulzeit nimmt zehn Stunden seiner Arbeitszeit ein. Dienstags hat er einen langen Berufsschultag und danach frei, freitags ist er ab 14:00 Uhr im Betrieb und muss noch drei Stunden arbeiten. Samstags hat Bastian immer frei.

Andreas Zimmer arbeitet zurzeit als Minijobber zehn Stunden in der Woche in der Mediaworld e. K. Da er noch Schüler ist, kann er nur nachmittags ab 14:00 Uhr und samstags arbeiten.

Karl Herwig aus dem Verkauf springt auch schon mal stundenweise als Verkaufskraft im Shop ein. Seine reguläre Arbeit bleibt dann aber liegen oder muss von Sabine Hauser mitgemacht werden, deshalb kann er auf keinen Fall am Mittwoch und am Freitag, da dann in seiner Abteilung besonders viel tun ist.

Das ist zu tun

Stellen Sie den Personaleinsatzplan für den Verkaufsshop der Mediaworld e. K. für die Woche von Montag, 09.10.20.. bis Samstag, 14.10.20.. auf. Erstellen Sie sich dazu eine Übersicht wie hier vorgeschlagen.

Uhrzeit	Mo.	Di.	Mi.	Do.	Fr.	Sa.
10:00						
11:00						
12:00						
13:00						
14:00						
15:00						
16:00						
17:00						
18:00						

Das sollte man wissen

Personaleinsatzplanung

Personaleinsatzplanung bedeutet, dass man die zur Verfügung stehenden Arbeitskräfte auf die zu besetzenden Arbeitsplätze einteilt. Dabei muss man die Quantität und die Qualität der Anforderungen beachten. Dies heißt zum einen zu prüfen, wie viele Mitarbeitende einzuteilen sind und wie viele Arbeitsplätze zu besetzen sind, zum anderen aber auch, dass die Aufgaben und Anforderungen des Arbeitsplatzes den eingeteilten Mitarbeitenden entsprechen.

Letzteres bedeutet nichts anderes, als dass nicht alle Mitarbeitenden alles können. Fällt irgendjemand aus, kann er nicht beliebig ersetzt werden, sondern nur von jemandem, der sich mit dem Aufgabenbereich auskennt. Im Eingangsbeispiel wird dies bei der Mediaworld e. K. deutlich: Der Auszubildende, der schon einmal im Verkaufsshop gearbeitet hat, kann die ständige Kraft Monika Schmitz durchaus vertreten, genau wie der Praktikant, der auch schon Verkaufserfahrung hat. Der Lagerist Peter Bäumer oder Florian Peek als Buchhalter würden sich aber wahrscheinlich sehr schwer tun, Kundengespräche zu führen und Waren zu verkaufen.

Wenn man dagegen die quantitativen Anforderungen berücksichtigt, geht es nicht nur um die Anzahl der Mitarbeitenden, die eingesetzt werden müssen, sondern auch um die Stundenzahl, die diese Mitarbeitenden laut Vertrag arbeiten. Daneben müssen noch weitere Faktoren beachtet werden, beispielsweise

- feststehende, nicht verschiebbare Termine,
- genehmigter Urlaub,
- begründete Abwesenheiten (z. B. Berufsschule) oder
- gesetzliche Vorgaben zu den Arbeits- und Ruhezeiten.

Aufgaben

Aufgaben zur Wiederholung

1. Unterscheiden Sie die Begriffe „quantitative Personaleinsatzplanung" und „qualitative Personaleinsatzplanung".

2. Zur Personaleinsatzplanung gehört auch eine übersichtliche Planung des Urlaubs der Mitarbeitenden. Stellen Sie dazu in Ihrem Heft ein Schema auf bzw. nutzen Sie die Vorlage im Arbeitsheft:

Mediaworld e. K. Urlaubsplanung Sommer 20.. (Juni bis September)																		
Kalenderwoche	22	23	24	25	26	27	28	29	30	31	32	33	34	35	36	37	38	39
Sommerferien																		
Moritz Wagner																		
Peter Bäumer																		
Sabine Hauser																		
Karl Herwig																		
Florian Peek																		
Monika Schmitz																		
Bastian Lenz																		

Es soll der Urlaubsplan für den Sommer gemacht werden. Dazu liegt obige Tabelle von der 22. KW (Anfang Juni) bis zur 39. KW (Ende September) vor.

Die Sommerferien sind von der 28. KW bis einschließlich 33. KW.

Andreas Zimmer wird bei der Urlaubsplanung nicht berücksichtigt, da er „nur" Minijobber ist. Er kann unabhängig von den übrigen Mitarbeitenden Urlaub nehmen, so wie er es möchte.

Von den übrigen sieben regulären Mitarbeitenden (inkl. Moritz Wagner) sollen immer nur maximal zwei Mitarbeitende gleichzeitig urlaubsbedingt abwesend sein. Außerdem soll gewährleistet sein, dass alle Mitarbeitenden (außer dem Auszubildenden Bastian Lenz) adäquat vertreten werden, wenn sie in Urlaub sind.

Bastian Lenz muss seinen Urlaub in den Sommerferien nehmen, da er berufsschulpflichtig ist. Er möchte gerne drei Wochen am Stück in Urlaub fahren.

Monika Schmitz hat eine schulpflichtige Tochter. Sie hat zwei Wochen Urlaub in Österreich gebucht, in der 28. und 29. KW. Außerdem hätte sie gerne eine weitere Woche in den Sommerferien am Stück frei. Sie wird von Bastian Lenz vertreten.

Florian Peek möchte vor den Sommerferien in Urlaub fahren, da dann noch die günstigen Vorsaisonpreise gelten. Er wird von Karl Herwig vertreten.

Peter Bäumer hat vier Wochen am Stück Urlaub gebucht. Er fliegt von der 36. bis einschließlich der 39. Woche nach Australien. Er wird von Bastian Lenz oder Monika Schmitz vertreten.

Karl Herwig hat auch schon Urlaub gebucht. Er ist in der 30. KW auf Teneriffa. Außerdem hätte er gerne im Juni zwei Wochen frei, da er dann seiner Großmutter beim Umzug helfen muss.

Moritz Wagner hätte gerne irgendeine Woche in den Sommerferien Urlaub, außerdem hat er zwei Wochen im Spätsommer gebucht: die 38. und 39. KW. Er wird von Karl Herwig vertreten.

Sabine Hauser hätte gerne eine beliebige Woche in den Sommerferien frei, außerdem zwei Wochen im Juni. Sie wird von Karl Herwig vertreten.

2 Entgeltabrechnung

2.1 Lohn oder Gehalt? Verschiedene Formen der Entlohnung

Das ist geschehen

Bastian Lenz, der Auszubildende der Mediaworld e. K., ist in der Abteilung Buchhaltung/Verwaltung eingesetzt. Er hilft Frau Kirchhoff bei den monatlichen Lohn- und Gehaltsabrechnungen. Er wundert sich, dass Frau Schmitz aus dem Verkaufsshop jeden Monat das gleiche Geld bekommt, Herr Herwig aus der Abteilung Verkauf allerdings bekommt mal etwas mehr, mal etwas weniger Vergütung.

Das ist zu tun

Klären Sie auf, warum die beiden Mitarbeitenden nach einer unterschiedlichen Entlohnungsform bezahlt werden. Benennen Sie dabei die Entlohnungsform für beide Mitarbeitenden.

Das sollte man wissen

Formen der Entlohnung

Arbeitnehmende werden für die geleistete Arbeit vergütet. Man unterscheidet dabei zwischen den Arbeiterinnen und Arbeitern und den Angestellten, die Arbeiterinnen und Arbeiter bekommen Lohn, an die Angestellten wird Gehalt gezahlt. Löhne und Gehälter stellen für das Unternehmen einen Aufwand dar.

Das **Gehalt** der Angestellten ist ein monatlich gleichbleibender Betrag. Dabei spielt es keine Rolle, ob ein Monat 20 oder 22 Arbeitstage hat. Manchmal wird das Gehalt kombiniert mit einer Provision für besondere Leistung. Diese Provision kann von einem erreichten Umsatz oder einer bestimmten Stückzahl abhängig sein.

Beispiel:

Karl Herwig aus der Abteilung Verkauf der Mediaworld e. K. bekommt ein monatliches Gehalt von 3.100,00 €. Wenn er einen Umsatz von 250.000,00 € erreicht, bekommt er eine Provision in Höhe von 10 %, das sind 310,00 € zusätzlich zu seinem festen Monatsgehalt.

Beim **Lohn** gibt es ebenfalls Möglichkeiten, die Arbeitnehmerin oder den Arbeitnehmer an ihrer oder seiner (guten) Leistung teilhaben zu lassen, indem man den Lohn mit einer erfolgsabhängigen Komponente versieht. Man unterscheidet die folgenden drei Lohnformen, wobei die zweite und die dritte von der Arbeitsleistung der Arbeitnehmerin oder des Arbeitnehmers abhängen:

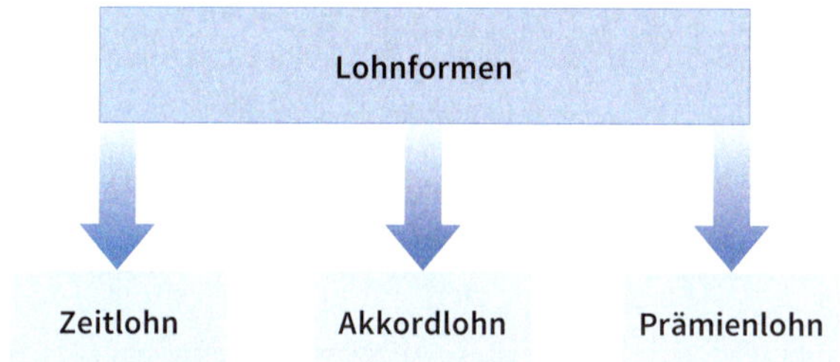

Zeitlohn

Der Zeitlohn wird unabhängig von der erbrachten Leistung bezahlt. Die Mitarbeitenden bekommen für die Anwesenheitszeit am Arbeitsplatz bzw. für die geleisteten Arbeitsstunden einen Stundenlohn. Dieser wird mit den Arbeitsstunden je Tag und den Arbeitstagen multipliziert.

Beispiel:

Arbeiter Hubert Schneuse bekommt einen Stundenlohn von 14,00 €. Er arbeitet 8,5 Stunden je Tag. Der abgelaufene Monat hatte 21 Arbeitstage.

14,00 €/Std. · 8,5 Std./Tag · 21 Tage/Monat = 2.499,00 € Bruttolohn

Die Zahlung von Zeitlohn bietet sich an, wenn die Arbeitnehmenden den Arbeitsprozess durch ihre Arbeitsleistung nicht beschleunigen und das Arbeitstempo nicht beeinflussen können. Dies ist zum Beispiel bei Arbeiten am Fließband mit einer vorgegebenen Geschwindigkeit der Fall oder bei der Produktentwicklung. Durch den Zeitlohn wird den Arbeitnehmenden der Druck genommen, auf Tempo und Geschwindigkeit zu arbeiten. Davon verspricht man sich eine höhere Genauigkeit und bessere Qualität.

Daraus kann aber auch ein Nachteil entstehen, denn die einzelne Arbeitnehmerin oder der einzelne Arbeitnehmer hat keinen Anreiz, eine höhere Arbeitsleistung zu bieten, da sie oder er die Höhe seines Lohnes damit nicht beeinflussen kann. Diesen Nachteil gleicht der Akkordlohn aus.

Akkordlohn

Beim Akkordlohn hängt die Vergütung der Arbeit direkt von der geleisteten Arbeitsmenge ab. Dabei wird aber auch von einem garantierten Mindestlohn ausgegangen. Der Akkordzuschlag in Prozent, der sich zusätzlich für die Arbeit „auf Geschwindigkeit" ergibt, wird in Tarifverträgen festgelegt.

Beispiel:

Arbeiterin Erika Luhe ist in einer Autoteilefabrikation beschäftigt. Ihr Aufgabe ist es, fünf einzelne Komponenten zu einem Elektromotor zusammenzuschrauben. Sie hat einen garantierten Mindestlohn je Stunde von 13,50 €. Da sie in Akkordarbeit tätig ist, bekommt sie einen Akkordzuschlag von 20 %, dies sind 2,70 €.

Mindestlohn + Akkordzuschlag = 13,50 € + 2,70 € = 16,20 € je Stunde.

Des Weiteren geht man davon aus, dass jede Arbeitnehmerin oder jeder Arbeitnehmer je Stunde eine bestimmte Normalleistung erbringen kann, die auch durchschnittlich geleistet werden kann. Hierauf wird der Lohn je Stück bezogen.

Fortsetzung des Beispiels:

Die Normalleistung am Arbeitsplatz von Erika Luhe beträgt 20 Stück je Stunde. Das heißt, wenn sie in einer „ganz normalen" Geschwindigkeit arbeitet, schafft sie es, 20 Elektromotoren in der Stunde zusammenzuschrauben. Damit ergibt sich der folgende „normale" Stücklohn: 16,20 € je Stunde : 20 Stück je Stunde = 0,81 € je hergestelltem Stück. Die 0,81 € nennt man Akkordsatz.

Dieser **Akkordsatz** wird auf die geleistete Arbeitsmenge bezogen. Hierdurch hat die Arbeitnehmerin oder der Arbeitnehmer die Möglichkeit, die Höhe des Gesamtlohnes zu beeinflussen. Eine hohe Arbeitsleistung führt damit auch zu einem hohen Lohn.

Fortsetzung des Beispiels:

Hohe Arbeitsleistung	Geringere Arbeitsleistung
Monatsleistung in Stück bei einem 8-stündigen Arbeitstag und 20 Arbeitstagen: 4 800 Stück	Monatsleistung in Stück bei einem 8-stündigen Arbeitstag und 20 Arbeitstagen: 3 520 Stück
Gesamter Monatsbruttolohn: 4 800 · 0,57 = 3.888,00 €	Gesamter Monatsbruttolohn: 3 520 · 0,81 = 2.851,20 €

Wenn man durch hohe Arbeitsleistung seinen Monatslohn erhöhen kann, führt dies häufig zu einem Leistungsdruck, der in gesundheitlichen Schäden für die Arbeitnehmerin oder den Arbeitnehmer endet. Daneben ist auch zu beachten, dass bei Akkordarbeit der Verschleiß an den Maschinen und Werkzeugen höher ist, da auf Geschwindigkeit gearbeitet wird und die Sorgfalt im Umgang mit den Material leiden kann.

Ebenso ist es möglich, dass die Arbeitnehmenden nicht so sorgsam arbeiten, wie sie es vielleicht bei einem Zeitlohn machen würden.

Prämienlohn

Der Prämienlohn besteht aus einem festen, gleichbleibenden Grundlohn, der um eine Prämie für erbrachte Leistung ergänzt wird. Die Prämie kann sich auf verschiedene Bereiche beziehen, beispielsweise:

- Prämie für eine erreichte Mengenleistung,
- Prämie für das Erreichen einer bestimmten Qualität,
- Prämie für geringe Ausschussquoten, das heißt für geringe Fehlleistungen, oder
- Prämie für eingehaltene Termine.

Die in Aussicht gestellte Prämie hält die Mitarbeitenden an, mehr als die Grundanforderung zu leisten, da sie nur gezahlt wird, wenn die gewünschte Arbeitsqualität, der vereinbarte Termin usw. erreicht werden.

Beispiel:

Wilhelm Fischer ist Arbeiter in einer Maschinenbaufabrik. Für eine osteuropäische Firma muss eine Verpackungsmaschine gebaut werden. Wenn der Auftrag bis Ende des Monats erreicht wird, erhält jede Arbeitnehmerin oder jeder Arbeitnehmer, der an diesem Projekt mitarbeitet, eine Prämie in Höhe von 400,00 €.

Aufgaben

Aufgaben zur Wiederholung

1. a) Beschreiben Sie die Unterschiede zwischen den einzelnen Lohnformen.
   b) Nennen Sie die Vor- und Nachteile der einzelnen Lohnformen.
2. Machen Sie begründete Vorschläge, welche Form der Entlohnung sich für die folgenden Arbeitnehmenden anbietet:
   a) Kaufmann oder Kauffrau für Büromanagement
   b) Fliesenleger/-in
   c) Verkäufer/-in in einem SB-Lebensmittelladen
   d) Fließbandarbeiter/-in
   e) Fachlagerist/-in
   f) Verkäufer/-in im Außendienst einer Großhandlung
   g) Dachdecker/-in
3. a) Berechnen Sie den Zeitlohn für den folgenden Mitarbeiter:
   Arno Friedrichs verdient 14,50 € je Stunde. Laut Tarifvertrag arbeitet er 8,5 Stunden je Tag. Der abgelaufene Monat hatte 21 Arbeitstage.
   b) Berechnen Sie den Akkordlohn von Karla Blennert:
   Frau Blennert hat eine Monatsarbeitsleistung von 4 500 Stück erreicht. Ihr Grundlohn je Stunde beträgt 13,00 €, der Akkordzuschlag beträgt 20 %. Die erwartete Normalleistung an ihrem Arbeitsplatz beträgt 25 Stück je Stunde.

2.2 Vom Brutto- zum Nettoverdienst

Das ist geschehen

Bastian Lenz hilft immer noch in der Verwaltungsabteilung Frau Kirchhoff bei den Verdienstabrechnungen des Monats Oktober. Frau Kirchhoff wirft ihn „ins kalte Wasser“:

Anne Kirchhoff: *„Okay, du machst jetzt mal die Gehaltsabrechnung für Frau Hauser aus dem Einkauf fertig.“*

Bastian Lenz: *„Moment mal, ich habe so etwas noch nie gemacht!“*

MEDIAWORLD e. K.				**Verdienstabrechnung**
Name:	**Geburtsdatum:**	**Steuerklasse:**	**Konfession:**	**Monat/Jahr**
Sabine Hauser				
Adresse:	13.07.1975	1[1]	evangelisch	06/20..
Sternbuschweg 19				
47057 Duisburg				
			Krankenkasse: DAK	
Bruttobezüge:				
Summe Steuerabzüge:	**Lohnsteuer:**	**Solidaritätszuschlag:**	**Kirchensteuer:**	
Summe Abzüge Sozialversicherung (Arbeitnehmerbeitrag):	**Krankenversicherung:**	**Pflegeversicherung:**	**Rentenversicherung:**	**Arbeitslosenversicherung:**
Nettobezüge:				[1] (keine Kinder)

Anne Kirchhoff: *„Egal, das findet sich schon. Hier ist der Vordruck, du musst nur noch die Zahlen eintragen."*

Bastian Lenz: *„Und wie viel Euro verdient Frau Hauser brutto?"*

Anne Kirchhoff: *„Sie ist in der Gehaltsgruppe vier und hat seit ihrer Ausbildung mehr als sechs Jahre Berufserfahrung. Schau einfach im Tarifvertrag nach."*
Bastian macht sich an die Arbeit.

Das ist zu tun

Nutzen Sie für die Bearbeitung die unten stehenden Informationen und Tabellen.

1. Finden Sie anhand des Auszuges des Tarifvertrages heraus, wie viel Euro Frau Hauser im Monat brutto verdient.
2. Ermitteln Sie anhand der Lohnsteuertabelle die Abzüge an
   - Lohnsteuer,
   - Solidaritätszuschlag,
   - Kirchensteuer.
3. Berechnen Sie die Abzüge an
   - Krankenversicherung,
   - Pflegeversicherung,
   - Rentenversicherung,
   - Arbeitslosenversicherung.
4. Ermitteln Sie das Nettogehalt von Frau Hauser, indem Sie vom Bruttogehalt alle obigen Abzüge subtrahieren.

Vom Brutto- zum Nettoverdienst

Das sollte man wissen

Ermittlung des Nettoverdienstes

Jeden Monat werden für die Arbeiterinnen und Arbeiter sowie die Angestellten die Lohn- bzw. die Gehaltsabrechnungen erstellt. Diese zeigen den Bruttoverdienst, alle Abzüge an Steuern, die Abzüge für die Sozialversicherung (→ Kapitel 3) und den Nettoverdienst. Das Nettogehalt bzw. der Nettolohn ist der Betrag, der an die Arbeitnehmerin oder den Arbeitnehmer ausgezahlt wird, wenn es keine weiteren Abzüge gibt, wie etwa Lohnpfändungen oder Einbehaltungen aufgrund eines gewährten Vorschusses.

Da zwischen einer Lohnabrechnung für eine Arbeiterin oder einen Arbeiter und einer Gehaltsabrechnung für eine Angestellte oder einen Angestellten kein wesentlicher Unterschied besteht (außer in der Festlegung des Bruttoverdienstes), wird im Weiteren von einer Gehaltsabrechnung ausgegangen. Bei der Berechnung eines Nettolohnes müsste genauso vorgegangen werden.

Ausgangspunkt der Berechnung ist das im Arbeitsvertrag festgelegte Bruttogehalt. Dieses beruht zumeist auf der Festlegung im gültigen Tarifvertrag. In der Mediaworld e. K. werden die Mitarbeitenden genau nach den Vorgaben des Tarifvertrages bezahlt.

Auszug aus dem Tarifvertrag–
Lohn und Gehaltsabkommen
(verkürzte Darstellung):

Gehaltsgruppe 3	Ab 01.08.20..
Im 1. und 2. Jahr der Tätigkeit nach der Ausbildung	1.808,00 €
Im 3. und 4. Jahr der Tätigkeit nach der Ausbildung	1.901,00 €
Im 5. und 6. Jahr der Tätigkeit nach der Ausbildung	2.044,00 €
Ab dem 7. Jahr der Tätigkeit nach der Ausbildung	2.235,00 €
Gehaltsgruppe 4	Ab 01.08.20..
Im 1. und 2. Jahr der Tätigkeit in der Gruppe	1.969,00 €
Im 3. und 4. Jahr der Tätigkeit in der Gruppe	2.082,00 €
Im 5. Jahr der Tätigkeit in der Gruppe	2.196,00 €
Ab dem 6. Jahr der Tätigkeit in der Gruppe	2.475,00 €
Gehaltsgruppe 5	Ab 01.08.20..
Im 1. und 2. Jahr der Tätigkeit in der Gruppe	2.512,00 €
Im 3. Jahr der Tätigkeit in der Gruppe	2.669,00 €
Im 4. Jahr der Tätigkeit in der Gruppe	2.825,00 €
Nach dem 4. Jahr der Tätigkeit in der Gruppe	3.170,00 €

Vom Bruttogehalt müssen die Steuern und die Beiträge zur Sozialversicherung abgezogen werden.

1. Ermittlung der Steuerabzüge

Ausgehend vom Bruttogehalt werden zunächst die Steuerabzüge ermittelt. Zu diesen gehören

- die Lohnsteuer,
- der Solidaritätszuschlag und
- die Kirchensteuer.

Die Höhe der Lohnsteuer richtet sich nach der Steuerklasse der Arbeitnehmerin oder des Arbeitnehmers. Diese ist auf der Lohnsteuerkarte eingetragen und richtet sich nach den Lebensumständen und Familienverhältnissen.

Alle Arbeitnehmer/-innen werden in eine der folgenden sechs Steuerklassen eingruppiert.

Steuerklassen	
Steuer-klasse	Bedeutung
1	Ledige, geschiedene oder verwitwete Arbeitnehmer/-innen und verheiratete Arbeitnehmer/-innen, deren Ehegattin oder -gatte im Ausland wohnt oder die von ihrer Ehegattin oder ihrem Ehegatten dauernd getrennt leben.
2	Für alle in I genannten Arbeitnehmer/-innen, bei denen jedoch mindestens ein Kind auf der Lohnsteuerkarte eingetragen ist.
3	Gilt für verheiratete Arbeitnehmer/-innen, wenn beide Eheleute nicht dauernd getrennt leben, von denen aber nur eine oder einer davon arbeitet oder wenn die oder der andere Lohnsteuerklasse V wählt.
4	Erfasst verheiratete Arbeitnehmer/-innen, wenn beide Eheleute Arbeitseinkünfte beziehen und nicht dauernd getrennt leben.
5	Gilt für verheiratete Arbeitnehmer/-innen, die beide arbeiten, wenn die Einkommen stark voneinander abweichen. Die oder der deutlich mehr Verdienende wählt dann die günstigere Steuerklasse III, die oder der andere wählt Steuerklasse V.
6	Gilt für Arbeitnehmer/-innen, die von mehreren Arbeitgebenden gleichzeitig Arbeitslohn beziehen. Die Steuerklasse VI gilt automatisch für das zweite Arbeitsverhältnis.

Die Lohnsteuerklasse der Arbeitnehmerin oder des Arbeitnehmers und andere wichtige Daten für die Verdienstabrechnung erfährt der Arbeitgebende elektronisch über die sogenannte ELStAM (Elektronische LohnSteuerAbzugsMerkmale) der Finanzverwaltungen.

Für die Ermittlung der Steuerabzüge der Arbeitnehmerin oder des Arbeitnehmers benötigt man eine **Lohnsteuertabelle**. In dieser kann man zunächst einmal die Lohnsteuer nachlesen.

Auszug aus der Lohnsteuertabelle:

Kinderfreibetrag				0		0,5		1		1,5		2		2,5
ab €	**StK**	**Steuer**	**SolZ**	**KiStr**	**SolZ**	**KiStr**	**SolZ**	**KiStr**	**SolZ**	**KiStr**	**SolZ**	**KiStr**	**SolZ**	**KiStr**
2.463,00														
	1	224,75	-	20,22	-	11,57	-	3,78	-	-	-	-	-	-
	2	138,41	-	-	-	4,49	-	-	-	-	-	-	-	-
	3	9,33	-	0,83	-	-	-	-	-	-	-	-	-	-
	4	224,75	-	20,22	-	15,83	-	11,57	-	7,74	-	3,78	-	0,81
	5	506,50	-	45,58	-	-	-	-	-	-	-	-	-	-
	6	543,50	-	48,91	-	-	-	-	-	-	-	-	-	-
2.466,00														
	1	225,33	-	20,27	-	11,63	-	3,82	-	-	-	-	-	-
	2	139,08	-	-	-	4,53	-	-	-	-	-	-	-	-
	3	9,66	-	0,86	-	-	-	-	-	-	-	-	-	-
	4	225,33	-	20,27	-	15,88	-	11,63	-	7,52	-	3,82	-	0,85
	5	507,33	-	45,65	-	-	-	-	-	-	-	-	-	-
	6	544,33	-	48,98	-	-	-	-	-	-	-	-	-	-
2.469,00														
	1	226,00	-	20,34	-	11,69	-	3,87	-	-	-	-	-	-
	2	139,66	-	-	-	4,59	-	-	-	-	-	-	-	-
	3	10,16	-	0,91	-	-	-	-	-	-	-	-	-	-
	4	226,00	-	20,34	-	15,94	-	11,69	-	7,58	-	3,87	-	0,88
	5	508,16	-	45,73	-	-	-	-	-	-	-	-	-	-
	6	545,16	-	49,06	-	-	-	-	-	-	-	-	-	-
2.472,00														
	1	226,66	-	20,39	-	11,74	-	3,91	-	-	-	-	-	-
	2	140,25	-	-	-	4,63	-	-	-	-	-	-	-	-
	3	10,50	-	0,94	-	-	-	-	-	-	-	-	-	-
	4	226,66	-	20,39	-	16,00	-	11,74	-	7,63	-	3,91	-	0,92
	5	509,16	-	45,82	-	-	-	-	-	-	-	-	-	-
	6	546,16	-	49,15	-	-	-	-	-	-	-	-	-	-
2.475,00														
	1	227,33	-	20,45	-	11,80	-	3,96	-	-	-	-	-	-
	2	140,91	-	-	-	4,68	-	-	-	-	-	-	-	-
	3	11,00	-	0,99	-	-	-	-	-	-	-	-	-	-
	4	227,33	-	20,45	-	16,05	-	11,80	-	7,68	-	3,96	-	0,95
	5	509,83	-	45,88	-	-	-	-	-	-	-	-	-	-
	6	547,00	-	49,23	-	-	-	-	-	-	-	-	-	-

Die Tabelle zeigt in der linken Spalte die Höhe des Bruttoverdienstes, der für die Steuerermittlung wesentlich ist. Man sucht in der Tabelle immer das Bruttogehalt heraus, das **genauso hoch ist** oder gerade etwas **über** dem Gehalt der Arbeitnehmerin oder des Arbeitnehmers liegt, für den man die Verdienstabrechnung ausfüllt. In der Spalte neben dem Bruttogehalt wird die **Lohnsteuer** (LSt) angezeigt, hierbei ist auf die Steuerklasse der Arbeitnehmerin oder des Arbeitnehmers zu achten.

Neben der Lohnsteuer ist der **Solidaritätszuschlag** (SolZ) zu finden. Dieser entfällt allerdings seit 2021 für die meisten Steuerzahlenden.

Letztlich kann in der Lohnsteuertabelle noch die **Kirchensteuer** nachgesehen werden. Sie beträgt 9 % von der Lohnsteuer, nur die Bundesländer Bayern und Baden-Württemberg haben eine geringere Kirchensteuer in Höhe von 8 %. Die Kirchensteuer ist nur fällig, wenn die Arbeitnehmerin oder der Arbeitnehmer eine kirchensteuerpflichtige Konfession hat. Dazu gehört nicht die Angehörigkeit zum Islam, wohl aber die Mitgliedschaft in der katholischen oder evangelischen Kirche.

Beispiel:

Karl Herwig hat diesen Monat 2.467,00 € verdient, ist in Steuerklasse 3 und kinderlos. Die Höhe seiner Lohnsteuer steht in der Zeile des Bruttogehaltes in Höhe von 2.466,00 €. Die 3 zeigt seine Steuerklasse, damit muss Karl Herwig 9,66 € Lohnsteuer bezahlen. Für Karl Herwig mit dem Bruttogehalt von 2.467,00 € und der Lohnsteuerklasse 3 fällt kein Solidaritätszuschlag an. Karl Herwig ist katholisch und damit kirchensteuerpflichtig. Die Höhe der Kirchensteuer beträgt in seinem Fall 0,86 €.

Auszug aus der Lohnsteuertabelle:

Kinderfreibetrag				0		0,5		1		1,5		2		2,5
ab €	**StK**	**Steuer**	**SolZ**	**KiStr**	**SolZ**	**KiStr**	**SolZ**	**KiStr**	**SolZ**	**KiStr**	**SolZ**	**KiStr**	**SolZ**	**KiStr**
2.463,00														
	1	224,75	-	20,22	-	11,57	-	3,78	-	-	-	-	-	-
	2	138,41	-	-	-	4,49	-	-	-	-	-	-	-	-
	3	9,33	-	0,83	-	-	-	-	-	-	-	-	-	-
	4	224,75	-	20,22	-	15,83	-	11,57	-	7,74	-	3,78	-	0,81
	5	506,50	-	45,58	-	-	-	-	-	-	-	-	-	-
	6	543,50	-	48,91	-	-	-	-	-	-	-	-	-	-
2.466,00														
	1	225,33	-	20,27	-	11,63	-	3,82	-	-	-	-	-	-
	2	139,08	-	-	-	4,53	-	-	-	-	-	-	-	-
	3	9,66	-	0,86	-	-	-	-	-	-	-	-	-	-
	4	225,33	-	20,27	-	15,88	-	11,63	-	7,52	-	3,82	-	0,85
	5	507,33	-	45,65	-	-	-	-	-	-	-	-	-	-
	6	544,33	-	48,98	-	-	-	-	-	-	-	-	-	-
2.469,00														
	1	226,00	-	20,34	-	11,69	-	3,87	-	-	-	-	-	-
	2	139,66	-	-	-	4,59	-	-	-	-	-	-	-	-
	3	10,16	-	0,91	-	-	-	-	-	-	-	-	-	-
	4	226,00	-	20,34	-	15,94	-	11,69	-	7,58	-	3,87	-	0,88
	5	508,16	-	45,73	-	-	-	-	-	-	-	-	-	-
	6	545,16	-	49,06	-	-	-	-	-	-	-	-	-	-
2.472,00														
	1	226,66	-	20,39	-	11,74	-	3,91	-	-	-	-	-	-
	2	140,25	-	-	-	4,63	-	-	-	-	-	-	-	-
	3	10,50	-	0,94	-	-	-	-	-	-	-	-	-	-
	4	226,66	-	20,39	-	16,00	-	11,74	-	7,63	-	3,91	-	0,92
	5	509,16	-	45,82	-	-	-	-	-	-	-	-	-	-
	6	546,16	-	49,15	-	-	-	-	-	-	-	-	-	-
2.475,00														
	1	227,33	-	20,45	-	11,80	-	3,96	-	-	-	-	-	-
	2	140,91	-	-	-	4,68	-	-	-	-	-	-	-	-
	3	11,00	-	0,99	-	-	-	-	-	-	-	-	-	-
	4	227,33	-	20,45	-	16,05	-	11,80	-	7,68	-	3,96	-	0,95
	5	509,83	-	45,88	-	-	-	-	-	-	-	-	-	-
	6	547,00	-	49,23	-	-	-	-	-	-	-	-	-	-

Man sieht, die rechten Spalten der Lohnsteuertabelle (0 bis 2,5 Kinderfreibeträge) sind für die Ermittlung von Abzügen bei Arbeitnehmenden, die Kinder haben. Dabei kann es auch sein, dass bei einer Arbeitnehmerin oder einem Arbeitnehmer nur ein halbes Kind berücksichtigt wird.

Die Anzahl der Kinder wirkt sich mindernd auf die Höhe der Kirchensteuer (und auch auf den Solidaritätszuschlag) aus. Je mehr Kinder die Arbeitnehmerin oder der Arbeitnehmer hat, desto geringer sind diese Abzüge.

Nicht nur die Anzahl der Kinder wirkt sich steuermindernd aus. Auch der Familienstand beeinflusst die Höhe der Steuerzahlung bei der Verdienstabrechnung. Ein verheirateter Arbeitnehmer muss zum Beispiel weniger Steuern bezahlen als ein lediger Arbeitnehmer. Dies ist sozial gerechtfertigt, denn der verheiratete Arbeitnehmer muss seine Frau (und eventuell seine Familie) mit ernähren.

Fortsetzung des Beispiels: Wenn Karl Herwig einen Kinderfreibetrag hätte, würde die Kirchensteuerbelastung würde für ihn 0,00 € betragen.

Fortsetzung des Beispiels: Herr Herwig ist verheiratet und in Steuerklasse 3. ANGENOMMEN, er wäre ledig und in der Steuerklasse 1, dann müsste er 225,33 € Lohnsteuer zahlen.

Kinderfreibetrag			0		0,5		1		1,5		2		2,5	
ab €	StK	Steuer	SolZ	KiStr	SolZ	KiStr	SolZ	KiStr	SolZ	KiStr	SolZ	KiStr	SolZ	KiStr
2.463,00														
	1	224,75	-	20,22	-	11,57	-	3,78	-	-	-	-	-	-
	2	138,41	-	-	-	4,49	-	-	-	-	-	-	-	-
	3	9,33	-	0,83	-	-	-	-	-	-	-	-	-	-
	4	224,75	-	20,22	-	15,83	-	11,57	-	7,74	-	3,78	-	0,81
	5	506,50	-	45,58	-	-	-	-	-	-	-	-	-	-
	6	543,50	-	48,91	-	-	-	-	-	-	-	-	-	-
2.466,00														
	1	225,33	-	20,27	-	11,63	-	3,82	-	-	-	-	-	-
	2	139,08	-	-	-	4,53	-	-	-	-	-	-	-	-
	3	9,66	-	0,86	-	-	-	-	-	-	-	-	-	-
	4	225,33	-	20,27	-	15,88	-	11,63	-	7,52	-	3,82	-	0,85
	5	507,33	-	45,65	-	-	-	-	-	-	-	-	-	-
	6	544,33	-	48,98	-	-	-	-	-	-	-	-	-	-
2.469,00														
	1	226,00	-	20,34	-	11,69	-	3,87	-	-	-	-	-	-
	2	139,66	-	-	-	4,59	-	-	-	-	-	-	-	-
	3	10,16	-	0,91	-	-	-	-	-	-	-	-	-	-
	4	226,00	-	20,34	-	15,94	-	11,69	-	7,58	-	3,87	-	0,88
	5	508,16	-	45,73	-	-	-	-	-	-	-	-	-	-
	6	545,16	-	49,06	-	-	-	-	-	-	-	-	-	-
2.472,00														
	1	226,66	-	20,39	-	11,74	-	3,91	-	-	-	-	-	-
	2	140,25	-	-	-	4,63	-	-	-	-	-	-	-	-
	3	10,50	-	0,94	-	-	-	-	-	-	-	-	-	-
	4	226,66	-	20,39	-	16,00	-	11,74	-	7,63	-	3,91	-	0,92
	5	509,16	-	45,82	-	-	-	-	-	-	-	-	-	-
	6	546,16	-	49,15	-	-	-	-	-	-	-	-	-	-
2.475,00														
	1	227,33	-	20,45	-	11,80	-	3,96	-	-	-	-	-	-
	2	140,91	-	-	-	4,68	-	-	-	-	-	-	-	-
	3	11,00	-	0,99	-	-	-	-	-	-	-	-	-	-
	4	227,33	-	20,45	-	16,05	-	11,80	-	7,68	-	3,96	-	0,95
	5	509,83	-	45,88	-	-	-	-	-	-	-	-	-	-
	6	547,00	-	49,23	-	-	-	-	-	-	-	-	-	-

2. Ermittlung der Abzüge für die Sozialversicherung

Neben den Steuerabzügen müssen alle Arbeitnehmenden auch in die Sozialversicherung einbezahlen. Dazu gehören:

- die Krankenversicherung,
- die Pflegeversicherung,
- die Rentenversicherung und
- die Arbeitslosenversicherung.

Die Sozialversicherungen schützen die Arbeitnehmenden (und ihre Familien) vor den bedeutendsten Risiken des Arbeitslebens, wie die Arbeitslosigkeit, Armut im Alter und andere. Die Leistungen der Sozialversicherungen werden ausführlich in Kapitel 3 dargestellt.

Die Beiträge zu den einzelnen Sozialversicherungen werden direkt vom Lohn oder Gehalt der Arbeitnehmerin oder des Arbeitnehmers abgezogen. Sie werden von den Arbeitgebenden an die Krankenkasse der Arbeitenehmerin oder des Arbeitnehmers gezahlt, die sie an die weiteren Träger der übrigen Sozialversicherungen bzw. an den Gesundheitsfond weiterleitet. Die Arbeitgebenden beteiligen sich an der Finanzierung der Sozialversicherungen.

Die fünfte der Sozialversicherungen, die Unfallversicherung, bezahlen die Arbeitgebenden sogar alleine, daher erscheint sie auch nicht bei der Verdienstabrechnung.

Die Beiträge zu den einzelnen Sozialversicherungen betragen wie folgt (Stand: 2024):

Sozialversicherung	Gesamter Beitragssatz	Anteil der Arbeitnehmerin/des Arbeitnehmers
Krankenversicherung	14,6 % vom Bruttoeinkommen (zuzüglich eines Zuschlages der jeweiligen Krankenkasse)	7,3 % plus die Hälfte des individuellen Krankenkassenzuschlages
Pflegeversicherung	3,4 % vom Bruttoeinkommen	2,3 % für kinderlose Arbeitnehmer/-innen über 23 Jahre, 1,7 % für AN mit einem Kind, für jedes weitere Kind gibt es weitere 0,25 Prozentpunkte Beitragsnachlass
Rentenversicherung	18,6 % vom Bruttoeinkommen	9,3 %
Arbeitslosenversicherung	2,6 % vom Bruttoeinkommen	1,3 %

Fortsetzung des Beispiels: Karl Herwig hat ein Bruttoeinkommen in Höhe von 2.467,00 € und ist kinderlos. Die Beiträge von Herrn Herwig zur Sozialversicherung berechnen sich wie folgt:

Bruttogehalt	Sozialversicherung	Arbeitnehmerbeitrag in Prozent	Arbeitnehmerbeitrag in €
2.467,00 €	Krankenversicherung	7,3 % + 0,5 % (Zuschlag seiner KV)	2.467,00 · 7,8 : 100 = 192,43 €
2.467,00 €	Pflegeversicherung	2,3 %	2.467,00 · 2,3 : 100 = 56,74 €
2.467,00 €	Rentenversicherung	9,3 %	2.467,00 · 9,3 : 100 = 229,43 €
2.467,00 €	Arbeitslosenversicherung	1,3 %	2.467,00 · 1,3 : 100 = 32,07 €

Damit sind alle Abzüge vom Bruttoentgelt bekannt. Durch Subtraktion der Abzüge vom Bruttogehalt ergibt sich das Nettogehalt der Arbeitnehmerin oder des Arbeitnehmers.

Fortsetzung des Beispiels:

Bruttogehalt:	2.467,00 €	
– Lohnsteuer	9,66 €	Steuerabzüge
– Solidaritätszuschlag	0,00 €	Steuerabzüge
– Kirchensteuer	0,86 €	Steuerabzüge
– Krankenversicherung	192,43 €	Abzüge der Sozialversicherung
– Pflegeversicherung	56,74 €	Abzüge der Sozialversicherung
– Rentenversicherung	229,43 €	Abzüge der Sozialversicherung
– Arbeitslosenversicherung	32,07 €	Abzüge der Sozialversicherung
= Nettogehalt	1.945,81 €	

Aufgaben

Aufgaben zur Wiederholung

1. Entscheiden Sie aufgrund der angegebenen Daten, welche Steuerklasse für die folgenden Arbeitnehmenden gewählt werden sollte:

a)	Alfons Herrmanns	verheiratet, Alleinverdiener
b)	Bärbel Schneider	verheiratet, Ehemann verdient deutlich mehr als sie
c)	David Eilers	ledig, keine Kinder
d)	Klaus Steinfeld	geschieden, kein Kind
e)	Edgar Kleufers	verheiratet, verdient in etwa das Gleiche wie seine Frau
f)	Inge Freiberg	geschieden, zwei Kinder
g)	Gustav Grün	verheiratet, Frau verdient ebenfalls, aber deutlich weniger als er
h)	Monika Elf	verheiratet, Ehemann ist in Steuerklasse 3
i)	Susanne Wolters	zweites Arbeitsverhältnis
j)	Thea Kuhn	ledig und alleinerziehende Mutter von zwei Kindern
k)	Tim Strasser	Hausmann; seine Frau ist Alleinverdienerin

2. Ermitteln Sie die Lohnsteuer und die Kirchensteuer für die folgenden Arbeitnehmenden:

	Bruttoverdienst	Steuerklasse	Konfession	Kinderfreibetrag
a)	2.467,90 €	1	katholisch	0
b)	2.465,00 €	3	evangelisch	2
c)	2.475,50 €	5	keine	0
d)	2.469,50 €	4	evangelisch	3
e)	2.472,85 €	2	keine	1

3. Ermitteln Sie die Sozialversicherungsbeiträge für die folgenden Arbeitnehmenden. Gehen Sie davon aus, dass die Krankenversicherung einen Zuschlag von insgesamt 1,8 % verlangt.

	Bruttoverdienst	Alter	Kinderfreibetrag
a)	2.980,00 €	25	1
b)	1.820,50 €	21	0
c)	3.100,00 €	43	0
d)	2.410,60 €	22	0
e)	1.970,00 €	27	1

4. Ermitteln Sie den Nettolohn für die folgende Arbeitnehmerin:

Helga Schwarz, 29 Jahre alt, verheiratet (der Ehemann hat Steuerklasse 3), evangelisch, kein Kind, kein KV-Zuschlag, Bruttolohn: 2.470,30 €.

2.3 Minijobs

Das ist geschehen

Andreas Zimmer hat während seines Praktikums in der Mediaworld e. K. einen guten Eindruck hinterlassen. Das Praktikum endet in zwei Wochen, danach geht Andreas wieder zur Schule. Moritz Wagner überlegt, ob und wie er ihn als Aushilfskraft in seinem Unternehmen weiter beschäftigen kann.

Das ist zu tun

1. Zeigen Sie anhand der Informationen im unten stehenden Text auf, was ein Minijob ist.
2. Erläutern Sie, warum Andreas „nicht zu viel verdienen soll“. Zeigen Sie auch die Folge auf, wenn er dies tun würde.

Das sollte man wissen

Minijobs

Arbeitnehmende sind mit Aufnahme des Arbeitsverhältnisses automatisch bei den Sozialversicherungen pflichtversichert. Hierfür müssen die Arbeitnehmenden auch Beiträge bezahlen. Einen Sonderfall stellen die sogenannten geringfügig Beschäftigten dar. Für diese Arbeitsverhältnisse gelten andere Bestimmungen, die verhindern, dass die Arbeitnehmerin oder der Arbeitnehmer von dem vergleichsweise geringen Einkommen nicht auch noch hohe Beiträge an die Sozialversicherung und hohe Steuern bezahlen muss.

Die geringfügigen Beschäftigungsverhältnisse nennt man **Minijobs**. Ein Minijob ist ein Beschäftigungsverhältnis, bei dem der Bruttoverdienst nicht höher als 538,00 € (ab 2025: 556,00 €) liegt. Dabei ist es unerheblich, wie viele Stunden pro Woche die Arbeitnehmerin oder der Arbeitnehmer arbeitet, die Obergrenze liegt aufgrund des Mindestlohnes allerdings bei ca. 43 Stunden.

Für die Arbeitgebenden hat der Minijob mehrere Vorteile. Zunächst einmal fallen nur geringe Sozialabgaben für die Arbeitnehmerin oder den Arbeitnehmer an. Außerdem ist in der Regel nur eine pauschale Steuer zu bezahlen, die sich einfach berechnen lässt. Letztlich ist auch die Verwaltung eines Minijobs für die Arbeitgebenden relativ einfach, da Anmeldung, Abmeldung, Bezahlung der Abgaben etc. allein über eine Stelle laufen, dies ist die Minijobzentrale.

An Abgaben fallen für die Arbeitgebenden pro Minijob an (Stand: 2023):

- 13 % Beitrag an die Krankenversicherung
- 15 % Beitrag an die Rentenversicherung (plus 3,6 % Arbeitnehmeranteil)
- 2 % Pauschalsteuer (diese beinhaltet Lohnsteuer, Solidaritätszuschlag und Kirchensteuer)[1]

Die Arbeitnehmenden zwar rentenversicherungspflichtig mit einem von ihnen zu tragenden Beitragssatz in Höhe von 3,6 %, kann sich davon aber befreien lassen. Im Folgenden wird davon ausgegangen, dass er von dieser Möglichkeit Gebrauch macht. Dies bedeutet, dass der vereinbarte Bruttoverdienst auch gleichzeitig das Nettoeinkommen ist.

Beispiel:

Andreas Zimmer und Moritz Wagner vereinbaren, dass Andreas pro Woche zehn Stunden in der Mediaworld e. K. arbeiten soll. Bei einem Stundenlohn von 13,00 € bekommt er in einem Monat mit vier Wochen 520,00 € brutto. Hieraus werden keine Abzüge für Andreas fällig, das heißt, er bekommt die 520,00 € auch ausgezahlt.

Dies gilt für einen Minijob als „Hauptbeschäftigung“ und für (freiwillige) Praktikantinnen und Praktikanten, die im Praktikum eine Vergütung bis maximal 538,00 € bekommen.

Man muss sich nicht auf einen Minijob alleine beschränken, es besteht auch die Möglichkeit, dass man mehrere Minijobs bei unterschiedlichen Arbeitsstellen hat. Die Befreiung von der Zahlung von Sozialabgaben gilt dann aber nur, wenn man insgesamt mit allen Minijobs unter der Einkommensgrenze von 538,00 € bleibt. Ansonsten muss man doch Beiträge für die Sozialversicherung zahlen und unter Umständen auch höhere Steuern, die dann von den Arbeitnehmenden zu tragen sind.

Einen Minijob kann man sogar neben seinem Hauptberuf ausüben, allerdings wirklich nur einen. Für diesen gilt dann, dass nur der Arbeitgebende Sozialabgaben zahlen muss, die Arbeitnehmerin oder der Arbeitnehmer bekommt die Vergütung für den Minijob ohne Abzüge.

Letztlich darf nicht vergessen werden, dass man bei Ausübung eines Minijobs sogar Anspruch auf tariflich festgelegte Leistungen wie Weihnachtsgeld und Urlaubsgeld hat.

[1] Umlagen wie die U1 und die U2 werden hier vernachlässigt.

Aufgaben

Aufgaben zur Wiederholung

1. a) Berechnen Sie den Gesamtaufwand in Euro für Moritz Wagner als Arbeitgeber, wenn er Andreas Zimmer als Aushilfe mit 450,00 € brutto vergütet. Bedenken Sie die Sozialabgaben und die Steuern, die der Arbeitgeber für den Minijob zu zahlen hat[1].

   b) Erläutern Sie, unter welchen Bedingungen Andreas Zimmer neben seinem Minijob in der Mediaworld e. K. einen weiteren Minijob annehmen kann.

2. Nennen Sie Beispiele für Tätigkeiten bei Unternehmen und in Privathaushalten, die sich als Minijob anbieten.

Das sollte man wissen

3 Das System der Sozialversicherung und die private Vorsorge

Die Sozialversicherung sichert Menschen gegen bedeutsame Risiken ab: Krankheit und Pflegebedürftigkeit, Armut im Alter, Arbeitslosigkeit, Unfallgefahr am Arbeitsplatz. Entsprechend gibt es fünf Zweige der Sozialversicherung:

Sozialversicherung				
Krankenversicherung	Pflegeversicherung	Rentenversicherung	Arbeitslosenversicherung	Unfallversicherung

Bei den Sozialversicherungen handelt es sich um **Pflichtversicherungen**, das heißt, bestimmte Personengruppen sind zur Mitgliedschaft in diesen Versicherungen verpflichtet. Das Gegenstück zu den Sozialversicherungen sind die **Individualversicherungen**, bei denen man nicht verpflichtet ist, Mitglied zu sein bzw. diese abzuschließen.

Beispiel: Florian Peek aus der Abteilung Buchhaltung/Zahlungsverkehr muss in der gesetzlichen Krankenkasse sein, sich gegen Arbeitslosigkeit versichern und sich auch in den anderen drei Sozialversicherungszweigen versichern. Er muss aber zum Beispiel keine private Lebensversicherung abschließen und niemand kann ihn zwingen, beispielsweise eine Diebstahlversicherung abzuschließen.

Die Sozialversicherungen gibt es schon seit über 140 Jahren. Es begann mit der Krankenversicherung und der Unfallversicherung für Arbeitnehmende. Die Idee war und ist, Arbeitnehmende vor finanziellen und sozialen Problemen zu schützen, falls sie nicht mehr arbeiten können (z. B. aus Krankheitsgründen oder wegen Arbeitslosigkeit). Um dies zu finanzieren, werden Anteile des Einkommens der Arbeitnehmenden vom Lohn oder Gehalt einbehalten und an die Sozialversicherung weitergegeben.

1 Zur genauen Berechnung können Sie das entsprechende Tool der Minijob-Zentrale benutzen: www.minijob-zentrale.de/DE/05_multifunktionsleiste/03_service/05_tools_rechner/02_Minijob_Rechner/2020/node.html [27.11.2023].

Die Arbeitgebenden beteiligen sich bei der Finanzierung jeweils mit einem bestimmten Anteil. Bei den Sozialversicherungen gilt als Grundsatz das Solidaritätsprinzip: Diejenige oder derjenige, die oder der wenig verdient, muss nur geringe Beiträge zahlen. Diejenigen, die mehr bzw. viel verdienen, zahlen hohe Beiträge in die Sozialversicherungen. Die Leistungen, die die Sozialversicherungen erbringen, sind aber für alle gleich.

Die Tatsache, dass die Finanzierung der Sozialversicherung über die Löhne und Gehälter der Arbeiterinnen und Arbeiter sowie der Angestellten erfolgt, führt zu Problemen:

- Menschen, die arbeitslos sind, bezahlen keine eigenen Beiträge in die Sozialversicherung, folglich hat diese weniger Geld, um die Renten zu bezahlen, Krankenhausrechnungen zu begleichen usw.
- Menschen, die entsprechend alt sind, beziehen Rente, werden häufiger krank als junge Menschen oder sie werden vielleicht sogar pflegebedürftig. In Deutschland gibt es zunehmend Menschen, die alt sind, und nur vergleichsweise wenige, die jung sind und in die Sozialversicherungen einzahlen.

Aus diesen und anderen Gründen werden häufig Verbesserungen, Veränderungen und Reformen an den Sozialversicherungen durchgeführt. Alle haben schon einmal von der „Rentenreform“ oder der „Gesundheitsreform“ gehört, wobei die Begriffe alle paar Jahre wieder neu auftauchen.

Aufgrund der zunehmenden finanziellen Schwierigkeiten des Sozialversicherungssystems wird es wichtiger, auch privat vorzusorgen. Dies kann in Form einer privaten Krankenzusatzversicherung geschehen, aber auch über eine zusätzliche private Altersvorsorge. Diese wird auch vom Staat unterstützt, etwa in Form der Riester-Rente.

In den folgenden Kapiteln wird auf die einzelnen Zweige der Sozialversicherung näher eingegangen, damit Sie einen Überblick erhalten, wer jeweils versichert ist und was die Sozialversicherungen leisten.

3.1 Krankenversicherung und Pflegeversicherung

Das ist geschehen

Bastian Lenz ist in der Abteilung Buchhaltung und Verwaltung der Mediaworld e. K. eingesetzt. Zurzeit werden die Löhne und Gehälter der Mitarbeitenden für den abgelaufenen Monat berechnet, damit sie pünktlich ausbezahlt werden können. Bastian fällt etwas auf: *„Mensch, Herr Bäumer zahlt ja viel weniger Beiträge an die Krankenkasse als Frau Hauser. Das kann doch gar nicht sein! Es gibt doch einen einheitlichen Beitragssatz.“* *„Doch“*, sagt Herr Peek, *„das ist durchaus möglich, Herr Bäumer verdient ja auch etwas weniger als Frau Hauser.“* Bastian ist sofort einsichtig: *„Ach so, logisch!“*

Das ist zu tun

1. Beschreiben Sie, wie sich die Krankenversicherungen finanzieren.
2. Erläutern Sie, warum Frau Hauser und Herr Bäumer unterschiedlich hohe Beiträge in die Krankenversicherung einzahlen.
3. Benennen Sie wesentliche Leistungen, die Sabine Hauser und Peter Bäumer für die Bezahlung ihrer Krankenkassenbeiträge erwarten können.

Das sollte man wissen

Krankenversicherung

In der gesetzlichen Krankenversicherung müssen sich alle Arbeitnehmenden versichern, deren Einkommen eine bestimmte Grenze nicht überschreitet. Diese Grenze beträgt im Jahr 2024 69.300,00 € pro Jahr.

Zur Finanzierung der gesetzlichen Krankenkasse wird vom Einkommen der Arbeitnehmerin oder des Arbeitnehmers ein bestimmter Prozentsatz abgezogen und in die Krankenversicherung einbezahlt. Der Gesamtbeitrag beträgt im Jahr 2024 14,6 %. Arbeitgebende und Arbeitnehmende zahlen davon jeweils die Hälfte, also 7,3 %. Manche Krankenkassen erheben noch einen Zusatzbeitrag; dieser beträgt im Durchschnitt etwa 1,6 %, den sich Arbeitgebende und Arbeitnehmende teilen.

Beispiel: Ein Arbeitnehmer verdient 1.000,00 € brutto. Der Beitragssatz der gesetzlichen Krankenkasse beträgt 14,6 % vom sozialversicherungspflichtigen Bruttolohn. Arbeitgebende und Arbeitnehmende bezahlen jeweils 7,3 % = 73,00 €; wenn die Krankenkasse des Arbeitnehmers beispielsweise noch einen Zusatzbeitrag von 1,0 % verlangt, erhöht sich der Arbeitnehmerbetrag um 0,5 Prozentpunkte auf 7,8 % und damit auf 78,00 €..

Bei der Wahl der Krankenkasse sind die Arbeitnehmenden frei. Bekannte große Krankenkassen sind die Allgemeine Ortskrankenkasse (AOK), die Deutsche Angestellten Krankenkasse (DAK) oder die Betriebskrankenkassen (BKK). Der Beitragssatz zur Krankenversicherung wird von der Bundesregierung festgesetzt und regelmäßig den Kosten bzw. den Ausgaben der Kassen angepasst.

Aber nicht nur Arbeitnehmende sind in der gesetzlichen Krankenversicherung pflichtversichert, auch Studierenden, Praktikantinnen und Praktikanten, Arbeitslose, landwirtschaftliche Unternehmerinnen und Unternehmer sowie Rentnerinnen und Rentner sind es, sofern sie nicht einer privaten Krankenkasse angehören.

Für die gezahlten Beiträge werden die Versicherten im Krankheitsfalle von der Krankenkasse abgesichert. Die Hilfe der Krankenkasse bezieht sich auf Zahlungen für medizinische Hilfe.

Die Leistungen der Krankenkasse sind im Einzelnen:

- ärztliche und zahnärztliche Behandlung
- Vorsorgeuntersuchungen
- Krankenhausaufenthalt
- verordnete Medikamente, Heil- und Verbandsmittel
- Hilfsmittel wie Hörgeräte, Brillen, Rollstühle
- Haushaltshilfen

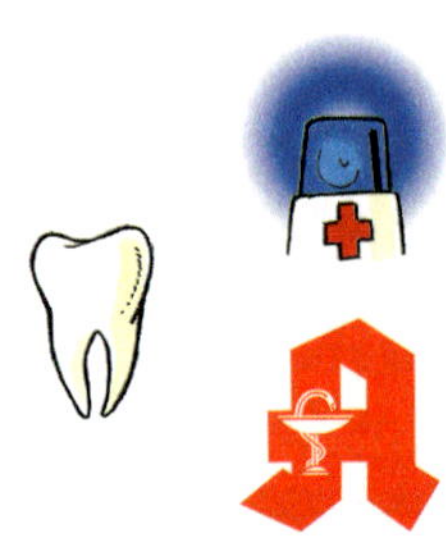

Neben diesen Hilfen ist das Krankengeld eine wichtige Leistung. Es wird ab der 7. Woche einer Krankheit gezahlt, denn dann müssen die Arbeitgebenden nicht mehr den Lohn oder das Gehalt weiter bezahlen. Das Krankengeld beträgt zurzeit 70 % des regelmäßigen Bruttoeinkommens der Arbeitnehmerin oder des Arbeitnehmers.

Der Beitragssatz wird regelmäßig überprüft und im Bedarf angepasst.

Pflegeversicherung

Die Pflegeversicherung ist den Krankenkassen zugeordnet. Jede Krankenkasse hat eine eigene Pflegekasse errichtet, die für die Organisation der Pflegeversicherung dieser Krankenkasse zuständig ist. Wie die Krankenversicherung wird die Pflegeversicherung durch Beiträge finanziert, die den Arbeitnehmenden vom Arbeitseinkommen abgezogen werden. Der aktuelle Beitragssatz beträgt 3,4 % (Stand: 2024), die eine Hälfte zahlen die Arbeitgebenden, die andere Hälfte wird von den Arbeitnehmenden bezahlt. Nur wenn diese keine Kinder haben, müssen sie ab dem 23. Lebensjahr einen Gesamtbeitrag von 2,3 % bezahlen.

Beispiel:

Eine Arbeitnehmerin verdient 1.000,00 € brutto. 3,4 % = 34,00 € muss sie in die Pflegeversicherung einbezahlen. Von den 34,00 € werden der Arbeitnehmerin 17,00 € vom Lohn abgezogen, die Arbeitnehmerin gibt 17,00 € dazu. Wenn die Arbeitnehmerin kinderlos und älter als 23 Jahre wäre, dann würde ihr Beitrag allerdings 23,00 € betragen (= 1,7 % + 0,6 % = 2,3 % von 1.000,00 €).

Diesen Beiträgen stehen die Leistungen der Pflegeversicherung gegenüber, die in Anspruch genommen werden können, wenn man pflegebedürftig wird. Pflegebedürftig ist man, wenn man die normalen Tätigkeiten des täglichen Lebens nicht mehr ohne fremde Hilfe bewerkstelligen kann. Dazu gehören die Körperpflege, die Ernährung, die Mobilität und die Haushaltsversorgung.

Die Leistungen der Pflegeversicherung können in Sachleistungen oder in Geld bestehen, z. B.

- Pflegehilfsmittel (z. B. Pflegebett)
- kostenlose Pflegekurse für Angehörige
- Zuschuss zum Umbau der Wohnung
- stationäre Pflege in einem Pflegeheim

In der Pflegeversicherung sind alle versichert, die auch in der gesetzlichen Krankenversicherung versichert sind. Dies gilt auch für Familienangehörige, die in der Krankenkasse familienversichert sind, wie zum Beispiel die Ehepartnerin oder der Ehepartner ohne eigenes Einkommen. Ab einem Lohn oder einem Gehalt von 69.300,00 € im Jahr (Stand: 2024) kann man zu einer privaten Krankenkasse wechseln, damit ist auch der Wechsel zu einer privaten Pflegeversicherung verbunden.

Aufgaben

Aufgaben zur Wiederholung

1. a) Sammeln Sie die Namen der Krankenkassen, bei denen Sie und Ihre Mitschülerinnen und Mitschüler versichert sind. Welche Krankenkasse wird am häufigsten genannt? Prüfen Sie, welche der genannten Krankenkassen einen Zusatzbeitrag verlangt.

b) Nennen Sie die Personengruppen, die in der gesetzlichen Krankenversicherung versichert sind.

c) Wie viel Euro müsste Florian Peek monatlich verdienen, damit er sich nicht mehr in der gesetzlichen Krankenversicherung, sondern bei einer privaten Krankenkasse versichern kann?

2. a) Welche Organisation steht hinter der Pflegeversicherung?

b) Nennen Sie die Leistungen der Pflegeversicherung.

c) Wer bekommt Leistungen aus der Pflegeversicherung?

3. a) Erläutern Sie, warum es sinnvoll ist, dass eine gesetzliche Pflicht zur Mitgliedschaft in einer Krankenversicherung besteht.

b) Nennen Sie Gründe, warum die Pflegeversicherung vor nicht allzu langer Zeit als fünfter Zweig der Sozialversicherung eingeführt wurde.

3.2 Rentenversicherung

Das ist geschehen

In der Mediaworld e. K. kauft häufig ein älterer Mann ein. Bastian kennt den Mann schon seit Beginn der Ausbildung und freut sich immer, wenn dieser den Verkaufsshop betritt, denn dies bedeutet immer hohe Umsätze. Neulich erst hat sich er alte Mann ein neues Fernsehgerät gekauft, heute hat er sich mehrere Blu-Ray-Filme und ein neues Headset ausgesucht.

Bastian unterhält sich mit seiner Kollegin Monika Schmitz über den Mann.

Bastian Lenz: *„Der muss ja echt viel Geld haben, so oft wie der bei uns einkauft und was der sich alles leisten kann."*

Monika Schmitz: *„Der wird wohl eine ordentliche Rente haben."*

Bastian Lenz: *„Ja, eine ordentliche Rente, das belastet ja auch ordentlich die Rentenkasse!"*

Monika Schmitz: *„Nun mal langsam, der alte Herr hat ja auch lange genug in die gesetzliche Rentenkasse eingezahlt."*

Bastian Lenz: *„Und das bekommt er jetzt ausbezahlt, oder wie?"*

Monika Schmitz: *„Nein, seine Rente bezahlen wir."*

Bastian Lenz: *„Wieso das?"*

Das ist zu tun

1. Erläutern Sie, wie das System der gesetzlichen Rentenversicherung funktioniert.
2. Welche Leistungen bietet die gesetzliche Rentenversicherung neben der Altersrente?

Rentenversicherung

Das sollte man wissen

Die gesetzliche Rentenversicherung, deren Träger die „Deutsche Rentenversicherung" ist, basiert auf dem Generationenvertrag.

Hiermit ist Folgendes gemeint:

Der Generationenvertrag

Die Erwachsenen geben in zwei Richtungen Leistungen ab, an die Kinder und an die Rentnerinnen und Rentner. Die Beiträge an die gesetzliche Rentenversicherung werden zur Hälfte vom Arbeitsentgelt der arbeitenden Erwachsenen einbehalten, die andere Hälfte zahlen die Arbeitgebenden (→ Kapitel 2.2).

Es sieht so aus, als wären die Erwachsenen „doppelt belastet", aber jeder Erwachsene war einmal Kind und wird auch irgendwann einmal selbst Rentnerin oder Rentner sein. Damit gleicht sich dies wieder aus.

Das heutige System der gesetzlichen Rentenversicherung nennt man **Umlageverfahren**. Hiermit ist gemeint, dass die Beiträge, die von dem Entgelt der arbeitenden Bevölkerung einbezahlten werden, direkt an die Rentnerinnen und Rentner zur Auszahlung der Renten weitergeleitet werden. Vom Lohn bzw. Gehalt wird zurzeit (2024) ein Beitragssatz von 18,6 % einbehalten.

Beispiel:

Ein Arbeitnehmer verdient 1.000,00 € brutto. 18,6 % = 186,00 € werden in die Rentenversicherung einbezahlt. Von den 186,00 € werden dem Arbeitnehmer 93,00 € vom Bruttoverdienst abgezogen, der Arbeitgeber gibt 93,00 € dazu.

Neben den pflichtversicherten Arbeitnehmenden sind auch Auszubildende und zum Teil auch Selbstständige in der gesetzlichen Rentenversicherung versichert.

Der Beitragssatz der Rentenversicherung wird den Ausgaben angepasst. Wenn es mehr Rentnerinnen und Rentner gibt und mehr Renten ausgezahlt werden müssen, muss auch der Beitragssatz der Rentenversicherung erhöht werden.

Problematisch wird es auf lange Sicht für den Generationenvertrag und das Umlageverfahren, wenn es immer mehr Rentnerinnen und Rentner und immer weniger junge arbeitende Menschen gibt. Dann zahlen weniger Menschen in die Rentenkasse ein, es müssen aber mehr Renten ausbezahlt werden. Hierzu werden vom Staat verschiedene Varianten der privaten Altersvorsorge unterstützt, zum Beispiel die Riester-Rente.

Die Leistungen der Rentenversicherung

1. Das Altersruhegeld

Dies ist die „klassische" Rente. Das Renteneintrittsalter lag früher bei 65 Jahren. Aufgrund der steigenden Lebenserwartung wird dies schrittweise bis 2029 auf 67 Jahre angehoben. Die Höhe der Rente, die man dann bekommt, richtet sich danach,

- wie lange man in die gesetzliche Rentenversicherung eingezahlt hat,
- wie viel man als Arbeitnehmerin oder Arbeitnehmer verdient hat (und damit wie viel man eingezahlt hat) und
- wie viel Anrechnungszeiten, das sind Zeiten, die bei der Rentenzahlung berücksichtigt werden (für Kindererziehung, Pflegezeiten, Ausbildungszeiten usw.), man nachweisen kann.

2. Die Erwerbsminderungsrente

Diese Rentenart wird gezahlt, wenn man teilweise oder gar nicht mehr einer Arbeit nachgehen kann. Die Höhe der Erwerbsminderungsrente richtet sich nach der Schwere der Erwerbsminderung. Wer zum Beispiel noch einen Teilzeitjob annehmen kann, bekommt nicht so viel Rente wie jemand, der gar nicht mehr arbeiten kann. Die Erwerbsminderungsrente endet mit dem Eintritt in die Altersrente.

3. Die Hinterbliebenenrente (Rente wegen Todes)

Wenn in einer Familie die- oder derjenige stirbt, die oder der für das Familieneinkommen gesorgt hat, zahlt die gesetzliche Rentenversicherung Hinterbliebenenrente. Dies ist eine Rente, die die Ehepartnerin oder der Ehepartner bekommt (Witwer- oder Witwenrente), und eine Rente, die die Kinder bekommen können (Waisenrente).

Aufgaben

Aufgaben zur Wiederholung

1. a) Erläutern Sie den Generationenvertrag.
   b) Zeigen Sie die Probleme des Generationenvertrages auf.
   c) Viele Menschen machen sich Sorgen, dass ihre Rente später mal nicht mehr reicht, um den Lebensstandard zu halten. Recherchieren Sie, welche Möglichkeiten es gibt, die Altersrente finanziell zu ergänzen.
2. a) Wer ist in der gesetzlichen Rentenversicherung versichert?
   b) Zählen Sie die Leistungen auf, die die Versicherten von der gesetzlichen Rentenversicherung erwarten können.
   c) Zeigen Sie auf, was man machen muss, um Leistungen aus der gesetzlichen Rentenversicherung erwarten zu können.

3.3 Arbeitslosenversicherung

Das ist geschehen

Bastian Lenz, der Auszubildende der Mediaworld e. K., ist geknickt: Sein Vater hat jahrelang in einer kleinen Maschinenbaufirma gearbeitet und nun hat er seinen Job verloren und ist arbeitslos. Bastian weiß nicht so recht, wie es in seiner Familie weitergehen soll.

Das ist zu tun

Finden Sie anhand der unten stehenden Informationen heraus, wie Bastians Vater gegen das Risiko der Arbeitslosigkeit abgesichert ist:

1. Auf welche finanzielle Leistungen hat Bastians Vater zunächst Anspruch?
2. Finden Sie heraus, wie lange er diese finanzielle Leistung bekommen kann.
3. Beschreiben Sie, was passiert, wenn der Anspruch auf diese Leistung abgelaufen ist.
4. Welche Aufgaben hat die Arbeitsagentur außer der Zahlung von finanzieller Unterstützung?

Arbeitslosenversicherung

Das sollte man wissen

In der gesetzlichen Arbeitslosenversicherung sind alle Arbeiterinnen/Arbeiter, Angestellten und Auszubildenden versichert. Träger der Arbeitslosenversicherung sind die Bundesagentur für Arbeit in Nürnberg und die Arbeitsagenturen in den einzelnen Städten und Gemeinden. Die Agenturen für Arbeit haben als wichtigste Aufgabe die Vermittlung von Arbeits- und Ausbildungsplätzen. Daneben sind sie noch für die Berufsberatung zuständig und für die Förderung von beruflicher Eingliederung.

Die gesetzliche Arbeitslosenversicherung wird über Beiträge finanziert, die von der arbeitenden Bevölkerung aufgebracht werden. Der Beitragssatz beträgt zurzeit 2,6 % (Stand: 2024) und wird zur Hälfte von den Arbeitnehmenden und zur Hälfte von den Arbeitgebenden bezahlt (→ Kapitel 2.2). Hierzu ein Beispiel:

Beispiel: Ein Arbeitnehmer verdient 1.000,00 € brutto. Davon müssen 2,6 % (= 26,00 €) in die Arbeitslosenversicherung einbezahlt werden. Dem Arbeitnehmer wird die Hälfte, also 1,3 % (= 1,3 €) vom Bruttogehalt abgezogen, die andere Hälfte bezahlt der Arbeitgeber (ebenfalls 1,3 % = 13,00 €).

Die Leistungen der Arbeitsagentur an Arbeitslose sind neben der Vermittlung einer neuen Stelle die Zahlung von Arbeitslosengeld. Hierbei wird in Arbeitslosengeld I und Bürgergeld II unterschieden.

Arbeitslosengeld I:

Arbeitslosengeld I wird an Personen gezahlt, die sich arbeitslos melden und durch Beitragszahlungen (mindestens zwölf Monate) in die gesetzliche Arbeitslosenversicherung einen Anspruch auf Arbeitslosengeld erworben haben. Arbeitslosengeld I wird maximal zwölf Monate gezahlt (bei älteren Arbeitnehmenden maximal 24 Monate). Die Höhe richtet sich nach dem zuletzt verdienten Lohn oder Gehalt, in der Regel bekommt man 60 % des letzten (Durchschnitt-) Nettoverdienstes als Arbeitslosengeld I, wenn man Kinder hat, sind es 67 %.

Bürgergeld

Bürgergeld wird an alle ausgezahlt, die erwerbsfähig sind und keinen Anspruch (mehr) auf Arbeitslosengeld I haben. Die Höhe des Bürgergeldes beträgt 563,00 € (Stand: 2024). Daneben gibt es aber Zuschüsse für Kinder, die zu versorgen sind, für die Wohnung und für Heizkosten. Wichtig ist, dass Bürgergeld nur an Bedürftige gezahlt wird, das heißt, die Einkommens- und Vermögensverhältnisse der Personen, die Bürgergeld beziehen wollen, werden genau betrachtet. Verdient zum Beispiel die Ehefrau oder der Ehemann viel Geld oder hat man ein großes Vermögen, kann man nicht damit rechnen, dass man vollen Anspruch auf Bürgergeld hat.

Neben dem Arbeitslosengeld bzw. Bürgergeld können Arbeitslose auch mit anderen Leistungen von der Agentur für Arbeit rechnen:

- Arbeitsbeschaffungsmaßnahmen = die Schaffung zusätzlicher Stellen, wobei die Lohn- bzw. Gehaltszahlung der eingestellten Personen zum Großteil über die Arbeitsagenturen erfolgt,
- Berufsförderung/Weiterbildung = Unterstützung bei Ausbildung oder Weiterbildung,
- Trainingsmaßnahmen = Bewerbungstraining oder Verbesserung der beruflichen Qualifikationen, damit eine Arbeitslose oder ein Arbeitsloser besser eine neue Arbeitsstelle findet, sowie
- Existenzgründunghilfen = finanzielle Unterstützung, wenn sich eine Arbeitslose oder ein Arbeitsloser selbstständig machen möchte.

Aufgaben

Aufgaben zur Wiederholung

1. a) Erläutern Sie, wer Anspruch auf Arbeitslosengeld I hat.
   b) Erläutern Sie, wer Anspruch auf Bürgergeld hat.
   c) Nennen Sie Maßnahmen zur Arbeits- und Berufsförderung, die die Arbeitsagenturen anbieten.
2. a) Recherchieren Sie im Internet, wie hoch zurzeit die Zahl der Arbeitslosen in Deutschland bzw. in Nordrhein-Westfalen/in Ihrem Kreisgebiet ist.
   b) Finden Sie heraus, wie hoch die Zahl der offenen Stellen in Deutschland bzw. in NRW ist, und stellen Sie diese Daten denen aus Aufgabenteil a) gegenüber.
   c) Tragen Sie Gründe zusammen, warum es „so viele" unbesetzte Arbeitsplätze bei einer so hohen Arbeitslosenzahl gibt. Auch hierzu kann man im Internet Informationen finden.

3.4 Unfallversicherung

Das ist geschehen

Im Lager der Mediaworld e. K. ist ein Arbeitsunfall passiert. Peter Bäumer hat sich die Hand gebrochen; er fällt voraussichtlich für die kommenden zwölf Wochen aus. Moritz Wagner kann die Zeit überbrücken, indem er kurzfristig eine Ersatzkraft einstellt. Er hofft allerdings, dass Peter Bäumer wieder gesund wird und weiter in seinem Beruf arbeiten kann.

Das ist zu tun

1. Benennen Sie die Leistungen, die Peter Bäumer aufgrund des Arbeitsunfalls aus der Unfallversicherung in Anspruch nehmen kann.
2. Erläutern Sie, wie die Unfallversicherung weiterhilft, falls Peter Bäumer aufgrund des Unfalles nicht mehr in seinem alten Beruf als Lagerist arbeiten kann.

Unfallversicherung

Das sollte man wissen

Die gesetzliche Unfallversicherung gibt es schon seit 1884. In der heutigen Form ist sie Pflichtversicherung für alle Arbeitnehmenden und Auszubildenden, unabhängig davon, wie hoch der monatliche Verdienst ist. In der Unfallversicherung sind aber unter anderem auch Kinder in Kindergärten, Schülerinnen und Schüler sowie Studierende versichert.

In drei Fällen schützt die gesetzliche Unfallversicherung:

- bei Arbeitsunfällen
- bei Wegeunfällen (auf dem Weg zur oder von der Arbeit)
- bei Berufskrankheiten

Wenn ein Arbeitsunfall passiert, hilft die Unfallversicherung unter anderem durch Bezahlung von:

- ärztlichen Heilbehandlungen
- Verletztengeld (dies wird gezahlt, wenn Arbeitgebende bei längerer Krankheit einer Arbeitnehmerin oder eines Arbeitnehmers kein Arbeitsentgelt mehr zahlen müssen)
- Berufshilfe (z. B. Umschulung, Übergangsgeld zur Finanzierung einer neuen Ausbildung)
- Verletztenrente (wenn die Erwerbsfähigkeit eingeschränkt ist)
- Pflegegeld (wenn man durch den Arbeitsunfall zum Pflegefall wird)
- Hinterbliebenenrente (wenn durch einen Arbeitsunfall die- oder derjenige stirbt, die oder der das Familieneinkommen verdient hat)

Für die Unfallversicherung muss man als Arbeitnehmerin oder Arbeitnehmer nichts bezahlen. Dafür sind nur die Arbeitgebenden zuständig. Die Höhe der Beiträge richtet sich danach, wie hoch die Löhne und Gehälter sind, die im Unternehmen gezahlt werden, und wie hoch die Unfallgefahr in diesem Betrieb ist.

Die Organisation, die hinter der gesetzlichen Unfallversicherung steht, ist die **Berufsgenossenschaft**. Als Träger der gesetzlichen Unfallversicherung hilft sie aber nicht nur, wenn schon etwas passiert ist, ihre Aufgabe ist auch die Vorbeugung von Unfällen. Hierzu bringen die Berufsgenossenschaften **Unfallverhütungsvorschriften** heraus, die in den einzelnen Betrieben von Arbeitnehmer- und Arbeitgeberseite beachtet werden müssen. Dies wird von den Berufsgenossenschaften überwacht.

Aufgaben

Aufgaben zur Wiederholung

1. a) In welchen Fällen hilft die gesetzliche Unfallversicherung mit Leistungen?
   b) Denken Sie sich zu jedem der drei Fälle ein einleuchtendes Beispiel aus.
   c) Mit welchen Leistungen kann man rechnen, wenn man die Unfallversicherung in Anspruch nehmen muss?
2. Beurteilen Sie, ob in den folgenden Fällen die gesetzliche Unfallversicherung zuständig ist:
   a) Ein Arbeitnehmer rutscht auf dem Weg zur Arbeit im Schneematsch aus und bricht sich ein Bein.
   b) Eine Arbeitnehmerin stürzt im Urlaub bei einer rasanten Skiabfahrt und bricht sich einen Arm.

c) Nach einem Arbeitsunfall kann ein Arbeitnehmer nicht mehr in seinem alten Beruf arbeiten. Er muss umgeschult werden.

d) Eine Arbeitnehmerin stirbt aufgrund eines Wegeunfalls und hinterlässt einen Mann und zwei minderjährige Kinder.

e) Ein Arbeitnehmer wird entlassen. Er findet in seinem Beruf keinen neuen Job und möchte sich zum Einzelhandelskaufmann umschulen lassen.

3. a) Benennen Sie den Träger der gesetzlichen Unfallversicherung.

b) Beschreiben Sie weitere Aufgaben des Trägers der Unfallversicherung.

c) Beschreiben Sie die Grafik „Risiko am Arbeitsplatz“ und erklären Sie die Entwicklung der Zahlen über die Jahre.

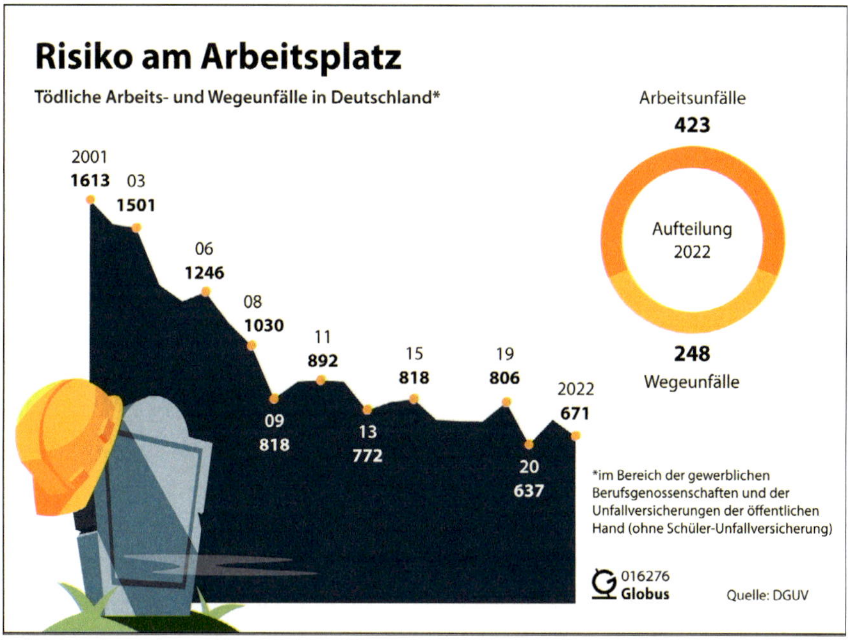

Lernaktionen

Lernaktion 1

1. Erstellen Sie eine tabellarische Übersicht, in der Sie die folgenden Daten aufnehmen:
   - die Zweige der Sozialversicherung
   - die Träger der einzelnen Zweige der Sozialversicherungen
   - die Finanzierung der Sozialversicherungszweige
   - beispielhaft einige Leistungen der fünf Bereiche der Sozialversicherung

2. Ordnen Sie die folgenden Sachverhalte den entsprechenden Sozialversicherungszweigen zu. Nennen Sie auch die Leistung, die die Betroffenen von den Sozialversicherungen erwarten können.
   a) Heike Franzen verliert betriebsbedingt ihren Arbeitsplatz.
   b) Wilhelm Peknas erkrankt schwer und muss im Krankenhaus operiert werden. Er kann insgesamt acht Wochen lang nicht zur Arbeit gehen.
   c) Die Mutter von Silke Weiß ist schon sehr alt. Mittlerweile kann sie sich nicht mehr alleine versorgen und muss entsprechend gepflegt werden, dies übernimmt Silke Weiß selbst.
   d) Torge Schmidt ist bei einem Autounfall am Wochenende ums Leben gekommen. Er hinterlässt eine Ehefrau, die bisher nicht in einem Job gearbeitet hat, sondern Hausfrau ist.
   e) Gülcan Özay bricht sich bei einem Arbeitsunfall die Nase und muss ärztlich behandelt werden.
   f) Alfons Katta geht nach 40 Arbeitsjahren nächsten Monat in den Ruhestand.
   g) Karen Mattes kann nicht mehr in ihrem Beruf als Friseurin arbeiten, da sie eine Allergie hat.

3. Erläutern Sie, warum bei den folgenden Beispielen die Sozialversicherungen nicht zuständig sind, und überlegen Sie, welche Individualversicherung hier zuständig sein könnte.
   a) Peter Bäumer verursacht auf dem Weg zur Arbeit einen Autounfall. Er selbst und der andere Autofahrer sind unverletzt, aber beide Autos sind beschädigt.
   b) In der Mediaworld e. K. wird eingebrochen. Es werden Waren im Wert von ungefähr 3.000,00 € gestohlen.
   c) Der Selbstständige Hans Krämer, der nicht Mitglied in der gesetzlichen Rentenversicherung ist, stirbt und hinterlässt eine Frau und zwei Kinder.
   d) Meryem Yilmaz hat einen guten Job, in dem sie recht viel Geld verdient. Am Wochenende ist sie im Schwimmbad ausgerutscht und hat sich den Arm gebrochen.
   e) Lisa Müller hatte keine Lust mehr, in ihrem alten Job zu arbeiten und hat einfach gekündigt. Sie will jetzt erst einmal ein Jahr lang Pause machen und sich dann nach etwas Neuem umsehen.

Lernaktion 2

Bei der Mediaworld e. K. liegen vom Mitarbeiter Karl Herwig folgende Daten vor:
Mitarbeiternummer: 1005
Name: Karl Herwig
Adresse: Daimlerstr. 43, 47167 Duisburg
Steuerklasse: 3, Kinderfreibetrag: 1
Tarifgruppierung: seit 4 Jahren in Gruppe 5
Zusatzzahlungen im Abrechnungsmonat: 150,00 €

Arbeit mit dem PC

1. Öffnen Sie die Excel-Tabelle *Gehaltsabrechnung_Mediaworld.* Tragen Sie im Register „Mitarbeiterstammdaten“ die Daten von Karl Herwig und das richtige Gehalt laut Tarifvertrag ein (siehe hierzu den Tarifauszug in LF 8, AS 8.2, Kapitel 2.2).

	A	B	C	D	E	F
1		**Mediaworld e. K.**				
2		**Gehaltsabrechnung**		Monat/Jahr		
3		Pers.-Nr.		Steuerklasse		
4		Name		Kinderfreibeträge		
5		Vorname		Konfession		
6				Krankenkasse		
7			**%-Satz**	**Euro**		
8		(Tarif-)Gehalt				
9		+AG-Anteil vL				
10		+Sonderzahlungen				
11		**=Bruttogehalt**				
12		-Steuerfreibetrag				
13		**=Zu versteuerndes Gehalt**				
14						
15		Lohnsteuer				
16		+Solidaritätszuschlag				
17		+Kirchensteuer				
18		**=Abzüge Steuern**				
19						
20		**SV-pflichtiges Gehalt**				
21						
22		Krankenversicherung AN				
23		+Pflegeversicherung AN				
24		+Rentenversicherung AN				
25		+Arbeitslosenversicherung AN				
26		**=Abzüge SV-Beiträge AN**				
27						
28		**Bruttogehalt**				
29		-Abzüge Steuern				
30		-Abzüge SV-Beiträge AN				
31		=Nettogehalt				
32		-Sparrate vL				
33		**=Auszahlung/Überweisung**				
34						

2. Recherchieren Sie die aktuellen Beitragssätze der Sozialversicherungen und tragen Sie sie im Register „Sozialversicherung“ ein.

3. Führen Sie nun eine Gehaltsberechnung für den Mitarbeiter Karl Herwig im Register „Abrechnungsbogen“ durch. Verwenden Sie die Excel-Datei *Gehaltsabrechnung Mediaworld.*
Übernehmen Sie die Informationen zur Lohnsteuer, zur Kirchensteuer und zum Solidaritätszuschlag aus der nachstehenden Lohnsteuertabelle. ➡

2 939,99	I,IV	308,50	—	24,68	27,76	I	308,50	—	16,33	18,37	—	8,51	9,57	—	1,86	2,09	—	—	—	—	—	—	—	—	—
	II	212,83	—	17,02	19,15	II	212,83	—	9,16	10,30	—	2,33	2,62	—	—	—	—	—	—	—	—	—	—	—	—
	III	55,—	—	4,40	4,95	III	55,—	—	—	—	—	—	—	—	—	—	—	—	—	—	—	—	—	—	—
	V	632,16	—	50,57	56,89	IV	308,50	—	20,44	22,99	—	16,33	18,37	—	12,36	13,90	—	8,51	9,57	—	4,88	5,49	—	1,86	2,09
	VI	672,16	—	53,77	60,49																				
2 942,99	I,IV	309,16	—	24,73	27,82	I	309,16	—	16,38	18,43	—	8,56	9,63	—	1,90	2,13	—	—	—	—	—	—	—	—	—
	II	213,41	—	17,07	19,20	II	213,41	—	9,20	10,35	—	2,36	2,66	—	—	—	—	—	—	—	—	—	—	—	—
	III	55,50	—	4,44	4,99	III	55,50	—	—	—	—	—	—	—	—	—	—	—	—	—	—	—	—	—	—
	V	633,—	—	50,64	56,97	IV	309,16	—	20,49	23,05	—	16,38	18,43	—	12,40	13,95	—	8,56	9,63	—	4,92	5,54	—	1,90	2,13
	VI	673,33	—	53,86	60,59																				
2 945,99	I,IV	309,83	—	24,78	27,88	I	309,83	—	16,44	18,49	—	8,61	9,68	—	1,93	2,17	—	—	—	—	—	—	—	—	—
	II	214,08	—	17,12	19,26	II	214,08	—	9,26	10,41	—	2,40	2,70	—	—	—	—	—	—	—	—	—	—	—	—
	III	55,83	—	4,46	5,02	III	55,83	—	—	—	—	—	—	—	—	—	—	—	—	—	—	—	—	—	—
	V	634,—	—	50,72	57,06	IV	309,83	—	20,54	23,11	—	16,44	18,49	—	12,46	14,01	—	8,61	9,68	—	4,96	5,58	—	1,93	2,17
	VI	674,16	—	53,93	60,67																				
2 948,99	I,IV	310,50	—	24,84	27,94	I	310,50	—	16,48	18,54	—	8,66	9,74	—	1,96	2,21	—	—	—	—	—	—	—	—	—
	II	214,75	—	17,18	19,32	II	214,75	—	9,30	10,46	—	2,44	2,74	—	—	—	—	—	—	—	—	—	—	—	—
	III	56,33	—	4,50	5,06	III	56,33	—	—	—	—	—	—	—	—	—	—	—	—	—	—	—	—	—	—
	V	634,83	—	50,78	57,13	IV	310,50	—	20,60	23,17	—	16,48	18,54	—	12,50	14,06	—	8,66	9,74	—	5,01	5,63	—	1,96	2,21
	VI	675,16	—	54,01	60,76																				
2 951,99	I,IV	311,16	—	24,89	28,—	I	311,16	—	16,54	18,60	—	8,70	9,79	—	2,—	2,25	—	—	—	—	—	—	—	—	—
	II	215,33	—	17,22	19,37	II	215,33	—	9,35	10,52	—	2,47	2,78	—	—	—	—	—	—	—	—	—	—	—	—
	III	56,66	—	4,53	5,09	III	56,66	—	—	—	—	—	—	—	—	—	—	—	—	—	—	—	—	—	—
	V	635,83	—	50,86	57,22	IV	311,16	—	20,65	23,23	—	16,54	18,60	—	12,56	14,13	—	8,70	9,79	—	5,05	5,68	—	2,—	2,25
	VI	676,16	—	54,09	60,85																				
2 954,99	I,IV	311,83	—	24,94	28,06	I	311,83	—	16,58	18,65	—	8,75	9,84	—	2,03	2,28	—	—	—	—	—	—	—	—	—
	II	216,—	—	17,28	19,44	II	216,—	—	9,40	10,57	—	2,50	2,81	—	—	—	—	—	—	—	—	—	—	—	—
	III	57,16	—	4,57	5,14	III	57,16	—	—	—	—	—	—	—	—	—	—	—	—	—	—	—	—	—	—
	V	636,66	—	50,93	57,29	IV	311,83	—	20,70	23,29	—	16,58	18,65	—	12,60	14,18	—	8,75	9,84	—	5,09	5,72	—	2,03	2,28
	VI	677,—	—	54,16	60,93																				
2 957,99	I,IV	312,58	—	25,—	28,13	I	312,58	—	16,64	18,72	—	8,80	9,90	—	2,06	2,32	—	—	—	—	—	—	—	—	—
	II	216,66	—	17,33	19,49	II	216,66	—	9,44	10,62	—	2,54	2,86	—	—	—	—	—	—	—	—	—	—	—	—
	III	57,66	—	4,61	5,18	III	57,66	—	—	—	—	—	—	—	—	—	—	—	—	—	—	—	—	—	—
	V	637,66	—	51,01	57,38	IV	312,58	—	20,76	23,35	—	16,64	18,72	—	12,65	14,23	—	8,80	9,90	—	5,14	5,78	—	2,06	2,32
	VI	678,—	—	54,24	61,02																				

Stollfuß Tabellen, Gesamtabzug 2024, Monat, Allgemeine Tabelle, 108. Auflage, Stollfuß Medien, Bonn 2024.

4. Richtig (r) oder falsch (f)? Verbessern Sie gegebenenfalls falsche Aussagen.

a) In der Steuerklasse IV befinden sich alleinerziehende Personen.

b) „Konfession“ ist eine Ausstattungslinie des neuen Audi A3.

c) Die Kirchensteuer wird prozentual vom Bruttogehalt ermittelt.

d) Die Unfallversicherung gehört nicht zu den staatlich vorgegebenen Sozialversicherungen.

e) Der Familienstand hat keinen Einfluss auf die Steuerklasse.

Lernaktion 3

Der Mitarbeiter im Verkauf der Mediaworld e. K., Karl Herwig, reicht am 2. Mai dieses Jahres seine Wünsche zur Urlaubsplanung für den Rest des Jahres ein. Prüfen Sie anhand der Daten aus der Urlaubskartei von Karl Herwig, ob der Urlaub wie gewünscht genehmigt werden kann oder nicht. Notieren Sie sich auftretende Probleme und Terminschwierigkeiten und machen Sie jeweils einen Alternativvorschlag.

Urlaubswünsche Mai bis Dezember 20.. Karl Herwig:

- Freitag, 22. Mai (Tag nach Christi Himmelfahrt)
- Freitag, 12. Juni (Tag nach Fronleichnam)
- Montag, 6. Juli, bis Freitag, 30. Juli (Sommerurlaub auf Sylt, noch nicht gebucht)
- Montag, 19. Oktober, bis Freitag, 23. Oktober (Herbsturlaub; Renovierung meiner Wohnung)
- Montag, 21. Dezember, bis Donnerstag, 24. Dezember (danach Weihnachtsfeiertage!)
- Dienstag und Mittwoch, 1. und 2. September (Sonderurlaub für das Fortbildungsseminar „Erfolgreich verkaufen am Telefon!“)

Weitere Informationen:

- Sommerferien von Montag, 6. Juli, bis Freitag, 12. August
- Urlaubssperre in der Woche vor Heiligabend (eine der umsatzstärksten Wochen im Jahr!) und am 30. und 31. Dezember (Inventur)

Urlaubskarteikarte 20 . .	
Name der Mitarbeiterin/des Mitarbeiters: Herwig, Karl	**Zustehender Sonderurlaub:** 2 Arbeitstage (Gründe: Todesfall in der Familie, Geburt des Kindes, eigene Hochzeit, genehmigte Fort- und Weiterbildung)
Abteilung: Verkauf	**Resturlaub aus Vorjahr:** 5 Arbeitstage
Wird im Urlaub vertreten von: Moritz Wagner, Sabine Hauser (Abt. Einkauf)	**Verfahren Resturlaub:** max. 10 Arbeitstage ins nächste Jahr übertragbar, müssen bis 31. März des Folgejahres genommen werden Auszahlung von Urlaub nicht möglich
Zustehender Tarifurlaub: 30 Arbeitstage (36 Werktage)	

Legende: E = Erholungsurlaub; S = Sonderurlaub; X = Urlaubssperre

Monat: Januar

01	02	03	04	05	06	07	08	09	10	11	12	13	14	15	16	17	18	19	20	21	22	23	24	25	26	27	28	29	30	31
				E	E	E	E	E																						

Monat: Februar

01	02	03	04	05	06	07	08	09	10	11	12	13	14	15	16	17	18	19	20	21	22	23	24	25	26	27	28			
																						E	E	E						

Monat: März

01	02	03	04	05	06	07	08	09	10	11	12	13	14	15	16	17	18	19	20	21	22	23	24	25	26	27	28	29	30	31
	E	E	E	E	E																									

Monat: April

01	02	03	04	05	06	07	08	09	10	11	12	13	14	15	16	17	18	19	20	21	22	23	24	25	26	27	28	29	30	

Monat: Mai

01	02	03	04	05	06	07	08	09	10	11	12	13	14	15	16	17	18	19	20	21	22	23	24	25	26	27	28	29	30	31

Monat: Juni

01	02	03	04	05	06	07	08	09	10	11	12	13	14	15	16	17	18	19	20	21	22	23	24	25	26	27	28	29	30	

Monat: Juli

01	02	03	04	05	06	07	08	09	10	11	12	13	14	15	16	17	18	19	20	21	22	23	24	25	26	27	28	29	30	31

Monat: August

01	02	03	04	05	06	07	08	09	10	11	12	13	14	15	16	17	18	19	20	21	22	23	24	25	26	27	28	29	30	31

Monat: September

01	02	03	04	05	06	07	08	09	10	11	12	13	14	15	16	17	18	19	20	21	22	23	24	25	26	27	28	29	30	

Monat: Oktober

01	02	03	04	05	06	07	08	09	10	11	12	13	14	15	16	17	18	19	20	21	22	23	24	25	26	27	28	29	30	31

Monat: November

01	02	03	04	05	06	07	08	09	10	11	12	13	14	15	16	17	18	19	20	21	22	23	24	25	26	27	28	29	30	

Monat: Dezember

01	02	03	04	05	06	07	08	09	10	11	12	13	14	15	16	17	18	19	20	21	22	23	24	25	26	27	28	29	30	31

Personalführung, -beurteilung, -erhaltung und -freisetzung

Anforderungssituation 8.3

1 Mitarbeitergespräche als Instrument der Beurteilung, Motivation und Konfliktlösung

Das ist geschehen

Sabine Hauser und Karl Herwig aus der Mediaworld e. K. unterhalten sich angeregt in der Mittagspause.

Sabine Hauser: *„Der Chef nimmt doch gar nicht wahr, was ich alles für das Unternehmen leiste."*

Karl Herwig: *„Na ja, ich glaube schon, dass er weiß, was er an uns hat."*

Sabine Hauser: *„Nein nein, zum Beispiel habe ich seit zwei Jahren keine Gehaltserhöhung mehr bekommen. Das sagt doch alles!"*

Karl Herwig: *„Okay, dafür haben wir aber auch viel entspanntere Arbeitszeiten als noch vor zwei Jahren, als sich hier die Arbeit noch ganz anders auf die Kolleginnen und Kollegen verteilt hat."*

Sabine Hauser: *„Trotzdem. Damals zum Beispiel hatten wir 20 % weniger Artikel im Sortiment. Und die Anzahl der Lieferbetriebe war nur halb so groß. Das heißt für mich quasi doppelt so viel Arbeit."*

Karl Herwig: *„Jetzt übertreibst du aber. So viel mehr ist das doch gar nicht. Also im Verkauf jedenfalls hat sich die Arbeit nicht verdoppelt."*

Das ist zu tun

1. Sabine Hauser aus der Abteilung Einkauf ist offensichtlich unzufrieden. Notieren Sie sich die Aspekte, über die sie sich aufregt.
2. Ein Gespräch zwischen Moritz Wagner und Sabine Hauser könnte helfen, ihre Unzufriedenheit abzubauen. Formulieren Sie mögliche Gesprächsinhalte und machen Sie Vorschläge, wie man die Unzufriedenheit der Mitarbeiterin abbauen könnte.
3. Erläutern Sie, was Moritz Wagner als Arbeitgeber in Zukunft tun sollte, um derartiger Unzufriedenheit bei seinen Mitarbeitenden vorzubeugen.

Mitarbeitergespräche

Das sollte man wissen

Mitarbeitergespräche werden in fast allen Unternehmen einmal im Jahr oder bei Bedarf zwischen der oder dem Vorgesetzten und der Arbeitnehmerin oder dem Arbeitnehmer geführt. Hier geht es zum Beispiel um

- gesetzte Ziele und ob man sie erreicht hat und welche Ziele man sich für die Zukunft setzt,
- mögliche Probleme, die die Arbeitnehmenden und/oder die Arbeitgebenden sehen,
- die Beurteilung der Leistung der Arbeitnehmerin oder des Arbeitnehmers und
- die berufliche Zukunft der Arbeitnehmerin oder des Arbeitnehmers.

In der Regel findet das Gespräch unter vier Augen statt und die besprochenen Inhalte sind vertraulich. Sie werden am Ende des Gespräches als eine Art Protokoll zusammengefasst und können Grundlage für das nächste Gespräch im nächsten Jahr sein.

Je nach Gesprächsinhalt unterscheidet man verschiedene Arten von Mitarbeitergesprächen:

Beurteilungsgespräch

Hier geht es darum, der Mitarbeiterin oder dem Mitarbeiter ein Feedback zu seinen Leistungen zu geben.

Entwicklungsgespräch

Die Mitarbeiterin oder der Mitarbeiter erfährt hier, in welche Richtung seine berufliche Zukunft in diesem Unternehmen gehen kann.

Problemlösungsgespräch

Konflikte, Probleme, Missverständnisse sind Grundlage dieses Gespräches, das als Ziel die Konflikt- bzw. Problemlösung hat.

Gehaltsgespräch

Hier geht es um das Entgelt der Mitarbeitenden und wie gerecht diesen ihren Verdienst einschätzen.

Neben der Beurteilung spielt auch die Motivation der Arbeitnehmerin oder des Arbeitnehmers bei Mitarbeitergesprächen eine wichtige Rolle. Wenn Mitarbeitende ein positives Feedback zu ihrer Leistung bekommen, ihnen eine weiterhin leistungsgerechte Entlohnung zugesagt wird und ihnen Möglichkeiten des beruflichen Aufstiegs aufgezeigt werden, wirkt sich dies positiv auf die Leistungsbereitschaft der Mitarbeitenden aus.

Insofern sind Mitarbeitergespräche ein wichtiger Bestandteil des kooperativen Führungsstils (→ LF 1, AS 1.2, Kapitel 3), da hierbei Entscheidungen über beispielsweise Zielfestlegungen gemeinsam zwischen Arbeitgebenden und Arbeitnehmenden getroffen werden. Die Mitarbeitenden fühlen sich ernst genommen und können in Absprache mit der oder dem Vorgesetzten zunehmend Verantwortung in ihrem Wirkungsbereich übernehmen.

Aufgaben

Aufgaben zur Wiederholung

1. Nennen Sie wichtige Aspekte, die Inhalt eines Mitarbeitergespräches sein können.
2. Erläutern Sie den Nutzen von Mitarbeitergesprächen, indem Sie Vorteile aus der Arbeitnehmer- oder der Arbeitgebersicht zusammenstellen.
3. Formulieren Sie Anlässe, die ein Mitarbeitergespräch „außer der Reihe" notwendig machen können.

2 Gesetzliche, tarifliche, betriebliche und vertragliche Regelungen während der Ausbildung und in Arbeitsverhältnissen

2.1 Tarifverträge

Das ist geschehen

In der Mediaworld e. K. gibt es Streit:

Karl Herwig aus der Abteilung Verkauf hat noch vier Arbeitstage Resturlaub aus dem letzten Jahr. Dafür möchte er im April in der Woche nach Ostern frei machen. Moritz Wagner will dies als Geschäftsführer nicht genehmigen. Er meint, den Resturlaub müsste Karl Herwig bis Ende März nehmen.

Sabine Hauser aus der Abteilung Einkauf ist der Meinung, sie verdient zu wenig Geld. Deshalb hat sie ihren Chef Moritz Wagner um eine Gehaltserhöhung gebeten. Dieser hat abgelehnt und darauf hingewiesen, dass er so viel zahle, wie er müsse. Eine weitere Gehaltserhöhung könne sich das Unternehmen nicht leisten und andere Unternehmen würden auch nicht mehr bezahlen.

Das ist zu tun

1. Ermitteln Sie anhand des unten stehenden Informationstextes, wo geregelt ist, ob Karl Herwig seinen Resturlaub nehmen darf wie er möchte.
2. Ermitteln Sie anhand des unten stehenden Informationstextes, wo geregelt ist, wie viel Sabine Hauser in ihrem Beruf (mindestens) verdient.
3. Erläutern Sie, wer dieses „Regelwerk“ aufstellt und für wen diese Regeln gelten.

Tarifvertrag

Das sollte man wissen

Im Arbeitsleben müssen viele Regelungen zwischen Arbeitgebenden und Arbeitnehmenden getroffen werden: Es muss geregelt sein, wie viele Stunden am Tag oder in der Woche gearbeitet werden soll, wie viel Geld ein Arbeitnehmer verdient, wie viel Urlaub er hat und viele andere Dinge.

Diese Regelungen können Arbeitgebende und Arbeitnehmende im Arbeitsvertrag verhandeln und niederschreiben. Dann müssten aber alle Bestimmungen bei jeder Neueinstellung immer wieder aufs Neue ausgehandelt werden. Um dies zu vermeiden, gibt es allgemeine Regelungen, die in Tarifverträgen festgehalten sind. Die dort festgelegten Bestimmungen sind Standards, die eingehalten werden müssen und die nicht unterschritten werden dürfen (das heißt, es sind dort Mindesturlaubstage, Mindestlöhne usw. festgelegt).

Es gibt zwei wesentliche Arten von Tarifverträgen, die sich voneinander unterscheiden:

Manteltarifvertrag	Lohn- und Gehaltstarifvertrag
Festlegung von	Festlegung von
• Arbeitszeiten	• Löhnen
• Urlaubsbestimmungen	• Gehältern
• Arbeitsschutzbestimmungen	
• ...	

Im Manteltarifvertrag, der für die Mediaworld e. K. gilt, ist zum Beispiel festgelegt:

§ 8 Manteltarifvertrag (Urlaub):
[...] In jedem Urlaubsjahr hat der Arbeitnehmer Anspruch auf Erholungsurlaub. Der Urlaub muss im laufenden Kalenderjahr gewährt und genommen werden. [...] Im Falle der Übertragung muss der Urlaub in den ersten drei Monaten des folgenden Kalenderjahres gewährt und genommen werden.

Die beiden Arten von Tarifverträgen unterscheiden sich nicht nur im Inhalt, sondern auch in der Laufzeit. Manteltarifverträge gelten in der Regel für mehrere Jahre, ein Lohn- und Gehaltstarifvertrag wird häufig nur für ein oder zwei Jahre geschlossen. Neben diesen beiden Arten kann es noch andere Tarifverträge geben. Diese beschäftigen sich mit der Altersvorsorge der Altersteilzeit, der Entgeltfortzahlung im Krankheitsfall oder der Eingruppierung in Lohn-/Gehaltsgruppen. So sind zum Beispiel Sicherheitsmitarbeiter/-innen in einer anderen Lohngruppe eingestuft als zum Beispiel Lagerfachkräfte mit umfassenden Warenkenntnissen.

Tarifverträge werden zwischen den **Tarifparteien** geschlossen, dies sind die Arbeitnehmervertretung (die Gewerkschaften) und die Arbeitgebervertretung (die Arbeitgeberverbände).

Wird ein Tarifvertrag geschlossen, gilt er zunächst für die Gewerkschaftsmitglieder und die Arbeitgebenden, die dem entsprechenden Verband angehören. Damit die Arbeitnehmenden einer Branche aber möglichst gleich behandelt werden, werden Tarifverträge häufig für allgemeinverbindlich erklärt. Dies geschieht durch den Bundesminister für Arbeit und Soziales und bewirkt, dass die Inhalte und Bestimmungen eines Tarifvertrages für alle Arbeitnehmenden des Bereiches gelten.

Die Tarifparteien dürfen unbeeinflusst von anderen Interessengruppen oder der Politik Tarifverträge aushandeln. Dies nennt man Tarifautonomie.

Tarifverhandlungen zwischen Gewerkschaften und Arbeitgeberverbänden laufen nach einem festen Schema ab, zumeist wird recht rasch eine Einigung gefunden. Manchmal können sich die Tarifparteien aber auch nicht einigen und es kommt zum Arbeitskampf mit Streik und anderen Kampfmitteln. Die folgende Grafik zeigt den Ablauf von Tarifverhandlungen vom Auslaufen des alten Tarifvertrages bis zum Abschluss eines neuen.

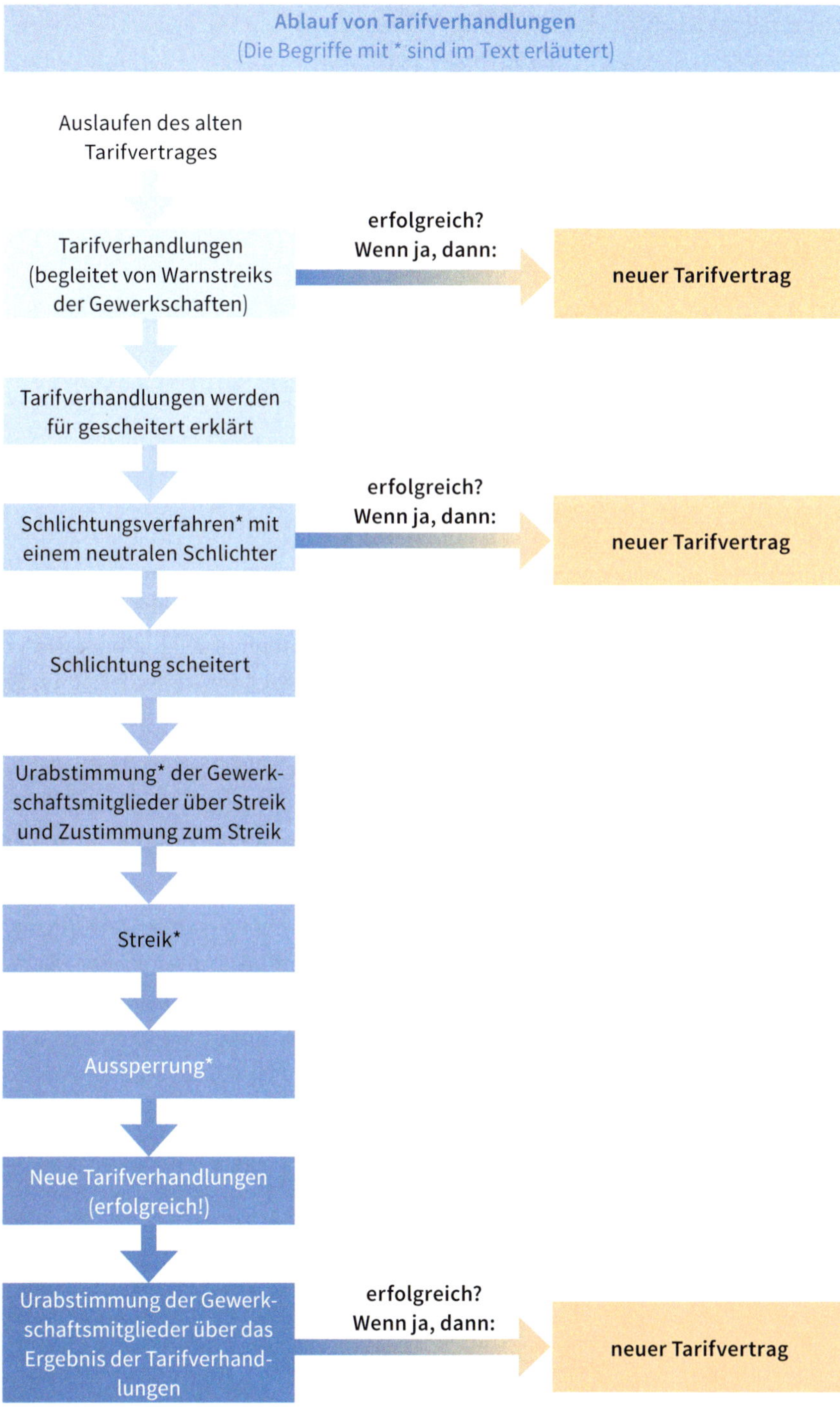

Wenn die ersten Verhandlungsrunden zwischen Gewerkschaften und Arbeitgeberverbänden scheitern, wird häufig für ein **Schlichtungsverfahren** eine Schlichterin oder ein Schlichter hinzugerufen. Dies ist eine neutrale Person, die von beiden Verhandlungsseiten anerkannt und geachtet wird. Der Schlichtungsperson versucht dann, einen Kompromiss zwischen den Forderungen der Gewerkschaften und denen der Arbeitgeberverbände zu finden. Vereinfacht könnte dies so aussehen:

Beispiel

Forderung der Gewerkschaft:
5,0 % Lohnerhöhung in diesem und im nächsten Jahr

Angebot des Arbeitgeberverbandes:
1,0 % Lohnerhöhung in diesem Jahr und 2,0 % im nächsten Jahr

Kompromissvorschlag der Schlichtungsperson:
3,0 % Lohnerhöhung in diesem Jahr und 3,5 % im nächsten Jahr

Wenn in der Schlichtungsverhandlung kein Kompromiss gefunden wird, stimmen die Gewerkschaftsmitglieder in einer **Urabstimmung** darüber ab, ob sie streiken wollen oder nicht. Bei einer entsprechend hohen Zustimmung unter den Gewerkschaftsmitgliedern wird ein Streik von der Gewerkschaft organisiert. Dieser kann eine ganze Branche betreffen oder auch nur einzelne Betriebe.

Kommt es zum **Streik**, verweigern die Arbeitnehmenden die Arbeit. Daraufhin können die Arbeitgebenden mit **Aussperrung** reagieren. Dies bedeutet, dass die Arbeitnehmenden nicht zur Arbeit zugelassen werden und auch keinen Lohn und Gehalt mehr empfangen.

Am Ende der Verhandlungen und des Arbeitskampfes steht ein neuer Tarifvertrag. Dieser ist wieder für eine bestimmte Zeit gültig. In dieser Zeit gilt die Friedenspflicht, das heißt, es darf nicht gestreikt und auch nicht ausgesperrt werden. In der Zeit der Friedenspflicht dürfen aber Warnstreiks durchgeführt werden, dies sind kurzfristige Arbeitsniederlegungen, die organisiert werden, um Forderungen der Gewerkschaftsseite etwas Nachdruck zu verleihen.

Aufgaben

Aufgaben zur Wiederholung

1. a) Welchen Zweck erfüllen Tarifverträge?

b) Welche Arten von Tarifverträgen gibt es?

c) Unterscheiden Sie die zwei wichtigsten Arten von Tarifverträgen anhand mehrerer Kriterien.

2. a) Benennen Sie die beiden Tarifparteien, die einen Tarifvertrag aushandeln.

b) Erläutern Sie, was man unter Tarifautonomie versteht.

c) Erläutern Sie den Begriff „Allgemeinverbindlichkeit“.

3. a) Welche Aufgabe hat eine Schlichtungsperson?
   b) Was bedeutet es, wenn eine Urabstimmung stattfindet?
   c) Erläutern Sie die Arbeitskampfmittel Streik und Aussperrung.

4. Entscheiden Sie, in welchem Tarifvertrag die Mitarbeitenden der Mediaworld e. K. Antworten zu den folgenden Problemen und Fragen finden:
   a) Bastian Lenz will wissen, wie viel Euro er im dritten Ausbildungsjahr bekommen wird.
   b) Frau Hauser will die genaue Anzahl ihrer Urlaubstage wissen.
   c) Herr Bäumer aus der Abteilung Lager will wissen, in welcher Lohngruppe er eingestuft ist.
   d) Frau Schmitz aus dem Verkaufsshop will die genaue Wochenarbeitszeit wissen.
   e) Frau Hauser möchte außerdem ihr Tarifgehalt nachsehen.

2.2 Betriebsvereinbarung, Betriebsrat und Jugend- und Auszubildendenvertretung

Das ist geschehen

Karl Herwig aus der Abteilung Verkauf der Mediaworld e. K. ist immer noch sauer. Er findet es nicht fair, dass er seinen Resturlaub in den ersten drei Monaten des neuen Jahres nehmen muss. Er spricht noch einmal mit seinem Chef Moritz Wagner darüber:

Das ist zu tun

1. Finden Sie heraus, was man unter einer Betriebsvereinbarung versteht.
2. Können die Mitarbeitenden der Mediaworld e. K. eine solche Betriebsvereinbarung mit ihrem Chef abschließen?
3. Begründen Sie, ob die Arbeitnehmenden der Mediaworld e. K. einen Betriebsrat gründen können oder nicht.
4. Welche Aufgaben hat ein Betriebsrat?

Das sollte man wissen

Betriebsvereinbarung

Ein Tarifvertrag kann nicht alles regeln, was im Arbeitsleben geregelt sein muss, dafür ist er zu allgemein gehalten. Außerdem kann ein Tarifvertrag nicht alle Besonderheiten der vielen einzelnen Betriebe und Unternehmen berücksichtigen, für die er Gültigkeit hat. Daher gibt es die Möglichkeit für Arbeitnehmende, mit der Geschäftsführung eines Unternehmens bzw. Betriebes **Betriebsvereinbarungen** abzuschließen. Diese gelten nur für einen Betrieb und berücksichtigen die Besonderheiten dieses Betriebes, da sie von den Menschen, die hier arbeiten, verhandelt und geschlossen werden.

Betriebsvereinbarungen können Regelungen über die tägliche Arbeitszeit, die Lage des Urlaubs der Arbeitnehmenden, über Pausenregelungen und anderes enthalten. Dabei ist zu beachten, dass das, was in Betriebsvereinbarungen beschlossen wird, die Arbeitnehmende nicht schlechter stellt, als es die Bestimmungen des Tarifvertrages verlangen.

Beispiel

Der Tarifvertrag legt zum Thema Arbeitszeit fest: Am 24. und 31. Dezember endet die Arbeitszeit um 12:00 Uhr. In einer Betriebsvereinbarung kann daher nicht festgelegt werden: Die Arbeitszeit am 31. Dezember endet um 19:00 Uhr.

Betriebsrat

Um eine Betriebsvereinbarung abzuschließen, müssen sich die Arbeitnehmenden eines Betriebes in einem **Betriebsrat** organisieren. Der Betriebsrat ist die Interessenvertretung der Arbeitnehmenden und besteht aus Mitarbeitenden des Betriebes. Das **Betriebsverfassungsgesetz (BetrVG)** schreibt vor, in welchen Betrieben ein Betriebsrat gewählt werden kann:

§ 1 BetrVG (Errichtung von Betriebsräten)

(1) In Betrieben mit in der Regel mindestens fünf ständigen wahlberechtigten Arbeitnehmern, von denen drei wählbar sind, werden Betriebsräte gewählt.

Wahlberechtigt sind Arbeitnehmende, die das 16. Lebensjahr vollendet haben. Wählbar sind Arbeitnehmende über 18, die seit sechs Monaten in dem Betrieb beschäftigt sind.

Wie viele Mitarbeitenden im Betriebsrat sind und die Interessen der anderen vertreten, hängt von der Gesamtzahl der Arbeitnehmenden eines Betriebes ab. Je mehr Mitarbeitende ein Betrieb hat, desto mehr Mitglieder hat der Betriebsrat.

Anzahl der wahlberechtigten Arbeitnehmenden	Anzahl der Mitglieder des Betriebsrates
5 bis 20	1 Person
21 bis 50	3 Mitglieder
51 bis 100	5 Mitglieder
101 bis 200	7 Mitglieder
...	...

Ein Betriebsrat wird für vier Jahre gewählt.

Als Interessenvertretung der Arbeitnehmenden hat ein Betriebsrat viele Aufgaben und Rechte. Dazu gehören:

- die Überwachung der Einhaltung von Gesetzen und Verordnungen
- Anregungen der Arbeitnehmerschaft entgegennehmen und diese mit der Geschäftsführung verhandeln
- das Informationsrecht über die wirtschaftliche Lage und über Pläne der Geschäftsführung
- Mitwirkung bei der Arbeitsplatzgestaltung, des Arbeitsablaufes und des Arbeitsumfeldes
- Anhörung bei Kündigungen durch Arbeitgeberin oder Arbeitgeber
- das Recht, einmal im Quartal eine Betriebsversammlung einzuberufen und die Mitarbeitenden über seine Tätigkeit zu informieren

Die Mitglieder des Betriebsrates haben einen besonderen Kündigungsschutz (→ LF 8, AS 8.3, Kapitel 3.1). Somit können sie ohne Angst vor Entlassung mit dem Arbeitgeber verhandeln.

Jugend- und Auszubildendenvertretung

In Betrieben mit Jugendlichen und Auszubildenden bilden diese eine besondere Gruppe, die auch eine Interessenvertretung wählen kann, die **Jugend- und Auszubildendenvertretung.** Um diese wählen zu können, müssen in einem Betrieb mindestens fünf Arbeitnehmende beschäftigt sein, die noch nicht 18 Jahre alt oder die als Auszubildende in diesem Betrieb beschäftigt sind.

Die Jugend- und Auszubildendenvertretung kümmert sich um die Belange der jungen Mitarbeitenden eines Betriebes und um die Auszubildenden. Zu ihren Aufgaben gehört es,

- Maßnahmen, die den Jugendlichen und/oder den Auszubildenden dienen, beim Betriebsrat zu beantragen,
- darüber zu wachen, ob die Gesetze und Verordnungen für Jugendliche und Auszubildende eingehalten werden, und
- Anregungen der Jugendlichen und der Auszubildenden an den Betriebsrat weiterzuleiten und auf eine Durchführung hinzuwirken.

Dabei ist die Rolle der Jugend- und Auszubildendenvertretung so festgelegt, dass sie nur über den Betriebsrat tätig werden kann. Sie ist sozusagen eine Unterorganisation des Betriebsrates. Als solche verhandelt sie nie direkt mit der Geschäftsführung oder mit Abteilungsleitungen eines Betriebes, sondern bringt ihre Vorschläge und Anregungen über den Betriebsrat zur Sprache.

Die Mitgliederzahl der Jugend- und Auszubildendenvertretung ist ähnlich gestaffelt wie die Anzahl der Betriebsratsmitglieder: Je mehr Jugendliche und Auszubildende ein Betrieb hat, desto mehr Mitglieder hat die entsprechende Jugend- und Auszubildendenvertretung.

Aufgaben

Aufgaben zur Wiederholung

1. Wie viele Mitglieder hat der Betriebsrat der Mediaworld e. K.?
2. Wie viele Mitglieder hat der Betriebsrat eines Betriebes, der
   a) 31 wahlberechtigte Arbeitnehmende hat?
   b) 187 wahlberechtigte Arbeitnehmende hat?
   c) 19 wahlberechtigte Arbeitnehmende hat?
   d) 71 wahlberechtigte Arbeitnehmende hat?
   e) 2 wahlberechtigte Arbeitnehmende hat?
3. Erläutern Sie, ob in den folgenden Fällen der Betriebsrat eingeschaltet werden muss oder nicht.
   a) Die Geschäftsführung beschließt, ein Darlehen von 150.000,00 € bei einer Bank aufzunehmen.
   b) Ein Mitarbeiter soll fristlos entlassen werden, da er einen Arbeitskollegen grundlos verprügelt hat.
   c) Die Abteilung Einkauf einer Großhandlung entschließt sich, ab sofort statt ostasiatischer Billigprodukte nur noch die qualitativ hochwertige Ware eines Produzenten aus Darmstadt zu kaufen.
   d) In der Produktion einer Maschinenbaufabrik soll eine neue Abteilungsleitung eingestellt werden.
   e) Die Geschäftsführung sieht vor, einen Betriebsteil zu schließen.
   f) Für den Sommer muss ein Urlaubsplan aufgestellt werden, damit sichergestellt ist, dass nicht alle Mitarbeitenden gleichzeitig in Urlaub sind.
   g) Für die Arbeitnehmenden sollen neue Aufenthaltsräume für die Pausen eingerichtet und gestaltet werden.
4. a) Kann in der Mediaworld e. K. eine Jugend- und Auszubildendenvertretung gewählt werden? Bitte begründen Sie Ihre Antwort!
   b) Beschreiben Sie, welche Aufgaben die Jugend- und Auszubildendenvertretung hat.

2.3 Arbeitsvertrag

Das ist geschehen

Im Lager der Mediaworld e. K. ist ein Arbeitsunfall passiert. Peter Bäumer hat sich schwer verletzt und fällt mindestens für zwölf Wochen aus. Damit die Arbeit nicht liegen bleibt, muss Moritz Wagner als Geschäftsführer eine Ersatzkraft im Lager einstellen. Er nimmt Kontakt zur örtlichen Agentur für Arbeit auf und schon am nächsten Tag stellt sich Ismail Keser vor, ein Lagerfacharbeiter, der zurzeit arbeitslos ist und dringend eine neue Stelle sucht. Die Mediaworld e. K. kann Ismail Keser zwar nur für einige Monate beschäftigen, dennoch will dieser die Stelle unbedingt antreten. Moritz Wagner setzt einen Arbeitsvertrag auf. Das Arbeitsverhältnis beginnt am 15. Juli 20.. und soll am 13. Oktober des gleichen Jahres enden. Dabei wird die Möglichkeit offengehalten, dass der Vertrag verlängert wird, falls Peter Bäumer weiterhin krank sein sollte.

Das ist zu tun

1. Warum wird der Arbeitsvertrag zwischen der Mediaworld e. K. und Ismail Keser schriftlich aufgesetzt?
2. Nennen Sie wichtige Inhalte des Arbeitsvertrages, die zwischen Moritz Wagner und Ismail Keser verhandelt werden müssen.
3. Formulieren Sie einen Arbeitsvertrag zwischen der Mediaworld e. K. und Ismail Keser, geboren am 1. April 1965 in Duisburg, wohnhaft in der Rheinstraße 92 in 47228 Duisburg. Nutzen Sie dazu auch die Informationen im Text.

Arbeitsvertrag

Das sollte man wissen

Ein Arbeitsvertrag wird zwischen der Arbeitgeberin/dem Arbeitgeber und der Arbeitnehmerin/dem Arbeitnehmer geschlossen. Er wird beeinflusst von dem, was in den Tarifverträgen und Betriebsvereinbarungen festgelegt wurde, und muss sich an deren Inhalten orientieren.

Tarifvertrag

- Wird zwischen Arbeitgeberverband und Gewerkschaft geschlossen
- Gilt für eine Branche

↓

Betriebsvereinbarung

- Wird zwischen Arbeitgeberin/Arbeitgeber und Betriebsrat geschlossen
- Gilt für einen Betrieb

↓

Arbeitsvertrag

- Wird zwischen Arbeitgeberin/Arbeitgeber und Arbeitnehmerin/Arbeitnehmer geschlossen
- Gilt nur für diese beiden (Arbeitgeberin/Arbeitgeber und Arbeitnehmerin/Arbeitnehmer)

Die Bestimmungen aus den Tarifverträgen und den Betriebsvereinbarungen dürfen im Arbeitsvertrag nicht unterschritten werden.

Ein Arbeitsvertrag kann durchaus mündlich abgeschlossen werden. Die **Schriftform** ist aber sinnvoll: Kommt es zu Streitigkeiten zwischen Arbeitgeberin/Arbeitgeber und Arbeitnehmerin/Arbeitnehmer, kann man jederzeit im Arbeitsvertrag nachlesen, was vereinbart wurde.

In einem Arbeitsvertrag sollten die folgenden Inhalte vereinbart werden:

- Bezeichnung der Tätigkeit der Arbeitnehmerin oder des Arbeitnehmers
- Beginn (und Ende) des Arbeitsverhältnisses
- Dauer der Probezeit
- Arbeitszeit
- Höhe des Arbeitsentgeltes
- Zusatzleistungen (Weihnachtsgeld, Urlaubsgeld, ...)
- Urlaubsanspruch
- Kündigungsfristen
- Hinweis auf Betriebsvereinbarungen
- Hinweis auf andere geltende Rechtsvorschriften und Verordnungen

Aus den Inhalten und weiteren Vorschriften ergeben sich für die Arbeitnehmerin oder den Arbeitnehmer verschiedene Rechte und Pflichten für das eingegangene Arbeitsverhältnis.

- **Recht auf Vergütung:** Für die geleistete Arbeit muss der Arbeitnehmer bezahlt werden. Die Vergütung ist im Tarifvertrag geregelt, sie darf nicht unterschritten, aber überschritten werden.

Beispiel Im aktuellen Tarifvertrag, der für die Mediaworld e. K. gilt, ist für „Packer oder Lagerarbeiter" (Tarifgruppe 4) ein Monatsentgelt von 2.112,00 € festgelegt.

- **Recht auf Urlaub:** Der Mindesturlaub ist im Manteltarifvertrag festgelegt und darf im Arbeitsvertrag nicht unterschritten, aber überschritten werden.

Beispiel Im Tarifvertrag für die Mediaworld e. K. ist ein Urlaubsanspruch von 30 Arbeitstagen (bei einer 5-Tage-Woche) pro Jahr festgelegt.

- **Recht auf Einhaltung einer Kündigungsfrist:** Nach der Probezeit (siehe unten) kann die Arbeitnehmerin oder der Arbeitnehmer nur bei Einhaltung einer bestimmten Frist kündigen. Dies gilt auch für die Arbeitergeberseite.

Beispiel Im Tarifvertrag ist geregelt, dass eine Kündigung mit einer Frist von vier Wochen zum Ende des Kalendermonats erfolgen kann. Für diejenigen, die mehr als zwei Jahre im Betrieb beschäftigt sind, gelten längere Kündigungsfristen.

- **Gehorsamspflicht:** Die Arbeitnehmerin oder der Arbeitnehmer ist verpflichtet, die Anordnungen des Arbeitgebers durchzuführen.
- **Schweigepflicht:** Die Arbeitnehmerin oder der Arbeitnehmer darf Betriebsgeheimnisse nicht weitergeben und ist in Bezug auf Informationen über Kundinnen und Kunden, Lieferbetriebe, Preise usw. zur Verschwiegenheit verpflichtet.
- **Pflicht zur Arbeitsleistung:** Die Arbeitnehmerin oder der Arbeitnehmer muss alle Arbeiten, für die er eingestellt wurde und die in seinen Tätigkeitsbereich fallen, ausführen. Die tägliche bzw. wöchentliche Arbeitszeit ist ebenfalls im Tarifvertrag geregelt.

Beispiel

Im Tarifvertrag der Mediaworld e. K. ist festgelegt, dass die Arbeitszeit ausschließlich Pausen 38,5 Stunden je Woche beträgt.

- **Pflicht zur Ableistung einer Probezeit:** Während der Probezeit kann die Arbeitnehmerin oder der Arbeitnehmer schnell, das heißt mit kurzer Kündigungsfrist, das Arbeitsverhältnis beenden (Gleiches gilt auch für die Arbeitgeberseite!). Die Probezeit kann zwischen 14 Tagen und sechs Monaten betragen.

Beispiel

Im Tarifvertrag ist vereinbart, dass in den ersten 14 Tagen einer Probezeit täglich zum Ende des nächsten Tages gekündigt werden kann. Danach ist eine Kündigung mit einer Frist von zwei Wochen möglich.

- **Pflicht zur Einhaltung des Wettbewerbsverbotes:** Die Arbeitnehmerin oder der Arbeitnehmer darf dem eigenen Unternehmen keine Konkurrenz machen, indem sie oder er sich zum Beispiel nebenbei selbstständig macht. Sie oder er darf auch nicht gleichzeitig für ein anderes Unternehmen der gleichen Branche Geschäfte tätigen.

Aufgaben

Aufgaben zur Wiederholung

1. a) Wer sind die Vertragsparteien bei einem Tarifvertrag, einer Betriebsvereinbarung, einem Arbeitsvertrag?

   b) Benötigt ein Jugendlicher, der einen Arbeitsvertrag eingehen will, die Erlaubnis seiner Eltern bzw. seiner Erziehungsberechtigten? (Begründung!)

2. Bestimmen Sie, ob es sich bei den folgenden Beispielen um ein Recht oder um eine Pflicht der Arbeitnehmerin oder des Arbeitnehmers aus dem Arbeitsvertrag handelt. Benennen Sie das Recht bzw. die Pflicht, das bzw. die jeweils angesprochen ist.

   a) Florian Peek holt wie jeden Morgen die Post für die Mediaworld e. K. aus dem Schließfach der Postfiliale ab.

   b) Sabine Hauser erhält am Ende des Monats Februar die Gehaltszahlung auf ihr Konto.

   c) Im Juli hat Karl Herwig vier Wochen Urlaub und fährt nach Italien.

   d) Ein Bekannter fragt Florian Peek aus der Buchhaltung abends bei einer Tasse Tee, wie hoch der Umsatz der Mediaworld e. K. ist und wie viel Schulden das Unternehmen denn hat. Florian Peek sagt dazu nichts.

   e) Karl Herwig wird vom Geschäftsführer Moritz Wagner angewiesen, eine Liste über die Artikel, die sich am besten und am schlechtesten verkaufen, anzufertigen (Renner-Penner-Liste). Karl Herwig macht sich an die Arbeit.

   f) Ismail Keser beginnt am 15. Juli 20.. mit seiner Arbeit im Lager der Mediaworld e. K. Er weiß, dass er sich in den ersten Wochen bewähren muss und jederzeit „fliegen“ kann.

3. Ein Mitarbeiter einer Metallwarengroßhandlung hat im Dezember im Gegensatz zu den anderen Mitarbeitenden des Unternehmens kein Weihnachtsgeld bekommen. Entscheiden und begründen Sie, ob diese Regelung rechtlich möglich ist oder nicht.

2.4 Berufsausbildungsvertrag und duale Berufsausbildung

Das ist geschehen

Der Auszubildende Bastian Lenz ist heute zusammen mit Andreas Zimmer, der zurzeit ein Praktikum in der Mediaworld e. K. macht, im Verkaufsshop des Unternehmens eingesetzt. In einer kurzen Ruhephase, als gerade keine Kundschaft im Laden ist, unterhalten sich die beiden über die Berufsausbildung von Bastian.

Andreas: *„Sag mal, Bastian, wenn du während der Arbeitszeit hier im Verkaufsshop arbeitest, lernst du doch eigentlich nichts von dem, was du für deine Abschlussprüfung brauchst, oder?"*

Bastian: *„Doch sicher! Ich lerne, mit Kundinnen und Kunden umzugehen und Waren zu verkaufen, ich erfahre viel über den rechtlichen Hintergrund von Kaufverträgen und eine Menge Warenkenntnisse eigne ich mir auch noch an."*

Andreas: *„Und das wird alles in der Berufsabschlussprüfung geprüft?"*

Bastian: *„Nicht nur das, auch die Dinge, die ich in den Büros lerne. Hier sorgt Herr Wagner als mein Ausbilder schon dafür, dass mir die Kolleginnen und Kollegen alles zeigen und beibringen, was wichtig ist. Das ist schließlich seine Pflicht!"*

Andreas: *„Wieso seine Pflicht? Der könnte dich doch auch den ganzen Tag lang Kartons im Lager einsortieren lassen!"*

Bastian: *„Nein, so geht das natürlich nicht!"*

Andreas: *„Also, wenn du hier im Betrieb immer schön aufpasst und alles mitkriegst, dann weißt du alles für deine Abschlussprüfung und bestehst im Handumdrehen, oder?"*

Bastian: *„Nein, dazu gehören natürlich auch die Dinge, die mir die Lehrerinnen und Lehrer in der Berufsschule beibringen."*

Andreas: *„Wie, das gehört auch noch dazu? Da bist du doch nur zwei Tage pro Woche, ich dachte, die Berufsschule hätte nicht so viel mit der Berufsausbildung zu tun."*

Das ist zu tun

1. Welche Pflichten hat der Ausbildungsbetrieb außer der genannten Ausbildungspflicht noch?
2. Benennen Sie die Pflichten der Auszubildenden.
3. Erläutern Sie im Hinblick auf die Berufsausbildung, welche Aufgaben der Ausbildungsbetrieb auf der einen und die Berufsschule auf der anderen Seite haben.

Berufsausbildungsvertrag und duale Berufsausbildung

Das sollte man wissen

Die rechtlichen Grundlagen zur Berufsausbildung sind im **Berufsbildungsgesetz (BBiG)** festgelegt. Es bestimmt, dass zwischen der oder dem Auszubildenden und dem Ausbildungsbetrieb (der oder dem Ausbildenden) ein Berufsausbildungsvertrag geschlossen werden muss.

Berufsausbildungsvertrag

Der Ausbildungsvertrag ist schriftlich zu formulieren, ansonsten ist er nicht gültig. Wenn die oder der Auszubildende noch nicht 18 Jahre alt ist, müssen die Eltern bzw. die Erziehungsberechtigten den Vertrag mit unterschreiben.

Der Berufsausbildungsvertrag wird vom Ausbildungsbetrieb bei der zuständigen Industrie- und Handelskammer (IHK) oder bei der entsprechenden Handwerkskammer (HWK) eingereicht.

Im Berufsausbildungsvertrag müssen u. a. die folgenden Dinge geregelt sein (vgl. § 11 BBiG):

1. Art der Ausbildung
2. Beginn und Dauer der Ausbildung
3. Ausbildungsmaßnahmen außerhalb des Ausbildungsunternehmens
4. Dauer der täglichen Arbeitszeit
5. Dauer der Probezeit
6. Ausbildungsvergütung
7. Dauer des Urlaubs
8. Kündigungsvoraussetzungen
9. Hinweis auf Tarifverträge und andere Vereinbarungen

Die Berufsausbildung beginnt immer mit einer **Probezeit.**

Innerhalb dieser Frist können beide Seiten ohne Kündigungsfrist kündigen. Die Probezeit beträgt mindestens einen Monat, maximal vier Monate.

Während der Berufsausbildung sind der oder dem Auszubildenden bestimmte Pflichten auferlegt, aber auch die oder der Ausbildende hat bestimmte Pflichten zu erfüllen.

Pflichten des Auszubildenden (nach § 13 BBiG)	Pflichten des Ausbildenden (nach §§ 14, 15, 16 BBiG)
Die oder der Auszubildende ist verpflichtet,	Die oder der Ausbildende ist verpflichtet,
1. sich zu bemühen, das Ausbildungsziel zu erreichen.	1. die Kenntnisse und Fähigkeiten, die zum Erreichen des Ausbildungszieles notwendig sind, zu vermitteln.
2. die aufgetragenen Verrichtungen auszuführen.	2. die für die Ausbildung benötigten Ausbildungsmittel kostenlos zur Verfügung zu stellen.
3. an Ausbildungsmaßnahmen teilzunehmen.	3. die Auszubildenden für den Besuch der Berufsschule freizustellen.
4. Weisungen der Ausbildenden zu befolgen.	4. die angefertigten Berichtshefte durchzusehen.
5. die Ordnung, die an der Arbeitsstätte gilt, zu beachten.	5. dafür zu sorgen, dass die Auszubildenden während der Ausbildung nicht körperlich oder sittlich gefährdet werden.
6. Werkzeuge, Maschinen usw. pfleglich zu behandeln.	6. der oder dem Auszubildenden ein Zeugnis auszustellen.
7. Schweigepflicht bezüglich Betriebsgeheimnissen zu wahren.	
8. ein Berichtsheft zu führen.	

Nach Ablauf der Probezeit haben Auszubildende einen besonderen **Kündigungsschutz.** Dies bedeutet, sie können nicht einfach so gekündigt werden, etwa, weil der Ausbildungsbetrieb Stellen abbauen will. Nur aus einem wichtigen Grund kann die oder der Auszubildende gekündigt werden, zum Beispiel, wenn sie oder er klaut oder trotz mehrmaliger Abmahnung den Berufsschulunterricht unentschuldigt versäumt. Auszubildende können den Berufsausbildungsvertrag mit einer Frist von vier Wochen kündigen, wenn sie die Berufsausbildung aufgeben möchten.

Die Berufsausbildung endet mit Bestehen der **Abschlussprüfung.**

Duale Berufsausbildung

In Deutschland läuft die Berufsausbildung nicht allein im Betrieb, die Berufsschule ist der zweite Ausbildungsort für alle Auszubildenden. Da die Ausbildung an zwei Stellen stattfindet, nennt man das Ausbildungssystem der Bundesrepublik auch **„duale Ausbildung“.**

Im Ausbildungsbetrieb lernen die Auszubildenden alle praktischen Tätigkeiten, die zum jeweiligen Berufsbild gehören. In der Berufsschule lernen die Auszubildenden die theoretischen Inhalte, das Hintergrundwissen und einige Ergänzungen zu den praktischen Erfahrungen, die sie im Betrieb machen.

Aufgaben

Aufgaben zur Wiederholung

1. Nennen Sie jeweils drei wichtige Pflichten von Auszubildenden und Ausbildenden, die sich aus einem Berufsausbildungsverhältnis ergeben. Denken Sie sich zu jedem der sechs Punkte ein plausibles Beispiel aus.
2. Welche Vorteile und welche Nachteile bringt eine duale Berufsausbildung (Ausbildung im Betrieb und in der Schule) mit sich? Argumentieren Sie zum einen aus der Sicht eines Betriebs und Ausbildenden und zum anderen aus der Sicht einer oder eines Auszubildenden.
3. Beurteilen Sie, ob die folgenden Aussagen richtig oder falsch sind. Korrigieren Sie gegebenenfalls falsche Aussagen, sodass sie richtig werden.
   a) Die Probezeit in der Ausbildung beträgt mindestens einen, maximal drei Monate.
   b) Ein Berufsausbildungsvertrag wird immer zwischen Auszubildenden und Ausbildenden geschlossen.

c) Wenn man noch nicht volljährig (das heißt noch nicht geschäftsfähig) ist, müssen die Erziehungsberechtigten ebenfalls den Ausbildungsvertrag mit unterschreiben.

d) Ein Ausbildungsvertrag muss immer schriftlich aufgesetzt werden.

e) Nach Ablauf der Probezeit haben Auszubildende keinen besonderen Kündigungsschutz.

f) Auszubildende können ihr Ausbildungsverhältnis mit einer Kündigungsfrist von vier Wochen kündigen, wenn sie die Berufsausbildung aufgeben möchten.

g) „Duale Ausbildung" bedeutet, dass man mindestens zwei Berufsschultage in der Woche hat.

4. Beurteilen Sie, ob in den folgenden Fällen eine Kündigung gerechtfertigt ist.

a) Der Auszubildende Onur hat sich gestern zum dritten Mal seit Beginn seiner Ausbildung vor eineinhalb Jahren verspätet. Diesmal lag es daran, dass ihm jemand mit dem Auto in sein Fahrrad gefahren ist und er aufgrund dieses Unfalls zunächst zum Arzt musste. Sein Chef glaubt ihm dies nicht und kündigt Onur fristlos.

b) Jens ist Auszubildender für den Beruf Industriekaufmann. Die Ausbildung gefällt ihm nicht, weil er lieber praktisch arbeiten möchte. Deshalb hat er sich eine neue Ausbildungsstelle als Tischler besorgt. Seine Ausbildung als Industriekaufmann kündigt er fristgemäß.

c) Miriam ist Auszubildende für den Beruf der Verkäuferin. Sie bekommt zwei Tage vor dem Ende der Probezeit die Kündigung vom Arbeitgeber. Dieser meint, dass Miriam als Verkäuferin in seinem Betrieb nicht arbeiten könne, weil sie zu schweigsam und zurückhaltend sei.

d) Der Auszubildende Peter hat auf der Weihnachtsfeier einen Streit mit einem Ausbilder angefangen, bei dem es auch zu Handgreiflichkeiten kam. Es war bereits das zweite Mal, dass Peter durch Streitereien aufgefallen ist; er hatte bereits eine Abmahnung deswegen bekommen. Am nächsten Tag kündigt ihm sein Chef.

e) Silke ist Auszubildende in einer Bäckerei. Nach drei Wochen Ausbildung macht sich bei ihr eine Allergie bemerkbar. Ihre Ärztin rät ihr dringend, nicht mehr in diesem Beruf zu arbeiten. Silke kündigt und geht, da sie keine neue Ausbildungsstelle findet, wieder zur Schule, um einen höheren Schulabschluss zu machen.

3 Personalfreisetzung und Personalbeurteilung

3.1 Fristgerechte Kündigung

Das ist geschehen

Bastian Lenz, der Auszubildende der Mediaworld e. K., ist heute gar nicht gut drauf. Sein Vater, der seit drei Jahren in einer kleinen Maschinenbaufirma arbeitet, hat die Kündigung erhalten. Bastian erinnert sich, dass sein Chef, Moritz Wagner, viel über Arbeitsrecht weiß. Also fragt er ihn, ob die Kündigung seines Vaters rechtmäßig ist oder nicht. Moritz Wagner ist bereit, sich die Sache einmal anzusehen. Dazu liest er sich zunächst das Kündigungsschreiben des Arbeitgebers von Günther Lenz durch:

> ... Datum: 24.06.20..
>
> **Kündigung zum 31.07.20..**
>
> Sehr geehrter Herr Lenz,
>
> aufgrund der schwierigen konjunkturellen Lage und der schlechten Auftragslage sehen wir uns gezwungen, im Bereich „Produktion" Personal abzubauen.
>
> Da Ihr Arbeitsverhältnis erst seit drei Jahren besteht und damit das jüngste in der Abteilung ist, müssen wir Ihnen leider zum 31. Juli 20.. die Kündigung aussprechen.
>
> Wir bedauern dies sehr und wünschen Ihnen bei der Suche nach einer neuen Arbeitsstelle viel Erfolg.
>
> Mit freundlichen Grüßen
>
> ...

Das ist zu tun

1. Erläutern Sie, welcher Kündigungsgrund hier vorliegt.
2. Welche sozialen Kriterien muss der Arbeitgeber prüfen, wenn er aus diesem Grunde eine Kündigung ausspricht?
3. Prüfen Sie, ob die Kündigungsfrist für Günther Lenz eingehalten wurde.

Das sollte man wissen

Fristgerechte Kündigung

Wenn sich Arbeitgebende und Arbeitnehmende über eine Personaleinstellung einigen, wird hierüber ein Arbeitsvertrag aufgesetzt (→ Kapitel 2.3, Seite 370 in diesem Lernfeld). Arbeitsverträge kann man kündigen, dabei sind zwei Arten von Kündigung möglich.

fristgerechte Kündigung (ordentliche Kündigung)	fristlose Kündigung (außerordentliche Kündigung)
↓	↓
Beendigung mit Kündigungsfrist	sofortige Beendigung

Beide Arten der Kündigung können sowohl von Arbeitgeber- als auch von Arbeitnehmerseite ausgesprochen werden. Dies muss aber immer schriftlich erfolgen, eine mündlich ausgesprochene Kündigung ist nichtig und damit nicht wirksam, da sie den Formvorschriften nicht genügt (→ LF 7, AS 7.1, Kapitel 4.1, Seite 254). Eine Kündigung zählt darüber hinaus zu den einseitigen, **empfangsbedürftigen** Willenserklärungen. Nur wenn die Kündigung der Vertragspartei auch zugeht, ist sie wirksam. Eine Kündigung, die die Arbeitgeberin oder der Arbeitgeber in seiner Schreibtischschublade liegen lässt, ist nicht gültig. Entscheidend ist letztlich, dass eine Kündigung immer begründet sein muss.

Bei der **fristgerechten Kündigung** gibt es drei Gründe, aufgrund derer einer Arbeitnehmerin oder einem Arbeitnehmer gekündigt werden kann. Wenn keiner der drei Gründe vorliegt, gilt eine Kündigung als sozial ungerechtfertigt und ist unwirksam. Dies beinhaltet der allgemeine Kündigungsschutz.

Die drei Kündigungsgründe für eine fristgerechte Kündigung sind:

Kündigungsgründe bei Kündigung durch Arbeitgeber/-in

- **1. personenbedingte Kündigung**
- **2. verhaltensbedingte Kündigung**
- **3. betriebsbedingte Kündigung**

1. **Personenbedingte Kündigung:** Bei der personenbedingten Kündigung wird das Arbeitsverhältnis durch die Arbeitgeberin oder den Arbeitgeber Arbeitgeber beendet, da die Arbeitnehmerin oder der Arbeitnehmer als Person nicht mehr so einsetzbar ist, wie es die Arbeitgeberin oder der Arbeitgeber für diesen Arbeitsplatz wünscht. Dazu kann zum Beispiel gehören, dass eine Dachdeckerin oder ein Dachdecker nicht mehr schwindelfrei ist oder dass eine Kraftfahrerin oder ein Kraftfahrer aufgrund seiner nachlassenden Sehkraft nicht mehr Lkw fahren kann. Auch eine lange, wiederholte Krankheit kann zu einer personenbedingten Kündigung führen.
2. **Verhaltensbedingte Kündigung:** Diese Art von fristgerechter Kündigung kann ausgesprochen werden, wenn die Arbeitnehmerin oder der Arbeitnehmer der Arbeitgeberin oder dem Arbeitgeber durch sein Verhalten schadet. Dies kann sich darin zeigen, dass sich Arbeitnehmende häufig verspäten, dass sie unzureichende Arbeitsleistungen erbringen oder dass sie unentschuldigit fehlen. In der Regel muss das Fehlverhalten der Arbeitnehmenden vor einer Kündigung abgemahnt werden.
3. **Betriebsbedingte Kündigung:** Eine betriebsbedingte Kündigung wird ausgesprochen, wenn aus betrieblichen Gründen eine Weiterbeschäftigung der Arbeitnehmerin oder des Arbeitnehmers nicht möglich ist. Dies kann der Fall sein, wenn ein Betriebsteil bzw. eine Filiale geschlossen wird oder wenn Rationalisierungen durchgeführt werden. Ebenso kann betriebsbe-

dingt gekündigt werden, wenn es dem Unternehmen wirtschaftlich nicht mehr so gut geht, etwa in konjunkturell schwierigen Phasen oder bei Auftragsrückgängen oder Absatzproblemen.

Bei den ersten beiden Arten von fristgerechter Kündigung geht es immer nur um eine bestimmte Arbeitnehmerin oder einen bestimmten Arbeitnehmer, der oder dem aufgrund der eigenen Person oder des eigenen Verhaltens gekündigt wird. Bei einer betriebsbedingten Kündigung kann es sein, dass das Unternehmen zwischen mehreren Arbeitnehmenden auswählen muss, wem gekündigt werden soll. Dabei sind soziale Aspekte zu beachten, damit nicht diejenigen arbeitslos werden, die es am schlimmsten treffen würde. Zu diesen sozialen Kriterien gehören:

- die Dauer der Betriebszugehörigkeit
- das Lebensalter des Betroffenen
- die Unterhaltspflichten der Arbeitnehmerin oder des Arbeitnehmers
- eine Schwerbehinderung der Arbeitnehmerin oder des Arbeitnehmers

Der Personalabbau beginnt somit in der Regel bei den Arbeitnehmenden, die noch nicht so lange im Unternehmen arbeiten, die jung sind und noch keine Familie mit ernähren müssen usw.

Bei der fristgerechten Kündigung muss die **Kündigungsfrist** eingehalten werden, die das Ende des Arbeitsverhältnisses etwas nach hinten hinausschiebt. Dabei gilt, dass die Kündigungsfrist umso länger ist, je länger die Arbeitnehmerin oder der Arbeitnehmer schon im Unternehmen beschäftigt ist. Da die Kündigung empfangsbedürftig ist, beginnt die Kündigungsfrist mit dem Tag des Zuganges der Kündigung.

Die Fristen können im Tarifvertrag oder im Arbeitsvertrag festgelegt sein. Als Basis gelten die gesetzlichen Kündigungsfristen, wie sie im Bürgerlichen Gesetzbuch stehen. Sie gelten auch, wenn im Tarif- bzw. Arbeitsvertrag nichts anderes festgelegt wurde.

§ 622 BGB (Kündigungsfristen bei Arbeitsverhältnissen)

(1) Das Arbeitsverhältnis eines Arbeiters oder eines Angestellten (Arbeitnehmers) kann mit einer Frist von vier Wochen zum Fünfzehnten oder zum Ende eines Kalendermonats gekündigt werden.

(2) Für eine Kündigung durch den Arbeitgeber beträgt die Kündigungsfrist, wenn das Arbeitsverhältnis in dem Betrieb oder Unternehmen

1. zwei Jahre bestanden hat, einen Monat zum Ende eines Kalendermonats,
2. fünf Jahre bestanden hat, zwei Monate zum Ende eines Kalendermonats,
3. acht Jahre bestanden hat, drei Monate zum Ende eines Kalendermonats,
4. zehn Jahre bestanden hat, vier Monate zum Ende eines Kalendermonats,
5. zwölf Jahre bestanden hat, fünf Monate zum Ende eines Kalendermonats,
6. 15 Jahre bestanden hat, sechs Monate zum Ende eines Kalendermonats,
7. 20 Jahre bestanden hat, sieben Monate zum Ende eines Kalendermonats.

Dauert das Arbeitsverhältnis weniger als zwei Jahre an, gilt die im ersten Abschnitt des § 622 BGB genannte Grundkündigungsfrist von vier Wochen zum 15. oder zum Ende eines Kalendermonats.

Beispiel

Ermittlung der Kündigungsfrist

Nr.	Alter	Betriebszugehörigkeit	Kündigungsfrist	Zugang des Kündigungsschreibens	Ende des Arbeitsverhältnisses
1	31	3 Jahre	1 Monat zum Ende eines Kalendermonats	12. Mai 20..	30. Juni 20..
2	58	16 Jahre	6 Monate zum Ende eines Kalendermonats	12. Mai 20..	30. Nov. 20..
3	27	1 Jahr	4 Wochen zum 15. oder zum Ende eines Kalendermonats	12. Mai 20..	15. Juni 20..
4	32	8 Jahre	3 Monate zum Ende eines Kalendermonats	12. Mai 20..	31. Aug. 20..
5	32	11 Jahre	4 Monate zum Ende eines Kalendermonats	12. Mai 20..	30. Sept. 20..

Bestimmte Personengruppen sind vor einer fristgerechten Kündigung besonders geschützt, das heißt, sie dürfen nicht fristgerecht, sondern nur (bei Vorliegen eines **wichtigen** Grundes!) fristlos gekündigt werden. Dies ergibt sich aus verschiedenen Gesetzen, wie dem Schwerbehindertengesetz, dem Mutterschutzgesetz usw.

Zu den **Personengruppen mit besonderem Kündigungsschutz** gehören:

Betriebsratsmitglieder

Schwerbehinderte

Schwangere

Eltern in Elternzeit

Auszubildende

Jede Personalentlassung ist dem Betriebsrat vorher mitzuteilen, auch die Gründe für die Kündigung müssen dem Betriebsrat genannt werden. Geschieht dies nicht, ist die Kündigung unwirksam.

Aufgaben

Aufgaben zur Wiederholung

1. a) Nennen Sie Alternativbegriffe zu „fristgerechter Kündigung" und „fristloser Kündigung".

   b) Was unterscheidet die fristgerechte von der fristlosen Kündigung?

   c) Nennen Sie die Kündigungsgründe, die es bei der fristgerechten Kündigung gibt, damit diese sozial gerechtfertigt ist.

   d) Nennen Sie Beispiele für die in Aufgabenteil c) gefundenen Kündigungsgründe.

   e) Bei der betriebsbedingten Kündigung sind bei der Auswahl der zu kündigenden Arbeitnehmenden soziale Kriterien zu beachten. Nennen Sie Beispiele für diese sozialen Kriterien.

2. Ermitteln Sie die Kündigungsfristen für die folgenden Arbeitnehmenden:

Nr.	Alter	Betriebszugehörigkeit	Zugang des Kündigungsschreibens
1	30	3 Jahre	03.04.20..
2	38	16 Jahre	03.04.20..
3	21	1 Jahr	03.04.20..
4	40	14 Jahre	03.04.20..
5	28	6 Jahre	03.04.20..

3. Ein Arbeitnehmer will seinen Arbeitsvertrag kündigen, da er zusammen mit seiner Frau und den Kindern nach Finnland auswandern will.

   a) Erläutern Sie, was man im Rahmen der Kündigung unter einer „empfangsbedürftigen Willenserklärung" versteht.

   b) Zeigen Sie am vorliegenden Beispiel auf, was man im Rahmen der Kündigung unter einer „einseitigen Willenserklärung" versteht.

   c) Als letzten Arbeitstag wünscht sich der Arbeitnehmer den 30. Juni 20.. . Ermitteln Sie, an welchem Tag die Kündigung bei seinem Arbeitgeber zugegangen sein muss.

   d) Benennen Sie die Formvorschrift, die der Arbeitnehmer für seine Kündigung beim Arbeitgeber beachten muss.

4. Prüfen und entscheiden Sie, ob die Kündigung der folgenden Arbeitnehmenden rechtens ist (jeweils mit kurzer Begründung).

   a) Eine langjährige Mitarbeiterin eines Einzelhandelsbetriebes teilt ihrer Chefin mit, dass sie schwanger ist. In diesem Gespräch erwähnt sie auch, dass sie nach der Geburt ihres Kindes erst einmal Elternzeit nehmen möchte. Die Arbeitgeberin fürchtet, dass sie die Mitarbeiterin auf unbestimmte Zeit ersetzen muss, und kündigt ihr mit der Begründung, dass sie nicht mehr so eingesetzt werden kann, wie es eigentlich im Arbeitsvertrag vorgesehen war.

b) Jens Fiedler ist Auszubildender im dritten Lehrjahr. Das letzte Halbjahreszeugnis aus der Schule sieht verheerend aus (Notenschnitt 4,9). Der Ausbildungsbetrieb befürchtet, dass Jens die Prüfung nicht schafft und ein weiteres halbes Jahr im Unternehmen beschäftigt werden muss. Jens erhält eine verhaltensbedingte ordentliche Kündigung (Begründung: Nachlassende Arbeitsleistung und zu erwartendes Nichtbestehen der Abschlussprüfung).

c) Detlef Werners hat in einem großen Duisburger Stahlkonzern an den Wahlen zum Betriebsrat teilgenommen. Er ist gewählt worden! Drei Wochen später wird ihm betriebsbedingt gekündigt.

d) Freddie Nachtweih ist schwerbehindert. Aufgrund der Verkleinerung der Buchhaltungsabteilung soll ihm fristgemäß (aus betrieblichen Gründen) gekündigt werden.

3.2 Fristlose Kündigung

Das ist geschehen

In der Mediaworld e. K. ist in letzter Zeit häufiger Bargeld verschwunden. Dabei fehlte manchmal Geld in der Ladenkasse des Verkaufsshops und manchmal fehlte Geld in der Kasse, in der der Bargeldbestand des Unternehmens aufbewahrt wird. Eines Tages beobachtet Moritz Wagner Anne Kirchhoff aus der Abteilung Buchhaltung/Verwaltung dabei, wie sie Geld aus der Kasse nimmt und sich in ihre eigene Handtasche steckt. Er stellt sie sofort zur Rede. Sie gibt zu, dass sie in den letzten Wochen häufiger Geld im Betrieb geklaut hat, da es ihr finanziell nicht so gut geht.

Das ist zu tun

1. Wie würden Sie anstelle des Geschäftsführers Moritz Wagner handeln? Begründen Sie Ihr Vorgehen.
2. Moritz Wagner möchte Anne Kirchhoff fristlos entlassen. Muss er ihr vorher eine Abmahnung erteilen? Begründen Sie Ihre Antwort.

Fristlose Kündigung

Das sollte man wissen

Eine fristlose Kündigung beendet das Arbeitsverhältnis mit sofortiger Wirkung. Sie kann von Arbeitgeber- oder von Arbeitnehmerseite ausgesprochen werden. Der Verzicht auf eine Kündigungsfrist ist allerdings nur dann möglich, wenn ein derart wichtiger Kündigungsgrund vorliegt, dass der Arbeitnehmerin bzw. dem Arbeitnehmer und/oder der Arbeitgeberin bzw. dem Arbeitgeber ein Warten bis zum Ende einer Kündigungsfrist nicht zugemutet werden kann. Wichtige Gründe, die zu einer fristlosen Kündigung führen können, sind aus …

Arbeitnehmersicht	Arbeitgebersicht
• Sittliche Verfehlung der/des Vorgesetzten • Tätlichkeit • Erheblicher Lohnrückstand • Keine Urlaubsgewährung • Grobe Verletzung der Arbeitsschutzvorschriften bzw. der Fürsorgepflicht der Arbeitgeberin oder des Arbeitgebers	• Eigenmächtiger Urlaubsantritt • Diebstahl • Arbeitsverweigerung • Tätlichkeit • Geschäftsschädigendes Verhalten • Nichtbeachtung von Arbeitsschutzvorschriften

Eine fristlose Kündigung muss innerhalb von zwei Wochen nach Bekanntwerden des Grundes erteilt werden. In vielen Fällen ist es aber notwendig, dass die Arbeitgeberin oder der Arbeitgeber der Arbeitnehmerin oder dem Arbeitnehmer eine **Abmahnung** erteilt, bevor er eine Kündigung ausspricht. Dadurch soll die Arbeitnehmerin oder der Arbeitnehmer auf das Fehlverhalten aufmerksam gemacht und darüber informiert werden, dass es im Wiederholungsfalle zu einer Beendigung des Arbeitsverhältnisses kommt. In den Fällen, in denen das Vertrauensverhältnis zwischen Arbeitnehmer/-in und Arbeitgeber/-in massiv gestört ist, kann auf eine Abmahnung verzichtet werden, zum Beispiel bei Diebstahl durch die Arbeitnehmerin oder den Arbeitnehmer.

Auch bei einer fristlosen Kündigung muss vorher der Betriebsrat gehört werden. Falls sich beide Seiten nicht einigen, steht der Gang zum Arbeitsgericht offen. Eine Klage muss innerhalb von drei Wochen erhoben werden.

Für den Fall, dass das Arbeitsgericht der Arbeitnehmerin oder dem Arbeitnehmer Recht gibt und festlegt, dass eine ausgesprochene Kündigung nicht wirksam ist, kann es trotzdem sein, dass die Arbeitnehmerin oder der Arbeitnehmer nicht mehr bei dem Unternehmen arbeiten möchte. Dann wird das Arbeitsverhältnis aufgelöst und die Arbeitnehmerin oder der Arbeitnehmer bekommt eine **Abfindung**, die das Gericht festlegt.

Aufgaben

Aufgaben zur Wiederholung

1. Konstruieren Sie auf Basis der Kündigungsgründe Beispiele, bei denen die Arbeitgeber- oder die Arbeitnehmerseite fristlos kündigt.
2. Erläutern Sie die Rolle des Betriebsrates bei einer fristlosen Kündigung.
3. Welche Fristen muss eine Arbeitnehmerin oder ein Arbeitnehmer beachten, wenn sie oder er gegen eine ausgesprochene Kündigung vorgehen will?
4. Beurteilen Sie die folgenden Fälle:
   a) Ein Mitarbeiter in einem Supermarkt sammelt während seiner Tätigkeit an der Kasse über längere Zeit Pfandbons, die die Kundinnen und Kunden eingelöst haben. Diese lässt er von seiner Freundin später im gleichen Supermarkt nochmal gegen Bargeld einlösen. Über Wochen kommt er so ungerechtfertigter Weise zu Einnahmen in Höhe von ca. 200,00 €. Der Arbeitgeber beobachtet das Verhalten, nimmt andere

Arbeitnehmenden als Zeugen hinzu, die Gleiches beobachten, und kündigt dann dem Arbeitnehmer fristlos.

b) Ein Mitarbeiter auf einer Mülldeponie nimmt einen nicht mehr funktionierenden Drucker, den jemand in den Elektroschrott getan hat, mit nach Hause, um ein paar Ersatzteile für seinen eigenen Drucker (gleiches Modell) zu haben. Beim Verlassen des Betriebsgeländes wird der Arbeitnehmer von seinem Chef gestellt und zur Rede gestellt. Am nächsten Tag erhält er die fristlose Kündigung.

c) Zwei Büromitarbeitende einer Großhandlung fangen in der Mittagspause Streit an. Dieser endet, nach heftigem verbalen Schlagabtausch, darin, dass sie sich gegenseitig das Tablett mit dem Mittagessen über die Kleidung schütten. Die Arbeitgeberin ermittelt denjenigen, der den Streit angefangen hat, und kündigt ihm fristlos.

3.3 Personalbeurteilung: Arbeitszeugnis

Das ist geschehen

Sabine Hauser aus der Abteilung Einkauf überlegt, ob sie den Arbeitsplatz wechseln soll. In letzter Zeit hat sie öfters Meinungsverschiedenheiten mit ihrem Chef Moritz Wagner gehabt, sodass sie sich nach einem anderen Arbeitsplatz umsehen möchte. Da sie in der Mediaworld e. K. ihrer Meinung nach immer gute Leistungen erbracht hat, möchte sie gerne ein Arbeitszeugnis von ihrem Arbeitgeber ausgestellt bekommen.

Das ist zu tun

Schreiben Sie ein Arbeitszeugnis für Frau Sabine Hauser, wohnhaft im Sternbuschweg 19 in 47057 Duisburg, geboren am 13.07.1965 und seit dem 01.07.20.. in der Mediaworld e. K. beschäftigt. Gehen Sie davon aus, dass das Arbeitsverhältnis am 31.10.20.. endet. Bauen Sie das Arbeitszeugnis wie folgt auf:

- Daten des Unternehmens
- persönliche Daten der Arbeitnehmerin
- Tätigkeitsbeschreibung mit Beurteilung
- persönliches Verhalten mit Beurteilung
- Austrittstermin und Schlusssatz nicht vergessen!

Die Beurteilung der Führung, der Leistung und des Fachkönnens von Frau Hauser bleibt Ihnen überlassen. Lesen Sie unbedingt die unten stehenden Informationen zum Arbeitszeugnis, damit Sie wichtige Details nicht vergessen!

Arbeitszeugnis

Das sollte man wissen

Endet ein Arbeitsverhältnis, hat eine Arbeitnehmerin oder ein Arbeitnehmer das Recht auf ein Arbeitszeugnis. Dieses kann für Bewerbungen bei künftigen Arbeitgebenden genutzt werden, um zu zeigen, wie die Arbeitsleistungen von den vorherigen Arbeitgebenden beurteilt wurden.

Arbeitszeugnisse spielen im Laufe des Berufslebens eine wichtige Rolle. Je länger die Schulausbildung und die eigentliche Berufsausbildung her sind, desto weniger interessieren sich Arbeitgebende für diese dann veralteten Zeugnisse. Dafür ist es umso interessanter für sie, zu erfahren, wie die Arbeitsleistungen der Arbeitnehmerin oder des Arbeitnehmers am letzten Arbeitsplatz waren. Dies steht im Arbeitszeugnis.

Als Arbeitnehmerin oder Arbeitnehmer hat man ein Anrecht auf ein Arbeitszeugnis, wenn das Arbeitsverhältnis endet, und zwar nicht erst am letzten Arbeitstag, sondern schon wenn ein Ende absehbar ist, etwa wegen einer erfolgten Kündigung durch den Arbeitgebenden.

Es werden zwei Arten von Arbeitszeugnissen unterschieden:

Einfaches Arbeitszeugnis	Qualifiziertes Arbeitszeugnis
Hier werden nur Art und Dauer der Beschäftigung dargestellt.	Hier werden neben der Art und der Dauer der Beschäftigung auch die Führung, das Fachkönnen und die Leistung des Arbeitnehmers beurteilt.

Außerdem gelten bestimmte Formvorschriften:

Ein Arbeitszeugnis

- muss maschinenschriftlich auf Geschäftspapier erstellt sein,
- muss die persönlichen Angaben der Arbeitnehmerin oder des Arbeitnehmers enthalten,
- darf keine äußeren Mängel (Flecken, Knicke usw.) aufweisen,
- darf keine Schreibfehler beinhalten,
- darf keine Hervorhebungen (Unterstreichungen, Fettdruck usw.) enthalten,
- muss in Deutsch ausgestellt werden und
- muss das Ausstellungsdatum und die Unterschrift der oder des Vorgesetzten enthalten.

Das Schwierigste an der Zeugnisschreibung ist die Beurteilung der Führung und der Leistung der Arbeitnehmerin oder des Arbeitnehmers. Arbeitgebende müssen bei der Wahrheit bleiben, sie dürfen sich also keine negativen Beurteilungen ausdenken. Aber sie müssen auf der anderen Seite natürlich schlechte Leistungen auch benennen. Allerdings muss ein Arbeitszeugnis wohlwollend formuliert sein. Schließlich darf es das berufliche Fortkommen der Arbeitnehmerin oder des Arbeitnehmers nicht behindern. In diesem Spannungsfeld zwischen Wohlwollen und Wahrheit findet die Zeugnisschreibung statt:

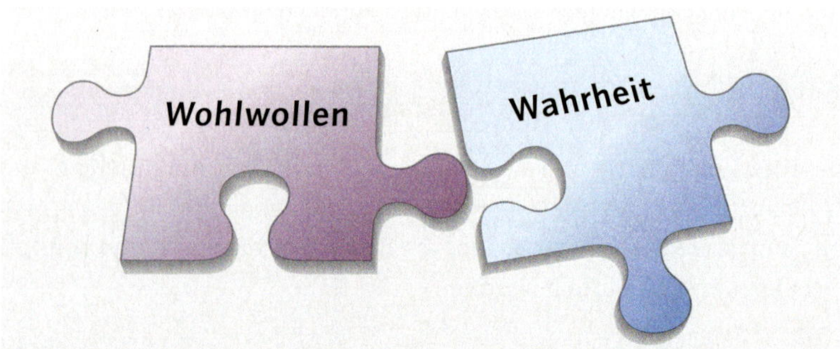

Das hat zur Folge, dass sich für Arbeitszeugnisse so etwas wie eine eigene Sprache entwickelt hat. In dieser Sprache klingen sogar negative Sachen positiv und (fast) gut. Es gibt sogar Geheimfloskeln, die man übersetzen muss, damit man weiß, was der Zeugnisschreiber meint.

Bei der Beurteilung von Arbeitsleistung und Führung gilt ein Notenschema, wie man es von der Schule kennt: „Sehr gut" steht für herausragende Leistungen, sehr schlechte Leistungen sind dann auch nicht mehr „ausreichend".

Beispielhafte Formulierungen für unterschiedliche Beurteilungen:

	Arbeitsleistung	Fachkönnen	Verhalten
sehr gut	Sie/Er hat die ihr/ihm übertragenen Aufgaben stets zu unserer vollsten Zufriedenheit ausgeführt.	Sie/Er beherrscht ihren/seinen Arbeitsbereich umfassend und überdurchschnittlich.	Ihr/Sein Verhalten zu Vorgesetzten und Mitarbeitenden war stets vorbildlich und in allerbester Weise einwandfrei.
gut	Sie/Er hat die ihr/ihm übertragenen Aufgaben stets zu unserer vollen Zufriedenheit ausgeführt.	Sie/Er beherrscht ihren/seinen Arbeitsbereich überdurchschnittlich.	Ihr/Sein Verhalten zu Vorgesetzten und Mitarbeitenden war vorbildlich und bester Weise einwandfrei.
befriedigend	Sie/Er hat die ihr/ihm übertragenen Aufgaben zu unserer Zufriedenheit ausgeführt.	Sie/Er beherrscht ihren/seinen Arbeitsbereich entsprechend den Anforderungen.	Ihr/Sein Verhalten zu Vorgesetzten und Mitarbeitenden war einwandfrei.
ausreichend	Sie/Er hat die ihr/ihm übertragenen Aufgaben im Großen und Ganzen zu unserer Zufriedenheit ausgeführt.	Sie/Er beherrscht im Großen und Ganzen seinen Arbeitsbereich.	Ihr/Sein Verhalten zu Vorgesetzten und Mitarbeitenden war weitestgehend einwandfrei.
nicht mehr ausreichend	Sie/Er hat sich bemüht, die ihr/ihm übertragenen Aufgaben zu unserer Zufriedenheit auszuführen.	Sie/Er hat sich bemüht, ihren/seinen Arbeitsbereich den Anforderungen entsprechend zu beherrschen.	Sie/Er gab sich Mühe, ein einwandfreies Verhalten gegenüber ihren/seinen Vorgesetzten und Mitarbeitenden zu zeigen.

Manche Dinge dürfen Arbeitgebende in einem Arbeitszeugnis nicht so schreiben, wie sie gerne möchten, da ein Arbeitszeugnis wohlwollend formuliert sein muss. Daher hat sich eine Art „Geheimcode" entwickelt, den Arbeitgebende, die das Zeugnis lesen, übersetzen können. Allerdings hat eine Arbeitnehmerin oder ein Arbeitnehmer, die oder der eine der sogenannten Geheimfloskeln im Arbeitszeugnis entdeckt, ein Anrecht auf ein neues Zeugnis, da wie gesagt nichts im Zeugnis stehen darf, was das eigene berufliche Fortkommen erschwert.

Einige Geheimfloskeln mit Übersetzung lauten (hier beispielhaft für einen männlichen Mitarbeiter):

Geheimfloskel	Übersetzung
Er hat sich im Rahmen seiner Fähigkeiten eingesetzt.	Er hat getan, was er konnte, doch das war nicht viel.
Er zeigte viel Verständnis für seine Arbeit.	Er war faul und hat nichts geschafft.
Im Kollegenkreis galt er als toleranter Mitarbeiter.	Für Vorgesetzte ist er ein unangenehmer Mitarbeiter.
Mit seinen Vorgesetzten ist er sehr gut zurechtgekommen.	Er ist ein Mitläufer und Ja-Sager.
Durch seine Geselligkeit trug er zur Verbesserung des Betriebsklimas bei.	Er neigt dazu, zu viel Alkohol zu trinken.
Seine Leistung zeichnet sich durch besondere Genauigkeit aus.	Er arbeitet so langsam wie eine Schnecke.
Wegen seiner Pünktlichkeit war er stets ein gutes Vorbild.	Pünktlich ist er, aber sonst zu nichts zu gebrauchen.
Wir wünschen ihm alles Gute, vor allem Gesundheit.	Er feiert häufig krank.

Aufgaben

Aufgaben zur Wiederholung

1. a) Nennen Sie die beiden verschiedenen Arten von Arbeitszeugnissen und zeigen Sie auf, worin sich diese unterscheiden.

   b) Benennen Sie fünf wichtige Formvorschriften, die man bei der Erstellung eines Arbeitszeugnisses beachten muss.

   c) Zu welchem Zeitpunkt haben Arbeitnehmende einen Anspruch auf ein Arbeitszeugnis?

   d) Erläutern Sie, warum sich für die Erstellung von Arbeitszeugnissen eine eigene Zeugnissprache entwickelt hat.

2. Beurteilen Sie das folgende Arbeitszeugnis.

Mammuth GmbH
Audiogeräte

Mammuth GmbH • Gelsenstr. 32 • 46147 Oberhausen

Frau
Michelle Wilhelms
Bottroper Straße 92
46117 Oberhausen

Gelsenstraße 32
46147 Oberhausen

Telefon: 0208 88888-12
Telefax: 0208 88888-13

E-Mail: mammuthaudio@wvd.de
www.mammuthaudio-wvd.de

Arbeitszeugnis

Frau Michelle Wilhelms, geboren am 12.12.1970 in Essen, war in der Zeit von Januar 2006 bis Mai 2020 in unserem Unternehmen beschäftigt.

Frau Wilhelms war in der Abteilung Absatz eingesetzt und beschäftigte sich mit dem Verkauf aller Handelswaren unseres Sortimentes. Diese Aufgaben erledigte sie zu unserer vollen Zufriedenheit. Ihre Warenkenntnisse sind in jeder Hinsicht entsprechend den Anforderungen, technischen Neuerungen stand sie aufgeschlossen gegenüber, angebotene Weiterbildungen hat sie ordnungsgemäß absolviert.

Mit Ihren Vorgesetzten ist Frau Wilhelms gut zurechtgekommen, im Umgang mit Kolleginnen und Kollegen zeigte sie sich sehr angepasst und zuverlässig.

Frau Wilhelms verlässt unser Unternehmen zum 31. Mai 2020, wir wünschen ihr für ihren weiteren Werdegang alles Gute.

Oberhausen, 30. Mai 2020

Heribert Schuur
Heribert Schuur
Personalleiter

4 Wesen und Stellenwert der menschlichen Arbeit

4.1 Geistige und körperliche Arbeit

Das sollte man wissen

Jeder Arbeitsplatz stellt an den Menschen unterschiedliche Anforderungen. Dabei können wir grundsätzlich zwischen vorwiegend **geistiger Tätigkeit** und vorwiegend **körperlicher Tätigkeit** unterscheiden.

So üben beispielsweise der Geschäftsführer Moritz Wagner und der Buchhaltungsleiter Florian Peek überwiegend geistige Tätigkeiten aus, während hingegen der Lagerist Peter Bäumer überwiegend körperlich arbeitet. Aber es gibt keine Arbeit, die eine rein geistige oder eine rein körperliche Tätigkeit wäre. Wenn der Buchhalter Florian Peek eine überwiegend geistige Tätigkeit verrichtet, so muss er doch auch z. B. Belege sortieren und Aktenordner bewegen, also geringfügig körperlich arbeiten. Umgekehrt muss der Lagerist Peter Bäumer, der überwiegend z. B. Kartons ein- und auspackt, beschriftet und stapelt, natürlich auch z. B. den Lagerbestand überwachen, das heißt in geringerem Umfang geistig arbeiten.

Je nach dem Grad der Abhängigkeit unterscheiden wir auch zwischen **selbstständiger** und **nicht selbstständiger** Arbeit. Wer selbstständig arbeitet (z. B. Moritz Wagner), entscheidet selbst darüber, wann und wie lange er arbeiten will. Nicht selbstständige Arbeit (z. B. Florian Peek und Peter Bäumer) ist immer fremdbestimmt, das heißt, eine andere/ein anderer (hier: Moritz Wagner) entscheidet über Art, Umfang und Dauer der Arbeit. Sowohl bei der überwiegend geistigen als auch überwiegend körperlichen Arbeit können wir je nach dem Grad der Weisungsgebundenheit unterscheiden zwischen **leitender** (dispositiver) und **ausführender** (exekutiver) **Tätigkeit**.

Die Einkaufsleiterin Sabine Hauser übt eine leitende (dispositive) Tätigkeit aus und die ihr unterstellten Mitarbeiter, der Auszubildende Bastian Lenz und der Praktikant Andreas Zimmer, üben ausführende (exekutive) Tätigkeiten aus. Die leitende Tätigkeit ist mit einem gewissen Ermessensbereich und einem Verantwortungsspielraum ausgestattet, in dem man planen, organisieren und beaufsichtigen kann. Leitende Tätigkeiten werden von Frauen und Männern gleichermaßen ausgeführt. Es ist nicht so, dass Männer, nur weil sie häufiger in Führungspositionen zu finden sind, dafür mehr prädestiniert wären. Dies hat vielschichtigere Gründe.

Schöpferisch (kreativ) tätig ist derjenige, der es – unabhängig davon, ob er selbstständig oder nicht selbstständig arbeitet – versteht, den Produktionsprozess organisatorisch oder technisch zu verbessern. Gemeint sind z. B. Verbesserungsvorschläge von Mitarbeitenden, die den Arbeitsablauf beschleunigen und Kosten einsparen.

4.2 Gelernte, angelernte und ungelernte Arbeit

Das sollte man wissen

Bei der ausführenden Arbeit lässt es sich auch noch zwischen **gelernter, angelernter** und **ungelernter** Arbeit unterscheiden. Gelernte Arbeit ist dadurch gekennzeichnet, dass sie erst nach einer geregelten Ausbildungszeit, die grundsätzlich mit einer Abschlussprüfung endet, vollgültig ausgeführt werden kann (z. B. kaufmännische, gewerbliche oder technische Ausbildung – vgl. Bastian Lenz). Im gewerblichen Bereich wird sie auch als Facharbeit bezeichnet. Arbeitnehmende, der nur angelernt wurden, verrichten eine Tätigkeit, in die sie verhältnismäßig kurz, also in wenigen Wochen oder Monaten, eingewiesen worden sind (vgl. Praktikant Andreas Zimmer). Auch der mögliche Tätigkeitsbereich ist, verglichen mit dem der Facharbeiterin bzw. des Facharbeiters oder gelernten Angestellten, enger begrenzt.

Beispiele

- **Gelernte Arbeit:** Bastian Lenz nach bestandener Kaufmannsgehilfenprüfung
- **Angelernte Arbeit:** Andreas Zimmer nach Ende des Praktikums
- **Ungelernte Arbeit:** Fritz Müller, Hilfsarbeiter im Lager

Eine Tätigkeit, für die weder eine Ausbildungs- noch eine Anlernzeit erforderlich ist, gilt als ungelernte Arbeit (vgl. Lagerhilfsarbeiter Fritz Müller). Bei Rückschlägen in der Wirtschaft, den sogenannten Rezessionen, laufen ungelernte Arbeitskräfte frühzeitig Gefahr, ihren Arbeitsplatz zu verlieren und so schnell keinen neuen mehr zu finden. So würde der Lagerhilfsarbeiter Fritz Müller sicher sofort entlassen, wenn es dem Unternehmen schlechter geht. Aufgrund seiner fehlenden Qualifikation würde er auch anderswo wahrscheinlich nicht mehr gebraucht werden.

Merke:
Rezession =
Rückgang der Konjunktur

Vielfach kann die oder der Ungelernte aber auch durch technische Geräte ersetzt werden und so den Arbeitsplatz verlieren. Falls nämlich die Firma Mediaworld e. K. zur Vereinfachung der Arbeitsabläufe für das Lager einen Gabelstapler anschafft, können auch die Lageristinnen und Lageristen diese Arbeiten mit übernehmen, die vorher der Hilfsarbeiter verrichtete.

Aber auch die oder der Angelernte (in unserem Beispiel der Praktikant Andreas Zimmer) ist – wenn es der Wirtschaft schlechter geht – aufgrund seiner geringen Qualifikation leicht zu entbehren. Auch er findet kaum in anderen Unternehmen eine Beschäftigung, es sei denn, diese suchten gerade eine „billige Arbeitskraft“, was aber sicher auch nicht hilfreich wäre.

4.3 Lebenslanges Lernen/Mobilität

Das sollte man wissen

Ungelernte und Angelernte stellen die größte Zahl der Arbeitslosen. Es lohnt sich daher, wie Bastian Lenz eine Ausbildung zu machen, und zwar mit dem Ziel, nach bestandener Prüfung eine gelernte Arbeit auszuführen. Das sichert den Arbeitsplatz und erhöht auf Dauer die Arbeitsfreude, da man in immer verantwortlichere Aufgaben hineinwächst. Eine stetige Weiterbildung ist eine wichtige Voraussetzung hierfür.

Für junge Leute gilt insbesondere: Wenig oder schlecht ausgebildete Arbeitskräfte sind in einer Rezession am stärksten von Arbeitslosigkeit bedroht. Ihre Mobilität, das heißt die Möglichkeit, in andere Arbeitsstellen überzuwechseln, ist gering. Um die Mobilitätsfähigkeit und auch die Mobilitätsneigung zu erhöhen, ist am 01. September 1971 das **Bundesausbildungsförderungsgesetz** (BAFöG) in Kraft getreten, das jedoch inzwischen in wesentlichen Teilen geändert worden ist. Es geht auch nach den Änderungen von dem Grundgedanken aus, dass ausbildungsfähige und ausbildungswillige junge Menschen finanziell unterstützt werden sollen, wenn Ehegattin/Ehegatte und die Eltern nicht in der Lage sind, die Kosten für eine angemessene Ausbildung zu tragen. Auf eine solche Förderung, die als nicht zurückzuzahlender Zuschuss oder als zinsloses Darlehen geleistet wird, besteht im Rahmen der gesetzlichen Bestimmungen ein Rechtsanspruch.

Örtlich ist das Amt für Ausbildungsförderung zuständig, in dessen Bezirk die Eltern bzw. der noch lebende Elternteil der oder des Auszubildenden ihren ständigen Wohnsitz haben. Abweichend davon ist in bestimmten Fällen das Amt für Ausbildungsförderung, in dessen Bezirk die oder der Auszubildende ihren oder seinen ständigen Wohnsitz hat, zuständig.

Diese Ämter stellen auf Anforderung Merkblätter mit den jeweils gültigen Vorschriften und Antragsformularen zur Verfügung. Außerdem besteht die Möglichkeit, sich dort beraten zu lassen.

Im Internet finden Sie Informationen zum BAföG unter **www.das-neue-bafoeg.de.** Dies ist eine Website des Bundesministeriums für Bildung und Forschung.

Das ist zu tun

1. Ordnen Sie die Tätigkeiten Ihrer Familienmitglieder den unter 4.2 beschriebenen Formen der Arbeit zu und begründen Sie kurz Ihre Entscheidung.
2. Finden Sie Gründe heraus, warum Frauen als Führungspersönlichkeiten sehr erfolgreich sind und sein können. Rufen Sie dazu im Internet ein Unternehmerinnen-Netzwerk auf und recherchieren Sie dort die Profile.

4.4 Vermeidung persönlich verschuldeter Arbeitslosigkeit

Das ist geschehen

Unterstellen wir einmal, dass Sie Ihren Ausbildungs- oder Arbeitsplatz nicht deswegen verlieren wollen, weil Sie unehrlich sind oder sich mit Ihren Kolleginnen/Kollegen nicht verstehen.

Neben diesen offensichtlich persönlich verschuldeten Gründen für eine mögliche Arbeitslosigkeit wiegt der Grund der Vernachlässigung der Weiterbildung ebenfalls sehr schwer.

Sicherlich haben Sie sich bei Ihren Überlegungen auch schon einmal Gedanken darüber gemacht, welche Anforderungen ein Ausbildungsbetrieb z. B. im Dienstleistungsbereich an seine Bewerberinnen und Bewerber stellt … oder?

Das ist zu tun

Schreiben Sie einfach alles auf, was Ihnen zu diesen Anforderungen einfällt, und versuchen Sie, die Einfälle zu sortieren: z. B. nach Fähigkeiten, nach dem Äußeren usw.

In einem Dienstleistungsunternehmen werden u. a. folgende Erwartungen an die Mitarbeitenden gestellt:

Das sollte man wissen

- Kommunikationsfähigkeit, gute sprachliche Ausdrucksweise (sowohl bei persönlichen Gesprächen als auch am Telefon)
- gute Umgangsformen
- gepflegtes Äußeres
- Freundlichkeit
- Teamfähigkeit und die Bereitschaft, sich einzuordnen
- Sorgfaltspflicht
- Zuverlässigkeit
- Diskretion: Firmendaten dürfen nicht nach außen getragen werden (es geht um Kundinnen/Kunden und deren Daten sowie um Firmenzahlen)
- Belastbarkeit
- Lernfähigkeit

Aber auch das Berufskolleg, das im Rahmen der dualen Ausbildung besucht werden muss, hat bestimmte Erwartungen. Neben der Tätigkeit im Unternehmen wird ein regelmäßiger Unterrichtsbesuch erwartet, in dem beständige Leistungen erbracht werden. Der Unterrichtsstoff muss vor- und nachbereitet werden und man sollte erlerntes Wissen in praktische Situationen transformieren können.

Bereitschaft zu selbstständiger Arbeit, Kommunikationsfähigkeit, Engagement im Unterricht und Teamfähigkeit bei Gruppenarbeiten sind auch in der Schule wichtige und unerlässliche Eigenschaften.

4.5 Teilnahme an Qualifizierungsmaßnahmen

Das sollte man wissen

Wenn man erst einmal angestellt ist und gern im Team mit den Kolleginnen und Kollegen arbeitet, sollte man dennoch immer daran denken, möglicher Arbeitslosigkeit durch Qualifizierungsmaßnahmen zu entgehen.

Dabei geht es einerseits um die vielen Möglichkeiten, sich im betriebswirtschaftlichen Bereich weiterzubilden (Fachwirt/-in, Betriebswirt/-in, Bachelor usw.), und andererseits auch darum, sich für den globalisierten Arbeitsmarkt zu qualifizieren, indem man internationale Betriebswirtschaft oder Fremdsprachen studiert. Deutsch und Englisch werden mittlerweile bei uns als „vorhanden" unterstellt, sodass es im Rahmen der Globalisierung eher um eine weitere Fremdsprache geht (denken Sie z. B. auch an Chinesisch, Russisch, Japanisch).

Aufgaben

Aufgaben zur Wiederholung

1. Nennen Sie die Arten der ausführenden Arbeit und suchen Sie jeweils Beispiele dazu.
2. Nennen Sie mindestens sechs Erwartungen, die ein Dienstleistungsunternehmen an Bewerber/-innen stellt.

3. Definieren Sie den Begriff „Lohn“ im volkswirtschaftlichen Sinne und gehen Sie kurz auf die einzelnen Lohnformen ein.
4. Erläutern Sie, warum man an Qualifizierungsmaßnahmen teilnehmen sollte.
5. Informieren Sie sich im Internet (z. B. **www.wirtschaftslexikon.de**) über die folgenden Begriffe:
   - ungelernte Arbeiter/-innen
   - angelernte Arbeiter/-innen
   - gelernte Arbeiter/-innen
   - hoch qualifizierte Arbeiter/-innen

   Ordnen Sie in den folgenden Fällen die Art der sinnvollerweise einzusetzenden (Mit-)Arbeitenden zu:

   a) Für einen Dachdeckerbetrieb wird ein Handlanger benötigt.
   b) Eine Verkaufssachbearbeiterin wird benötigt.
   c) Die Stabsstelle „EDV des Unternehmens“ ist zu besetzen.
   d) In einem Großhandelsunternehmen wird jemand gesucht, der den Kopierer und das Faxgerät bedient.

5 Aspekte der regionalen und nationalen Erwerbs- und Arbeitsmarktstruktur

Das sollte man wissen

Merke:

Mit **Beschäftigungsgrad** bezeichnet man die Höhe der Auslastung der Produktionsfaktoren in einer Volkswirtschaft.

Merke:

Man spricht in der Bundesrepublik Deutschland von **Vollbeschäftigung,** wenn nicht mehr als 1,5 % bis 2 % der unselbstständigen Erwerbstätigen ohne Arbeit sind.

Die Produktionsfaktoren (→ LF 10) können in einer Volkswirtschaft unterschiedlich ausgelastet sein.

Der **Beschäftigungsgrad** ist abhängig vom Verhältnis zwischen Angebot von und Nachfrage nach den Produktionsfaktoren. So ist z. B. die Nachfrage nach dem Produktionsfaktor Boden in der Innenstadt sehr groß und am Stadtrand eher gering. Die Auslastung des Produktionsfaktors Boden ist entsprechend in den Innenstädten sehr hoch; man baut nicht nur ebenerdig, sondern in vielen Fällen 10, 20 oder mehr Stockwerke hoch.

Beim Produktionsfaktor Kapital kann man beobachten, dass normalerweise bei günstigen Zinsen die Nachfrage nach Kapital sehr groß ist, also viel in Maschinen usw. investiert wird. Falls in einem Land fast alles automatisiert abläuft, ist die Auslastung des Produktionsfaktors Kapital enorm hoch.

Beim Produktionsfaktor Arbeit gibt es einige Besonderheiten zu beachten. Der Faktor Arbeit gilt als der „menschlichste Produktionsfaktor“. Aus diesem Grund werden in der Meinung der Öffentlichkeit alle Probleme, die die Auslastung der Produktionsfaktoren betreffen, zunächst und überwiegend auf den Produktionsfaktor Arbeit bezogen.

5.1 Vollbeschäftigung

Man spricht auch von Vollbeschäftigung, wenn die Zahl der Arbeitslosen der Zahl der offenen Stellen entspricht. Da in einer Volkswirtschaft saisonale und friktionelle Arbeitslosigkeit (→ Kapitel 6.1 in Lernfeld 8) nicht zu vermeiden sind, wird die Arbeitslosenquote kaum 0 % erreichen können.

Das sollte man wissen

5.2 Über- und Unterbeschäftigung

Bei Überbeschäftigung liegt die Zahl der offenen Stellen grundsätzlich beträchtlich über der Zahl der Arbeitssuchenden. Eine solche Situation hatten wir in der Bundesrepublik Deutschland z. B. in den Jahren vor 1968 und von 1969 bis 1973, wo teilweise in den Sommermonaten eine arbeitssuchende Kraft auf neun offene Stellen kam. Dadurch, dass die Nachfrage nach dem Faktor Arbeit auf unserem Arbeitsmarkt nicht zu decken war, wurden Arbeitskräfte, die sogenannten Gastarbeiter/-innen, aus anderen Volkswirtschaften „importiert".

Das sollte man wissen

Merke:

Überbeschäftigung herrscht, wenn die Arbeitslosenquote unter 1 % sinkt.

Der Höhepunkt war 1973 mit fast 2,6 Millionen ausländischen Arbeitnehmenden erreicht. Die Zahl der in Deutschland lebenden Ausländer/-innen beträgt inzwischen ca. 10,4 Millionen. Wo diese in Deutschland leben, zeigt das folgende Schaubild.

Ausländische Bevölkerung in Deutschland am 31.12.2022
insgesamt: 13 383 910 Personen, nach Bundesländern und Anteilen in Prozent

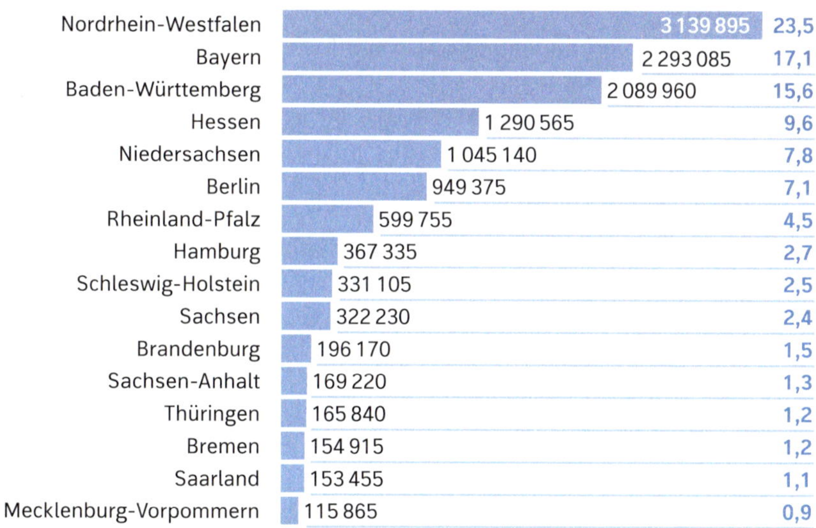

Quelle: Statistisches Bundesamt (Destatis), 2024; Ausländerzählregister

Nach dem ersten Ölpreisschock Ende 1973 änderte sich die Situation schlagartig. Seitdem hatten wir im günstigsten Fall eine offene Stelle auf drei Arbeitssuchende. In diesem Fall spricht man von Unterbeschäftigung.

Merke:

Unterbeschäftigung liegt dann vor, wenn die Zahl der unselbstständig Erwerbstätigen ohne Arbeit über 2 % liegt. In einer solchen Volkswirtschaft herrscht Arbeitslosigkeit.

Aufgaben

Aufgabe zur Wiederholung

Welche Beschäftigungsgrade kennen Sie? Wodurch sind die unterschiedlichen Beschäftigungsgrade gekennzeichnet?

6 Formen, Arten und Ursachen der Arbeitslosigkeit

Das sollte man wissen

Seit der Hartz-IV-Reform (am 1. Januar 2005) gilt in Deutschland eine Arbeitnehmerin oder ein Arbeitnehmer als arbeitslos, wenn sie oder er zwar arbeitsfähig und arbeitswillig ist, aber dennoch kein Beschäftigungsverhältnis findet.

Für die Statistik ist folglich eine Person erst dann arbeitslos, wenn sie bei der Agentur für Arbeit als arbeitssuchend gemeldet ist.

6.1 Saisonale und friktionelle Arbeitslosigkeit

Es kann verschiedene Gründe für die Arbeitslosigkeit geben. Am bekanntesten ist die **saisonale Arbeitslosigkeit**. Sie wird z. B. in der Landwirtschaft oder im Baugewerbe durch die sich im Wechsel der Jahreszeiten ändernde Witterung verursacht. Menschen, die beispielsweise auf dem Bau tätig sind, können bei strengem Frost auf Außenbaustellen nicht arbeiten und werden oftmals für die Dauer der Frostperiode entlassen. Da die Frostperiode den ganzen Winter andauern kann, spricht man hier von Arbeitslosigkeit für die Dauer der Wintersaison oder einfach von saisonaler Arbeitslosigkeit. Sie ist in der Regel, ebenso wie die **friktionelle Arbeitslosigkeit**, nicht von langer Dauer.

Friktion heißt Reibung. Dies soll andeuten, dass die Arbeitslosigkeit durch Reibungsverluste im Wirtschaftsprozess einer Volkswirtschaft verursacht wird. Reibungen (Friktionen) im Wirtschaftsprozess sind z. B. Insolvenzen, das heißt Firmenschließungen aufgrund von Kapitalmangel oder Arbeitsaufträgen. Meistens findet sich dann aber ein Unternehmen, das die in Not geratene Firma aufkauft und die kurzzeitig entlassenen Mitarbeitenden eventuell wieder einstellt.

Merke:

Arbeitslos ist eine Person, die nicht in einem Arbeitsverhältnis steht, obwohl sie arbeitsfähig und arbeitswillig ist.

Arbeitskräfte werden freigesetzt durch Betriebsstilllegungen, Betriebsschrumpfungen, aber auch durch Veränderungen der Produktionstechnik oder durch eigene Kündigung, weil man etwa den Wunsch hat, sich zu verändern. Diese Arbeitskräfte finden meistens nach kurzer Zeit wieder einen neuen Arbeitsplatz, für den sie geeignet sind oder den sie sich gewünscht haben.

6.2 Technologische und strukturelle Arbeitslosigkeit

Das sollte man wissen

Für die durch Veränderung der Produktionstechnik, der Technologie, bedingte Arbeitslosigkeit findet man zuweilen zusätzlich auch den Ausdruck **technologi-**

sche Arbeitslosigkeit. Gemeint ist die „Verdrängung" von menschlicher Arbeitskraft durch Halb- oder Vollautomaten.

Beispiel

Mussten früher in einer Brauerei Hunderte von Arbeitskräften die Flaschen in die Kästen sortieren, so wird diese Arbeit heute durch wenige Vollautomaten erledigt, die bestenfalls von einer Arbeitskraft überwacht werden.

Eine Arbeitslosigkeit, die in bestimmten ungünstig gelegenen Regionen, in den fünf neuen Bundesländern – entlang der Grenze zur ehemaligen DDR – oder in einzelnen Wirtschaftszweigen auftritt, nennt man **strukturelle Arbeitslosigkeit**.

Strukturelle Arbeitslosigkeit liegt auch vor, wenn einzelne Wirtschaftszweige einbrechen bzw. wegfallen, beispielsweise in der Textilindustrie (bedingt durch die starke fernöstliche Konkurrenz) oder im Kohlebergbau. Da Kohle, die aus Überseegebieten hierher transportiert wird, immer noch preiswerter ist (einschließlich der Transportkosten) als die ehemals in Deutschland selbst geförderte Kohle, sind mittlerweile bei uns alle Steinkohlezechen geschlossen worden.

Als Antwort auf die Strukturkrise im Ruhrgebiet hatte man z. B. das Opel-Werk in Bochum gebaut, das für einige Jahrzehnte denjenigen, die ihre Arbeit in Kohleunternehmen verloren hatten, eine riesige Zahl an Arbeitsplätzen bot.

Mittlerweile hat die Strukturkrise auch diesen Produktionszweig erreicht. In den osteuropäischen Nachbarländern kann billiger produziert werden als bei uns. So entstand eine neue strukturell bedingte Arbeitslosigkeit (z. B. Entlassungen bei Opel in Bochum wegen der Werksschließung).

6.3 Konjunkturelle Arbeitslosigkeit

Wird die Arbeitslosigkeit jedoch durch eine schlechte Lage der gesamten Wirtschaft eines Landes verursacht, bezeichnet man sie als **konjunkturelle Arbeitslosigkeit**. Diese kann unter Umständen jahrelang dauern.

In Deutschland gibt es Wirtschaftsbereiche, denen es schlecht geht, und solche, denen es sehr gut geht. Dies führt dazu, dass es einerseits viele Arbeitslose gibt und andererseits viele Menschen, die überbeschäftigt sind (Überstunden machen). Hier einen Ausgleich zu schaffen, ist das Problem der nächsten Jahre.

Eine der Folgen der Arbeitslosigkeit ist z. B. das Anwachsen der Anzahl der Person, die Sozialleistungen wie Bürgergeld oder Sozialhilfe benötigen.

In Deutschland waren vor der Coronakrise im Februar 2020 ca. 2,4 Mio. Arbeitslose registriert.

Das ist zu tun

1. Aus welchen Gründen sind Menschen arbeitslos oder können es werden?
2. Kann die registrierte Zahl von Arbeitslosen eigentlich stimmen? Halten Sie Ihre Antworten zu beiden Fragen schriftlich fest und tauschen Sie diese dann im Rahmen von Partnerarbeit untereinander aus.

Merke:

Qualifizierungsmaßnahmen sind Maßnahmen, in denen die Teilnehmenden von nicht mehr aktuellen Berufen auf heute dringend benötigte Berufe umgeschult werden.

Die von der Bundesagentur für Arbeit (BA) jeden Monat gemeldete Zahl ist nicht so genau, wie sie zu sein scheint, da darin Teilnehmende an einer Qualifizierungsmaßnahme enthalten sind, obwohl sie eigentlich nach Abschluss der Maßnahme einen Arbeitsplatz suchen. Auf der anderen Seite werden diejenigen, die nur ein paar Stunden in der Woche arbeiten, als arbeitslos registriert, obwohl sie ja eine Stelle haben. Dadurch wird nicht nur die Aussagekraft der BA-Statistik infrage gestellt, sondern auch der Vergleich mit den Daten anderer Länder schwierig.

Die Bundesregierung hat deshalb im Jahr 2004 beschlossen, neben dem Zahlenwerk der Bundesagentur für Arbeit eine Zusatzstatistik nach internationalen Standards einzuführen, und zwar nach dem Standard der Internationalen Arbeitsorganisation (ILO) der Vereinten Nationen. Nach den **ILO-Kriterien** gelten diejenigen Personen als arbeitslos, die weniger als eine Stunde in der Woche beschäftigt sind. Für die BA liegt die Grenze bei 15 Stunden in der Woche. Außerdem muss man aktiv nach einer Stelle suchen, um nach der internationalen Zählweise als arbeitslos zu gelten, und man muss bereit sein, die Stelle innerhalb von zwei Wochen anzutreten. Diese beiden Kriterien spielen für die BA-Statistik nur indirekt eine Rolle. Nach den Plänen der Bundesregierung soll für das neue Zahlenwerk in Zukunft nicht mehr die Bundesagentur für Arbeit, sondern das Statistische Bundesamt zuständig sein.

Nimmt man alle Argumente zusammen, so kann man letztendlich zwei Arten von Arbeitslosigkeit unterscheiden, denen dann die übrigen unterzuordnen sind:

6.4 Subjektive Arbeitslosigkeit

Subjektive Arbeitslosigkeit (in der Person der Arbeitnehmerin oder des Arbeitnehmers begründet)	
persönlich verschuldete	(z. B. Unehrlichkeit, Unverträglichkeit, Vernachlässigung der Weiterbildung)
persönlich unverschuldete	(z. B. lange Krankheit, Unfall)

6.5 Objektive Arbeitslosigkeit

Objektive Arbeitslosigkeit (beruht auf einem örtlich oder sachlich bedingten Mangel an Arbeitsgelegenheit)	
technologische	(z. B. Automatisierung)
saisonale	(z. B. im Winter bei Bau- und Landwirtschaft)
strukturelle	(z. B. Umstellung von Gas auf Wind- oder Sonnenenergie)
konjunkturelle	(z. B. Krisenzeiten)
friktionelle	(z. B. bei Betriebsauflösung; Friktion = Reibung → also Betriebe, die im Wirtschaftsprozess aufgerieben wurden [Insolvenz])

In unserem Wirtschaftssystem, der sozialen Marktwirtschaft, wird der Einsatz der Arbeitskräfte über den **Arbeitsmarkt** frei geregelt. (Vor Missbrauch schützen z. B. die Tarifverträge.) Eine Vermittlungsfunktion übernehmen die Arbeitsagenturen und die Anzeigenteile großer Tages- und Wochenzeitungen.

Wenn dieses System kurzfristig unzureichend funktioniert, kann der Staat mit marktgemäßen Mitteln eingreifen, indem er beispielsweise bei Unterbeschäftigung verstärkt Arbeitskräfte für eigene Vorhaben anwirbt.

So kann der Staat – wenn es z. B. viele arbeitslose Bauarbeiter/-innen gibt – neue Straßen oder Schulen bauen lassen, um den Arbeitsmarkt zu entlasten.

In der Bundesrepublik Deutschland, in der bis Anfang der 1970er-Jahre Überbeschäftigung herrschte, das heißt, unsere Volkswirtschaft neben ihren eigenen Arbeitnehmenden über zwei Millionen ausländische Arbeitskräfte beschäftigte, sind inzwischen Arbeitslosigkeit und Kurzarbeit in beträchtlichem Umfang zu verzeichnen.

Aufgaben

Aufgaben zur Wiederholung

1. Definieren Sie den Begriff „Arbeitslosigkeit" und erklären Sie in diesem Zusammenhang, warum nicht jede oder jeder ohne Arbeit als arbeitslos gilt.
2. Worin unterscheiden sich die ILO-Kriterien von der Zählweise der Bundesagentur für Arbeit?
3. Welche Arten von Arbeitslosigkeit kann man unterscheiden? Suchen Sie Beispiele für Ihre Antworten.

7 Ausgewählte Maßnahmen des Staates zur Überwindung von Arbeitslosigkeit

Das sollte man wissen

Neben dem Staat und den Trägern der Sozialversicherung beeinflussen auch Gewerkschaften und Arbeitgeberverbände die Arbeitsmarktpolitik.

Die Arbeitsmarktpolitik umfasst aktive Maßnahmen (vgl. die folgende Grafik), um Arbeitsangebot, also die Bereitstellung von Arbeitsplätzen durch Wirtschaft und Verwaltung, und Arbeitsnachfrage, z. B. Suchanfragen der Arbeitslosen und derjenigen, die sich verändern möchten, auf dem Arbeitsmarkt zu regeln. Dabei beeinflusst die Arbeitsmarktpolitik bezüglich der Menge (quantitativ) und bezüglich der Qualität (qualitativ) die zur Verfügung stehenden Erwerbspersonen hinsichtlich ihres Nutzens für den Arbeitsmarkt. Weiterhin gestaltet sie auch die Arbeitsbedingungen. Durch passive Maßnahmen sollen die von der Arbeitslosigkeit Betroffenen finanziell unterstützt werden. Träger der Maßnahmen sind das Bundesministerium für Arbeit und Soziales und die Bundesagentur für Arbeit in Nürnberg mit den Regionaldirektionen und Arbeitsagenturen. Die vielen verschiedenen Maßnahmen sind in der folgenden Übersicht zusammengestellt.

Merke:

Die **Arbeitsmarktpolitik** befasst sich mit den Bemühungen um einen hohen Beschäftigungsstand bzw. eine möglichst zufriedenstellende Lage auf dem Arbeitsmarkt.

7.1 Aktive arbeitspolitische Maßnahmen

Aktive Maßnahmen der Arbeitsmarktpolitik

Auf Arbeitsmarktausgleich gerichtete Maßnahmen	Auf Arbeitsplatz- und Arbeitskräfteangebot gerichtete Maßnahmen	Maßnahmen zur Gestaltung der Arbeitsbedingungen
• Arbeitsvermittlung • Berufsberatung • Umschulungsmaßnahmen • Einarbeitungszuschüsse • Zumutbarkeitsregelungen	• Arbeitsbeschaffungsmaßnahmen • Kurzarbeitergeld • Förderung der Frauenerwerbstätigkeit • berufliche Bildungsmaßnahmen	• Arbeitsschutz • Mutterschutz • Jugendschutz • Kündigungsschutz • Arbeitszeitregelung

7.2 Passive arbeitspolitische Maßnahmen

Passive Maßnahmen der Arbeitsmarktpolitik

Lohnersatzleistungen

- Arbeitslosengeld
- Arbeitslosengeld II
- Schlechtwettergeld

Der Arbeitsmarkt ist grundsätzlich nicht unmittelbar vergleichbar mit den anderen Märkten (Gütermarkt, Boden- und Kreditmarkt), da auf ihm keine „Ware" im üblichen Sinne gehandelt wird. Die Arbeitsleistung wird von Menschen angeboten. Für sie gelten andere Gesetzmäßigkeiten; für sie spielen soziale, räumliche oder berufliche Gegebenheiten eine große Rolle. Sie sind aus diesen Gründen in vielen Fällen in ihrer Mobilität eingeschränkt. Hat sich nämlich ein Anbieter von Arbeitsleistungen für eine bestimmte Tätigkeit an einem Arbeitsplatz entschieden, dann ist er auch für eine gewisse Zeit an seine Entscheidungen gebunden.

Informationen und Güter lassen sich heutzutage sehr schnell von einem Punkt der Erde zu einem anderen versenden.

Das ist zu tun

Überlegen Sie, warum dieser schnelle Austausch – den es bei Informationen gibt – nicht auch auf den Austausch von Arbeitskräften übertragbar ist.

Sammeln Sie im Rahmen von Gruppenarbeit schriftlich Argumente und versuchen Sie, diese zu begründen.

Aufgaben

Aufgabe zur Wiederholung

Stellen Sie aktive und passive Maßnahmen der Arbeitsmarktpolitik gegenüber und versuchen Sie eine Zuordnung Ihrer Familienmitglieder sowie Freundinnen und Freunde zu diesen Maßnahmen.

Lernaktion 1

Lernaktionen

Sabine Hauser aus der Abteilung Einkauf der Mediaworld e. K. ist mit ihrer Arbeit unzufrieden. Sie findet die Arbeitsbelastung zu hoch und ihr Einkommen im Verhältnis dazu zu gering. Sie wird von Moritz Wagner zu einem Mitarbeitergespräch gebeten. Als Vertreter der Arbeitnehmenden, aber auch als beschwichtigendes Element, wird der Betriebsrat Karl Herwig ebenfalls zu dem Gespräch gebeten.

Führen Sie das Mitarbeitergespräch als Rollenspiel durch. Nutzen Sie dazu die folgenden Rollenkarten:

Rollenkarte 1: Betriebsrat Karl Herwig, Sachbearbeiter in der Abteilung Verkauf
Sie sind Mitte 45 und Sachbearbeiter im Verkauf der Mediaworld e. K. Als langjähriger Mitarbeiter haben Sie Ihren Arbeitgeber Moritz Wagner als umgänglichen, kooperativen Chef kennengelernt.
Sabine Hauser ist eine Kollegin, die Sie sehr schätzen. Sie können Ihre Unzufriedenheit mit der Arbeitsbelastung verstehen, meinen aber, dass man auch froh sein kann, dass das Unternehmen so viel zu tun hat und dass der Arbeitsplatz dadurch ziemlich sicher ist.
Sie sind offen für neue Wege und machen gerne Vorschläge, um die bestehende Situation zu verbessern.

Rollenkarte 2: Unternehmer Moritz Wagner
Sie sind Mitte 30 und als Unternehmer seit einigen Jahren erfolgreich. Den Erfolg Ihres Unternehmens führen Sie auf Ihren Unternehmergeist, aber auch auf Ihre guten und belastbaren Mitarbeitenden zurück. Sie pflegen einen kooperativen Führungsstil, bei dem Sie Problemen mit Ihren Mitarbeitenden offen entgegengehen.
Die Beschwerden von Sabine Hauser verstehen sie nur zum Teil. Die zunehmende Arbeitsbelastung der letzten Jahre ist durch eine Aufstockung der Mitarbeiterzahl aufgefangen worden. Sie legen die Arbeits- und Ruhezeiten im Sinne Ihrer Mitarbeitenden großzügig aus und gewähren mehr Tarifurlaub, als Ihren Arbeitnehmenden eigentlich zusteht. Gegenüber einer Gehaltserhöhung sind Sie skeptisch, da Sie Sorge haben, dass dies langfristig die Kosten zu sehr steigert und der Erfolg des Unternehmens gefährdet ist.

Rollenkarte 3: Sabine Hauser, Sachbearbeiterin in der Abteilung Einkauf
Sie sind Ende 40 und arbeiten schon seit der Unternehmensgründung in der Mediaworld e. K. Sie haben den Erfolg des Unternehmens mit aufgebaut und haben miterlebt, wie das Unternehmen von Jahr zu Jahr gewachsen ist.
Im Zuge dieses Wachstums ist auch die Arbeitsbelastung für die einzelnen Mitarbeitenden gestiegen. Das Einkommen, so Ihre Meinung, ist aber nicht im gleichen Maße mit angestiegen. Sie wünschen sich von Ihrem Chef, dass er mehr zeigt, wie sehr er Ihre Arbeit schätzt. Dies sollte sich auch in einer angemessenen Gehaltssteigerung bzw. einer angemessenen Entlohnung zeigen.

Lernaktion 2

Im FIDO Warenhaus hat sich die wirtschaftliche Situation in den letzten Monaten dramatisch verschlechtert. Es kommen deutlich weniger Kundinnen und Kunden zum Einkaufen in das Geschäft und die Umsätze sinken entsprechend. Die Unternehmensleitung überlegt sich, dass man auf diese Situation reagieren muss und auch Einsparungen im Personalbereich durchführen sollte. Von sechs Mitarbeitenden im Bereich Multimedia soll eine Person entlassen werden. In dieser Abteilung sind zurzeit die folgenden Personen beschäftigt:

Wilhelm Zeigerer: 44 Jahre alt, seit 18 Jahren im Unternehmen, verheiratet, drei Kinder (8, 14 und 17 Jahre). Die Ehefrau ist nicht berufstätig. Die Leistungen von Herrn Zeigerer werden als zufriedenstellend beurteilt. Monatlicher Bruttoverdienst: 3.000,00 €.

Frida Meier: 27 Jahre alt, verheiratet, ein Kind (3 1/2 Jahre alt). Frau Meier ist nach einer zweijährigen Elternzeit vor einem halben Jahr zurück in den Betrieb gekommen. Seitdem hat sie sich wieder gut in das Team eingefunden, hat ihrem Abteilungsleiter allerdings vor drei Wochen mitgeteilt, dass sie wieder schwanger ist. Monatlicher Bruttoverdienst: 2.650,00 €.

Hanna Walters: 25 Jahre, verheiratet. Sie ist seit drei Jahren im Unternehmen tätig. Ihre Leistungen werden sehr gut beurteilt. Bruttomonatseinkommen 2.700,00 €.

Christian Scheibe: 35 Jahre, zehn Jahre im Unternehmen. Er ist verheiratet und hat ein Kind (11 Jahre). Seine Ehefrau ist berufstätig. In seiner Beurteilung steht, dass sich Christian Scheibe gerne und gut in neue Bereiche einarbeiten kann und sehr gute Warenkenntnisse hat. Monatlicher Bruttoverdienst 2.800,00 €.

Erdal Türkeri: 30 Jahre, seit vier Jahren im FIDO Warenhaus beschäftigt, Mitglied des Betriebsrates. Seine Leistungen sind befriedigend. Herr Türkeri ist ledig und hat keine Kinder. Sein Bruttomonatsverdienst beträgt 2.700,00 €.

Heinz Richard: 61 Jahre alt, seit 38 Jahren im FIDO Warenhaus beschäftigt. In seiner letzten Beurteilung wird angemahnt, dass er nicht mehr bereit ist, sich auf die ständig neuen Anforderungen im Bereich Hi-Fi-Multimedia einzustellen. Herr Richard verdient 3.400,00 € brutto, ist Witwer und lebt allein.

Treffen Sie eine Auswahl, welcher Mitarbeiterin oder welchem Mitarbeiter aus der Abteilung Hi-Fi-Multimedia gekündigt werden soll. Begründen Sie Ihre Entscheidung!

Lernaktion 3

a) Sind die Kündigungen in den folgenden Fällen 1 bis 6 wirksam? Begründen Sie Ihre Meinung!

b) Sind die angegebenen Kündigungstermine – unabhängig von Aufgabenteil a) – richtig berechnet worden?

(1) Paul Kleinenbauer (38 Jahre) arbeitet seit 17 Jahren in einem Industriebetrieb als Angestellter. Am 16. März 20.. erhält er die Kündigung zum 31. August 20.. . Begründet wird die Kündigung mit der anhaltend schwierigen wirtschaftlichen Lage. Der Betriebsrat hat keine Einwände gegen diese Kündigung.

(2) Klaus Kreutzer (19 Jahre) informiert seinen Arbeitgeber am 10. März 20.. über seine Pläne, im Sommer eine einjährige Weltreise anzutreten. Am 13. März 20.. erhält Klaus von seinem Arbeitgeber die Kündigung zum 30. März 20.. aufgrund der schlechten wirtschaftlichen Lage des Unternehmens.

(3) Im Dezember wird ein Lagermitarbeiter auf frischer Tat ertappt, wie er Waren im Wert von 200,00 € aus dem Lager stiehlt. Schon in den Monaten davor waren immer wieder kleine Fehlbestände im Lager aufgefallen. Die Arbeitgeberin kündigt dem Arbeiter fristlos.

(4) Karin Schmidt (34 Jahre), seit sieben Jahren in der Buchhaltung einer Großhandlung beschäftigt, erhält am 12. Dezember 20.. ihre Kündigung zum 15. Februar des Folgejahres. Am gleichen Tag noch informiert sie ihren Arbeitgeber über ihre Schwangerschaft.

(5) Die Auszubildende im zweiten Lehrjahr Petra Schulte (19 Jahre) erhält am 23. März 20.. ihre Kündigung mit der Begründung, dass die Firma sich aufgrund der schlechten Auftragslage nicht in der Lage sieht, sie weiter zu beschäftigen. Als Kündigungstermin wird der 15. April 20.. angegeben.

(6) Ulla Knappe ist Auszubildende und hat in einem Informationsgespräch mit dem Betriebsrat erfahren, dass sie besonderen Kündigungsschutz genießt. Sie nutzt dies als „Narrenfreiheit“ aus und erscheint in den folgenden Tagen und Wochen häufiger unpünktlich zur Arbeit (*„Seit ich arbeite, komme ich morgens immer so schlecht aus dem Bett!“*) und sie geht immer seltener in die Berufsschule (*„Irgendwann muss ich mich ja mal ausruhen!“*). Ihr Arbeitgeber spricht ihr, nachdem er ihr zwei Abmahnungen geschickt hat, die fristlose Kündigung aus.

Lernaktion 4

In Lernaktion 2 musste im FIDO Warenhaus eine Mitarbeiterin bzw. Mitarbeiter aus der Abteilung Hi-Fi-Multimedia entlassen werden, weil aufgrund der sinkenden Umsätze eine Reduzierung der Personalkosten unausweichlich war. Sie haben sich für eine Mitarbeiterin/einen Mitarbeiter entscheiden müssen. Schreiben Sie nun das Kündigungsschreiben an diese Mitarbeiterin/diesen Mitarbeiter.

a) Da ein Briefformular des FIDO-Warenhauses Ihnen nicht vorliegt, müssen Sie dieses zunächst erstellen. Daten zum FIDO-Warenhaus:
Brunnenstraße 18, 50969 Köln
Telefon: 0221 121200-0, Fax: 0221 12120 -1
E-Mail: info@fido-wh.de, Homepage: www.fido-wh.de
Sparkasse Köln-Bonn
IBAN: DE 36 3705 0198 0099 9888 22, BIC: COLSDE33

b) Verfassen Sie das Schreiben in Ihrem Namen als stellvertretende Leiterin oder stellverretender Leiter der Personalabteilung. Die Daten der zu entlassenden Mitarbeiterin oder des zu entlassenden Mitarbeiters sind frei zu wählen und richten sich danach, welche Mitarbeiterin oder welchen Mitarbeiter Sie bei Ihrer Entscheidung ausgewählt haben. Datieren Sie das Schreiben tagesaktuell und achten Sie auf die korrekte Berechnung der Kündigungsfrist.

Anforderungssituation 9.1 Investitions- und Finanzplanung, Investitions- und Finanzierungsentscheidung und -durchführung

1 Liquiditätsplanung

1.1 Privater Haushaltsplan

Das ist geschehen

Florian Peek, der Buchhalter der Mediaworld e. K., und der Praktikant Andreas Zimmer unterhalten sich über das „liebe Geld".

Andreas Zimmer: *„Schon wieder so viel Monat am Ende des Geldes übrig ...!"*

Florian Peek: *„Hast du keine Jobs als Schüler?*

Andreas Zimmer: *„Na klar, Mann! Jede Woche Tankstelle vier Stunden, Zeitungen austragen zwei Stunden, Kellnern im Lokal so ungefähr acht Stunden ..."*

Florian Peek: *„Und wann entspannst du mal oder lernst für deinen Schulabschluss ...?"*

Das ist zu tun

Arbeit mit dem PC

Erstellen Sie mit Andreas Zimmer in Excel eine einfache Einnahmen-Ausgaben-Rechnung. Speichern Sie die Datei als *Haushaltsbuch_Zimmer* in Ihrem Ordner ab. Die Tabelle könnte folgendes Aussehen haben:

	A	B	C	D
1	**Einnahmen und Ausgaben Andreas Zimmer**			
2				
3				
4	**Einnahmen pro Woche**	**Euro**	**Stunden**	**Summe**
5	Tankstelle			
6	Zeitung			
7	Kellner			
8	Trinkgeld			
9				
10	Gesamt			
11				
12	**Durchschnittl. Ausgaben pro Woche**			
13	Auto tanken			
14	Handy prepaid			
15	Ausgehen mit Freunden			
16	Extras/Bekleidung			
17				
18	Gesamt			
19				
20	Differenz			

Andreas arbeitet an der Tankstelle für 8,00 €/Std. Er erhält für das Zeitungaustragen 7,00 €/Std. Als Kellner im Lokal verdient er 5,00 €/Std. Dazu kommt ein Trinkgeld von ca. 25,00 €/Abend.

An Ausgaben hat Andreas Zimmer:

- Steuern und Versicherung Auto (zahlen Eltern)
- Auto tanken 25,00 €
- Handy (Prepaid: 15,00 €)

- Ausgehen mit Freunden 30,00 €
- Extras/Bekleidung 60,00 €

Entwickeln Sie Einsparmöglichkeiten für Andreas Zimmer.

Das sollte man wissen

In einem Privathaushalt gibt es viele Dinge, die bezahlt werden müssen. Auf der anderen Seite kommt natürlich auch „Geld rein", von dem die Ausgaben bestritten werden können. Das folgende Schaubild zeigt beispielhaft einige wesentliche Zahlungsströme im Privathaushalt der Familie von Bastian Lenz:

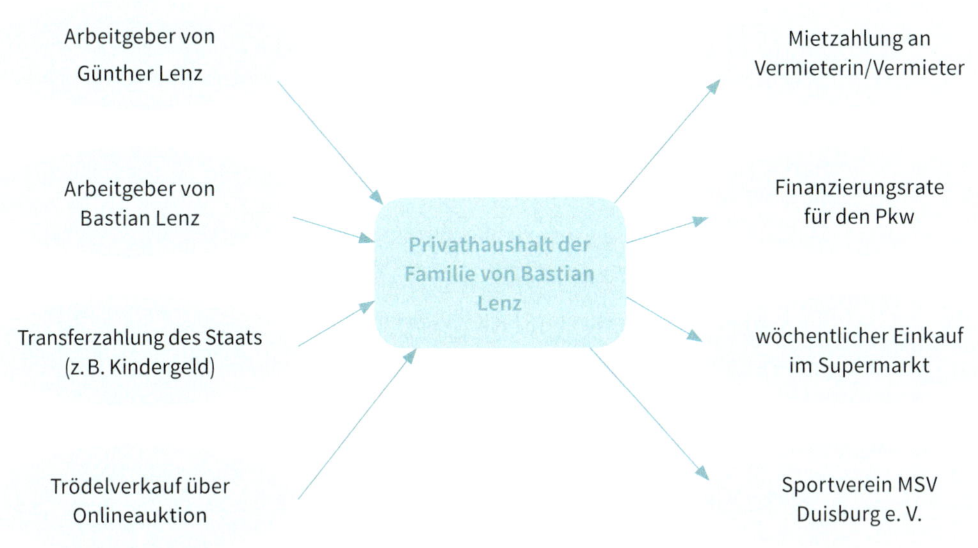

Diese wenigen Zahlungsströme zeigen schon, wie unübersichtlich es sein kann, wenn man alle Zahlungen auf diese Art visualisiert und darstellt.

Es zeigt aber auch, dass das Geld, das auf der linken Seite als Einnahmen in die Haushaltskasse der Familie Lenz hineinkommt, in der Summe die Obergrenze für die Ausgaben darstellt. Mehr Geld, als man einnimmt, kann man nicht ausgeben. Falls man dies doch über eine längere Zeit macht, führt dies unweigerlich zur Zahlungsunfähigkeit (Insolvenz, → Kapitel 4 in diesem Lernfeld).

Damit man den Überblick über die Ausgaben und Einnahmen behält, ist es ratsam, ein **Haushaltsbuch** zu führen. Hinter diesem Begriff verbirgt sich eine einfache Einnahmen-Ausgaben-Aufstellung. Diese kann wie folgt aussehen:

Beispiel

Datum	Text	Einnahmen in €	Ausgaben in €
01.04.20..	Gehalt	1.950,00	
01.04.20..	Kindergeld	184,00	
01.04.20..	Miete		645,00
02.04.20..	Einkauf Supermarkt		107,00
...			

Wie man sieht, werden nicht nur die reinen Zahlen der Einnahmen und Ausgaben notiert, sondern auch kurz die Gründe für die Zahlungen. Hinzu kommt das Datum, damit man die Zahlungen zeitlich zuordnen kann. Führt man diese Liste, also das Haushaltsbuch, bis zum Monatsende konsequent zu Ende, kann man am 30. oder 31. unter die Einnahmen und die Ausgaben einen Strich machen und sehen, wie hoch die Summen sind. Es lässt sich dann auch feststellen, ob man Geld gespart hat oder nicht.

Aufgaben

Aufgaben zur Wiederholung

1. Zeigen Sie, ob es sich bei den folgenden Ausgaben eher um variable Ausgaben (kurzfristig beeinflussbar) oder eher um fixe Ausgaben (kurzfristig nicht beeinflussbar) handelt.
   a) Rate für den Handy-Vertrag
   b) Taschengeld für die Klassenfahrt
   c) Beitrag im Schwimmverein
   d) Feier in der Disco „Stayin' Alive“
   e) Musikdownload des aktuellen Albums von Justin Bieber
   f) Kauf einer Designerjeans
   g) Kreditrate für den VW up!
2. Welche der genannten Ausgaben sind Sonderausgaben, die nicht ständig anfallen?
3. Erstellen Sie ein Haushaltsbuch für Ihre persönlichen Einnahmen und Ausgaben. Führen Sie einen Monat (alternativ: zwei Wochen) das Haushaltsbuch. Sammeln Sie dazu alle Belege und geben Sie Ihre Daten zeitnah ein.

   Beantworten Sie folgende Fragen:
   a) Wofür geben Sie hauptsächlich Ihr Geld aus?
   b) Hatte das bloße Führen des Haushaltsbuchs Auswirkungen auf Ihr Ausgaben- oder Sparverhalten? Wenn ja, welche?

1.2 Liquiditätsplanung in einem Unternehmen

Das ist geschehen

Moritz Wagner versucht einen Überblick über die Zahlungsströme in seinem Unternehmen zu gewinnen. Er möchte dabei nicht nur wissen, ob sein Unternehmen im Moment zahlungsfähig ist, sondern auch, wie es denn im kommenden halben Jahr aussieht. Er trägt die Daten zusammen …

Das ist zu tun

1. Stellen Sie für Moritz Wagner einen Finanzplan für die nächsten sechs Monate auf.
   Verwenden Sie dazu die Excel-Datei *Mediaworld_Finanzplan*.

   Moritz Wagner hat wie folgt geplant:
   Januarumsatz 60.000,00 €, danach monatliche Wachstumsrate von 1,5 %. Das Zahlungsziel der Mediaworld e. K. beträgt durchschnittlich 30 Tage. Daher gehen die Dezemberumsätze von 70.000,00 € (Weihnachtsgeschäft) erst im Januar ein.
   Die Zahlungen an Lieferbetriebe aus dem Dezember belaufen sich auf 25.000,00 €. Kauf von Waren im Januar im Wert von 22.000,00 €. Die geplante Steigerung ist 2,5 % in den folgenden Monaten. Die Lieferbetriebe gewähren ein Zahlungsziel von durchschnittlich 30 Tagen.
   Moritz Wagener hat sonstige Ausgaben in Höhe von 25.000,00 € pro Monat.
   Mit seiner Hausbank hat Moritz Wagner für den Monat April die Tilgung eines Darlehens in Höhe von 20.000,00 € für die Anschaffung eines Kleinlasters vereinbart.
   Für den Monat Juni plant Moritz Wagner den Kauf eines Skoda Roomster als Lieferwagen für die Kurzstrecke. Kaufpreis: 13.500,00 €.

   Alle Zahlungen erfolgen über das Bankkonto. Der eingeräumte Kontokorrentkredit (= verbleibende Überziehungsmöglichkeit des Girokontos) beträgt 40.000,00 €. Kontostand Anfang Januar: Soll 2.000,00 €.

2. Überlegen Sie, von welchen Einflussgrößen die Möglichkeiten der Eröffnung von „Finanzquellen“ abhängt.

Das sollte man wissen

So wie Sie Ihre privaten Tankrechnungen und Handy-Rechnungen rechtzeitig bezahlen sollten, muss auch die Mediaworld e. K. all ihre Rechnungen bei Fälligkeit begleichen können: Die Zahlungsfähigkeit (= Liquidität, Flüssigkeit) der Mediaworld e. K. muss gewährleistet sein.

Die Möglichkeit der Geldgewinnung hängt zunächst einmal von der Rechtsform des Unternehmens ab (Kapitel Rechtsformen). So bringt Moritz Wagner privates Vermögen in sein Unternehmen ein, die Mindesthöhe hängt aber von den betrieblichen Gegebenheiten ab. Dafür hat er als wirklicher „Chef“ das Bestimmungsrecht im Unternehmen.

Auch Investitionen, die außergewöhnlich und/oder groß sind (z. B. der Bau einer neuen Lagerhalle) oder die erst in einiger Zeit anstehen, müssen so frühzeitig geplant werden, dass die hierfür benötigten finanziellen Mittel rechtzeitig in der richtigen Höhe zur Verfügung stehen.

Wichtige Bestimmungsfaktoren für die Finanzplanung sind z. B.

- die Größe des Unternehmens
- die Auslastung der bislang vorhandenen Mittel
- die Kosten- und Absatzentwicklung
- die geplante Kapazitätserweiterung

Der betriebliche **Finanzplan** entspricht dem privaten Haushaltsbuch und ist eine Einnahmen-Ausgaben-Vorschaurechnung. Man unterscheidet kurz-, mittel- und langfristige Finanzpläne.

	Januar	Februar
Einnahmen		
Erlöse		
Einlagen		
Summe der Einnahmen		
Ausgaben		
Wareneinkäufe		
Sonstige Ausgaben		
Darlehenstilgung		
Investition		
Summe der Ausgaben		
Überschuss/Defizit		
Kontokorrentkonto		

Aufgaben

Aufgaben zur Wiederholung

1. Erläutern Sie, welchen Zweck Unternehmen mit dem Aufstellen eines Finanzplanes verfolgen.

2. Vervollständigen Sie den unten stehenden Finanzplan der Mediaworld e. K.

	Oktober	November	Dezember	Gesamtquartal
Einnahmen				
Erlöse	89.250,00 €	102.550,00 €	177.000,00 €	
Einlagen				
Summe der Einnahmen				
Ausgaben				
Wareneinkäufe	45.570,00 €	56.809,00 €	90.304,00 €	
Sonstige Ausgaben	25.500,00 €	25.500,00 €	25.500,00 €	
Zins und Tilgung Bankdarlehen	7.000,00 €	7.000,00 €	7.000,00 €	
Geplante Investition			23.000,00 €	
Summe der Ausgaben				
Überschuss/Defizit				

2 Investitionsentscheidungen treffen

2.1 Standardinvestitionen in Haushalten und Unternehmen

Das ist geschehen

Der Auszubildende der Mediaworld e. K., Bastian Lenz, war heute Morgen mit einem der Firmenwagen beim TÜV. Gefrustet kommt er ins Büro seines Chefs Moritz Wagner.

Moritz Wagner: *„Hallo Bastian! Wie war die Hauptuntersuchung bei unserem alten Schätzchen?“*

Bastian Lenz: *„Oh Mann, Chef, der Wagen ist nicht durch den TÜV gekommen. Jede Menge Mängel! Diesen Monat noch, und dann können wir die Karre stilllegen!“*

Moritz Wagner: *„Das wird teuer … Eigentlich hatte ich gehofft, der alte Lieferwagen tut es noch für zwei Jahre.“*

Bastian Lenz: *„Daraus wird nichts. Schade eigentlich. Neulich war ich nämlich mit dem Wagen von meinem Vater beim TÜV – der hat noch mal die Plakette bekommen! Dafür hat aber am gleichen Abend das Fernsehgerät meiner Eltern den Geist aufgegeben. Das wird auch nicht gerade billig! Und das, wo die sich gerade einen Wintergarten bauen.“*

Das ist zu tun

1. Beschreiben Sie den Grund für die anstehende Investition in der Mediaworld e. K.
2. Ordnen Sie das Beispiel einer der drei Investitionsarten zu.
3. Nennen Sie neben den Kosten für den Neuwagen weitere Kriterien, die für die Entscheidung, welches Auto gekauft wird, eine wichtige Rolle spielen können.
4. Investitionen fallen auch in Privathaushalten an. Listen Sie neben den beiden Beispielen von Bastian Lenz weitere, typische Investitionen in Haushalten auf.

Das sollte man wissen

In der Bilanz eines Unternehmens sieht man, woher das eingesetzte Kapital kommt (Passiva) und wofür es verwendet wurde (Aktiva).

Mittelverwendung ↓ (Aktiva) | Mittelherkunft ↓ (Passiva)

Aktiva	Bilanz		Passiva
I. Anlagevermögen		**I. Eigenkapital**	380.000,00
Gebäude	500.000,00	**II. Fremdkapital**	
Fuhrpark	32.000,00	Darlehen	150 000,00
BGA	13.000,00	Verbindl. a. LL.	21.000,00
II. Umlaufvermögen			
Forderungen	2.000,00		
Kasse	4.000,00		
	551.000,00		551.000,00

In diesem Kapitel liegt das Augenmerk auf der linken Bilanzseite: Beim Thema Investition geht es darum, wofür das vorhandene Geld genutzt wird. Dabei kann in Anlagevermögen oder in Umlaufvermögen investiert werden. Neben den Investitionen in den Warenbestand oder in anderes Umlaufvermögen sind die langfristigen Investitionen ins Anlagevermögen interessant. Häufig geht es hier auch um sehr hohe Summen, sodass besonders gut darüber nachgedacht werden muss, wie die Investitionsentscheidung ausfallen soll.

Die Gründe für das Tätigen einer Investition sind vielfältig:

1. Neugründung des Unternehmens

Bei Unternehmensgründung fallen sehr viele Investitionsentscheidungen gleichzeitig an. Häufig muss so viel Geld investiert werden, dass das eigene Geld nicht reicht und das Unternehmen Fremdkapital aufnehmen muss. Wenn es auch dann noch nicht reicht, muss über Alternativen, wie das Mieten von Räumen oder das Leasen von Anlagevermögen, nachgedacht werden.

2. Austausch von altem Anlagevermögen

Wie im obigen Eingangsbeispiel ist das Anlagevermögen in der Regel einem Verschleiß unterworfen, sodass es nach gewisser Zeit notwendig wird, das alte Anlagevermögen durch Neuanschaffungen auszutauschen.

3. Ausweitung des Unternehmens

Wächst das Unternehmen, fallen Erweiterungsinvestitionen an. Der Fuhrpark muss erweitert werden, es muss eine zusätzliche Lagerhallte gebaut werden usw.

4. Rationalisierung

Werden die Abläufe im Unternehmen verbessert, fallen auch hier häufig Investitionen an. Dies kann sein, wenn man die Produktion effizienter gestaltet oder wenn die Lagerbuchhaltung auf ein neues EDV-System umgestellt wird.

5. Verbesserung des Umweltschutzes

Die zunehmend schärferen gesetzlichen Vorgaben führen dazu, dass Unternehmen in den Umweltschutz investieren müssen. Dies kostet auf der einen Seite Geld, kann aber auch dazu führen, dass man langfristig Kosten spart, etwa wenn Sanierungen zur Energieeffizienz getätigt werden.

Entsprechend unterscheidet man drei wesentliche Investitionsarten:

Ersatzinvestition	**Erweiterungsinvestition**	**Rationalisierungsinvestition**

Die Auswahl des eigentlichen Investitionsobjektes, also welcher Firmenwagen denn nun neu angeschafft wird, welche Maschine für die Produktion oder wie die neue Lagerhalle konstruiert werden wird, hängt im Wesentlichen von den Kosten und dem Gewinn ab, den man sich verspricht.

Allerdings spielen auch noch viele andere Dinge bei der Investitionsentscheidung eine wichtige Rolle. Dazu zählen technische, ökologische und auch soziale Kriterien. Am Beispiel der Ersatzbeschaffung in der Mediaworld e. K. – ein neuer Lieferwagen – ist dies in der folgenden Tabelle kurz dargestellt.

Entscheidungskriterien für die Neuanschaffung eines Lieferwagens in der Mediaworld e. K.		
Technische Kriterien:	*Ökologische Kriterien:*	*Soziale Kriterien:*
• Modell/Baureihe • Benutzerfreundlichkeit • Ausstattung • Ladevolumen • Garantie/Haltbarkeit	• Verbrauch • CO_2-Emission • Langlebigkeit • Recyclingfähigkeit • …	• Handhabbarkeit/Belastung für die Mitarbeitenden • Herstellungsland/-bedingungen • …

Aufgaben

Aufgaben zur Wiederholung

1. Erstellen Sie eine Liste für Investitionen, die in Unternehmen und in Haushalten getätigt werden. Sortieren Sie dabei nach kurz-, mittel- sowie langfristigen Investitionen.
2. Nennen Sie zu jeweils drei der von Ihnen in Aufgabe 1 aufgelisteten Investitionsobjekte in Unternehmen und in Haushalten fünf Kriterien, die bei der Auswahl eine wichtige Rolle spielen.
3. Erläutern Sie, was man unter Rationalisierungsinvestition versteht. Begründen Sie, warum in Unternehmen häufig Rationalisierungsinvestitionen anstehen.

2.2 Wirtschaftliche Bewertung von Investitionen und Investitionsentscheidungen

Das ist geschehen

Einer der Lieferwagen der Mediaworld e. K. muss stillgelegt werden, da er nicht mehr wirtschaftlich zu reparieren ist. Für die Neuanschaffung hat Moritz Wagner seinen Auszubildenden Bastian Lenz beauftragt, drei verschiedene Modelle zur Auswahl herauszusuchen. Alle drei Pkw sind von der Ausstattung her vergleichbar. Insofern konzentriert sich Moritz Wagner auf einen Vergleich der Kosten.

	Alternative 1	Alternative 2	Alternative 3
	VW Koala	**Opel Cool**	**Lada Nova**
Anschaffungskosten	34.500,00 €	31.000,00 €	27.000,00 €
Geplante Nutzungsdauer	6 Jahre	6 Jahre	6 Jahre
Anschaffungskosten bezogen auf einen Monat	???	???	???
Werkstatt-/Wartungskosten je Monat	45,00 €	35,00 €	60,00 €
Betriebskosten je Monat (Diesel, Öl, …)	190,00 €	210,00 €	280,00 €
Steuern, Versicherung, …	80,00 €	85,00 €	90,00 €
Gesamtkosten je Monat	**???**	**???**	**???**

Das ist zu tun

1. Die meisten Kosten, die in obiger Tabelle zusammengestellt sind, beziehen sich jeweils auf einen Monat Nutzung. Ermitteln Sie deshalb zuerst die Anschaffungskosten bezogen auf einen Monat. Beurteilen Sie anhand dieser Anschaffungskosten je Monat, welche kostengünstige Investitionsentscheidung Moritz Wagner treffen sollte.
2. Nun können Sie die Gesamtkosten je Anschaffungsalternative und Monat berechnen. Beurteilen Sie, welcher der drei Pkw nun der kostengünstigste für die Mediaworld e. K. ist.

Das sollte man wissen

Im vorherigen Kapitel wurden schon zahlreiche Kriterien aufgezählt, die bei der Investitionsentscheidung eine wichtige Rolle spielen. Häufig wird die Entscheidung aber doch auf die wirtschaftlichen Kriterien fokussiert. Hier stehen dann die Kosten im Vordergrund.

Die Schwierigkeit besteht darin, die Kosten von verschiedenen Investitionsalternativen vergleichbar zu machen. Auf der einen Seite fallen Kosten für die Anschaffung des Anlagegutes an. Auf der anderen Seite kostet die tägliche Inbetriebnahme des Investitionsobjektes Geld, zum Beispiel Energiekosten oder auch Wartung und Instandhaltung. Am Beispiel der Anschaffung einer Verpackungsmaschine für das Lager der Mediaworld e. K. wird dies im Folgenden verdeutlicht:

Beispiel

Anschaffung einer neuen Verpackungsmaschine. Es stehen zwei alternative Modelle zur Auswahl. Die Kosten je Monat beziehen sich auf eine fest unterstellte Leistung von 800 Packstücken im Monat.

	Alternative 1	Alternative 2
Anschaffungskosten	30.000,00 €	28.000,00 €
Nutzungsdauer	4 Jahre	4 Jahre
Anschaffungskosten bezogen auf einen Monat	625,00 €	583,33 €
Wartungskosten je Monat	75,00 €	120,00 €
Energiekosten je Monat	150,00 €	230,00 €
Verbrauch an Folie je Monat	120,00 €	170,00 €
Gesamtkosten je Monat	**970,00 €**	**1.103,33 €**

Man sieht, dass, wenn man die Anschaffungskosten alleine betrachtet, die Alternative 2 günstiger erscheint. Bezieht man jedoch die laufenden monatlichen Kosten in die Betrachtung mit ein, sieht man, dass diese bei der Verpackungsmaschine 1 so deutlich günstiger sind, dass im Gesamtergebnis die Investitionsalternative 1 die geringeren Kosten hat.

Man kann auch die Kosten je Stück ermitteln, wenn die Stückzahl, die mit der Maschine bearbeitet oder hergestellt werden kann, bekannt ist. Im obigen Beispiel ergibt sich:

Beispiel

	Alternative 1	Alternative 2
Gesamtkosten je Monat	970,00 €	1.103,33 €
Anzahl an Packstücken je Monat	800 Stück	800 Stück
Stückkosten je Packstück	1,21 €	1,38 €

Interessant wird die Betrachtung der Stückkosten, wenn unterschiedliche Mengen bearbeitet oder produziert werden können. Wenn die beiden Maschinen eine unterschiedliche Leistung haben, ergibt sich:

Beispiel

	Alternative 1	Alternative 2
Gesamtkosten je Monat	970,00 €	1.103,33 €
Anzahl an Packstücken je Monat	800 Stück	950 Stück
Stückkosten je Packstück	1,21 €	1,16 €

Aufgrund der hohen Leistung ist nun wieder Alternative 2 günstiger.

Aufgaben

Aufgaben zur Wiederholung

1. Zurück zum Eingangsbeispiel: Berechnen Sie für jeden Pkw die Kosten je Kilometer (€/km), wenn unterstellt wird, dass in den sechs Jahren 80 000 km Gesamtleistung erreicht werden.

2. Bei der Eco-Furn OHG, einem Hersteller von Büromöbeln, muss eine neue Sägemaschine angeschafft werden. Es liegen zwei verschiedene Angebote von Lieferbetrieben vor. Aus kostenrechnerischer Sicht soll ermittelt werden, welches Angebot vorzuziehen ist.

Anschaffung einer Sägemaschine	Angebot 1	Angebot 2
Anschaffungskosten	140.000,00 €	155.000,00 €
Nutzungsdauer	8 Jahre	10 Jahre
Reparatur-/Wartungskosten je Monat	185,00 €	235,00 €
Energiekosten je Monat	140,00 €	170,00 €

a) Berechnen Sie die Anschaffungskosten bezogen auf einen Monat.

b) Ermitteln Sie die monatlichen Gesamtkosten der Anschaffung.

c) Ermitteln Sie die Gesamtkosten für die gesamte Dauer der Nutzung.

d) Treffen Sie aus Kostensicht eine Entscheidung für Angebot 1 oder 2.

3 Finanzierungsmöglichkeiten und -entscheidungen

3.1 Unterscheidung zwischen Eigen- und Fremdfinanzierung

Das ist geschehen

Die Geschäfte der Mediaworld e. K. laufen gut. Eine Erweiterung der Lagerkapazitäten ist dringend erforderlich.

Moritz Wagner hat mit einem Architekturbüro gesprochen und die Kosten eines Lager-anbaus kalkuliert: Insgesamt müssen 70.000,00 € aufgebracht werden, um die Erweiterung des Lagers zu finanzieren. Moritz Wagner überlegt, woher er das Geld bekommen kann.

Das ist zu tun

1. Machen Sie Vorschläge, woher Moritz Wagner das Geld für den Lageranbau bekommen könnte.
2. Erläutern Sie die Begriffe „Eigenfinanzierung“ und „Fremdfinanzierung“.
3. Ordnen Sie Ihre Vorschläge aus Aufgabe 1 den Begriffen „Eigenfinanzierung“ und „Fremdfinanzierung“ zu.

Das sollte man wissen

Unterscheidung zwischen Eigen- und Fremdfinanzierung

Die Begriffe „Eigenfinanzierung“ und „Fremdfinanzierung“ hängen mit den Begriffen „Eigenkapital“ und „Fremdkapital“ zusammen. Die rechte Bilanzseite, die Passivseite, auf der das Eigen- und das Fremdkapital aufgeführt sind, zeigt die Herkunft des Kapitals an, die linke Seite zeigt an, wofür das Kapital verwendet wird:

Mittelverwendung ↓		Mittelherkunft ↓	
Aktiva	**Bilanz**		**Passiva**
I. Anlagevermögen		**I. Eigenkapital**	380.000,00
Gebäude	500.000,00	**II. Fremdkapital**	
Fuhrpark	32.000,00	Darlehen	150.000,00
BGA	13.000,00	Verbindlichkeiten a. LL.	21.000,00
II. Umlaufvermögen			
Forderungen a. LL.	2.000,00		
Kasse	4.000,00		
	551.000,00		551.000,00

Eigenkapital wird von dem Unternehmen und seinen Eigentümerinnen und Eigentümern selbst aufgebracht. Hier besteht zum einen die Möglichkeit, dass ein Gewinn, der erwirtschaftet wurde, nicht an die Eigentümerinnen und Eigentümer bzw. Gesellschafter ausgeschüttet wird, sondern im Unternehmen verbleibt, um damit notwendige Zahlungen zu leisten. Eine **Eigenfinanzierung** besteht aber auch dann, wenn die Eigentümerinnen und Eigentümer ihren Anteil am Unternehmen erhöhen oder wenn ein neuer Gesellschafter in das Unternehmen aufgenommen wird.

Beispiel 1 Moritz Wagner erhöht das Eigenkapital der Mediaworld e. K., indem er aus seinem Privatvermögen 40.000,00 € als Privateinlage auf das Unternehmenskonto einzahlt.

Beispiel 2 Die Meyer und Schneider KG nimmt einen neuen Kommanditisten in das Unternehmen auf. Dieser beteiligt sich mit einer Einlage in Höhe von 100.000,00 €, die als Eigenkapital in der Bilanz der KG erscheint.

Bei einer **Fremdfinanzierung** wird Kapital von „fremden Instanzen“, wie etwa von Banken, Sparkassen oder von Lieferbetrieben, aufgebracht. Diese sind im Gegensatz zu den Gesellschaftern und Eigentümerinnen/Eigentümern, die bei der Eigenfinanzierung herangezogen werden, nicht am Gewinn des Unternehmens beteiligt. Die Kapitalgebenden der Fremdfinanzierung bekommen allerdings Zinszahlungen für die Bereitstellung ihres Kapitals und natürlich haben sie einen Anspruch auf Rückzahlung.

Aktiva	Bilanz		Passiva	
I. Anlagevermögen		**I. Eigenkapital**	**380.000,00**	← **Eigenfinanzierung**
Gebäude	500.000,00	**II. Fremdkapital**		
Fuhrpark	32.000,00	**Darlehen**	**150.000,00**	← **Fremdfinanzierung**
BGA	13.000,00	**Verbindlichkeiten a. LL.**	**21.000,00**	
II. Umlaufvermögen				
Forderungen a. LL.	2.000,00			
Kasse	4.000,00			
	551.000,00		551.000,00	

Die einzelnen Arten der Fremdfinanzierung sind Gegenstand der folgenden Kapitel.

3.2 Kreditarten

Reicht das eigene Geld nicht aus, um Anschaffungen durchzuführen oder um die laufenden Verbindlichkeiten zu bezahlen, muss man auf fremdes Geld zurückgreifen – daher umfasst der Begriff „Fremdfinanzierung“ die Durchführung von Finanzierungsvorhaben mithilfe von fremden Mitteln.

Bei einem Kredit wird der- oder demjenigen, die oder der den Kredit bekommt (Kreditnehmer/-in), fremdes Geld für einen bestimmten Zeitraum überlassen, in der Regel gegen Zahlung eines Entgelts. Das Entgelt, das bei einem Kredit von der Kreditnehmerin oder vom Kreditnehmer an den Kreditgebenden zu zahlen ist, nennt man **Zins.**

Aus Unternehmenssicht sind die wichtigsten Vertragsparteien bei einem Kreditvertrag zum einen die eigenen Lieferbetriebe und zum anderen die Banken. Im ersten Fall spricht man von einem **Lieferantenkredit,** im zweiten Fall spricht man von einem **Bankkredit.** Bankkredite werden je nach Länge der Laufzeit unterschieden in kurzfristige und langfristige Kredite (sogenannte Darlehen).

Die Kreditvergabe ist eine mögliche Einnahmequelle und ein wichtiger Geschäftszweig der Banken. Diese bekommen Geld von den Wirtschaftssubjekten, die sparen möchten, und geben es als Kredit weiter an die Wirtschaftssubjekte, die fremdes Kapital benötigen. Um einen Anreiz zum Sparen zu schaffen, geben die Banken Guthabenzinsen an die Sparerinnen und Sparer, dafür wird von den Kreditnehmern Zins für die Kreditvergabe verlangt (Soll-Zinsen).

Da der Soll-Zinssatz höher ist als der Haben-Zinssatz, können die Banken hierdurch einen Überschuss erwirtschaften. Andersherum ausgedrückt: Die Banken bekommen mehr Geld von den Kreditnehmerinnen und Kreditnehmern, als sie Geld an die Sparerinnen und Sparer zahlen, eben aufgrund der unterschiedlichen Zinssätze.

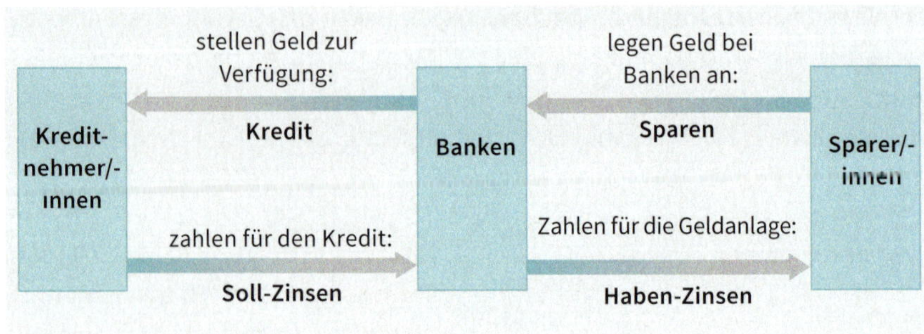

3.2.1 Kontokorrentkredit

Das ist geschehen

Bastian Lenz, der Auszubildende der Mediaworld e. K., hat in der Abteilung Buchhaltung/Verwaltung den folgenden Kontoauszug vorliegen:

Deutsche Bank Duisburg **Kontoauszug** Nr. 134 vom 05.02.20.. Blatt 1

		Soll	Haben
	Alter Kontostand in EUR:		17.233,37
Wert	Buchungstext	Umsätze	
04.02.	Überweisung an Mobil GmbH	64.000,00	
	Ihr neuer Kontostand In EUR:	46.766,63	

Moritz Wagner
Mediaworld e. K.
Krefelder Straße 92
47226 Duisburg

Kontonummer: 123 456 789
Bankleitzahl: 350 700 30
BIC: DEUTDEDE350
IBAN: DE05 3507 0030 0123 4567 89

Das ist zu tun

1. Erläutern Sie, was ein Kontokorrentkonto ist.
2. Wie hoch ist der Kreditspielraum der Mediaworld e. K. bei ihrem Kontokorrentkonto bei der Deutschen Bank?
3. Wie hoch sind die Zinsen für die Mediaworld e. K., wenn der obige Soll-Saldo erst nach Ablauf von 15 Tagen wieder ausgeglichen werden kann und die Deutsche Bank Duisburg einen Zinssatz für Kontokorrentkredite in Höhe von 15,5 % verlangt?

Kontokorrentkredit

Das sollte man wissen

Der Kontokorrentkredit unterscheidet sich vom Lieferantenkredit und vom Bankdarlehen dadurch, dass er laufend gewährt wird und häufiger, das heißt immer wieder, genutzt werden kann. Dies liegt daran, dass der Kontokorrentkredit mit einem **Kontokorrentkonto** verknüpft ist. Ein solches Konto vergeben Banken und Sparkassen nur an Geschäftskunden. Es funktioniert wie ein Girokonto bei Privatkundinnen und -kunden, das heißt, es handelt sich um ein Konto, das ...

- für die laufenden Ein- und Auszahlungen genutzt wird (Rechnungsausgleich der Kundinnen und Kunden, Zahlungen an die Lieferbetriebe),
- ein Guthaben aufweisen kann (dann ist das Konto im „Plus") und
- überzogen werden kann (dann ist das Konto im „Minus" und weist einen „Soll-Betrag" aus).

Die Überziehung des Kontokorrentkontos bedeutet gleichzeitig die Inanspruchnahme des Kontokorrentkredites. Dabei muss das Unternehmen, für das das Konto eingerichtet wird, mit der Bank einen Überziehungsrahmen bzw. ein Limit festlegen, bis zu dem das Konto überzogen werden darf.

Beispiel

Die Mediaworld e. K. hat mit der Deutschen Bank Duisburg vereinbart, dass das Kontokorrentkonto bis zu 50.000,00 € überzogen werden darf.

Dieser Kreditspielraum ist wichtig, damit Unternehmen jederzeit liquide, also zahlungsfähig sind. Wenn zum Beispiel Zahlungen der Kundinnen und Kunden nur zögerlich hereinkommen und dringend Geld benötigt wird, etwa um die Monatslöhne zu bezahlen, nimmt man den Kontokorrentkredit in Anspruch und zahlt die Löhne aus. Sobald wieder Geld (von den Kundinnen und Kunden) auf dem Konto eingeht, kann das Kontokorrentkonto wieder ausgeglichen werden oder vielleicht sogar ein Guthaben aufweisen.

Beispiel Guthabenverlauf auf einem Kontokorrentkonto

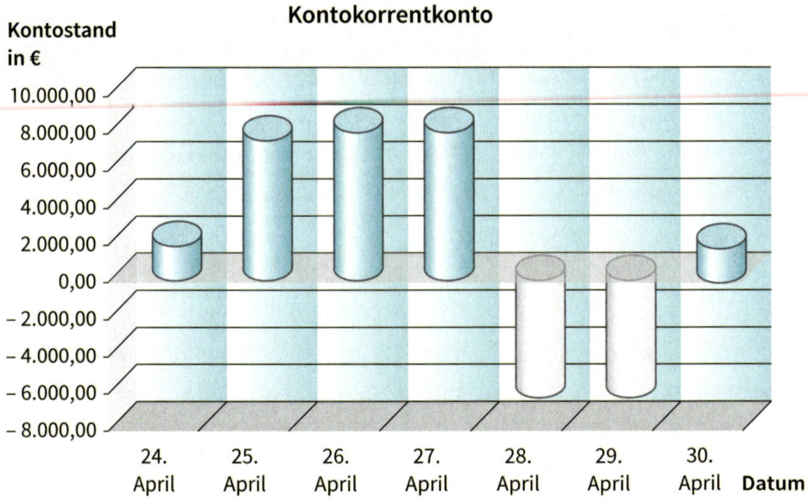

Vom 24.04. bis zum 27.04. hat das vorliegende Kontokorrentkonto ein Guthaben. Am 28.04. sind die Auszahlungen so hoch, dass das Konto einen negativen Saldo ausweist. Dies ändert sich erst zwei Tage später wieder: Am 30.04. sind die Einzahlungen auf diesem Konto so hoch, dass es wieder ein Guthaben zeigt.

Der Kontokorrentkredit ist natürlich nicht kostenlos. Banken und Sparkassen verlangen für die kurzfristige Bereitstellung dieses Kredites einen recht hohen Zinssatz. Dafür wird aber auch manchmal ein Guthabenzins angeboten für die Zeiträume, in denen das Kontokorrentkonto einen positiven Saldo aufweist. Der Guthabenzins ist natürlich nicht so hoch wie der Zinssatz für die Inanspruchnahme des Kredites.

Beispiel Ein Unternehmen hat ein Kontokorrentkonto bei einer Sparkasse. Der Guthabenzinssatz beträgt 2,5 %, der Zinssatz für den Kontokorrentkredit beträgt 14,5 %. Für die Zeit vom 10. bis 21. des Monats weist das Kontokorrentkonto ein Guthaben von 8.000,00 € aus, vom 22. bis 30. des Monats ist das Konto mit 14.000,00 € im Minus.

Guthabenzinsen: 2,5 % für 11 Tage

$$Z = \frac{8.000{,}00 \cdot 2{,}5 \cdot 11}{360 \cdot 100} = 6{,}11\text{€}$$

Soll-Zinsen für 8 Tage

$$Z = \frac{14.000{,}00 \cdot 14{,}5 \cdot 8}{360 \cdot 100} = 45{,}11\text{ €}$$

Zieht man von Soll-Zinsen die Guthabenzinsen ab, verbleiben 39,00 € an Zinsaufwand für das Unternehmen.

Aufgaben

Aufgaben zur Wiederholung

1. Ein Einzelhandelsbetrieb führt bei seiner Hausbank ein Kontokorrentkonto zu 12 % Soll-Zinsen und 2 % Haben-Zinsen. Er muss eine Warenlieferung bezahlen und hierfür sein Kontokorrentkonto um 15.000,00 € für 20 Tage überziehen. Wie teuer ist der Kontokorrentkredit in Euro?

2. Ein Unternehmen hat ein Kontokorrentkonto bei der Commerzbank. Ein Guthaben wird auf diesem Konto mit 1,5 % verzinst, der Zinssatz für die Inanspruchnahme des Kontokorrentkredites beträgt 13 %.
   - Vom Monatsersten bis zum 11. des Monats ist das Kontokorrentkonto mit 25.000,00 € im Soll.
   - Vom 11. bis zum 26. verzeichnet der Händler ein Guthaben von 5.500,00 €.
   - Vom 26. bis zum 30. des Monats ist das Konto um 8.000,00 € überzogen.

   a) Berechnen Sie die Soll- bzw. die Haben-Zinsen der drei Zeitabschnitte.

   b) Ermitteln Sie, wie hoch der Zinsaufwand des Einzelhandelsbetriebs in diesem Monat insgesamt ist.

3. Die Multitask GmbH hat bei der Volksbank ein Kontokorrentkonto. Die Soll-Zinsen betragen 12,5 %, die Haben-Zinsen 1,0 %. Für eine Warenlieferung eines Lieferbetriebes über 10.000,00 € gelten die folgenden Zahlungsbedingungen: zahlbar innerhalb von 40 Tagen netto Kasse oder mit 2,5 % Skonto bei Zahlung innerhalb von 15 Tagen.

   Vergleichen Sie, ob es günstiger ist, den Kontokorrentkredit in Anspruch zu nehmen, um mit dem Geld am Ende der Skontofrist mit Skontoabzug zu zahlen, oder ob die Ausschöpfung des Zahlungsziels günstiger ist:

   a) Der Lieferbetrieb bietet 2,5 % Skonto an. Wie hoch ist die Ersparnis und wie viel Euro muss die Multitask GmbH überweisen, wenn sie Skonto in Anspruch nimmt.

   b) Am Ende der Skontofrist hat die Multitask GmbH allerdings kein Geld, um die Rechnung zu zahlen und Skonto in Anspruch zu nehmen. Daher wird das Kontokorrentkonto überzogen. Berechnen Sie die Zinsen für die Kontoüberziehung von 25 Tagen.

   c) Ziehen Sie von der Skontoersparnis die Kosten für die Kontoüberziehung ab. Wie viel Euro hat die Multitask GmbH insgesamt gespart?

3.2.2 Darlehensarten

Das ist geschehen

Moritz Wagner möchte die Lagerkapazität seines Unternehmens vergrößern. Dazu wäre ein Anbau an die bestehende Lagerhalle möglich. Die Kosten der Lagererweiterung werden mit 70.000,00 € veranschlagt. 40.000,00 € könnte Moritz

Wagner mit Eigenkapital selbst finanzieren, die restlichen 30.000,00 € müssten fremdfinanziert werden. Hierfür liegen ihm drei Angebote der Sparkasse vor:

Angebot 1	Angebot 2	Angebot 3
Ratendarlehen	**Fälligkeitsdarlehen**	**Annuitätendarlehen**
Zinssatz: 7 %	Zinssatz: 7 %	Zinssatz: 7 %
Laufzeit: 5 Jahre	Laufzeit: 5 Jahre	Laufzeit: 5 Jahre
		Jährliche Annuität: 7.316,72 €

Das ist zu tun

1. Stellen Sie für jedes Angebot einen Tilgungsplan für die Laufzeit von fünf Jahren auf.
2. Entscheiden Sie anhand der rechnerischen Ergebnisse, welche Darlehensvariante Moritz Wagner wählen sollte.
3. Was spricht aus Sicht von Moritz Wagner dafür, nicht das günstigste Darlehen, sondern eine andere Darlehensart zu wählen?

Das sollte man wissen

Darlehensarten

Der Begriff „Darlehen“ wird in der Praxis häufig gleichbedeutend mit dem Begriff „Kredit“ benutzt. Gemeint ist bei einem Darlehen ein mittel- bis langfristiger Kredit.

Mit dem Begriff „Darlehen“ ist im Folgenden keine Überlassung von Sachmitteln, sondern nur die Überlassung von Geld gegen Zinsen gemeint. Darlehensverträge mit Verbraucherinnen und Verbrauchern (Konsumentinnen und Konsumenten) müssen schriftlich verfasst werden, der Verbraucher hat laut BGB ein Widerrufsrecht von zwei Wochen.

Darlehen können auf verschiedene Arten vereinbart werden, dabei liegen die Unterschiede in den Rückzahlungsbedingungen für die Darlehensnehmerin oder den Darlehensnehmer. Es gibt die folgenden drei Darlehensarten:

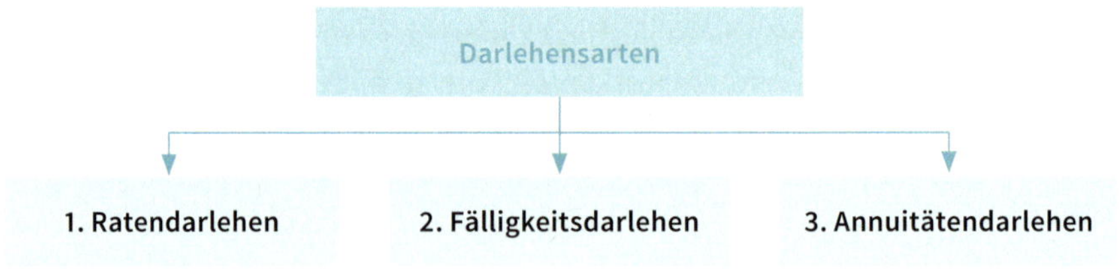

1. Ratendarlehen

Bei dem Ratendarlehen erfolgt die Rückzahlung (= Tilgung) in gleichbleibenden Raten, die zu bestimmten Terminen gezahlt werden müssen (zum Beispiel monatlich oder jährlich). Die Zinsen, die ebenfalls gezahlt werden müssen, beziehen sich auf das verbleibende Restdarlehen.

Beispiel

Ein Ratendarlehen von 50.000,00 € hat eine Laufzeit von drei Jahren. Der Zinssatz beträgt 6 %.

Ratendarlehen					
Jahr	Darlehen Jahresanfang	Darlehen Jahresende	Tilgung	Zinsen	Gesamtzahlung im Jahr
1	50.000,00 €	33.333,33 €	16.666,67 €	3.000,00 €	19.666,67 €
2	33.333,33 €	16.666,67 €	16.666,67 €	2.000,00 €	18.666,67 €
3	16.666,66 €	0,00 €	16.666,66 €	1.000,00 €	17.666,66 €
Summe:			**50.000,00 €**	**6.000,00 €**	**56.000,00 €**

Die Höhe der jährlichen, gleichbleibenden Tilgung ergibt sich aus der Formel:

$$\text{Tilgung} = \frac{\text{Darlehensbetrag}}{\text{Laufzeit}}$$

Die Zinsen ergeben sich aus der Formel:

$$\text{Zinsen} = \frac{\text{Darlehen Jahresanfang} \cdot \text{Zinssatz}}{100}$$

Die Zinsbelastung sinkt von Jahr zu Jahr, da jeweils schon ein Teil des Darlehens zurückbezahlt worden ist. Am Ende der Laufzeit ist der ganze Darlehensbetrag getilgt.

2. Fälligkeitsdarlehen

Die Rückzahlung des gesamten Darlehensbetrages findet zu einem festen Termin am Ende der Laufzeit statt. Während der Darlehenslaufzeit werden nur Zinsen und keine Tilgung gezahlt. Die Zinsbelastung ist während der Laufzeit gleichbleibend hoch, da der Darlehensbetrag nicht sinkt.

Beispiel

Ein Fälligkeitsdarlehen von 50.000,00 € hat eine Laufzeit von drei Jahren. Der Zinssatz beträgt 6 %.

Fälligkeitsdarlehen					
Jahr	Darlehen Jahresanfang	Darlehen Jahresende	Tilgung	Zinsen	Gesamtzahlung im Jahr
1	50.000,00 €	50.000,00 €	0,00 €	3.000,00 €	3.000,00 €
2	50.000,00 €	50.000,00 €	0,00 €	3.000,00 €	3.000,00 €
3	50.000,00 €	0,00 €	50.000,00 €	3.000,00 €	53.000,00 €
Summe:			**50.000,00 €**	**9.000,00 €**	**59.000,00 €**

3. Annuitätendarlehen

Beim Annuitätendarlehen wird eine für die Laufzeit gleichbleibende Rückzahlung (= Annuität) vereinbart, die Tilgung und Zins enthält. Im Laufe der Zeit sinken die Zinsen, da das Darlehen stückweise zurückgezahlt wird. Im gleichen Maße steigen die Tilgungsbeträge. Die Annuität ist jeweils vorgegeben und kann mithilfe der Laufzeit, dem Darlehensbetrag und dem Zinssatz errechnet werden.

Beispiel

Ein Annuitätendarlehen von 50.000,00 € hat eine Laufzeit von drei Jahren. Der Zinssatz beträgt 6 %, die jährliche Annuität beträgt 18.705,49 €.

Annuitätendarlehen					
Jahr	Darlehen Jahresanfang	Darlehen Jahresende	Tilgung	Zinsen	Annuität
1	50.000,00 €	34.294,51 €	15.705,49 €	3.000,00 €	18.705,49 €
2	34.294,51 €	17.646,69 €	16.647,82 €	2.057,67 €	18.705,49 €
3	17.646,69 €	0,00 €	17.646,69 €	1.058,80 €	18.705,49 €
Summe:			**50.000,00 €**	**6.116,47 €**	**56.116,47 €**

Die Höhe der Tilgung ergibt sich aus der Formel:

Tilgung = Annuität – Zinsen

Anhand der Beispiele ergibt sich, dass das Ratendarlehen die günstigste Darlehensart ist. Allerdings haben auch die anderen beiden Formen ihre Vorteile:

1. Ratendarlehen	2. Fälligkeitsdarlehen	3. Annuitätendarlehen
• Das Ratendarlehen ist günstiger als die beiden anderen Darlehensarten. • Die Zins- und Zahlungsbelastung sinkt von Jahr zu Jahr.	• Die Zahlungsbelastung ist in allen Jahren vergleichsweise niedrig, da erst im letzten Jahr getilgt wird.	• Es gibt eine gleichbleibende Zahlungsbelastung, die für eine sichere Kalkulation sorgt.

Aufgaben

Aufgaben zur Wiederholung

1. a) Benennen Sie die drei Darlehensarten und erläutern Sie die Unterschiede.

   b) Welche Argumente sprechen für die jeweilige Darlehensart?

2. Eine Großhandlung möchte ein Darlehen von 100.000,00 € aufnehmen. Die Laufzeit beträgt fünf Jahre, der Zinssatz beträgt 6,5 %, die Tilgung kann nach Wunsch des Darlehensnehmers vorgenommen werden. Ermitteln Sie die günstigste Darlehensart für die Großhandlung, indem Sie für alle drei Darlehensarten einen Tilgungsplan aufstellen (Annuität beim Annuitätendarlehen: 24.063,45 €).

3.3 Leasing

Das ist geschehen

Der Gabelstapler im Lager der Mediaworld e.K. hat einen Motorschaden. Da er schon sehr alt ist, lohnt es sich nicht, ihn zu reparieren. Leider fehlt in der Mediaworld e.K. zurzeit das nötige Geld, um einen neuen Stapler zu kaufen, allerdings wird ein neuer Stapler dringend benötigt. Moritz Wagner denkt über die Finanzierung nach. Der Vertreter des Gabelstaplerherstellers bietet ihm an, einfach einen neuen Stapler zu leasen. Dann müsste man nicht gleich den ganzen Kaufpreis zahlen und außerdem würde Leasing auch noch andere Vorteile bieten.

Das ist zu tun

1. Welche Finanzierungsmöglichkeiten stehen der Mediaworld e.K. offen, um einen neuen Gabelstapler anzuschaffen?
2. Was bedeutet „Leasing"?
3. Welche Vorteile bieten sich für die Mediaworld e. K., wenn sie einen neuen Gabelstapler least, statt ihn zu kaufen?

Leasing

Das sollte man wissen

Wenn man eine Investition über Leasing finanzieren will, ist damit eine Mischung zwischen „Kaufen auf Kredit" und „Mieten" gemeint. Ein Leasingvertrag weist somit Ähnlichkeiten zu einem Mietvertrag und auch Ähnlichkeiten zu einem Kreditvertrag auf.

Leasing

Ähnlichkeiten zum Mieten

- Eine Sache wird zum Gebrauch überlassen.
- Die Sache bleibt im Eigentum der Herausgeberin/des Herausgebers (Leasinggeberin/Leasinggebers).
- Zahlung von regelmäßigen „Gebühren“ (monatliche Leasingraten)
- Rückgabe der Sache nach Ablauf des Vertrages

Ähnlichkeiten zum Kreditkauf

- Anstatt der Rückgabe kann die Sache nach Ablauf des Vertrages auch gekauft werden.
- Die gezahlten Leasingraten werden auf den verbleibenden Restwert (Kaufpreis) angerechnet.

Der Leasingvertrag wird zwischen der Leasinggeberin oder dem Leasinggeber und der Leasingnehmerin oder dem Leasingnehmer geschlossen. Die Leasinggeberin oder der Leasinggeber stellt die Sache, die geleast wird, zur Verfügung. Hierbei kann es sich um ein Auto, eine Maschine oder sogar um ein Gebäude handeln. Die Leasinggeberin oder der Leasingnehmer gebraucht den Leasinggegenstand. Wenn es sich bei der Leasingnehmerin oder der Leasingnehmer um ein Unternehmen handelt, wird die Sache für Geschäftszwecke genutzt.

Eine wichtige Entscheidung trifft die Leasingnehmerin oder der Leasingnehmer, indem er sich überlegt, ob er den Leasinggegenstand nach Ablauf des Vertrages behalten will oder zurückgeben möchte. In dem einen Fall wird er einen langfristigen Vertrag abschließen, im Falle der Rückgabe lohnt es sich eher, einen kurzfristigen Leasingvertrag abzuschließen.

Man unterscheidet die beiden Möglichkeiten wie folgt:

Arten von Leasingverträgen

Operate-Leasing	**Finanzierungsleasing**
kurzfristiger Leasingvertrag	langfristiger Leasingvertrag

Beim **Operate-Leasing** wird häufig neben der Überlassung der Sache zum Gebrauch auch vereinbart, dass die Leasinggeberin oder der Leasinggeber für die Gebrauchstüchtigkeit des geleasten Gegenstandes sorgt. Dies bedeutet, dass die Wartung, eine eventuelle Reparatur oder sogar der Ersatz der Sache bei Totalausfall mit zu den Leistungen und den Vertragspflichten der Leasinggeberin oder des Leasinggebers gehört. Die Laufzeit des Vertrages ist in der Regel kürzer als die eigentlich mögliche Nutzungsdauer des Gegenstandes. Dies bedeutet, dass die Leasinggeberin oder der Leasinggeber die Sache nach Ablauf des Vertrages weiter verwerten kann, etwa durch eine weitere Vermietung oder durch Verkauf des Gegenstandes.

Beispiel

Das Autohaus Alfred Unruh GmbH überlässt per Leasing einen neuen Pkw-Transporter an ein Speditionsunternehmen. Der Leasingvertrag läuft über drei Jahre. Nach den drei Jahren gibt die Spedition den Transporter zurück, das Autohaus verkauft den Wagen als Gebrauchtwagen an ein anderes Unternehmen.

Die Leasingnehmerin oder der Leasingnehmer hat beim Operate-Leasing den Vorteil, dass der geleaste Gegenstand nach Ablauf des Vertrages wieder zurückgegeben werden kann, um eine neue Sache zu leasen, die auf dem aktuellen Stand der Technik ist.

Beim **Finanzierungsleasing** will die Leasingnehmerin oder der Leasingnehmer die Sache nach Ablauf der Leasingzeit in der Regel behalten. Deshalb wird der Vertragsgegenstand auch häufig nach den Vorstellungen der Leasinggeberin oder des Leasinggebers gebaut. Wie bei einem Darlehen wird eine lange Vertragslaufzeit vereinbart. Entweder hat die Leasingnehmerin oder der Leasingnehmer durch die Zahlung der Leasingraten dann schon den Gegenstand „abgezahlt", das heißt vollständig finanziert, oder es fällt noch eine Abschlusszahlung an, mit der die Sache endgültig in das Eigentum der Leasingnehmerin oder des Leasingnehmers übergeht.

Beispiel

Eine Großhandlung lässt sich nach ihren Vorstellungen eine Verpackungsmaschine herstellen. Die Maschine wird über acht Jahre geleast. Am Ende der Laufzeit zahlt die Großhandlung noch 9.000,00 €, wird Eigentümerin und darf die Maschine behalten.

Ganz gleich ob es sich um Operate-Leasing oder um Finanzierungsleasing handelt: Die Leasingnehmerin oder der Leasingnehmer ist nicht Eigentümerin/Eigentümer der geleasten Sache. Entsprechend taucht der Leasinggegenstand auch nicht in der Bilanz der Leasingnehmerin oder des Leasingnehmers auf.

Betrachtet man diese Kosten allein, lohnt sich Leasing sicherlich nicht, allerdings muss man auch bedenken, dass beim Leasing nicht sofort hohe Anschaffungskosten fällig sind wie beim Kauf der Sache. Zum Kostenvergleich muss man das Leasing dem Kreditkauf gegenüberstellen. Häufig erweist sich Leasing als die teurere Alternative, allerdings muss man die Leasingvorteile, wie den Wartungsservice und die rasche Anpassung an den technischen Fortschritt, bedenken.

Aufgaben

Aufgaben zur Wiederholung

1. Werten Sie die Grafik aus: Welche Gegenstände werden geleast? Wer least?

Faustpfandkredit bei einem Pfandhaus aufgenommen wird, eignen sich natürlich auch andere Gegenstände als Aktien zur Sicherheit, da hier die Möglichkeit gegeben ist, die Sicherheiten aufzubewahren.

Wenn die Kreditnehmerin und Schuldnerin oder der Kreditnehmer und Schuldner den Verpflichtungen aus dem Kreditvertrag nachkommt, also Zins und Tilgungszahlungen pünktlich vornimmt, passiert mit dem verpfändeten Gegenstand zunächst einmal gar nichts. Wenn alle Zahlungen geleistet sind, geht das Pfand wieder zurück in den Besitz der Kreditnehmerin und Eigentümerin oder des Kreditnehmers und Eigentümers. Wenn aber die Schuldnernin oder der Schuldner den Zahlungsverpflichtungen nicht mehr nachkommt, hat die Kreditgeberin oder der Kreditgeber die Möglichkeit, den gepfändeten Gegenstand zu versteigern und aus dem Erlös die Forderung zu begleichen.

Faustpfandkredit	
Vorteil für Kreditnehmer/-innen	**Vorteil für Kreditgeber/-innen**
Kurzfristige Kapitalbeschaffung ohne große Formalitäten	Absicherung des Kredites durch einen entsprechend wertvollen Gegenstand

Zahlt die Schuldnerin oder der Schuldner den Kredit nicht zurück, kann die Gläubigerin oder der Gläubiger den gepfändeten Gegenstand verkaufen.

2. Sicherungsübereignungskredit

Der Sicherungsübereignungskredit funktioniert ähnlich wie der Faustpfandkredit. Zur Absicherung des Kredites werden bewegliche Sachen herangezogen. Diese bleiben allerdings beim Sicherungsübereignungskredit im Besitz der Kreditnehmerin oder des Kreditnehmers, hier liegt der Unterschied zum Faustpfandkredit. Die Kreditnehmerin oder der Kreditnehmer kann während der Laufzeit des Kredites die Sache weiter nutzen.

Beispiel Die Spedition Meyer KG benötigt einen Kredit von 50.000,00 €, um einen neuen Transporter anzuschaffen. Der Transporter dient als Sicherheit für den Kredit. Er bleibt im Besitz der Meyer KG und kann in deren Betrieb genutzt werden.

Wenn die Kreditnehmerin oder der Kreditnehmer seinen Zahlungsverpflichtungen nicht mehr nachkommt und den Kredit nicht zurückzahlt, dann kann die Kreditgeberin und Gläubigerin oder der Kreditgeber und Gläubiger sein Eigentumsrecht über den Gegenstand, der als Sicherheit dient, ausüben. Dies bedeutet, die Gläubigerin oder der Gläubiger kann den Gegenstand dann verkaufen oder versteigern.

Der Vorteil des Sicherungsübereignungskredites liegt für die Kreditnehmerin oder den Kreditnehmer darin, dass er die Sache nutzen kann, um damit in seinem Betrieb zu arbeiten und auch Geld zu verdienen, mit dem er den Kredit zurückzahlt. Vorteilhaft für die Kreditgeberin oder den Kreditgeber ist, dass er ein Pfand als Sicherheit für den Kredit hat. Allerdings hat sie oder er keine Kontrolle darüber, was mit dem Pfand während der Kreditlaufzeit geschieht. Da es genutzt wird, verliert es auch an Wert, außerdem könnte es zerstört oder von der Schuldnerin oder dem Schuldner könnte der Gegenstand unrechtmäßig an einen Dritten verkauft werden.

3. Grundschuld

Die Grundschuld ist ein Grundpfandrecht. Dies bedeutet, dass man ein Grundstück als Pfand zur Absicherung eines Kredites oder eines Darlehens nutzt. Das Grundstück verbleibt natürlich im Besitz der Kreditnehmerin oder des Kreditnehmers; die Tatsache, dass eine Grundschuld vorliegt, wird aber im Grundbuch eingetragen. Das Grundbuch wird beim Amtsgericht geführt und zeigt die Rechtsverhältnisse an den Grundstücken eines Bezirkes, das heißt einer Stadt oder einer Gemeinde, auf. Hier sind die Grundstücksgrößen, die Eigentumsverhältnisse, die Abgrenzungen und die Lage der einzelnen Grundstücke aufgeführt. Alle, die ein berechtigtes Interesse nachweisen können, dürfen in das Grundbuch Einsicht nehmen.

Ein Grundschuldkredit ist in der Regel ein langfristiger Kredit. Die Eintragung der Grundschuld und die Höhe des Kredites müssen nicht übereinstimmen. Es wird auch nicht jede Tilgungszahlung im Grundbuch eingetragen. Vielmehr bleibt die Grundschuld im Grundbuch bestehen, bis der Kredit zurückgezahlt ist. Sie kann aber auch darüber hinaus im Grundbuch eingetragen bleiben, dann kann man sie später noch einmal für einen anderen Kredit nutzen.

Beispiel

Die Mediaworld e. K. hat auf ihr Betriebsgrundstück in der Krefelder Straße 92 eine Grundschuld von 150.000,00 € eintragen lassen. Zurzeit hat sie nur noch einen Kredit von 90.000,00 € offen, der noch zurückgezahlt werden muss. Da die Grundschuld höher ist als der eigentliche Kredit, kann der überschüssige Betrag als Sicherheit für die Aufnahme eines weiteren Kredites genutzt werden.

Man kann auch einen Kontokorrentkredit (→ Kapitel 3.2.1, Seite 416) mit einer Grundschuld absichern. Es ist unerheblich, ob das Kontokorrentkonto gerade in voller Höhe im Soll ist oder ob es gerade ein Guthaben aufweist: Die Grundschuld bleibt immer in der gleichen Höhe bestehen.

Wenn die Schuldnerin oder der Schuldner den Zahlungsverpflichtungen nicht mehr nachkommt, kann die Gläubigerin oder der Gläubiger das Grundstück versteigern lassen. Da Grundstücke sehr wertbeständig sind, werden sie gerne von Banken als Sicherheit genutzt. Auch viele Jahre, nachdem man den eigentlichen Kreditvertrag geschlossen hat, kann die Bank sicher sein, dass der Kredit noch angemessen abgesichert ist, da Grundstücke nur selten an Wert verlieren.

Eine Grundschuld erlischt, wenn sie aus dem Grundbuch gelöscht wird. Hierzu sind ein Löschungsantrag und eine notariell beglaubigte Löschungsbewilligung notwendig. Die Löschung einer Grundschuld ist kostspielig, daher lässt man sie häufig einfach im Grundbuch stehen. So kann sie später noch einmal für einen anderen Kredit genutzt werden.

Aufgaben

Aufgaben zur Wiederholung

1. a) Erläutern Sie den Begriff „Realkredit".

   b) Benennen Sie Sachen, die als Sicherheit bei einem Realkredit dienen können.

2. a) Erläutern Sie den Unterschied zwischen einem Faustpfandkredit und einem Sicherungsübereignungskredit.

   b) Welche Vorteile sprechen aus Sicht der Kreditgeber/-innen und der Kreditnehmer/-innen für den Faustpfandkredit und für den Sicherungsübereignungskredit?

   c) Welche Nachteile hat der Sicherungsübereignungskredit?

3. Welche Kreditsicherung schlagen Sie in den folgenden Fällen vor?

   a) Die Meyer KG benötigt einen Kredit von der Bank, um sich eine neue Verpackungsmaschine zu kaufen.

   b) Helga Bauer möchte einen Anbau an ihr Wohnhaus finanzieren. Dazu benötigt sie ein langfristiges Bankdarlehen über 100.000,00 €.

   c) Rockmusiker Jimmy benötigt dringend Geld, um die Wohnungsmiete für die letzten zwei Monate zu zahlen. Als Sicherheit kann er eine von seinen 17 wertvollen E-Gitarren anbieten.

   d) Der Handelsvertreter Hans-Werner Lick benötigt einen neuen Pkw, um seine Kundinnen und Kunden in ganz Deutschland besuchen zu können. Er möchte von der Bank einen Kredit von 15.000,00 € haben, um sich einen angemessenen Geschäftswagen kaufen zu können.

   e) Die Geschäftsführung der Walther Sinn GmbH möchte bei der Commerzbank Bank ein Kontokorrentkonto eröffnen, das ihnen einen Kreditspielraum von 80.000,00 € einräumt.

   f) Hedwig Glockenhuber möchte die Wertpapiere, die sie im Laufe der Jahre angeschafft hat, als Sicherheit für einen kleinen Kredit von 3.000,00 € bei der Bank nutzen.

3.4.2 Personalkredit am Beispiel des Bürgschaftskredits

Das ist geschehen

Nadine, die Freundin von Moritz Wagner, hatte einen Autounfall. Ihr altes Auto ist so sehr beschädigt worden, dass es nur noch zum Schrottplatz gebracht werden kann. Für ein neues Auto fehlt Nadine das nötige Geld, daher möchte sie bei der Bank einen Kredit aufnehmen. Sie benötigt 12.000,00 €. Sie lässt sich von dem Bankangestellten Herrn Gärtner beraten:

Herr Gärtner: *„Nun, wir können Ihnen nicht einfach so einen Kredit über 12.000,00 € geben, wir müssen uns ein wenig absichern. Welche Sicherheiten haben Sie denn noch außer Ihrem Gehalt?"*

Nadine: *„Eigentlich keine, ich habe ja mehr oder weniger gerade erst angefangen zu arbeiten, da habe ich noch keine Ersparnisse. Sonst würde ich ja auch keinen Kredit benötigen!"*

Herr Gärtner: *„Richtig. Trotzdem brauchen wir eine Sicherheit. Haben Sie denn vielleicht jemanden, der für Sie bürgen kann?"*

Nadine: *„Jemanden, der für mich bürgt? Was bedeutet das?"*

Das ist zu tun

1. Erläutern Sie, warum für den Kredit, den Nadine von der Bank bekommen möchte, zur Absicherung eine weitere Person – eine Bürgin oder ein Bürge – erforderlich ist.
2. Welche Funktion hat die Bürgin oder der Bürge, wenn Nadine den Kredit nicht zurückzahlen kann?

Personalkredit

Das sollte man wissen

Ein Personalkredit wird ausschließlich durch die Person, die den Kredit aufnimmt, abgesichert. Es werden keine Gegenstände oder Immobilien zur Absicherung herangezogen, wie es beim Realkredit der Fall ist.

Zunächst wird die Kreditwürdigkeit der Kreditnehmerin oder des Kreditnehmers geprüft. Dazu schaut sich die Bank das Einkommen und Vermögen an und prüft, ob noch weitere Kredite bei anderen Instituten offen sind.

Wenn ein Unternehmen oder eine juristische Person einen Kredit benötigt, kann die Bank oder Sparkasse in die Bilanzen und die GuV des Unternehmens sehen, um sich einen Überblick über die Vermögensverhältnisse zu verschaffen. Die Rechtsform eines Unternehmens (→ LF 1, AS 1.1, Kapitel 6, Seite 22) spielt bei der Kreditvergabe auch eine wichtige Rolle: Je größer das Haftungskapital ist, desto größer ist die Kreditwürdigkeit.

Wenn es reicht, den Kredit alleine durch die Person des Kreditnehmers abzusichern, spricht man von einem einfachen Personalkredit. Wird allerdings eine zweite Person (Bürgin/Bürge) benötigt, um den Kredit abzusichern, spricht man von einem verstärkten Personalkredit.

Personalkredite

Einfacher Personalkredit	Verstärkter Personalkredit
wird alleine durch die Kreditnehmerin/den Kreditnehmer abgesichert	wird neben der Kreditnehmerin/dem Kreditnehmer durch eine weitere Person (Bürgin/Bürge) abgesichert

Bei einem **Bürgschaftskredit** steht also eine Bürgin oder ein Bürge für die Schulden der Kreditnehmerin oder des Kreditnehmers ein, wenn diese oder dieser den Kredit nicht mehr zurückzahlen kann. Es sind zwei Verträge notwendig, um einen Kredit durch eine Bürgschaft abzusichern:

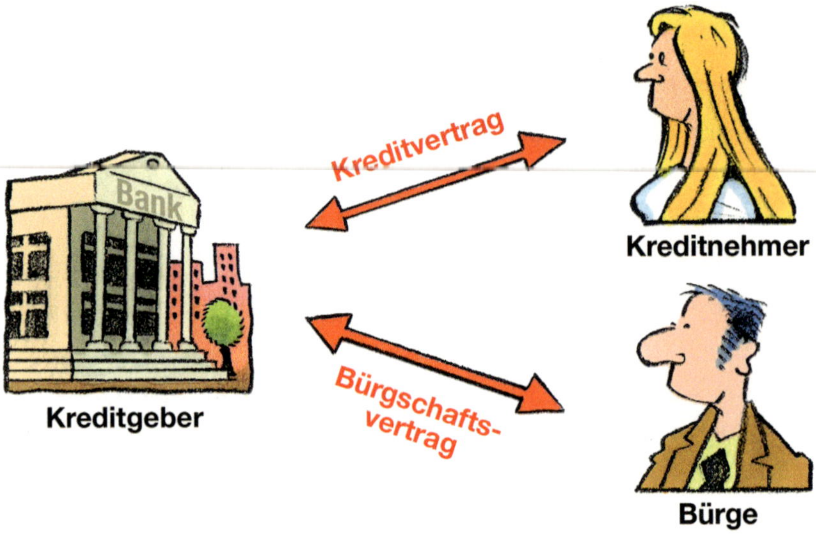

Der Bürgschaftsvertrag ist im Bürgerlichen Gesetzbuch geregelt. Darin wird auch die Schriftform für Bürgschaftsverträge bestimmt. Nur eine Kauffrau bzw. ein Kaufmann kann mündlich bürgen, Privatpersonen müssen sich an die Schriftform halten.

Spannend wird es für die Bürgin oder den Bürgen, wenn die Kreditnehmerin und Schuldnerin oder der Kreditnehmer und Schuldner seine Verbindlichkeiten bei der Kreditgeberin oder dem Kreditgeber nicht mehr zurückzahlen kann. Dann wird die Gläubigerin oder der Gläubiger an die Bürgin oder den Bürgen herantreten und von dieser/diesem verlangen, dass die Schulden zurückgezahlt werden. Handelt es sich um eine selbstschuldnerische Bürgschaft, dann ist die Bürgin oder der Bürge auch verpflichtet, sofort für die Schulden der Kreditnehmerin oder des Kreditnehmers einzustehen. Bei einer sogenannten Ausfallbürgschaft haftet die Bürgin oder der Bürge erst, wenn bei dem eigentlichen Schuldner eine Zwangsvollstreckung erfolglos durchgeführt wurde.

Arten der Bürgschaft

Selbstschuldnerische Bürgschaft	Ausfallbürgschaft
Die Bürgin/Der Bürge muss bei Nichtzahlung sofort für die Schulden der Kredinehmerin/des Kreditnehmers einstehen.	Die Bürgin/Der Bürge muss bei Nichtzahlung erst nach erfolgloser Zwangsvollstreckung für die Schulden der Kredinehmerin/des Kreditnehmers einstehen.

Da die Durchführung einer Zwangsvollstreckung unter Umständen sehr lange dauern kann, wird häufig eine selbstschuldnerische Bürgschaft verlangt.

Die Bürgschaft erlischt, wenn die Schulden bezahlt sind oder wenn der Kreditgeber auf Rückzahlung verzichtet. Wenn die Bürgin oder der Bürge anstelle der Kredinehmerin oder des Kreditnehmers für dessen Verbindlichkeiten zahlen muss, hat sie oder er aber das Recht, das Geld zurückzuverlangen.

Aufgaben

Aufgaben zur Wiederholung

1. Erläutern Sie, warum bei einem Bürgschaftskredit zwei Verträge notwendig sind. Benennen Sie zu den beiden Verträgen die jeweiligen Vertragsparteien.
2. Welche zwei Bürgschaftsarten gibt es? Erläutern Sie die Unterschiede zwischen den beiden Formen von Bürgschaften.
3. Erläutern Sie, welches Recht die Bürgin oder der Bürge hat, wenn sie oder er die Verbindlichkeiten der Schuldnerin oder des Schuldners bezahlen musste.

4 Verschuldung und Überschuldung; Insolvenzverfahren

Das ist geschehen

In der Berufsschule erfährt Bastian Lenz, der Auszubildende der Mediaworld e. K., von seinem Lehrer, dass einer seiner Mitschüler nicht mehr in die Berufsschule kommt. Der Ausbildungsbetrieb dieses Mitschülers ist insolvent.

Das ist zu tun

1. Erklären Sie, was man unter einer Insolvenz versteht.
2. Benennen Sie die Folgen für ein Unternehmen, wenn es insolvent ist.
3. Insolvenz kann auch Privatpersonen betreffen. Erläutern Sie, unter welchen Umständen Konsumentinnen und Konsumenten insolvent werden können.

Verschuldung und Überschuldung

Das sollte man wissen

Verschuldung bedeutet sowohl für Unternehmen als auch für Privatpersonen zunächst einmal nur, dass sie Schulden haben – also nicht alle Vermögensbestandteile (Sach- und Geldvermögen) mit eigenem Kapital finanziert sind. Verschuldung selbst ist erst einmal nichts Schlimmes.

Allerdings ist man mit der Aufnahme von Schulden die Verpflichtung eingegangen, diese – in der Regel mit Zinsen – zurückzuzahlen. Und hier kann die Grenze zur Überschuldung überschritten werden.

Überschuldung liegt immer dann vor, wenn man finanziell nicht mehr in der Lage ist, seine Schulden zurückzuzahlen, also seine Raten an Tilgung und Zinsen nicht mehr leisten kann. Dies betrifft sowohl Unternehmen als auch Privatpersonen. Die Gründe für Überschuldung sind bei beiden Gruppen häufig ähnlich, zum Teil aber auch höchst unterschiedlich.

Gründe für Überschuldung	
bei Privatpersonen	bei Unternehmen
• Kein Gefühl für den Umgang mit Geld	• Fehlende Finanzkompetenz (Einschätzung von Einnahmen und Ausgaben)
• Zurückgehendes Einkommen (durch Arbeitslosigkeit o. Ä.)	• Fehlende Erfahrung in der Geschäftsführung
• Generell zu geringes Einkommen	• Ausfall von Führungspersonen (Tod, Krankheit)
• Zu hohes Anspruchsniveau	• Hoher Preisdruck
• Zwanghaftes Kaufen (Kaufsucht)	• Hoher Kostendruck
• Mitschuld von Verwandten/Partnern (Bürgschaften u. a.)	• Altschuldenlast

Häufig führt Überschuldung zu einem Teufelskreis, aus dem man nicht herauskommt: Die Unmöglichkeit, Zahlungen leisten zu können, führt zum Ausblenden der Problematik. Dies vermehrt aber die Schulden durch Mahnkosten und ähnliche Belastungen, während die Ausgaben weiterhin ständig über den Einnahmen liegen. Die Folgen dieser Abwärtsspirale sind schwerwiegend, auch oder gerade wenn es sich um Privatpersonen handelt. Beispielsweise verliert man seinen Internet- oder gar Stromanbieter, wenn man dessen Rechnungen nicht mehr bezahlt, möglicherweise auch seinen Arbeitsplatz und seine Wohnung.

Bei Unternehmen sind die Folgen einer Überschuldung ebenfalls gravierend: Die Zahlungsunfähigkeit (Insolvenz) eines Unternehmens kann zur Schließung führen und damit den Verlust von vielen Arbeitsplätzen bedeuten.

Insolvenzverfahren

Sowohl bei Privatpersonen als auch bei Unternehmen sehen gesetzliche Regelungen vor, dass sie einen Insolvenzantrag stellen können. Dies bedeutet, dass man die Zahlungsunfähigkeit „offiziell" feststellt und dann über ein **Insolvenzverfahren** versucht, das Bestmögliche für Schuldner/-innen und Gläubiger/-innen aus dieser Situation zu machen.

Bei Privatpersonen spricht man von **Verbraucherinsolvenz**. Diese kann von allen Arbeitnehmenden, Beamtinnen und Beamten, Rentnerinnen und Rentnern und anderen Privatpersonen beantragt werden, denen die Schulden „über den Kopf wachsen." Vorab muss man aber versuchen, sich mit seinen Gläubigerinnen und Gläubigern zu einigen – beispielsweise über eine Streckung der Zahlungsziele, über eine Stundung oder über kleinere Rückzahlungsraten. Gelingt dies nicht, kann man Privatinsolvenz beim Amtsgericht beantragen.

Es folgt ein aufwendiges Verfahren, das bis zu eineinhalb Jahre dauern kann. In dieser Zeit kann zwar keine einzelne Gläubigerin oder kein einzelner Gläubiger mehr auf Vermögensrestbestände zugreifen, allerdings wird auch alles verpfändbare Vermögen liquidiert, um möglichst viele Schulden zu bezahlen.

Wenn das verpfändbare Vermögen unter den Gläubigerinnen und Gläubigern verteilt ist, folgt die sogenannte Wohlverhaltensphase, die drei Jahre beträgt (für Insolvenzen, die ab dem 01.10.2020 beantragt wurden). In diesen drei Jahren beobachtet ein Treuhänder die Zahlungsströme der insolventen Schuldnerin oder des insolventen Schuldners. Man zahlt seine Schulden im Rahmen seiner Möglichkeiten zurück und nimmt keine neuen Schulden auf. Ebenso ist man verpflichtet, jede zumutbare Erwerbstätigkeit anzunehmen. Am Ende dieser Phase steht die Restschuldbefreiung. Dies bedeutet, dass im Wesentlichen alle noch vorhandenen Schulden gestrichen werden. Allerdings unterliegt man dann einer elfjährigen Sperrfrist, in der keine erneute Insolvenz mit Restschuldbefreiung durchgeführt werden kann.

Wenn ein Unternehmen Insolvenz beantragt, spricht man von **Regelinsolvenz**. Auch ein Antrag von einer Gläubigerin oder einem Gläubiger ist übrigens denkbar. Das Gericht entscheidet, ob genügend Masse vorhanden ist, um die Kosten des Insolvenzverfahrens zu tragen; nur dann kann die Insolvenz durchgeführt werden.

Eine Insolvenzverwaltung übernimmt dann die Geschicke des Unternehmens und schaut, ob das Unternehmen vielleicht weitergeführt werden kann bzw. wie man das vorhandene Vermögen verwertet.

Die Gläubigerinnen und Gläubiger des Unternehmens müssen bei der Insolvenzverwaltung ihre Forderungen angeben. Diese versucht, aus dem Vermögen des Unternehmens möglichst viele Schulden zu begleichen. Wenn das komplette Vermögen für diesen Zweck ausgegeben ist, ist das Insolvenzverfahren beendet.

Ablauf eines Insolvenzverfahrens

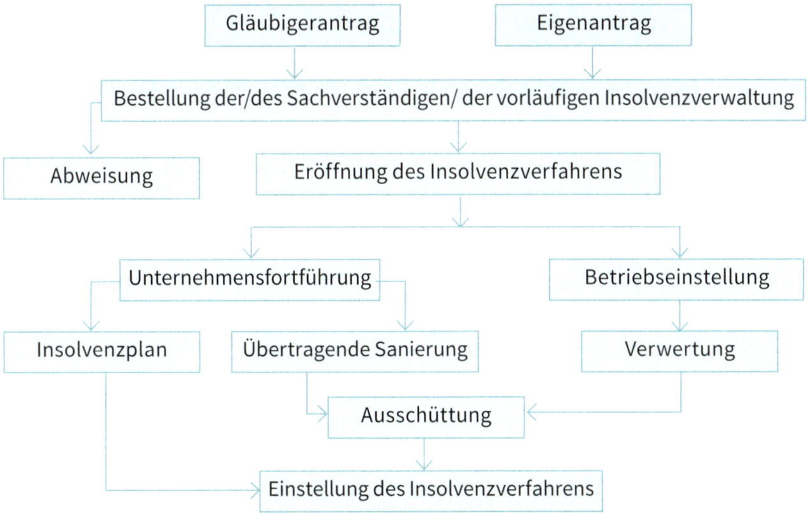

Aufgaben

Aufgaben zur Wiederholung

1. Beschreiben Sie Auswege aus einer Zahlungsunfähigkeit bei Privatpersonen.

2. a) Beschreiben Sie, was in der unten stehenden Grafik dargestellt ist.

   b) Nennen Sie Gründe, die dazu führen, dass Verbraucher/-innen Insolvenz beantragen müssen.

   c) Nennen Sie Gründe, die dazu führen, dass Unternehmen Insolvenz beantragen müssen.

   d) Erläutern Sie die Entwicklung, die in der Grafik zu sehen ist, und zeigen Sie Gründe auf, die dazu führen könnten, dass sich der Trend wieder umkehrt.

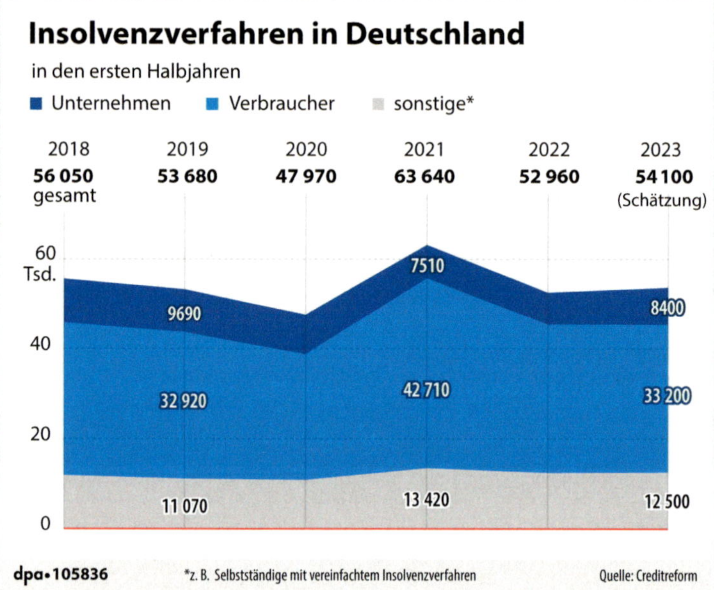

Lernaktion 1

Lernaktionen

Bastian Lenz ist im dritten Ausbildungsjahr bei der Mediaworld e. K. Er hat in den letzten zwei Jahren ein bisschen Geld angespart und möchte nun in eine eigene Wohnung ziehen.

Nach kurzer Suche findet er eine kleine Zweizimmerwohnung in der Nähe seines Arbeitsplatzes. Als der Vermieter hört, dass Bastian noch Auszubildender ist, verlangt er, dass Bastian einen Bürgen stellt. Ansonsten würde er sich einen anderen Mieter suchen.

a) Begründen Sie, warum der Vermieter unbedingt möchte, dass jemand für die künftigen Mietzahlungen von Bastian bürgt.

b) Wer kann für Bastian bürgen? Machen Sie Vorschläge.

Bastian fragt seinen Patenonkel, ob er als Bürge für ihn zur Verfügung steht. Der Patenonkel ist Bankkaufmann, und er ist skeptisch. „Bastian, lies mal den folgenden Text. Dann weißt du, warum ich das nicht so gerne machen würde."

c) Lesen Sie den folgenden Text. Zeigen Sie die Risiken einer Bürgschaft auf.

d) Sollte der Patenonkel eine Ausnahme machen? Begründen Sie dies anhand des letzten Textschnittes.

Teurer Freundschaftsdienst: Wie Sie sich mit nur einer Unterschrift ruinieren können

Eine leichtfertige Unterschrift kann Sie noch Jahre später ruinieren, denn eine Bürgschaft gilt für immer. FOCUS Online erklärt, welche Fallen auf Bürgen und Bürgschaftsnehmer warten – und wie Sie diese geschickt umgehen.

[...] Verbraucherzentrale Nordrhein-Westfalen [warnt:] „Eine Bürgschaft ist keine kleine Gefälligkeit, sondern ein knallharter Vertrag. Man verpflichtet sich mit seinem ganzen Hab und Gut, die Schulden des anderen zu übernehmen, wenn der irgendwann nicht mehr zahlungsfähig sein sollte."

Haftung mit ganzem Vermögen
Weit verbreitet sind Bürgschaften bei Immobilien-Darlehen. Hier verpflichtet sich der Bürge gegenüber der Bank, für einen Kreditnehmer die Raten zu übernehmen, falls dieser zahlungsunfähig wird. Bei einer solchen Bürgschaft haften Sie mit Ihrem ganzen Vermögen. Und sie bleibt auch bestehen, wenn sich Bürge und Schuldner zerstreiten. Deshalb sollten sich Bürgen vorher ganz genau überlegen, ob Sie eine solche Verpflichtung wirklich eingehen wollen.

Wann endet eine Bürgschaft?
Normalerweise endet eine Bürgschaft, sobald der Schuldner seine Verbindlichkeiten beglichen oder eine andere Person seine Schulden übernommen hat. Stirbt der Bürge, geht die Verpflichtung an seine Erben über. Stirbt hingegen der Hauptschuldner, nimmt der Bürge seinen Platz als Schuldner ein und muss für die restlichen Schulden aufkommen. Gekündigt werden kann eine Bürgschaft grundsätzlich nur, wenn ein Kündigungsrecht im Vertrag schriftlich festgehalten ist. [...]

Mietvertrag: Nicht freiwillig anbieten
Oftmals verlangt ein Vermieter, vor Abschluss eines Mietvertrags einen

Bürgen einzusetzen. Das kann zum Beispiel sein, wenn eigene Kinder oder Enkelkinder ohne festes Einkommen in eine Wohnung einziehen sollen. Wichtig: Will der Vermieter einen Bürgen, darf er nicht zusätzlich noch eine Kaution einfordern. Wurde von Ihnen bereits eine Kaution gezahlt, ist die Bürgschaft ungültig. […]

Nur im Ausnahmefall ratsam

Wegen der vielen Fallstricke raten die Verbraucherschützer: „Am besten gar keine Bürgschaft eingehen. Und falls doch, dann nur, wenn Sie die entsprechende Summe wirklich im Notfall aufbringen können und wollen.“ […]

Quelle:
Thomas Müncher: „Millionenfalle Bürgschaft: Teurer Freundschaftsdienst: Wie Sie sich mit nur einer Unterschrift ruinieren können“, in: FOCUS Online vom 16.03.2017, abgerufen unter: www.focus.de/finanzen/recht/privatinsolvenz/millionenfalle-buergschaft-teurer-freundschaftsdienst-wie-sie-sich-mit-nur-einer-unterschrift-ruinieren-koennen_id_6789989.html [11.12.2023].

Lernaktion 2

Die Mediaworld e. K. benötigt zwei neue Transporter zu einem Gesamtnettowert laut Angebot in Höhe von 135.000,00 €. Es ergibt sich folgende Situation:

Bei Barzahlung gewährt der Händler der Fahrzeuge 5 % Skonto. Zur Finanzierung stehen 30.000,00 € eigene Mittel zur Verfügung. Der Restbetrag in Höhe von 105.000,00 € könnte wie folgt finanziert werden:

Aufnahme eines Fälligkeitsdarlehens bei der Kreissparkasse Duisburg, Laufzeit 5 Jahre, Zinssatz 10 %. Entsprechende Kreditsicherheiten sind anzugeben.

Leasing unter den folgenden Bedingungen: einmalige Mietsonderzahlung von 20 % des Rechnungsbetrags; monatliche Leasingrate 2.500,00 €, Leasingdauer 5 Jahre, Leasingform: Finance-Leasing.

1. Zeigen Sie, wie viel Kredit die Mediaworld e. K. aufnehmen muss.

   Ermitteln Sie die finanzielle Gesamtbelastung , die die Mediaworld e. K. zu tragen hat ...

   a) bei Aufnahme eines Fälligkeitsdarlehens,

   b) beim Leasen der beiden Fahrzeuge.

2. Neben dem rein rechnerischen Vergleich müssen für eine definitive Finanzierungsentscheidung weitere Kriterien berücksichtigt werden. Recherchieren Sie für die beiden Finanzierungsalternativen hinsichtlich der Kriterien:

   a) Eigenkapitalquote

   b) Technische Entwicklung

   c) Serviceleistung am Objekt

Lernaktion 3

In der Mediaworld e. K. muss eine neue Verpackungsmaschine angeschafft werden. Dies ist mit einer Investition in Höhe von 750.000,00 € verbunden. Da auch noch eine Gebäudeerweiterung ansteht, soll die Verpackungsmaschine komplett fremdfinanziert werden.

Hierzu liegt von der Volksbank Duisburg ein Kreditangebot vor:

Ratendarlehen über 750.000,00 €, 4 Jahre Laufzeit, Effektivzins: 6 %.

a) Berechnen Sie die jährlichen Gesamtzahlungen und den gesamten Zahlungsabfluss für die Laufzeit. Stellen Sie die Daten anschaulich, beispielsweise in einer Excel-Tabelle, dar.

b) Berechnen Sie (mit Excel!) die jährlichen Gesamtzahlungen und den gesamten Zahlungsabfluss über die Laufzeit für ein Raten- und für ein Annuitätendarlehen.

c) Stellen Sie Vor- und Nachteile beider Darlehensarten gegenüber und machen Sie sinnvolle Vorschläge zur Darlehensabsicherung.

Anforderungssituation 10.1

Wertschöpfung

1 Volkswirtschaftliche Produktionsfaktoren

Das sollte man wissen

Die Produktionsfaktoren Arbeit, Boden und Kapital sowie Informationen ermöglichen in jeweils unterschiedlicher Kombination die Herstellung von Gütern.

Dabei werden **Arbeit** und **Boden** (Natur) als **ursprüngliche** oder originäre **Produktionsfaktoren** bezeichnet, da wir uns durch die Kombination dieser beiden Faktoren schon Güter zur Bedürfnisbefriedigung – wenn auch nur in geringem Umfang – verschaffen können, etwa dadurch, dass wir Beeren pflücken oder Wasser von einer Quelle trinken. **Kapital** dagegen wird als **abgeleiteter** oder derivativer **Faktor** bezeichnet, da es erst aus einer Kombination von Boden (Natur) und Arbeit, also durch eine Leistungserstellung, entstehen kann.

Produktionsfaktor **Boden** (Natur)	+	Produktionsfaktor **Arbeit**	=	Derivativer Faktor **Kapital**

1.1 Arbeit

Das sollte man wissen

Unzweifelhaft ist die Arbeit der „menschlichste" Produktionsfaktor. Ihre Bedeutung ergibt sich aus der Tatsache, dass die Natur – von wenigen Ausnahmen abgesehen (eine Ausnahme wäre z. B., wenn man den Mund unter eine sprudelnde Quelle halten könnte, um seinen Durst zu löschen) – keine konsumreifen Güter bereitstellt. Üblicherweise kann man nämlich die von der Natur bereitgestellten Güter nicht direkt verbrauchen, also konsumieren. Sie müssen zuvor vom Menschen so bearbeitet werden, dass man sie konsumieren kann, das heißt, sie müssen in einen konsumreifen Zustand versetzt werden. Keiner von uns kaut üblicherweise morgens zwei Hände voll Getreidekörner: Wir lassen zunächst daraus z. B. Haferflocken herstellen oder davon Brot backen.

Der Produktionsfaktor Arbeit stellt also den persönlichen Beitrag des Menschen zur Gütererstellung dar.

Zur Erinnerung:
Unter **Arbeit** wird jede Art von körperlicher oder geistiger Tätigkeit verstanden, die darauf abzielt, Einkommen zu erwirtschaften.

KÖRPERLICHE ARBEIT

GEISTIGE ARBEIT

Für eine Volkswirtschaft ist es von Bedeutung, in welchem Umfang und in welcher Qualität der Faktor Arbeit zur Verfügung steht. Von der Bevölkerungszahl und dem Altersaufbau hängt die Zahl der möglichen Arbeitskräfte, das **Arbeitspotenzial** ab.

So sindbeispielweise 2022 den ca. 84 Mio. Einwohnern Deutschlands nur ca. 62 Mio. „mogliche Arbeitskrafte“; das Arbeitspotenzial (= „mogliche Arbeitskrafte“) ist also erheblich geringer als die Bevölkerungszahl.

Wie kommt die Differenz von ca. 22 Mio. Menschen zustande? Schreiben Sie Ihre Ideen auf und diskutieren Sie diese dann im Rahmen von Partnerarbeit.

Das ist zu tun

Die „möglichen Arbeitskräfte“ (Arbeitspotenzial) werden auch als „Erwerbsfähige“ bezeichnet. Zu den **Erwerbsfähigen** zählen alle Menschen im erwerbsfähigen Alter, dies reicht nach internationaler Definition von 15 bis unter 75 Jahren. Damit fällt es nun leicht, zu erkennen, dass es sowohl „noch nicht Erwerbsfähige“ – also Kinder und Jugendliche – als auch „nicht mehr Erwerbsfähige“ – z. B. Rentner/-innen und Pensionärinnen und Pensionäre im Alter von mehr als 74 Jahren – geben muss.

Wie groß der Anteil der Erwerbstätigen an der gesamten Wohnbevölkerung einer Volkswirtschaft ist, darüber gibt die **Erwerbsquote** Auskunft.

Sie alle wissen, dass nicht alle, die erwerbsfähig sind, auch tatsächlich einem Erwerb nachgehen. So gibt es z. B. Frauen oder auch Männer, die keinem Erwerb nachgehen, sondern sich ausschließlich um den Haushalt kümmern. Aber denken Sie auch u. a. an Schüler/-innen und Studierenden.

Bezieht man demnach die Zahl derjenigen, die wirklich erwerbstätig sind (ca. 45,6 Mio. auf die gesamte Wohnbevölkerung (ca. 83,8 Mio.), so ergibt sich eine Erwerbsquote von ca. 54,4 %.

Nach der Stellung im Beruf werden die Erwerbstätigen (Frauen und Männer) folgendermaßen eingeteilt:

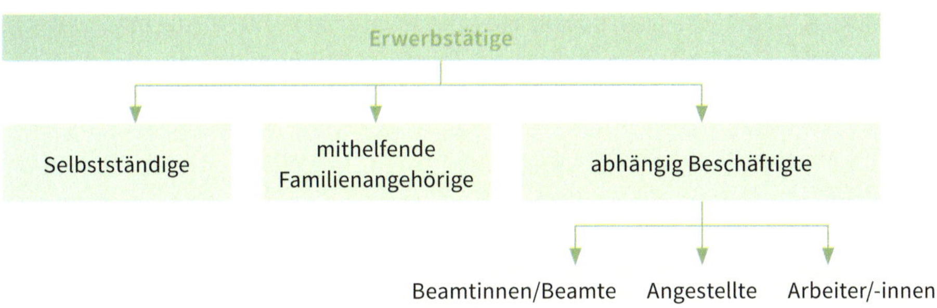

Erläuterungen (hier sind Frauen und Männer gleichermaßen gemeint):

- **Selbstständige** sind z. B. Landwirtinnen/Landwirte, Handwerksmeister/-innen, Unternehmer/-innen und Freiberufler/-innen (Ärztinnen/Ärzte, Anwältinnen/Anwälte, Architektinnen/Architekten usw.).
- **Mithelfende Familienangehörige** kommen nur in Zusammenhang mit einigen Selbstständigen vor, z. B. bei Landwirtinnen/Landwirten, in Gastronomiebetrieben und bei Handwerksmeisterinnen/Handwerksmeistern.
- **Beamtinnen und Beamte** sind unkündbare Mitarbeitende bei Kommunal-, Landes- und Bundesbehörden. (Kommunalbehörden sind z. B. Stadtverwaltungen und Kreisverwaltungen; Landesbehörden sind z. B. Kultusministerien und Regierungspräsidien; Bundesbehörden sind z. B. Verteidigungsministerium und Außenministerium.)

- **Angestellte und Arbeiter/-innen** sind alle anderen abhängig Beschäftigten bei Selbstständigen, bei Unternehmen und bei Behörden.

Im Jahr 2022 gab es 3,9 Mio. **Selbstständige** (inkl. mithelfende Familienangehörige) und 41,7 Mio. **Beamtinnen/Beamte, Angestellte und Arbeiter/-innen,** was bedeutet, dass es 45,6 Mio. **Erwerbstätige** gab.

Das ist zu tun

Ermitteln Sie anhand der neuesten statistischen Daten (aus dem Internet: **www.destatis.de** → Publikationen → Statistisches Jahrbuch) die aktuelle Erwerbsquote.

1.2 Natur (Boden)

Das sollte man wissen

Unter dem Produktionsfaktor Boden versteht man die zu wirtschaftlichen Zwecken genutzte Natur.

Dazu gehören neben der Bodenfläche alle natürlichen Hilfsquellen und Naturkräfte, wie z. B. Sonnenlicht, Luft, Temperatur, sowie Felder und Bodenschätze, Wälder und Gewässer.

Deutschland hatte nach Angaben von Genesis Online (destatis.de) im Jahre 2021 eine Wirtschaftsfläche von 357 592 km². Davon entfielen auf Siedlungen 33 710 km², auf Verkehr 18 104 km², auf Gewässer 8 200 km² und auf Vegetation 297 578 km².

Der Boden ist grundsätzlich nicht vermehrbar, wenn man von den wenigen Möglichkeiten absieht, dem Meer durch Eindeichung nutzbaren Boden abzugewinnen. Aus diesem Grunde sagt man auch, dass der Boden ein absolut knappes Gut ist, im Gegensatz zu den übrigen wirtschaftlichen Gütern, die innerhalb bestimmter Grenzen vermehrbar und damit nur relativ knapp sind.

Boden als Anbau-, Abbau- und Standortboden

Zur Gütererstellung dient der Boden als Anbau-, Abbau- und Standortboden.

Als **Anbauboden** finden wir ihn in der Land- und Forstwirtschaft. Nach jeder Ertragsgewinnung in mehr oder weniger langen Zwischenräumen, wenn wir etwa an den Getreideanbau oder die Waldnutzung denken, steht er uns erneut zur Verfügung. Die Bodenfläche kann hier dauernd genutzt werden, da der Boden entweder selbstständig seine Kräfte erneuert oder der Mensch durch sinnvolle Verwendung von Düngemitteln (Umweltschutz!) diesen Vorgang beschleunigt.

Im Bergbau (Kohle, Erz, Salz), bei der Erdöl- und Erdgasgewinnung, in Steinbrüchen ist der Boden **Abbauboden**. Er ist hier nur einmalig nutzbar. Die bei der Bedarfsdeckung verbrauchten Werte sind nicht mehr ersetzbar (regenerierbar).

Gerade diese „Endlichkeit" der natürlichen Ressourcen, das heißt der naturgegebenen Ausstattung einer Volkswirtschaft oder allgemein der Erde, wird uns seit etwa fünf Jahrzehnten verstärkt bewusst gemacht. Auf der anderen Seite wird aber auch dazu angehalten, mit diesen endlichen Vorräten immer sparsamer umzugehen oder sie besser zu ersetzen, etwa durch neue natürliche, sogenannte regenerative (= wieder erneuerbare) Energiequellen (z. B. Sonne, Wind, Wasser). Aber nicht nur mit den offensichtlich endlichen Vorräten muss sparsamer gewirtschaftet werden, sondern auch mit den Abfällen unserer Produktion und unseres Konsums. Da nicht alle diese Abfälle beseitigt werden können, gewinnt deren Wiederverwertung (Recycling) zunehmend an Bedeutung. Man spricht hier neuerdings von Kreislaufwirtschaft (circular economy). Der Wissenschaftliche Beirat der Bundesregierung Globale Umweltveränderungen (WBGU) diskutiert ein Konzept der EU bezüglich einer konsequenten Kreislaufwirtschaft, die den Eingriff in die Natur maximal reduziert und das, was wir entnommen haben, maximal wiederverwendet.

Gemessen an den Grund- und Rohstoffen, die der Boden enthält, sind die Vorkommen in der Bundesrepublik Deutschland im Vergleich zu anderen Ländern verhältnismäßig gering. Die Rohstoffarmut der Bundesrepublik Deutschland drückt sich in dem untergeordneten Anteil des Bergbaus an der gesamtwirtschaftlichen Leistung aus.

Sowohl für die Landwirtschaft als auch für die Industrie hat der Boden als **Standortboden** seine Bedeutung. Wir hatten oben schon festgestellt, dass er nicht vermehrt werden kann, er lässt sich aber auch nicht transportieren. Für ergibt sich daraus die Notwendigkeit, bei seiner Standortwahl sowohl auf Bodenqualität als auch auf die klimatischen Bedingungen zu achten. Es lässt sich nicht überall alles anbauen (z. B. keine Apfelsinen in Nordskandinavien), obwohl mithilfe der Technik und durch Verbesserung der Düngemittel heute Möglichkeiten offenstehen, an die man vor einigen Jahrzehnten noch nicht gedacht hat. Inwieweit sie tatsächlich genutzt werden, ist eine Frage der jeweiligen Kosten und der zu erzielenden Erlöse.

In der Industrie kann man grundsätzlich zwischen gebundenem und freiem Standort unterscheiden. Rohstoff- und energiegewinnende Industriebetriebe sind an die entsprechenden Vorkommen (z. B. Kohle oder Wasser) gebunden. Die übrigen Unternehmen haben einen frei wählbaren Standort, wobei frei wählbar nicht unbedingt beliebig wählbar heißt. In erster Linie wird es auch hier bei der Wahl darauf ankommen, den kostengünstigsten Standort auszusuchen. Solche die Standortwahl beeinflussenden Kostenfaktoren können z. B. sein: unterschiedliche Grundstückspreise, Steuerlasten, Lohnkosten, Umweltschutzauflagen, Transportkosten, Verkehrsverbindungen, Ver- und Entsorgungseinrichtungen oder ein qualifikationsmäßig unterschiedlich zusammengesetztes Arbeitskräftereservoir.

Das ist zu tun

Suchen Sie in Ihrem näheren Umfeld ein Unternehmen, das an den Standort gebunden ist, und erläutern Sie, warum dies so ist.

1.3 Kapital

Das ist geschehen

Eingangs hatten wir schon festgestellt, dass der Produktionsfaktor **Kapital** als abgeleiteter oder derivativer Produktionsfaktor bezeichnet wird, da er erst aus dem Zusammenwirken der beiden ursprünglichen oder originären Faktoren Boden und Arbeit entstehen kann.

Wie kommt es nun zur Kapitalbildung?

Auch hier soll uns ein einfaches Beispiel zum Verständnis helfen.

Beispiel

Mit Geschick und viel Geduld ist es möglich, mit den Händen Forellen zu fangen. Jemand (hier im Beispiel der Familienvater, es könnte auch die Familienmutter sein), der auf diese Weise sich und seine Familie zu ernähren versucht, hätte also lediglich durch die Kombination der beiden originären Produktionsfaktoren Boden oder Natur (Fische im Wasser) und Arbeit Konsumgüter (gefangene Fische) zur Bedürfnisbefriedigung produziert. Eine solche Produktionsweise – die allerdings unmittelbar Konsumgüter verschafft – wäre nicht sehr ergiebig.

Unser Familienvater hat nun die Idee, die Versorgung mit Fischen dadurch zu verbessern, dass er aus Weidenruten eine Fischreuse flechtet, die er an einer geeigneten Stelle so in die Strömung des Baches hängt, dass sich die Fische dort von alleine fangen müssen. Bei der Produktion dieser Reuse sind also wieder Boden oder Natur (Weidenruten) und Arbeit kombiniert worden, aber nicht zur Erstellung von Konsumgütern, sondern zur Herstellung eines Produktionsgutes, mit dessen Hilfe unsere Familie sich weitaus besser Konsumgüter (Fische) verschaffen kann.

Bei der Reusenproduktion ergibt sich aber ein Problem: In der Zeit, in der die Reuse hergestellt wird, können keine Fische gefangen werden. Die Familie hat jetzt zwei Möglichkeiten zur Lösung dieses Problems:

- entweder hungert sie in dieser Zeit oder
- der Familienvater arbeitet vorher länger und ausdauernder und fängt deshalb mehr Fische, von denen er einen Teil als Vorrat zurücklegt.

Gleich wie sich die Familie entscheidet, sie muss auf jeden Fall **Konsumverzicht** leisten, das heißt sparen. Nehmen wir an, die Familie entscheidet sich für die zweite Lösung, das Anlegen eines Fischvorrates. In diesem Falle ergeben sich grundsätzlich erneut zwei Möglichkeiten:

- Der Vater sagt: *„Jetzt kann ich mir endlich einmal einen arbeitsfreien Tag leisten."*
- Der Vorrat wird tatsächlich in der Zeit verzehrt, in der der Vater die Reuse herstellt.

Im ersten Fall ist das Gesparte verwendet worden, um sich ein anderes Konsumgut (freier Tag) zu verschaffen. Danach steht die Familie genauso da wie vorher.

Im zweiten Fall ist das Gesparte investiert worden. Durch diese **Investition** hat sich die Versorgung unserer Familie mit Fischen erheblich verbessert, der Lebensstandard steigt, da der größte Teil der bisher auf den Fischfang verwendeten Zeit jetzt für die Produktion anderer Güter zur Verfügung steht.

Das sollte man wissen

Voraussetzungen für die Kapitalbildung sind also:

1. Sparen = Konsumverzicht leisten
2. Investition des Gesparten

Jede Produktion von Investitionsgütern stellt zunächst einen Umweg bei der Konsumgüterproduktion dar. Wir haben aber festgestellt, dass es ein nützlicher Umweg ist, der die Konsumgüterproduktion verbessert. Auch in unserer heutigen modernen Wirtschaft ist eine Kapitalbildung einzig über Sparvorgänge möglich.

In modernen Volkswirtschaften wird dadurch gespart, dass die Haushalte nur einen Teil ihres Einkommens zu Konsumzwecken verwenden und den nicht konsumierten Teil über Kapitalsammelstellen (Banken, Bausparkassen, Lebensversicherungen usw.) der Wirtschaft für Investitionen wieder zufließen lassen, um so die Kapitalbildung zu ermöglichen.

Das ist zu tun

Sparen Sie persönlich?

Wenn ja, mit welchem Ziel?

Wenn nein, warum eigentlich noch nicht?

Aufgaben

Aufgaben zur Wiederholung

1. Warum muss eine Unternehmerin oder ein Unternehmer neben den Produktionsfaktoren „Arbeit, Boden und Kapital" auch noch den Faktor „Information" beachten?
2. Warum ist der Produktionsfaktor Arbeit ein ursprünglicher Produktionsfaktor?
3. Nennen Sie die Arten der Arbeit und suchen Sie jeweils Beispiele dazu.
4. Erläutern Sie die verschiedenen Nutzungsarten des Bodens.
5. Der Boden ist ein absolut knappes Gut. Was bedeutet dies?
6. Warum nennt man das Kapital einen „abgeleiteten Faktor"?
7. Erklären Sie den Kapitalbildungsprozess und seine Voraussetzungen.

2 Volkswirtschaftliche Leistungserstellungsprozesse als Kombination von Produktionsfaktoren; Wertschöpfung

Das sollte man wissen

Damit in den Unternehmen Güter erstellt werden können, müssen die Produktionsfaktoren Arbeit, Boden und Kapital zu diesem Zweck sinnvoll kombiniert werden. Das Ergebnis dieser Kombination ist eine bestimmte Menge an Gütern – der Ertrag –, die zur Bedürfnisbefriedigung angeboten werden. Wann ist eine Kombination sinnvoll?

Dies hängt von der jeweiligen Zielvorstellung ab. Wir gehen davon aus, dass die Unternehmerin oder der Unternehmer das erwerbswirtschaftliche Prinzip, das heißt die Gewinnmaximierung, als Ziel anstrebt.

Gewinn ist die Differenz zwischen Kosten und Erlösen. Diese Differenz soll möglichst groß sein.

Unter Erlösen versteht man die verkaufte Gütermenge, multipliziert mit den beim Verkauf erzielten Preisen. Kosten sind die bei der Produktion aufgewendeten Mengen an Sachgütern und Dienstleistungen, die sogenannte Faktoreinsatzmengen, multipliziert mit ihren Preisen.

2.1 Möglichkeiten der Kombination der Produktionsfaktoren

Das sollte man wissen

Die Unternehmerin oder der Unternehmer wird – bei der Verwirklichung des Zieles „Gewinnmaximierung" – so weit wie möglich versuchen, nach dem **ökonomischen (wirtschaftlichen) Prinzip** zu handeln.

Das ökonomische Prinzip wird formuliert als:

1. Minimalprinzip (Sparprinzip): ein gegebenes Ziel mit einem möglichst geringen Mitteleinsatz erstreben.
2. Maximalprinzip: mit gegebenen Mitteln den größtmöglichen Erfolg zu erreichen suchen.

Der Versuch, die Aussagen des Minimal- und des Maximalprinzips zusammenzufassen, führt zu folgender modernen Formulierung:

3. einen möglichst großen Überschuss an Erfolg über den Mitteleinsatz zu erzielen suchen (Überschussprinzip)

Beim Minimal- und beim Maximalprinzip ist jeweils eine Größe gegeben (ein bestimmtes Ziel, das erreicht werden soll, bzw. die Mittel, mit denen ein Ziel erreicht werden soll) und eine zweite Größe veränderlich oder variabel (der Mitteleinsatz beim Minimalprinzip bzw. der Erfolg beim Maximalprinzip). Bei der dritten Formulierung des ökonomischen Prinzips sind beide Größen (Mitteleinsatz und Erfolg) veränderlich, aber nicht zur gleichen Zeit, sondern unter Berücksichtigung einer zeitlichen Verzögerung. Ein Beispiel soll uns das verdeutlichen:

Beispiel

Zwischen der Güterherstellung und dem Verkauf dieser Güter vergeht einige Zeit.

Die Unternehmerin oder der ist bestrebt, bei der Produktion etwa eines Motorrades die Kosten für die Herstellung so gering wie möglich zu halten (= Minimalprinzip). Bei einem späteren Verkauf des Motorrades versucht sie oder er, einen möglichst hohen Verkaufserlös zu erzielen (= Maximalprinzip). Auf diese Weise wird der Gewinn, nämlich der Betrag, um den der Erlös die Kosten übersteigt, wiederum maximiert (= Überschussprinzip).

Das **Minimal- und das Maximalprinzip** stellen grundsätzlich nur zwei verschiedene Seiten derselben Medaille dar, während beim **Überschussprinzip**, der modernen Synthese (Zusammenfassung) der beiden erstgenannten Prinzipien, eine zeitliche Verzögerung hinzukommt. Auf unsere Überlegungen angewendet, bedeutet das, dass die Unternehmerin oder der Unternehmer zunächst zwei Entscheidungsmöglichkeiten hat:

1. Sie/Er stellt eine bestimmte Anzahl von Gütern her (die sie oder er auch absetzen kann) und erzielt somit einen bestimmten Erlös. Die Kosten für diese

Produktion versucht sie oder er, so gering wie möglich zu halten (**Minimalprinzip**).

2. Sie/Er kann eine bestimmte Kostenhöhe verkraften und versucht nun, zu diesen vorgegebenen Kosten so viele Produkte wie möglich zu produzieren (und zu verkaufen), um einen möglichst großen Erlös zu erzielen (**Maximalprinzip**).

Wir wollen uns das wiederum an einem vereinfachten Beispiel klarmachen:

Sabine Hauser möchte neue Stühle für unser Unternehmen bestellen und bittet unseren Schreiner, den Auftrag zu kalkulieren.

Unsere Schreinerei hat sich auf die Herstellung von Stühlen spezialisiert. Die Werkstatt liegt an einer Straße, an den übrigen drei Seiten grenzen andere Gebäude an, sodass sie nicht vergrößert werden kann. Damit liegt die Einsatzmenge des Faktors Boden fest und kann für die weiteren Überlegungen außer Acht gelassen werden.

Es ist technisch möglich, eine bestimmte Menge Stühle mit geringem Kapitaleinsatz (z. B. mit einigen Handsägen und Hobeln) und vielen Arbeitskräften oder mit hohem Kapitaleinsatz (z. B. mit Halb- oder Vollautomaten) und wenigen Arbeitskräften herzustellen. Arbeit und Kapital sind also gegenseitig **austauschbar** oder **substituierbar**. Verringern wir die Einsatzmenge des einen Faktors (z. B. Arbeit), dann müssen wir die Einsatzmenge des anderen Faktors (z. B. Kapital) erhöhen, wenn wir weiterhin dieselbe Produktionsmenge, also denselben Ertrag, erzielen wollen.

Unser Schreinermeister hat sich eine Anzahl von technisch möglichen Kombinationen zwischen Arbeit und Kapital mit den jeweiligen Erträgen in der folgenden Tabelle[1] zusammenstellen lassen:

Kapital								
8	200 (A)	400 (E)	600	800	1000	1200	1400	1600
7	175	350	525	700	875	1050	1225	1400
6	150	300	450	600	750	900	1050	1200
5	125	250	375	500	625	750	875	1000
4	100	200 (B)	300	400 (F)	500	600	700	800
3	75	150	225	300	375	450	525	600
2	50	100	150	200 (C)	250	300	350	400 (G)
1	25	50	75	100	125	150	175	200 (D)
	1	2	3	4	5	6	7	8 Arbeit

Es lassen sich z. B. 200 Stühle bei einem Einsatz von zwei Einheiten Kapital und vier Einheiten Arbeit herstellen. Erhöhen wir das Kapital bei gleicher Anzahl von Arbeitskräften um eine Einheit, so lassen sich 300 Stühle herstellen, stellen wir bei gleichem Kapitaleinsatz eine weitere Arbeitskraft ein, ergibt sich eine Produktionssteigerung auf 250 Stühle.

Der Schreinermeister zieht in Erwägung, 200 Stühle herzustellen.

1 Eine solche Kombinationstabelle wird auch **Matrix** genannt. Wir kennen sie alle als Entfernungstabelle in Taschenkalendern.

Technisch sind folgende Kombinationen möglich, die alle den gleichen Ertrag von 200 Stühlen ergeben:

Produktion 200 Stück		
Kombination	Einheiten	
	Kapital	Arbeit
A	8	1
B	4	2
C	2	4
D	1	8

Bei einer Produktionserhöhung auf 400 Stühle ergeben sich folgende Kombinationsmöglichkeiten:

Produktion 400 Stück		
Kombination	Einheiten	
	Kapital	Arbeit
E	8	2
F	4	4
G	2	8

Zeichnen wir die verschiedenen Kombinationsmöglichkeiten in ein Koordinatensystem ein und verbinden die einzelnen Punkte, so ergeben sich folgende Kurven:

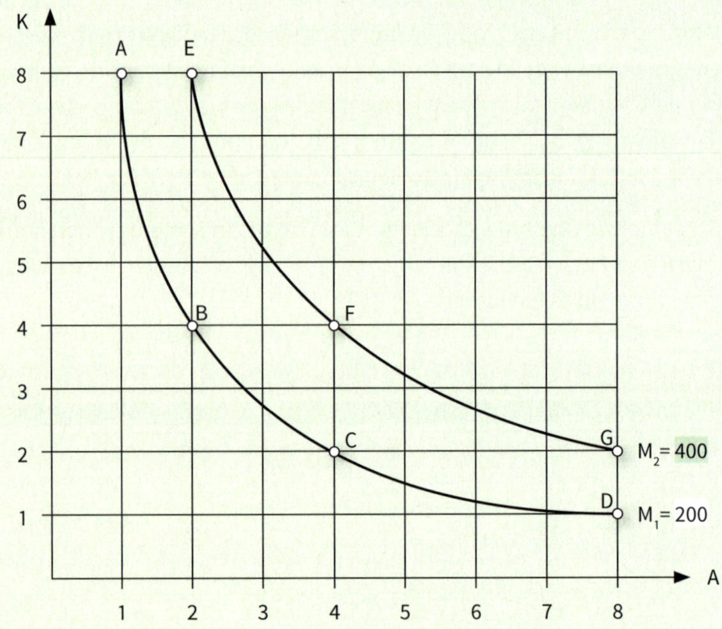

Das sollte man wissen

Diese Kurven werden **Kurven gleicher Ausbringungsmengen oder Isoquanten** genannt.

Jede *Isoquante* gibt alle *technisch* möglichen Faktorenkombinationen an, die die gleiche Produktionsmenge erbringen.

Aus der Darstellung ist ersichtlich, dass eine Produktionsausweitung zu einer Verschiebung der Isoquante nach rechts führt. Eine Produktionseinschränkung würde sich in einer Verschiebung nach links widerspiegeln.

Unser Schreiner hat sich also für die erste der beiden aufgeführten Möglichkeiten, nämlich die Kosten bei gegebenem Ertrag so gering wie möglich zu halten, entschieden. Welche der Kombinationen ist nun unter diesem Gesichtspunkt die günstigste, das heißt, welche lässt sich mit den geringsten Kosten verwirklichen? Uns interessiert also nicht irgendeine *technisch* mögliche Kombination der Produktionsfaktoren, die einen bestimmten Ertrag erbringt, sondern die *wirtschaftlichste*. Diese gesuchte Kombination wird **Minimalkostenkombination** genannt, da bei ihr die Kosten zur Erzeugung einer bestimmten Produktionsmenge am geringsten sind.

Das ist zu tun

Nehmen wir an, die Preise je Einheit wären bei Kapital 2.500,00 € und bei Arbeit 1.250,00 €, dann könnten bei einem Geldeinsatz von (1.) 5.000,00 €, (2.) 10.000,00 € und (3.) 15.000,00 € folgende Kombinationen verwirklicht werden:

Gesamtkosten 5.000,00 €				Gesamtkosten 10.000,00 €				Gesamtkosten 15.000,00 €			
Einheiten		€		Einheiten		€		Einheiten		€	
Kap.	Arb.	Kap.	Arb.	Kap.	Arb.	Kap.	Arb.	Kap.	Arb.	Kap.	Arb.
0	4	0	5.000,00	0	8	0	10.000,00	0	12	0	15.000,00
1	2	2.500,00	2.500,00	1	6	2.500,00	7.500,00	1	10	2.500,00	12.500,00
2	0	5.000,00	0	2	4	5.000,00	5.000,00	2	8	5.000,00	10.000,00
				3	2	7.500,00	2.500,00	3	6	7.500,00	7.500,00
				4	0	10.000,00	0	4	4	10.000,00	5.000,00
								5	2	12.500,00	2.500,00
								6	0	15.000,00	0

Zeichnen wir die Werte ebenfalls in ein Koordinatensystem ein, so ergeben sich Geraden, die alle Kombinationen von Kapital und Arbeit angeben, die zu bestimmten gleichen Gesamtkosten möglich sind:

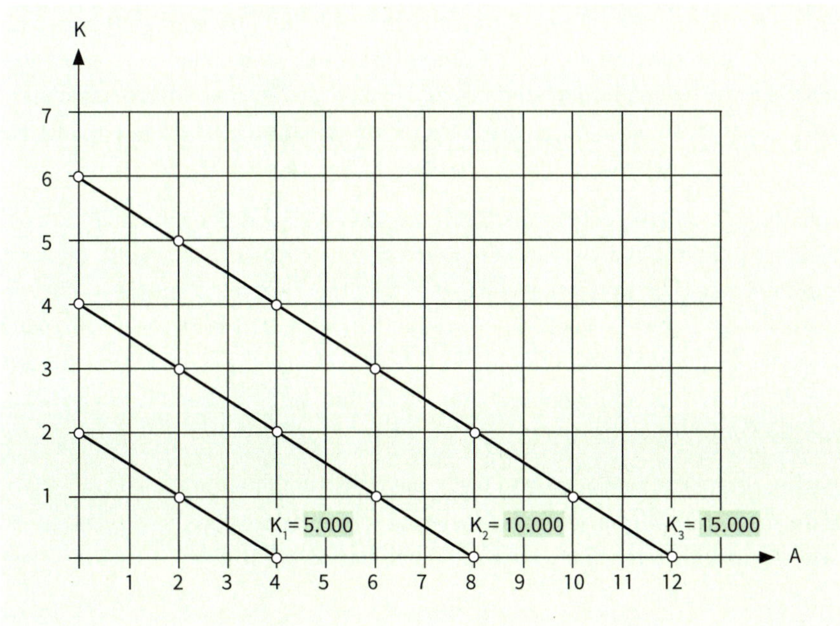

Das sollte man wissen

Man nennt diese Kurven **Linien gleicher Kosten oder Isokostenlinien**.

Jede *Isokostenlinie* gibt alle Faktorkombinationen zu gleichen Kosten an.

Eine Kostenerhöhung führt zu einer Verschiebung nach rechts, eine Kostensenkung zu einer Verschiebung nach links.

Zeichnen wir die Isoquanten und die Isokostenlinien in ein gemeinsames Koordinatensystem ein, so bietet sich folgendes Ergebnis:

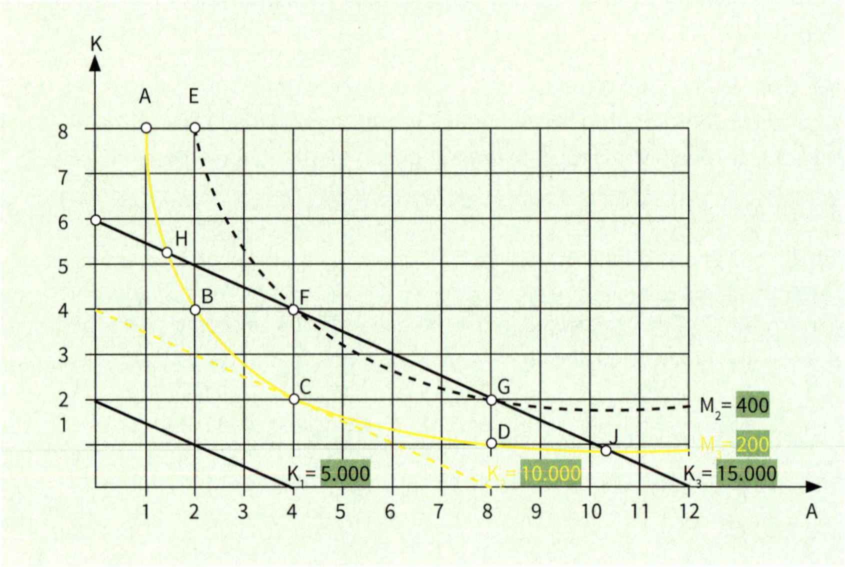

Die gewünschte Produktionsmenge von 200 Stühlen ist zu Gesamtkosten von 5.000,00 € nicht zu verwirklichen, weil es keine Gemeinsamkeit zwischen Isokostenlinie K_1 und Isoquante M_1 gibt.

Zu Kosten von 15.000,00 € sind sowohl 200 Stühle (Kombinationen H und J) als auch 400 Stühle (Kombinationen F und G) zu produzieren. Keine ist aber die kostengünstigste Kombination, denn es gibt in allen Fällen links von der Isokostenlinie K_3 noch technisch mögliche Faktorenkombinationen, die kostengünstiger sind.

Das sollte man wissen

200 Stühle sind am kostengünstigsten zu 10.000,00 € in der Kombination zwei Einheiten Kapital und vier Einheiten Arbeit zu produzieren, das heißt, die Minimalkostenkombination ist erreicht. Hier berührt die Isokostenlinie K_2 die Isoquante M_1 im Punkt C. Links von Punkt C haben wir zwar niedrigere Kosten, aber keine technisch mögliche Kombination, die 200 Stühle ergibt, rechts von diesem Punkt gibt es zwar Kombinationen für 200 Stühle, sie sind aber alle nur zu höheren Kosten zu verwirklichen.

Rechnerisch lässt sich auch ermitteln, dass die Kombination C die Minimalkostenkombination ist, wenn wir die Kosten für die einzelnen Faktoreinsatzmengen und die Gesamtkosten der jeweiligen Kombination ermitteln:

Kombination	Einsatzmengen				Gesamtkosten €
	Kapital	€	Arbeit	€	
A	8	20.000,00	1	1.250,00	21.250,00
B	4	10.000,00	2	2.500,00	12.500,00
C	2	5.000,00	4	5.000,00	10.000,00
D	1	2.500,00	8	10.000,00	12.500,00

Das ist zu tun

Nehmen wir an, unser Schreinermeister entscheidet sich für die zweite Möglichkeit: Er kann aus Konkurrenzgründen höchstens 20.000,00 € Kosten verkraften, das Preisverhältnis beträgt 2.500,00 € je Einheit Arbeit und Kapital. Er möchte zu diesen Kosten so viele Stühle wie möglich produzieren, das heißt, er sucht also den maximalen Ertrag.

Das Ergebnis erhält er dadurch, dass er aus einer Schar von Isoquanten (M_1, M_2, M_3 usw.) diejenige heraussucht, die die gegebene Isokostenlinie K = 20.000,00 € berührt. In unserem Beispiel ist es die Isoquante $M_3 = 400$. Er kann also zu diesen Gesamtkosten und bei diesem Preisverhältnis 400 Stühle produzieren. Die gesuchte Kombination heißt **Maximalertragskombination**.

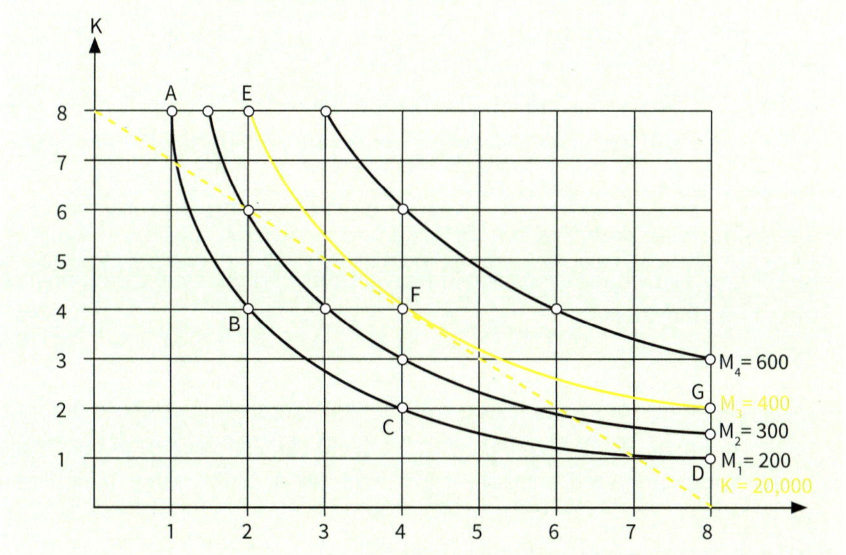

Das ist geschehen

In den beiden bisherigen Beispielen haben wir unterstellt, dass die Produktionsfaktoren beliebig substituierbar sind. Besonders in der modernen industriellen Produktion ergibt sich aber, dass die Einsatzfaktoren oft nicht substituierbar sind, sondern in einem festen Verhältnis zueinander stehen, das technisch oder durch staatliche Vorschriften bedingt ist. In diesem Fall spricht man von **limitationalen**[1] **Produktionsfaktoren**.

Wir können uns das an zwei recht einfachen Beispielen klarmachen:

- Eine Grube soll von Hand ausgehoben werden. Wir setzen als Kapital eine Schaufel ein. Es hat nur Sinn, diese Schaufel **einer Arbeiterin oder einem** Arbeiter zu geben, sodass sich eine Faktorenkombination von einer Einheit Kapital und einer Einheit

1 lat. limitatio = Begrenzung, Beschränkung

Arbeit ergibt. Stellen wir zwei, drei oder vier Arbeiter/-innen an diese eine Schaufel, so ist keine Produktionssteigerung (schnelleres Ausheben der Grube) möglich, ebenso wenig, wenn wir einer Arbeiterin oder einem Arbeiter zwei, drei oder vier Schaufeln geben. Eine Produktionssteigerung ist nur möglich, wenn wir jeder Arbeiterin oder jedem Arbeiter auch eine Schaufel geben.

- Es ist vom Staat vorgeschrieben, dass im gewerblichen Fernverkehr auf einem Lkw neben der Fahrerin/dem Fahrer auch eine Beifahrerin/ Beifahrer mitfahren muss. Hat ein Transportunternehmen fünf Lastkraftwagen, dann muss es zehn Arbeitskräfte einstellen. Wird eine Beifahrerin/ Beifahrer krank, darf ein Lkw nicht fahren. Der Kauf eines weiteren Lastkraftwagens erfordert zwingend auch die zusätzliche Einstellung von einer Fahrerin/einem Fahrer und einer Beifahrerin/einem Beifahrer.

Wegen des technisch oder staatlich festgesetzten Verhältnisses der Produktionsfaktoren braucht auch keine Minimalkostenkombination gesucht zu werden, da die Kosten dann am geringsten sind, wenn die technisch bedingte Kombination verwirklicht worden ist.

2.2 Entlohnung der Produktionsfaktoren sowie Wertschöpfung

Das sollte man wissen

Die Produktionsfaktoren stehen den Produzenten, den Unternehmen, aber nicht kostenlos zur Verfügung, sie werden entlohnt: Zum Beispiel beziehen die

- Arbeitskräfte Lohn oder Gehalt,
- für gepachteten Boden zahlt man Pacht und für das
- geliehene (Geld-)Kapital müssen Zinsen gezahlt werden. Die Produktionsfaktoren erhalten also
- Einkommen.

Mithilfe dieses Einkommens werden von den Einkommensbezieherinnen und -beziehern die erstellten Güter gekauft, es fließt danach wieder an die Unternehmen zurück und wird verbraucht. Wird ein Teil des Einkommens nicht verbraucht, sondern gespart, fließt dieser Teil über die Kapitalsammelstellen als Kredite an die Unternehmen zurück (→ Kap. 3.3).

Das ist zu tun

1. Wie erfolgt denn nun eigentlich die Wertschöpfung?
2. Um das Bruttoinlandsprodukt (BIP) [vgl. Kap. 5] zu steigern, müsste man demnach sinnvollerweise die Produktionsfaktoren vermehren.
   Lassen sich alle Produktionsfaktoren vermehren? Erstellen Sie eine tabellarische Übersicht über die Ihnen bekannten Produktionsfaktoren und notieren Sie sich jeweils, ob eine Vermehrung möglich ist. Sollten Sie Probleme erkennen, so schreiben Sie diese bitte mit auf.

Eine Vermehrung des Faktors **Boden** als Standort- oder Anbauboden dürfte allerdings recht schwierig sein, da der Boden in einer Volkswirtschaft als **gegebene Größe** angenommen werden kann, die durch Staatsgrenzen festgelegt ist (wenn man von der Neulandgewinnung z. B. an der deutschen Nordseeküste einmal absieht). Eine Ausweitung des Standortbodens kann nur zulasten des Anbaubodens gehen und umgekehrt. Beim Abbauboden stehen wir vor dem Problem der Endlichkeit der Naturvorräte.

Beispiel

- **Standortboden,**
  z. B. Grundstück, auf dem der Verkaufsshop der Mediaworld e. K. steht
- **Anbauboden,**
  z. B. Acker, auf dem Getreide angebaut wird
- **Abbauboden,**
  z. B. Boden, der als Sand oder Kies abgebaut wird („Baggerloch")

Ein Wachstum ist nur möglich, wenn weitere Naturkräfte zusätzlich nutzbar gemacht werden können (z. B. Sonnen- oder Windenergie) oder wenn die vorhandenen Naturkräfte durch neue Technologien sparsamer verwertet werden (z. B. niedriger Gasverbrauch der modernen Heizungen). Das fordern u. a. die Vereinten Nationen in den SDGs (Sustainable Development Goals) als „nachhaltiges Wirtschaftswachstum für alle".

Wenn sich die Bevölkerungszahl vermehrt, erhöht sich auch der Faktor **Arbeit,** da dann mehr Arbeitskräfte zur Verfügung stehen. In der heutigen Zeit ist aber weniger die quantitative Vermehrung als vielmehr die qualitative Verbesserung durch bessere Ausbildung der Arbeitskräfte von Bedeutung. Sie vermittelt das technische und organisatorische Wissen und Können, das **Know-how,** das notwendig ist, um die Produktionsmittel, das Sachkapital, sinnvoll bedienen und warten zu können. Sie versetzt uns auch in die Lage, neue Technologien zu entwickeln (= technischer Fortschritt, auch **Innovationen** genannt). Zum Beispiel spricht man bei den durch die Weiterentwicklung der Elektronik beeinflussten Industriezweigen von einer „Innovationsrate" von 50 % in fünf Jahren. Das bedeutet, dass die Hälfte aller Produkte, die 2023 hergestellt wurden, in diesem Bereich 2018 noch nicht auf dem Markt war. Neben der Verbesserung der Qualität des Faktors Arbeit kommt auch dem Faktor **Kapital** eine große Bedeutung hinsichtlich der Erhöhung von Inlands- und Sozialprodukt zu.

Das sollte man wissen

Wie aber wird Kapital gebildet? Auf eine einfache Formel gebracht lautet die Antwort: durch Sparen und Investieren. Damit ist gemeint, dass das Geld, das wir alle sparen (bei Banken usw.), von anderen (z. B. wie das Unternehmen Mediaworld e. K.) bei Banken ausgeliehen wird, um damit z. B. neue Schreibtische zu kaufen, also Neuinvestitionen vorzunehmen. Neuinvestitionen und technischer Fortschritt sind die wichtigsten Wachstumsfaktoren.

Zu beachten ist noch, dass Neuinvestitionen das Inlandsprodukt und das Nationaleinkommen nicht nur um den Investitionsbetrag erhöhen, sondern multiplizieren. Gemeint ist, dass das Inlandsprodukt nicht nur in Höhe des Preises z. B. der gekauften Schreibtische steigt, sondern zusätzlich in Höhe der damit erwirtschafteten Umsätze der Mediaworld e. K. Man spricht in der Volkswirtschaftslehre in diesem Zusammenhang vom **Multiplikatoreffekt.**

Aufgaben

Aufgaben zur Wiederholung

1. Überlegen Sie sich je ein Beispiel zur Erklärung des Maximalprinzips und des Minimalprinzips.
2. Definieren Sie die Begriffe „Isoquante“ und „Isokostenlinie“.
3. Was versteht man unter „Minimalkostenkombination“?

3 Wirtschaftskreislauf

3.1 Betrieb und Mensch im Wirtschaftskreislauf

Das ist geschehen

Sie haben sich in BWL mit der Unternehmensgründung beschäftigt und kennen daher das Modellunternehmen Mediaworld e. K.

Dieses Unternehmen, das aus einem Einzel- und einem Großhandelsbetrieb besteht, beschäftigt unter anderem den Auszubildenden Bastian Lenz.

Beispiele für Groß- und Einzelhandel

Die Mediaworld e. K. Abteilung **Einzelhandel** verkauft **an Endverbraucher/-innen** (z. B. an die Mutter von Bastian Lenz).

Die Mediaworld e. K. Abteilung **Großhandel** verkauft **an Wiederverkäufer** (z. B. an ein anderes Einzelhandelsfachgeschäft).

Wir sind es heutzutage gewöhnt, die Waren, die wir in unserem Haushalt benötigen, in den entsprechenden Fachgeschäften zu kaufen. Also z. B. USB-Sticks bei der MediaWorld e. K., Brot beim Bäckerladen nebenan oder Obst auf dem Markt.

War das schon immer so? Gab es eigentlich in der Frühzeit der Geschichte auch schon Geschäfte?

Das ist zu tun

1. Überlegen Sie, wie sich die Menschen in der Frühzeit der Geschichte mit Waren für ihren Haushalt versorgt haben.

   Setzen Sie sich in Gruppen zusammen und schreiben Sie Ihre spontanen Einfälle auf und sortieren Sie diese anschließend nach Gemeinsamkeiten.

Das sollte man wissen

Jahrtausende hindurch konnte in der Frühzeit der Geschichte der einzelne Mensch nur die Bedürfnisse befriedigen, für die er die Güter selbst oder innerhalb seiner Großfamilie herzustellen in der Lage war. Diese Art der Lebens- und Produktionsweise nennt man **„geschlossene Hauswirtschaft"**.

In ihr gab es keine oder nur eine geringe Arbeitsteilung. In der geschlossenen Hauswirtschaft musste eigentlich jede oder jeder alle Arbeiten verrichten können. Von Arbeitsteilung sprach man erst, wenn Einzelne sich auf bestimmte Arbeiten spezialisierten. Die oder der Einzelne musste also darüber entscheiden, welche Bedürfnisse sie oder er selbst befriedigen und wie sie oder er sie befriedigen konnte. Sie oder er war somit herstellende und verbrauchende Person in einem.

Auch heute gibt es noch Fälle, in denen jemand **herstellende oder verbrauchende Person in einem** ist.

Das ist zu tun

2. Kennen Sie solche Fälle, in denen Herstellende und Verbrauchende in einer Person existieren? Beschreiben Sie gemeinsam mit mit Ihrer Banknachbarin/Ihrem Banknachbarn diese Situationen.

Ausnahmen wird es weiterhin geben, wir müssen uns aber von nun an mit dem Regelfall beschäftigen.

Das ist geschehen

Sehen wir uns dazu die Beziehung Haushalt – Unternehmen genauer an. Bastian Lenz ist Auszubildender und als solcher bei der Mediaworld e. K. beschäftigt. Er möchte nun für seinen PC zu Hause (Bastian lebt noch im Haushalt seiner Eltern) DVDs kaufen. Der Unternehmer Moritz Wagner entscheidet sich dafür, ihm die DVDs zu verkaufen.

Das ist zu tun

3. Versuchen Sie nun, die wirtschaftlichen Beziehungen zwischen Haushalt und Unternehmen grafisch darzustellen.

3.2 Einfacher Wirtschaftskreislauf

Das sollte man wissen

1. Der Haushalt (hier: der Haushalt des Auszubildenden) stellt dem Unternehmen (z. B. Mediaworld e. K.) seine Arbeitskraft zur Produktion zur Verfügung. Wir nennen die Güter, die von der Unternehmung erstellt werden, deswegen auch Produktivgüter. (Das Produktivgut besteht in diesem Fall aus der Bereitstellung der DVDs zum Verkauf an den Endverbraucher.)
2. Für die Bereitstellung der Arbeitskraft an das Unternehmen erhalten die Haushalte als Gegenleistung Geld. Dieses Geld nennen wir Einkommen (in unserem Fall: Ausbildungsvergütung).
3. Das Einkommen fließt – wenn wir als Haushalt Güter vom Unternehmen kaufen – an dieses zurück und wird so zu Ausgaben.
4. Im Austausch dafür fließen vom Unternehmen Konsumgüter an den Haushalt. (DieselbenGüter–dievomUnternehmenalsProduktivgüterbezeichnetwerden–heißen bei den Endverbrauchenden Konsumgüter.)

Einfacher Wirtschaftskreislauf

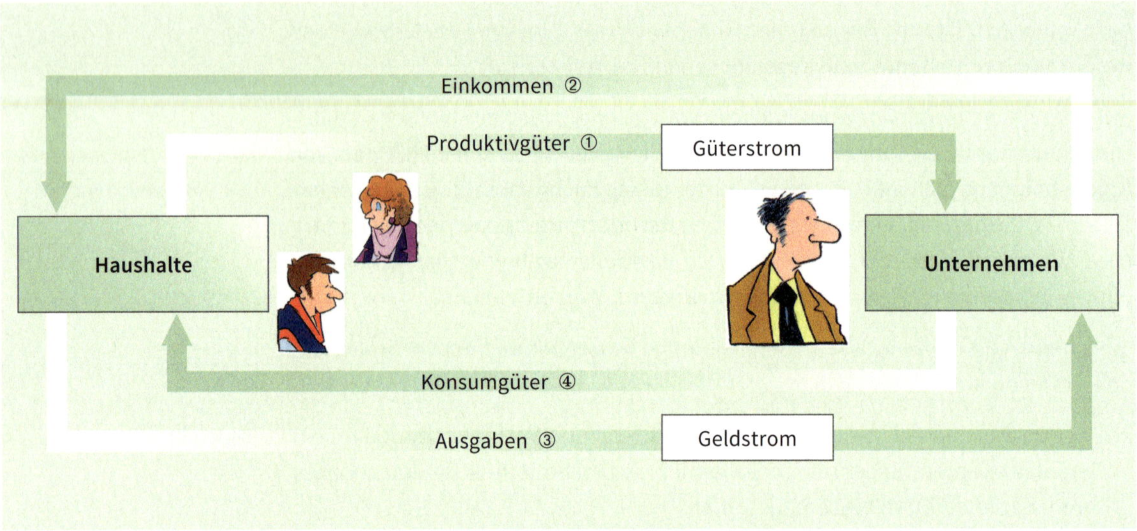

Wenn Sie sich nun die Grafik nach den Informationen ① bis ④ noch einmal genau ansehen, können Sie feststellen, dass es zwei Kreisläufe gibt, nämlich einen inneren (den **Güterkreislauf**) und einen äußeren (den **Geldkreislauf**). Beide zusammen ergeben den sogenannten einfachen Wirtschaftskreislauf.

Einfach heißt er deshalb, da einerseits nur Haushalt und Unternehmen betrachtet werden und andererseits unterstellt wird, dass die Unternehmen alle Güter verkaufen und die Haushalte das gesamte Einkommen wieder ausgeben. Das entspricht aber nicht der Wirklichkeit.

Das ist zu tun

1. Warum entspricht die vorgenannte Situation nicht oder nicht immer der Wirklichkeit? Überlegen Sie zunächst, wofür z. B. das Einkommen der Haushalte ausgegeben wird, und dann, um welche Größen der Kreislauf erweitert werden müsste, um der Wirklichkeit näherzukommen. Diskutieren Sie die Ergebnisse in Ihren Arbeitsgruppen. Denken Sie in diesem Zusammenhang daran, dass nicht das gesamte Einkommen notwendigerweise konsumiert werden muss.

Sicher sind Sie bei Ihren Überlegungen auch auf die Idee gekommen, dass Verbrauchende auf Unternehmen angewiesen sind und Unternehmen auf Verbrauchende. Aber gibt es in der Wirtschaft wirklich nur die Beziehung zwischen diesen beiden Kreislaufgrößen? Stimmt das, was wir für den einfachen Wirtschaftskreislauf unterstellt haben, denn mit der Wirklichkeit überein?

Das ist zu tun

2. Versuchen Sie, die gewonnenen Erkenntnisse in das Schaubild des einfachen Wirtschaftskreislaufs einzubauen. Stimmen Sie danach das Ergebnis Ihrer Überlegungen im Zweierteam ab.

3.3 Erweiterter Wirtschaftskreislauf

Sie haben bestimmt herausgefunden, dass die Haushalte nicht das ganze Einkommen für Konsumgüter ausgeben und die Unternehmen oft nicht genug eigenes Geld haben, um produzieren zu können.

Das sollte man wissen

Wenn Haushalte nicht das ganze Einkommen für Konsumzwecke ausgeben, spricht man von **Sparen.** Die Haushalte leisten also Konsumverzicht und bringen das Geld zu Kapitalsammelstellen (Banken, Bausparkassen, Lebensversicherungen). Wird das nicht ausgegebene Geld in einer Tasse im Küchenschrank aufbewahrt oder unter der Matratze versteckt, spricht man nicht von Sparen, sondern von **Horten.** Gehortetes Geld ist folglich dem Wirtschaftskreislauf entzogen, ein Grund, weswegen wir uns damit nicht beschäftigen.

Uns interessiert nur das gesparte Geld, das dem Wirtschaftskreislauf erhalten bleibt.

Auf der anderen Seite geben die Kapitalsammelstellen die ihnen anvertrauten Beträge an die Unternehmen weiter, die sie für Investitionen, das heißt für die Anschaffung von neuem Sachkapital, verwenden.

Wir unterstellen, dass die Banken zum Beispiel die gesamten Ersparnisse der Haushalte an die Unternehmen weitergeben, sodass **Sparen ① gleich Investieren ②** ist. Damit wäre unser Wirtschaftskreislauf wieder geschlossen.

Erweiterter Wirtschaftskreislauf

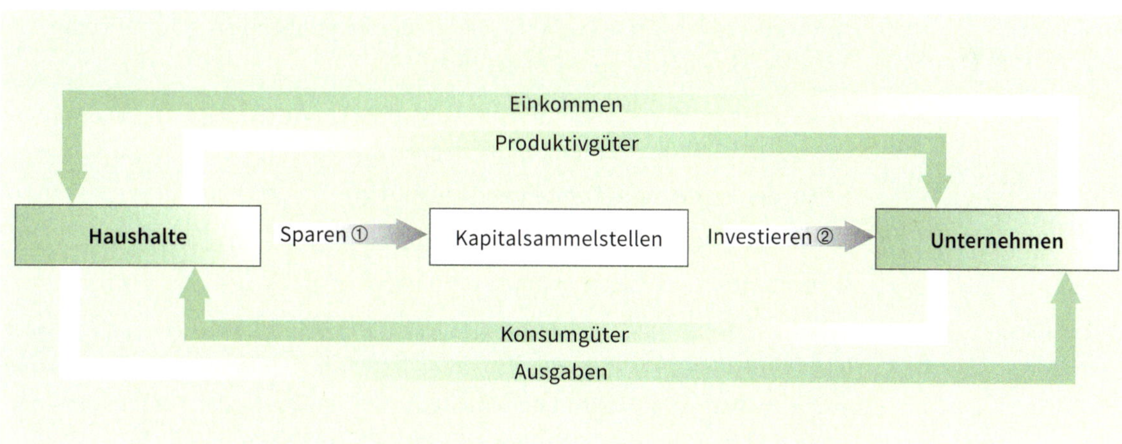

Unser Modell des Wirtschaftskreislaufes (Vorsicht: nicht zu verwechseln mit der Kreislaufwirtschaft [siehe auch unter Produktionsfaktor Boden]), in dessen Verlauf wir über Vereinfachungen schrittweise der Realität näher kommen, lässt aber immer noch zwei wichtige Größen vermissen – was Sie vielleicht schon selbst herausgefunden haben –, nämlich: **Staat** und **Ausland,** auf die wir hier nicht näher eingehen.

Aufgaben

Aufgaben zur Wiederholung

1. Wodurch ist die sogenannte geschlossene Hauswirtschaft gekennzeichnet? Welche Art von Lebens- und Produktionsweise kommt hier zum Ausdruck?
2. Beschreiben Sie den Güterkreislauf und den Geldkreislauf anhand von selbstgewählten Beispielen.

4 Vereinfachte Grundstrukturen der volkswirtschaftlichen Gesamtrechnung

4.1 Überblick über die volkswirtschaftliche Gesamtrechnung

Das sollte man wissen

Die volkswirtschaftliche Gesamtrechnung will nicht nur die Beziehungen zwischen Verbrauchenden und Unternehmen verdeutlichen, sondern setzt sich die Aufgabe, Beziehungen zwischen den einzelnen Sektoren und Bereichen der Wirtschaft – einschließlich Staat und Ausland – **wertmäßig**, das heißt im Eurowährungsgebiet in Euro, zu erfassen und darzustellen (gleichsam eine internationale/nationale Buchhaltung).

Solche Beziehungen werden mit dem Fremdwort „Transaktionen" bezeichnet. Die volkswirtschaftliche Gesamtrechnung bemüht sich also um eine wirkliche Gesamtschau des fassbaren Wirtschaftskreislaufs während einer **zeitlich begrenzten** Wirtschaftsperiode (z. B. ein Jahr) **in der Vergangenheit.** Man spricht in diesem Fall von einer **Ex-post-Betrachtung.**

Zur Erinnerung:

Die **volkswirtschaftliche Gesamtrechnung**
- ist eine Wertrechnung,
- ist eine Ex-post-Untersuchung,
- betrachtet einen bestimmten Zeitraum.

Es wird der Teil der Transaktionen erfasst, der eine **Wertschöpfung** (siehe unten) darstellt. Die Wertschöpfung wird dreimal erfasst:

- bei der Produktion (**Entstehungsrechnung**),
- bei der Entlohnung der Produktionsfaktoren (Verteilungsrechnung),
- beim Verbrauch (Verwendungsrechnung).

Der Mensch hat bekanntlich Bedürfnisse, die durch Güter befriedigt werden – nicht durch freie, sondern durch knappe Güter. Bei der Herstellung/Produktion müssen Produktionsfaktoren kombiniert werden. Durch die Kombination entstehen Güter in den verschiedenen Wirtschaftsbereichen.

Die Produktionsfaktoren stehen den Produzenten, den Unternehmen, aber nicht kostenlos zur Verfügung, sie werden entlohnt: Zum Beispiel beziehen die Arbeitskräfte Lohn oder Gehalt und für das geliehene (Geld-)Kapital müssen Zinsen gezahlt werden. Die Produktionsfaktoren erhalten also Einkommen. Mithilfe dieses Einkommens werden die erstellten Güter gekauft, es fließt an die Unternehmen zurück und wird verbraucht. Wird ein Teil des Einkommens nicht verbraucht, sondern gespart, fließt dieser Teil über die Kapitalsammelstellen als Kredite an die Unternehmen zurück.

Obwohl die Wertschöpfung auf drei verschiedene Arten erfasst wird, wollen wir uns hier **beispielhaft** (exemplarisch) mit der **Entstehungsrechnung** beschaftigen.

4.2 Entstehungsrechnung (exemplarisch)

In unserer Wirtschaft werden Güter, das heißt Werte, die im Rahmen der volkswirtschaftlichen Gesamtrechnung in Geld bewertet und erfasst werden, in erster Linie von Unternehmen erstellt. Statistisch werden die Unternehmen eingeteilt in:

- Land- und Forstwirtschaft, Fischerei
- produzierendes Gewerbe ohne Bauwirtschaft
- Bauwirtschaft
- Handel, Gastgewerbe und Verkehr
- Finanzierung, Vermietung und Unternehmensdienstleister

Aber auch öffentliche und private Dienstleister wie z. B.

- Bund, Länder, Gemeinden,
- Sozialversicherungen,
- Kirchen, Wohlfahrtsverbände, Vereine

erstellen Werte.

Die Summe dieser Werte ist der **Produktionswert** unserer Volkswirtschaft. Er wird durch das Statistische Bundesamt in Wiesbaden mithilfe der jeweiligen Statistischen Landesämter erfasst.

Dieser Produktionswert enthält aber eine Vielzahl von Doppelzählungen, denn zwischen den einzelnen Unternehmen werden auch Güter ausgetauscht.

Beispiel

Ein einfaches Beispiel mit gedachten Zahlen soll uns das erläutern:

Eine Landwirtin produziert Getreide für .... 10.000,00 €

Sie verkauft dieses Getreide an eine Mühle.

Diese stellt daraus Mehl und Schrot her im Wert von .... 17.000,00 €

Aus dem Mehl werden Brot und Backwaren hergestellt

und aus dem Schrot Viehfutter im Wert von .... 25.000,00 €

Der **Produktionswert** besteht aus der Summe aller Werte,

das sind in unserem Beispiel .... 52.000,00 €

Werden nun die **Vorleistungen** vom Produktionswert abgezogen, so erhält man die **Bruttowertschöpfung.** Die vom Statistischen Bundesamt bzw. vom statistischen Amt der Europäischen Union (Eurostat) ausgewiesene Bruttowertschöpfung insgesamt ist niedriger als die Bruttowertschöpfung der Wirtschaftsbereiche (Land- und Forstwirtschaft usw.). Die Differenz ergibt sich dadurch, dass die um die unterstellte Bankgebühr verminderte Summe der Bruttowertschöpfung der einzelnen Wirtschaftsbereiche zuzüglich der Gütersteuern und abzüglich der Gütersubventionen ermittelt wird. Solche Vorleistungen sind z. B. bezogene Roh-, Hilfs- und Betriebsstoffe, Energie, bezogene Teile, Transportgebühren, Anwaltskosten.

In unserem obigen Beispiel ist für die Mühle das bezogene Getreide eine Vorleistung, für die Bäckerei das Mehl, für das Viehfutter herstellende Unternehmen der Schrot.

Zu den Gütersteuern zählen z. B. nicht abziehbare Umsatzsteuer, Importabgaben (Zölle), Verbrauchsabgaben, Vergnügungssteuer, Versicherungssteuer. Gütersubventionen sind Subventionen, die pro Einheit einer produzierten oder eingeführten Ware oder Dienstleistung geleistet werden.

Lassen wir in unserem vereinfachten Beispiel außer Acht, dass auch der Landwirtschaftsbetrieb noch Vorleistungen, etwa Dünger, und die Bäckerei außer Mehl auch Strom oder Hefe usw. bezogen haben könnten, dann sieht die Wertschöpfung so aus:

	Produktionswert in €	Vorleistungen in €	Wertschöpfung in €
Landwirtschaft .	10.000,00 €	–	10.000,00 €
Mühle	17.000,00 €	10.000,00 €	7.000,00 €
Bäckerei und Viehfutter herstellungsbetrieb	25.000,00 €	17.000,00 €	8.000,00 €
	52.000,00 €	27.000,00 €	25.000,00 €
Summe =	**Produktionswert**		**Bruttowertschöpfung**

Bruttowertschöpfung nach Wirtschaftsbereichen (Deutschland)

in jeweiligen Preisen (Mrd. EUR)

Jahr		2000	2002	2004	2006	2008	2010	2015	2018
Unternehmen	Land- und Forstwirtschaft, Fischerei	22,05	22,16	21,90	17,86	19,57	17,83	15,00	23,10
	Produzierendes Gewerbe ohne Baugewerbe	458,37	474,71	501,55	538,84	579,96	564,89	700,40	786,60
	Baugewerbe	96,34	88,79	83,26	80,35	93,82	100,43	127,80	160,60
	Handel, Gastgewerbe und Verkehr	349,09	347,59	353,41	374,60	399,83	354,79	421,00	496,50
	Finanzierung, Vermietung und Unternehmensdienstleister	560,71	553,43	581,02	616,41	655,04	690,92	849,70	912,60
Öffentliche und private Dienstleistungsbetriebe		402,85	446,51	457,22	465,24	486,90	507,77	608,60	574,60
Bruttowertschöpfung der Wirtschaftsbereiche		1.889,41	1.933,19	1.998,36	2.093,30	2.235,12	2.236,63	2.722,50	2.954,00

Quelle: Statistisches Jahrbuch für die Bundesrepublik Deutschland 2013–2019

Ehe wir uns mit einer weiteren möglichen Untergliederung dieser Bruttowertschöpfung befassen, muss noch eine Vorüberlegung angestellt werden.

Statistisch kann zum einen alles erfasst werden, was innerhalb der Grenzen der Bundesrepublik Deutschland an wirtschaftlichen Leistungen von aus dem Inland und aus dem Ausland kommenden Personen erstellt wird, denn innerhalb unserer Grenzen produzieren nicht nur deutsche, sondern auch ausländische Unternehmen. Wir haben in diesem Fall eine **Abgrenzung nach dem Wirtschaftsraum** vorgenommen (Inlandskonzept). Die erfassten Leistungen werden als **Inlandsprodukt** bezeichnet.

Das ist zu tun

1. Können deutsche Bürgerinnen und Bürger auch Einkommen im Ausland erzielen? Schreiben Sie dazu Beispiele auf.

Man kann zum anderen aber auch das erfassen, was Bürgerinnen und Bürger der Bundesrepublik Deutschland – unabhängig davon, ob im Inland oder Ausland – an wirtschaftlichen Leistungen erstellen und wofür sie Einkommen erhalten haben. Eine Deutsche kann z. B. neben seinem Gehalt, das sie aus seiner Tätigkeit im Inland bezieht, auch Einkünfte aus der Vermietung eines Ferienhauses in Spanien haben, die sie sich nach Deutschland überweisen lässt. In diesem Fall haben wir eine **Abgrenzung nach Wirtschaftseinheiten (Inländerkonzept)** vorgenommen und man spricht vom **Nationaleinkommen** (bisher Sozialprodukt) oder **Volkseinkommen.**

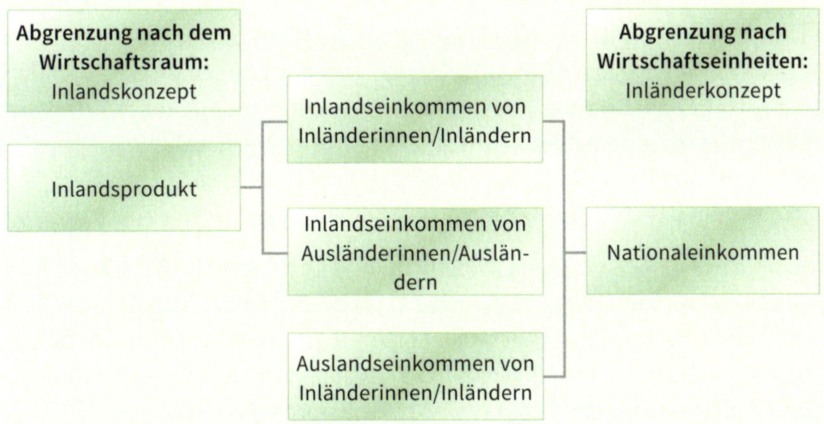

Inlandsprodukt und Nationaleinkommen weichen demnach um die Einkommen aus Erwerbstätigkeit und Vermögensbesitz ab, die inländische Wirtschaftseinheiten (Personen und Institutionen, z. B. Volkswagenwerk AG) im Ausland und ausländische Wirtschaftseinheiten (Personen und Institutionen, z. B. ein japanischer Autoproduzent) im Inland bezogen haben. In der Statistik wird dieser Posten als **Saldo der Primäreinkommen aus der übrigen Welt** bezeichnet.

Grundsätzlich können in unserer Volkswirtschaft nur solche Werte erfasst werden, die über einen Markt gegangen sind und somit auch einen Marktpreis haben.

Das ist zu tun

2. Können Sie sich Werte vorstellen, die von uns geschaffen werden, die aber nicht über den Markt erfasst werden? Denken Sie z. B. an den Fall, dass Ihnen eine Freundin oder ein Freund einen Computer aus Einzelteilen zusammenbaut.

   Suchen Sie weitere Beispiele und begründen Sie diese.

Die Leistungen der Hausfrauen oder Hausmänner, die im Do-it-yourself-Verfahren oder durch Schwarzarbeit erstellten Werte fließen mittlerweile teilweise auf Grundlage von Schätzungen auch [vgl. Kap. 5] in die Berechnung ein (Beim Wert der selbst erstellten Anlagen in einem Unternehmen orientiert man sich dagegen an marktüblichen Preisen bzw. den Herstellungskosten).

Aufgaben

Aufgabe zur Wiederholung

Erläutern Sie, was mithilfe der Entstehungsrechnung ermitteln werden kann.

5 Bruttoinlandsprodukt als Maßstab zur Wohlstandsmessung

Das sollte man wissen

In wirtschaftspolitischen Diskussionen ist es üblich, die volkswirtschaftliche Gesamtrechnung als geeigneten Maßstab für die Messung des Wohlstands und seiner Veränderungen zu nehmen, und zwar wird das Wirtschaftswachstum mit dem **Bruttoinlandsprodukt (BIP)** bekannt gegeben. Das BIP konzentriert sich auf die im Wirtschaftsgebiet erwirtschafteten Leistungen (**Inlandskonzept:** → Grafik auf der vorherigen Seite), unabhängig davon, wer sie produziert hat. Weil es also produktionsbezogen gesehen wird, gilt das BIP als Wachstumsmaßstab.

Die Einkommensseite hingegen wird mit dem Nationaleinkommen erfasst. Auch international wird mit dem BIP gerechnet. Lange Zeit wurde kaum ernsthaft infrage gestellt, dass das Land mit der höchsten Zuwachsrate auch das wirtschaftlich erfolgreichste war. Ein ähnliches Denken schlägt sich auch in den internationalen Vergleichen des jährlichen Pro-Kopf-Einkommens nieder.

Damit hatte man der volkswirtschaftlichen Gesamtrechnung eine zusätzliche Aufgabe neben der der reinen Messung der Nachfrage (nach Produktionsfaktoren, nach Konsum- und Investitionsgütern) aufgebürdet. Heute sind viele Wissenschaftlerinnen und Wissenschaftler der Meinung, dass statt des angestrebten Universalinstruments letzten Endes nur ein Zwitter herausgekommen ist, da weder das Bruttoinlandsprodukt, so wie es heute ermittelt wird, zum Wohlstandsmaßstab taugt, noch das Bruttonationaleinkommen die in einer Volkswirtschaft tatsächlich auftretende Nachfrage misst.

Das wäre vor allem für eine sinnvolle Konjunktur- und Stabilitätspolitik wichtig. Warum ist das so kompliziert?

Die Kritikpunkte lassen sich in zwei großen Komplexen zusammenfassen:

1. Das **Bruttoinlandsprodukt scheint** wichtige **Vorgänge zu vernachlässigen,** die für den Wohlstand von Bedeutung sind. Es erscheint demnach **als Wohlstandsmaßstab zu niedrig.**

Viele Vorgänge in unserer Volkswirtschaft sind im Hinblick auf einen mehr oder weniger großen Wohlstand von Bedeutung, obwohl sie nicht über den Markt abgewickelt und somit als Nachfrage bis vor einiger Zeit gar nicht erfasst wurden. Mittlerweile tauchen diese wirtschaftlichen Aktivitäten, für die es keine expliziten Nachweise und damit auch keine vollständigen Basisstatistiken gibt, als quantitative Beiträge zum BIP auf: Sie werden mithilfe von verschiedenen Indikatoren und Annahmen modellgestützt geschätzt (Statistisches Bundesamt). Dazu gehört die unbezahlte Hausarbeit, die in den meisten Fällen von Frauen ausgeführt wird und im Gegensatz zur bezahlten Arbeit der/des Hausangestellten steht. Der Junggeselle, der seine Hausangestellte heiratet, verringert dadurch das Bruttoinlandsprodukt, der Wohlstand ist scheinbar gesunken, obwohl nach der Hochzeit im Haushalt keine andere Arbeit verrichtet wird als vorher auch. Die in den Familien der Bundesrepublik Deutschland geleistete unentgeltliche Arbeit hatte nach Berechnungen von Schwarz/Schwahn (2016; destatis.de) einen Wert von ca. 826 Mrd. €, was ungefähr 58 % des gezahlten Arbeitnehmerentgelts entsprach. Weiterhin gehören dazu Werte, die im Rahmen der **Nachbarschaftshilfe** erstellt werden.

Nicht zu unterschätzen ist auch die **Schwarzarbeit** oder „Schattenwirtschaft". Wird z. B. eine Reparatur durch einen Handwerksbetrieb gegen Rechnung ausgeführt, steigt das Inlandsprodukt um diesen Wert, weil diese Transaktion statistisch erfasst wird.

Lässt sich der Handwerksbetrieb den Betrag (verbotenerweise) „ohne Rechnung" aushändigen, erscheint der Wert nicht im Inlandsprodukt. In der Schattenwirtschaft wird also durchaus Ware gegen Geld gehandelt, der Tauschvorgang wird aber nicht statistisch erfasst. Nach neueren Schätzungen macht die Schattenwirtschaft in der Europäischen Union und in der OECD (Organisation für wirtschaftliche Zusammenarbeit und Entwicklung) 5,0 % bis 27,0 % des Bruttoinlandsprodukts aus.

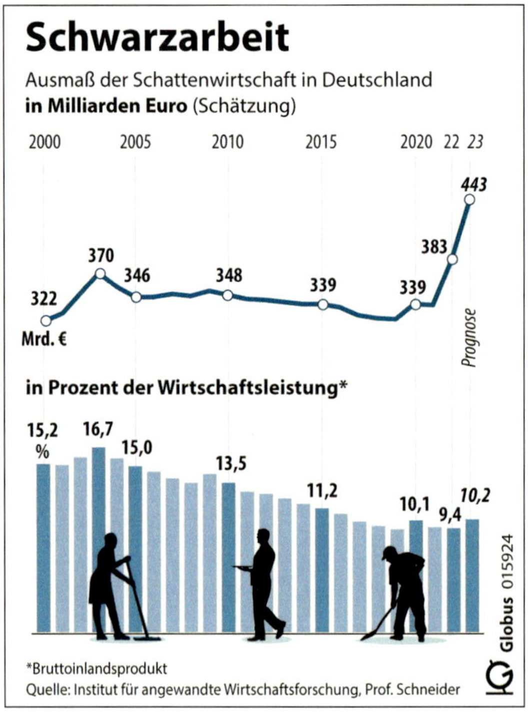

Allerdings können diese Schätzungen nur grobe Anhaltspunkte geben, denn sie sind häufig nicht zuverlässig. Besonders verbreitet ist die Schattenwirtschaft in Südeuropa.

Einen Teil der Transaktionen, die nicht über den Markt abgewickelt werden, erfasst man allerdings wiederum, indem man vergleichbare Marktpreise unterstellt (man spricht dann auch von **„unterstellten Transaktionen“**), sodass der Mangel behoben wird. Zu solchen unterstellten Transaktionen gehören die selbst erstellten Anlagen in einem Industrieunternehmen, der Eigenverbrauch der Landwirtschaft und der Kleingewerbetreibenden, die Naturaldeputate z. B. der Mitarbeitenden in einigen Mineralbrunnenbetrieben (Naturaldeputat bedeutet, dass die Mitarbeitenden einen Teil ihres Lohns in Form von Naturalien = Mineralwasser erhalten).

Die Kritik wirft auch ein, dass die heutige Methode, das Bruttoinlandsprodukt zu ermitteln, keinen Weg zeigt, die Freizeit zu bewerten, die doch ohne Zweifel eine große Bedeutung für den Wohlstand hat.

Das ist zu tun !

Überlegen Sie bitte einmal, welche Bedeutung „Freizeit“ für Sie persönlich hat und wie hoch Sie deren Wert einschätzen.

Da es keinen offiziellen Preis für „Freizeit“ gibt, müssen wir versuchen, ihn indirekt zu ermitteln. Dazu sollten wir überlegen, auf wie viel Einkommen wir zugunsten von Freizeit verzichten würden. Schnell würden wir hierbei erkennen, dass jede und jeder von uns zu einem anderen Ergebnis käme.

Also, Freizeit kann somit wirklich nicht allgemein verbindlich bewertet werden.

2. Das **Bruttoinlandsprodukt** erfasst **Vorgänge,** die in Wirklichkeit **keine Wohlstandsmehrung** bedeuten. Es ist also **als Wohlstandsmaßstab zu hoch.**

Wie oft erleben wir es, dass ein vorher **freies Gut** plötzlich über einen Markt gehandelt wird: Dort, wo wir tagtäglich unseren Wagen abgestellt haben, steht eines Tages eine Parkuhr, das Bruttoinlandsprodukt wird durch diese Parkgebühren automatisch erhöht. Unser Wohlstand auch? In einer wachsenden Industriegesellschaft wächst die Verschlechterung der natürlichen Umwelt (Luft- und Wasserverschmutzung) und der sozialen (steigende Kriminalität). Dadurch kommen Kosten auf die Allgemeinheit zu, die sogenannten **sozialen Kosten** (social costs), die das Bruttoinlandsprodukt ansteigen lassen.

Auf der anderen Seite entstehen Industrien, deren Produkte dazu dienen, diese negativen Begleiterscheinungen einer wachsenden Wirtschaft zu mildern: z. B. Bau von Kläranlagen, Herstellung von Luftfiltern oder Schallschutzwänden an Autobahnen und viel befahrenen Straßen.

Weitere Kritikpunkte befassen sich mit dem Anteil des **Staates** am Bruttoinlandsprodukt und mit der Bedeutung der **Preise** als Wert- und Wohlstandsmaßstab. Steigt beispielsweise die Beamtenbesoldung, so wirkt sich das in einer Erhöhung des BIP aus. Das ist aber nicht unbedingt gleichbedeutend mit einer größeren Produktivität der Beamtinnen und Beamten. Konkret gesagt: Die Zollbeamtin oder der Zollbeamte am Flughafen wird – bei gleicher Sorgfalt wie bisher – nach einer Besoldungserhöhung nicht mehr Leute kontrollieren als vorher.

Auch als Instrument zur Ermittlung der Lebensqualität in der Gesellschaft ist das Inlandsprodukt wenig geeignet, denn das Wachstum des Inlandsprodukts und damit des materiellen Lebensstandards bedeutet nicht notwendigerweise eine entsprechende Vergrößerung der Lebensqualität. Hierbei muss man allerdings bedenken, dass der Begriff „Lebensqualität" und seine zahlenmäßige Erfassung stark vom subjektiven Erkenntnisinteresse der Betrachtenden abhängig ist. Während beispielsweise laute Musik die Lebensqualität des einen Menschen stark beeinträchtigt, ist sie beim anderen geradezu Voraussetzung für Lebensqualität. Die subjektiven Bedürfnisse verschiedener Individuen sind folglich kaum vergleichbar und nicht messbar. Dennoch hat man verschiedene Systeme von gesellschaftlichen Kennziffern (= **soziale Indikatoren**) entwickelt, wie z. B. Gesundheit (Indikator: Krankenhausbetten pro 1 000 Einwohner/-innen), Bildung (Indikator: Schüler/-in je Lehrkraft) und Rechtspflege (Indikator: Straftaten je 1 000 Einwohner/-innen).

Das sollte man wissen

Man kann sich eigentlich kaum darüber streiten, ob nun Struktur und Qualität der im Inlandsprodukt enthaltenen Güter (qualitatives Wachstum; z. B. besser ausgebildete Arbeitskräfte) oder vielmehr die Vergrößerung des BIP (quantitatives Wachstum; z. B. Herstellung von mehr Exportgütern) im Vordergrund der

Wirtschafts- und Sozialpolitik stehen sollten. Da staatliche Mehrleistungen eine – zumindest auf mittlere Frist – sich ausweitende Wirtschaft voraussetzen, wird das eine Ziel nicht ohne gleichzeitige Verfolgung des anderen zu erreichen sein.

Exkurs: Postwachstumsökonomik

Aber es gibt hierzu auch eine andere Sicht, nämlich die der Postwachstumsökonomik, die eine ökologisch orientierte Teildisziplin der Wirtschaftswissenschaften ist. Der Zusammenhang zwischen nachhaltiger Entwicklung und Wirtschaftswachstum bildet ihren Gegenstandsbereich.

„Die enorme Verwundbarkeit eines zu komplex gewordenen geld- und wachstumsabhängigen, obendrein politisch nicht mehr steuerbaren Wohlstandsmodells erhöht zugleich die Wahrscheinlichkeit seiner bevorstehenden Überwindung. Spätestens im Zuge der nicht mehr abwendbaren Ressourcen-, Finanz-, und Umweltkrisen sowie psychologischer Überforderungssyndrome werden sich zwangsläufig Reaktionsmuster herausbilden, die mit einer Postwachstumsökonomie vereinbar sein könnten. Eine weitere Triebkraft bilden soziale Prozesse, die Plattformen für das Erproben resilienter Lebensstile schaffen: So entstehen Lebensstilschablonen, an denen sich andere Gesellschaftsmitglieder im Bedarfsfall orientieren können.“ (Paech, Nico: Postwachstumsökonomik, in: Gabler Wirtschaftslexikon, abgerufen unter: https://wirtschaftslexikon.gabler.de/definition/postwachstumsoekonomie-53487/version-372990 [04.12.2020].)

Aufgaben

Aufgaben zur Wiederholung

1. Definieren Sie den Begriff „Inlandsprodukt“.
2. Ermitteln Sie per Internetrecherche, wie ein Teil z. B. der häuslichen Arbeit und Nachbarschaftshilfe in die Berechnung des BIP eingerechnet werden kann.
3. In welchen Fällen kann das BIP als Wohlstandsmaßstab zu hoch sein? Nennen und begründen Sie mindestens ein Beispiel.
4. Was versteht man unter sozialen Indikatoren und wozu benötigt man sie?

6 Rolle des Staates in der sozialen Marktwirtschaft

Das sollte man wissen

Jede Gesellschaft wird aus Gründen der Bedarfsdeckung vor grundlegende ökonomische (wirtschaftliche) Probleme gestellt, da nur wenige Güter frei, die meisten dagegen knapp sind. Zunächst müssen drei **Grundfragen** geklärt werden:

1. **Was** soll in welcher Menge produziert werden?
2. **Wie** sollen die Güter produziert werden?
(Wer soll sie mit welchen Produktionsmitteln herstellen?)
3. **Für wen** sollen die Güter produziert werden?
(Wie soll das Inlandsprodukt verteilt werden?)

Zu 1.: Wenn man z. B. weiß, dass CDs benötigt werden, muss man als Nächstes wissen, wie viele davon erforderlich sind.

Zu 2.: Die CDs sollen dann mithilfe von Produktionsautomaten von entsprechenden Herstellern produziert (hergestellt) werden.

Zu 3.: Die produzierten CDs werden über Fachgeschäfte an die interessierte Kundschaft verkauft.

Die drei fundamentalen Fragen sind allen Wirtschaftsgesellschaften gemeinsam, werden jedoch in unterschiedlichen Wirtschaftssystemen auf unterschiedliche Weise zu lösen versucht. So kann z. B. in primitiven (ursprünglichen) Kulturen jede Kleinigkeit durch Sitten und Gebräuche festgelegt sein. Das „Was", „Wie" und „Für wen" wird dann durch die Überlieferung bestimmt.

Im Gegensatz zu dem System der primitiven Kulturen gibt es in der Marktwirtschaft – dem von uns bevorzugten Wirtschaftssystem, das auf der Marktpreisbildung beruht – keine Organisation, die sich bewusst mit den drei wirtschaftlichen Grundproblemen „Was", „Wie" und „Für wen" beschäftigt.

Die **Marktwirtschaft** ist ein Konkurrenzsystem mit einem äußerst komplizierten Mechanismus, der über ein System von Preisen und Märkten die wirtschaftlichen Handlungen von Millionen verschiedener Individuen aufeinander abstimmt und so die wesentlichen ökonomischen Probleme löst.

Zur Erinnerung:
Die Marktwirtschaft stellt kein Chaos dar, sondern ein wohlfunktionierendes System wirtschaftlicher Ordnung.

Es gibt also in der Marktwirtschaft niemanden, der die drei Grundfragen „Was", „Wie" und „Für wen" beantwortet, sondern es ist der Markt selbst, der mit seinem Mechanismus von Angebot und Nachfrage diese Fragen löst. **Was** z. B. hergestellt werden soll, ergibt sich aus den Wünschen der Kundinnen und Kunden, die man über Marktforschungsinstitute ermitteln lässt. **Wie** und von wem hergestellt wird, ergibt sich dann ebenfalls am Markt, wo das Unternehmen, das günstiger produzieren kann, dasjenige sein wird, das die Ware dann letztendlich auch herstellen wird. **Für wen** schließlich produziert wird, ergibt sich ebenfalls am Markt, wenn das Angebot der Produzierenden auf die Nachfrage der Konsumierenden trifft.

Was hat nun der Staat in diesem System der Marktwirtschaft zu tun?

Das sollte man wissen

Vielleicht haben Sie schon einmal gehört, dass unser System der Marktwirtschaft als „Soziale Marktwirtschaft" bezeichnet wird. Man hat erkannt, dass sich bestimmte Probleme (z. B. Sicherheit, Gerechtigkeit, drohende Armut) nicht automatisch durch den Markt alleine lösen lassen, sondern dass der Staat diesbezüglich eingreifen muss.

Allerdings sollten in einer Marktwirtschaft staatliche Eingriffe in die Preisbildung keine oder nur in geringem Maße eine Rolle spielen, denn sie schalten den Marktmechanismus aus und führen zu einer staatlichen Lenkung. Staatliche Eingriffe sollten daher nur dort angewendet werden, wo die marktmäßige Preisbildung nicht funktioniert oder wo man ihre Ergebnisse nicht wünscht.

6.1 Nicht marktgemäße Eingriffe

Staatliche Höchst- und Mindestpreise

Möglichkeiten des Staates, in den Preisbildungsprozess einzugreifen, sind:

- Festsetzung von Höchst-, Mindest- und Richtpreisen
- Interventionskäufe oder -verkäufe öffentlicher Stellen
- Einführung eines Preisstopps

In der Bundesrepublik Deutschland gab es beispielsweise nach dem Zweiten. Weltkrieg einen Mietpreisstopp für Altbauten (Höchstpreis, vgl. Skizze 1); heute beschränkt sich der Staat darauf, einen überhöhten Mietpreisanstieg zu kontrollieren.

Mietpreis

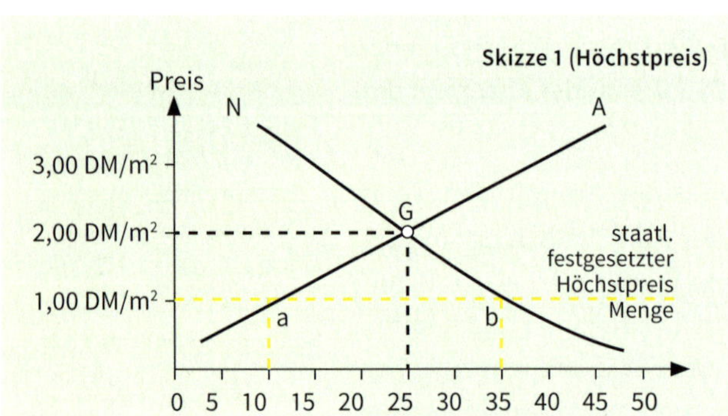

Hätte sich der Mietpreis nach dem Zweiten. Weltkrieg am freien Markt bilden können, so hätte dieser bei 2,00 DM/m² gelegen (25 Anbietenden von Wohnraum stehen 25 Nachfragende nach Wohnraum gegenüber).

Setzt der Staat nun die Miete weit unter dem Gleichgewichtspreis fest (wie dies nach dem Zweiten. Weltkrieg geschehen musste), nämlich auf 1,00 DM/m², so bewirkt dies einen Wohnraummangel, der durch die Strecke a bis b dargestellt wird (10 Anbietende von Wohnraum stehen 35 Nachfragende gegenüber). Da nun der Preismechanismus die Verteilung nicht mehr regelt, muss der Staat – der ja diesen Mechanismus ausgeschaltet hat – den Wohnraum bewirtschaften (Wohnungsamt). Höchstpreise führen meist zu Schwarzmärkten oder dazu, dass die Ware nicht mehr produziert wird.

Auf dem Agrarsektor werden dagegen manchmal Interventionskäufe durchgeführt, um bestimmte Preise nicht verfallen zu lassen (Mindestpreis, vgl. Skizze 2). Das führt dann zu den bekannten Erscheinungen wie „Butterberg“, „Schweineberg“ usw., da die Landwirtschaft die staatlichen Maßnahmen oft bewusst oder auch unbewusst fehldeuten. (Statt Umstrukturierung, das heißt Umstellung des Betriebes auf gefragte Erzeugnisse, unter Umständen Weiterproduktion auf Kosten der Allgemeinheit.)

Skizze 2 (Mindestpreis)

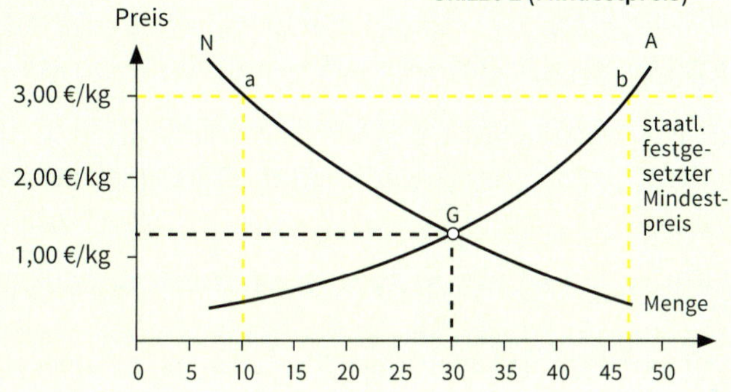

Butterpreis

Könnte sich der Butterpreis am freien Markt bilden, so läge dieser bei 1,30 €/kg (29 Nachfragenden nach Butter stehen 29 Anbietende gegenüber). Setzt der Staat nun zum Schutz der Landwirtschaft den Butterpreis fest, nämlich bei 3,00 €/kg, so bewirkt dies einen Butterüberschuss (Butterberg), der durch die Strecke a bis b dargestellt wird (48 Anbietende von Butter stehen nur 10 Nachfragende gegenüber). Da der Staat den Preismechanismus gestört hat, muss er nun selbst für eine Verteilung sorgen, indem er den Überschuss vom Markt nimmt und einlagert (Kühlhäuser).

Es gibt in marktwirtschaftlich bestimmten Wirtschaftsverfassungen keine allgemeine öffentliche Preispolitik, sondern höchstens eine Preispolitik für einzelne Märkte, wie z. B. Mietpreisüberwachung, Festsetzung der Verkehrstarife und Subventionen des Bergbaus sowie der Land- und Energiewirtschaft.

Die staatliche Preispolitik kommt der Monopolpreisbildung nahe. Ihre Notwendigkeit ergibt sich kurzfristig vor allem dann, wenn die Kaufkraft der Verbrauchenden beschränkt, das Angebot an Waren bzw. Dienstleistungen knapp und so die Versorgung gefährdet ist.

6.2 Marktkonforme Maßnahmen zur Einwirkung auf den Marktmechanismus

Das sollte man wissen

Die eben genannten Maßnahmen, nämlich die staatlich festgesetzten Höchst- und Mindestpreise, sind Beispiele für dirigistische (nicht marktgemäße) Eingriffe, die den Marktmechanismus ausschalten würden und daher bestenfalls kurzfristig zur Vermeidung von Krisen (bzw. in Krisensituationen) angewendet werden sollten.

Allerdings steht es dem Staat in unserer Wirtschaft darüber jederzeit z. B. zu, derart auf den Markt einzuwirken, dass er ganz einfach selbst als Nachfrager oder Anbieter an diesem auftritt.

Durch eine erhöhte Nachfrage kann der Staat beispielsweise Preise stützen, die sonst verfallen würden und den Staat zu anderen Unterstützungsmaßnahmen zwingen könnten.

Beispiel

Ließe der Staat die Baupreise weiter verfallen, so müsste er in noch stärkerem Maße mit Arbeitslosigkeit rechnen. Würde er dagegen als Nachfrager auftreten, könnten die Probleme ohne dirigistischen Eingriff – also marktgemäß – gelöst werden.

Auch wenn der Staat als Anbieter auftritt, z. B. indem er zusätzliche Arbeitsplätze anbietet, kann dies nur den Sinn haben, die Lage auf dem Arbeitsmarkt zu entspannen.

Möglichkeiten der wirtschaftspolitischen Einflussnahme

Das sollte man wissen

Um die eben genannten wirtschaftspolitischen Ziele erreichen zu können, das heißt den Konjunkturverlauf zu stabilisieren, gibt es z. B. das Mittel der Steuerung der Geldversorgung der Wirtschaft über die Deutsche Bundesbank und die Europäische Zentralbank (EZB).

Entscheidend allerdings ist dabei das Instrumentarium der Wirtschaftspolitik der deutschen Bundesregierung, auf das wir hier nicht näher eingehen können.

Exkurs: Der derzeitige Wirtschaftsminister ist ein Freund der These der US-Ökonomin Mariana Mazzucato, die „mehr statt weniger Staat“ fordert. Er glaubt u. a., dass kein Technologie-Durchbruch (z. B. E-Autos, Wasserstoff) ohne massive staatliche Hilfe vorstellbar sei. Eine Koordinierung zwischen Unternehmen und Staat bei diesen Themen ist sicher sinnvoll, aber letztendlich müssen die Märkte entscheiden. Der Staat ist nicht der bessere Unternehmer.

Das ist zu tun

Finden Sie heraus (z. B. durch Internetrecherche), wie groß der Anteil der Sekundärverteilung am Haushalt der Bundesrepublik Deutschland derzeit ist.

Aufgaben

Aufgaben zur Wiederholung

1. Welche Fragen muss sich jede Gesellschaft aus Gründen der Bedarfsdeckung stellen? Versuchen Sie, Beispiele zu finden.
2. Nennen Sie Beispiele dafür, wie der Staat in den Preisbildungsprozess eingreifen kann.
3. Sortieren Sie die Beispiele aus Aufgabe 2 nach marktgemäßen und nicht marktgemäßen Eingriffsmöglichkeiten.
4. Womit ließe sich die staatliche Preispolitik – sofern sie nicht marktgemäß ist – am ehesten vergleichen? Begründen Sie Ihre Antwort.
5. Welcher oberste Grundsatz sollte für alle nicht marktgemäßen staatlichen Eingriffe hinsichtlich des Faktors Zeit bestehen?

7 Verteilung des Volkseinkommens

Bei der Verteilungsrechnung im Rahmen der volkswirtschaftlichen Gesamtrechnung geht man vom Volkseinkommen aus.

7.1 Primärverteilung

Statistisch werden nur zwei Gruppen von Einkommensempfängerinnen und -empfängern unterschieden:

1. Bezieher/-innen von Arbeitnehmerentgelt, das die Bruttolöhne und -gehälter, die tatsächlichen Arbeitgeberbeiträge zur Sozialversicherung, an Lebensversicherungsunternehmen und an Pensionskassen umfasst, außerdem unterstellte Sozialbeiträge, die den Gegenwert der sozialen Leistungen darstellen, die von Arbeitgeberinnen und Arbeitgebern an gegenwärtig oder früher beschäftigte Arbeitnehmenden gezahlt oder als unverfallbare Forderung gutgeschrieben werden.
2. Bezieher/-innen von Unternehmens- und Vermögenseinkommen, das die Einkommen der privaten Haushalte und des Staates aus Zinsen, Nettopachten, Einkommen aus immateriellen Werten, außerdem Dividenden und nicht ausgeschüttete Gewinne umfasst.

Das sollte man wissen

Die oben dargestellte Verteilung des Volkseinkommens wird als Primärverteilung oder erste Einkommensverteilung bezeichnet. Bei dieser Verteilung wird das Einkommen den Produktionsfaktoren entsprechend ihres Beitrages zur Erstellung des Sozialproduktes zugewiesen.

7.2 Sekundärverteilung

In diesen Verteilungsprozess greift der Staat ein, da die erste Einkommensverteilung zu unerwünschten Ergebnissen führen kann.

1. Die Einkommensempfängerinnen und -empfänger leben unter sozial sehr verschiedenen Bedingungen: alleinstehend, verheiratet, unterschiedliche Kinderzahl.
2. Die Einkommensempfängerinnen und -empfänger können nicht oder nicht mehr am Produktionsprozess teilnehmen: z. B. durch Krankheit, Ausbildung, Arbeitslosigkeit oder Alter.

Dieses staatliche Eingreifen wird Sekundärverteilung, zweite Einkommensverteilung oder Umverteilung genannt.

Mittel dazu sind:

- die abzuführenden direkten Steuern: Lohn- und Einkommensteuer,
- die Sozialabgaben, z. B. für Kranken-, Pflege-, Renten- und Arbeitslosenversicherung,
- die Transferzahlungen, das heißt Zahlungen durch den Staat ohne Gegenleistungen (bei Haushalten = Transfereinkommen; bei Unternehmen = Subventionen).

Transfereinkommen sind Renten, Pensionen und andere Unterstützungen, wie z. B. Bürgergeld, Sozialhilfe, BAföG, Wohngeld, Kindergeld. Subventionen sind Zuschüsse des Staates – wirtschafts- und sozialpolitisch veranlasst –, die für laufende Produktionszwecke gewährt werden, um Marktpreise zu beeinflussen oder Produktion und Einkommen zu stützen.

Das Ergebnis der Umverteilung ist das verfügbare Volkseinkommen, das für den privaten Verbrauch ausgegeben oder gespart werden kann

Aufgaben

Aufgaben zur Wiederholung

1. Welche Gruppen von Einkommensempfängerinnen und -empfängern gibt es?
2. Unterscheiden Sie anhand von Beispielen die Primär- von der Sekundärverteilung.

Erfassung und Dokumentation von Wertströmen

Anforderungssituation 11.1

1 Grundlagen der Buchführung

1.1 Auflistung privater Vermögensgegenstände und Schulden

Das ist geschehen

Moritz Wagner sitzt nach einem langen Arbeitstag zu Hause am PC, während seine Freundin Nadine Debus auf dem Sofa sitzend in der Zeitung liest.

Nadine Debus: *„Wow, hier in der Zeitung steht, dass sich Daniel Radcliffe ein Haus auf Teneriffa gekauft hat; für schlappe 24 Millionen Euro!“*

Moritz Wagner *(geistesabwesend!): „Daniel wer …? Kenn' ich nicht.“*

Nadine Debus: *„Oh Mann, du kriegst auch gar nichts mit. Das ist Harry Potter.“*

Moritz Wagner: *„Ach … Harry Potter wohnt auf Teneriffa?“*

Nadine Debus: *„Na ja, zumindest gehört ihm dort jetzt eine Villa. Wobei ich mich frage, wie er das bezahlt hat. So viel Geld kann der doch auch nicht haben.“*

Moritz Wagner *(jetzt bei der Sache!): „Wenn man ein Haus kauft, muss man das Geld dafür doch nicht selbst haben. Man kann sich ja auch etwas bei der Bank leihen, als Darlehen.“*

Nadine Debus: *„Okay, da hast du wohl recht.“*

Moritz Wagner: *„So muss man das eben sehen: Auf der einen Seite sind die Besitztümer, für die man Geld ausgegeben hat. Auf der anderen Seite ist die Frage, ob es das eigene oder geliehenes, fremdes Geld war, das man ausgegeben hat.“*

Das ist zu tun

1. Erstellen Sie eine (fiktive) Liste mit allen Vermögensgegenständen, die einem „durchschnittlichen Jugendlichen in Ihrem Alter“ gehören könnten. Erstellen Sie diese Liste mit Mengen- und Wertangaben.
2. Erstellen Sie eine Liste mit allen (fiktiven) Schulden, die solch ein „durchschnittlicher Jugendlicher“ haben könnte. Auch hier sind Mengen- und Wertangaben wichtig.
3. Ermitteln Sie das Gesamtvermögen und die gesamten Schulden Ihres Beispiels aus Arbeitsauftrag 1 und 2.
4. Ziehen Sie vom Gesamtvermögen die gesamten Schulden ab. Das, was als Euro-Wert übrig bleibt, ist das sogenannte Reinvermögen und zeigt, wie viel vom Vermögen einem tatsächlich „gehört“.

Das sollte man wissen

Auflistung privater Vermögensgegenstände und Schulden

Unter dem Begriff „Vermögen" versteht man alle Güter und Ansprüche, die sich im Eigentum von jemandem befinden. In dieser Definition ist auch das eigentliche Geld eingeschlossen, das man umgangssprachlich vielleicht als Vermögen versteht.

Neben dem Geld, also dem Bargeld (Münzen und Scheine) und dem Buchgeld auf dem Bankkonto, gehören aber auch die Sachgüter zum Vermögen. Für diese hat man schließlich Geld eingetauscht, als man diese Sachgüter bezahlt hat. Sie haben demnach aus Vermögenssicht den gleichen Charakter.

Die in der Definition genannten Ansprüche sind Forderungen nach Geld oder Gütern, die man hat. Ein Schuldschein könnte so ein Anspruch sein, da er nachweist, dass man noch von jemandem Geld bekommen wird.

Listet man das Geld, die Güter und die Ansprüche gegenüber anderen auf, bekommt man einen Überblick über sein Vermögen. Allerdings hat man dann noch nicht herausgefunden, wie „reich" man ist. Die Frage ist, wie die Güter, die man hat, bezahlt worden sind: mit eigenem Geld oder mit fremden Geld.

Manche Anschaffung, die man tätig, kostet so viel Geld, dass man sie nicht sofort komplett vom eigenen Geld bezahlen kann, sondern sich Geld leihen muss. Hat also jemand ein Haus gekauft, heißt das nicht, dass er nun sehr reich ist; hat er das Haus zur Hälfte über ein Darlehen von der Bank bezahlt, muss man diese Schulden gegenrechnen. Das halbe Vermögen ist in diesem Falle mit fremdem Geld finanziert.

Schulden sind definiert als Rückzahlungsverpflichtung, wenn es sich um Geld handelt. Schulden sind allerdings nicht generell etwas Schlimmes. Beim Hauskauf können es sich die wenigsten Personen leisten, alles vom eigenen Geld zu bezahlen. Man nimmt hier die Schulden bei einer Bank auf, kann das Haus bezahlen, sofort nutzen und bezahlt nach und nach seine Schulden zurück. Problematisch wird es erst, wenn man zu viele Schulden gemacht hat, die man nicht mehr zurückzahlen kann.

Aufgaben

Aufgaben zur Wiederholung

1. a) Erläutern Sie, was man unter dem Begriff „Vermögen" versteht.

   b) Erläutern Sie, was man unter dem Begriff „Schulden" versteht.

2. Günther Lenz, der Vater von Bastian Lenz, dem Auszubildenden der Mediaworld e. K., hat sich ein neues Auto gekauft. Hier ein Auszug aus dem Kauf- und Finanzierungsvertrag.

Ihre Finanzierungskonditionen:

Opel Eva, 5-Sitzer, Motor: 1,6 l Turbo-Diesel, 75 kW, 5-Gang-Getriebe

Fahrzeugpreis:	23.000,00 €
Anzahlung bar:	8.000,00 €
Restbetrag:	15.000,00 €
Laufzeit:	60 Monate
Monatsrate:	265,00 €
Schlussrate:	0,00 €

a) Durch den Autokauf gehört der neue Pkw jetzt zum Vermögen von Günther Lenz. Erklären Sie, um wie viel Euro das Vermögen von Günther Lenz nun gestiegen ist.

b) Der Autokauf ist nicht komplett durch eigenes Geld bezahlt worden. Ermitteln Sie, um wie viel Euro die Schulden von Günther Lenz nun gestiegen sind.

3. Begründen Sie, warum „Schulden machen" nicht unbedingt problematisch gesehen werden muss.

1.2 Inventur

Das ist geschehen

Moritz Wagner hat für den 29.12. des Jahres angekündigt, dass die Mediaworld e. K. an diesem Tag für die Kundschaft geschlossen bleibt. Die Mitarbeitenden müssen an diesem Tag allerdings erscheinen, in der Eingangstür hängt ein großes Schild:

Heute wegen Inventur geschlossen!

Das ist zu tun

1. Finden Sie heraus, was am 29. Dezember im Unternehmen von Moritz Wagner passieren wird.
2. Erstellen Sie eine Liste der Dinge, die während der Inventur erfasst werden müssen. Nutzen Sie dazu die Sortimentsliste der Mediaworld e. K., denken Sie aber auch daran, dass dem Unternehmen noch andere „Sachen" gehören. Beschränken Sie sich der Einfachheit halber auf Überschriften (z. B. Computer, Gebäude, Warenbestand Warengruppe 1 usw.).

Das sollte man wissen

Merke:

Eine **Inventur** ist die ...
- mengen- und wertmäßige Bestandsaufnahme
- aller Vermögensteile und Schulden eines Unternehmens
- zu einem bestimmten Zeitpunkt.

Inventur

Einmal im Jahr wird in jedem Unternehmen „Inventur gemacht". Bei einer Inventur werden alle Bestände von Waren, Wertgegenständen, Einrichtungsgegenständen, aber auch die Geldbestände, die Schulden und anderes erfasst und aufgeschrieben. Diese Mühe macht man sich nicht nur, weil es gesetzlich vorgeschrieben ist. Man kann die Daten, die bei einer Inventur gewonnen werden, auch zur Messung des Betriebserfolges verwenden.

Dabei werden unterschiedliche Arten einer Inventur unterschieden:

1. Die körperliche Inventur

Alle Vermögensgegenstände, die man anfassen kann, werden **gezählt, gemessen, gewogen** oder **geschätzt**. Das muss man sich so vorstellen:

2. Die Buchinventur

Bei der Buchinventur wird anhand von Belegen überprüft, wie hoch der Bestand ist. Notwendig ist dies bei Vermögensgegenständen, die nicht körperlich sind (die man nicht anfassen kann). Dazu gehören zum Beispiel das Guthaben auf dem Bankkonto. Dies wird anhand des Beleges „Kontoauszug" überprüft:

Deutsche Bank Duisburg **Kontoauszug** Nr. 134 vom 27.12.20.. Blatt 1

		Soll	Haben
	Alter Kontostand in EUR:		7.890,20
Wert	Buchungstext	Umsätze	
26.12.	Überweisung an Ferdinand Bröhler GmbH	1.534,00	
26.12.	Überweisung an Bürodesign GmbH	354,90	
	Ihr neuer Kontostand in EUR:		6.001,30

Moritz Wagner
Mediaworld e. K.
Krefelder Straße 92
47226 Duisburg

Kontonummer: 123 456 789
Bankleitzahl: 350 700 30
BIC: DEUTDEDE350
IBAN: DE05 3507 0030 0123 4567 89

Bei der Inventur wird nicht nur die Anzahl an Dingen festgehalten, die gezählt, gemessen usw. werden. Das Wichtige bei der Inventur ist die Bewertung der

Mengenangaben. Erst damit erhält man Auskunft über die Vermögenswerte und den Wert der Schulden, die ein Unternehmen besitzt.

Eine Inventur wird in der Regel an einem bestimmten Stichtag durchgeführt, entsprechend nennt man dieses Verfahren **Stichtagsinventur**. Als Stichtag wählt man einen Tag zum Ende des Geschäftsjahres. Da eine Inventur mit einem erheblichen Arbeitsaufwand verbunden ist, erlaubt der Gesetzgeber, dass sie zeitnah erfolgen kann. Dies bedeutet, dass nicht genau am Stichtag (z. B. 31.12.) gezählt werden muss, sondern innerhalb einer Frist von zehn Tagen vor und nach dem Abschlussstichtag. Alle Veränderungen bis zum eigentlichen Stichtag werden dann noch mit einbezogen. Daneben kann man aber auch eine sogenannte **permanente Inventur** durchführen. Hierbei handelt es sich um eine laufende Inventur mithilfe einer Lagerkartei. Alle Mengenänderungen im Lager werden laufend erfasst. Mindestens einmal im Jahr müssen die Daten durch eine körperliche Inventur überprüft werden.

Vor der Durchführung einer Inventur liegt die **Inventurplanung**. Dabei muss Folgendes bedacht werden:

1. Ausarbeitung von Inventuranweisungen
2. Erstellung des Ablaufplanes (Wer erfasst wo und wann welche Bestände?)
3. Vorbereitung der Inventurlisten

Moritz Wagner Mediaworld e. K.		Inventurliste Nr.: ______	Datum: ______	Abteilung/Lagerort: ______	
Waren-gruppe	**Artikel-Nr.**	**Artikelbezeichnung**	**Einzelpreis in €**	**Stück**	**Gesamtwert in €**
2	S 2001	Schnitzer T04 Farbfernseher	49,00	187	9.163,00
2	S 2002	Schnitzer 4K-Fernseher PF107	430,00	46	19.780,00
2	S 2003	Florida Blu-Ray-Rekorder VS20	145,00	231	33.495,00

Aufgaben zur Wiederholung

Aufgaben

1. Nach der Art der Inventurdurchführung sind Buchinventur und körperliche Inventur zu unterscheiden. Nennen Sie die jeweils zweckmäßige Inventurart für folgende Wirtschaftsgüter:
   a) Kassenbestand
   b) Bankguthaben
   c) Forderungen (offene Rechnungen der Kundinnen und Kunden)
   d) Warenbestand
   e) Verbindlichkeiten (offene Rechnungen bei den Lieferbetrieben)
   f) Bestand an Geschäftsausstattung
   g) Fuhrpark des Unternehmens
   h) Darlehensschulden bei der Bank

2. a) Bewerten Sie in der folgenden Inventurliste der Mediaworld e. K. die ermittelten Bestände, indem Sie den Gesamtwert je Artikel berechnen.

Moritz Wagner Mediaworld e. K.		Inventurliste Nr.: 19	Datum: 29.12.20..	Abteilung/Lagerort: Lagerplatz 3/11	
Waren-gruppe	**Artikel-Nr.**	**Artikelbezeichnung**	**Einzel-preis in €**	**Stück**	**Gesamt-wert in €**
3	C 3001	Saltero Foto-Center	37,00	97	?
3	C 3003	USB-Speicher 2 TB	29,00	156	?
3	C 3004	USB-Stick 32 GB	9,00	123	?
3	C 3006	Salem Multi-Brenner	23,00	88	?
3	C 3007	Speedy-Computer-Maus	1,80	365	?

b) Erläutern Sie, um welche Inventurart es sich handelt.

c) Berechnen Sie den Bestand des Artikels C3003 zum 31. Dezember, wenn noch folgende Vorgänge zu berücksichtigen sind:
- 30. Dezember Eingang 80 Stück
- 30. Dezember Verkauf 45 Stück
- 31. Dezember Verkauf 25 Stück

1.3 Inventar

Das ist geschehen

In der Mediaworld e. K. wurde die Inventur durchgeführt. Die einzelnen Inventurlisten sind ausgewertet und zusammengefasst. Aus diesem Ergebnis muss die Abteilung Buchhaltung nun ein sogenanntes Inventar erstellen. Der Auszubildende Bastian Lenz soll dabei helfen. Ihm liegen die folgenden Daten vor:

Inventurergebnis

Grundstücke Krefelder Str. 92 (120.000,00 €), Pkw VW Polo Kombi (12.500,00 €) und Transporter VW Caddy (15.500,00 €), Warenbestand laut Liste Nr. 2 (165.000,00 €), Guthaben bei der Deutschen Bank Duisburg (28.500,00 €) und bei der Stadtsparkasse Duisburg (21.000,00 €), Betriebs- und Geschäftsausstattung laut Ergänzungsliste Nr. 1 (32.000,00 €), Verbindlichkeiten aus Lieferungen und Leistungen laut Ergänzungsliste Nr. 4 (77.000,00 €), Kassenbestand (5.500,00 €), Bürogebäude und Verkaufsraum Krefelder Str. 92 (148.000,00 €) und Lagerhalle Krefelder Str. 92 (142.000,00 €), Darlehensschulden bei der Deutschen Bank Duisburg (201.000,00 €) und bei der Stadtsparkasse Duisburg (77.000,00 €), Forderungen aus Lieferungen und Leistungen laut Ergänzungsliste Nr. 3 (45.000,00 €)

Das ist zu tun

Erstellen Sie für die Mediaworld e. K. das Inventar zum 31.12.20.. . Nutzen Sie dazu die Gliederungskriterien im Informationstext.

Inventar

Die Ergebnisse der Inventur werden in einer Auflistung festgehalten, die man **Inventar** nennt. Das Aufstellen eines Inventars ist im Handelsgesetzbuch (HGB) vorgeschrieben:

Das sollte man wissen

§ 240 HGB (Inventar):

(1) Jeder Kaufmann hat zu Beginn seines Handelsgewerbes seine Grundstücke, seine Forderungen und Schulden, den Betrag seines baren Geldes sowie seine sonstigen Vermögensgegenstände genau zu verzeichnen und dabei den Wert der einzelnen Vermögensgegenstände und Schulden anzugeben.

(2) Er hat demnächst für den Schluss eines jeden Geschäftsjahres ein solches Inventar aufzustellen. Die Dauer des Geschäftsjahres darf zwölf Monate nicht überschreiten.

Eine gesetzliche Vorschrift darüber, wie ein Inventar auszusehen hat, gibt es nicht. Da aber aus dem Inventar die Unternehmensbilanz gebildet wird, hält man sich schon beim Inventar an die Gliederungskriterien, welche für die Bilanz gelten. Ein Inventar wird demnach wie folgt aufgestellt:

Inventar zum 31.12.20..
Emil Meister Büroausstattung e. K., Feldstraße 37, 47225 Duisburg

Inventar			**Erläuterungen**	
A Vermögen			**Die Vermögensgegenstände werden unterteilt in das Anlagevermögen und das Umlaufvermögen.**	Das Vermögen ist nach dem Kriterium der „*Flüssigkeit*“ gegliedert. Die Vermögensgegenstände, die man nur sehr schwer verkaufen kann, also zu Geld machen kann, um „wieder flüssig“ zu sein, stehen oben. Das Bargeld selbst ist schon „flüssig“, daher steht es im Vermögen ganz unten.
I. Anlagevermögen			Zum **Anlagevermögen** gehören alle Vermögensgegenstände, die *dauernd* im Unternehmen verbleiben. Sie dienen dem Geschäftsbetrieb nicht nur einmal, sondern mehrfach.	
1. Grundstücke Feldstr. 37		75.000,00		
2. Gebäude Feldstr. 37		128.500,00		
3. Fuhrpark				
VW Amarok	29.000,00			
Citroen Berlingo	11.000,00	40.000,00		
4. Betriebs- und Geschäftsausstattung laut Listen 1–3		47.200,00		
II. Umlaufvermögen			Zum **Umlaufvermögen** werden die Vermögensgegenstände gezählt, die nur *einmal* im Unternehmen genutzt werden. Diese Nutzung besteht entweder im Verbrauch oder im Verkauf. Dazu zählen auch die Geldbestände des Unternehmens.	
1. Warenbestand laut Listen		186.000,00		
4–9		24.500,00		
2. Forderungen laut Liste 10				
3. Kassenbestand		7.100,00		
4. Bankguthaben				
Sparkasse Duisburg	11.750,00			
Commerzbank Duisburg	14.250,00	26.000,00		
Summe der Vermögensgegenstände		**534.300,00**		

Inventar			Erläuterungen	
B Schulden			**Die Schulden werden unterteilt in langfristige Schulden und kurzfristige Schulden.**	Die Schulden sind nach dem Kriterium der „*Fälligkeit*" gegliedert. Diejenigen Schulden, die langfristig im Unternehmen bleiben, stehen im Inventar oben. Diejenigen, welche schnell bezahlt werden müssen, stehen im Inventar unten.
1. Darlehensschulden Commerzbank Duisburg Sparkasse Duisburg HypoVereinsbank	 38.300,00 74.900,00 123.000,00	 236.200,00	Die **langfristigen Schulden** werden über einen langen Zeitraum hinweg zurückgezahlt und müssen nicht in Kürze abbezahlt sein.	
2. Verbindlichkeiten aus Lieferungen und Leistungen laut Liste 11		32.400,00	Die **kurzfristigen Schulden** sind innerhalb einer kurzen Zeitspanne fällig und müssen demnach bald zurückgezahlt werden.	
Summe der Schulden		**268.600,00**		
C Ermittlung des Reinvermögens (Eigenkapital)			**Das Reinvermögen ergibt sich aus der Differenz zwischen Vermögen und Schulden.**	
Summe des Vermögens – Summe der Schulden = **Reinvermögen (Eigenkapital)**		534.300,00 268.600,00 **265.700,00**	Da am Ende eines jeden Geschäftsjahres ein Inventar aufgestellt wird, kann man an der Vermehrung oder an der Verminderung des Reinvermögens erkennen, ob das Unternehmen erfolgreich oder erfolglos gewirtschaftet hat.	

Aufgaben

Aufgaben zur Wiederholung

1. Lesen Sie sich den Gesetzestext zum Inventar noch einmal genau durch. Wann muss eine Kauffrau oder ein Kaufmann ein Inventar aufstellen?
2. Ordnen Sie zu, zu welchen der vier Inventarpositionen Anlagevermögen, Umlaufvermögen, Schulden oder Reinvermögen die folgenden Beispiele gehören.
   a) Kasse
   b) Verbindlichkeiten aus Lieferungen und Leistungen
   c) Grundstücke
   d) Betriebs- und Geschäftsausstattung (BGA)
   e) Forderungen
   f) Fuhrpark
   g) Bankguthaben
   h) Darlehensschulden

3. Es sind die folgenden (nicht sortierten!) Inventarpositionen von einem Unternehmen bekannt:

Nr.	Position	Wert
1.	Bankguthaben Bank 1	7.800,00 €
2.	Kassenbestand	540,00 €
3.	Verbindlichkeiten a. LL.	12.300,00 €
4.	Fuhrpark	34.000.00 €
5.	Grundstücke	78.400,00 €
6.	Warenbestand	45.120,00 €
7.	Gebäude	89.230,00 €
8.	Darlehensschulden	95.000,00 €
9.	Lagereinrichtung	12.500,00 €
10.	Forderungen a. LL.	8.300,00 €
11.	Bankguthaben Bank 2	2.300,00 €

a) Ordnen Sie diese Positionen den folgenden Bereichen zu:

Anlagevermögen Umlaufvermögen
Langfristige Schulden Kurzfristige Schulden

b) Berechnen Sie für die vier angegebenen Bereiche jeweils die Gesamtsumme.

c) Berechnen Sie das Gesamtvermögen, die gesamten Schulden und das Reinvermögen des Unternehmens.

4. a) Erläutern Sie, nach welchem Kriterium das Vermögen im Inventar gegliedert ist.

b) Erläutern Sie, nach welchem Kriterium die Schulden im Inventar gegliedert sind.

c) Wie ermittelt man das Reinvermögen?

5. a) Erstellen Sie aus den folgenden Angaben ein Inventar für die Firma Heinz Lamprecht e. K., Bismarkstr. 18–20, 47169 Duisburg.

- Geschäftsausst. lt. Liste 1 (25.080,00 €)
- Gebäude: Bismarkstr. 18–20 (190.000,00 €)
- Waren: Lampen lt. Liste 31 (34.250,00 €), Kühlschränke usw. lt. Liste 32 (49.000,00 €), Fernsehgeräte usw. lt. Liste 33 (63.100,00 €), Zubehör-, Ersatzteile lt. Liste 34 (24.000,00 €)
- Grundstück Bismarkstraße 18–20 (75.000,00 €)
- Guthaben bei der Stadtsparkasse Duisburg (8.200,00 €)
- Verbindlichkeiten gegenüber der Targobank Duisburg (89.000,00 €)
- Forderungen a. LL. lt. Liste 7 (13.400,00 €)
- Bargeld (500,00 €)

- Verbindlichkeiten a. LL. lt. Liste 8 (23.000,00 €)
- Firmen-Pkw Opel Zafira (16.000,00 €)

b) Errechnen Sie den Unternehmenserfolg. Dazu stehen Ihnen aus dem letzten Inventar des Unternehmens Heinz Lamprecht e. K. die folgenden Daten zur Verfügung:

- Summe der Vermögensgegenstände: 512.200,00 €
- Summe der Schulden: 146.900,00 €

1.4 Bilanz

Das ist geschehen

Bastian Lenz hat in der Abteilung Buchhaltung geholfen, das Inventar der Mediaworld e. K. aufzustellen.

A Vermögen		
I. Anlagevermögen		
1. Grundstücke Krefelder Straße 92		120.000,00
2. Gebäude Krefelder Straße 92		
– Bürogebäude und Verkaufsraum	148.000,00	
– Lagerhalle	142.000,00	290.000,00
3. Fuhrpark		
– Pkw VW Polo Kombi	12.500,00	
– Transporter VW Caddy	15.500,00	28.000,00
4. Betriebs- und Geschäftsausstattung lt. Ergänzungsinventar Nr. 1		32.000,00
II. Umlaufvermögen		
1. Warenbestand lt. Ergänzungsinventar Nr. 2		165.000,00
2. Forderungen a. LL. lt. Ergänzungsinventar Nr. 3		45.000,00
3. Kassenbestand		5.500,00
4. Bankguthaben		
– Deutsche Bank Duisburg	28.500,00	
– Sparkasse Duisburg	21.000,00	49.500,00
Summe der Vermögensgegenstände		**735.000,00**
B Schulden		
1. Darlehensschulden		
– Deutsche Bank Duisburg	201.000,00	
– Sparkasse Duisburg	77.000,00	278.000,00
2. Verbindlichkeiten a. LL. lt. Ergänzungsinventar Nr. 4 ..		77.000,00
Summe der Schulden		**355.000,00**
C Reinvermögen (Eigenkapital)		**380.000,00**

Das ist zu tun

1. Beantworten Sie mithilfe des § 247 des Handelsgesetzbuches die Frage von Bastian.
2. Erstellen Sie mithilfe der unten stehenden Informationen die Bilanz der Mediaworld e. K.

Bilanz

Das sollte man wissen

Für die Bilanz ist es ebenso wie für das Inventar gesetzlich vorgeschrieben, dass sie aufgestellt werden muss. Dies ergibt sich aus dem Handelsgesetzbuch (HGB):

§ 242 HGB (Pflicht zur Aufstellung von Bilanzen)

(1) Jeder Kaufmann hat zu Beginn seines Handelsgewerbes und für den Schluss eines jeden Geschäftsjahrs einen das Verhältnis seines Vermögens und seiner Schulden darstellenden Abschluss (Eröffnungsbilanz, Bilanz) aufzustellen.

Die Inhalte der Bilanz sind ebenfalls im Handelsgesetzbuch vorgeschrieben:

§ 247 HGB (Inhalt der Bilanz)

(1) In der Bilanz sind das Anlage- und das Umlaufvermögen, das Eigenkapital, die Schulden [...] gesondert auszuweisen und hinreichend aufzugliedern.

Dabei fällt auf, dass man die gleichen Begriffe und die gleichen Unternehmenswerte schon in dem Inventar aufgeschrieben hat. Die Bilanz unterscheidet sich aber in einem wesentlichen Punkt vom Inventar:

§ 266 HGB (Gliederung der Bilanz)

(1) Die Bilanz ist in Kontoform aufzustellen.

Bilanz	

Weitere Kriterien zum Aufstellen der Bilanz sind:

1. Die beiden Seiten der Bilanz werden **Aktivseite** und **Passivseite** genannt. Man überschreibt die linke Seite der Bilanz mit „Aktiva“ und die rechte Seite der Bilanz mit „Passiva“.
2. Es werden nur die zusammengefassten Werte in die Bilanz übernommen, also nur die Summe des Warenbestandes, die Summe des Fuhrparks, die Summe der Darlehen usw.
3. Die Vermögenswerte werden auf die linke Seite, also auf die Aktivseite geschrieben. Dabei wird wie beim Inventar nach der Flüssigkeit vorgegangen: Zuerst wird das Anlagevermögen aufgeführt, darunter steht das Umlaufvermögen.
4. Die Schulden stehen auf der rechten Seite der Bilanz. Oben die Schulden, die das Unternehmen bei der Eigentümerin oder dem Eigentümer hat = Eigenkapital. Darunter die langfristigen und kurzfristigen Schulden = Fremdkapital.
5. Schließlich werden beide Seiten zusammengerechnet.

Merke:

Die Abkürzungen in einer Bilanz bedeuten:
- BGA = Betriebs- und Geschäftsausstattung
- Ford. a. LL. = Forderungen aus Lieferungen und Leistungen
- Verb. a. LL. = Verbindlichkeiten aus Lieferungen und Leistungen

Daraus ergibt sich folgendes Bild:

Aktiva	Bilanz		Passiva
I. Anlagevermögen		**I. Eigenkapital (EK)**	380.000,00
Gebäude	500.000,00	**II. Fremdkapital (FK)**	
Fuhrpark	32.000,00	Darlehen	150.000,00
BGA	13.000,00	Verbindlichkeiten a. LL.	21.000,00
II. Umlaufvermögen			
Forderungen a. LL.	2.000,00		
Kasse	4.000,00		
	551.000,00		**551.000,00**

Die Bilanz befindet sich immer im Gleichgewicht, das heißt, die rechte und die linke Seite ergeben immer die gleichen Summen. Das liegt daran, dass auf der linken Seite steht, wie viel Geld im Unternehmen investiert und ausgegeben wurde, und auf der rechten Seite nachzulesen ist, woher dieses Geld stammt, also ob es eigenes Kapital oder fremdes Kapital ist. Bildlich kann man sich das so vorstellen:

Aufgaben

Aufgaben zur Wiederholung

1. Geben Sie an, auf welcher Seite der Bilanz (Aktivseite oder Passivseite) die folgenden Positionen stehen.
   a) Gebäude
   b) Forderungen aus Lieferungen und Leistungen
   c) Kasse
   d) Verbindlichkeiten aus Lieferungen und Leistungen
   e) Grundstücke
   f) Betriebs- und Geschäftsausstattung (BGA)
   g) Warenbestand
   h) Eigenkapital
   i) Fuhrpark
   j) Bank
   k) Darlehen

2. Beurteilen Sie, ob die folgenden Aussagen zur Bilanz richtig oder falsch sind. Korrigieren Sie die falschen Aussagen, sodass korrekte Aussagen entstehen.

a) Die Bilanz ist immer in Kontenform aufzustellen.

b) Die Summen der rechten und der linken Seite einer Bilanz sind so gut wie nie gleich groß.

c) Das Umlaufvermögen steht auf der rechten Seite einer Bilanz.

d) Das Umlaufvermögen steht auf der linken Seite einer Bilanz und zwar unter dem Eigenkapital.

e) Das Eigenkapital ist das Geld, das das Unternehmen der Eigentümerin oder dem Eigentümer „schuldet".

f) Das Anlagevermögen und das Umlaufvermögen ergeben zusammengezählt die gleiche Summe wie die Addition aus Eigenkapital und Fremdkapital.

g) Die Seiten einer Bilanz sind überschrieben mit den Begriffen „Aktiva" und „Passiva".

h) Die Aktiva befinden sich auf der rechten Seite einer Bilanz, die Passiva auf der linken Seite.

i) Eine Bilanz wird immer zum Ende eines Geschäftsjahres aufgestellt.

j) Das gesamte Vermögen, das in der Bilanz steht, ist genau so hoch wie das Vermögen, das im Inventar ausgewiesen ist.

3. Erstellen Sie aus den folgenden Angaben eines Unternehmens eine Bilanz.

	€		€		€
Fuhrpark	78.500,00	Verb. a. LL.	25.400,00	Bank	5.900,00
Darlehen	102.000,00	Kasse	3.200,00	Eigenkapital	
Betriebs- u. Geschäftsausstattung	17.200,00	Grundstücke	97.000,00	Waren	13.000,00
		Gebäude	55.000,00	Ford. a. LL.	5.600,00

4. Erstellen Sie aus dem folgenden Inventar der Firma Heinz Lamprecht e. K., Bismarckstr. 18–20, 47169 Duisburg, die Bilanz.

A Vermögen		
I. Anlagevermögen		
1. Grundstücke Bismarckstraße 18–20		75.000,00
2. Gebäude Bismarckstraße 18–20		190.000,00
3. Fuhrpark Pkw Opel Zafira		16.000,00
4. Betriebs- und Geschäftsausstattung lt. Liste 1		25.080,00

➡

II. Umlaufvermögen		
1. Warenbestand		
– Lampen lt. Liste 31	34.250,00	
– Kühlschränke usw. lt. Liste 32	49.000,00	
– Fernsehgeräte usw. lt. Liste 33	63.100,00	
– Zubehör-, Ersatzteile lt. Liste 34	24.000,00	170.350,00
2. Forderungen a. LL. lt. Liste 7		13.400,00
3. Kassenbestand		500,00
4. Bankguthaben Citibank Duisburg		8.200,00
Summe der Vermögensgegenstände		**498.530,00**
B Schulden		
1. Darlehensschulden Volksbank Duisburg		89.000,00
2. Verbindlichkeiten a. LL. lt. Liste 8		23.000,00
Summe der Schulden		**112.000,00**
C Reinvermögen (Eigenkapital)		**386.530,00**

Aufgaben

Aufgaben zur Vertiefung der Kapitel „Inventur“, „Inventar“ und „Bilanz“

1. Erstellen Sie eine Zusammenfassung zum Thema „Inventur/Inventar/Bilanz“. In dieser Zusammenfassung sollten die Antworten auf die folgenden Fragen der Einzelthemen stehen:

Inventur	Inventar	Bilanz
• Was versteht man unter Inventur? • Welche Arten von Inventur gibt es? • Was versteht man unter einer Stichtagsinventur und unter einer permanenten Inventur?	• Was ist ein Inventar? • Nach welchen Kriterien wird ein Inventar aufgestellt? • Wie errechnet man das Reinvermögen?	• Was ist die Bilanz? • In welcher Form ist die Bilanz aufzustellen? • Wie nennt man die beiden Seiten der Bilanz? • Welche Positionen umfasst die Bilanz? • Wie erreicht man, dass die Bilanz kürzer gefasst ist als das Inventar? • Warum ist eine Bilanz immer in der Waage?

2. In der Firma Kurt Wächter, Fernseh- und Hi-Fi-Fachhandel, Hauptmannweg 23, 44147 Dortmund, liegen die folgenden Inventurergebnisse vor.

Bankguthaben Sparkasse Dortmund	20.500,00 €
Verbindlichkeiten aus Lieferungen und Leistungen:	
• Fa. Nord-Süd-Elektronik AG	110.000,00 €
• Westler GmbH	80.000,00 €
• Merivan Elektronic Ltd.	85.000,00 €
Geschäftseinrichtung:	
• Regale	70.000,00 €
• Theke und Beistelltisch	5.000,00 €
• Scannerkasse	3.500,00 €
• Stühle, Hocker, Sessel	10.000,00 €
• sonstige Einrichtung	1.200,00 €
Kassenbestand	3.520,00 €
Kundenforderungen:	
• Friedhelm Meier	1.250,00 €
• Erwin Lottermann	670,00 €
• Carmen Sonne	490,00 €
Grundstück Hauptmannweg 23	150.000,00 €
Gebäude Hauptmannweg 23	450.000,00 €
Darlehen Sparkasse Dortmund	250.000,00 €
Warenbestand (nach gesonderter Liste):	
• Warengruppe 1	120.000,00 €
• Warengruppe 2	235.000,00 €
• Warengruppe 3	95.000,00 €
• Warengruppe 4	19.000,00 €
• Warengruppe 5	1.700,00 €
Kraftfahrzeuge:	
• Pkw	15.000,00 €
• Lieferwagen	28.000,00 €

a) Erstellen Sie das Inventar.

b) Erstellen Sie anhand des ermittelten Inventars die Bilanz.

2 Technik der doppelten Buchführung

2.1 Eröffnungsbilanz und Bestandskonten eröffnen

Das ist geschehen

Bastian Lenz kennt nun aus seiner Tätigkeit in der Abteilung Buchhaltung/Zahlungsverkehr die Bedeutung der Unternehmensbilanz seines Ausbildungsunternehmens. Allerdings weiß er noch nicht, wie in der Buchhaltung Veränderungen des Vermögens oder der Schulden erfasst werden. „*Für diesen Zweck*“, erklärt ihm Florian Peek aus der Buchhaltung, „*haben wir die Bilanz sozusagen in ihre Einzelteile aufgelöst. Jede Position in der Bilanz wird einzeln als sogenanntes Konto geführt. Auf diesen Konten werden dann Veränderungen erfasst – wird also gebucht!*“ Bastian ist mit dieser Erläuterung noch etwas überfordert. Florian Peek zeigt es ihm an einem Beispiel:

Aktiva	Bilanz der „Bastian Lenz GmbH“		Passiva
BGA	20.000,00	Eigenkapital	18.000,00
Warenbestand	10.000,00	Darlehen	12.000,00
Forderungen a. LL.	3.000,00	Verbindlichkeiten a. LL.	8.000,00
Bank	5.000,00		
	38.000,00		**38.000,00**

Florian Peek: *„Wenn du für jede Eintragung in dieser Bilanz ein eigenes T-Konto eröffnest und die Bestände aus der Bilanz dort einträgst, brauchst du bei jedem Geschäftsfall nur noch in den Einzelkonten Eintragungen vornehmen; die Bilanz bleibt erst einmal unverändert. Probier dies einfach mal aus!“*

Das ist zu tun

1. Lösen Sie für Bastian die Bilanz in „ihre Einzelteile“, das heißt in Konten auf. Damit dies in der erforderlichen Ordnung geschieht, nutzen Sie bitte die unten stehenden Informationen.
2. Tragen Sie in die einzelnen Konten die Anfangsbestände aus der Bilanz der „Bastian Lenz GmbH“ ein. Achten Sie dabei darauf, dass Sie die Bestände jeweils auf die richtige Seite des Kontos schreiben.
3. Erstellen Sie nun auch zu obiger Bilanz das entsprechende Eröffnungsbilanzkonto.

Das sollte man wissen

Eröffnungsbilanz und Bestandskonten eröffnen

In der Praxis ist es zu aufwendig, nach jedem Geschäftsfall eine neue Bilanz aufzustellen. Deshalb wird die Bilanz in **Konten** aufgelöst, auf denen die Geschäftsfälle gebucht werden:

1. Für jeden Posten der Bilanz wird ein eigenes Konto eingerichtet. Ein Konto ist wie eine Bilanz in zwei Teile aufgeteilt. Die beiden Seiten sind jetzt aber nicht

mit Aktiva und Passiva überschrieben, sondern mit **Soll** und **Haben.** Hier sehen Sie als Beispiel das Konto „Warenbestand":

Soll	Warenbestand	Haben

Merke:

Die Bezeichnungen Soll und Haben bedeuten nichts Besonderes, man muss sich lediglich merken:
Soll-Seite = linke Kontenseite und Haben-Seite = rechte Kontenseite.

2. Aus den Posten der **Aktivseite** werden die **Aktivkonten,** für die Posten der **Passivseite** werden **Passivkonten** aufgestellt.
3. Der Anfangsbestand aus der Eröffnungsbilanz wird dann in das entsprechende Konto eingetragen. Dabei stehen die Anfangsbestände der Konten, die **links** in der Bilanz stehen, auch **links** in den Konten. Bei den Konten, die **rechts** in der Bilanz stehen, stehen die Anfangsbestände **rechts** in den Konten. Die Konten, die man aus den Positionen der Bilanz aufstellt, heißen **Bestandskonten,** weil sie einen Anfangsbestand haben.

Merke:

Jede Veränderung wird in den entsprechenden Konten erfasst. Wenn das Geschäftsjahr zu Ende geht, wird für jedes Konto ein sogenannter Saldo ermittelt.

Ablaufschema „Einrichten der Bestandskonten aus der Bilanz"

Aktiva	Eröffnungsbilanz		Passiva
Gebäude	500.000,00	Eigenkapital	380.000,00
Fuhrpark	32.000,00	Darlehen	150.000,00
Betriebs- und Geschäftsausstattung	13.000,00	Verbindlichkeiten a. LL.	21.000,00
Forderungen a. LL.	2.000,00		
Kasse	4.000,00		
	551.000,00		551.000,00

↓ **Aktivkonten** ↓

Soll	Gebäude		Haben
AB	500.000,00		

Soll	Fuhrpark		Haben
AB	32.000,00		

Soll	Betriebs- u. Geschäftsausstattung		Haben
AB	13.000,00		

Soll	Forderungen a. LL.		Haben
AB	2.000,00		

Soll	Kasse		Haben
AB	4.000,00		

↓ **Passivkonten** ↓

Soll	Eigenkapital		Haben
		AB	380.000,00

Soll	Darlehen		Haben
		AB	150.000,00

Soll	Verbindlichkeiten a. LL.		Haben
		AB	21.000,00

Merke:

- Für jede Position in der Bilanz gibt es ein Konto.
- Die Konten, die sich aus der Bilanz ergeben, heißen Bestandskonten, da sie einen Anfangsbestand (AB) haben.
- Die Bestandskonten werden in Aktivkonten und Passivkonten unterteilt.
- Die Aktivkonten haben ihren Anfangsbestand auf der linken Seite. Die Passivkonten haben ihren Anfangsbestand auf der rechten Seite.

Letztlich muss man noch wissen, dass das einfache „Übertragen“ der Anfangsbestände aus der Bilanz heraus eine Vereinfachung ist, die in der Buchführung so nicht funktionieren kann. Man benötigt anstatt der Bilanz ein Konto zum Buchen. Dies ist das Eröffnungsbilanzkonto. Es ist spiegelverkehrt zur Bilanz, hat aber den gleichen Inhalt.

Aktiva	Eröffnungsbilanz		Passiva
Grundstücke und Gebäude	580.000,00	Eigenkapital	465.000,00
Fuhrpark	79.400,00	Darlehen	256.000,00
Betriebs- und Geschäftsausstattung	91.000,00	Verbindlichkeiten a. LL.	125.600,00
Forderungen a. LL.	35.600,00		
Kasse	5.100,00		
Bank	55.500,00		
	846.600,00		846.600,00

Soll	Eröffnungsbilanzkonto		Haben
Eigenkapital	465.000,00	Grundstücke und Gebäude	580.000,00
Darlehen	256.000,00	Fuhrpark	79.400,00
Verbindlichkeiten a. LL.	125.600,00	Betriebs- und Geschäftsausstattung	91.000,00
		Forderungen a. LL.	35.600,00
		Kasse	5.100,00
		Bank	55.500,00
	846.600,00		846.600,00

Durch die Spiegelung wird erreicht, dass man ein Konto hat, aus dem man die Anfangsbestände herausbuchen kann, sodass sie wie gewohnt in den Bestandskonten erscheinen: Bei Aktivkonten auf der Soll-Seite, bei Passivkonten auf der Haben-Seite. Jeder Betrag, der als Anfangsbestand benötigt wird und auch im Eröffnungsbilanzkonto steht, ist nun einmal im Soll und einmal im Haben eingetragen.

Soll	Kasse		Haben
EBK	**5.100,00**		

Soll	Verbindlichkeiten a. LL.		Haben
		EBK	**125.600,00**

Aufgaben zur Wiederholung

Aufgaben

1. Stellen Sie anhand der folgenden Bilanz das Eröffnungsbilanzkonto auf. Richten Sie dann die entsprechenden Bestandskonten ein. Tragen Sie auch den Anfangsbestand in das jeweilige Konto ein.

Aktiva	Bilanz der Mediaworld e. K.		Passiva
Grundstücke	120.000,00	Eigenkapital	380.000,00
Gebäude	290.000,00	Darlehen	278.000,00
Fuhrpark	28.000,00	Verbindlichkeiten a. LL.	77.000,00
Betriebs- und Geschäftsausstattung	32.000,00		
Warenbestand	165.000,00		
Forderungen a. LL.	45.000,00		
Kasse	5.500,00		
Bank	49.500,00		
	735.000,00		735.000,00

2. Entscheiden Sie, ob es sich bei den folgenden Bestandskonten jeweils um ein Aktivkonto oder um ein Passivkonto handelt:

a) Darlehen

b) Bank

c) Warenbestand

d) Kasse

e) Betriebs- und Geschäftsausstattung

f) Gebäude

g) Verbindlichkeiten aus Lieferungen und Leistungen

h) Fuhrpark

i) Forderungen aus Lieferungen und Leistungen

j) Eigenkapital

k) Grundstücke

3. Auf welcher Seite der Konten aus Aufgabe 2 steht jeweils der Anfangsbestand, auf der Soll- oder auf der Haben-Seite?

2.2 Buchen auf Bestandskonten

Das ist geschehen

Bastian Lenz hat die Bilanz „seines" Beispielunternehmens, die ihm Florian Peek aus der Buchhaltung aufgezeichnet hat, in Bestandskonten aufgeteilt. Die Frage ist nur, wie man diese Bestandskonten für Buchungen nutzt. Florian Peek schreibt ihm drei Geschäftsfälle auf:

1. Ein Darlehen wird per Banküberweisung getilgt. Betrag: 3.000,00 €.
2. Ein Kunde bezahlt eine Rechnung per Banküberweisung. Betrag: 1.500,00 €.

3. Es wird ein neuer Büroschreibtisch auf Ziel gekauft, die Rechnung ist in 30 Tagen fällig, das heißt, sie muss erst in 30 Tagen bezahlt werden. Betrag: 1.580,00 €.

„Wenn du **richtig** buchen willst", meint Florian Peek, „musst du zu jedem Geschäftsfall die folgenden vier Fragen beantworten", und schreibt ihm den folgenden Zettel:

> 1. *Welche Konten werden in dem Geschäftsfall angesprochen?*
> 2. *Welche Veränderung geschieht in den einzelnen Konten (Mehrung oder Minderung)?*
> 3. *Handelt es sich hierbei um Aktiv- oder um Passivkonten?*
> 4. *Auf welcher Seite des jeweiligen Kontos muss gebucht werden?*

Aktiva	Bilanz der „Bastian Lenz GmbH"		Passiva
BGA	20.000,00	Eigenkapital	18.000,00
Warenbestand	10.000,00	Darlehen	12.000,00
Forderungen a. LL.	3.000,00	Verbindlichkeiten a. LL.	8.000,00
Bank	5.000,00		
	38.000,00		**38.000,00**

Das ist zu tun

1. Erstellen Sie zu der Bilanz der „Bastian Lenz GmbH" die entsprechenden Bestandskonten (falls Sie dies noch nicht in Kapitel 2.1 gemacht haben!).
2. Beantworten Sie zu jedem der drei Geschäftsfälle die vier Fragen des Notizzettels. Falls Sie mit der Bearbeitung nicht weiterkommen, helfen Ihnen die unten stehenden Informationen.

Das sollte man wissen

Buchen auf Bestandskonten

Liegt ein Geschäftsfall vor, muss man die oben auf dem Notizzettel stehenden vier Fragen beantworten, um die Buchung fehlerfrei vorzunehmen.

Fallbeispiel

Geschäftsfall: Es wird ein neues Büroregal angeschafft. Der Preis von 1.200,00 € wird per Bankscheck bezahlt.

1. **Welche Konten werden in dem Geschäftsfall angesprochen?**
   „Betriebs- und Geschäftsausstattung" und „Bank"
2. **Welche Veränderung geschieht in den einzelnen Konten (Mehrung oder Minderung)?**
   Die „Betriebs- und Geschäftsausstattung" (BGA) wird durch den Kauf des zusätzlichen Regals mehr (Mehrung), das Konto „Bank" wird weniger, da die Rechnung bezahlt wird (Minderung).
3. **Handelt es sich hierbei um Aktiv- oder um Passivkonten?**
   Das Konto „BGA" ist ein Aktivkonto, das Konto „Bank" ist ebenfalls ein Aktivkonto.

4. **Auf welcher Seite des jeweiligen Kontos muss gebucht werden?**

Da der Anfangsbestand der „BGA“ mehr wird, wird der Betrag von 1.200,00 € unter den Anfangsbestand geschrieben, also wird die Eintragung auf der **Soll**-Seite vorgenommen. Das Bankkonto wird gemindert, also wird der Betrag von 1.200,00 € nicht unter den Anfangsbestand, sondern auf die andere Seite geschrieben. Dies ist die **Haben**-Seite.

Hieraus lässt sich folgendes allgemeingültiges Schema aufstellen:

- Mehrungen werden immer unter den Anfangsbestand geschrieben. Dieser ist in den Bestandskonten mit EBK gekennzeichnet, weil der anhand des Eröffnungsbilanzkontos gebucht wurde.
- Minderungen werden immer auf die andere Seite (die ohne Anfangsbestand) geschrieben.

Für Aktivkonten bedeutet dies:

Soll	Aktivkonto	Haben
Anfangsbestand EBK Mehrungen		Minderungen

Für Passivkonten bedeutet dies:

Soll	Passivkonto	Haben
Minderungen		Anfangsbestand EBK Mehrungen

Da man durch die Beantwortung der vier Fragen genau weiß, auf welcher Seite des jeweiligen Kontos nun zu buchen ist, kann die eigentliche Buchung jetzt vorgenommen werden.

Merke:

- Bei Aktivkonten steht der Anfangsbestand im Soll.
- Bei Aktivkonten stehen die Mehrungen im Soll.
- Bei Aktivkonten stehen die Minderungen im Haben.
- Bei Passivkonten steht der Anfangsbestand im Haben.
- Bei Passivkonten stehen die Mehrungen im Haben.
- Bei Passivkonten stehen die Minderungen im Soll.

Fortsetzung des Fallbeispiels

Vorzunehmende Buchungen:

- 1.200,00 € auf der Soll-Seite im Konto „Betriebs- und Geschäftsausstattung“
- 1.200,00 € auf der Haben-Seite im Konto „Bank“

Soll	Betriebs- u. Geschäftsausstattung	Haben
EBK 20.000,00 1.200,00		

Soll	Bank	Haben
EBK 5.000,00		1.200,00

Damit man weiß, womit die Rechnung bezahlt wurde, schreibt man im Konto „BGA“ dazu, dass die 1.200,00 € vom Bankkonto stammen. Das Bankkonto ist das sogenannte **Gegenkonto** zu dieser Buchung. Und damit man nachvollziehen kann, wofür die 1.200,00 € ausgegeben wurden, wird im Konto „Bank“ vor den 1.200,00 € ebenfalls das Gegenkonto eingetragen: „BGA“.

Soll	Betriebs- u. Geschäftsausstattung	Haben
EBK 20.000,00 Bank 1.200,00		

Soll	Bank	Haben
EBK 5.000,00		BGA 1.200,00

Komplett wird die Eintragung im jeweiligen Konto dadurch, dass man die einzelnen Buchungen durchnummeriert. Da der Kauf des Regals im Beispiel der **erste** Geschäftsfall ist, wird vor jeder Buchung in den Konten eine ❶ eingetragen:

Soll	Betriebs- u. Geschäftsausstattung	Haben
EBK 20.000,00 ❶ Bank 1.200,00		

Soll	Bank	Haben
EBK 5.000,00		❶ BGA 1.200,00

Damit ist der Geschäftsfall gebucht.

Merke:

- Bei jeder Buchung in den Konten muss das Gegenkonto genannt werden.
- Bei jeder Buchung in den Konten wird die Nummer des Geschäftsfalles notiert.

Aufgaben

Aufgaben zur Wiederholung

1. Stellen Sie zur Bearbeitung dieser Aufgabe eine Tabelle wie folgt auf:

Geschäftsfall Nr.	Konten-bezeichnung	Aktiv-/ Passivkonten	Art der Veränderung	Soll/Haben
1.				
2.				
3.				
...				

Bearbeiten Sie die nachfolgenden Geschäftsfälle mithilfe folgender Fragen:

a) Welche Konten werden in dem Geschäftsfall angesprochen?

b) Welche Veränderung geschieht in den einzelnen Konten (Mehrung oder Minderung)?

c) Handelt es sich hierbei um Aktiv- oder um Passivkonten?

d) Auf welcher Seite des jeweiligen Kontos muss gebucht werden?

Geschäftsfälle:

1. Barkauf eines PC: 1.000,00 €
2. Umwandlung einer Verbindlichkeit in ein Darlehen: 6.000,00 €
3. Zielkauf eines Pkw: 15.000,00 €
4. Ein Kunde bezahlt eine fällige Ausgangsrechnung bar: 2.000,00 €.
5. Wir bezahlen eine Verbindlichkeit bei einem Lieferbetrieb von 500,00 € per Banküberweisung.
6. Es wird ein Darlehen von 30.000,00 € aufgenommen, das Geld wird auf dem Bankkonto gutgeschrieben.
7. Vom Bankkonto werden 3.000,00 € abgehoben, um den Bargeldbestand in der Kasse zu erhöhen.
8. Ein Büroschrank wird im Wert von 2.000,00 € auf Ziel gekauft, die Rechnung ist erst in 30 Tagen fällig.

2. a) Übernehmen Sie die unten stehenden Konten in Ihr Heft.

Soll	Fuhrpark		Haben
EBK	87.800,00		

Soll	Eigenkapital		Haben
		EBK	139.400,00

Soll	BGA		Haben
EBK	35.000,00		

Soll	Darlehen		Haben
		EBK	66.000,00

Soll	Ford. a. LL.		Haben
EBK	35.700,00		

Soll	Verb. a. LL.		Haben
		EBK	5.600,00

Soll	Bank		Haben
EBK	44.200,00		

Soll	Kasse		Haben
EBK	8.300,00		

b) Buchen Sie diese sieben Buchungssätze in den Konten.
1. Kauf einer neuen Computeranlage auf Ziel: 3.900,00 €
2. Aus der Kasse werden 2.000,00 € genommen und auf dem Bankkonto eingezahlt.
3. Ein Kunde bezahlt eine Forderung von 1.700,00 € bar.
4. Verbindlichkeiten gegenüber einem Lieferbetrieb werden per Banküberweisung bezahlt: 3.100,00 €.
5. Rückzahlung einer Darlehensrate von 15.000,00 € per Banküberweisung
6. Ein neuer Bürostuhl wird angeschafft, die Rechnung von 500,00 € ist in 30 Tagen fällig.
7. Verkauf eines alten Firmen-Pkw für 5.000,00 € gegen Bankscheck

3. a) Erstellen Sie anhand der folgenden Eröffnungsbilanz das Eröffnungsbilanzkonto.

b) Bilden Sie aus dem EBK die Bestandskonten. Tragen Sie die Anfangsbestände ein und buchen Sie die unten stehenden Geschäftsfälle in den Konten.

Aktiva	Eröffnungsbilanz		Passiva
Grundstücke u. Gebäude	580.000,00	Eigenkapital	465.000,00
Fuhrpark	79.400,00	Darlehen	256.000,00
Betriebs- und Geschäftsausstattung	91.000,00	Verbindlichkeiten a. LL.	125.600,00
Forderungen a. LL.	35.600,00		
Kasse	5.100,00		
Bank	55.500,00		
	846.600,00		846.600,00

1. Anschaffung eines Firmen-Pkw im Wert von 25.000,00 € auf Ziel.
2. Ein Kunde bezahlt eine Rechnung von 1.500,00 € per Bankscheck.
3. Ein Darlehen von 10.000,00 € wird per Banküberweisung getilgt.
4. Eine Verbindlichkeit von 500,00 € wird bar bezahlt.
5. Anschaffung eines neuen Bürostuhls im Wert von 600,00 €, Barzahlung.

4. Entscheiden Sie bei den folgenden Aussagen, ob sie richtig oder falsch sind. Korrigieren Sie die falschen Aussagen, sodass sie richtig werden.

a) Das Konto „Verbindlichkeiten a. LL." steht auf der Aktivseite der Bilanz.

b) Der Anfangsbestand des Kontos „Verbindlichkeiten a. LL." steht auf der rechten Kontenseite.

c) Aktivkonten stehen auf der rechten Seite der Bilanz, Passivkonten auf der linken Bilanzseite.

d) Das Konto „Forderungen a. LL." hat seinen Anfangsbestand auf der linken Seite.

e) Eine Mehrung der Forderungen wird in diesem Konto auf der linken Seite eingetragen.

f) Das Konto „Eigenkapital“ ist ein Passivkonto.
g) Im Konto „Bank“ werden Minderungen auf der Haben-Seite eingetragen.
h) Mehrungen in Passivkonten werden auf der Haben-Seite eingetragen.
i) Minderungen in Aktivkonten werden auf der Haben-Seite eingetragen.
j) Das Konto „Kasse“ ist ein Aktivkonto und hat seinen Anfangsbestand auf der linken Seite.

2.3 Anweisung zum Buchen: der Buchungssatz

Das ist geschehen

Bastian Lenz findet es zunehmend umständlich, für jede Buchung die vier Fragen des Schemas zu beantworten, um Geschäftsfälle richtig buchen zu können. *„Es gibt eine Art ‚Abkürzung‘ für dieses Überlegungsschema, sodass man sehr schnell für einen Geschäftsfall die entsprechende Buchung herausfinden kann“*, erläutert ihm Florian Peek aus der Buchhaltung.

Das ist zu tun

Es liegen die drei Geschäftsfälle aus Kapitel 2.2 vor:

1. Ein Darlehen wird per Banküberweisung getilgt. Betrag: 3.000,00 €.
2. Ein Kunde bezahlt eine Rechnung per Banküberweisung. Betrag: 1.500,00 €.
3. Es wird ein neuer Büroschreibtisch auf Ziel gekauft, die Rechnung ist in 30 Tagen fällig, Betrag: 580,00 €.

Beantworten Sie die folgenden Fragen:

a) Welche Konten werden bei jedem Geschäftsfall benötigt?
b) Auf welcher Seite der Konten muss jeweils gebucht werden?
c) Was ist ein Buchungssatz und wie ist ein Buchungssatz aufgebaut?
d) Wie lauten die Buchungssätze zu den drei Geschäftsfällen?
e) Was ist ein zusammengesetzter Buchungssatz? Welcher der drei obigen Geschäftsfälle führt zu einem zusammengesetzten Buchungssatz?

Das sollte man wissen

Einfacher Buchungssatz

Für das Buchen von Geschäftsfällen in den einzelnen Konten ist das in Kapitel 2.2 aufgestellte Überlegungsschema hilfreich:

1. *Welche Konten werden in dem Geschäftsfall angesprochen?*
2. *Welche Veränderung geschieht in den einzelnen Konten (Mehrung oder Minderung)?*
3. *Handelt es sich hierbei um Aktiv- oder um Passivkonten?*
4. *Auf welcher Seite des jeweiligen Kontos muss gebucht werden?*

Wenn man lange genug mit dem Schema gearbeitet hat und entsprechend geübt ist, kann man es auf die zwei wirklich wichtigen Fragen reduzieren:

- Welche Konten werden in dem Geschäftsfall angesprochen?
- Auf welcher Kontenseite muss gebucht werden?

Mit der Beantwortung dieser beiden Fragen kann man eine einfache Buchungsanweisung aufstellen.

Fallbeispiel

Es wird ein Büroschrank für Akten angeschafft, Bezahlung bar 1.800,00 €.

Konten	Kontenseite	Beträge
Betriebs- und Geschäftsausstattung	Soll	1.800,00 €
Kasse	Haben	1.800,00 €

Damit alle Buchungsanweisungen immer die gleiche Struktur haben, stellt man für jede Buchung einen **Buchungssatz** auf, in dem zuerst das Konto genannt wird, auf dem im Soll gebucht wird, und danach das Konto, auf dem im Haben gebucht wird. Zwischen diese Konten schreibt man das Wort „an".

Ein Buchungssatz sieht demnach immer wie folgt aus:
Soll-Konto
an **Haben**-Konto

Fortsetzung des Fallbeispiels

Der Buchungssatz für obiges Beispiel lautet demnach:

Konten	Soll	Haben
Betriebs- und Geschäftsausstattung	1.800,00 €	
an Kasse		1.800,00 €

Auf beiden Seiten, der Soll-Seite des einen Kontos und der Haben-Seite des anderen Kontos, muss der gleiche Betrag gebucht werden. Ansonsten gerät das Gleichgewicht der Bilanz, das auch für die einzelnen Konten gilt, aus den Fugen.

Die Buchung des gerade aufgestellten Buchungssatzes geschieht entsprechend der Anweisung. Zuerst wird die Eintragung auf der Soll-Seite des ersten Kontos vorgenommen, danach die Eintragung auf der Haben-Seite des Kontos, das als zweites im Buchungssatz genannt wird.

Soll	BGA		Haben
EBK	20.000,00		
❶ Kasse	1.800,00		

Soll	Kasse		Haben
EBK	5.000,00	❶ BGA	1.800,00

Zur Eröffnung der Bestandskonten werden wie bei den anderen Geschäftsfällen ebenso Buchungssätze benötigt. Die Buchungsanweisung, um aus dem EBK die Anfangsbestände der Bestandskonten herauszubuchen, lautet – streng nach dem bekannten Schema „Soll an Haben“:

Für Aktivkonten:	Für Passivkonten:
Aktivkonto an EBK	EBK an Passivkonto
Beispiel: Kasse 4.000,00 € an EBK 4.000,00 €	Beispiel: EBK 465.000,00 € an Eigenkapital 465.000,00 €

Das sollte man wissen

Zusammengesetzter Buchungssatz

Es gibt Geschäftsfälle, bei denen mehr als zwei Konten angesprochen werden. Bei diesen Fällen besteht der Buchungssatz natürlich auch aus mehr als zwei Konten. Ein Buchungssatz, der drei oder mehr Konten beinhaltet, heißt **zusammengesetzter Buchungssatz.**

Fallbeispiel

Es wird ein neuer Firmen-Pkw im Gesamtwert von 24.000,00 € angeschafft. Zunächst muss eine Anzahlung von 4.000,00 € per Bankscheck geleistet werden, die restlichen 20.000,00 € sind erst in 30 Tagen fällig.

Konten	Kontenseite	Beträge
Fuhrpark	Soll	24.000,00 €
Bank	Haben	4.000,00 €
Verbindlichkeiten a. LL.	Haben	20.000,00 €

Der Buchungssatz lautet:

Konten	Soll	Haben
Fuhrpark	24.000,00 €	
an Bank		4.000,00 €
an Verbindlichkeiten a. LL.		20.000,00 €

Wieder wird auf beiden Seiten der gleiche Betrag gebucht. Auf der Soll-Seite (in nur einem Konto) 24.000,00 € und auf den Haben-Seiten von zwei Konten einmal 4.000,00 € und einmal 20.000,00 €, also insgesamt auch 24.000,00 €.

Soll	Fuhrpark	Haben
EBK	79.000,00	
❶ Bank, Vb.	24.000,00	

Soll		Bank	Haben
EBK	15.000,00	❶ Fuhrpark	4.000,00

Soll		Verbindlichkeiten a. LL.	Haben
		EBK	23.800,00
		❶ Fuhrpark	20.000,00

Merke:

- Beim Aufstellen des Buchungssatzes muss die Reihenfolge **Soll**-Konto an **Haben**-Konto eingehalten werden.
- In jedem Buchungssatz müssen die Buchungen auf der **Soll**-Seite die gleiche Summe ergeben wie die Buchungen auf der **Haben**-Seite.

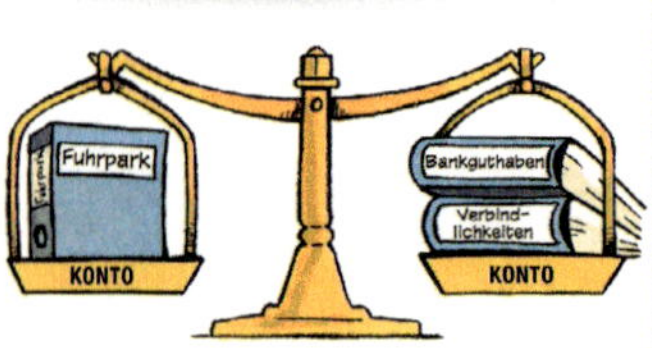

Aufgaben

Aufgaben zur Wiederholung

1. Bilden Sie zu den folgenden Geschäftsfällen die Buchungssätze.

a) Kauf eines neuen Lkw auf Ziel .... 120.000,00 €

b) Bareinzahlung auf das Bankkonto .... 4.000,00 €

c) Verkauf eines Firmen-Pkw gegen Barzahlung .... 6.000,00 €

d) Kauf einer Regalwand für das Büro, die Rechnung ist in vier Wochen fällig .... 1.500,00 €

e) Barabhebung vom Bankkonto .... 1.000,00 €

f) Ein Kunde überweist einen Rechnungsbetrag auf das Bankkonto .... 2.400,00 €

g) Eine Lieferantenrechnung wird mit Bankscheck bezahlt .... 250,00 €

h) Eine Darlehensschuld wird per Überweisung getilgt ... 15.000,00 €

i) Es wird ein zusätzliches Firmengrundstück erworben, die Bezahlung erfolgt per Banküberweisung .... 45.000,00 €

j) Eine Verbindlichkeit aus Lieferungen und Leistungen wird in eine Darlehensschuld umgewandelt .... 13.000,00 €

2. Bilden Sie zu den folgenden Geschäftsfällen die Buchungssätze.

a) Ein Kunde bezahlt eine Forderung von 2.000,00 € bar (500,00 €) und per Bankscheck (1.500,00 €).

b) Der Kauf einer neuen Computeranlage im Wert von 12.000,00 € wird bar angezahlt (2.000,00 €). Der Restbetrag ist erst in 20 Tagen fällig und beträgt 10.000,00 €.

c) Ein neuer Firmen-Pkw im Wert von 12.000,00 € wird bar angezahlt (1.500,00 €), der Restbetrag (10.500,00 €) ist in 30 Tagen fällig.

3. Gegeben sind die folgenden Bestandskonten mit den entsprechenden Anfangsbeständen:

Grundstücke	94.200,00 €
Fuhrpark	72.000,00 €
BGA	17.000,00 €
Forderungen a. LL.	25.600,00 €
Bank	54.900,00 €
Kasse	2.200,00 €
Darlehen	150,000,00 €
Verbindlichkeiten a. LL.	49.100,00 €

a) Eröffnen Sie die Bestandskonten mit ihren Anfangsbeständen.

b) Buchen Sie die folgenden Buchungssätze in diesen Bestandskonten.

1. Bank an Kasse .... 700,00 €
2. Fuhrpark an Verbindlichkeiten a. LL. .... 42.000,00 €
3. Verbindlichkeiten a. LL. an Darlehen .... 9.000,00 €
4. Bank an Forderungen a. LL. .... 3.100,00 €
5. Kasse an Bank .... 5.200,00 €
6. Bank an Darlehen .... 114.000,00 €
7. Grundstücke an Bank .... 114.000,00 €
8. BGA an Kasse .... 2.500,00 €
9. Verbindlichkeiten a. LL. an Bank .... 550,00 €

4. a) Bilden Sie zu den folgenden Geschäftsfällen die Buchungssätze.

1. Kauf eines neuen Computers (1.400,00 €), Baranzahlung (500,00 €), Restzahlung per Überweisung (900,00 €)
2. Kauf eines neuen Büroschreibtisches (2.500,00 €), Anzahlung per Bankscheck (200,00 €), Restbetrag auf Ziel (2.300,00 €)
3. Verkauf eines gebrauchten PC (400,00 €), bar (100,00 €), Restzahlung per Überweisung (300,00 €)
4. Kauf eines Aktenschranks (3.600,00 €), Anzahlung bar (400,00 €), Rest auf Ziel (3.200,00 €)
5. Bezahlung einer Verbindlichkeit (900,00 €), bar (200,00 €) und per Bankscheck (700,00 €)

b) Übertragen Sie die vorgegebenen Konten in Ihr Heft. Buchen Sie die Buchungssätze in diesen Konten.

Soll	BGA		Haben
EBK	9.800,00		

Soll	Verbindlichkeiten a. LL.		Haben
		EBK	23.900,00

Soll	Bank		Haben
EBK	17.400,00		

Soll	Kasse		Haben
EBK	6.000,00		

2.4 Bestandskonten abschließen und Schlussbilanzkonto

Das ist geschehen

Bastian Lenz kann mittlerweile ganz gut in Bestandskonten buchen, mit den Buchungssätzen kennt er sich auch schon aus. Er trägt alle Buchungssätze in die Bestandskonten ein und sieht so, dass sich an den Beständen etwas verändert. Er spricht den Buchhalter Florian Peek an: *„Wie kann ich denn jetzt erkennen, wie viel sich bei einem Bestandskonto insgesamt verändert hat?"*

Florian Peek nimmt ein beliebiges Bestandskonto mit Buchungen heraus: *„Schau mal, du siehst den Anfangsbestand, du siehst die einzelnen Buchungen, im Prinzip musst du nur noch alles zusammenzählen."*

Soll	Bank		Haben
EBK	5.000,00	❷ BGA	1.000,00
❶ Kasse	500,00		
❸ Forderungen a. LL.	2.000,00		

1. Errechnen Sie, wie hoch der Bestand auf dem Bankkonto ist, wenn man die oben eingetragenen Buchungen berücksichtigt (Mehrungen zum Anfangsbestand dazuzählen, Minderungen abziehen).
2. Buchhalterisch wird das, was Sie gerade durchgeführt haben, etwas formaler gemacht. Informieren Sie sich im folgenden Text, in welchen drei Schritten ein T-Konto abgeschlossen wird.
3. Schließen Sie das Konto „Bank" ab. Ermitteln Sie den Saldo. Er muss mit dem Ergebnis aus dem ersten Arbeitsauftrag übereinstimmen!

Das ist zu tun

Bestandskonten abschließen und Schlussbilanzkonto

Das sollte man wissen

Das folgende Eröffnungsbilanzkonto stammt aus Aufgabe Nr. 3 des Kapitels 2.2 (→ Seite 491):

Soll	Eröffnungsbilanzkonto		Haben
Eigenkapital	465.000,00	Grundstücke und Gebäude	580.000,00
Darlehen	256.000,00	Fuhrpark	79.400,00
Verbindlichkeiten a. LL.	125.600,00	Betriebs- und Geschäftsausstattung	91.000,00
		Forderungen a. LL.	35.600,00
		Kasse	5.100,00
		Bank	55.500,00
	846.600,00		846.600,00

Aus diesem Eröffnungsbilanzkonto wurden Bestandskonten gebildet und Buchungen in den Konten vorgenommen. Um herauszufinden, wie sich die Werte der einzelnen Bilanzpositionen wie zum Beispiel „Fuhrpark" oder „Verbindlichkeiten" entwickelt haben, müssen die Konten abgeschlossen werden. Im folgenden Ablaufschema wird dies beispielhaft am Konto „Verbindlichkeiten aus Lieferungen und Leistungen" gezeigt:

Ablaufschema: Abschließen von Bestandskonten

Vorabbetrachtung

Im folgenden Konto „Verbindlichkeiten a. LL." ist der Anfangsbestand von 125.600,00 € im Haben eingetragen. Dazu sind 25.000,00 € weitere Verbindlichkeiten gekommen (siehe Eintragungen auf der Haben-Seite), eine Verbindlichkeit von 500,00 € wurde bezahlt (siehe Eintragung auf der Soll-Seite).

Soll	Verbindlichkeiten a. LL.		Haben
❹ Kasse	500,00	EBK	125.600,00
		❶ Fuhrpark	25.000,00

1. Schritt

Die größere der beiden Seiten – das ist hier die Haben-Seite – muss zusammengerechnet werden. Es ergeben sich **150.600,00 €,** die als Summe der Haben-Seite unten rechts eingetragen werden.

Soll	Verbindlichkeiten a. LL.		Haben
❹ Kasse	500,00	EBK	125.600,00
		❶ Fuhrpark	25.000,00
			150.600,00

2. Schritt

Die Summe von **150.600,00 €,** die auf der größeren Seite ermittelt wurde, wird auf die andere Seite übertragen.

Soll	Verbindlichkeiten a. LL.		Haben
❹ Kasse	500,00	EBK	125.600,00
		❶ Fuhrpark	25.000,00
	150.600,00		150.600,00

3. Schritt

Damit die beiden Seiten wieder gleichgewichtig sind (erinnern Sie sich an die Waage!), muss auf der Soll-Seite der Fehlbetrag zwischen 500,00 € und 150.600,00 € eingetragen werden. Dieser **Saldo** oder Schlussbestand wird später in ein Schlussbilanzkonto (SBK) gebucht und ergibt sich hier wie folgt: 150.600,00 € – 500,00 € = **150.100,00 €.**

Soll	Verbindlichkeiten a. LL.		Haben
❹ Kasse	500,00	EBK	125.600,00
Saldo	**150.100,00**	❶ Fuhrpark	25.000,00
	150.600,00		150.600,00

Der Kontenabschluss (unter Berücksichtigung der Buchungen Aufgabe Nr. 3, Seite 491) für alle Bestandskonten dieses Beispiels ergibt folgendes Ergebnis:

Soll	Grundstücke und Gebäude		Haben
EBK	580.000,00	SBK	580.000,00

Soll	Eigenkapital		Haben
SBK	465.000,00	EBK	465.000,00

Soll	Fuhrpark		Haben
EBK	79.400,00	SBK	104.400,00
❶ Verb. a. LL.	25.000,00		
	104.400,00		104.400,00

Soll	Darlehen		Haben
❸ Bank	10.000,00	EBK	256.000,00
SBK	246.000,00		
	256.000,00		256.000,00

Soll	Betriebs- u. Geschäftsausstattung		Haben
EBK	91.000,00	SBK	91.600,00
❺ Kasse	600,00		
	91.600,00		91.600,00

Soll	Verbindlichkeiten a. LL.		Haben
❹ Kasse	500,00	EBK	125.600,00
SBK	150.100,00	❶ Fuhrpark	25.000,00
	150.600,00		150.600,00

Soll	Forderungen a. LL.		Haben
EBK	35.600,00	❷ Bank	1.500,00
		SBK	34.100,00
	35.600,00		35.600,00

Soll	Bank		Haben
EBK	55.500,00	❸ Darlehen	10.000,00
❷ Ford. a. LL.	1.500,00	SBK	47.000,00
	57.000,00		57.000,00

Soll	Kasse		Haben
EBK	5.100,00	❹ Verb. a. LL.	500,00
		❺ BGA	600,00
		SBK	4.000,00
	5.100,00		5.100,00

In jedem Konto ergibt sich ein Schlussbestand, der hier schon mit SBK (Schlussbilanzkonto) gekennzeichnet ist. Überträgt man alle Schlussbestände aus den obigen Bestandskonten in das Schlussbilanzkonto, ergibt sich das folgende SBK des Unternehmens:

Soll	Schlussbilanzkonto		Haben
Grundstücke und Gebäude	580.000,00	Eigenkapital	465.000,00
Fuhrpark	104.400,00	Darlehen	246.000,00
Betriebs- und Geschäftsausstattung	91.600,00	Verbindlichkeiten a. LL.	150.100,00
Forderungen a. LL.	34.100,00		
Kasse	4.000,00		
Bank	47.000,00		
	861.100,00		861.100,00

Die Buchungsanweisung zum Abschluss der Bestandskonten lautet – streng nach dem bekannten Schema „Soll an Haben“:

Für Aktivkonten:	Für Passivkonten:
SBK an Aktivkonto	Passivkonto an SBK
Beispiel: SBK 4.000,00 € an Kasse 4.000,00 €	Beispiel: Eigenkapital 465.000,00 € an SBK 465.000,00 €

Neben dem Schlussbilanzkonto gibt es natürlich nach wie vor die Schlussbilanz. Diese ergibt sich aus der Inventur, die zum Jahresende gemacht wird. Dies sind die tatsächlichen, realen Werte. Die Schlussbilanz des Geschäftsjahres ist gleichzeitig die Eröffnungsbilanz des nächsten Geschäftsjahres; aus ihr wird das neue Eröffnungsbilanzkonto erstellt.

Aufgaben

Aufgaben zur Wiederholung

1. Schließen Sie die folgenden Bestandskonten ab.

a)

Soll	Eigenkapital		Haben
		EBK	320.000,00

b)

Soll	Grundstücke		Haben
EBK	120.000,00		
❶ Bank	45.000,00		

c)

Soll	BGA		Haben
EBK	30.210,00		
❶ Verb.	2.120,00		
❷ Kasse	830,00		

d)

Soll	Darlehen		Haben
❶ Bank	150.000,00	EBK	460.000,00
❷ Bank	75.000,00		

e)

Soll	Bank		Haben
EBK	13.000,00	❸ Verb.	9.400,00
❷ Ford.	3.600,00	❻ Verb.	8.600,00
❺ Kasse	850,00		

f)

Soll	Verbindlichkeiten a. LL.		Haben
❹ Kasse	500,00	EBK	125.600,00
		❶ Fuhrp.	25.000,00

g)

Soll	Kasse		Haben
EBK	5.500,00	❶ BGA	3.400,00
❷ Bank	1.200,00	❸ BGA	3.299,00

h)

Soll	Forderungen a. LL.		Haben
EBK	3.500,00	❶ Bank	1.250,00
		❸ Bank	1.500,00

2. a) Übernehmen Sie die folgenden Konten in Ihr Heft.

b) Buchen Sie dann die sieben Buchungssätze in den Konten.

c) Schließen Sie die Konten ab.

Soll	Fuhrpark		Haben
EBK	22.000,00		

Soll	Darlehen		Haben
		EBK	41.000,00

Soll	BGA		Haben
EBK	4.900,00		

Soll	Verbindlichkeiten a. LL.		Haben
		EBK	9.200,00

Soll	Bank		Haben
EBK	88.000,00		

Soll	Kasse		Haben
EBK	7.000,00		

1.	Fuhrpark .... an Bank	30.000,00 € 30.000,00 €
2.	BGA .... an Kasse .... an Bank	1.600,00 € 600,00 € 1.000,00 €
3.	Darlehen .... an Bank	12.000,00 € 12.000,00 €
4.	BGA .... an Bank .... an Verbindlichkeiten a. LL.	2.700,00 € 200,00 € 2.500,00 €

5.	Bank .... an Kasse	4.500,00 € 4.500,00 €
6.	Kasse .... an Fuhrpark	3.400,00 € 3.400,00 €
7.	Verbindlichkeiten a. LL. .... an Bank	300,00 € 300,00 €

3. Es liegen die folgenden Bestandskonten vor:

Soll	Grundstücke und Gebäude	Haben
EBK	207.900,00	

Soll	Kasse	Haben
EBK	700,00	

Soll	BGA	Haben
EBK	14.500,00	

Soll	Eigenkapital	Haben
	EBK	120.500,00

Soll	Forderungen a. LL.	Haben
EBK	5.200,00	

Soll	Darlehen	Haben
	EBK	98.300,00

Soll	Bank	Haben
EBK	33.900,00	

Soll	Verbindlichkeiten a. LL.	Haben
	EBK	43.400,00

a) Bilden Sie die Buchungssätze zu den folgenden Geschäftsfällen:
1. Bezahlung einer Lieferantenschuld per Banküberweisung .... 2.500,00 €
2. Vom Bankkonto wird Bargeld abgehoben .... 1.200,00 €
3. Ein Notebook wird angeschafft und bar bezahlt .... 1.050,00 €
4. Ein Kunde bezahlt eine offene Rechnung per Überweisung .... 1.700,00 €
5. Eine kurzfristige Verbindlichkeit wird in ein langfristiges Darlehen umgewandelt .... 11.200,00 €

b) Buchen Sie diese Buchungssätze in den vorgegebenen Konten.

c) Schließen Sie die Bestandskonten ab.

4. Gegeben sind die folgenden Anfangsbestände:

Betriebs- und Geschäftsausstattung	25.000,00 €
Warenbestand	24.000,00 €
Forderungen a. LL.	6.000,00 €
Kasse	3.500,00 €
Bank	4.000,00 €
Eigenkapital	?
Darlehen	8.000,00 €
Verbindlichkeiten a. LL.	18.000,00 €

und die folgenden Geschäftsfälle:
1. Kauf eines neuen Büroregals im Wert von 1.500,00 € auf Rechnung
2. Zahlung einer Darlehensrate von 2.500,00 € per Banküberweisung
3. Ein Kunde bezahlt eine offene Rechnung von 1.200,00 € mit Bankscheck.
4. Bareinzahlung auf das Bankkonto: 3.500,00 €

5. Ein Kunde bezahlt eine Rechnung bar: 2.500,00 €.
6. Abzahlung eines Darlehens von 3.500,00 €, bar (1.500,00 €) und per Bankscheck (2.000,00 €)

Vorgehensweise:

a) Stellen Sie das Eröffnungsbilanzkonto auf.
b) Eröffnen Sie die Bestandskonten (mit Buchungssätzen!).
c) Bilden Sie die Buchungssätze zu den Geschäftsfällen.
d) Buchen Sie in den Bestandskonten und schließen Sie diese ab (mit Buchungssätzen!).
e) Stellen Sie das Schlussbilanzkonto auf.

5. Es liegt die folgende Eröffnungsbilanz vor:

Aktiva	Eröffnungsbilanz		Passiva
Grundstücke und Gebäude	200.000,00	Eigenkapital	125.000,00
Fuhrpark	50.100,00	Darlehen	247.550,00
Betriebs- u. Geschäftsausstattung	26.700,00	Verbindlichkeiten a. LL.	45.900,00
Forderungen a. LL.	8.600,00		
Kasse	9.250,00		
Bank	123.800,00		
	418.450,00		418.450,00

a) Bilden Sie anhand der Eröffnungsbilanz das Eröffnungsbilanzkonto.
b) Eröffnen Sie die Bestandskonten mit den Anfangsbeständen.
c) Bilden Sie zu den folgenden Geschäftsfällen die Buchungssätze:
   1. Es wird ein Grundstück im Wert von 80.000,00 € erworben. Die Bezahlung erfolgt per Bankscheck.
   2. Ein Darlehen wird per Überweisung getilgt (20.000,00 €).
   3. Ein Kunde bezahlt eine Forderung von 1.200,00 € bar (200,00 €) und per Bankscheck (1.000,00 €).
   4. Es wird ein neuer Firmen-Pkw angeschafft, die Rechnung von 18.000,00 € ist in vier Wochen fällig.
d) Buchen Sie die Buchungssätze in den Bestandskonten.
e) Schließen Sie die Bestandskonten ab und bilden Sie die Schlussbestände.
f) Buchen Sie die Schlussbestände in das Schlussbilanzkonto.

2.5 Erfolgskonten

2.5.1 Aufwendungen und Erträge als Minderung/Mehrung des Eigenkapitals

Das ist geschehen

Bastian Lenz, der Auszubildende der Mediaworld e. K., hat auf der Grundlage eines Eröffnungsbilanzkontos und verschiedener Geschäftsfälle das folgende

Schlussbilanzkonto erstellt. Trotz der vielen Buchungen, die er vorgenommen hat, ist das Eigenkapital (als einzige Position!) gleich geblieben.

Soll		Eröffnungsbilanzkonto	Haben
Eigenkapital	125.000,00	Grundstücke und Gebäude	200.000,00
Darlehen	247.550,00	Fuhrpark	50.100,00
Verbindlichkeiten a. LL.	45.900,00	Betriebs- und Geschäftsausstattung	26.700,00
		Forderungen a. LL.	8.600,00
		Kasse	9.250,00
		Bank	123.800,00
	418.450,00		418.450,00

Soll		Schlussbilanzkonto	Haben
Grundstücke und Gebäude	280.000,00	Eigenkapital	125.000,00
Fuhrpark	68.100,00	Darlehen	227.550,00
Betriebs- und Geschäftsausstattung	28.200,00	Verbindlichkeiten a. LL.	65.400,00
Forderungen a. LL.	7.400,00		
Kasse	9.450,00		
Bank	24.800,00		
	417.950,00		417.950,00

Bastian fragt den Mitarbeiter in der Abteilung Buchhaltung/Verwaltung, Florian Peek: „*Was ist mit dem Eigenkapital? Das verändert sich überhaupt nicht! Was hat das zu bedeuten?*“ „*Tja*“, meint Florian Peek, „*die letzte Frage müsstest du eigentlich alleine beantworten können!*“

Das ist zu tun

1. Erläutern Sie, was es bedeutet, wenn das Eigenkapital am Ende eines Geschäftsjahres im Vergleich zum Anfang des Geschäftsjahres unverändert ist.
2. Warum hat sich das Eigenkapital bei den Buchungen, die bisher durchgeführt wurden, nicht verändert? Nutzen Sie zur Beantwortung dieser Frage die unten stehenden Informationen.
3. Benennen Sie die Art der Geschäftsfälle, die Bastian in Zukunft bei seiner Buchführung berücksichtigen muss, damit es zu Veränderungen des Eigenkapitals kommt.
4. Beschreiben Sie, was diese Art von Geschäftsfällen beim Eigenkapital bewirkt.
5. Erklären Sie, wie man diese Art von Geschäftsfällen buchhalterisch erfassen kann.

Aufwendungen und Erträge

Das sollte man wissen

Wenn im Laufe des Geschäftsjahres ein Gewinn erzielt wurde, vermehrt dies das Eigenkapital, wenn das Unternehmen einen Verlust erwirtschaftet hat, so hat sich das Eigenkapital vermindert.

Bei den Buchungen, die in den Kapiteln 2.1 bis 2.4 durchgeführt wurden, ist das Konto „Eigenkapital" nie benutzt worden. Alle Geschäftsfälle, die dort gebucht worden sind, hatten keine Auswirkung auf den Erfolg des Unternehmens, das heißt, diese Geschäftsfälle führten nicht dazu, dass der Gewinn oder der Verlust des Unternehmens betroffen sind. Somit haben sie das Eigenkapital nicht berührt.

Jedes Unternehmen beabsichtigt aber, möglichst einen Erfolg, das heißt einen Gewinn zu erzielen. Die dadurch entstehenden erfolgswirksamen Geschäftsfälle müssen buchhalterisch erfasst werden – und sie berühren das Konto „Eigenkapital".

Die folgende Darstellung zeigt die unterschiedlichen Arten von Geschäftsfällen:

Nicht erfolgswirksamer Geschäftsfall
→ führt zu keiner Veränderung des Eigenkapitals

Erfolgswirksamer Geschäftsfall
→ führt entweder zu einer **Minderung des Eigenkapitals** → Hier spricht man von **Aufwand.**
→ oder zu einer **Mehrung des Eigenkapitals** → Hier spricht man von **Ertrag.**

Welche Aufwendungen und welche Erträge fallen in einem Handelsbetrieb an? An erster Stelle sind sicherlich die Erträge zu nennen, mit denen ein Handelsbetrieb „sein Geld verdient": dies sind die Umsatzerlöse, die beim Verkauf von Waren entstehen. Auf der anderen Seite fallen Aufwendungen an, die durch den Einkauf dieser Waren entstehen. Doch dies sind noch lange nicht alle Aufwendungen und Erträge, die in einem Unternehmen vorkommen können.

Die folgende Übersicht zeigt die häufig auftauchenden Aufwendungen und Erträge:

Aufwendungen	Erträge
• Einkauf von Waren	• Verkauf von Waren
• Zahlung von Gehältern	• Einnahme durch Vermietung
• Zahlung von Löhnen	• Erhalt von Zinszahlungen
• Mietzahlungen	• Einnahmen durch Provisionen
• Einkauf von Büromaterial	
• Zahlung von Strom/Gas/Wasser	
• Zahlung von Postgebühren/Telefon	
• Zahlung von Zinsen	

Buchhalterisch *kann* man die Aufwendungen und Erträge erfassen, indem man sie in dem Konto „Eigenkapital" bucht.

Da **Erträge** das Eigenkapital erhöhen, werden diese unter den Anfangsbestand im Konto „Eigenkapital" gebucht, also auf der **Haben**-Seite. **Aufwendungen** mindern das Eigenkapital, also müssen sie auf der anderen Seite des Anfangsbestandes gebucht werden – auf der **Soll**-Seite.

An einem Beispiel dargestellt sieht die Buchung von Aufwendungen und Erträgen im Eigenkapitalkonto wie folgt aus:

Beispiel

Geschäftsfall 1: Es werden Gehälter von 15.000,00 € an die Mitarbeitenden ausgezahlt, die Auszahlung erfolgt per Banküberweisung.

Geschäftsfall 2: Es werden Waren im Wert von 200,00 € verkauft, die Bezahlung erfolgt bar.

Minderung → Soll; Mehrung → Haben

Soll	Eigenkapital		Haben
❶ Bank	15.000,00	EBK	414.800,00
		❷ Kasse	200,00

Erläuterungen:

Der Aufwand der Gehaltszahlung wird im **Soll** gebucht. Das Gegenkonto ist das Bankkonto, da per Überweisung gezahlt wird.

Der Ertrag, der durch den Warenverkauf entsteht, wird im **Haben** gebucht. Das Gegenkonto ist das Kassenkonto, da bar gezahlt wird.

Schließt man das obige Eigenkapitalkonto ab, kommt man zu dem Ergebnis, dass nach Ablauf der beiden gebuchten Geschäftsfälle das Eigenkapital abgenommen hat.

Dies war auch zu erwarten, denn die Aufwendungen (15.000,00 €) sind auch deutlich höher als die Erträge (200,00 €). Das abgeschlossene Eigenkapitalkonto sieht wie folgt aus:

Soll	Eigenkapital		Haben
❶ Bank	15.000,00	**EBK**	**414.800,00**
Schlussbilanzkonto	**400.000,00**	❷ Kasse	200,00
	415.000,00		415.000,00

Merke:

- Nicht erfolgswirksame Geschäftsfälle verändern das Eigenkapital nicht.
- Erfolgswirksame Geschäftsfälle verändern das Eigenkapital.
- Aufwendungen und Erträge sind erfolgswirksam.
- Aufwendungen werden im **Soll** gebucht.
- Erträge werden im **Haben** gebucht.

Aufgaben

Aufgaben zur Wiederholung

1. a) Entscheiden Sie bei den folgenden Beispielen, ob es sich für das Unternehmen um einen Aufwand oder um einen Ertrag handelt:

1. Einkauf von Büromaterial
2. Verkauf von Handelswaren
3. Mietertrag durch die Vermietung einer Lagerhalle
4. Provisionszahlung an eine Handelsvertreterin oder einen Handelsvertreter
5. Durchführung von Reparaturen an den Sanitäranlagen
6. Bezahlung von Kfz-Steuern
7. Einkauf von Waren
8. Bezahlung von Paketgebühren
9. Zinsgutschrift der Bank

10. Bezahlung der Telefonrechnung
11. Provisionsertrag für die Vermittlung eines neuen Kunden für einen Lieferbetrieb
12. Zahlung von Löhnen
13. Bezahlung der Strom-/Gas- und Wasserrechnung

b) Auf welcher Seite des Eigenkapitalkontos müssen die Beispiele 1 bis 13 gebucht werden?

2. a) Buchen Sie die folgenden Geschäftsfälle im Konto „Eigenkapital“, indem Sie Aufwendungen als Eigenkapitalminderung und Erträge als Eigenkapitalerhöhung ansehen. Gegenkonten sind nicht zu führen, der Anfangsbestand des Kontos „Eigenkapital“ beträgt 200.000,00 €.

1. Die Bank schreibt uns Zinsen in Höhe von 50,00 € gut.
2. Wir zahlen bar Miete für angemietete Büroräume von 750,00 €.
3. Die Stromrechnung von 670,00 € wird per Bankeinzug bezahlt.
4. Es werden Gehälter von 12.500,00 € per Banküberweisung gezahlt.
5. Auch die Löhne werden per Banküberweisung ausgezahlt (34.000,00 €).
6. Wir erhalten bar eine Provision von 350,00 €.
7. Es werden Waren im Wert von 45.000,00 € auf Ziel verkauft.
8. Der Wareneinkauf von 10.900,00 € wird bar bezahlt.
9. Es werden Büromaterialien im Wert von 150,00 € auf Ziel eingekauft.
10. Die Gewerbesteuer von 2.500,00 € wird per Bankscheck bezahlt.

b) Schließen Sie das Eigenkapitalkonto ab. Vergleichen Sie den Anfangsbestand und den Schlussbestand. Wurde ein Gewinn oder ein Verlust erwirtschaftet?

3. Beurteilen Sie, ob die folgenden Aussagen richtig oder falsch sind. Wenn es sich um falsche Aussagen handelt, korrigieren Sie diese, sodass richtige Aussagen entstehen.

a) Das Eigenkapital verändert sich nur durch erfolgswirksame Geschäftsfälle.

b) Ein erfolgswirksamer Geschäftsfall ist entweder ein Aufwand oder ein Bestand.

c) Aufwendungen erhöhen das Eigenkapital, Erträge vermindern das Eigenkapital.

d) Schließt man das Eigenkapitalkonto nach dem Eintragen aller erfolgswirksamen Geschäftsfälle ab, sieht, man, ob ein Gewinn oder ein Verlust erwirtschaftet wurde.

e) Ein erwirtschafteter Gewinn ist daran zu erkennen, dass das Eigenkapital am Ende des Geschäftsjahres niedriger ist als am Anfang.

f) Aufwendungen werden im Haben gebucht.

g) Aufwendungen werden im Soll gebucht, da hier der Anfangsbestand im Konto „Eigenkapital“ zu finden ist.

h) Erträge werden im Haben gebucht.

i) Wenn die Aufwendungen niedriger sind als die Erträge, wurde ein Verlust erwirtschaftet.

j) Wenn die Erträge höher sind als die Aufwendungen, wurde ein Gewinn erwirtschaftet.

2.5.2 Buchen von Aufwendungen und Erträgen auf Erfolgskonten

Das ist geschehen

Bastian Lenz hat ein paar Geschäftsfälle mit Aufwendungen und Erträgen im Eigenkapitalkonto gebucht. Das Ergebnis sieht wie folgt aus:

Soll	Eigenkapital		Haben
❶ Bank	90,00	**EBK**	**350.000,00**
❷ Bank	10.000,00	❸ Bank	19.000,00
❺ Bank	1.500,00	❹ Bank	200,00
SBK	**359.610,00**	❻ Bank	2.000,00
	371.200,00		371.200,00

Florian Peek aus der Buchhaltung überprüft, ob Bastian alles richtig verbucht hat. „*Wunderbar, alles in Ordnung!*“, sagt er anerkennend. „*Nee, irgendwie nicht*“, meint Bastian, „*daraus erkennt man ja jetzt gar nichts mehr.*“ „*Stimmt*“, meint Herr Peek.

Das ist zu tun

1. Erläutern Sie, inwiefern man im vorliegenden Eigenkapitalkonto „nichts mehr erkennt“.
2. Bastian hat die folgenden Geschäftsfälle in dem Eigenkapitalkonto gebucht. Sortieren Sie diese nach Aufwendungen und Erträgen.
   a) Einkauf von Büromaterial (90,00 €), Bezahlung per Bankscheck
   b) Einkauf von Ware (10.000,00 €), Bezahlung per Bankscheck
   c) Warenverkauf per Verrechnungsscheck (19.000,00 €)
   d) Auf dem Geschäftskonto wird die Miete für einen vermieteten Gabelstapler gutgeschrieben (200,00 €).
   e) Einkauf von Ware (1.500,00 €), Bezahlung per Verrechnungsscheck
   f) Provisionserträge (2.000,00 €) werden per Bankscheck übergeben.
3. Lesen Sie die unten stehenden Informationen zur Bildung von Erfolgskonten. Eröffnen Sie die notwendigen Erfolgskonten für die Geschäftsfälle aus Arbeitsauftrag 2.
4. Stellen Sie die Buchungssätze für die Buchungen der Geschäftsfälle aus Arbeitsauftrag 2 auf. Nutzen Sie die unten stehenden Informationen.

5. Buchen Sie die Geschäftsfälle auf den erstellten Konten. Denken Sie an die jeweilige Gegenbuchung im Bestandskonto „Bank“, das Sie auch eröffnen müssen (EBK: 13.000,00 €).

Das sollte man wissen

Buchen auf Erfolgskonten

Die Buchung von Aufwendungen und Erträgen auf dem Konto „Eigenkapital“ ist zwar sachlogisch richtig, führt aber dazu, dass dieses Konto sehr unübersichtlich wird. Wenn man sich vorstellt, dass im Geschäftsjahr nicht nur sechs Buchungen (wie im obigen Eigenkapitalkonto von Bastian) durchzuführen sind, sondern Hunderte, dann kann man sich leicht vorstellen, wie konfus und vollgeschrieben das Konto „Eigenkapital“ wird.

Dies liegt auch daran, dass bei dieser Vorgehensweise im Konto „Eigenkapital“ nur das Gegenkonto zu sehen ist – im obigen Fall jeweils das Bankkonto. Es fehlt aber die Information, wofür der Aufwand bzw. der Ertrag entstanden ist. Nur anhand des Eigenkapitalkontos – also ohne die Geschäftsfälle – kann niemand mehr nachvollziehen, ob zum Beispiel die 1.500,00 € Aufwendungen aus dem fünften Geschäftsfall für Wareneinkäufe, Mietzahlungen, Lohnzahlungen oder Sonstiges entstanden sind.

Diese Information wäre aber wichtig, schließlich will eine Kauffrau oder ein Kaufmann ja wissen, wie sein Gewinn oder Verlust entstanden ist.

Um diese Probleme zu vermeiden, werden für die einzelnen Aufwendungen und für die einzelnen Erträge eigene Konten gebildet. Diese nennen sich **Aufwandskonten** und **Ertragskonten.** Man nutzt diese Erfolgskonten, um die erfolgswirksamen Geschäftsfälle direkt dort zu buchen.

Die Erfolgskonten sind zumeist so benannt, wie der jeweilige Aufwand bzw. Ertrag es schon andeutet. Die genaue Bezeichnung findet man jeweils auch im Kontenrahmen (→ Kapitel 4.2 in diesem Lernfeld).

Die wichtigsten Erfolgskonten ergeben sich aus der Tabelle auf Seite 504, in der die häufigsten Aufwendungen und Erträge gegenübergestellt wurden:

Aufwendungen	Zugehöriges Aufwandskonto	Erträge	Zugehöriges Ertragskonto
1. Einkauf von Waren	1. Wareneingang	1. Verkauf von Waren	1. Umsatzerlöse für Waren
2. Zahlung von Gehältern	2. Gehälter	2. Einnahme durch Vermietung	2. Mieterträge
3. Zahlung von Löhnen	3. Löhne	3. Erhalt von Zinszahlungen	3. Zinserträge
4. Mietzahlungen	4. Miete, Pachten	4. Einnahmen durch Provisionen	4. Provisionserträge
5. Einkauf von Büromaterial	5. Büromaterial		
6. Zahlung von Strom/Gas/Wasser	6. Energie		
7. Zahlung von Postgebühren/Telefon	7. Postgebühren/Telefon		
8. Zahlung von Zinsen	8. Zinsaufwendungen		

Erfolgskonten werden wie Bestandskonten als T-Konten geführt. Im Gegensatz zu Bestandskonten haben sie aber keinen Anfangsbestand.

Beispielhaft sind hier die beiden Erfolgskonten „Gehälter“ und „Mieterträge“ dargestellt:

Soll	Gehälter	Haben

Soll	Mieterträge	Haben

Merke:

- Aufwendungen werden im **Soll** gebucht.
- Erträge werden im **Haben** gebucht.

Um für Buchungen auf Erfolgskonten die Buchungssätze zu bilden, muss man sich eine wichtige Regel aus dem vorherigen Kapitel 2.5.1 in Erinnerung rufen:

Aus dem Aufbau eines Buchungssatzes „Soll-Buchung an Haben-Buchung“ folgt, dass bei der Buchung von Aufwendungen diese im Buchungssatz immer vorne stehen. Bei Buchungen von Erträgen stehen diese im Buchungssatz immer hinten.

Beispiel 1 Aufwand

Geschäftsfall: Es werden Gehälter an Angestellte überwiesen, 25.000,00 €.

Buchungssatz:

Konten	Soll	Haben
Gehälter	25.000,00 €	
an Bank		25.000,00 €

Beispiel 2 Ertrag

Geschäftsfall: Erhalt einer Mietzahlung für vermietete Lagerhallen per Banküberweisung, 1.500,00 €.

Buchungssatz:

Konten	Soll	Haben
Bank	1.500,00 €	
an Mieterträge		1.500,00 €

Soll	Gehälter		Haben
❶ Bank	25.000,00		

Soll	Mieterträge		Haben
		❷ Bank	1.500,00

Soll	Bank		Haben
Anfangsbestand	37.000,00	❶ Gehälter	25.000,00
❷ Mieterträge	1.500,00		

Aufgaben

Aufgaben zur Wiederholung

1. Bilden Sie zu den folgenden Geschäftsfällen die Buchungssätze:

1. Es werden Gehälter per Banküberweisung ausgezahlt .... 18.400,00 €
2. Die Instandsetzung des Lkw wird bar bezahlt .... 1.500,00 €
3. Die Bank schreibt auf dem Bankkonto Zinsen gut .... 650,00 €
4. Erhalt einer Provision durch Banküberweisung ...... 1.200,00 €
5. Es wird die Miete für ein Lagergebäude an den Vermieter überwiesen .... 950,00 €
6. Das Bankkonto wird mit Darlehenszinsen belastet ... 560,00 €
7. Barkauf von Briefmarken .... 100,00 €
8. Wareneinkauf auf Ziel .... 45.000,00 €
9. Banküberweisung für eine Werbeanzeige .... 1.700,00 €
10. Bareinkauf von Kopierpapier für den Eigenbedarf ... 80,00 €
11. Zahlung der Kfz-Steuer (550,00 €) und der Gewerbesteuer (4.500,00 €) per Banküberweisung ... 5.050,00 €

2. Welche Geschäftsfälle liegen den folgenden Buchungssätzen zugrunde?

Nr.	Konten	Soll	Haben
a)	Löhne .... an Bank	32.000,00 €	 32.000,00 €
b)	Bank .... an Mieterträge.......................	870,00 €	 870,00 €
c)	Werbung .... an Kasse	120,00 €	 120,00 €
d)	Wareneingang .... an Verbindlichkeiten a. LL.	13.450,00 €	 13.450,00 €
e)	Postgebühren/Telefon .... an Bank	230,00 €	 230,00 €
f)	Forderungen a. LL. .... an Umsatzerlöse für Waren	4.500,00 €	 4.500,00 €
g)	Gehälter .... an Bank	7.800,00 €	 7.800,00 €
h)	Miete, Pachten .... an Bank	480,00 €	 480,00 €
i)	Vertriebsprovisionen .... an Kasse............................	560,00 €	 560,00 €
j)	Bank .... an Mieterträge....................... an Zinserträge........................	920,00 €	 800,00 € 120,00 €

3. a) Beurteilen Sie bei den unten stehenden Geschäftsfällen, ob es sich jeweils um einen erfolgswirksamen oder um einen nicht erfolgswirksamen Geschäftsfall handelt.

1. Kauf eines neuen Lkw auf Ziel .... 130.000,00 €
2. Wir erhalten Miete bar.......................... 2.000,00 €
3. Wir begleichen eine Liefererrechnung .... 3.000,00 €
   bar .... 300,00 €
   und per Bankscheck .... 2.700,00 €
4. Bareinzahlung auf das Bankkonto .... 4.000,00 €
5. Die Bank schreibt uns Zinsen gut .... 50,00 €
6. Einkauf eines neuen Schreibtischstuhls für das Büro,
   Barzahlung .... 400,00 €
7. Wareneinkauf auf Ziel laut Eingangsrechnung Nr. 143 . . 10.000,00 €
8. Verkauf von Waren laut Ausgangsrechnung Nr. 677 . . . . 20.000,00 €

b) Bilden Sie zu den einzelnen Geschäftsfällen die Buchungssätze.

4. a) Eröffnen Sie die folgenden Konten:

- Bank (EBK: 5.800,00 €)
- Kasse (EBK: 3.200,00 €)
- Mietaufwendungen
- Löhne
- Zinserträge
- Wareneingang
- Umsatzerlöse für Waren
- Büromaterial

b) Bilden Sie die Buchungssätze zu den folgenden Geschäftsfällen:

1. Wareneinkauf per Bankscheck .... 2.300,00 €
2. Bezahlung der monatlichen Miete per
   Banküberweisung .... 900,00 €
3. Lohnzahlungen an die Mitarbeitenden per
   Banküberweisung .... 4.000,00 €
4. Warenverkauf bar .... 350,00 €
5. Auf dem Bankkonto werden Zinsen gutgeschrieben . 120,00 €
6. Bareinkauf von Waren .... 700,00 €
7. Kauf von Büromaterial bar .... 80,00 €

c) Buchen Sie die Geschäftsfälle in den Konten.

d) Beurteilen Sie anhand der Geschäftsfälle und anhand der Buchungen in den Konten, ob mehr Aufwendungen oder mehr Erträge angefallen sind.

2.5.3 Erfolgskonten abschließen – das Gewinn- und Verlustkonto

Das ist geschehen

Bastian hat ein paar erfolgswirksame Buchungssätze in den dazugehörigen Erfolgskonten gebucht. Wieder lässt er seine Arbeit von Florian Peek aus der Buchhaltung kontrollieren. *„Ja, stimmt alles“*, sagt dieser, *„jetzt musst du nur noch die Konten abschließen.“* Bastian stutzt: *„Über das Schlussbilanzkonto?“*, fragt er. Florian Peek schüttelt den Kopf. *„Nein, über das SBK dürfen nur die Bestandskonten abgeschlossen werden. Die Erfolgskonten werden über ein Konto abgeschlossen, das man ‚Gewinn- und Verlustkonto‘ nennt.“*

Soll	Wareneingang		Haben
❶ Bank	10.490,00		
❽ Verb. a. LL.	2.400,00		

Soll	Umsatzerlöse		Haben
		❷ Bank	17.800,00
		❺ Ford. a. LL.	6.770,00
		❼ Ford. a. LL.	8.120,00

Soll	Löhne		Haben
❸ Bank	11.200,00		
❾ Bank	1.500,00		

Soll	Mieterträge		Haben
		❹ Bank	1.350,00

Soll	Zinsaufwendungen		Haben
❿ Bank	145,00		

Soll	Provisionserträge		Haben
		❻ Kasse	500,00

Das ist zu tun

1. Übernehmen Sie die oben stehenden Konten in Ihr Heft.
2. Schließen Sie die Konten ab, wie Sie es bei Bestandskonten machen würden. Der Saldo heißt hier nicht „SBK“, sondern „GuV“ (Gewinn- und Verlustkonto).
3. Buchen Sie die Salden der einzelnen Konten im Gewinn- und Verlustkonto (GuV-Konto).

Nutzen Sie zu den Aufträgen die unten stehenden Informationen!

Das sollte man wissen

Kontenabschluss bei Erfolgskonten

Im Prinzip werden die Erfolgskonten genau so abgeschlossen, wie man es auch bei Bestandskonten macht. Es gelten auch hier die folgenden Schritte:

Ablaufschema: Abschließen von Erfolgskonten

Vorabbetrachtung:

Im Konto „Postgebühren/Telefon“ sind verschiedene Aufwendungen im Soll gebucht.

Soll	Postgebühren/Telefon		Haben
❹ Kasse	50,00		
❼ Bank	350,00		
❾ Kasse	100,00		

1. Schritt

Die größere der beiden Seiten – das ist hier natürlich die Soll-Seite – muss zusammengerechnet werden. Es ergeben sich **500,00 €,** die als Summe der Soll-Seite unten eingetragen werden.

Soll	Postgebühren/Telefon		Haben
❹ Kasse	50,00		
❼ Bank	350,00		
❾ Kasse	100,00		
	500,00		

2. Schritt

Die Summe von **500,00 €,** die auf der größeren Seite ermittelt wurde, wird auf die andere Seite übertragen.

Soll	Postgebühren/Telefon		Haben
❹ Kasse	50,00		
❼ Bank	350,00		
❾ Kasse	100,00		
	500,00		**500,00**

3. Schritt

Damit die beiden Seiten wieder gleichgewichtig sind (auch Erfolgskonten müssen immer in der Waage sein!), muss auf der Haben-Seite der Saldo eingetragen werden. Dieser beträgt **500,00 €.** Der Saldo bei Erfolgskonten nennt sich **GuV,** weil die Gegenbuchung im Konto „Gewinn und Verlust“ vorgenommen wird.

Soll	Postgebühren/Telefon		Haben
❹ Kasse	50,00	GuV	500,00
❼ Bank	350,00		
❾ Kasse	100,00		
	500,00		500,00

Das Gewinn- und Verlustkonto zeigt, wie der Name schon sagt, den Gewinn bzw. den Verlust eines Unternehmens an. Das Konto ist wie folgt aufgebaut:

Soll	Gewinn- und Verlustkonto	Haben
AUFWENDUNGEN		ERTRÄGE

Auf der Soll-Seite stehen die Aufwendungen, auf der Haben-Seite die Erträge. Dies erinnert an die Regel, dass Aufwendungen im Soll und Erträge im Haben gebucht werden. Diese Regel gilt also auch für das GuV-Konto.

Der Saldo aus dem Konto „Postgebühren/Telefon“, der ja einen Aufwand darstellt, wird beim Abschluss des Kontos „Postgebühren/Telefon“ im GuV-Konto auf der Soll-Seite gegengebucht.

Soll	Postgebühren/Telefon		Haben
❹ Kasse	50,00	GuV	500,00
❼ Bank	350,00		
❾ Kasse	100,00		
	500,00		500,00

Soll	GuV-Konto		Haben
Postgeb./Tel.	500,00		

Der dazugehörige Buchungssatz lautet (Soll-Buchung an Haben-Buchung!)

Konten	Soll	Haben
GuV	500,00 €	
an Postgebühren/Telefon		500,00 €

Wird ein Ertragskonto abgeschlossen, sieht dies wie folgt aus:

Soll	Provisionserträge		Haben
GuV	1.200,00	❶	1.200,00

Soll	GuV-Konto		Haben
		Prov.erträge	1.200,00

Der dazugehörige Buchungssatz lautet:

Konten	Soll	Haben
Provisionserträge	1.200,00 €	
an GuV		1.200,00 €

Zusammenfassend muss man sich die nebenstehenden Regeln merken!

Merke:

- Erfolgskonten werden nach dem gleichen Schema abgeschlossen wie Bestandskonten.
- Erfolgskonten werden über das GuV-Konto abgeschlossen.
- Im GuV-Konto stehen die Aufwendungen im Soll, die Erträge im Haben.
- Buchungssatz zum Abschluss eines Aufwandskontos: GuV an Aufwandskonto.
- Buchungssatz zum Abschluss eines Ertragskontos: Ertragskonto an GuV.

Aufgaben

Aufgabe zur Wiederholung

a) Schließen Sie die folgenden Erfolgskonten ab und bilden Sie jeweils den Saldo.

b) Buchen Sie die Salden in das GuV-Konto.

c) Rechnen Sie die Soll-Seite des GuV-Kontos und die Haben-Seite zusammen. Ist der Betrag der Aufwendungen oder der Betrag der Erträge höher?

Soll	Wareneingang		Haben
❸ Verb.	1.850,00		
❾ Bank	3.400,00		

Soll	Umsatzerlöse		Haben
		❶ Ford.	9.700,00
		❺ Kasse	200,00
		❼ Ford.	7.220,00

Soll	Gehälter		Haben
❷ Bank	7.250,00		

Soll	Mieterträge		Haben
		❿ Bank	2.050,00
		⓭ Bank	210,00

Soll	Vertriebsprovisionen		Haben
❻ Kasse	250,00		
⓫ Kasse	150,00		

Soll	Provisionserträge		Haben
		❹ Kasse	700,00

Soll	Miete, Pachten		Haben
⓬ Bank	840,00		

Soll	Zinserträge		Haben
		❽ Bank	195,00

Abschluss des GuV-Kontos

Das sollte man wissen

Das GuV-Konto muss wie jedes andere Konto auch abgeschlossen werden. Letztendlich zeigt dieses Konto den Gewinn oder den Verlust eines Unternehmens an. Der Gewinn bzw. der Verlust wirken sich aber direkt auf das Eigenkapital aus: Ein Gewinn erhöht das Eigenkapital, ein Verlust vermindert das Eigenkapital. Daher wird das GuV-Konto über das Konto „Eigenkapital" abgeschlossen. Man geht nach folgendem Ablaufschema vor:

Ablaufschema: Abschluss des GuV-Kontos

1. Schritt:

Die größere Seite zusammenrechnen.
Das ist hier die Haben-Seite, die Summe beträgt **20.000,00 €.**

Soll	GuV-Konto		Haben
Wareneingang	10.000,00	Umsatzerlöse	18.500,00
Löhne	4.000,00	Mieterträge	1.400,00
Miete, Pachten	1.000,00	Zinserträge	100,00
			20.000,00

2. Schritt:

Die Summe von **20.000,00 €** wird auf die andere Seite des Kontos übertragen.

Soll	GuV-Konto		Haben
Wareneingang	10.000,00	Umsatzerlöse	18.500,00
Löhne	4.000,00	Mieterträge	1.400,00
Miete, Pachten	1.000,00	Zinserträge	100,00
	20.000,00		20.000,00

3. Schritt:

Um das Konto wieder auszugleichen und in die Waage zu bringen, wird der Saldo ermittelt. Er beträgt hier **5.000,00 €.** Dieser Saldo stellt einen **Gewinn** dar, weil die Erträge größer sind als die Aufwendungen.

Soll	GuV-Konto		Haben
Wareneingang	10.000,00	Umsatzerlöse	18.500,00
Löhne	4.000,00	Mieterträge	1.400,00
Miete, Pachten	1.000,00	Zinserträge	100,00
Gewinn	**5.000,00**		
	20.000,00		20.000,00

4. und letzter Schritt:

Der Gewinn wird in das Konto „Eigenkapital" gebucht, da er das Eigenkapital verändert (genauer gesagt: vermehrt).

Soll	GuV-Konto		Haben
Wareneingang	10.000,00	Umsatzerlöse	18.500,00
Löhne	4.000,00	Mieterträge	1.400,00
Miete, Pachten	1.000,00	Zinserträge	100,00
EK (Gewinn)	5.000,00		
	20.000,00		20.000,00

Soll	Eigenkapital		Haben
SBK	205.000,00	EBK	200.000,00
		GuV	5.000,00
	205.000,00		205.000,00

Der Abschluss des Kontos „Eigenkapital" zeigt auch, dass sich dieses vermehrt hat:

Von einem Anfangsbestand von 200.000,00 € ist das Eigenkapital durch den Gewinn von 5.000,00 € auf einen Schlussbestand von 205.000,00 € gewachsen.

Der Buchungssatz zum Abschluss des GuV-Kontos über das Eigenkapitalkonto lautet für das obige Beispiel:

Konten	Soll	Haben
GuV	5.000,00 €	
an Eigenkapital		5.000,00 €

Wird ein Verlust erzielt, erscheint dieser im GuV-Konto auf der Haben-Seite, im Konto „Eigenkapital" auf der Soll-Seite.

Der Buchungssatz zur Abschlussbuchung des GuV-Kontos lautet dann (zum Beispiel bei 10.000,00 € Verlust):

Konten	Soll	Haben
Eigenkapital	10.000,00 €	
an GuV		10.000,00 €

Merke:

- Das GuV-Konto wird nach dem gleichen Schema abgeschlossen wie alle anderen Konten auch.
- Sind die Erträge höher als die Aufwendungen, wird ein Gewinn erwirtschaftet.
- Sind die Aufwendungen höher als die Erträge, wird ein Verlust erzielt.
- Der Saldo des GuV-Kontos wird im Konto „Eigenkapital" gegengebucht.

Aufgaben

Aufgaben zur Wiederholung

1. a) Schließen Sie das GuV-Konto aus der Wiederholungsaufgabe aus Kapitel 2.5.3 ab.

b) Bilden Sie den Buchungssatz zur Buchung des Saldos in das Konto „Eigenkapital".

2. a) Stellen Sie das GuV-Konto anhand der folgenden Buchungssätze zum Kontenabschluss auf.

1.	GuV .... an Wareneingang....................	11.600,00 € 11.600,00 €
2.	GuV .... an Gehälter	3.500,00 € 3.500,00 €
3.	GuV .... an Löhne	5.800,00 € 5.800,00 €
4.	Umsatzerlöse für Waren.............. an GuV	18.200,00 € 18.200,00 €
5.	Mieterträge .... an GuV..............................	700,00 € 700,00 €
6.	GuV .... an Miete/Pachten....................	900,00 € 900,00 €
7.	GuV .... an Büromaterial......................	140,00 € 140,00 €
8.	GuV .... an Zinsaufwendungen	60,00 € 60,00 €
9.	Provisionserträge .... an GuV..............................	1.000,00 € 1.000,00 €
10.	GuV .... an Fremdinstandsetzung.............	3.100,00 € 3.100,00 €

b) Schließen Sie das GuV-Konto ab und ermitteln Sie den Erfolg des Geschäftsjahres.

3. a) Bilden Sie zu den folgenden Geschäftsfällen die Buchungssätze:

1. Warenverkauf von 2.300,00 €, Bezahlung per Bankscheck
2. Ein Mietaufwand von 1.700,00 € wird per Banküberweisung bezahlt.
3. Es werden Gehälter per Banküberweisung bezahlt, 6.500,00 €.
4. Warenverkauf von 7.900,00 €, Bezahlung per Bankscheck
5. Wareneinkauf von 3.200,00 €, Bezahlung per Bankscheck
6. Zahlung von Löhnen von 4.900,00 € per Bankscheck

b) Eröffnen Sie die notwendigen Konten.

c) Buchen Sie die Buchungssätze in den Konten.

d) Schließen Sie nur die Erfolgskonten über das GuV-Konto ab.

e) Bilden Sie den Saldo im GuV-Konto. Ist ein Verlust oder ein Gewinn entstanden?

Aufgaben

Aufgaben zur Vertiefung der Buchungen auf Bestands- und Erfolgskonten

1. Bilden Sie die Buchungssätze zu den folgenden Geschäftsfällen.

1. Überweisung der Gehälter der Mitarbeitenden .... 4.900,00 €
2. Ein Kunde bezahlt eine offene Rechnung per Banküberweisung .... 450,00 €
3. Barzahlung einer Handwerkerrechnung .... 340,00 €
4. Barkauf von Kopierpapier .... 70,00 €
5. Wareneinkauf auf Ziel .... 5.700,00 €
6. Verkauf eines gebrauchten Firmen-PC gegen Bargeld . 700,00 €
7. Warenverkauf auf Ziel .... 8.500,00 €
8. Kauf eines neuen Büroschreibtisches, Barzahlung .... 800,00 €
9. Ein Kunde kauft Waren und zahlt bar .... 200,00 €
10. Die monatliche Miete wird an den Vermieter überwiesen .... 1.200,00 €

2. Gegeben ist das folgende Eröffnungsbilanzkonto:

Soll	Eröffnungsbilanzkonto		Haben
Eigenkapital	1.050.000,00	BGA	230.000,00
Verbindlichkeiten a. LL.	101.000,00	Warenbestand	870.000,00
		Forderungen a. LL.	40.400,00
		Kasse	1.300,00
		Bank	9.300,00
	1.151.000,00		1.151.000,00

a) Eröffnen Sie die Bestandskonten.

b) Bilden Sie die Buchungssätze zu den folgenden Geschäftsfällen:

1. Begleichung einer Liefererrechnung per Banküberweisung .... 980,00 €
2. Reparaturkosten für den Kopierer bar .... 250,00 €
3. Die Bank schreibt Zinsen auf dem Konto gut .... 90,00 €
4. Barzahlung für Paketgebühren .... 20,00 €
5. Ein Kunde begleicht eine offene Rechnung per Bankscheck .... 770,00 €
6. Kauf eines neuen Bürostuhls per Bankscheck .... 420,00 €
7. Mieteinnahmen bar .... 500,00 €
8. Barabhebung vom Bankkonto .... 2.000,00 €

c) Buchen Sie die Buchungssätze in den entsprechenden Konten.

d) Schließen Sie die Erfolgskonten über das GuV-Konto ab.

e) Schließen Sie das GuV-Konto ab.

f) Schließen Sie die Bestandskonten über das Schlussbilanzkonto (SBK) ab.

3. Gegeben sind die folgenden Anfangsbestände:

Grundstücke	400.000,00 €
Gebäude	1.200.000,00 €
Fuhrpark	250.000,00 €
Betriebs- und Geschäftsausstattung	127.000,00 €
Warenbestand	85.000,00 €
Forderungen a. LL.	21.000,00 €
Bank	6.300,00 €
Kasse	1.300,00 €
Eigenkapital	?
Darlehen	1.350.000,00 €
Verbindlichkeiten a. LL.	250.000,00 €

Gegeben sind auch die folgenden Geschäftsfälle:

(1) Ein Kunde begleicht eine Rechnung durch Banküberweisung	1.000,00 €
(2) Die Bank belastet unser Geschäftsgirokonto mit Zinsen	300,00 €
(3) Wir zahlen Geschäftsmiete bar	1.200,00 €
(4) Kauf eines neuen Firmen-Pkw auf Ziel	23.000,00 €
(5) Lohnzahlung per Banküberweisung	5.700,00 €
(6) Barzahlung für Briefmarken	80,00 €
(7) Begleichung einer Lieferantenrechnung durch Banküberweisung	800,00 €
(8) Wir erhalten Mietzahlung für eine vermietete Lagerhalle als Bankscheck	3.500,00 €
(9) Wareneinkauf auf Ziel	1.900,00 €
(10) Eine Kundin bezahlt eine offene Rechnung per Bankscheck	3.120,00 €

a) Bilden Sie anhand der Anfangsbestände das Eröffnungsbilanzkonto.

b) Eröffnen Sie die Bestandskonten.

c) Bilden Sie die Buchungssätze zu den Geschäftsfällen.

d) Buchen Sie die Buchungssätze in den Bestandskonten und in den erforderlichen Erfolgskonten.

e) Schließen Sie die Erfolgskonten über das GuV-Konto ab.

f) Schließen Sie das GuV-Konto ab.

g) Schließen Sie die Bestandskonten über das Schlussbilanzkonto (SBK) ab.

4. Beurteilen Sie, ob die folgenden Aussagen richtig oder falsch sind. Korrigieren Sie falsche Aussagen, sodass diese richtig werden.

a) Bestandskonten unterscheiden sich von Erfolgskonten dadurch, dass sie einen Anfangsbestand haben.

b) Das Konto „Fuhrpark“ ist ein Bestandskonto, das Konto „Eigenkapital“ ist ein Erfolgskonto.

c) Auf Erfolgskonten werden nur erfolgswirksame Geschäftsfälle gebucht.

d) Das GuV-Konto hat seinen Anfangsbestand im Soll.

e) Erfolgskonten werden auf die gleiche Art und Weise abgeschlossen wie Bestandskonten.

f) Auf Erfolgskonten wird nach der folgenden Regel gebucht: Aufwendungen stehen im Soll, Erträge stehen im Haben.

g) Das GuV-Konto wird über das Konto „SBK“ abgeschlossen.

h) Erträge stehen im GuV-Konto immer auf der Haben-Seite.

i) Ein Gewinn im GuV-Konto steht immer im Soll, ein Verlust im GuV-Konto steht immer im Soll.

j) Wird ein Gewinn erwirtschaftet, so lautet der Buchungssatz zum Abschluss des GuV-Kontos: Eigenkapital an GuV.

3 Umsatzsteuer

3.1 Umsatzsteuer als Steuer auf den „Mehr"-Wert

Das ist geschehen

In der Abteilung Buchhaltung/Verwaltung der Mediaworld e. K. liegen die beiden folgenden Belege vor:

Eingangsrechnung

Mammuth GmbH
Audiogeräte

Mammuth GmbH • Gelsenstr. 32 • 46147 Oberhausen

Mediaworld e. K.
Krefelder Straße 92
47226 Duisburg

Gelsenstraße 32
46147 Oberhausen
Telefon: 0288 88888-12
Telefax: 0288 88888-13
E-Mail: mammuthaudio@wvd.de
www.mammuthaudio-wvd.de

Rechnungs-/Lieferdatum:
14.06.20..

Auftrags-Nr.: 521
Kunden-Nr.: 355
Rechnung-Nr.: 978

10	Paar Mammuth-Boxen „Eiszeit"	300,00 €
	+ 19 % Umsatzsteuer	57,00 €
	Rechnungsbetrag	357,00 €

Zahlbar innerhalb von 30 Tagen netto oder innerhalb von 10 Tagen mit 2 % Skonto.

Dresdner Bank Oberhausen
BIC: DRESDEFF365 • IBAN: DE65 3658 0072 0000 9976 81
USt-IdNr. DE 176 663 417

Ausgangsrechnung

Mediaworld/e. K.

Mediaworld e. K., Krefelder Straße 92, 47225 Duisburg

Kurt Wächter e. K.
Hauptmannweg 23
44147 Dortmund

Krefelder Straße 92
47225 Duisburg
Tel.: 02065 99977-0
Fax: 02065 99977-7
E-Mail: mediaworld@wvd.de
www.mediaworld-wvd.de

Ihre Nachricht vom	Unser Zeichen	Telefon, Name	Datum:
			21.06.20..

Rechnung Nr. 267/06

Sehr geehrter Herr Wächter,

wir danken Ihnen für Ihre Bestellung und berechnen Ihnen für die Lieferung vom 18.06.20..:

10	Paar	**Mammuth Boxen „Eiszeit"**		
		Einzelpreis (Sonderaktion)	45,00 €	
		Gesamtpreis:		450,00 €
		Umsatzsteuer (19 %):		85,50 €
		Rechnungsbetrag:		**535,50 €**

Zahlungsziel: 40 Tage, Skontofrist: 10 Tage bei 2 % Skonto.

Mit freundlichen Grüßen

Mediaworld e. K.

Inhaber: Moritz Wagner
Handelsregister Duisburg
HRA 593-0205
USt-IdNr.: DE 253 466 978
Steuernummer: 56 951 36749

Sparkasse Duisburg
BIC: DEUTDEDE 350
IBAN: DE05 3507 0030 0123 4567 89

Deutsche Bank Duisburg
BIC: DUISDE33XXX
IBAN: DE23 3505 0000 0987 6543 21

Das ist zu tun

1. Wie viel Mehrwertsteuer (Prozentsatz und Betrag) muss die Mediaworld e. K. an die Firma Mammuth GmbH bezahlen?
2. Wie viel Mehrwertsteuer (Prozentsatz und Betrag) wird der Firma Kurt Wächter e. K. aus Dortmund in Rechnung gestellt?
3. Wie bezeichnet man die Mehrwertsteuer auf Eingangsrechnungen?
4. Wie bezeichnet man die Mehrwertsteuer auf Ausgangsrechnungen?
5. Berechnen Sie die Differenz zwischen diesen beiden Beträgen.
6. Erläutern Sie, wodurch diese Differenz entstanden ist.
7. Beschreiben Sie, was mit diesem Differenzbetrag passiert.

Das sollte man wissen

Mehrwertsteuer

Die Umsatzsteuer, die in den beiden Rechnungen aufgeführt ist, wird umgangssprachlich Mehrwertsteuer genannt. Manchmal ist sie in Rechnungen auch als **Mehrwertsteuer (MwSt.)** aufgeführt. Kaufmännisch (und im Steuerrecht) spricht man von der **Umsatzsteuer (USt).** Dass es sich tatsächlich um eine Steuer auf den Umsatz handelt, sieht man zum Beispiel an der Rechnung der Mediaworld e. K.:

- Es wird ein Umsatz von 450,00 € erzielt, der sich aus der Formel Preis · Menge (45,00 €/Stück · 10 Stück = 450,00 €) ergibt.
- Dieser Umsatz von 450,00 € wird besteuert mit einem Prozentsatz von 19 %.
- 19 % von 450,00 € sind 85,50 €.
- Die Umsatzsteuer in der Rechnung beträgt genau diese 85,50 €.

Bei der Rechnung der Mammuth GmbH beträgt der Umsatz 300,00 €, hiervon 19 % sind 57,00 €, die als Umsatzsteuer ausgewiesen sind.

Merke:

- Bei einem Wareneinkauf (Aufwand) spricht man von der **Vorsteuer.**
- Bei einem Warenverkauf (Ertrag) spricht man von der **Umsatzsteuer.**

Buchhalterisch ist es ein wichtiger Unterschied, ob ein Wareneinkauf oder ein Warenverkauf vorliegt. Der Wareneinkauf ist ein Aufwand, der Warenverkauf ist ein Ertrag (→ Kapitel 2.5 in diesem Lernfeld). Insofern wird auch bei der Benennung der Steuer bei Aufwendungen und Erträgen nicht der gleiche Begriff genommen.

Da die Ware in der Regel günstiger eingekauft wird, als sie verkauft wird, ist die Vorsteuer auch geringer als die Umsatzsteuer. Dies sieht man auch anhand der beiden obigen Belege, bei denen ja die gleiche Ware in der gleichen Menge erst eingekauft und dann weiter verkauft wird.

	Eingangsrechnung	Ausgangsrechnung
Preis der Ware	30,00 €	45,00 €
Gesamtumsatz der Rechnung	300,00 €	450,00 €
Steuer	**57,00 €** (Vorsteuer)	**85,50 €** (Umsatzsteuer)

Die Ware ist beim Verkauf durch die Mediaworld e. K. mehr wert, denn der Einzelpreis ist von 30,00 € auf 45,00 € je Stück gestiegen. Bezogen auf die ganze Lieferung ist diese sogar 150,00 € mehr wert. Auf diesen Mehrwert hat der Staat eine Steuer erhoben, eben die **Mehrwertsteuer.** Diese beträgt – siehe die Rechnungen oben – 19 %. Nimmt man den Mehrwert von 150,00 € und berechnet davon 19 %, dann ergeben sich 28,50 € Mehrwertsteuer, die dem Staat gehören und an das Finanzamt zu zahlen sind. Man nennt diesen Betrag auch **„Zahllast".**

Bildlich lassen sich die verschiedenen Zahlungsströme, die bei dem Geschäftsablauf in Erscheinung treten, wie folgt darstellen:

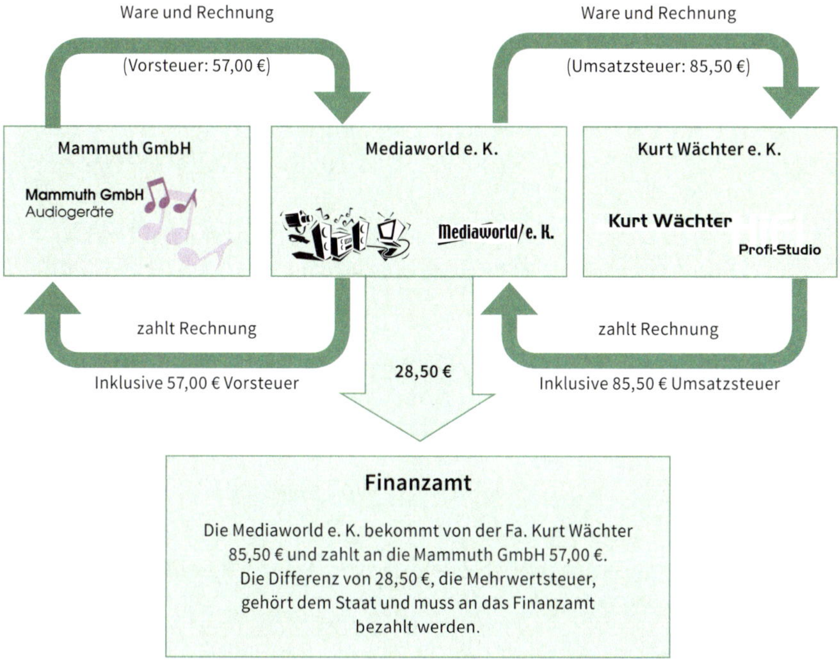

Die Umsatzsteuer muss jedes Mal in Rechnung gestellt werden, wenn der Wert einer Ware oder einer Dienstleistung gesteigert wird. Unternehmen führen die Umsatzsteuer an das Finanzamt ab, letztendlich wird die Steuer aber von der Endverbraucherin oder dem Endverbraucher bezahlt. Der Regelsteuersatz beträgt laut Umsatzsteuergesetz 19 % (Stand: 2024), es gibt aber auch einen ermäßigten Steuersatz. Dieser beträgt 7 % und gilt zum Beispiel für Fleischwaren, Zucker, Gemüse, Bücher und Zeitungen.

Aufgaben

Aufgaben zur Wiederholung

1. a) Die Mediaworld e. K. kauft bei einem Lieferbetrieb Ware für 400,00 € ein. Wie hoch ist die Vorsteuer? Wie hoch ist der gesamte Rechnungsbetrag inklusive Vorsteuer?

b) Die Mediaworld e. K. verkauft genau diese Ware an einen Kunden für 650,00 €. Wie hoch ist die Umsatzsteuer für diesen Verkauf? Wie hoch ist der gesamte Rechnungsbetrag inklusive Umsatzsteuer?

c) Berechnen Sie den Betrag, der sich anhand der beiden Geschäftsfälle a) und b) als Zahllast ergibt und an das Finanzamt überwiesen werden muss.

2. Berechnen Sie die Steuerbeträge zu den folgenden Beispielen. Benennen Sie die entsprechenden Ergebnisse mit den Fachbegriffen „Vorsteuer“ und „Umsatzsteuer“.

a) Wareneinkauf bei einem Lieferbetrieb. Der Rechnungsbetrag lautet über 900,00 € netto.

b) Bastian Lenz bestellt bei der Multitask GmbH in Paderborn Ware für 4.200,00 € (Gesamtpreis ohne „Mehrwertsteuer“).

c) Die Firma Lamprecht e. K. aus Duisburg kauft bei der Mediaworld e. K. Artikel zum Warenwert von 1.200,00 € ein.

d) Der Lieferbetrieb Audiotronic GmbH aus Unna liefert 200 Stück des Artikels C 3008 Speedy-Computer-Tastatur an die Mediaworld e. K. Der Stückpreis beträgt netto 14,00 €.

e) Bastian Lenz verkauft ein Headset zum Aktionspreis im Verkaufsshop. Die Kundin zahlt insgesamt 17,85 €.

3. Die Umsatzsteuer stellt für die Mediaworld e. K. (und für Unternehmen im Allgemeinen) keine Belastung dar. Zeigen Sie dies am Beispiel des obigen Schaubildes auf.

3.2 Umsatzsteuer beim Warenverkauf

Das ist geschehen

In der Mediaworld e. K. liegt noch die Rechnung an den Kunden Kurt Wächter e. K. aus Dortmund vor:

Mediaworld/e. K.

Mediaworld e. K., Krefelder Str. 92, 47226 Duisburg

Krefelder Straße 92
47226 Duisburg
Tel.: 02065 99977-0
Fax: 02065 99977-7

E-Mail: mediaworld@wvd.de
www.mediaworld-wvd.de

Kurt Wächter e. K.
Hauptmannweg 23
44147 Dortmund

Ihre Nachricht vom	Unser Zeichen	Telefon, Name	Datum:
			21.06.20..

Rechnung Nr. 267/06

Sehr geehrter Herr Wächter,

wir danken Ihnen für Ihre Bestellung und berechnen Ihnen für die Lieferung vom 18.06.20..:

10	Paar	**Mammuth-Boxen „Eiszeit“**	
		Einzelpreis (Sonderaktion) 45,00 €	
		Gesamtpreis:	450,00 €
		Umsatzsteuer (19 %):	85,50 €
		Rechnungsbetrag:	535,50 €

Zahlungsziel: 40 Tage, Skontofrist: 10 Tage bei 2 % Skonto.

Mit freundlichen Grüßen

Mediaworld e. K.

Die Rechnung muss noch verbucht werden.

Das ist zu tun

1. Wie lautet der Geschäftsfall, der der Ausgangsrechnung zugrunde liegt?
2. Welche Konten werden für den Buchungssatz zu diesem Geschäftsfall benötigt?
3. Welche Beträge müssen auf den einzelnen Konten gebucht werden?
4. Stellen Sie den Buchungssatz auf.

Umsatzsteuer beim Warenverkauf

Das sollte man wissen

Bei jedem Warenverkauf muss der Kundin oder dem Kunden die Umsatzsteuer mit in Rechnung gestellt werden. Diese beträgt zurzeit (Stand: 2024) für die meisten Güter und Dienstleistungen 19 %. Die Umsatzsteuer muss gesondert gebucht werden. Sie wird von der Kundin oder vom Kunden bezahlt. Die Zahlungsempfängerin oder der Zahlungsempfänger – im obigen Beispiel die Mediaworld e. K. – darf sie aber nicht behalten, sondern muss sie an das Finanzamt weiterleiten.

Daher kann die Umsatzsteuer nicht einfach nur auf dem Konto „Kasse" oder „Bank" gebucht werden, denn sonst würde man bei der Vielzahl von Geschäftsfällen schnell den Überblick verlieren, wie viel Umsatzsteuer noch an das Finanzamt abzuführen ist.

Zur Buchung der Umsatzsteuer wird ein eigenes Konto eingeführt. Dieses Konto „Umsatzsteuer" ist ein Passivkonto. Es steht in der Bilanz auf der rechten Seite, der Passivseite:

Aktiva	Mediaworld e. K. Schlussbilanz	zum 31.12.20..	Passiva
Grundstücke	120.000,00	Eigenkapital	380.000,00
Gebäude	290.000,00	Darlehen	278.000,00
Fuhrpark	28.000,00	Verbindlichkeiten a. LL.	77.000,00
Betriebs- und Geschäftsausstattung	32.000,00	**Umsatzsteuer**	**5.000,00**
Warenbestand	165.000,00		
Forderungen a. LL.	50.000,00		
Kasse	5.500,00		
Bank	49.500,00		
	740.000,00		740.000,00

Die Umsatzsteuer befindet sich in der Bilanz auf der Seite der Schulden und der Verbindlichkeiten. Dies ist darin begründet, dass die Umsatzsteuer nicht dem Unternehmen gehört, sondern dem Finanzamt. Sie stellt damit eine Schuld bzw. eine Verbindlichkeit gegenüber dem Finanzamt dar.

Beim Warenverkauf wird neben dem Konto „Umsatzsteuer" noch das Konto „Umsatzerlöse für Waren" benötigt. Zusätzlich wird ein drittes Konto gebraucht, das für die Buchung der Zahlung in Anspruch genommen wird. Hierbei kann es sich zum Beispiel um das Kassenkonto oder das Konto „Forderungen aus Lieferungen und Leistungen" handeln.

Anhand des folgenden Geschäftsfalles wird die Bildung des Buchungssatzes verdeutlicht:

Beispiel

Es wird Ware an einen Kunden verkauft, Warenwert 1.000,00 €, Umsatzsteuer 190,00 €, Rechnungsbetrag 1.190,00 €. Die Ware wird bar bezahlt.

Die benötigten Konten und die Kontenseite, auf der gebucht werden muss, sind:

Konto	Begründung	Buchungsseite	Begründung
Kasse	Barzahlung	Soll	Aktivkonto, Mehrungen werden hier im Soll gebucht.
Umsatzsteuer	Warenverkauf: Umsatzsteuer	Haben	Passivkonto, Mehrungen werden hier im Haben gebucht.
Umsatzerlöse für Waren (UEW)	Warenverkauf: Ertragskonto	Haben	Erträge werden immer im Haben gebucht (Mehrung des Eigenkapitals!).

Der Buchungssatz mit Euro-Beträgen lautet:

Konten	Soll	Haben
Kasse	1.190,00 €	
an Umsatzsteuer		190,00 €
an Umsatzerlöse für Waren		1.000,00 €

Die Buchung in den Konten sieht wie folgt aus:

Soll	Kasse		Haben
EBK	5.500,00		
❶ USt, UEW	1.190,00		

Soll	Umsatzsteuer		Haben
		❶ Kasse	190,00

Soll	Umsatzerlöse für Waren		Haben
		❶ Kasse	1.000,00

3.3 Vorsteuer beim Wareneinkauf

Das ist geschehen

Die Rechnung von der Firma Mammuth GmbH Audiogeräte liegt nach wie vor in der Abteilung Buchhaltung/Verwaltung vor:

Mammuth GmbH
Audiogeräte

Mammuth GmbH • Gelsenstr. 32 • 46147 Oberhausen

Mediaworld e. K.
Krefelder Straße 92
47226 Duisburg

Gelsenstraße 32
46147 Oberhausen

Telefon: 0208 88888-12
Telefax: 0208 88888-13

E-Mail: mammuthaudio@wvd.de
www.mammuthaudio-wvd.de

Rechnungs-/Lieferdatum:
14.06.20..

Auftrags-Nr.: 521

Kunden-Nr.: 355

Rechnung-Nr.: 978

10	Paar Mammuth-Boxen „Eiszeit“	300,00 €
	+ 19 % Umsatzsteuer	57,00 €
	Rechnungsbetrag	357,00 €

Zahlbar innerhalb von 30 Tagen netto oder
innerhalb von 10 Tagen mit 2 % Skonto.

Auch diese Rechnung muss noch verbucht werden.

Das ist zu tun

1. Wie lautet der Geschäftsfall, der der Eingangsrechnung zugrunde liegt?
2. Welche Konten werden für den Buchungssatz zu diesem Geschäftsfall benötigt?
3. Welche Beträge müssen auf den einzelnen Konten gebucht werden?
4. Stellen Sie den Buchungssatz auf.

Vorsteuer beim Wareneinkauf

Das sollte man wissen

Im vorherigen Kapitel ist bei dem Warenverkauf an die Firma Kurt Wächter e. K. eine Umsatzsteuer von 85,50 € angefallen, die dem Staat gehört. Die Mediaworld e. K., die die Ware verkauft hat, muss die 85,50 € an das Finanzamt überweisen.

Beim Wareneinkauf hat die Mediaworld e. K. aber schon einmal Steuern gezahlt, nämlich die Vorsteuer von 57,00 €, die in der obigen Rechnung ausgewiesen ist. Damit keine Belastung für die Mediaworld e. K. auftritt, kann die Vorsteuer mit der Umsatzsteuer aufgerechnet werden. Daher kann man sagen, dass die Umsatzsteuer eine Verbindlichkeit gegenüber dem Finanzamt darstellt und demnach die Vorsteuer eine Forderung gegenüber dem Finanzamt ist. Für die Buchung beim Wareneinkauf gibt es ein eigenes Konto „Vorsteuer“. Als Konto mit Forderungscharakter befindet es sich in der Bilanz auf der gleichen Seite wie die übrigen Forderungen: auf der Aktivseite.

Aktiva	Mediaworld e. K. Schlussbilanz zum 31.12.20..		Passiva
Grundstücke	120.000,00	Eigenkapital	380.000,00
Gebäude	290.000,00	Darlehen	278.000,00
Fuhrpark	28.000,00	Verbindlichkeiten a. LL.	82.000,00
Betriebs- und Geschäftsausstattung	32.000,00		
Warenbestand	165.000,00		
Forderungen a. LL.	45.000,00		
Vorsteuer	**5.000,00**		
Kasse	5.500,00		
Bank	49.500,00		
	740.000,00		740.000,00

Neben dem Konto „Vorsteuer“ benötigt man für die Buchung von Wareneinkäufen das Konto „Wareneingang“ und das Konto, das die Zahlung erfasst, etwa das Konto „Bank“ oder das Konto „Verbindlichkeiten aus Lieferungen und Leistungen“.

Beispielhaft wird im Folgenden ein Geschäftsfall zum Wareneinkauf gebucht.

Beispiel

Es werden Waren von einem Lieferbetrieb bezogen, Warenwert 500,00 €, Vorsteuer 95,00 €, Rechnungsbetrag 595,00 €. Der Wareneinkauf erfolgt auf Ziel.

Die benötigten Konten und die Kontenseite, auf der gebucht werden muss, sind in diesem Fall:

Konto	Begründung	Buchungsseite	Begründung
Wareneingang	Wareneinkauf: Aufwandskonto	Soll	Aufwendungen werden immer im Soll gebucht (Minderung des Eigenkapitals).
Vorsteuer	Wareneinkauf: Vorsteuer	Soll	Aktivkonto, Mehrungen werden hier im Soll gebucht.
Verbindlichkeiten	Wareneinkauf: auf Ziel	Haben	Passivkonto, Mehrungen werden hier im Haben gebucht.

Der Buchungssatz mit €-Beträgen lautet:

Konten	Soll	Haben
Wareneingang	500,00 €	
Vorsteuer	95,00 €	
an Verbindlichkeiten a. LL.		595,00 €

Die Buchung in den Konten sieht wie folgt aus:

Soll	Wareneingang		Haben
❶ Verb. a. LL.	500,00		

Soll	Verbindlichkeiten a. LL.		Haben
		EBK	82.000,00
		❶ WE, VSt,	595,00

Soll	Vorsteuer		Haben
❶ Verb. a. LL.	95,00		

Aufgaben

Aufgabe zur Wiederholung

a) Bilden Sie zu den folgenden Geschäftsfällen die Buchungssätze.

1.	Wir kaufen Waren auf Ziel netto	2.500,00 €
	+ 19 % Umsatzsteuer	...
	Rechnungsbetrag der Eingangsrechnung	...
2.	Wir verkaufen Waren auf Ziel netto	3.000,00 €
	+ 19 % Umsatzsteuer	...
	Rechnungsbetrag der Ausgangsrechnung	...
3.	Wir verkaufen Waren auf Ziel netto	1.350,00 €
	+ 19 % Umsatzsteuer	...
	Rechnungsbetrag der Ausgangsrechnung	...
4.	Wir verkaufen Waren auf Ziel netto	4.300,00 €
	+ 19 % Umsatzsteuer	...
	Rechnungsbetrag der Ausgangsrechnung	...
5.	Wir kaufen Waren auf Ziel netto	...
	+ 19 % Umsatzsteuer	190,00 €
	Rechnungsbetrag der Eingangsrechnung	...
6.	Wir kaufen Waren auf Ziel netto	...
	+ 19 % Umsatzsteuer	...
	Rechnungsbetrag der Eingangsrechnung	2.380,00 €

7. Wir verkaufen Waren auf Ziel netto ....
   + 19 % Umsatzsteuer .... 475,00 €
   Rechnungsbetrag der Ausgangsrechnung ....
8. Wir verkaufen Waren auf Ziel netto ....
   + 19 % Umsatzsteuer ....
   Rechnungsbetrag der Ausgangsrechnung .... 6.783,00 €

b) Buchen Sie die Buchungssätze aus Aufgabenteil a) in den Konten „Wareneingang“, „Vorsteuer“, „Verbindlichkeiten a. LL.“, „Umsatzerlöse für Waren“, „Umsatzsteuer“, „Forderungen a. LL.“.

3.4 Vorsteuer bei anderen Aufwendungen und beim Kauf von Anlagegütern

Das ist geschehen

Bastian Lenz ist mal wieder in der Abteilung Buchhaltung/Verwaltung der Mediaworld e. K. eingesetzt. Er kennt mittlerweile die Bedeutung der Umsatzsteuer, die bei Wareneinkäufen als Vorsteuer und bei Warenverkäufen als Umsatzsteuer auftritt. Heute allerdings hat er einen Beleg vor sich liegen, der ihn stutzig macht:

Sanitärinstallationen Egon Flanders

Egon Flanders
Gaußstraße 17, 47236 Duisburg
Tel.: 02065 87556
Fax: 02065 87557

E. Flanders, Gaußstr. 17, 47236 Duisburg

Deutsche Bank Duisburg
BIC: DEUTDEDE350
IBAN: DE84 3507 0030 0008 8384 21

Mediaworld e. K.
Krefelder Straße 92
47226 Duisburg

USt-IdNr. DE 123 457 899

Rechnung

Ihr Auftrag vom:	Kunden-Nr.:	Rechnung-Nr.:	Datum:
12.08.20..	12 456	AR 199	19.08.20..

Leistung:		Betrag in €:
1,5	Facharbeiterstunden für Instandsetzungen am 14.08.20..	45,00
	Material	105,00
	Zwischensumme	150,00
	+ 19 % USt	28,50
	Gesamtbetrag	**178,50**

Zahlbar sofort ohne Abzug

Das ist zu tun

1. Begründen Sie, ob es sich bei der ausgewiesenen Mehrwertsteuer um eine Vorsteuer oder um eine Umsatzsteuer handelt.
2. Benennen Sie die Konten, die bei der Buchung der Rechnung auf der vorherigen Seite benötigt werden.
3. Welche Aufwendungen sind neben dem obigen Beispiel ebenfalls mit „Mehrwert"-Steuer belegt?

Das sollte man wissen

Vorsteuer bei anderen Aufwendungen

Neben dem Wareneinkauf gibt es noch andere Fälle, bei denen Vorsteuer anfällt. Dazu gehören Eingangsrechnungen von Handwerksbetrieben (Fremdinstandsetzung), Stromrechnungen (Energie), Telefonrechnungen (Postgebühren/Telefon), der Kauf von Büromaterial, Aufwendungen für Werbung und anderes. Bei all diesen Beispielen muss die Vorsteuer mit bezahlt und gebucht werden.

Ein Beispiel hierzu zeigt, dass sich aber im Vergleich zur Vorsteuerbuchung beim Wareneinkauf nichts ändert:

Beispiel 1

Es wird Büromaterial im Wert von 75,00 € netto gekauft und bar bezahlt. Der Rechnungsbetrag brutto beträgt 89,25 €.

Buchungssatz:

Konten	Soll	Haben
Büromaterial	75,00 €	
Vorsteuer	14,25 €	
an Kasse		89,25 €

Vorsteuer beim Kauf von Anlagegütern

Wenn Anlagegüter, also Güter des Anlagevermögens wie Fahrzeuge, Maschinen, Bürostühle usw., gekauft werden, ist dies wie bei einem Wareneinkauf auch mit der Zahlung von Vorsteuer verbunden.

Beispiel 2

Es wird ein neuer Firmen-Pkw angeschafft. Dieser hat einen Wert von 20.000,00 €; auf der Rechnung, die erst in 30 Tagen fällig ist, ist eine Umsatzsteuer von 3.800,00 € vermerkt.

Buchungssatz:

Konten	Soll	Haben
Fuhrpark	20.000,00 €	
Vorsteuer	3.800,00 €	
an Verbindlichkeiten a. LL.		23.800,00 €

Aufgaben

Aufgaben zur Wiederholung

1. Entscheiden Sie bei den folgenden Geschäftsfällen, ob das Konto „Vorsteuer“, das Konto „Umsatzsteuer“ oder keines von beiden betroffen ist.

a) Es wird Ware auf Ziel eingekauft.

b) Ein Kunde bezahlt eine Ausgangsrechnung per Banküberweisung.

c) Kauf eines neuen Firmen-Pkw auf Ziel

d) Verkauf von Ware gegen Barzahlung

e) Einkauf von Büromaterial bar

f) Bezahlung einer Lieferantenrechnung per Bankscheck

g) Die Stromrechnung wird per Überweisung bezahlt.

2. Bilden Sie zu den folgenden Geschäftsfällen die Buchungssätze:

1.	Wareneinkauf auf Ziel, netto	1.500,00 €
	+ 19 % Umsatzsteuer	285,00 €
2.	Es werden Waren auf Ziel verkauft, Nettowert	8.000,00 €
	+ 19 % Umsatzsteuer	1.520,00 €
3.	Reparatur am Bürokopierer, Rechnungsbetrag (Barzahlung)	120,00 €
	+ 19 % Umsatzsteuer	22,80 €
4.	Zielkauf eines Büroschreibtisches, Nettowert	1.200,00 €
	+ 19 % Umsatzsteuer	228,00 €
5.	Warenverkauf gegen Bankscheck, Nettoumsatz	1.320,00 €
	+ 19 % Umsatzsteuer	250,80 €
6.	Barkauf von Büromaterial, Nettowert	90,00 €
	+ 19 % Umsatzsteuer	17,10 €
7.	Zielkauf von Lagereinrichtungen, Nettowert	5.000,00 €
	+ 19 % Umsatzsteuer	950,00 €
8.	Bezahlung eines Zeitungsabonnements per Banküberweisung	45,00 €
	+ 19 % Umsatzsteuer	8,55 €
9.	Eingekaufte Ware, Nettowert	1.500,00 €
	+ 19 % Umsatzsteuer	285,00 €
	wird zur Hälfte bar bezahlt	892,50 €
	und zur Hälfte auf Ziel gekauft	892,50 €
10.	Wareneinkauf bar, Nettowert	590,00 €
	+ 19 % Umsatzsteuer	112,10 €

3. a) Bilden Sie zu den folgenden Geschäftsfällen die Buchungssätze:

1. Einkauf von Waren auf Ziel	1.500,00 €
+ 19 % Umsatzsteuer	285,00 €
	1.785,00 €
2. Kauf von Büromaterial auf Ziel	400,00 €
+ 19 % Umsatzsteuer	76,00 €
	476,00 €
3. Verkauf von Waren auf Ziel	3.500,00 €
+ 19 % Umsatzsteuer	665,00 €
	4.165,00 €
4. Einkauf von Waren auf Ziel	2.000,00 €
+ 19 % Umsatzsteuer	380,00 €
	2.380,00 €
5. Banküberweisung an einen Lieferbetrieb	1.000,00 €
6. Verkauf von Waren auf Ziel	4.000,00 €
+ 19 % Umsatzsteuer	760,00 €
	4.760,00 €
7. Mietzahlungen an die Vermieterin oder den Vermieter per Banküberweisung	900,00 €
8. Einkauf von Waren auf Ziel	900,00 €
+ 19 % Umsatzsteuer	171,00 €
	1.071,00 €

b) Buchen Sie die Buchungssätze in den entsprechenden Konten.

c) Wie viel Euro beträgt die Differenz zwischen der gesamten Umsatzsteuer und der gesamten Vorsteuer aller Geschäftsfälle (Zahllast)?

4. Erläutern Sie, welcher Geschäftsfall hinter den folgenden Buchungssätzen steckt.

1. Fuhrpark	21.700,00 €
Vorsteuer	4.123,00 €
an Verbindlichkeiten	25.823,00 €
2. Forderungen a. LL.	9.520,00 €
an Umsatzsteuer	1.520,00 €
an Umsatzerlöse für Waren	8.000,00 €
3. Fremdinstandsetzung	230,00 €
Vorsteuer	43,70 €
an Kasse	273,70 €
4. Bank	470,00 €
an Forderungen	470,00 €
5. BGA	1.160,00 €
Vorsteuer	220,40 €
an Bank	1.380,40 €

3.5 Die Konten „Vorsteuer“ und „Umsatzsteuer“ abschließen

Das ist geschehen

Der Auszubildende Bastian Lenz schaut sich die beiden „Mehrwertsteuerkonten“ der Mediaworld e. K. an. Wie Konten abzuschließen sind, weiß Bastian inzwischen sehr genau. Allerdings fragt er sich bei den beiden Konten „Vorsteuer“ und „Umsatzsteuer“, wie hier die Abschlussbuchungen durchzuführen sind.

Soll	Vorsteuer		Haben
❶ Verb. a. LL.	380,00		
❷ Verb. a. LL.	760,00		
❸ Kasse	114,00		
❹ Bank	228,00		
❺ Verb. a. LL.	152,00		
❻ Verb. a. LL.	247,00		
❼ Kasse	38,00		
❽ Verb. a. LL.	133,00		

Soll	Umsatzsteuer		Haben
		❶ Ford. a. LL.	133,00
		❷ Kasse	76,00
		❸ Ford. a. LL.	1.349,00
		❹ Ford. a. LL.	171,00
		❺ Ford. a. LL.	266,00
		❻ Ford. a. LL.	323,00
		❼ Bank	57,00
		❽ Kasse	19,00
		❾ Ford. a. LL.	190,00

Das ist zu tun

Lesen Sie die unten stehenden Informationen zum Kontenabschluss bei den Konten „Vorsteuer“ und Umsatzsteuer“ Bearbeiten Sie dann die folgenden Arbeitsaufträge.

1. Überprüfen Sie, welches Konto zuerst abgeschlossen werden muss, und schließen Sie dieses ab.
2. Schließen Sie das zweite Konto ab (Saldo vom ersten Konto nicht vergessen!).
3. Wie hoch ist der Saldo im zweiten Konto?
4. Der Saldo des zweiten Kontos soll an das Finanzamt überwiesen werden – nennen Sie den Buchungssatz.

Abschluss der Konten „Vorsteuer“ und „Umsatzsteuer“

Das sollte man wissen

Schon in den vorangegangenen Kapiteln ist deutlich geworden, dass die Vorsteuer und die Umsatzsteuer gegeneinander aufgerechnet werden, um die Zahllast zu ermitteln: Die Subtraktion der Vorsteuer von der Umsatzsteuer ergibt die Zahllast, also den Betrag, der an das Finanzamt zu überweisen ist. Buchhalterisch wird die Zahllast dadurch ermittelt, dass man die Konten „Vorsteuer“ und „Umsatzsteuer“ abschließt. Dabei wird das eine Konto über das andere abgeschlossen. Man muss sich hierbei nebenstehende Regel merken:

Das folgende Ablaufschema zeigt den Kontenabschluss.

Merke:

- Wenn man die Konten „Vorsteuer“ und „Umsatzsteuer“ abschließt, muss man mit dem „kleineren“ Konto beginnen.
- Das Konto mit dem kleineren Saldo wird über das Konto mit dem größeren Saldo abgeschlossen.

Ablaufschema: Abschluss der Konten „Vorsteuer“ und „Umsatzsteuer“

1. Schritt: Prüfen, welches Konto die kleinere Summe aufweist:

Soll	Vorsteuer		Haben
❶ Verb. a. LL.	190,00		
❷ Verb. a. LL.	152,00		
❸ Kasse	38,00		
❹ Bank	572,50		
❺ Verb. a. LL.	47,50		
	1.000,00		

Soll	Umsatzsteuer		Haben
		❶ Ford. a. LL.	380,00
		❷ Bank	76,00
		❸ Ford. a. LL.	655,00
		❹ Ford. a. LL.	209,00
		❺ Ford. a. LL.	180,00
			1.500,00

Die Summe im Konto „Vorsteuer“ ist kleiner als die Summe im Konto „Umsatzsteuer“, daher wird zuerst das Konto „Vorsteuer“ abgeschlossen.

2. Schritt: Das kleinere Konto abschließen:

Soll	Vorsteuer		Haben
❶ Verb. a. LL.	190,00	**Umsatzsteuer**	**1.000,00**
❷ Verb. a. LL.	152,00		
❸ Kasse	38,00		
❹ Bank	572,50		
❺ Verb. a. LL.	47,50		
	1.000,00		1.000,00

Der Saldo, der sich bei Abschluss des Kontos „Vorsteuer“ ergibt, muss auf das Konto „Umsatzsteuer“ gebucht werden. Daher wird der Saldo mit „Umsatzsteuer“ benannt.

3. Schritt: Der Saldo wird gebucht:

Soll	Vorsteuer		Haben
❶ Verb. a. LL.	190,00	**Umsatzsteuer**	**1.000,00**
❷ Verb. a. LL.	152,00		
❸ Kasse	38,00		
❹ Bank	572,50		
❺ Verb. a. LL.	47,50		
	1.000,00		1.000,00

Soll	Umsatzsteuer		Haben
Vorsteuer	**1.000,00**	❶ Ford. a. LL.	380,00
		❷ Bank	76,00
		❸ Ford. a. LL.	655,00
		❹ Ford. a. LL.	209,00
		❺ Ford. a. LL.	180,00
			1.500,00

Buchungssatz:

Konten	Soll	Haben
Umsatzsteuer	1.000,00 €	
an Vorsteuer		1.000,00 €

4. Schritt: Das Konto „Umsatzsteuer“ muss abgeschlossen werden:

Der Saldo von 500,00 €, der sich im Konto „Umsatzsteuer“ ergibt, wird an das Finanzamt per Banküberweisung überwiesen. Daher wird der Saldo mit der Bezeichnung „Bank“ versehen.

Soll	Umsatzsteuer		Haben
Vorsteuer	1.000,00	❶ Ford. a. LL.	380,00
Bank	**500,00**	❷ Bank	76,00
		❸ Ford. a. LL.	655,00
		❹ Ford. a. LL.	209,00
		❺ Ford. a. LL.	180,00
	1.500,00		1.500,00

Buchungssatz:

Konten	Soll	Haben
Umsatzsteuer	500,00 €	
an Bank		500,00 €

Natürlich kann es sein, dass nicht das Konto „Vorsteuer“ zuerst abgeschlossen wird, weil es das Konto mit der kleineren Kontensumme ist, sondern das Konto „Umsatzsteuer“. Dann ist im Prinzip genau wie im gezeigten Ablaufschema vorzugehen mit dem Unterschied, dass keine Zahllast entsteht, sondern eine Forderung gegenüber dem Finanzamt. Dies kommt in der Praxis aber relativ selten vor.

Die **Umsatzsteuerzahllast** ist laut Gesetz jeweils bis spätestens zum 10. des Folgemonats an das Finanzamt zu bezahlen. Das heißt, dass die Zahllast von Januar bis zum 10. Februar überwiesen werden muss, die Zahllast vom Februar bis spätestens zum 10. März und so weiter. Nur zum Geschäftsjahresschluss – in der Regel Ende Dezember – muss anders verfahren werden, da zum Ende des Geschäftsjahres das Schlussbilanzkonto bzw. die Schlussbilanz erstellt wird.

Passivierung einer Umsatzsteuerzahllast

Am Ende des letzten Monats eines Geschäftsjahres, meistens im Dezember, müssen das Schlussbilanzkonto und die Schlussbilanz aufgestellt werden. Da die Umsatzsteuerzahllast erst im nächsten Monat bezahlt wird, muss sie in der Schlussbilanz erfasst werden. Da sie eine Schuld (Verbindlichkeit!) gegenüber dem Finanzamt ist, erscheint sie wie die anderen Verbindlichkeiten auf der Passivseite der Schlussbilanz – daher der Begriff „Passivierung der Zahllast“. Man geht wie folgt vor:

Ablaufschema: Passivierung der Zahllast

1. Schritt: Das Konto „Vorsteuer“ über das Konto „Umsatzsteuer“ abschließen:

Soll	Vorsteuer		Haben
❶ Verb. a. LL.	190,00	Umsatzsteuer	1.000,00
❷ Verb. a. LL.	152,00		
❸ Kasse	38,00		
❹ Bank	572,50		
❺ Verb. a. LL.	47,50		
	1.000,00		1.000,00

Soll	Umsatzsteuer		Haben
Vorsteuer	1.000,00	❶ Ford. a. LL.	380,00
		❷ Bank	76,00
		❸ Ford. a. LL.	655,00
		❹ Ford. a. LL.	209,00
		❺ Ford. a. LL.	180,00
			1.500,00

Buchungssatz:

Konten	Soll	Haben
Umsatzsteuer	1.000,00 €	
an Vorsteuer		1.000,00 €

2. Schritt: Das Konto „Umsatzsteuer" muss abgeschlossen werden:

Der Saldo von 500,00 €, der sich im Konto „Umsatzsteuer" ergibt, wird erst im nächsten Monat an das Finanzamt überwiesen. Vorher müssen zum Ende des Geschäftsjahres das Schlussbilanzkonto und die Schlussbilanz aufgestellt werden. Daher wird der Saldo mit der Bezeichnung „SBK" versehen und dort gebucht.

Soll		Umsatzsteuer	Haben
Vorsteuer	1.000,00	❶ Ford. a. LL.	380,00
SBK	**500,00**	❷ Bank	76,00
		❸ Ford. a. LL.	655,00
		❹ Ford. a. LL.	209,00
		❺ Ford. a. LL.	180,00
	1.500,00		1.500,00

Die Gegenbuchung findet entsprechend im Schlussbilanzkonto statt:

Soll	Mediaworld e. K. Schlussbilanzkonto zum 31.12.20..		Haben
Grundstücke	120.000,00	Eigenkapital	380.000,00
Gebäude	290.000,00	Darlehen	278.000,00
Fuhrpark	28.000,00	Verbindlichkeiten a. LL.	77.000,00
Betriebs- und Geschäftsausstattung	32.000,00	**Umsatzsteuer**	**500,00**
Warenbestand	165.000,00		
Forderungen a. LL.	45.500,00		
Kasse	5.500,00		
Bank	49.500,00		
	735.500,00		735.500,00

Buchungssatz:

Konten	Soll	Haben
Umsatzsteuer	500,00 €	
an Schlussbilanzkonto		500,00 €

Da das Schlussbilanzkonto und die Schlussbilanz vom Inhalt her identisch sind (Kapitel 2.4 in diesem Lernfeld), steht die Umsatzsteuerzahllast auch in der Schlussbilanz, und zwar auf der rechten Seite, der Passivseite:

Aktiva	Mediaworld e. K. Schlussbilanz zum 31.12.20..		Passiva
Grundstücke	120.000,00	Eigenkapital	380.000,00
Gebäude	290.000,00	Darlehen	278.000,00
Fuhrpark	28.000,00	Verbindlichkeiten a. LL.	77.000,00
Betriebs- und Geschäftsausstattung	32.000,00	**Umsatzsteuer**	**500,00**
Warenbestand	165.000,00		
Forderungen a. LL.	45.500,00		
Kasse	5.500,00		
Bank	49.500,00		
	735.500,00		735.500,00

Aktivierung eines Vorsteuerüberhanges

Es kann passieren, dass mehr Vorsteuer bezahlt wurde, als an Umsatzsteuer wieder hereingekommen ist. Da in diesem Fall das Umsatzsteuerkonto das „kleinere" Konto ist, muss dieses zuerst abgeschlossen werden. Dadurch entsteht ein Saldo auf dem Vorsteuerkonto, der zum Geschäftsjahresschluss in die Schlussbilanz übernommen werden muss.

Da die Vorsteuer eine Forderung gegenüber dem Finanzamt ist, erscheint sie auf der Aktivseite der Bilanz – wie die anderen Forderungen eines Unternehmens auch. Man nennt diesen Vorgang „Aktivierung eines Vorsteuerüberhanges". Folgender Ablauf zeigt das Verfahren.

Ablaufschema: Aktivierung eines Vorsteuerüberhanges

1. Schritt: Das Konto „Umsatzsteuer" wird über das Konto „Vorsteuer" abgeschlossen:

Soll	Vorsteuer		Haben
❶ Verb. a. LL.	570,00	Umsatzsteuer	1.000,00
❷ Verb. a. LL.	456,00		
❸ Kasse	19,00		
❹ Bank	480,00		
❺ Verb. a. LL.	475,00		
	2.000,00		

Soll	Umsatzsteuer		Haben
Vorsteuer	1.000,00	❶ Ford. a. LL.	198,00
		❷ Bank	76,00
		❸ Ford. a. LL.	380,00
		❹ Ford. a. LL.	195,00
		❺ Ford. a. LL.	151,00
	1.000,00		1.000,00

Buchungssatz:

Konten	Soll	Haben
Umsatzsteuer	1.000,00 €	
an Vorsteuer		1.000,00 €

2. Schritt: Das Konto „Vorsteuer" muss abgeschlossen werden:

Soll	Vorsteuer		Haben
❶ Verb. a. LL.	570,00	Umsatzsteuer	1.000,00
❷ Verb. a. LL.	456,00	SBK	1.000,00
❸ Kasse	19,00		
❹ Bank	480,00		
❺ Verb. a. LL.	475,00		
	2.000,00		2.000,00

Der Saldo von 1.000,00 €, der sich im Konto „Vorsteuer" ergibt, muss zum Geschäftsjahresschluss in das Schlussbilanzkonto gebucht werden. Daher wird der Saldo hier mit der Bezeichnung „SBK" versehen.

Die Gegenbuchung findet entsprechend im Schlussbilanzkonto statt:

Soll	Mediaworld e. K. Schlussbilanzkonto zum 31.12.20..		Haben
Grundstücke	120.000,00	Eigenkapital	380.000,00
Gebäude	290.000,00	Darlehen	278.000,00
Fuhrpark	28.000,00	Verbindlichkeiten a. LL.	78.000,00
Betriebs- und Geschäftsausstattung	32.000,00		
Warenbestand	165.000,00		
Forderungen a. LL.	45.000,00		
Vorsteuer	1.000,00		
Kasse	5.500,00		
Bank	49.500,00		
	736.000,00		736.000,00

Buchungssatz:

Konten	Soll	Haben
Schlussbilanzkonto	1.000,00 €	
an Vorsteuer		1.000,00 €

Schlussbilanz und Schlussbilanzkonto sind inhaltlich gleich, daher steht die Vorsteuer auf der Aktivseite der Schlussbilanz.

Aufgaben

Aufgaben zur Wiederholung

1. Entscheiden Sie, ob die folgenden Aussagen richtig oder falsch sind. Wenn eine Aussage falsch ist, korrigieren Sie diese so, dass sie richtig wird.

   a) Das Konto „Vorsteuer" ist ein Aktivkonto.

   b) Das Konto „Umsatzsteuer" ist ein Ertragskonto.

   c) Die Umsatzsteuer fällt nur bei Wareneinkäufen an.

   d) Beim Kauf von Anlagegütern (z. B. einem neuen Büroschreibtisch) fällt Vorsteuer an.

   e) Die Vorsteuer ist eine Forderung gegenüber dem Finanzamt.

   f) Wenn man die Konten „Vorsteuer" und „Umsatzsteuer" abschließen will, fängt man mit dem Konto an, das die kleinere Kontensumme aufweist.

   g) Der Saldo des Kontos „Umsatzsteuer" zeigt die Zahllast und wird in der Regel an das Finanzamt überwiesen.

   h) Die Umsatzsteuerzahllast muss bis zum 15. des Folgemonats an das Finanzamt überwiesen werden.

   i) Ein Vorsteuerüberhang wird stets passiviert.

   j) Am Ende des Geschäftsjahres wird eine Umsatzsteuerzahllast passiviert.

2. a) Schließen Sie die Konten „Vorsteuer" und „Umsatzsteuer" ab. Bilden Sie den Buchungssatz zum Kontenabschluss. Die Zahllast soll an das Finanzamt überwiesen werden. Bilden Sie auch hier den Buchungssatz.

Soll	Vorsteuer	Haben
Saldo 15.340,00		

Soll	Umsatzsteuer	Haben
		Saldo 18.784,00

   b) Schließen Sie die Konten „Vorsteuer" und „Umsatzsteuer" ab. Bilden Sie den Buchungssatz zum Kontenabschluss. Aktivieren Sie den Vorsteuerüberhang. Bilden Sie auch hier den Buchungssatz.

Soll	Vorsteuer	Haben
Saldo 32.290,00		

Soll	Umsatzsteuer	Haben
		Saldo 28.980,00

   c) Schließen Sie die Konten „Vorsteuer" und „Umsatzsteuer" ab. Bilden Sie den Buchungssatz zum Kontenabschluss. Passivieren Sie die Umsatzsteuerzahllast. Bilden Sie auch hier den Buchungssatz.

Soll	Vorsteuer	Haben
Saldo 23.325,00		

Soll	Umsatzsteuer	Haben
		Saldo 31.899,00

3. Es liegen die folgenden Anfangsbestände und Geschäftsfälle vor:

- BGA 13.000,00 €
- Forderungen a. LL. 4.500,00 €
- Bank 7.300,00 €

- Eigenkapital 15.200,00 €
- Verbindlichkeiten a. LL. 9.600,00 €

1. Warenverkauf gegen Bankscheck, 2.800,00 € netto + 19 % USt
2. Einkauf von Büromaterial auf Ziel, 130,00 € netto + 19 % USt
3. Bezahlung einer Lieferantenverbindlichkeit per Banküberweisung, 4.100,00 €
4. Kauf eines neuen Bürodrehstuhls auf Rechnung, 320,00 € netto + 19 % USt
5. Warenverkauf auf Ziel, 900,00 € netto + 19 % USt

a) Stellen Sie das Eröffnungsbilanzkonto auf.

b) Bilden Sie die Bestandskonten mit ihren Anfangsbeständen.

c) Bilden Sie die Buchungssätze zu den fünf Geschäftsfällen.

d) Buchen Sie die Buchungssätze in den Bestands- und Erfolgskonten.

e) Schließen Sie die Erfolgskonten über das GuV-Konto ab.

f) Schließen Sie das GuV-Konto über das Eigenkapitalkonto ab.

g) Schließen Sie die Bestandskonten ab und stellen Sie das Schlussbilanzkonto auf.

4. Gegeben ist das folgende Eröffnungsbilanzkonto:

Soll	Eröffnungsbilanzkonto zum 01.01.20..		Haben
Eigenkapital	246.100,00	Fuhrpark	280.000,00
Darlehen	190.000,00	BGA	132.000,00
Verbindlichkeiten a. LL.	50.000,00	Forderungen a. LL.	47.500,00
		Bank	26.600,00
	486.100,00		486.100,00

a) Bilden Sie aus dem Eröffnungsbilanzkonto die Bestandskonten.

b) Bilden Sie die Buchungssätze zu den folgenden Geschäftsfällen:

1. Es wird ein neuer Firmen-Pkw angeschafft: Nettowert 28.000,00 €, 19 % USt 5.320,00 €, Rechnungsbetrag der Eingangsrechnung 33.320,00 €.
2. Eine Liefererschuld von 1.200,00 € wird per Bankscheck bezahlt.
3. Warenverkauf auf Ziel: Nettowert 2.500,00 €, 19 % USt 475,00 €, Rechnungsbetrag 2.975,00 €
4. Die Mieteinnahmen für die vermietete Lagerfläche werden auf dem Bankkonto gutgeschrieben, 900,00 €.
5. Es wird eine neue Computeranlage für das Büro gekauft: Nettowert 3.000,00 €, 19 % USt 570,00 €, Rechnungsbetrag der Eingangsrechnung 3.570,00 €.
6. Wareneinkauf auf Ziel: Nettowert 1.000,00 €, 19 % USt 190,00 €, Bruttobetrag der Eingangsrechnung 1.190,00 €

c) Buchen Sie die Buchungssätze in den Bestandskonten und den erforderlichen Erfolgskonten. ➡

d) Schließen Sie zuerst die Erfolgskonten ab.

e) Schließen Sie das GuV-Konto ab.

f) Schließen Sie die Bestandskonten einschließlich der Konten „Vorsteuer“ und „Umsatzsteuer“ ab.

g) Stellen Sie das Schlussbilanzkonto auf. Ein Vorsteuerüberhang ist zu aktivieren, eine Umsatzsteuerzahllast ist zu passivieren.

5. Gesamtaufgabe zum Thema

a) Eröffnen Sie die folgenden Konten mit den angegebenen Anfangsbeständen:
Grundstücke und Gebäude (940.000,00), Fuhrpark (56.000,00 €), BGA (76.700,00 €), Warenbestand (123.300,00 €), Forderungen a. LL. (32.200,00 €), Bank (19.000,00 €), Kasse (7.800,00 €), Eigenkapital (?), Darlehen (320.000,00 €), Verbindlichkeiten a. LL. (86.500,00 €), Wareneingang, Fremdinstandsetzung, Löhne, Büromaterial, Umsatzerlöse für Waren, Mieterträge, Zinserträge

b) Bilden Sie die Buchungssätze zu den folgenden Geschäftsfällen:

1.	Reparatur am Firmen-Pkw, Barzahlung netto	800,00 €
	+ 19 % Umsatzsteuer	...
2.	Kauf eines neuen Lkw auf Ziel, Nettowert	45.000,00 €
	+ 19 % Umsatzsteuer	...
3.	Warenverkauf auf Ziel, Rechnungsbetrag netto ...	7.900,00 €
	+ 19 % Umsatzsteuer	...
4.	Kauf einer Regalwand für das Büro per Bankscheck, Nettowert	590,00 €
	+ 19 % Umsatzsteuer	...
5.	Warenverkauf gegen Barzahlung, Nettoumsatz ...	500,00 €
	+ 19 % Umsatzsteuer	...
6.	Auszahlung der Löhne (Banküberweisung)	4.600,00 €
7.	Wareneinkauf auf Ziel, Nettowert	3.100,00 €
	+ 19 % Umsatzsteuer	...
8.	Die Miete für vermietete Büroräume wird überwiesen	2.300,00 €
9.	Aufnahme eines Darlehens, Gutschrift auf dem Bankkonto	10.000,00 €
10.	Zinsen werden auf dem Bankkonto gutgeschrieben ..	150,00 €

c) Buchen Sie die Buchungssätze in den Konten.

d) Schließen Sie die Erfolgskonten ab.

e) Schließen Sie das GuV-Konto ab.

f) Schließen Sie alle Bestandskonten über das Konto „SBK“ ab, passivieren Sie dabei die Umsatzsteuerzahllast bzw. aktivieren Sie den Vorsteuerüberhang.

4 Ordnung halten: Organisation der Buchführung

4.1 Grundbuch und Hauptbuch

Das ist geschehen

Bastian Lenz sitzt in der Abteilung Buchhaltung/Zahlungsverkehr der Mediaworld e. K. Er hat Mittagspause und macht seine Hausaufgaben für den morgigen Berufsschultag. Er schreibt sich Buchungssätze zu einzelnen Geschäftsfällen auf. Als der Buchhalter Florian Peek den Raum betritt, denkt Bastian gerade laut vor sich hin: *„Mann, so einen Buchungssatz hatte ich doch schon einmal. Wenn ich nur wüsste, wo ich das aufgeschrieben und gebucht habe."* Florian Peek lacht: *„Wenn ich mal eine Buchung nicht wiederfinden würde, hätte ich ein echtes Problem!"* Bastian schaut auf: *„Wo schreiben Sie denn Ihre Buchungssätze hin, Herr Peek?"* Dieser zeigt auf den Computer. *„Die schreibe ich mit dem Computer, und wenn ich etwas nachlesen will, kann ich dort nachsehen oder es mir ausdrucken lassen."* Bastian ist begeistert: *„Zeigen Sie mal!"*

Grundbuch September 20..

Buch.-datum	Beleg-Nr.	Text	Buchungssatz	Soll	Haben
15.09.	AR 922	Warenverkauf an H. Lamprecht e. K.	Forderungen an Umsatzsteuer an Umsatzerlöse für Waren	1.190,00	 190,00 1.000,00
15.09.	ER 719	Zieleinkauf bei Müller & Schneider OHG	Aufwendungen für Waren Vorsteuer an Verbindlichkeiten	800,00 152,00	 952,00
16.09.	BA 106	Bezahlung ER 719 abzgl. Skonto	Verbindlichkeiten an Bank	932,96	 932,96

Das ist zu tun

1. Beschreiben Sie, was im Computerbildschirm angezeigt wird.
2. Grenzen Sie das Grundbuch (siehe Computerbildschirm) vom Hauptbuch ab: Was sind die wesentlichen Unterschiede?

Das sollte man wissen

Grundbuch und Hauptbuch

Man spricht bei den Büchern der Buchführung tatsächlich noch von Büchern, in der Realität werden die Eintragungen, die bei der Durchführung der Buchhaltung gemacht werden, nicht mehr in Büchern, sondern in den PC eingegeben. Über Computerausdrucke kann man sich jederzeit die einzelnen Seiten ansehen, die geschrieben wurden, und in der Summe alle Seiten tatsächlich wie ein Buch behandeln. In der Buchhaltung wird unterschieden zwischen dem Grundbuch und dem Hauptbuch, daneben gibt es noch das Kontokorrentbuch.

Das Grundbuch

Im Grundbuch werden vereinfacht ausgedrückt die Buchungssätze eingetragen. Dabei geht man etwas gründlicher vor, als es bisher in diesem Schulbuch gezeigt wurde. Neben dem eigentlichen Buchungssatz werden noch weitere Eintragungen vorgenommen, darunter die Belegnummer, der Geschäftsfall und vor allem wird der Tag vermerkt, an dem der Buchungssatz eingetragen wurde.

Im Grundbuch werden die Eintragungen chronologisch vorgenommen, also nach dem Buchungsdatum. Die Geschäftsfälle, die zuerst im Geschäftsjahr angefallen sind, werden zuerst gebucht, die Geschäftsfälle, die später geschehen sind, werden danach eingetragen.

Beispiel

Grundbuch Januar 20..					
Buchungstag	Beleg-Nr.	Geschäftsfall	Buchungssatz	Soll	Haben
01.01.20..	BA 01	Mieter Kringel zahlt Mietzins	Bank an Mieterträge	250,00	 250,00
02.01.20..	ER 32	Zieleinkauf bei der Multitask GmbH	Aufwendungen für Waren Vorsteuer an Verbindlichkeiten	300,00 57,00	 357,00

Die Belegnummer zeigt an, welcher Beleg mit einer Buchung verknüpft ist. Dabei kann es sich um eine Eingangsrechnung (ER), eine Ausgangsrechnung (AR) oder vielleicht einen Bankauszug (BA) handeln. Da alle Belege aufzubewahren sind, ist es möglich, zu jeder Buchung den entsprechenden Beleg herauszusuchen. Auf den Belegen selbst befindet sich eine Notiz, die anzeigt, wann der Beleg gebucht wurde. Somit ist gewährleistet, dass man auch mithilfe des Beleges die Eintragung im Grundbuch findet (zur Belegbuchung → Kapitel 4.3 in diesem Lernfeld).

Merke:

- Im Grundbuch werden die einzelnen Geschäftsfälle und Buchungssätze chronologisch geordnet aufgelistet.
- Im Hauptbuch sind die einzelnen T-Konten mit den entsprechenden Buchungen der Buchungssätze aus dem Grundbuch aufgeführt.

Das Hauptbuch

Im Hauptbuch werden die einzelnen Buchungen eingetragen, die im Grundbuch vermerkt sind. Hier wird aber nicht nach der zeitlichen Reihenfolge gebucht, sondern nach Konten. Alle benutzten Konten sind im Hauptbuch vermerkt. Die Buchungen werden hier eingetragen, dabei wird das Gegenkonto aufgeführt und natürlich der Betrag, der gebucht wurde. Die Grundlage der Buchungen sind die Buchungssätze, die im Grundbuch zu finden sind.

Beispiel

Soll	Bank		Haben
EBK	35.000,00		
Mieterträge	250,00		

Soll	Mieterträge		Haben
		Bank	250,00

Aufgaben

Aufgaben zur Wiederholung

1. Erstellen Sie ein Grundbuch für den Monat Februar 20.. wie im obigen Beispiel. Tragen Sie die folgenden Geschäftsfälle im Grundbuch ein.

1. Am 2. Februar werden Waren auf Ziel eingekauft, Nettowert 1.500,00 € (+ 19 % USt), Beleg: ER 45.
2. Am 5. Februar trifft die Eingangsrechnung Nr. 46 eines Dachdeckers ein, der Reparaturen am Dach durchgeführt hat, Rechnungsbetrag inklusive Umsatzsteuer: 238,00 €.
3. Warenverkauf auf Ziel am 6. Februar des Jahres, die AR-Nr. 78 zeigt einen Nettowert von 3.400,00 € (+ 19 % USt).
4. Am 12. Februar werden 500,00 € vom Bankkonto bar abgehoben, Beleg: BA 09.
5. Am 16. Februar wird die fällige Miete von 1.235,00 € für angemietete Lagerräume per Banküberweisung bezahlt, BA 10.
6. Ebenfalls auf dem 10. Bankkontoauszug ist die Bezahlung einer Liefererrechnung am 16. Februar von 2.700,00 € eingetragen.
7. Barkauf von Büromaterial am 23. Februar, Quittung QT Nr. 32, Bruttowert: 119,00 € inklusive 19 % USt.
8. Am 24. Februar bezahlt ein Kunde eine offene Rechnung per Banküberweisung, BA 12, Rechnungsbetrag: 1.200,00 €.
9. Verkauf von Waren im Nettowert von 500,00 € auf Ziel (+ 19 % USt) am 25. Februar, AR Nr. 79
10. Zahlung von Löhnen am 27. Februar per Banküberweisung, 15.000,00 €, BA 13.

2. Aus dem Hauptbuch der Mediaworld e. K. liegen die beiden Konten „Forderungen a. LL." und „Verbindlichkeiten a. LL." vor.

a) Erläutern Sie anhand der Eintragungen, welche Geschäftsfälle mit den einzelnen Buchungen verknüpft sind.

b) Stellen Sie die Buchungssätze zu diesen Geschäftsfällen auf.

Soll	Forderungen a. LL.		Haben
EBK	20.670,00	❷ Bank	12.500,00
❶ USt, UE	9.520,00	❸ Kasse	400,00
		SBK	17.290,00
	30.190,00		30.190,00

Soll	Verbindlichkeiten a. LL.		Haben
❺ Bank	17.200,00	EBK	34.900,00
SBK	74.344,00	❹ Fuhrpark, Vorsteuer	53.550,00
		❻ WE, VSt	3.094,00
	91.544,00		91.544,00

4.2 Kontenrahmen und Kontenplan

Das ist geschehen

Da Bastian Lenz mittlerweile die Buchführung ganz gut im Griff hat, soll er in der Mediaworld e. K. auch Buchungen durchführen. Dazu schaut er sich zunächst einmal an, wie Florian Peek am Computer die Buchungen vornimmt. Er ist erstaunt, als er sieht, dass dieser nur Zahlen eingibt, aber keine Kontenbezeichnungen wie „Fuhrpark" oder „Bank".

Das ist zu tun

Helfen Sie Bastian, das Zahlengewirr aufzuschlüsseln.

1. Schlagen Sie im Kontenrahmen (im Anhang des Buches) nach, welche Konten in den beiden Buchungssätzen angesprochen sind.
2. Nach welchen Kriterien ist der Kontenrahmen gegliedert? Erstellen Sie sich eine kleine Übersicht, die Ihnen hilft, die Kontennummern schnell zuzuordnen (siehe Hinweis im Informationstext).
3. Listen Sie die Vorteile auf, die die Benutzung des Kontenrahmens mit sich bringt.
4. Erläutern Sie mit eigenen Worten den Unterschied zwischen dem Kontenrahmen und einem Kontenplan.

Das sollte man wissen

Kontenrahmen und Kontenplan

Da es viele Konten in der Buchführung gibt, ist es sinnvoll, diese Konten zu ordnen, um eine gewisse Übersichtlichkeit zu erreichen. Diese Ordnung geschieht mit dem sogenannten Kontenrahmen. Ein **Kontenrahmen** ist ein Schema zur Gliederung von Konten der Buchhaltung. Im Anhang des Buches ist der Schulkontenrahmen abgedruckt, er zeigt, was mit „Ordnung" gemeint ist:

- Die Konten werden unterteilt in zehn Klassen: Kontenklasse 0 bis Kontenklasse 9.
- Die Konten sind zunächst einmal grob sortiert, wie man sie in der Buchführung benötigt: Zuerst die Konten aus der Bilanz, die Aktiva und die Passiva, es folgen die Konten aus der GuV-Rechnung, die Erträge und die Aufwendungen. Eine

Kontenklasse ist für die Abschlusskonten vorgesehen und eine für die Kosten- und Leistungsrechnung (Letztere ist nicht Gegenstand dieses Buches!).

- Die Kontenklassen sind der Reihe nach belegt, in die Kontenklasse 0 gehören die Sachanlagen, in Kontenklasse 1 die Finanzanlagen und so weiter (siehe Arbeitsauftrag 2 der Eingangssituation).
- Die weitere Aufschlüsselung zeigt wieder eine Ordnung nach 10er-Gruppen, dies nennt man auch dekadische Ordnung: Jede Kontenklasse hat zehn Kontengruppen, jede Kontengruppe hat zehn Kontenarten. Man kann sogar noch weiter unterteilen in Kontenunterarten, wenn es notwendig erscheint.

Das folgende Beispiel zeigt am Konto „Bezugskosten (für bezogene Waren)“, wie einer Kontobezeichnung eine Ziffernfolge mithilfe des Kontenrahmens zugeordnet ist:

Konto: **Bezugskosten (für den Wareneingang)**

Kontennummer:

6061

Kontenklasse: 6	Kontengruppe: 0	Kontenart: 6	Kontenunterart: 1
Betriebliche Aufwendungen	Aufwendungen für Roh-, Hilfs- und Betriebsstoffe und bezogene Waren	Wareneingang	Bezugskosten

Der Kontenrahmen sorgt dafür, dass eine feste Systematik bei der Benennung, Bezifferung und Benutzung von Konten gegeben ist. In diesem Buch wird ein **Schulkontenrahmen** benutzt, der nicht speziell an eine Branche angelehnt, sondern allgemein gehalten ist.

Die **Benutzung des Kontenrahmens** hat viele Vorteile:

- Wenn eine neue Buchhalterin oder ein neuer Buchhalter die Buchführung eines Betriebes übernimmt, benötigt er wenig Einarbeitungszeit, da die Kontenbenutzung fest vorgegeben ist und man sich schnell hineindenken kann.
- Die Benutzung der immer gleichen Kontenbezeichnungen und der Ziffernfolgen hilft, Vergleiche zwischen verschiedenen Jahren anzustellen, da die Daten aus vergangenen Jahren auf der gleichen Basis entstanden sind wie die aktuellen Daten der Buchführung.
- Unternehmen einer Branche benutzen den gleichen Kontenrahmen. Dies macht Vergleiche einfacher.
- Unternehmensfremde wie Steuerberaterbüros oder die Finanzprüfung haben es einfacher, sich in die Buchführung eines Unternehmens hineinzudenken, wenn der benutzte Kontenrahmen bekannt ist.

Allerdings hat ein Kontenrahmen auch Nachteile, insbesondere fällt die hohe Anzahl von Konten auf, die im Kontenrahmen genannt wird – dies ist selbst beim reduzierten Schulkontenrahmen der Fall. Daher nutzen Unternehmen nicht den ganzen Kontenrahmen, sondern erstellen sich auf Basis der Konten, die sie wirklich benötigen, einen Kontenplan. In diesem **Kontenplan** werden nur die Konten aufgenommen, die für die Buchung der Geschäftsfälle eines Unternehmens notwendig sind, alle anderen Konten werden weggelassen. Ein Kontenplan ist also ein abgespeckter Kontenrahmen. Der Kontenplan der Mediaworld e. K. passt sogar auf eine Seite:

Kontenplan Mediaworld e. K.

0500 Unbebaute Grundstücke
0510 Bebaute Grundstücke
0700 Technische Anlagen und Maschinen
0840 Fuhrpark
0860 Betriebs- und Geschäftsausstattung
0890 Geringwertige Wirtschaftsgüter

2280 Handelswaren
2400 Forderungen a LL
2600 Vorsteuer
2800 Bank
2880 Kasse

3000 Eigenkapital
3001 Privat
3900 Sonstige Rückstellungen

4250 Darlehen
4400 Verbindlichkeiten a LL.
4800 Umsatzsteuer
4830 Sonstige Verbindl. ggü. Finanzbehörden
4840 Verbindlichkeiten ggü. SV-Trägern
4850 Verbindlichkeiten ggü. Mitarbeitenden
4860 Verbindlichkeiten aus vL

5100 Umsatzerlöse für Waren
5101 Erlösberichtigungen (Waren)
5400 Mieterträge
5410 Provisionserträge
5710 Zinserträge

6040 Verpackungsmaterial
6050 Aufwendungen für Energie
6060 Aufwendungen für Waren (Wareneingang)
6061 Bezugskosten
6062 Nachlässe
6140 Frachten und Fremdlager
6150 Provisionsaufwendungen
6160 Fremdinstandhaltung
6200 Löhne
6300 Gehälter
6400 Arbeitgeberanteil zur Sozialversicherung
6520 Abschreibungen auf Sachanlagen
6700 Mieten/Pachten
6710 Leasing
6800 Büromaterial
6820 Post, Telekommunikation
6900 Versicherungsbeiträge

7000 Gewerbesteuer
7020 Grundsteuer
7030 Kfz-Steuer
7090 sonstige betriebliche Steuern
7510 Zinsaufwendungen

8000 Eröffnungsbilanzkonto
8010 Schlussbilanzkonto
8020 GuV-Konto

Aufgaben

Aufgaben zur Wiederholung

1. Finden Sie für die folgenden Konten anhand des Kontenrahmens die Kontennummern heraus:

1. Bank
2. Eigenkapital
3. Mieterträge
4. Wareneingang
5. Geschäftsausstattung
6. Löhne
7. Büromaterial
8. Forderungen a. LL.
9. Darlehen
10. Vorsteuer
11. Kasse
12. Verbindlichkeiten a. LL.
13. Gehälter
14. Provisionserträge
15. Umsatzsteuer
16. Fuhrpark
17. Postgebühren/Telefon
18. Zinserträge
19. Bebaute Grundstücke
20. Zinsaufwendungen

2. Bilden Sie die Buchungssätze zu den folgenden Geschäftsfällen. Benutzen Sie statt der Kontenbezeichnung die entsprechende Kontennummer!

1. Warenverkauf auf Ziel, netto .... 3.250,00 €
   + 19 % Umsatzsteuer .... 617,50 €
2. Anschaffung eines neuen Firmen-Pkw, Zahlung mit Bankscheck, Wert inklusive Umsatzsteuer .... 23.800,00 €
3. Lohnzahlung durch Banküberweisung .... 18.470,00 €
   und durch Barauszahlung .... 2.530,00 €
4. Abhebung vom Bankkonto für die Geschäftskasse ... 370,00 €
5. Zieleinkauf von Handelswaren, Nettowert .... 4.100,00 €
   + 19 % Umsatzsteuer .... 779,00 €
6. Überweisung der Gehälter .... 7.980,00 €
7. Bezahlung einer Lieferantenrechnung per Überweisung .... 770,00 €
8. Barzahlung für Postwertzeichen .... 50,00 €
9. Rückzahlung eines Darlehens per Banküberweisung .. 12.000,00 €
10. Bezahlung von Darlehenszinsen per Bankabbuchung .. 546,00 €

3. Finden Sie mithilfe des Kontenrahmens heraus, welche Buchungssätze gebucht wurden:

Nr.	Buchungssatz	Betrag
1.	2800 an 2400	1.230,00 €
2.	6810 an 2880	20,00 €
3.	2800 an 5400	420,00 €
4.	7000 an 2800	3.490,00 €
5.	6060 2600 an 4400	3.000,00 € 570,00 € 3.570,00 €

4.3 Buchung von Belegen und Belegorganisation

Das ist geschehen

In der Buchhaltung der Mediaworld e. K. liegt der folgende Beleg vor:

MULTI TASK GmbH
Computerzubehör

Florentinastraße 67
33102 Paderborn

Multitask GmbH, Florentinastr. 67, 33102 Paderborn

Telefon: 05251 89110-0
Telefax: 05251 89110-11
E-Mail: multitask@wvd.de
www.multitask-wvd.de

Mediaworld e. K.
Krefelder Straße 92
47226 Duisburg

Ihr Zeichen	Unser Zeichen	Telefon, Name	Datum
	VK-Till	05251 89110-09, Tillmann	13.02.20..

Rechnung Nr. 34/02

Sehr geehrte Damen und Herren,
für unsere Lieferung vom 10.02.20.. stellen wir Ihnen in Rechnung:

Art.-Nr.:	Menge	Preis	Rabatt	Gesamtpreis (€)
56 000	80	68,00	15 %	4.624,00
57 000	100	39,00	15 %	3.315,00
		Rechnungsbetrag netto:		7.939,00
		+ 19 % Umsatzsteuer		1.508,41
		Rechnungsbetrag brutto:		**9.447,41**

Ihre Zahlungsbedingungen:
40 Tage Zahlungsziel,
3 % Skonto bei Bezahlung innerhalb von 15 Tagen.

Wir bedanken uns für Ihre Bestellung.

Mit freundlichen Grüßen

Multitask GmbH

i. V.

Tillmann

Tillmann

Bastian Lenz erhält den Auftrag, den Beleg zu buchen. Dazu setzt er sich gleich an den Computer, um den Buchungssatz einzugeben. „*Halt, halt!*“, ruft der Buchhalter Florian Peek, „*Du musst den Beleg erst vorkontieren!*“ Bastian ist irritiert: „*Vorkontieren, was ist das denn?*“

Helfen Sie Bastian bei der Bearbeitung des Beleges:

Das ist zu tun

1. Begründen Sie, welche Art von Beleg hier vorliegt.
2. Kontieren Sie den Beleg vor.
3. Beschreiben Sie, was mit dem vorkontierten Beleg passieren wird.

Buchung von Belegen und Belegorganisation

Das sollte man wissen

Jeder Buchungssatz muss belegt werden. Einen Buchungssatz „auf Zuruf" aufzustellen, ist nicht erlaubt. Daher existiert für jede Buchung ein Beleg, der auch aufbewahrt werden muss. Nur so ist es möglich, die Buchführung eines Unternehmens auch zu überprüfen – etwa wenn Fehler gesucht werden oder wenn eine Prüfung durch das Finanzamt erfolgt.

Die meisten Belege, die für die Buchhaltung benötigt werden, ergeben sich aus dem alltäglichen Geschäftsbetrieb. Rechnungen werden geschrieben und Rechnungen treffen ein; Kontoauszüge werden von der Bank geholt oder eine Quittung muss ausgestellt werden.

Die Belege werden in die folgenden **Belegarten** eingeteilt:

- **Eigenbelege:** Diese Belege werden im eigenen Unternehmen erstellt. Dazu gehören Ausgangsrechnungen, selbst erstellte Quittungen und andere.
- **Fremdbelege:** Diese Belege werden von fremden Unternehmen erstellt. Hierzu gehören Eingangsrechnungen, Bankkontoauszüge, Quittungen von anderen Unternehmen/Kaufleuten/Handwerkern usw.

Zu jedem Beleg wird eine Buchung durchgeführt. Die Buchungssätze werden in das Grundbuch eingetragen, hier ist auch die Nummer des Beleges vermerkt, der sich hinter einem Buchungssatz verbirgt. Auf dem Beleg selbst wird vermerkt, welcher Buchungssatz zu dem Beleg gehört, diese Eintragung nennt man **Vorkontierung.** Sie wird in einem sogenannten **Kontierungsstempel** eingetragen. Ein Kontierungsstempel sieht wie folgt aus:

Konto	Soll	Haben
Gebucht:		

Liegt ein Beleg vor, wird er mit dem Kontierungsstempel versehen, auf dem der Buchungssatz eingetragen wird. Im Beispiel auf der nächsten Seite wird die Rechnung der Firma Multitask GmbH bezahlt, es liegt der Kontoauszug vor, der die Bezahlung anzeigt.

Beispiel

Deutsche Bank Duisburg **Kontoauszug Nr. 19** **vom 09.03.20..** **Blatt 1**

		Soll	Haben
	Alter Kontostand in EUR:		22.690,87
Wert	Buchungstext	Umsätze	
08.03.	**Rechnung Nr. 34/07 Multitask GmbH**	9.447,41	
	Ihr neuer Kontostand in EUR:		**13.243,46**

Konto	Soll	Haben
4400	9.447,41	
2800		9.447,41

Gebucht: Peek, 09.03.20..

Moritz Wagner
Mediaworld e. K.
Krefelder Straße 92
47226 Duisburg

Kontonummer: 123 456 789
Bankleitzahl: 350 700 30
BIC: DEUTDEDE350
IBAN: DE05 3507 0030 0123 4567 89

Im Buchungssatz werden die Konten „Verbindlichkeiten aus Lieferungen und Leistungen“ (4400) und „Bank“ (2800) benötigt.

Buchungsbelege werden gemäß § 257 HGB zehn Jahre lang aufbewahrt. Damit ist gewährleistet, dass die Buchhaltung abgeschlossener Geschäftsjahre noch lange Zeit nachvollziehbar und überprüfbar ist.

Aufgaben

Aufgaben zur Wiederholung

1. Entscheiden Sie bei den folgenden Belegen, ob es sich um Eigenbelege oder um Fremdbelege handelt.
2. Beschreiben Sie anhand der Belege, „was passiert ist“, also welche Geschäftsfälle zu den Belegen gehören.
3. Bilden Sie die Buchungssätze zu den einzelnen Belegen.

Beleg Nr. 1:

Ferdinand Bröhler
Computerzubehör

F. Bröhler GmbH, Rotdornstr. 126, 47269 Duisburg

Mediaworld e. K.
Krefelder Straße 92
47226 Duisburg

Rotdornstraße 126
47269 Duisburg
Tel.: 02065 989898
Fax: 02065 989899

E-Mail: broehler@wvd.de
www.broehler-wvd.de

Kunden-Nr.: 297 430	**Datum:** 17.02.20..	**Blatt:** 1

Artikelbezeichnung	Menge	Einzelpreis	Gesamtbetrag
BB 4679 Blu Ray Brenner 12x	50 Stück	59,00	2.950,00

Warenwert netto in €	USt in %	USt in €	Rechnungsbetrag in €
2.950,00	19	560,50	3.510,50

- Zahlbar innerhalb von 10 Tagen mit 3 % Skonto
- oder innerhalb von 30 Tagen ohne Abzug

Beleg Nr. 2:

Deutsche Bank Duisburg **Kontoauszug Nr.** 21 vom 14.03.20.. Blatt 1

Wert	Buchungstext	Soll	Haben
	Alter Kontostand in EUR:		13.481,63
		Umsätze	
13.03.	Rechnung Nr. 27/03 vom 01.03.20.. Kurt Wächter e. K.		4.234,00
13.03.	Rechnung Nr. 182, Mammuth GmbH	2.745,12	
	Ihr neuer Kontostand in EUR:		14.970,51

Moritz Wagner
Mediaworld e. K.
Krefelder Straße 92
47226 Duisburg

Kontonummer: 123 456 789
Bankleitzahl: 350 700 30
BIC: DEUTDEDE350
IBAN: DE05 3507 0030 0123 4567 89

Beleg Nr. 3:

Sanitärinstallationen Egon Flanders

Egon Flanders
Gaußstraße 17, 47236 Duisburg
Tel.: 02065 87556
Fax: 02065 87557

Deutsche Bank Duisburg
BIC: DEUTDEDE350
IBAN: DE84 3507 0030 0008 8384 21

USt-IdNr. DE 123 457 899

E. Flanders, Gaußstr. 17, 47236 Duisburg

Mediaworld e. K.
Krefelder Straße 92
47226 Duisburg

Rechnung

Ihr Auftrag vom:	Kunden-Nr.:	Rechnung-Nr.:	Datum:
02.03.20..	12 456	AR 54	10.03.20..

Leistung:		Betrag in €:
4,0	Facharbeiterstunden für Instandsetzungen am 04.03.20..	120,00
	Material	370,00
	Zwischensumme	490,00
	+ 19 % USt	93,10
	Gesamtbetrag	**583,10**

Zahlbar sofort ohne Abzug

Beleg Nr. 4:

Quittung

Netto EUR	129,70
+ 19 %USt./EUR	20,71
Gesamt EUR	

Nr. 17

EUR in Worten einhundertneunundzwanzig — Cent wie oben

von Peter Lämmert, Meerbuschweg 34, Duisburg

für Drucker „Saltero“, Tastatur „Speedy“

dankend erhalten.

Ort/Datum Duisburg, 09.03.20..

Mediaworld e. K. Bastian Lenz

Buchungsvermerke — Stempel/Unterschrift des Empfängers

Zweckform Quittung

Beleg Nr. 5.

Mediaworld/e. K.

Mediaworld e. K., Krefelder Straße 92, 47226 Duisburg

Krefelder Straße 92
47226 Duisburg
Tel.: 02065 99977-0
Fax: 02065 99977-7

E-Mail: mediaworld@wvd.de
www.mediaworld-wvd.de

Firma
Kurt Wächter e. K.
Hauptmannweg 23
44147 Dortmund

Rechnungs-/Lieferdatum:
05.03.20..

Rechnung Nr. 34/03

25	Stück	H 1002 Autoradio „Vision" zu je 89,00 €, gesamt:	2.225,00 €
30	Stück	H 1005 Surroundsystem „Feeling" zu je 129,00 €, gesamt:	3.870,00 €
		Zwischensumme	6.095,00 €
		abzgl. Rabatt: 10 %	609,50 €
		Gesamtbetrag netto	5.485,50 €
		Umsatzsteuer (19 %)	1.042,25 €
		Rechnungsbetrag:	**6.527,75 €**

Mit freundlichen Grüßen

Mediaworld e. K.

Beleg Nr. 6:

CARWASH-Tankstelle
H. FENN
KREFELDER STRASSE 156
47226 Duisburg
USt-IdNr.: DE 988 654 871

SÄULE-NR.: 7
Datum: 09.03.20..

Diesel

Menge 39,000 1
Literpreis EUR 0,990

**** **EUR 38,61**

enthaltene
MwSt. 19 % EUR 6,16
Betrag netto: EUR 32,45

VIELEN DANK UND GUTE FAHRT!

Beleg Nr. 7:

BÜRO-INPUT GMBH

Schafstraße 88 · 50933 Köln
Tel.: 0221 6300910 • Fax: 0221 6300920

Büro-Input GmbH • Schafstraße 88 • 50933 Köln

Mediaworld e. K.
Krefelder Straße 92
47226 Duisburg

Kunden-Nr.: 20 344

Rechn.-Nr.: 471-05

Datum: 20.02.20..

RECHNUNG

Pos.	Art.-Nr.	Artikelbezeichnung	Menge	Einzelpreis €	Gesamtpreis €
1	15 098	Kopierpapier 500 Blatt	200	3,90	780,00

Waren wert	Ver- packung	Fracht	Zwischen- summe	USt-Satz	USt in €	Gesamtbetrag in €
780,00	---	20,00	800,00	19 %	152,00	952,00

Zahlungsbedingungen: Zahlungsziel: 40 Tage
Skonto: 2 % innerhalb von 10 Tagen

5 Erfassung des Wertverlustes: Abschreibung auf Sachanlagen

5.1 Lineare Abschreibung

Das ist geschehen

Wieder einmal geht ein Geschäftsjahr in der Mediaworld e. K. zu Ende. Der Auszubildende Bastian Lenz arbeitet in der Abteilung Buchhaltung/Zahlungsverkehr mit, um die umfangreichen Inventur- und Buchhaltungsaufgaben am Jahresende zu bewältigen.

Dabei fällt ihm der folgende Beleg in die Hände:

Mobil GmbH
Lkw- und Pkw-Handel

Alle Marken
Alle Modelle

Mobil GmbH, Angelstraße 10, 47668 Duisburg

Mediaworld e. K.
Krefelder Straße 92
47226 Duisburg

Angelstraße 10
47668 Duisburg
Tel.: 0203 4118761
Fax: 0203 4118762
Mobil: 0164 2202202

E-Mail: info@mobil-wvd.de
www.mobil-wvd.de

Auftragsnummer:	00507
Kundennummer:	3272
Datum:	03.01.20..

Rechnung

Amtl. Kennzeichen	Typ/Modell	Fahrzeug-Identnummer	Zulassungstag	Annahmetag	km-Stand
DU-MW 444	NAM T6-SD	44FA053238	03.01.20..	03.01.20..	8

Wir danken Ihnen für Ihre Bestellung und berechnen Ihnen das am 03.01.20.. gelieferte Fahrzeug zu den vereinbarten Verkaufsbedingungen.

1	Lkw	NAM T6-SD	63.722,50 €
	Zulassungsgebühren		277,50 €
			64.000,00 €
	zzgl. 19 % USt		12.160,00 €
			76.160,00 €

Zahlbar innerhalb von 30 Tagen nach Rechnungseingang ohne Abzug.

Mit freundlichen Grüßen

Alois Meier

Alois Meier

USt IdNr.: 987 844 954
Erfüllungsort und Gerichtsstand: Duisburg
HRB 31299 Amtsgericht Duisburg
Geschäftsführer: Alois Meier

Bankverbindung:
Sparkasse Duisburg
BIC: DUISDE33 • IBAN: DE70 3505 0000 0098 1114 55

Bastian kommt ins Grübeln: *„Herr Peek"*, fragt er den Buchhalter, *„der Lkw ist doch jetzt schon ein Jahr alt, der ist doch keine 64.000,00 € mehr wert, oder?"* *„Nein, natürlich nicht"*, antwortet dieser, *„du musst den Lkw abschreiben!"*

Das ist zu tun

1. Erläutern Sie die Anweisung von Florian Peek an Bastian, dass dieser „den Lkw abschreiben" soll.
2. Ermitteln Sie die Anschaffungskosten für den Lkw.
3. Wie lange ist die Nutzungsdauer des Lkw?
4. Berechnen Sie den Abschreibungssatz für den angeschafften Lkw.
5. Ermitteln Sie den Abschreibungsbetrag für das erste Jahr.
6. Wie lautet der Buchungssatz zur Buchung der Abschreibung im ersten Jahr?
7. Stellen Sie einen Abschreibungsplan für den Lkw über die gesamte Nutzungsdauer auf.

Das sollte man wissen

Lineare Abschreibung

Die Bilanz eines Unternehmens weist auf der Aktivseite das Anlagevermögen aus. Hier sind die sogenannten Sachanlagen erfasst, wie Betriebs- und Geschäftsausstattung, Fuhrpark, Maschinen, Werkzeuge und andere. Diese Güter verbleiben im Gegensatz zum Umlaufvermögen lange im Unternehmen. Der Wert dieser Güter sinkt aber mit der Zeit; dies kann man sich am Beispiel „Automobil" verdeutlichen: Schon ein Jahr nach der Anschaffung eines Neuwagens ist dieser längst nicht mehr so viel wert wie zu dem Zeitpunkt, als der Wagen vom Händler geliefert wurde. Der Wertverlust, der im Zeitablauf eintritt, hat viele Gründe.

Gründe für den Wertverlust von Anlagegütern

Die Güter, die im Anlagevermögen in der Bilanz aufgeführt sind, verbleiben für längere Zeit im Unternehmen. Der Wert dieser Güter sinkt allerdings im Laufe der Jahre. Dies muss in der Bilanz erfasst werden, die Bilanzwerte der Anlagegüter müssen im Zeitablauf Jahr für Jahr sinken.

Beim Kauf von Gütern werden diese mit den Kosten, die bei der Anschaffung entstanden sind, in der Bilanz erfasst. Zu diesen **Anschaffungskosten** gehören nicht nur der Kaufpreis des Anlagegutes, sondern auch eventuell auftretende Nebenkosten. Die Umsatzsteuer darf aber nicht in die Anschaffungskosten einbezogen werden, ebenso müssen Rabatt und Skonto vom Anschaffungspreis abgezogen werden.

Berechnung der Anschaffungskosten von Anlagegütern	
	Anschaffungspreis ohne Umsatzsteuer
+	weitere Anschaffungskosten wie Transportkosten, Zulassungsgebühren, Installations- und Montagekosten, Provisionsaufwendungen, Anwalts- oder Notarkosten
-	Rabatte, Skonto
=	Anschaffungskosten

Beispiel

Anschaffungskosten beim Kauf einer Computeranlage		
	Anschaffungspreis für einen neuen PC	1.650,00 €
+	Installation PC und Verbindung mit dem Netzwerk	150,00 €
-	Inanspruchnahme von 2 % Skonto	36,00 €
=	Anschaffungskosten	1.764,00 €

Von den Anschaffungskosten wird jährlich ein bestimmter Betrag abgezogen, der den Wertverlust des Gutes erfasst. Dieser abgezogene Betrag wird **Abschreibung** genannt.

Irgendwann wird das Anlagegut nicht mehr im Betrieb benötigt, da es technisch überholt oder abgenutzt ist. Zu diesem Zeitpunkt sollte das Anlagegut komplett abgeschrieben sein, das heißt, der Wert sollte auf 0,00 € gesunken sein. Die Nutzungsdauer von Anlagegütern ist vereinheitlicht, sodass für alle Unternehmen der gleiche Zeitraum für die Abschreibung von Anlagegütern gilt. Wie lang die Nutzungsdauer ist, wird in der sogenannten AfA-Tabelle festgeschrieben.

Auszug aus der AfA-Tabelle (2018)

Anlagegut	Nutzungsdauer (Abschreibungsdauer)
Anhänger	11 Jahre
Bildschirme	3 Jahre
Bohrmaschinen	8 Jahre
Büromöbel	13 Jahre
CD-Player	7 Jahre
Computer (PC)	3 Jahre
Drucker	3 Jahre
Faxgeräte	6 Jahre
Handy	5 Jahre
Laptop, Notebook	3 Jahre
Lkw	9 Jahre
Personenkraftwagen	6 Jahre
Verkaufstheken	10 Jahre

Fortsetzung des Beispiels

Für den angeschafften PC gilt eine Nutzungsdauer von drei Jahren. Dies bedeutet, dass die Anschaffungskosten von 1.764,00 € in einem Zeitraum von drei Jahren vollständig abgeschrieben werden dürfen.

Für die Ermittlung des jährlichen **Abschreibungsbetrages** nutzt man die folgende Formel:

$$\text{jährlicher Abschreibungsbetrag} = \frac{\text{Anschaffungskosten}}{\text{Nutzungsdauer}}$$

Fortsetzung des Beispiels

Die Nutzungsdauer der Computeranlage beträgt drei Jahre. Die Anschaffungskosten betragen 3.234,00 €.

$$\text{jährlicher Abschreibungsbetrag} = \frac{\text{Anschaffungskosten}}{\text{Nutzungsdauer}} = \frac{1.764,00\ €}{3} = 588,00\ €$$

Da jedes Jahr der gleiche Abschreibungsbetrag als Wertverlust angesetzt wird, spricht man hier von der **linearen Abschreibung**.
Kennt man den jährlichen Abschreibungsbetrag, kann ein Abschreibungsplan aufgestellt werden, in dem der Wertverlust des Anlagegutes pro Jahr erfasst wird.

Fortsetzung des Beispiels

Abschreibungsplan „PC-Anlage“		
Jahr	**Wert des Anlagegutes zu Beginn des Geschäftsjahres**	**Jährlicher Abschreibungsbetrag**
1	1.764,00 €	588,00 €
2	1.176,00 €	588,00 €
3	588,00 €	588,00 €
4	0,00 €	–

Im obigen Beispiel sinkt der Wert der Computeranlage von Jahr zu Jahr um den Abschreibungsbetrag. In jedem Jahr ist die Anlage mit weniger Euro in der Bilanz erfasst, nach drei Jahren ist der Wert der Computeranlage auf 0,00 € gesunken. Wird sie aber noch weiter im Unternehmen genutzt, muss sie auch weiter im Inventar und der Bilanz des Unternehmens geführt werden. Dann setzt man den Wert auf 1,00 € an; dieser Wert hat symbolischen Charakter und wird „Erinnerungswert“ genannt. Entsprechend wird im letzten Jahr 1,00 € weniger abgeschrieben als zuvor.

Die Abschreibung von Anlagegütern muss auch buchhalterisch erfasst werden. Sie wird auf dem Konto „Abschreibungen auf Sachanlagen“, einem Aufwandskonto gebucht. Die Gegenbuchung erfolgt im jeweiligen Bestandskonto.

Fortsetzung des Beispiels

Geschäftsfall:

Die erworbene Computeranlage soll im ersten Jahr linear abgeschrieben werden. Die jährliche Abschreibung beträgt 588,00 €.

Buchungssatz:

Konten	Soll	Haben
Abschreibungen auf Sachanlagen	588,00 €	
an Betriebs- und Geschäftsausstattung		588,00 €

Erläuterung:
Aufwendungen werden immer im Soll gebucht.
Minderungen im Aktivkonto werden im Haben gebucht.

Soll	6520 Abschr. auf Sachanlagen		Haben
BGA	588,00		

Soll	0860 BGA		Haben
EBK	50.000,00	AS auf SA	588,00
Verbindl.	1.764,00		

Merke:

Die Abkürzungen in den Konten bedeuten:

- SA = Sachanlagen
- AS = Abschreibungen

Der Abschluss der beiden Konten verdeutlicht die Auswirkung der Abschreibung:

Kontenabschluss „Abschreibungen auf Sachanlagen"

Buchungssatz:

Konten	Soll	Haben
GuV	588,00 €	
an Abschreibungen auf Sachanlagen		588,00 €

Erläuterung:
Das Konto „Abschreibungen auf Sachanlagen" ist ein Aufwandskonto und wird über das Konto GuV abgeschlossen. Der Aufwand der Abschreibung vermindert das Eigenkapital des Unternehmens.

Buchung in den Konten:

Soll	6520 Abschr. auf Sachanlagen		Haben
BGA	588,00	GuV	588,00

Soll	8020 GuV		Haben
AS auf SA	588,00		

Kontenabschluss „BGA"

Buchungssatz:

Konten	Soll	Haben
SBK	51.176,00 €	
an BGA		51.176,00 €

Erläuterung:
Die Buchung auf der Haben-Seite im Konto „BGA" bewirkt, dass der Gesamtwert des Eröffnungsbilanzkontos von 50.000,00 € Anfangsbestand plus 1.764,00 € für den PC um die Abschreibung vermindert wird (die Abschreibung auf die restliche BGA wird hier vereinfachend nicht betrachtet).

Aufgaben

Aufgaben zur Wiederholung

1. In der Mediaworld e. K. wird für das Büro von Moritz Wagner ein auf Maß angefertigter Büroschrank angeschafft. Vom Anschaffungspreis netto (1.950,00 €) kann die Mediaworld e. K. als langjähriger Kunde 5 % Sofortrabatt abziehen. Der Schrank wird kostenpflichtig angeliefert (Transportkosten: 85,00 €), der Aufbau des Schrankes im Büro wird noch einmal mit 17,00 € in Rechnung gestellt. Der Skontoanspruch von 2 % wird ausgenutzt. Ermitteln Sie die Anschaffungskosten für den Büroschrank.

2. Ermitteln Sie anhand des folgenden Beleges die Anschaffungskosten für das gelieferte Anlagegut, wenn Skonto in Anspruch genommen wird.

BÜRO-INPUT GMBH
Schafstraße 88 • 50933 Köln
Tel.: 0221 6300910 • Fax: 0221 6300920

Büro-Input GmbH • Schafstraße 88 • 50933 Köln

Mediaworld e. K.
Krefelder Straße 92
47226 Duisburg

Kunden-Nr.: 20 344
Rechn.-Nr.: 711-05
Datum: 12.09.20..

RECHNUNG

Pos.	Art.-Nr.	Artikelbezeichnung	Menge	Einzelpreis €	Gesamtpreis €
1	9912	Aktenschrank	1	890,00	890,00

Waren wert	Ver-packung	Fracht	Zwischen-summe	USt-Satz	USt in €	Gesamtbetrag in €
890,00	---	40,00	930,00	19 %	176,70	**1.106,70**

Zahlungsbedingungen: Zahlungsziel: 40 Tage
Skonto: 2 % innerhalb von 10 Tagen

3. Die Mediaworld e. K. kauft einen neuen Pkw für die Auslieferung von Kleinteilen an Kunden in der Region. Die Anschaffungskosten betragen insgesamt 17.700,00 €. Der Pkw soll linear über die Nutzungsdauer abgeschrieben werden.

   a) Berechnen Sie den Abschreibungsbetrag im ersten Jahr.

   b) Stellen Sie den Abschreibungsplan für die gesamte Nutzungsdauer auf. Am Ende der Nutzungsdauer soll der Pkw vollständig abgeschrieben sein.

4. In der Mediaworld e. K. wird eine neue Verkaufstheke für den Verkaufsshop gekauft. Die Anschaffungskosten betragen 2.630,00 €.

   a) Stellen Sie den Abschreibungsplan bei einer linearen Abschreibung für die ersten fünf Jahre auf.

   b) Wie lautet der Buchungssatz zur Abschreibung der Verkaufstheke am Ende des ersten Nutzungsjahres?

5. a) Bilden Sie die Buchungssätze zu den folgenden Geschäftsfällen:

1. Für das Büro wird ein neuer PC auf Ziel angeschafft, Nettowert: 1.900,00 € (+ 19 % Umsatzsteuer).
2. Kauf eines neuen Büroschreibtisches auf Ziel, Rechnungsbetrag brutto: 1.785,00 € (inklusive Umsatzsteuer).
3. Kauf einer Verkaufstheke auf Ziel, vom Anschaffungspreis von 1.500,00 € netto (+ 19 % Umsatzsteuer) können 5 % Sofortrabatt in Anspruch genommen werden.

b) Gegeben sind die folgenden Konten mit Anfangsbeständen:

1. BGA (Anfangsbestand: 92.000,00 €)
2. Verbindlichkeiten (Anfangsbestand: 24.000,00 €)
3. Abschreibungen auf Sachanlagen
4. Vorsteuer

Buchen Sie die Buchungssätze aus Aufgabenteil a) in den vorgegebenen Konten.

c) Bilden Sie die Buchungssätze zur linearen Abschreibung der Anlagegüter und buchen Sie die Abschreibung in den Konten.

d) Schließen Sie die Konten „BGA" und „Abschreibungen auf Sachanlagen" ab.

6. Ergänzen Sie die folgenden unvollständigen Sätze, sodass wahre Aussagen zur linearen Abschreibung entstehen.

a) Bei der linearen Abschreibung wird jedes Jahr der __(1)__ Betrag abgeschrieben.

b) Bei der Berechnung der Anschaffungskosten wird die Umsatzsteuer __(2)__ mit berücksichtigt; die Kosten der Inbetriebnahme __(3)__ aber zu den Anschaffungskosten.

c) Mit der Abschreibung wird der __(4)__ eines Anlagegutes erfasst. Dieser entsteht durch den Nutzungsverschleiß, den __(5)__ Verschleiß oder durch den technischen __(6)__.

d) Das Konto „Abschreibungen auf Sachanlagen" ist ein __(7)__.

e) Das Konto „Abschreibungen auf Sachanlagen" wird über das __(8)__ abgeschlossen.

5.2 Besonderheiten bei der Abschreibung auf Sachanlagen

Das ist geschehen

Das ist zu tun

1. Um welche Besonderheiten handelt es sich bei den gezeigten Beispielen? Ordnen Sie die drei Fälle den im Informationstext aufgeführten Besonderheiten zu.
2. Wie ist in den drei Fällen zu verfahren? Beantworten Sie die von Bastian Lenz gestellten Fragen.

Das sollte man wissen

Besonderheiten bei der Abschreibung auf Sachanlagen

Bei der Abschreibung auf Sachanlagen müssen einige Sonderfälle beachtet werden, die sich aus dem Steuerrecht ergeben. Hierbei handelt es sich um Regelungen, die getroffen wurden, um eine Vereinheitlichung zu schaffen, die aber auch zu Vereinfachungen führen und das Ermitteln des zulässigen Abschreibungssatzes bzw. -betrages erleichtern. Es handelt sich um die folgenden drei Fälle:

1. **Beachtung des Kaufzeitpunktes für die Ermittlung der Abschreibung**
2. **Sofortaufwand**
3. **Geringwertige Wirtschaftsgüter**

zu 1. Beachtung des Kaufzeitpunktes für die Ermittlung der Abschreibung

Wenn der Anschaffungszeitpunkt eines Anlagegutes keine Rolle für die Abschreibung spielen würde, könnte dies zum Beispiel dazu führen, dass ein Anlagegut erst im Dezember gekauft wird, im ersten Jahr aber schon der volle Abschreibungsbetrag angesetzt wird, obwohl das Gut erst einen Monat alt ist. Daher ergibt sich für **bewegliche Anlagegüter** die folgende Regel:

Im Anschaffungsjahr wird ein bewegliches Anlagegut anteilig abgeschrieben. Es zählt der Zeitraum von der Anschaffung bis zum Jahresende. Es wird monatsgenau abgeschrieben.

Beispiel

Kauf eines PC, Anschaffungskosten 1.800,00 €

Kaufdatum: 27. Mai 20..	Kaufdatum: 19. September 20..
Abschreibungsbetrag im ersten Jahr:	Abschreibungsbetrag im ersten Jahr:
$\frac{1.800,00\,€}{3} = 600,00\,€$	$\frac{1.800,00\,€}{3} = 600,00\,€$
von Mai bis Dezember = 8 Monate	von September bis Dezember = 4 Monate
$\frac{600,00\,€ \cdot 8}{12} = 400,00\,€$	$\frac{600,00\,€ \cdot 4}{12} = 200,00\,€$

zu 2. Sofortaufwand

Einige Anlagegüter haben einen so geringen Wert, dass es sich nicht lohnt, sie über viele Jahre hinweg abzuschreiben: Der Aufwand dieser Abschreibung wäre viel zu hoch. Daher gilt die folgende Vereinfachung:

Wenn die Anschaffungskosten eines Anlagegutes bis zu 250,00 € betragen, muss das Anlagegut gleich gewinnmindernd als Aufwand gebucht werden.

Beispiel

Kauf einer neuen Schreibtischlampe auf Ziel, Anschaffungskosten: 37,00 € netto

Buchungssatz:

Konten	Soll	Haben
Büromaterial	37,00 €	
Vorsteuer	7,03 €	
an Verbindlichkeiten a. LL.		44,03 €

zu 3. Geringwertige Wirtschaftsgüter

Liegt der Wert eines beweglichen Anlagegutes über 250,00 €, aber maximal 800,00 €, wird es zusammen mit allen anderen Anlagegütern, die in diesem Jahr unter diesen Bedingungen gekauft werden, auf dem Konto „GWG" gebucht.

Soll	Geringwertige Wirtschaftsgüter	Haben

Hierbei handelt es sich um ein Aktivkonto. Alle Anschaffungen, die in einem Jahr hier gebucht werden, werden am Ende des Geschäftsjahres komplett abgeschrieben.

Beispiel

Geschäftsfälle im Jahr 2020:

1. Barkauf eines Faxgerätes, Nettopreis 300,00 € zuzüglich 19 % USt (57,00 €)
2. Barkauf eines Schreibtisches, Nettopreis 800,00 € zuzüglich 19 % USt (152,00 €)
3. Zielkauf eines Notebooks, Nettopreis 500,00 €, zuzüglich 19 % USt (95,00 €)

Buchungssätze:

Konten	Soll	Haben
1. Geringwertige Wirtschaftsgüter	300,00 €	
Vorsteuer..	57,00 €	
an Kasse		357,00 €
2. Geringwertige Wirtschaftsgüter	800,00 €	
Vorsteuer..	152,00 €	
an Kasse		952,00 €
3. Geringwertige Wirtschaftsgüter	500,00 €	
Vorsteuer	95,00 €	
an Verbindlichkeiten a. LL.		585,00 €

Buchungen im Konto „Geringwertige Wirtschaftsgüter"

Soll	Geringwertige Wirtschaftsgüter	Haben
❶ Kasse	300,00	
❷ Kasse	800,00	
❸ Verbindlichkeiten a. LL.	500,00	

Am Jahresende werden diese geringwertigen Wirtschaftsgüter wie erläutert komplett abgeschrieben:

Buchungssatz:

Konten	Soll	Haben
Abschreibungen auf Sachanlagen	1.600,00 €	
an Geringwertige Wirtschaftsgüter		1.600,00 €

Der Betrag von 1.600,00 € ergibt sich als Summe der drei GWGs, die gekauft wurden.

Die Buchung im Konto und der Kontenabschluss zeigen die Erfassung des Wertverlustes der geringwertigen Wirtschaftsgüter. Nach Geschäftsjahresende sind die geringwertigen Wirtschaftsgüter komplett abgeschrieben.

Fortsetzung des Beispiels

Soll		Geringwertige Wirtschaftsgüter	Haben
❶ Kasse	300,00	Abschreibungen auf Sachanlagen	1.600,00
❷ Kasse	800,00	SBK	0,00
❸ Verbindlichkeiten a. LL.	500,00		
	1.600,00		1.600,00

Aufgaben

Aufgaben zur Wiederholung

1. Ermitteln Sie die Abschreibungsbeträge des jeweiligen Anschaffungsjahres bei einer linearen Abschreibung der folgenden Anlagegüter. Nutzen Sie dazu die AfA-Tabelle aus Kapitel 5.1, Seite 561.

Fall	Anlagegut	Kaufdatum	Anschaffungskosten
a)	Drucker	12.05.20..	1.050,00 €
b)	Anhänger	19.09.20..	25.300,00 €
c)	Büroschrank	17.03.20..	3.600,00 €
d)	Verkaufstheke	21.10.20..	14.700,00 €
e)	Notebook	13.12.20..	2.100,00 €

2. Bilden Sie zu den folgenden Geschäftsfällen die Buchungssätze:
   1. Zielkauf eines Bürostuhles, Anschaffungskosten: 285,00 € + 19 % Umsatzsteuer
   2. Zum Jahresende wird ein im September angeschaffter Pkw (Anschaffungskosten: 25.000,00 €) linear abgeschrieben.
   3. Barkauf eines Lochers zum Bruttopreis von 17,85 € (inklusive 19 % Umsatzsteuer)
   4. Anschaffung eines neuen Faxgerätes bar, Nettopreis: 89,00 € + 19 % Umsatzsteuer
   5. Barkauf eines Ablagesystems für den Schreibtisch, Nettopreis 24,00 € + 19 % Umsatzsteuer
   6. Kauf eines Navigationsgeräts für die Außendienstmitarbeiterin bzw. den Außendienstmitarbeiter bar, Nettopreis: 289,00 € + 19 % Umsatzsteuer
   7. Kauf eines Anhängers auf Ziel am 12.10.20.., Anschaffungskosten netto: 9.800,00 €
   8. Am Jahresende soll der Anhänger erstmalig und linear abgeschrieben werden.
   9. Abschreibung am Jahresende auf dem Konto „GWG“.

3. Geben Sie an, ob die folgenden Aussagen richtig oder falsch sind. Korrigieren Sie im zweiten Schritt die falschen Aussagen.

1. Wenn ein Anlagegut über vier Jahre abgeschrieben wird, werden jedes Jahr 25 % der Anschaffungskosten abgeschrieben.
2. Lineare Abschreibung bedeutet, dass jedes Jahr der gleiche Abschreibungsbetrag genommen wird.
3. Der Abschreibungsbetrag der linearen Abschreibung ergibt sich, indem man die Nutzungsdauer durch die Anschaffungskosten teilt.
4. Wird ein Anlagegut im Juni eines Jahres gekauft, kann nur der halbe Abschreibungsbetrag für dieses Jahr angesetzt werden.
5. Bewegliche Anlagegüter, die zwischen 250,00 € und 800,00 € Anschaffungskosten haben, sind geringwertige Wirtschaftsgüter.
6. Bei den Anschaffungskosten werden Rabatte und Skonto nicht berücksichtigt, wohl aber die Umsatzsteuer.
7. Das Konto „Abschreibungen auf Sachanlagen" ist ein Aufwandskonto und wird über das Schlussbilanzkonto abgeschlossen.
8. Bewegliche Anlagegüter, deren Anschaffungskosten unter 250,00 € liegen, werden als Sofortaufwand gebucht.

4. Gegeben ist der folgende Kontenplan:

Nr.	Konten	Soll	Haben
0510	Bebaute Grundstücke	425.000,00 €	
0840	Fuhrpark	98.500,00 €	
0850	BGA	76.000,00 €	
0890	GWG	–	
2400	Forderungen a. LL.	19.400,00 €	
2600	Vorsteuer	–	
2800	Bank	27.100,00 €	
2880	Kasse	13.000,00 €	
3000	Eigenkapital		?
4250	Darlehen		295.500,00 €
4400	Verbindlichkeiten a. LL.		44.500,00 €
5100	Umsatzerlöse für Waren		
6060	Aufwendungen für Waren.............		
6520	Abschreibungen auf Sachanlagen		
6800	Büromaterial		

a) Stellen Sie das Eröffnungsbilanzkonto auf.

b) Bilden Sie die Buchungssätze zu den folgenden Geschäftsfällen:
   1. Zielkauf eines neuen Firmen-Pkw am 13.07. des Jahres, Anschaffungskosten: 24.300,00 € + 19 % Umsatzsteuer
   2. Anschaffung eines neuen Bürostuhls, Kaufpreis netto: 344,00 € + 19 % Umsatzsteuer
   3. Warenverkauf auf Ziel, Nettowert: 38.000,00 € + 19 % Umsatzsteuer
   4. Eine Liefererschuld wurde per Banküberweisung bezahlt, 2.900,00 €.
   5. Warenverkauf gegen Bankscheck netto (+ 19 % Umsatzsteuer), 1.250,00 €
   6. Barkauf einer Schreibtischlampe, Nettopreis 15,00 € + 19 % Umsatzsteuer
   7. Zielkauf eines PC am 14.09.2010, Anschaffungskosten: 1.300,00 € + 19 % Umsatzsteuer
   8. Ein Kunde bezahlte eine Rechnung mit Banküberweisung, 2.700,00 €.
   9. Kauf von Waren gegen Bankscheck, 1.450,00 € + 19 % Umsatzsteuer
   10. Der neu angeschaffte Firmen-Pkw (Geschäftsfall 1) wurde am Jahresende linear abgeschrieben.
   11. Der übrige Fuhrpark wurde mit 10.944,44 € abgeschrieben.
   12. Der neu angeschaffte PC (Geschäftsfall 7) wurde am Jahresende linear abgeschrieben.
   13. Die übrige BGA wurde mit 5.846,15 € abgeschrieben.
   14. Die geringwertigen Wirtschaftsgüter des Jahres wurden am Geschäftsjahresende komplett abgeschrieben.

c) Eröffnen Sie alle Konten des Kontenplanes mit den erforderlichen Anfangsbeständen.

d) Buchen Sie die Buchungssätze aus Aufgabenteil b) in den Konten.

e) Schließen Sie alle Konten ab und stellen Sie das SBK auf. Hierbei ist die Umsatzsteuerzahllast zu passivieren.

6 Einfache Buchungen zur Erfassung und Dokumentation von Warenströmen in Beschaffung und Absatz

6.1 Buchung von Bezugskosten bei der Beschaffung

Das ist geschehen

In der Abteilung Buchhaltung/Zahlungsverkehr liegt eine Rechnung der Firma Müller & Schneider OHG vor. Florian Peek, der Buchhalter der Mediaworld e. K., möchte, dass Bastian die Rechnung bucht.

Müller & Schneider OHG
Import und Export von Elektronikartikeln

Müller & Schneider OHG, 44623 Herne

Mediaworld e. K.
Krefelder Straße 92
47226 Duisburg

Am Wäldchen 45
44623 Herne

Telefon: 02323 93147
Telefax: 02323 93148

E-Mail: muellerschneider@wvd.de
www.muellerschneider-wvd.de

Rechnungsnummer: 109
Rechnungsdatum: 17.12.20..
Lieferdatum: 15.12.20..

Art.-Nr.	Menge	Gewicht in kg	Artikelbeschreibung	Einzelpreis in €	Rabatt in %	Gesamtpreis in €
TV 102	100 St.	850	Schnitzer T04	64,00	--	6.400,00
VR 090	200 St.	450	Surroundsystem „Feeling"	53,00	--	10.600,00
			Summe:			17.000,00
			Transportkosten gesamt:			390,00
			Transportversicherung:			340,00
			Rechnungsbetrag netto:			17.730,00
			+ 19 % USt:			3.368,70
			Rechnungsbetrag brutto:			**21.098,70**

Bastian antwortet: *„Kein Problem, einen Wareneingang buchen kann ich schon!"* *„Gut"*, sagt Florian Peek, *„denk aber bitte an die Bezugskosten!"* Bastian: *„Äh, Bezugskosten – sicher, ich denke dran!"*

Das ist zu tun

1. Ermitteln Sie den Warenwert (netto) für oben stehende Rechnung.
2. Ermitteln Sie die Umsatzsteuer, die alleine für diesen Warenwert gilt.
3. Stellen Sie den Buchungssatz auf, unter der Annahme, dass in dieser Rechnung keine Transportkosten anfallen würden.
4. Nutzen Sie die unten stehenden Informationen und geben Sie den Buchungssatz für die Buchung der Rechnung mit Bezugskosten an.

Buchung von Bezugskosten bei der Beschaffung

Das sollte man wissen

Wenn bei einem Wareneinkauf Bezugskosten anfallen, erhöht sich der Aufwand des Wareneinkaufes. Vereinfacht könnte man sagen: Der Wareneinkauf verteuert sich. Dieser Mehraufwand könnte eigentlich direkt auf dem Aufwandskonto, das für Wareneinkäufe benutzt wird, mit gebucht werden.

Diese Vorgehensweise hat allerdings einen entscheidenden Nachteil: Als Wareneingang wird nicht der tatsächliche Warenwert gebucht, sondern der Warenwert plus die Transportkosten. Bei dieser Vorgehensweise kann man nicht mehr ermitteln, was die Ware gekostet hat und wie hoch die Nebenkosten sind. Daher muss man die Bezugskosten von der Aufwandsbuchung des Wareneinganges trennen.

Warenwert | **Bezugskosten** | **Rechnungsbetrag**

Da Bezugskosten immer nur bei Wareneinkäufen anfallen, nutzt man für die Buchung ein Konto, das als Unterkonto des Kontos „Wareneingang“ anzusehen ist. Das Konto heißt „**Bezugskosten**“ und trägt die Kontennummer 6061 des Kontenrahmens. Es ist ein Aufwandskonto, deshalb werden die Bezugskosten immer auf der Soll-Seite des Kontos gebucht.

Das folgende Beispiel zeigt, wie man das Konto „6061 Bezugskosten“ bei der Buchung eines Wareneinkaufes mit berücksichtigt.

Beispiel

Bei einem Wareneinkauf auf Ziel von 9.000,00 € fallen Bezugskosten in Höhe von 1.000,00 € an. Zusätzlich wird die Umsatzsteuer mit 19 % in Rechnung gestellt (1.900,00 €). Der Rechnungsendbetrag brutto lautet auf 11.900,00 €.

Buchungssatz:

Konten	Soll	Haben
Wareneingang	9.000,00 €	
Bezugskosten	1.000,00 €	
Vorsteuer	1.900,00 €	
an Verbindlichkeiten a. LL.		11.900,00 €

Die Vorsteuer fällt für den Wareneingang und die Bezugskosten gleichzeitig an, bezieht sich also auf einen Betrag von 10.000,00 €.

Die Buchung in den Konten des Hauptbuches sieht wie folgt aus:

Soll	6060 Wareneingang	Haben
❶ Verb. a. LL.	9.000,00	

Soll	2600 Vorsteuer	Haben
❶ Verb. a. LL.	1.900,00	

Soll	6061 Bezugskosten	Haben
❶ Verb. a. LL.	1.000,00	

Soll	4400 Verbindlichkeiten a. LL.	Haben
	EBK	19.000,00
	❶ WE, BK, VSt	11.900,00

Das Konto „6061 Bezugskosten“ wird als Unterkonto des Kontos „6060 Wareneingang“ über dieses abgeschlossen. Es wird also nicht wie die anderen Aufwandskonten über das GuV-Konto abgeschlossen, vielmehr taucht der Saldo im Konto „6060 Wareneingang“ auf.

Bezogen auf das obige Beispiel wird beim Kontenabschluss wie folgt vorgegangen:

Soll		6061 Bezugskosten	Haben
❶ Verb. a. LL.	1.000,00		1.000,00
	1.000,00		1.000,00

1. Schritt:
Im Konto „Bezugskosten“ wird der Saldo ermittelt. Dieser erscheint im Haben.

Soll		6061 Bezugskosten	Haben
❶ Verb. a. LL.	1.000,00	Wareneingang	1.000,00
	1.000,00		1.000,00

2. Schritt:
Der Saldo auf der Haben-Seite wird mit dem Gegenkonto bezeichnet („Wareneingang“).

Soll		6061 Bezugskosten	Haben
❶ Verb. a. LL.	1.000,00	Wareneingang	1.000,00
	1.000,00		1.000,00

3. Schritt:
Der Buchungssatz zum Kontenabschluss lautet (Soll an Haben!):
Wareneingang 1.000,00 €
an Bezugskosten 1.000,00 €

Soll		6060 Wareneingang	Haben
❶ Verb. a. LL.	9.000,00		
Bezugskosten	1.000,00		

4. Schritt:
Im Konto „Wareneingang“ erscheint der Saldo der Bezugskosten auf der Soll-Seite. Dies liegt daran, dass die Bezugskosten die Aufwendungen für Waren erhöht haben. Man erkennt den Aufwand für Waren und für Bezugskosten.

Aufgaben

Aufgaben zur Wiederholung

1. Beurteilen Sie, ob die folgenden Aussagen richtig oder falsch sind. Korrigieren Sie die falschen Aussagen.
   a) Bezugskosten fallen immer beim Warenverkauf an.
   b) Das Konto „Bezugskosten“ trägt die Nummer 6060 des Kontenrahmens.
   c) Das Konto „Bezugskosten“ ist ein Ertragskonto.
   d) Das Konto „Bezugskosten“ ist ein Unterkonto des Kontos „Wareneinkauf“.
   e) Der Saldo des Kontos „Bezugskosten“ taucht beim Kontenabschluss im Konto „Wareneingang“ auf.

2. Bilden Sie die Buchungssätze zu den folgenden Geschäftsfällen:
   a) Wareneinkauf auf Rechnung, Nettowert .... 5.700,00 €
   + Verpackungskosten .... 89,00 €
   + Frachtkosten .... 190,00 €
   + 19 % Umsatzsteuer .... 1.136,01 €

b) Warenverkauf auf Ziel, Nettowert .... 3.400,00 €
+ 19 % Umsatzsteuer .... 646,00 €

c) Zahlung des Wochenlohnes für die Reinigungskraft.... 150,00 €

d) Die Warenanlieferung durch eine Spedition muss beim Fahrer bar bezahlt werden, Nettowert .... 132,00 €
+ 19 % Umsatzsteuer .... 25,08 €

e) Wareneinkauf auf Ziel, Nettowert .... 2.430,00 €
+ Frachtkosten .... 410,00 €
+ Transportversicherung .... 78,00 €
+ 19 % Umsatzsteuer .... 554,42 €

f) Bezahlung einer Lieferantenrechnung per Banküberweisung........ 7.390,00 €

g) Wareneinkauf auf Ziel, Nettowert .... 1.067,00 €
+ Transportkosten .... 29,00 €
+ 19 % Umsatzsteuer .... 208,24 €

3. a) Bilden Sie die Buchungssätze zu den folgenden Geschäftsfällen:

1. Wareneinkauf auf Ziel, Nettowert .... 2.300,00 €
   + 19 % Umsatzsteuer ....
2. Für die Warenanlieferung fallen Bezugskosten an, der Rechnungsbetrag der Speditionsrechnung beträgt netto .... 367,00 €
   + 19 % Umsatzsteuer ....
3. Warenverkauf auf Ziel, Nettowert .... 6.900,00 €
   + 19 % Umsatzsteuer ....
4. Wareneinkauf auf Ziel, Nettowert .... 890,00 €
   + Frachtkosten .... 93,50 €
   + Transportversicherung .... 22,30 €
   + 19 % Umsatzsteuer ....

b) Richten Sie die folgenden Konten ein: 2400, 2600, 4400, 4800, 6060, 6061, 5100.

c) Buchen Sie die Buchungssätze in den Konten.

d) Schließen Sie die Konten ab. Die Gegenbuchungen im GuV-Konto und im SBK müssen nicht vorgenommen werden.

6.2 Warenrücksendungen an Lieferbetriebe

Das ist geschehen

Peter Bäumer, der Lagerist der Mediaworld e. K., hat festgestellt, dass eines von zehn Fernsehgeräten, die letzte Woche geliefert wurden, defekt ist. Dies konnte er bei der Einlagerung der Geräte nicht feststellen, erst im Nachhinein wurde der Mangel sichtbar. Er bittet Sabine Hauser aus der Abteilung Einkauf, den Lieferbetrieb anzurufen und die Sache zu klären:

Das ist zu tun

1. Die Eingangsrechnung für die zehn Fernsehgeräte, die eine Woche zuvor geliefert wurden, ist schon gebucht worden. Nennen Sie den Buchungssatz, wenn ein Gerät netto 800,00 € gekostet hat und keine Rabatte, Bezugskosten oder Ähnliches angefallen sind.
2. Um wie viel Euro reduzieren sich die Verbindlichkeiten (Bruttowert!), wenn ein Fernsehgerät wieder zurückgeschickt wird?
3. Um wie viel Euro reduziert sich der Warenwert (netto), wenn ein Fernsehgerät wieder zurückgeschickt wird?
4. Um wie viel Euro reduziert sich die gebuchte Vorsteuer, wenn ein Fernsehgerät wieder zurückgeschickt wird?
5. Stellen Sie den Buchungssatz zur Rücksendung des einen Fernsehgerätes auf.

Warenrücksendungen an Lieferbetriebe

Das sollte man wissen

Eine Warenrücksendung zu buchen bedeutet, einen schon gebuchten Geschäftsfall wieder rückgängig zu machen. Wenn die komplette Ware zurückgeschickt wird, wird der ganze Buchungssatz zurückgenommen; muss nur ein Teil der Ware zurückgeschickt werden, werden die gebuchten Beträge für die Komplettlieferung um die Rücksendung reduziert.

Natürlich darf man nicht einfach den Buchungssatz rückgängig machen im Sinne von „ausradieren", löschen oder Ähnlichem. Vielmehr geschieht dies durch **Ausgleichsbuchungen**. Diese sorgen dafür, dass die ursprünglich gebuchten Werte in den Konten um die Rücksendung vermindert werden.

Beispiel

Geschäftsfall 1:

Wareneinkauf auf Ziel (23.800,00 € brutto), Nettowert 20.000,00 € zzgl. 19 % Umsatzsteuer (3.800,00 €).

Der Buchungssatz zum Wareneinkauf lautet:

Konten	Soll	Haben
Wareneingang	20.000,00 €	
Vorsteuer	3.800,00 €	
an Verbindlichkeiten a. LL.		23.800,00 €

Geschäftsfall 2:

Von dieser Warensendung sind Waren im Wert von 1.000,00 € an den Lieferbetriebzurückzuschicken.

Soll	6060 Wareneingang		Haben
❶ Verb. a. LL.	20.000,00	❷ Verb. a. LL.	1.000,00

Im Konto „6060 Wareneingang" wird die Ausgangsbuchung in Höhe von 20.000,00 € durch eine Buchung auf der anderen Seite (Haben-Seite) in Höhe der Rücksendung (1.000,00 €) vermindert.

Soll	2600 Vorsteuer		Haben
❶ Verb. a. LL.	3.800,00	❷ Verb. a. LL.	190,00

Die gebuchte Vorsteuer in Höhe von 3.800,00 € wird durch eine Buchung auf der anderen Seite (Haben-Seite) in Höhe der Vorsteuer für die Rücksendung (190,00 €) vermindert.

Soll	4400 Verbindlichkeiten a. LL.		Haben
❷ WE, VSt	1.190,00	❶ WE, VSt	23.800,00

Die gesamte Verbindlichkeit a. LL. in Höhe von 23.800,00 € reduziert sich durch die Rücksendung um **1.190,00 €.** Dieser Betrag erscheint auf der Soll-Seite des Kontos „4400 Verbindlichkeiten a. LL." (Minderung im Passivkonto!).

Der Buchungssatz zur Rücksendung lautet:

Konten	Soll	Haben
Verbindlichkeiten a. LL..	1.190,00 €	
an Wareneingang		1.000,00 €
an Vorsteuer		190,00 €

In den Konten sieht man, dass sich durch die Rücksendung der jeweils gebuchte Betrag des Wareneinkaufes um den Wert der zurückgeschickten Waren vermindert. Dies wird auch deutlich, wenn man die Konten abschließt. Zieht man rechnerisch die Rücksendung vom ursprünglichen Wareneinkauf ab, ergeben sich folgende Restbeträge:

Konto	Ausgangsbeträge	Abzüglich Rücksendung	Verbleibende Restbeträge
Wareneinkauf	20.000,00 €	1.000,00 €	19.000,00 €
Vorsteuer	3.800,00 €	190,00 €	3.610,00 €
Verbindlichkeiten a. LL.	23.800,00 €	1.190,00 €	22.610,00 €

Fortsetzung des Beispiels Kontenabschluss

Soll	6060 Wareneingang		Haben
❶ Verb. a. LL.	20.000,00	❷ Verb. a. LL.	1.000,00
		GuV	19.000,00
	20.000,00		20.000,00

Der Saldo ergibt die erwarteten **19.000,00 €,** die mit **GuV** gekennzeichnet sind, da die Gegenbuchung zum Kontenabschluss im GuV-Konto erfolgt.

Soll	2600 Vorsteuer		Haben
❶ Verb. a. LL.	3.800,00	❷ Verb. a. LL.	190,00
		USt	3.610,00
	3.800,00		3.800,00

Die verbleibende Vorsteuer in Höhe von **3.610,00 €** wird im Konto **Umsatzsteuer** gegengebucht – dies wird hier unterstellt, da es der Regelfall ist (→ Kapitel 3.5).

Soll	4400 Verbindlichkeiten a. LL.		Haben
❷ WE, VSt	1.190,00	❶ WE, VSt	23.800,00
SBK	22.610,00		
	23.800,00		23.800,00

Die Verbindlichkeiten a. LL. reduzieren sich auf **22.610,00 €,** die Gegenbuchung erfolgt beim Kontenabschluss im **SBK.**

Aufgaben

Aufgaben zur Wiederholung

1. In der Mediaworld e. K. sind 45 Stück Blu-Ray-Rekorder eingetroffen. Der Nettoeinkaufspreis beträgt laut beiliegender Rechnung 60,00 € je Stück.

a) Stellen Sie den Buchungssatz für den Wareneingang auf.

b) Peter Bäumer fällt beim Umpacken auf, dass fünf Kartons und die dazugehörigen Rekorder nass und damit unbrauchbar geworden sind. Sie müssen an den Lieferbetrieb zurückgeschickt werden. Stellen Sie den Buchungssatz zur Rücksendung auf.

2. Stellen Sie den Buchungssatz zum folgenden Beleg auf:

AUDIOTRONIC
Elektronikfachhandel

Audiotronic GmbH • Bahnhofstr. 33 • 59423 Unna

Audiotronic GmbH
Elektronikfachhandel
Bahnhofstraße 33
59423 Unna

Mediaworld e. K.
Krefelder Straße 92
47226 Duisburg

Telefon: 02303 8716-0
Telefax: 02303 8716-79

E-Mail: audiotronic@wvd.de
www.audiotronic@wvd.de

Ihre Nachricht vom	Unser Zeichen	Telefon, Name	Datum:
		02303 8716-78, Frau Wissmann	17.03.20..

Rücklieferung

Sehr geehrte Damen und Herren,

wir bestätigen die Rücklieferung von 150 Stück USB-Stick 32 GB aufgrund äußerlicher Mängel an der Ware.

Warenwert je Stück:	8,00 €
Umsatzsteuer je Stück:	1,52 €

Wir bedauern den Vorfall und werden zum vereinbarten Termin eine Neulieferung vornehmen.

Mit freundlichen Grüßen

Audiotronic GmbH
Anette Wissmann
Anette Wissmann

3. Bilden Sie die Buchungssätze zu den folgenden Geschäftsfällen:

1.	Barverkauf von Waren, Nettowert	150,00 €
	+ 19 % Umsatzsteuer	...
2.	Wareneinkauf auf Ziel, Nettowert	4.500,00 €
	+ 19 % Umsatzsteuer	...

3. Von der im 2. Geschäftsfall gelieferten Ware muss die Hälfte an den Lieferbetrieb zurückgeschickt werden, da die Ware in der falschen Farbe geliefert wurde, Nettowert ...... 2.250,00 €
4. Zieleinkauf von Waren, Nettowert .... 1.100,00 €
   + Transportkosten .... 310,00 €
   + 19 % Umsatzsteuer ....
5. Ein Kunde bezahlt eine offene Rechnung per Banküberweisung .... 2.134,00 €
6. Bezugskosten für eine Warenanlieferung bar, netto ... 470,00 €
   + 19 % Umsatzsteuer ....
7. Die in Fall 6 gelieferte Ware (Zielkauf) wird gebucht, Nettowert 2.900,00 €
   + 19 % Umsatzsteuer ....
8. Die in Fall 7 gelieferte Ware ist zum Teil defekt. 10 % der Lieferung muss an den Lieferbetrieb zurückgeschickt werden. ....

4. a) Eröffnen Sie die folgenden Konten mit den vorgegebenen Salden:

Kontennummer	Konto	Soll	Haben
2600	Vorsteuer	39.500,00 €	
2800	Bank	47.400,80 €	
4400	Verbindlichkeiten a. LL.		18.700,00 €
6060	Wareneingang	611.321,00 €	
6061	Bezugskosten	4.689,00 €	

b) Bilden Sie die Buchungssätze zu den folgenden Geschäftsfällen:

1. Wareneinkauf auf Ziel, brutto (inklusive 19 % Umsatzsteuer): 6.545,00 €
2. Wareneinkauf auf Rechnung, netto: 190,00 € + 19 % Umsatzsteuer
3. Zielkauf von Ware, netto: 5.430,00 € + 19 % Umsatzsteuer, Bezugskosten für diese Warenlieferung: 311,00 € + 19 % Umsatzsteuer
4. Die Rechnung für den Geschäftsfall 1 wird per Banküberweisung bezahlt.
5. Eine Speditionsrechnung für gelieferte Waren lautet über 340,00 € + 19 % Umsatzsteuer.
6. Die Rechnung aus Fall 5 wird per Bankscheck bezahlt.
7. Wareneinkauf auf Ziel, brutto 3.094,00 €
8. Die in Geschäftsfall 2 gelieferte Ware ist zum Teil defekt; es erfolgt eine Rücksendung zum Nettowert von 40,00 €.
9. Im Geschäftsfall 7 wurde zum Teil falsche Ware geliefert; Rücksendung netto 500,00 €.

c) Buchen Sie die Buchungssätze in den vorbereiteten Konten.

d) Schließen Sie die Konten ab (Annahme: Saldo des Kontos Umsatzsteuer: 99.100,00 €).

5. a) Bilden Sie die Buchungssätze zu den folgenden Geschäftsfällen:

1. Wir kaufen Waren auf Ziel ein, netto .... 99.000,00 €
   + Transportkosten .... 1.000,00 €
   + 19 % Umsatzsteuer .... 19.000,00 €
   brutto .... 119.000,00 €
2. Wir zahlen die Rechnung der Spedition über die Transportkosten per Bankscheck .... 1.190,00 €
3. Wir senden falsch gelieferte Waren an den Lieferbetrieb zurück Bruttowert (inklusive 19 % Umsatzsteuer) .. 11.900,00 €
4. Wir verkaufen Waren per Bankscheck, netto .... 50.000,00 €
   + 19 % Umsatzsteuer .... 9.500,00 €
   brutto .... 59.500,00 €
5. Verkauf von Waren per Bankscheck, Bruttowert .... 29.750,00 €
6. Zahlung einer Eingangsrechnung per Bankscheck .. 7.150,00 €

b) Eröffnen Sie die notwendigen Konten.

c) Buchen Sie die Buchungssätze in den Konten.

d) Schließen Sie die Konten ab, das GuV-Konto und das SBK müssen nicht aufgestellt werden.

6. Führen Sie zu den folgenden Buchungssätzen die Buchungen im Hauptbuch durch und stellen Sie das Schlussbilanzkonto auf:

1.	Wareneingang .... Vorsteuer .... an Verbindlichkeiten a. LL.	500,00 € 95,00 €	 595,00 €
2.	Bank .... an Forderungen a. LL.	59.500,00 €	 59.500,00 €
3.	Forderungen a. LL. .... an Umsatzsteuer .... an Umsatzerlöse für Waren	9.520,00 €	 1.520,00 € 8.000,00 €
4.	Wareneingang .... Bezugskosten .... Vorsteuer .... an Verbindlichkeiten a. LL.	5.600,00 € 1.400,00 € 1.330,00 €	 8.330,00 €
5.	Verbindlichkeiten a. LL. .... an Vorsteuer .... an Wareneingang	1.547,00 €	 247,00 € 1.300,00 €

Soll	8000 Eröffnungsbilanzkonto		Haben
Eigenkapital	100.000,00	Warenbestand	50.000,00
Verbindlichkeiten a. LL.	100.000,00	Forderungen a. LL.	70.000,00
		Bank	80.000,00
	200.000,00		200.000,00

Hinweis: Die Umsatzsteuerzahllast ist zu passivieren.

6.3 Warenrücksendungen von Kundinnen oder Kunden

Das ist geschehen

Heute muss Bastian Lenz, der Auszubildende der Mediaworld e. K., im Lager aushelfen. Ein Lkw-Fahrer lädt auf der Laderampe ein Paket ab und Bastian quittiert den Empfang auf dem Lieferschein.

Elektro-Günther e. K.

Fachhandel für Hi-Fi und Elektronik

Elektro-Günther e. K., Grabenweg 38, 57078 Siegen

Mediaworld e. K.
Krefelder Straße 92
47226 Duisburg

Grabenweg 38
57078 Siegen
Tel.: 0271 987-0
Fax: 0271 987-20

E-Mail: elektroguenther@wvd.de
www.elektroguenther-wvd.de

USt-IdNr.: DE 335 987 120
Bankverbindung:
Sparda-Bank Wuppertal
BIC: GENODED1SPW
IBAN: DE85 3306 0592 0007 8999 33

Ihr Zeichen	Unser Zeichen	Telefon, Name	Datum
	Mer	0271 987-12, Herr Mersen	03.06.20..

Lieferschein/Warenrücksendung

Menge	Artikel	Nettopreis	Umsatzsteuer	Bruttopreis
1	Schnitzer PF 107	550,00 €	104,50 €	654,50 €

Begründung der Rücksendung: Gerät ist defekt.

Empfangsbestätigung:

Datum, Unterschrift 04.06.20.. Bastian Lenz

Das ist zu tun

1. Erläutern Sie anhand des Beleges, was passiert ist.
2. Erläutern Sie anhand des Beleges, warum auf die Abteilung Buchhaltung „Arbeit zukommt“.
3. Welche Konten werden bei einer Buchung des Beleges betroffen sein?
4. Stellen Sie den Buchungssatz zur Buchung des Beleges auf.

Warenrücksendungen von Kundinnen oder Kunden

Das sollte man wissen

Es kann vorkommen, dass Kundinnen oder Kunden die falsche Ware erhalten oder dass zu viel Ware geliefert wird. Ebenso kann es passieren, dass die an die Kundinnen oder Kunden gelieferte Ware defekt ist, sodass sie zurückgegeben wird. All diese Vorfälle führen dazu, dass ein gebuchter Warenverkauf ganz oder teilweise „rückgängig“ gemacht werden muss. Insofern sind bei der Buchung einer Rücksendung auch die gleichen Konten betroffen wie beim Warenverkauf.

Das folgende Beispiel zeigt die Buchung eines Warenverkaufs an einen Kunden mit der Rücksendung eines Teils der Ware.

Beispiel

Geschäftsfall 1:
Warenverkauf auf Ziel, Nettowert: 6.000,00 € + 19 % Umsatzsteuer (1.140,00 €), Bruttowert: 7.140,00 €

Buchungssatz:

Konten	Soll	Haben
Forderungen a. LL.	7.140,00 €	
an Umsatzsteuer		1.140,00 €
an Umsatzerlöse für Waren		6.000,00 €

Geschäftsfall 2:
Ein Teil der verkauften Ware ist defekt und wird vom Kunden zurückgeschickt. Nettowert: 500,00 € + 19 % Umsatzsteuer (95,00 €), Bruttowert: 595,00 €.

Buchungssatz:

Konten	Soll	Haben
Umsatzerlöse für Waren	500,00 €	
Umsatzsteuer	95,00 €	
an Forderungen a. LL.		595,00 €

Die drei Konten der Ausgangsbuchung werden bei der Rücksendung wieder benutzt, nur wird jeweils auf der entgegengesetzten Kontenseite gebucht, da die ursprüngliche Buchung (zum Teil) rückgängig gemacht werden muss. Die Buchung der beiden Geschäftsfälle im Hauptbuch sieht wie folgt aus.

Fortsetzung des Beispiels Buchungen im Hauptbuch

Soll	2400 Forderungen a. LL.		Haben
❶ USt, UE	7.140,00	❷ USt, UE	595,00

Im Konto „2400 Forderungen a. LL." wird der Bruttobetrag des Warenverkaufes auf der Soll-Seite gebucht (Mehrung im Aktivkonto).

Die Rücksendung vermindert die Forderungen, daher wird sie auf der Haben-Seite des Aktivkontos gebucht.

Soll	4800 Umsatzsteuer		Haben
❷ Ford. a. LL.	95,00	❶ Ford. a. LL.	1.140,00

Die Umsatzsteuer des Warenverkaufes wird auf der Haben-Seite gebucht (Mehrung im Passivkonto).

Die Rücksendung mindert die gebuchte Umsatzsteuer, daher wird sie auf der Soll-Seite des Passivkontos gebucht.

Soll	5100 Umsatzerlöse für Waren		Haben
❷ Ford. a. LL.	500,00	❶ Ford. a. LL.	6.000,00

Die verkauften Waren haben einen Wert von 6.000,00 €, der im Konto „5100 Umsatzerlöse für Waren" im Haben gebucht wird (Ertragskonto).

Der Wert der verkauften Waren mindert sich durch die Rücksendung, daher wird im Ertragskonto auf der Soll-Seite gebucht.

Wenn man die Konten abschließt, sieht man an den Salden, dass die ursprünglichen Werte um die Rücksendung vermindert werden. Die Salden stellen sich wie folgt dar:

- 2400 Forderungen a. LL.: 6.545,00 € (= 7.140,00 € – 595,00 €)
- 4800 Umsatzsteuer: 1.045,00 € (= 1.140,00 € – 95,00 €)
- 5100 Umsatzerlöse für Waren: 5.500,00 € (= 6.000,00 € – 500,00 €)

Aufgaben

Aufgaben zur Wiederholung

1. Bilden Sie die Buchungssätze zu den folgenden Geschäftsfällen:

1. Zielverkauf von Waren, Nettowert .... 3.550,00 €
   + 19 % Umsatzsteuer .... 674,50 €
2. Wareneinkauf auf Ziel, Nettowert .... 2.340,00 €
   + Transport- und Verpackungskosten .... 310,00 €
   + 19 % Umsatzsteuer .... 503,50 €
3. Ein Teil der Ware, die im ersten Geschäftsfall verkauft wurde, wird vom Kunden zurückgeschickt, da sie in der falschen Farbe ausgeliefert wurde, Nettowert .... 390,00 €
4. Bezahlung der Rechnung aus Geschäftsfall 2 per Banküberweisung, Rechnungsbetrag .... 3.153,50 €
5. Erneut wird ein Teil der Ware aus Geschäftsfall 1 zurückgeschickt, da der Kunde festgestellt hat, dass sie beschädigt ist, Nettowert .... 870,00 €

2. Kurz vor Ende eines Geschäftsjahres sind in den folgenden Konten die angegebenen Salden gebucht:

Konten	Soll	Haben
2400 Forderungen a. LL.	9.200,00 €	
2600 Vorsteuer	3.070,00 €	
2800 Bank	15.900,00 €	
4800 Umsatzsteuer		7.100,00 €
5100 Umsatzerlöse für Waren		47.000,00 €

a) Richten Sie die Konten ein.

b) Buchen Sie die folgenden Buchungssätze:

1.	2400	1.249,50 €	
	an 4800		199,50 €
	an 5100		1.050,00 €
2.	5100	150,00 €	
	4800	28,50 €	
	an 2400		178,50 €
3.	2800	920,00 €	
	an 2400		920,00 €
4.	5100	250,00 €	
	4800	47,50 €	
	an 2400		297,50 €

c) Schließen Sie die Konten ab (das Gegenkonto muss nur genannt, aber nicht aufgestellt werden).

3. a) Gegeben sind die folgenden Anfangsbestände: 0840 (37.000,00 €), 2280 (47.500,00 €), 2400 (9.800,00 €), 2800 (24.000,00 €), 2880 (7.200,00 €), 3000 (?), 4250 (27.500,00 €), 4400 (9.300,00 €). Stellen Sie das Eröffnungsbilanzkonto auf.

b) Bilden Sie die Buchungssätze zu den folgenden Geschäftsfällen:

(1) Warenverkauf gegen Bankscheck, Nettowert ...... 14.570,00 €
+ 19 % Umsatzsteuer ... ...

(2) Die Kundin bezahlt die Rechnung aus Geschäftsfall 1 .. 17.338,30 €

(3) Wareneinkauf bar, netto ... 2.150,00 €
+ Bezugskosten ... 150,00 €
+ 19 % Umsatzsteuer ... ...

(4) Bezahlung einer Liefererschuld per Bankscheck, Nettowert ... 850,00 €

(5) Rücksendung an einen Kunden, Warenwert netto .. 1.450,00 €

(6) Eine Darlehensschuld wird per Banküberweisung getilgt ... 5.000,00 €

(7) Rücksendung eines Kunden, Nettowert. ... 400,00 €
+ 19 % Umsatzsteuer ... ...

8. Verkauf von Waren bar, Bruttowert .... 59,50 €
9. Kauf eines neuen Firmen-Pkw gegen Bankscheck,
   Nettowert .... 15.500,00 €
   + 19 % Umsatzsteuer ....

c) Eröffnen Sie die notwendigen Konten.
d) Buchen Sie die Buchungssätze in den Konten.
e) Schließen Sie die Konten ab.

Lernaktion 1

Lernaktionen

Bastian Lenz, der Auszubildende in der Mediaworld e. K., wohnt noch bei seinen Eltern zu Hause. Allerdings überlegt er, ob er nicht dort ausziehen und sich eine eigene Wohnung nehmen sollte. Er unterhält sich mit Anne Kirchhoff aus der Verwaltung darüber. Diese meint, das wäre eher eine buchhalterische Frage als alles andere. *„Buchhaltung?“*, fragt Bastian, *„Da kenne ich mich doch jetzt aus. Herr Peek hat mir alles Wichtige darüber beigebracht!“*. *„Na, dann wird es Zeit, dass du deine neuen Kenntnisse mal für dich nutzt“*, meint Anne Kirchhoff.

a) Der Wunsch, eine eigene Wohnung zu haben – so meint Anne Kirchhoff – ist ein buchhalterisches oder genauer gesagt finanzielles Problem. Überlegen Sie, wie das gemeint ist.

b) Versetzen Sie sich in die Situation von Bastian, der von zu Hause ausziehen möchte. Plötzlich muss er für viele Dinge Geld ausgeben, die vorher selbstverständlich von den Eltern bezahlt wurden. Stellen Sie eine Liste mit den Kostenpositionen auf, die auf Bastian zukommen werden. Listen Sie nur auf, *wofür* er Geld ausgeben wird, noch nicht, *wie viel* Geld dies sein wird.

c) Ist Ihre Aufstellung komplett? Vergleichen Sie Ihre Auflistung mit den Ergebnissen Ihrer Mitschülerinnen und Mitschüler und vervollständigen Sie die Liste.

d) Jetzt sind alle Kostenpositionen bekannt. Diese müssen nun bewertet werden. Überlegen Sie, **wie viel** Geld für die einzelnen Ausgabearten *monatlich* eingeplant werden muss.

e) Rechnen Sie die Kosten, die Sie ermittelt haben, zusammen zu einem Endergebnis.

f) Bastian ist Auszubildender zum Kaufmann im Groß- und Außenhandel. Er verdient zurzeit 880,00 € im Monat. Vergleichen Sie diesen Wert mit den von Ihnen ermittelten monatlichen Kosten.

g) Recherchieren Sie im Internet die aktuelle Ausbildungsvergütung einzelner Berufe, insbesondere Ihres Wunschberufes. Vergleichen Sie diesen Wert mit dem Ergebnis Ihrer Kostenaufstellung.

h) Vermutlich sind Sie zu dem Ergebnis gekommen, dass die Ausbildungsvergütung nicht reicht, um die monatlichen Kosten zu decken. Finanzbuchhalterisch können Sie jetzt einerseits die monatlichen Ausgaben senken oder andererseits die Einnahmen erhöhen. Überlegen Sie zunächst, welche Möglichkeiten bestehen, die Einnahmen zu steigern.

i) Auf der Kostenseite bestehen sicherlich noch Möglichkeiten, die Ausgaben zu senken. Trennen Sie in einem ersten Schritt die „festen“ Kosten von den „schwankenden“ Kosten. Beispiel: Die Miete ist jeden Monat gleich hoch = feste Kosten, die Ausgaben für Lebensmittel variieren von Monat zu Monat = schwankende Kosten. Ermitteln Sie dann die Summen für beide Ausgabenbestandteile.

j) Häufig ist es einfacher, die Ausgaben bei den schwankenden Kosten zu senken. Berechnen Sie, um wie viel Euro Sie die schwankenden Kosten senken müssten, damit insgesamt die Ausgaben nicht höher sind als die Einnahmen.

k) Falls Sie mit Ihren Einnahmen noch immer nicht auskommen, müssen Sie auch die festen Kosten senken, also zum Beispiel das Auto abschaffen (und dadurch Versicherung und Steuern sparen) und stattdessen ein Monatsticket für den öffentlichen Personennahverkehr einrechnen. Suchen Sie nach Kostenpositionen bei den festen Ausgaben und überlegen Sie, wie Sie diese verändern/absenken können.

Lernaktion 2

Moritz Wagner hat mit der Mediaworld e. K. wieder einmal ein Geschäftsjahr hinter sich gebracht. Er ist natürlich brennend daran interessiert, zu erfahren, ob er in diesem Jahr mit Gewinn gewirtschaftet hat oder ob sein Unternehmen Verluste gemacht hat.

Die Eröffnungsbilanz des Geschäftsjahres weist die folgenden Werte aus:

Aktiva	**Mediaworld e. K. Eröffnungsbilanz zum 01.01.20..**		**Passiva**
Grundstücke	120.000,00	Eigenkapital	380.000,00
Gebäude	290.000,00	Darlehen	278.000,00
Fuhrpark	28.000,00	Verbindlichkeiten a. LL.	77.000,00
Betriebs- und Geschäftsausstattung	32.000,00		
Warenbestand	165.000,00		
Forderungen a. LL.	45.000,00		
Kasse	5.500,00		
Bank	49.500,00		
	735.000,00		735.000,00

Durch einen Vergleich der Eröffnungsbilanz des Jahres mit der Schlussbilanz desselben Jahres kann Moritz Wagner herausfinden, wie viel Gewinn erwirtschaftet wurde. Dies wird angezeigt durch die Veränderung, die sich beim Eigenkapital ergeben hat: Eine Erhöhung des Eigenkapitals bedeutet, dass ein Gewinn erwirtschaftet wurde; eine Verringerung des Eigenkapitals bedeutet, dass das Geschäftsjahr mit Verlust abgeschlossen wurde.

a) Erstellen Sie aus dem vorliegenden (verkürzten) Inventar die Schlussbilanz des Geschäftsjahres.

b) Vergleichen Sie die Vermögenswerte und die Schulden des Unternehmens mit den Ausgangswerten vom Beginn des Geschäftsjahres.

c) Ermitteln Sie den Zuwachs bzw. die Abnahme beim Vermögen, den Schulden und dem Eigenkapital. Wie hoch ist der Gewinn/der Verlust, der erwirtschaftet wurde?

Mediaworld e. K. – Inventar zum 31. Dezember 20..		
A Vermögen		
I. Anlagevermögen		
1. Grundstücke Krefelder Straße 92		130.000,00
2. Gebäude Krefelder Straße 92		
– Bürogebäude und Verkaufsraum..................	142.000,00	
– Lagerhalle....................................	132.400,00	274.400,00
3. Fuhrpark		
– Pkw VW Polo Kombi	10.500,00	
– Transporter VW Caddy..........................	14.000,00	24.500,00
4. Betriebs- und Geschäftsausstattung lt. Ergänzungsinventar Nr. 1		40.500,00
II. Umlaufvermögen		
1. Warenbestand lt. Ergänzungsinventar Nr. 2..........		172.000,00
2. Forderungen a. LL. lt. Ergänzungsinventar Nr. 3		52.000,00
3. Kassenbestand		7.100,00
4. Bankguthaben		
– Deutsche Bank Duisburg	32.700,00	
– Sparkasse Duisburg............................	25.000,00	57.700,00
B Schulden		
1. Darlehensschulden		
– Deutsche Duisburg.............................	195.000,00	
– Sparkasse Duisburg	74.000,00	269.000,00
2. Verbindlichkeiten a. LL. lt. Ergänzungsinventar Nr. 4..		75.000,00

Lernaktion 3

Der Praktikant Andreas Zimmer ist heute im Verkaufsshop der Mediaworld e. K eingesetzt. Monika Schmitz, die hier als Verkäuferin arbeitet, hat Stress, denn die vollelektronische Registrierkasse, die sie sonst benutzt, ist kaputt. Da der Reparaturdienst erst am nächsten Tag kommt, hat sie sich ein Kassenbuch angelegt. Da sie nicht gleichzeitig verkaufen und das Kassenbuch führen kann, muss Andreas das Kassenbuch übernehmen.

a) Recherchieren Sie im Internet, was ein Kassenbuch ist und warum man ein Kassenbuch führt.

b) Erstellen Sie ein Kassenbuch als Tabelle mit den folgenden Spalten: Nummer, Datum, Einnahmen, Ausgaben, Erläuterung. Als Überschrift notieren Sie: Kassenbuch, aktueller Monat, Blatt Nr. 1.

c) Tragen Sie die folgenden Ereignisse (Geschäftsfälle) in Ihr Kassenbuch ein.
- Anfangsbestand.......................... 200,00 €
- Barverkauf............................... 19,99 €
- Barverkauf............................... 20,50 €
- Entnahme für den Kauf von Büromaterial... 35,00 €
- Barverkauf............................... 47,80 €
- Entnahme für den Kauf von Briefmarken.... 55,00 €
- Barverkauf............................... 98,90 €
- Privatentnahme des Inhabers .... 150,00 €

d) Addieren Sie die einzelnen Spalten auf und ermitteln Sie den aktuellen Kassenbestand.

Arbeit mit dem PC

e) Erstellen Sie ein Kassenbuch mithilfe eines Tabellenkalkulationsprogramms. Benutzen Sie die Überschriften und den Tabellenaufbau wie in Aufgabe b) beschrieben. Formulieren Sie sinnvolle Formeln für die Tabelle, um sich die Rechenarbeit zu erleichtern. Tragen Sie dann die oben beschriebenen Ereignisse in Ihr Kassenbuch ein und ermitteln Sie den Endbestand.

Lernaktion 4

Andreas Zimmer, der zurzeit ein Praktikum in der Mediaworld e. K. absolviert, soll in der Abteilung Verkauf aushelfen. Herr Herwig möchte, dass er ihn beim Schreiben der Rechnungen unterstützt. Als Andreas das leere Rechnungsformular der Mediaworld e. K. vor sich liegen sieht, fragt er sich, was die ganzen Begriffe bedeuten und wie man die einzelnen Positionen berechnet.

a) Berechnen Sie zu den Beispielen 1 bis 8 die geforderten Beträge. Vergleichen Sie dabei genau die Bezeichnungen der Angaben, die gegeben sind. Prüfen Sie auch nach, wo der Wert, den Sie berechnet haben, im Formular eingetragen werden müsste (siehe Rechnungsformular zu Aufgabenteil c).

1. Der Einzelpreis einer Ware beträgt 19,90 €, es wurden 250 Stück bestellt. Wie hoch ist der Gesamtpreis, wenn kein Rabatt gewährt wird?
2. Der Einzelpreis einer Ware beträgt 8,70 €, es wurden 30 Stück bestellt. Wie hoch ist der Gesamtpreis, wenn ein Gesamtrabatt von 15 % gewährt wird?
3. Der Einzelpreis einer Ware beträgt 34,45 €, es wurden 50 Stück bestellt. Wie hoch ist der Gesamtpreis, wenn ein Pauschalrabatt von 250,00 € gewährt wird?
4. Der Einzelpreis einer Ware beträgt 145,00 €, es wurden 70 Stück bestellt. Wie hoch ist der Gesamtpreis, wenn der Rabatt 35 % beträgt?
5. Der Gesamtpreis einer Ware beträgt 199,00 €, die Versandkosten betragen 49,00 €. Wie hoch ist der Nettopreis?
6. Der Gesamtpreis einer Ware beträgt 450,00 €, die Versandkosten hierauf betragen 10 %. Berechnen Sie die Versandkosten in Euro und den Nettopreis.

7. Der Gesamtpreis einer Ware beträgt 1.890,65 €, die Versandkosten betragen 150,00 €. Wie hoch ist der Nettopreis? Wie hoch ist die Umsatzsteuer in Prozent (allgemeiner Steuersatz) und in Euro? Wie hoch ist der Bruttopreis?
8. Der Einzelpreis einer Ware beträgt 1,99 €, es wird ein Rabatt von 25 % gewährt. Berechnen Sie den Gesamtpreis, den Nettopreis (bei Lieferung frei Haus!), die Umsatzsteuer in Euro und den Bruttopreis bei einer Menge von 40 Stück.

b) Selten wird von Kundinnen und Kunden nur ein einziger Artikel bei der Mediaworld e. K. bestellt. Bei mehreren Bestellungen wird aber auch das Schreiben der Rechnung komplizierter. Bearbeiten Sie daher die folgenden Übungen.
   1. Ein Kunde bestellt 50 Stück von einem Artikel (Einzelpreis: 4,50 €) und 30 Stück von einem anderen Artikel (Einzelpreis: 6,00 €). Auf beide Artikel gibt es jeweils 10 % Rabatt, Versandkosten fallen nicht an. Berechnen Sie die Gesamtpreise, den Nettopreis und den Bruttopreis bei 19 % Umsatzsteuer.
   2. Eine Kundin bestellt 200 Stück von Artikel A zu 3,99 € und 20 Stück von Artikel B zu 9,99 €. Gesamtrabatt bei Artikel A: 20 %, bei Artikel B: 25 %. Es fallen Versandkosten von 45,00 € an. Berechnen Sie die Gesamtpreise, den Nettopreis, die Umsatzsteuer in Euro und den Bruttopreis. Der Kundin wird zusätzlich 3 % Skonto angeboten. Berechnen Sie den Skontobetrag in Euro, den die Kundin in Abzug bringen kann, wenn er rechtzeitig bezahlt.
   3. Die Bürobedarf Meier KG aus Darmstadt bestellt bei der Mediaworld e. K. 25 Stück Artikelnummer H 1002 zu 89,00 €/St. und 40 Stück Artikelnummer S 2004 zu 119,00 €/St. Berechnen Sie die Gesamtpreise (Kundenrabatt: 15 %), den Nettopreis bei Lieferung frei Haus, die Umsatzsteuer in Euro und den Bruttopreis. Berechnen Sie den Skontobetrag bei einem Skontosatz von 2 %.

Arbeit mit dem PC

c) Ein Rechnungsformular erstellen

1. Erstellen Sie mit einem Textverarbeitungsprogramm ein Rechnungsformular für die Mediaworld e. K., ähnlich folgender Abbildung.

Mediaworld/e. K.

Mediaworld e. K., Krefelder Str. 92, 47226 Duisburg

Krefelder Str. 92
47226 Duisburg
Tel.: 02065 99977-0
Fax: 02065 99977-20

E-Mail: mediaworld@wvd.de
www.mediaworld-wvd.de

Rechnung

		Bei Zahlung bitte stets angeben!		
Ihr Auftrag Nr.	Lieferdatum	Kunden-Nr.	Rechnungs-Nr.	Rechnungsdatum

Artikel-Nr.	Artikelbezeichnung	Menge	Einzelpreis	Rabatt	Gesamtpreis

Versandkosten	Nettopreis €	USt %	USt €	Bruttopreis €

Zahlbar innerhalb von ____ Tagen oder innerhalb von ____ Tagen mit ____ % Skonto.
Die Ware bleibt bis zur vollständigen Bezahlung unser Eigentum.
Erfüllungsort und Gerichtsstand ist für beide Teile Marburg.

2. Schreiben Sie nun in Ihrem Formular die folgenden zwei Rechnungen an die entsprechenden Kunden.
   - Elektro-Günther e. K., Fachhandel für Hi-Fi und Elektronik, erhielt folgende Lieferung: 20 Stück Art.-Nr. S 2001, Einzelpreis: 75,00 €, Rabatt: 15 %, und 10 Stück Art.-Nr. S 2005, Einzelpreis: 90,00 €, Rabatt 20 %, Zahlungsbedingungen: 3 % Skonto bei Zahlung innerhalb von 15 Tagen, Ziel: 30 Tage, Lieferung frei Haus
   - An Firma Kurt Wächter e. K., Fernseh- und Hi-Fi-Fachhandel, wurden geliefert: 30 Stück Art.-Nr. H 1001, Einzelpreis: 128,00 €, Rabatt: 25 %, 15 Stück Art.-Nr. H 1004, Einzelpreis: 40,00 €, Rabatt: 10 %, 20 Stück Art.-Nr. H 1005,

Einzelpreis: 105,00 €, Rabatt: 30 %, Zahlungsbedingungen: 2 % Skonto bei Zahlung innerhalb von 10 Tagen, Ziel: 30 Tage, Versandkosten pauschal: 120,00 €

3. Erstellen Sie ein Rechnungsformular mithilfe eines Tabellenkalkulationsprogramms. Nutzen Sie an den Stellen, bei denen gerechnet werden muss, sinnvolle Formeln, damit Ihnen die Rechenarbeit abgenommen wird. Testen Sie dann Ihr Formular (und Ihre Formeln) mithilfe der beiden Beispielrechnungen aus Aufgabenteil 2.

Arbeit mit dem PC

Lernaktion 5

Bastian Lenz, der Auszubildende der Mediaworld e. K., soll heute in der Abteilung Einkauf aushelfen. Sabine Hauser, die hier arbeitet, hat ihm einen Lieferschein vorgelegt, den Bastian anhand der Bestellung prüfen soll.

AUDIOTRONIC
Elektronikfachhandel

Audiotronic GmbH • Bahnhofstr. 33 • 34117 Kassel

Mediaworld e. K.
Krefelder Str. 92
47226 Duisburg

Audiotronic GmbH
Elektronikfachhandel
Bahnhofstraße 33
34117 Kassel
Telefon: 0561 8716-0
Telefax: 0561 8716-79
E-Mail: audiotronic@wvd.de
www.audiotronic@wvd.de

Lieferschein

Ihr Auftrag Nr.	Auftragsdatum	Kundennummer	Lieferscheinnummer	Lieferscheindatum
885	04.01.20..	900239	15/45	04.01.20..

Artikelnummer	Artikelbezeichnung	Menge
85591	Autoradio „Vision“	175 Stück

Versandart	Lieferkosten
per Lkw	62,00 €

a) Überprüfen Sie anhand der Belege, ob die Bestellung korrekt geliefert wurde. Notieren Sie sich die Fehler und ermitteln Sie die richtigen Daten.

b) Bis jetzt liegen nur die Lieferung und der Lieferschein vor, eine Rechnung ist noch nicht in der Mediaworld e. K. eingetroffen. Natürlich ist damit zu rechnen, dass diese auch nicht korrekt ist. Ermitteln Sie den richtigen Rechnungsbetrag netto und brutto für die Rechnung, die die Audiotronic GmbH noch schicken wird.

Mediaworld/e. K.

Mediaworld e. K., Krefelder Str. 92, 47226 Duisburg

Audiotronic GmbH
Elektronikfachhandel
Bahnhofstraße 33
34117 Kassel

Krefelder Str. 92
47226 Duisburg
Tel.: 02065 99977-0
Fax: 02065 99977-20

E-Mail: mediaworld@wvd.de
www.mediaworld-wvd.de

Ihre Nachricht vom	Unser Zeichen	Telefon, Name	Datum:
	SH	03, Frau Hauser	28.12.20..

Bestellung

Sehr geehrte Damen und Herren,

hiermit bestellen wir 170 Stück Autoradio „Vision“ (Artikelnummer 85591) zum Einzelpreis von 65,00 € mit einem Rabatt von 5 % (ohne Skonto). Die Versandkosten betragen lt. Angebot 0,25 € je Stück. Das Zahlungsziel beträgt 60 Tage.

Wir bitten um umgehende Lieferung.

Mit freundlichen Grüßen

Mediaworld e. K.

Sabine Hauser

i. A. Sabine Hauser

c) Stellen Sie anhand der Daten aus der Bestellung und den Daten zur Rechnung, die Sie in Aufgabenteil b) ermittelt haben, den Buchungssatz zur Buchung der Eingangsrechnung der Audiotronic GmbH auf.

Zwei Tage später liegt die folgende Mitteilung aus dem Lager in der Abteilung Einkauf vor:

Hausinterne Mitteilung der Abteilung Lager
an die Abteilung Einkauf

Liebe Frau Hauser,

bei der Lieferung der Audiotronic GmbH vom 4. Januar dieses Jahres ist mir beim Einsortieren der Ware aufgefallen, dass 20 Radios unbrauchbar sind. Offensichtlich hat der Frost der letzten Tage die Radios beim Transport beschädigt. Die Schuld liegt bei der Audiotronic GmbH, da diese 20 Radios falsch verpackt und damit nicht vor der Kälte geschützt waren.

Gruß

Peter Bäumer

d) Schreiben Sie für die Mediaworld e. K. eine Mängelrüge an die Audiotronic GmbH. Erläutern Sie dabei möglichst genau die Sachlage und zeigen Sie auf, wie mit der Situation umgegangen werden soll.

e) Die Audiotronic GmbH hat umgehend auf Ihre Mängelrüge reagiert. Per Fax hat sie der Mediaworld e. K. mitgeteilt, dass die mangelhafte Ware umgehend auf Kosten der Audiotronic GmbH zurückgesandt werden soll. Erstellen Sie den erforderlichen Warenrücklieferungsschein (als Muster können Sie den Beleg der Elektro-Günther e. K. aus dem Kapitel 6.3, Seite 578 nutzen).

f) Die defekte Ware ist an die Audiotronic GmbH zurückgeschickt worden. Stellen Sie den Buchungssatz zu dem von Ihnen erstellten Beleg auf.

Lernaktion 6

a) Die Firma Heinz Lamprecht e. K. hat 500 Stück des neuen Smartphones „Sunkey SK 40-8" bei der Mediaworld e. K. bestellt. Gestern wurde die Ware ausgeliefert, heute ist die Rechnung verschickt worden. Stellen Sie den Buchungssatz zur Ausgangsrechnung auf.

Mediaworld/e. K.

Mediaworld e. K., Krefelder Str. 92, 47226 Duisburg

Heinz Lamprecht e. K.
Bismarckstraße 18–20
65428 Rüsselsheim

Krefelder Str. 92
47226 Duisburg
Tel.: 02065 99977-0
Fax: 02065 99977-20

E-Mail: mediaworld@wvd.de
www.mediaworld-wvd.de

Rechnung

		Bei Zahlung bitte stets angeben!		
Ihr Auftrag Nr.	**Lieferdatum**	**Kunden-Nr.**	**Rechnungs-Nr.**	**Rechnungsdatum**
–	04.02.20..	24001	578/34	05.02.20..

Artikel-Nr.	Artikelbezeichnung	Menge	Einzelpreis	Rabatt	Gesamtpreis
H 1010	„Sunkey" SK 40-8	500	24,73 €	0 %	12.365,00 €

Versandkosten	Nettopreis €	USt %	USt €	Bruttopreis €
frei Haus	12.365,00	19	2.349,35	**14.714,35**

Zahlbar innerhalb von 50 Tagen oder innerhalb von ____ Tagen mit ____ % Skonto.
Die Ware bleibt bis zur vollständigen Bezahlung unser Eigentum.
Erfüllungsort und Gerichtsstand ist für beide Teile Marburg.

Inhaber: Moritz Wagner
Handelsregister Duisburg
HRA 593-02 05
Steuernummer: 569/5134/6749

Stadtsparkasse Duisburg
IBAN: DE26 3505 0000 0250 7161 67
BIC: DUI SDE 33XXX
USt-IdNr.:DE 124596988

Deutsche Bank Duisburg
IBAN: DE05 3507 0030 0123 4567 89
BIC: DEUTDEDE350

b) Angenommen, zehn der an die Firma Lamprecht e. K. gelieferten Handys wären defekt und würden zurück an die Mediaworld e. K. geschickt werden. Stellen Sie den Buchungssatz aus Sicht der Mediaworld e. K. zu dieser Rücksendung auf.

c) Stellen Sie den Buchungssatz auf, wenn die Heinz Lamprecht e. K. die Rechnung aus Aufgabenteil a) bezahlt. Berücksichtigen Sie die Rücksendung!

Aufbereitung und Auswertung von Wertströmen

Anforderungssituation 11.2

1 Abschlussbuchungen und Jahresabschluss

Das ist geschehen

Ein weiteres Geschäftsjahr ist in der Mediaworld e. K. zu Ende gegangen. In der Buchhaltung müssen die Abschlussarbeiten für den Jahresabschluss durchgeführt werden. Bastian Lenz ist erstmalig dabei und geht dem Buchhalter Florian Peek zur Hand.

Das ist zu tun

1. Erläutern Sie, aus welchen Bestandteilen der Jahresabschluss besteht.
2. Benennen Sie beispielshaft für die folgenden verschiedenen Kontenarten die Abschlussbuchung.
   a) 2880 Kasse
   b) 4400 Verbindlichkeiten a. LL.
   c) 6800 Büromaterial
   d) 5100 Umsatzerlöse für Waren

Abschlussbuchungen und Jahresabschluss

Das sollte man wissen

Im Folgenden sieht man noch einmal beispielhaft das komplette Hauptbuch aus der Buchhaltung eines Unternehmens.

S	Eröffnungsbilanzkonto		H
Eigenkapital	1.050.000,00	BGA	230.000,00
Verb. a. LL.	101.000,00	Warenbestand	870.000,00
		Ford. a. LL.	40.400,00
		Kasse	1.300,00
		Bank	9.300,00
	1.151.000,00		1.151.000,00

S	Eigenkapital		H
SBK	1.050.320,00	EBK	1.050.000,00
		GuV	320,00
	1.050.320,00		1.050.320,00

S	BGA		H
EBK	230.000,00	SBK	230.420,00
❻ Bank	420,00		
	230.420,00		230.420,00

S	Verbindlichkeiten a. LL.		H
❶ Bank	980,00	EBK	101,000.00
SBK	10.020,00		
	101.000,00		101,000,00

S	Warenbestand		H
EBK	870.000,00	SBK	870.000,00

S	Postgebühren/Telefon		H
❹ Kasse	20,00	GuV	20,00

S	Forderungen a. LL.		H
EBK	40.400,00	❺ Bank	770,00
		SBK	39.630,00
	40.400,00		40.400,00

S	Fremdinstandhaltung		H
❷ Kasse	250,00	GuV	250,00

S	Bank		H
EBK	9.300,00	❶ Verb. a. LL.	980,00
❸ Zinserträge	90,00	❻ Bank	420,00
❺ Forderungen	770,00	❽ Kasse	2.000,00
		SBK	6.760,00
	10.160,00		10.160,00

S	Zinserträge		H
GuV	90,00	❸ Bank	90,00

S	Kasse		H
EBK	1.300,00	❷ Fremdinst.	250,00
❼ Mieterträge	500.00	❹ Postgeb.	20,00
❽ Bank	2.000,00	SBK	3.530,00
	3.800,00		3.800,00

S	Mieterträge		H
GuV	500,00	❼ Kasse	500,00

S	Schlussbilanzkonto		H
BGA	230.420,00	Eigenkapital	1.050.320,00
Warenbestand	870.000,00	Verb. a. LL.	10.0020,00
Ford. a. LL.	39.630,00		
Kasse	3.530,00		
Bank	6.760,00		1.150.340,00
	1.150.340,00		

S	GuV-Konto		H
Fremdinst.	250,00	Zinserträge	90,00
Postgeb.	20,00	Mieterträge	500,00
Eigenkapital	320,00		
	590,00		590,00

Vom Eröffnungsbilanzkonto über die einzelnen Bestandskonten mit den gebuchten Geschäftsfällen sieht man hier auch die Erfolgskonten. Diese werden über das Gewinn- und Verlust-Konto abgeschlossen. Die **Gewinn- und Verlustrechnung** bzw. das entsprechende Konto ist ein Bestandteil des Jahresabschlusses eines Unternehmens.

Der Gewinn oder auch der Verlust eines Geschäftsjahres verändert das Eigenkapital des Unternehmens. Deshalb erfolgt der Abschluss des GuV-Kontos über das Bestandskonto „3000 Eigenkapital“. Als passives Bestandskonto wird es über das Schlussbilanzkonto abgeschlossen. Dies gehört aber nicht zum Jahresabschluss. Der zweite Teil des Jahresabschlusses eines Unternehmens ist vielmehr die **Schlussbilanz**.

Wir erinnern uns: Die Schlussbilanz entsteht durch die Inventur, die am Ende eines Geschäftsjahres durchgeführt wird. Aus dem Inventurergebnis (Inventar) wird die Schlussbilanz erstellt (→ LF 11, AS 11.1, Kapitel 1.4, Seite 482). Sie gibt das tatsächlich vorhandene Vermögen und die Schulden eines Unternehmens zum Geschäftsjahresende (Bilanzstichtag) wieder.

Das Schlussbilanzkonto dagegen ist nur die „rechnerische“ Übersicht von Vermögen und Kapital am Ende des Geschäftsjahres. Hier können Rechenfehler passiert sein, es können Vorgänge nicht oder buchhalterisch falsch erfasst worden sein, kurz: Das SBK stellt den Soll-Zustand dar, die Schlussbilanz dagegen den Ist-Zustand. Entsprechend muss das SBK an die Schlussbilanz angepasst werden, falls es Abweichungen gibt.

Zum Ende des Geschäftsjahres werden alle Konten abgeschlossen, die Salden bzw. Schlussbestände werden in die Abschlusskonten gebucht. Dazu benötigt man, je nach Kontentyp, die folgenden Buchungssätze:

Bestandskonten	
Aktivkonten	**Passivkonten**
Abschlussbuchungssatz: SBK an Aktivkonto	Abschlussbuchungssatz: Passivkonto an SBK
Beispiel: SBK 50.000,00 € an Bank 50.000,00 €	Beispiel: Verbind. a. LL. 9.000,00 € an SBK 9.000,00 €

Der Gewinn, der sich im GuV-Konto ergibt, entspricht der Veränderung des Eigenkapitals von der Eröffnungsbilanz bis zur Schlussbilanz eines Geschäftsjahres.

Aufgaben

Aufgabe zur Wiederholung

Es liegt das komplette Geschäftsjahr eines Unternehmens samt EBK sowie den Bestands- und Erfolgskonten vor.

a) Bilden Sie die Buchungssätze zum Abschluss aller Aufwands- und Ertragskonten über das GuV-Konto.

b) Bilden Sie den Buchungssatz zum Abschluss des GuV-Kontos.

c) Bilden Sie die Buchungssätze zum Abschluss aller Bestandskonten über das SBK.

d) Übernehmen Sie die unten stehenden Konten in Ihr Heft. Buchen Sie dann die Buchungssätze aus Aufgabenteil a) bis c) in den Erfolgs-, Bestands- und Abschlusskonten.

Soll	Eröffnungsbilanzkonto zum 01.01.20..		Haben
Eigenkapital	336.000,00	Fuhrpark	180.000,00
Verbindlichkeiten	48.000,00	Betriebs- und Geschäftsausstattung	45.000,00
Umsatzsteuer	6.000,00	Warenbestand	80.000,00
		Forderungen	44.000,00
		Kasse	8.000,00
		Bank	33.000,00
	390.000,00		390.000,00

a)

S	0840 Fuhrpark		H
EBK	180.000,00		

S	3000 Eigenkapital		H
		EBK	336.000,00

S	0860 BGA		H
EBK	45.000,00		

S	4400 Verbindlichkeiten		H
		EBK	48.000,00
		❻ WE, VSt	5.950,00

S	2280 Warenbestand		H
EBK	80.000,00		

S	4800 Umsatzsteuer		H
❽ Bank	6.000,00	EBK	6.000,00
		❹ Forderungen	1.900,00

S	2400 Forderungen		H
EBK	44.000,00	❼ Bank	2.500,00
❹ USt, UE	11.900,00		

S	2600 Vorsteuer		H
❻ Verbindl.	950,00		

S	2800 Bank		H
EBK	33.000,00	❶ M/P	2.400,00
❺ Mietertr.	8.000,00	❽ USt	6.000,00
❼ Ford.	2.500,00		

S	5410 Provisionserträge		H
		❸ Kasse	3.500,00

S	2880 Kasse		H
EBK	8.000,00	❷ Miete, P.	500,00
❸ Prov.-erträge	3.500,00		

S	5100 Umsatzerlöse für Waren		H
		❹ Forderungen	10.000,00

S	6700 Mieten, Pachten		H
❶ Bank	2.400,00		
❷ Kasse	500,00		

S	6060 Wareneingang		H
❻ Verbindl.	5.000,00		

S	5400 Mieterträge		H
		❺ Bank	8.000,00

2 Jahresabschluss auswerten

2.1 Bilanzkennzahlen

Das ist geschehen

In der Mediaworld e. K. liegt zum Geschäftsjahresende die Schlussbilanz und – zum Vergleich – auch die Eröffnungsbilanz dieses Geschäftsjahres vor.

Aktiva	Eröffnungsbilanz der Mediaworld e. K. zum 01.01.20..		Passiva
Grundstücke	170.000,00	Eigenkapital	694.000,00
Gebäude	387.000,00	Darlehen	208.000,00
Fuhrpark	28.000,00	Verbindlichkeiten a. LL.	13.000,00
BGA	84.000,00		
Warenbestand	122.000,00		
Forderungen a. LL.	76.000,00		
Kasse	9.000,00		
Bank	39.000,00		
	915.000,00		915.000,00

Aktiva	Schlussbilanz der Mediaworld e. K. zum 31.12.20..		Passiva
Grundstücke	170.000,00	Eigenkapital	744.000,00
Gebäude	387.000,00	Darlehen	318.000,00
Fuhrpark	35.000,00	Verbindlichkeiten a. LL.	53.000,00
BGA	92.000,00		
Warenbestand	273.000,00		
Forderungen a. LL.	88.000,00		
Kasse	18.000,00		
Bank	52.000,00		
	1.115.000,00		1.115.000,00

Die Bilanz ist etwas zu unübersichtlich, um sie zu analysieren und entsprechende Kennzahlen zu berechnen, die einem bei der Analyse helfen. Deshalb bereitet man die Bilanz zunächst einmal auf, das heißt, man erstellt eine sogenannte Strukturbilanz.

Das sollte man wissen

In dieser **Strukturbilanz** werden bestimmte Positionen zu Gesamtwerten zusammengefasst. Zur Berechnung von Bilanzkennzahlen benötigt man schließlich nur diese aggregierten Werte.

Beispiel

Eine Strukturbilanz weist folgende Positionen aus:

Aktiva	Strukturbilanz		Passiva
Anlagevermögen	300.000,00	Eigenkapital	150.000,00
Umlaufvermögen	550.000,00	Fremdkapital	700.000,00
	850.000,00		850.000,00

Mit diesen Daten kann man die Bilanz anhand von Kennzahlen analysieren.

Zunächst einmal kann man sich die Aktiv-Seite ansehen und ermitteln, wie hoch der Anteil des Anlagevermögens am Gesamtvermögen ist. Die entsprechende Bilanzkennzahl nennt man **Anlageintensität**, man errechnet sie wie folgt:

$$\text{Anlageintensität} = \frac{\text{Anlagevermögen} \cdot 100}{\text{Gesamtvermögen}}$$

Fortsetzung des Beispiels

In Beispiel ergibt sich: $\frac{300.000{,}00 \cdot 100}{850.000{,}00} = 35\ \%$

Dies heißt, dass 35 % des Gesamtvermögens in Anlagevermögen investiert sind. Für ein Handelsunternehmen, wie es die Mediaworld e. K. ist, ist dies nicht ungewöhnlich, da das meiste Kapitel in Umlaufvermögen wie z. B. Waren investiert ist. Entsprechend ergibt sich die **Umlaufintensität:**

$$\text{Umlaufintensität} = \frac{\text{Umlaufvermögen} \cdot 100}{\text{Gesamtvermögen}}$$

Fortsetzung des Beispiels

Im Beispiel errechnet man: $\frac{550.000{,}00 \cdot 100}{850.000{,}00} = 65\ \%$

Bei Industriebetrieben ergibt sich in der Regel eine viel geringere Umlaufintensität, da in dieser Branche viel Kapital in Anlagevermögen, im Wesentlichen in Maschinen, investiert ist.

Die Anlage- und Umlaufintensität addieren sich zu 100 (Prozent), da Anlage- und Umlaufvermögen zusammengenommen das gesamte Vermögen, also 100 % ergeben.

Wechselt man auf die Kapitalseite, kann man bei ähnlicher Vorgehensweise die Quoten des Eigenkapitals und des Fremdkapitals errechnen:

$$\text{Eigenkapitalquote} = \frac{\text{Eigenkapital} \cdot 100}{\text{Gesamtkapital}} \qquad \text{Fremdkapitalquote} = \frac{\text{Fremdkapital} \cdot 100}{\text{Gesamtkapital}}$$

Fortsetzung des Beispiels

Im Beispiel:

$$\text{EK-Q} = \frac{150.000{,}00 \cdot 100}{850.000{,}00} = 18\ \% \qquad \text{FK-Q} = \frac{700.000{,}00 \cdot 100}{850.000{,}00} = 82\ \%$$

Eine hohe Eigenkapitalquote schafft Sicherheit, da ein Großteil des investierten Kapitals, also des Gesamtvermögens, unternehmenseigenes Geld ist. Viel Fremdkapital bedeutet dagegen, dass man sehr abhängig ist von Kapitalgebern wie zum Beispiel den Banken und Sparkassen. Das fremde Kapital muss auch zuzüglich der Zinsen zurückgezahlt werden, dies belastet ein Unternehmen.

Mit 18 % liegt hier eine recht geringe Eigenkapitalquote vor. Im bundesdeutschen Durchschnitt liegt die Eigenkapitalquote mittelständischer Unternehmen bei ungefähr 25 %. Betrachtet man einzelne Branchen, stellt man fest, dass zum Beispiel im Großhandel die Eigenkapitalquote nur bei ca. 20 % liegt.

Dies führt zu der fünften Kennzahl: der **Anlagendeckung I**:

$$\text{Anlagendeckung I} = \frac{\text{Eigenkapital} \cdot 100}{\text{Anlagevermögen}}$$

Fortsetzung des Beispiels

Hier im Beispiel: $\frac{150.000{,}00 \cdot 100}{300.000{,}00} = 50\ \%$

Die Kennzahl weist aus, wie viel Anlagevermögen mit eigenem Kapital finanziert wurde. Im vorliegenden Beispiel ist es „nur" die Hälfte. Dies ist insofern bedenklich, da Anlagevermögen dem Unternehmen langfristig zur Verfügung stehen muss, entsprechend muss es auch langfristig finanziert sein – am besten mit Eigenkapital. Allerdings ist es auch in Ordnung, wenn ein Teil des Anlagevermögens mit langfristigem Fremdkapital, also zum Beispiel über Darlehen, finanziert ist.

Letztlich kann man noch anhand der Bilanz etwas über die Zahlungsfähigkeit eines Unternehmens herausfinden. Dazu benötigt man den **Liquiditätsgrad**.

$$\text{Liquiditätsgrad} = \frac{\text{Liquide Mittel} \cdot 100}{\text{kurzfristiges Fremdkapital}}$$

Mit dieser Kennzahl kann man ermitteln, wie viel der kurzfristigen Schulden (Verbindlichkeiten a. LL) durch vorhandenes Geld, also Bargeld und Bankguthaben, bezahlt werden kann. Der Liquiditätsgrad sollte ungefähr 20 % betragen, sodass man also ein Fünftel seiner kurzfristigen Schulden zu jedem Zeitpunkt sofort bezahlen kann. Mit obiger stark zusammengefasster Strukturbilanz lässt sich der Liquiditätsgrad nicht ermitteln. Dafür benötigt man dann doch die Zahlen aus der eigentlichen Bilanz.

Zur Beurteilung der Bilanzkennzahlen sollte man Folgendes berücksichtigen: Diese geben zwar einen guten Überblick über verschiedene Bereiche der Investierung und Finanzierung und der Liquidität eines Unternehmens, trotzdem sind sie nur eine Zeitpunktbetrachtung, da die Bilanz selbst ja bezogen auf einen Tag zum Geschäftsjahresende aufgestellt wurde. Am nächsten Tag, in der nächsten Woche kann es, insbesondere bei der Liquidität, schon wieder ganz anders aussehen.

Aufgaben

Aufgaben zur Wiederholung

1. Erstellen Sie aus folgender Schlussbilanz eine Strukturbilanz.

Soll	8010		Haben
0840	52.500,00	3000	98.900,03
2280	47.500,00	4250	22.500,00
2400	7.598,50	4400	11.187,00
2600	1.007,00		
2880	7.259,50		
2800	16.722,03		
	132.587,03		132.587,03

2. Berechnen Sie die aufgrund der folgenden Strukturbilanz die wesentlichen Bilanzkennzahlen
   a) zur Struktur des Vermögens (Anlage-/Umlaufintensität),
   b) zur Struktur des Kapitals (EK-/FK-Quote),
   c) zur Anlagendeckung.

Aktiva	Strukturbilanz		Passiva
Anlagevermögen	1.000.000,00	Eigenkapital	450.000,00
Umlaufvermögen	800.000,00	Fremdkapital	1.350.000,00
	1.800.000,00		1.800.000,00

3. Gegeben sind folgende Daten aus den Strukturbilanzen eines Unternehmens. Sie beziehen sich auf das gerade abgelaufene Geschäftsjahr und das vorherige Geschäftsjahr.

Aktiva	Aktuelles Jahr	Vorjahr	Passiva	Aktuelles Jahr	Vorjahr
	T€	T€		T€	T€
Anlagevermögen:			**Eigenkapital:**	3.820	2.580
Sachanlagen	3.320	2.840	**Fremdkapital:**		
Finanzanlagen	520	400	langfr. FK	3.280	2.520
Umlaufvermögen:			kurzfr. FK	900	2.100
Vorräte	2.400	3.100			
Ford. a. LL.	1.200	620			
Flüssige Mittel	560	240			

a) Ermitteln Sie für beide Geschäftsjahre jeweils die sechs Ihnen bekannten Bilanzkennzahlen.

b) Beurteilen Sie die Situation des Unternehmens anhand der von Ihnen ermittelten Werte für die beiden Geschäftsjahre. Berücksichtigen Sie dabei auch die Entwicklung des Unternehmens.

2.2 Rentabilitäts- und Umschlagskennzahlen

Das ist geschehen

Moritz Wagner hat am Ende des Geschäftsjahres die Bilanz und das Gewinn- und Verlustkonto vorliegen. Als Einzelunternehmer hat er viel Geld in sein Unternehmen investiert. Jetzt fragt er sich, ob sich die Investition auch gelohnt hat und ob sein Unternehmen profitabel läuft.

Aktiva	Eröffnungsbilanz der Mediaworld e. K. zum 01.01.20..		Passiva
Grundstücke	170.000,00	Eigenkapital	694.000,00
Gebäude	387.000,00	Darlehen	208.000,00
Fuhrpark	28.000,00	Verbindlichkeiten a. LL.	13.000,00
BGA	84.000,00		
Warenbestand	122.000,00		
Forderungen	76.000,00		
Kasse	9.000,00		
Bank	39.000,00		
	915.000,00		915.000,00

Aktiva	Schlussbilanz der Mediaworld e. K. zum 31.12.20..		Passiva
Grundstücke	170.000,00	Eigenkapital	744.000,00
Gebäude	387.000,00	Darlehen	318.000,00
Fuhrpark	35.000,00	Verbindlichkeiten a. LL.	53.000,00
BGA	92.000,00		
Warenbestand	273.000,00		
Forderungen	88.000,00		
Kasse	18.000,00		
Bank	52.000,00		
	1.115.000,00		1.115.000,00

Soll	(verkürztes) GuV-Konto – Mediaworld e. K. zum 31.12.20..		Haben
Aufwendungen für Waren	2.396.100,00	Umsatzerlöse für Waren	4.695.500,00
Löhne	47.120,00	weitere Erlöse	35.000,00
Gehälter	207.230,00		
Fremdkapitalzinsen	19.000,00		
weitere Aufwendungen	1.972.050,00		
Eigenkapital (Gewinn)	89.000,00		
	4.730.500,00		4.730.500,00

Das ist zu tun

1. Klären Sie die erste Frage von Moritz Wagner und berechnen Sie die Eigenkapitalrentabilität der Mediaworld e. K.
2. Klären Sie auch die zweite Frage von Moritz Wagner und berechnen Sie die Gesamtkapitalrentabilität der Mediaworld e. K.
3. Berechnen Sie auch die gesuchte Größe in der dritten Frage von Moritz Wagner – die Umsatzrentabilität.

Rentabilitäts- und Umschlagskennzahlen

Das sollte man wissen

Der Gewinn ist eine der wichtigsten Größen zur Messung des Unternehmenserfolges. Die Höhe des Gewinns in Euro allein sagt allerdings noch nicht viel aus, da noch keine Aussage darüber getroffen wird, wie viel eingesetzt wurde, um diesen Gewinn zu erzielen. Daher wird der Gewinn in Bezug zu anderen Größen gesetzt, die sich aus der Bilanz bzw. der GuV-Rechnung des Unternehmens ergeben.

Die Bezugsgrößen für diese Berechnungen sind:

1. das Eigenkapital
2. das Gesamtkapital
3. die Umsatzerlöse

Daraus ergeben sich drei Kennzahlen, mit denen die Daten aus der Bilanz und des GuV-Kontos ausgewertet werden können:

1. die Eigenkapitalrentabilität
2. die Gesamtkapitalrentabilität
3. die Umsatzrentabilität

1. Die Eigenkapitalrentabilität

Das **Eigenkapital** ist das Kapital, das dem Unternehmen gehört. Es handelt sich hierbei um Geld, das von der Einzelunternehmerin oder dem Einzelunternehmer oder von den Gesellschaftern aufgebracht worden ist und im Unternehmen investiert wurde. Im Laufe der Jahre kann das Eigenkapital größer werden, wenn die Eigentümerinnen oder Eigentümer neues Geld in das Unternehmen investieren oder wenn Gewinne, die erzielt werden, im Unternehmen verbleiben.

Da es sich bei dem Eigenkapital aus Sicht der Eigentümerinnen oder Eigentümer des Unternehmens um eine Geldanlage – eine Investition – handelt, ist es natürlich spannend zu wissen, ob sich diese Geldanlage auch rechnet, das heißt, ob sie rentabel ist. Hierfür wird die Eigenkapitalrentabilität berechnet. Die Formel lautet:

$$\text{Eigenkapitalrentabilität} = \frac{\text{Gewinn} \cdot 100}{\text{durchschnittliches Eigenkapital}}$$

Im Jahresverlauf verändert sich die Höhe des Eigenkapitals, daher nimmt man bei der Berechnung der Eigenkapitalrentabilität das durchschnittliche Eigenkapital. Dieses ergibt sich als Durchschnittswert vom Eigenkapital, das zu Jahresbeginn (Eröffnungsbilanz) und zum Jahresende (Schlussbilanz) vorliegt:

$$\text{durchschnittliches Eigenkapital} = \frac{\text{Eigenkapital (Jahresbeginn)} + \text{Eigenkapital (Jahresende)}}{2}$$

Beispiel

In einem Unternehmen wurde ein Jahresgewinn von 250.000,00 € erzielt. Zu Beginn des Geschäftsjahres weist die Eröffnungsbilanz ein Eigenkapital von 2.600.000,00 € aus, am Ende des Geschäftsjahres beträgt die Höhe des Eigenkapitals in der Schlussbilanz 2.750.000,00 €.

Das durchschnittliche Eigenkapital beträgt:

$$\text{durchschnittl. Eigenkapital} = \frac{2.600.000,00 + 2.750.000,00}{2} = 2.675.000,00\ €$$

Die Eigenkapitalrentabilität beträgt:

$$\text{Eigenkapitalrentabilität} = \frac{250.000,00 \cdot 100}{2.675.000,00} = 9,35\ \%$$

Das eingesetzte Eigenkapital bringt eine Rendite von 9,35 %.

2. Die Gesamtkapitalrentabilität

Unternehmen finanzieren sich nicht allein aus Eigenkapital, daneben wird auch Fremdkapital benötigt. Eigenkapital und Fremdkapital zusammengenommen sind das gesamte Kapital, mit dem im Unternehmen gewirtschaftet wird. Um herauszufinden, wie lukrativ der Einsatz des gesamten Kapitals ist, berechnet man die Gesamtkapitalrentabilität.

Da jetzt auch das Fremdkapital eine Rolle spielt, darf nicht vergessen werden, dass Fremdkapital auch Zinsen kostet. Diese müssen bei der Berechnung berücksichtigt werden.

$$\text{Gesamtkapitalrentabilität} = \frac{(\text{Gewinn} + \text{Fremdkapitalzinsen}) \cdot 100}{\text{durchschnittliches Gesamtkapital}}$$

Das durchschnittliche Gesamtkapital ergibt sich aus dem Mittelwert zwischen dem Gesamtkapital am Jahresanfang und dem Gesamtkapital am Jahresende:

$$\text{durchschnittl. Gesamtkapital} = \frac{\text{Gesamtkapital (Jahresbeginn)} + \text{Gesamtkapital (Jahresende)}}{2}$$

Beispiel

Ein Unternehmen hat einen Gewinn von 340.000,00 € erwirtschaftet. Für das eingesetzte Fremdkapital wurden Zinsen von 45.000,00 € bezahlt. Die Bilanzsumme (das Gesamtkapital) der Eröffnungsbilanz beträgt 2.200.000,00 €, das Gesamtkapital am Jahresende beträgt 2.340.000,00 €.

Das durchschnittliche Gesamtkapital beträgt:

$$\text{durchschnittl. Gesamtkapital} = \frac{2.200.000,00 + 2.340.000,00}{2} = 2.270.000,00\ €$$

Die Gesamtkapitalrentabilität beträgt:

$$\text{Gesamtkapitalrentabilität} = \frac{(340.000,00 + 45.000,00) \cdot 100}{2.270.000,00} = 16,96\ \%$$

3. Die Umsatzrentabilität

Hohe Umsätze allein weisen noch keinen Erfolg aus. Da sich der Umsatz aus dem Produkt von Preis mal Menge ergibt, zeigen hohe Umsätze nur, dass entweder viel Ware verkauft wurde oder hohe Preise verlangt wurden – oder beides gleichzeitig. Ob die Umsätze auch rentabel erwirtschaftet wurden, zeigt sich erst, wenn der Gewinn in Bezug zu den Umsatzerlösen gesetzt wird. Die Formel hierfür lautet:

$$\text{Umsatzrentabilität} = \frac{\text{Gewinn} \cdot 100}{\text{Umsatzerlöse}}$$

Beispiel

In einem Unternehmen wurde ein Gewinn von 85.000,00 € erzielt. Die Umsätze des Unternehmens betragen 1.700.000,00 €. Es soll die Umsatzrentabilität berechnet werden.

$$\text{Umsatzrentabilität} = \frac{85.000,00 \cdot 100}{1.700.000,00} = 5\ \%$$

Neben den Rentabilitätskennzahlen gibt es noch sogenannte **Umschlagskennzahlen**. Diese zeigen an, wie oft sich bestimmte Kapitalpositionen im Jahr erneuern. Bezogen auf das gesamte Kapital eines Unternehmens betrachtet man zum Beispiel die Umsatzerlöse in Relation zum Gesamtkapital:

$$\text{Gesamtkapitalumschlagshäufigkeit} = \frac{\text{Umsatzerlöse}}{\text{durchschnittliches Gesamtkapital}}$$

Die **Gesamtkapitalumschlagshäufigkeit** gibt an, wie oft das Gesamtkapital des Unternehmens im Jahr durch die Umsatzerlöse erwirtschaftet wurde.

Ähnliches gibt es auch in Bezug auf das Eigenkapital. Hier werden die Umsatzerlöse in Bezug zum Eigenkapital gesetzt:

$$\text{Eigenkapitalumschlagshäufigkeit} = \frac{\text{Umsatzerlöse}}{\text{durchschnittliches Eigenkapital}}$$

Die Umschlagszahlen zeigen an, wie viele Euro Erlöse mit einem Euro Gesamt-/ bzw. Eigenkapital erwirtschaftet wurden.

Beispiel

Die GuV-Rechnung eines Unternehmens weist die folgenden Werte aus:

durchschnittliches Gesamtkapital:	400.000,00 €
durchschnittliches Eigenkapital:	100.000,00 €
Umsatzerlöse:	800.000,00 €

Mit jedem Euro vom Gesamtkapital wurden hier zwei Euro Umsätze erzielt. Im Verhältnis zum Eigenkapital allerdings wurden in diesem Unternehmen für jeden Euro Eigenkapital acht Euro Umsatz erwirtschaftet.

Aufgaben

Aufgaben zur Wiederholung

1. In einem Unternehmen liegen die Werte für die folgenden Bilanz- und GuV-Daten vor:
   - Eigenkapital (Jahresbeginn und Jahresende)
   - Gesamtkapital (Jahresbeginn und Jahresende)
   - Aufwendungen für Waren
   - Forderungen
   - Umsatzerlöse
   - Gewinn
   - Mietaufwendungen
   - Zinsaufwendungen (Fremdkapital)

   a) Welche Größen benötigt man zur Ermittlung der Eigenkapitalrentabilität?

   b) Welche Größen benötigt man zur Ermittlung der Gesamtkapitalrentabilität?

   c) Welche Größen benötigt man zur Ermittlung der Umsatzrentabilität?

   d) Welche Größen benötigt man zur Ermittlung der Eigenkapitalumschlagshäufigkeit?

2. Erläutern Sie den Unterschied zwischen der Eigenkapitalrentabilität und der Gesamtkapitalrentabilität.

3. In einem Unternehmen liegen die folgenden Zahlen vor:

• Eigenkapital Jahresbeginn:	700.000,00 €
• Eigenkapital Jahresende:	850.000,00 €
• Fremdkapital Jahresbeginn und Jahresende:	230.000,00 €
• Fremdkapitalzinsen:	28.000,00 €
• Umsatzerlöse:	950.000,00 €
• Gewinn:	45.000,00 €

Berechnen Sie

a) die Eigenkapitalrentabilität,

b) die Gesamtkapitalrentabilität,

c) die Umsatzrentabilität,

d) die Gesamtkapitalumschlagshäufigkeit,

e) die Eigenkapitalumschlagshäufigkeit.

4. In einem Unternehmen liegen die folgenden beiden Bilanzen und das GuV-Konto in verkürzter Form vor.

a) Berechnen Sie die Eigenkapitalrentabilität.

b) Berechnen Sie die Gesamtkapitalrentabilität.

c) Berechnen Sie die Umsatzrentabilität.

d) Erläutern Sie, was die drei Rentabilitätskennzahlen aussagen.

e) Berechnen Sie die Gesamt- und die Eigenkapitalumschlagshäufigkeit.

f) Erläutern Sie, was die Kennzahlen aus Aufgabenteil e) bedeuten.

g) Im letzten Jahr wurden die folgenden Kennzahlen ermittelt:
EK-Rentabilität: 12 %
Umsatzrentabilität: 4 %
Beurteilen Sie die aktuellen Werte aus Aufgabenteil a) und c) im Vergleich zu den Vorjahreswerten.

Aktiv	Eröffnungsbilanz zum 01.01.20..		Passiv
Anlagevermögen	870.000,00	Eigenkapital	449.000,00
Umlaufvermögen	320.000,00	Fremdkapital	741.000,00
	1.190.000,00		1.190.000,00

Aktiv	Schlussbilanz zum 31.12.20..		Passiv
Anlagevermögen	940.000,00	Eigenkapital	590.000,00
Umlaufvermögen	370.000,00	Fremdkapital	720.000,00
	1.310.000,00		1.310.000,00

Soll	GuV-Konto zum 31.12.20..		Haben
Aufwendungen für Waren	1.121.500,00	Umsatzerlöse für Waren	1.731.666,70
Fremdkapitalzinsen	41.800,00	Weitere Erlöse	234.100,30
sonstige Aufwendungen	750.517,00		
Eigenkapital (Gewinn)	51.950,00		
	1.965.767,00		1.965.767,00

5. a) In einem Unternehmen wird eine Eigenkapitalrentabilität von 8 % ermittelt. Das durchschnittliche Eigenkapital beträgt 400.000,00 €. Wie hoch ist der Gewinn?

   b) In einem Unternehmen beträgt die Umsatzrentabilität 4 %, der Gewinn liegt bei 125.000,00 €. Wie hoch sind die Umsatzerlöse dieses Unternehmens?

   c) In einem Unternehmen wurde ein Gewinn in Höhe von 85.000,00 € erzielt. Das durchschnittliche Gesamtkapital beträgt 1.250.000,00 €, die Gesamtkapitalrentabilität liegt bei 8 %. Wie viel Euro wurden für Fremdkapitalzinsen aufgebracht?

Lernaktion 1

Lernaktionen

In der Ruprecht KG, einem Hersteller für Markisen und Sonnenschutzsegel aus Bielefeld, liegen die Bilanzen des Geschäftsjahres und die Gewinn- und Verlustrechnung vor.

Aktiva	Eröffnungsbilanz der Ruprecht KG zum 01.01.20..		Passiva
Grundstücke	120.000,00	Eigenkapital	380.000,00
Gebäude	290.000,00	Darlehen	278.000,00
Fuhrpark	28.000,00	Verbindlichkeiten a. LL.	77.000,00
Betriebs- und Geschäftsausstattung	32.000,00		
Warenbestand	165.000,00		
Forderungen a. LL.	45.000,00		
Kasse	4.000,00		
Bank	51.000,00		
	735.000,00		735.000,00

Aktiva	Schlussbilanz der Ruprecht KG zum 31.12.20..		Passiva
Grundstücke	190.000,00	Eigenkapital	390.000,00
Gebäude	420.000,00	Darlehen	420.000,00
Fuhrpark	42.000,00	Verbindlichkeiten a. LL.	123.000,00
Betriebs- und Geschäftsausstattung	55.000,00		
Warenbestand	150.000,00		
Forderungen a. LL.	30.000,00		
Kasse	5.000,00		
Bank	41.000,00		
	933.000,00		933.000,00

Soll	Gewinn- und Verlustkonto der Ruprecht KG zum 31.12.20..		Haben
Wareneingang	870.000,00	Umsatzerlöse für Waren	965.000,00
Löhne	145.000,00	Provisionserträge	208.500,00
Gehälter	85.000,00	Mieterträge	3.500,00
Miete/Pachten	35.000,00		
Betriebliche Steuern	13.000,00		
Zinsaufwand	19.000,00		
EK (Gewinn)	10.000,00		
	1.177.000,00		1.177.000,00

1. Stellen Sie zur Eröffnungs- und zur Schlussbilanz jeweils die Strukturbilanz auf.
2. Ermitteln Sie anhand der Eröffnungs- und der Schlussbilanz jeweils die Kennzahlen zur Bilanzanalyse:
   - die Anlagenintensität
   - die Umlaufintensität
   - die Eigenkapitalquote
   - die Fremdkapitalquote
   - die Anlagendeckung I
   - den Liquiditätsgrad
3. Beurteilen Sie die ermittelten Bilanzkennzahlen unter Beachtung der Entwicklung von der Eröffnungs- bis zur Schlussbilanz.

4. Berechnen Sie für die Ruprecht KG die Rentabilitätskennzahlen:
   - die Eigenkapitalrentabilität
   - die Gesamtkapitalrentabilität
   - die Umsatzrentabilität

5. Beurteilen Sie die Rentabilitätskennzahlen der Ruprecht KG unter der Berücksichtigung folgender Branchendurchschnittswerte:
   - durchschnittliche Eigenkapitalrentabilität der Branche: 20 %
   - durchschnittliche Gesamtkapitalrentabilität der Branche: 10 %
   - durchschnittliche Umsatzrentabilität der Branche: 8 %

6. a) Ermitteln Sie die Eigenkapital- und die Gesamtkapitalumschlagshäufigkeit.
   b) Erläutern Sie, was diese Zahlen bedeuten.
   c) Beurteilen Sie die Kapitalumschlagshäufigkeiten unter der Berücksichtigung folgender Branchendurchschnittswerte:
      - durchschnittliche EK-Umschlagshäufigkeit der Branche: 7
      - durchschnittliche GK-Umschlagshäufigkeit der Branche: 3

Lernaktion 2

1. Moritz Wagner hat am Ende des Geschäftsjahres zunächst einen Jahresabschluss seiner Buchhaltung durchzuführen. Bringen Sie die zugehörige Aktivitätenliste durch Nummerierung in die richtige Reihenfolge:

Abschlussaktivität	Reihenfolge-Nr.
Abschluss der Bestandskonten	
Ermittlung Gewinn/Verlust auf dem GuV-Konto	
Ermittlung der USt-Zahllast/des Vorsteuerüberhangs	
Übertrag Gewinn/Verlust auf Eigenkapitalkonto	
Abschluss der Erfolgskonten	

Arbeit mit dem PC

2. a) Moritz Wagner ermittelt die nachstehenden Werte als Abschlussbilanz des Geschäftsjahres. Übernehmen Sie die folgende Tabelle in Excel:

	A	B	C	D	E	F
1	Schlussbilanz Moritz Wagner Mediaworld e. K.					
2	Aktiva				Passiva	
3	Grundstücke		170.000,00	Eigenkapital		
4	Gebäude		387.000,00	Darlehensschuld	318.000,00	
5	Fuhrpark		35.000,00	Verbindlichkeiten a. LL	53.000,00	
6	BGA		92.000,00			
7	Warenbestand		273.000,00			
8	Forderungen a. LL		88.000,00			
9	Bankguthaben		52.000,00			
10	Kasse		18.000,00			
11						
12						
13	Anlagevermögensintensität					
14	EK-Quote					
15	FK-Quote					
16	Liquidität 1. Grades					
17	Liquidität 2. Grades					
18	Liquidität 3. Grades					
19	Umlaufvermögensintensität/-quote					
20	Verschuldungsgrad					
21						

b) Berechnen Sie alle fehlenden Werte der Bilanz.

c) Moritz Wagner möchte anschließend die Bilanz durch Kennzahlen auswerten. Er hat dazu eine Übersicht über einschlägige Kennzahlen erhalten. Da die Eröffnungsbilanz nicht vorliegt, wird nicht mit Durchschnittswerten, sondern mit den vorhandenen Zahlen gerechnet.

Nr.	Kennzahl	Berechnung
1	Anlagevermögensintensität	$\frac{\text{Anlagevermögen} \cdot 100}{\text{Gesamtvermögen}}$
2	Eigenkapitalquote	$\frac{\text{Eigenkapital} \cdot 100}{\text{Gesamtkapital}}$
3	Fremdkapitalquote	$\frac{\text{Fremdkapital} \cdot 100}{\text{Gesamtkapital}}$
4	Liquidität 1. Grades	$\frac{\text{Flüssige Mittel} \cdot 100}{\text{Kurzfristige Vervindlichkeiten}}$
5	Liquidität 2. Grades	$\frac{(\text{Flüssige Mittel} + \text{Kurzfristige Forderungen}) \cdot 100}{\text{Kurzfristige Vervindlichkeiten}}$
6	Liquidität 3. Grades	$\frac{\text{Umlaufvermögen} \cdot 100}{\text{Kurzfristige Verbindlichkeiten}}$
7	Umlaufvermögensquote	$\frac{\text{Umlaufvermögen} \cdot 100}{\text{Gesamtvermögen}}$
8	Verschuldungsgrad	$\frac{\text{Fremdkapital} \cdot 100}{\text{Eigenkapital}}$

3. Nach der Werteberechnung möchte Moritz Wagner wissen, was die Kennzahlen im Einzelnen bedeuten. Ordnen Sie die Kennzahlennummern aus Aufgabe 2 c) den unten stehenden Aussagen zu.

Die Kennzahl gibt an, ...
... wie hoch der Prozentanteil des langfristig zur Verfügung stehenden Anlagevermögens am Gesamtvermögen ist. Das Anlagevermögen wird im Unternehmen länger genutzt.
... wie viel Prozent des Unternehmens aus Fremdkapital (= selbst) finanziert sind.
... wie viel Prozent der kurzfristigen Schulden durch vorhandene Zahlungsmittel gedeckt werden können.
... wie viel Prozent des Unternehmens dem Unternehmer selber gehören.
... wie viel Prozent der kurzfristigen Schulden durch vorhandene Zahlungsmittel und eigene ausstehende Forderungen gedeckt werden können.
... wie das Verhältnis von Fremdkapital zu Eigenkapital ist.
... wie viel Prozent des Gesamtvermögens lediglich aus dem kurzfristig zur Verfügung stehenden Umlaufvermögen bestehen.
... wie viel Prozent der kurzfristigen Schulden durch Zahlungsmittel, kurzfristige Forderungen a. LL. und Warenvorräte gedeckt werden können.

4. Beurteilen Sie die Situation der Mediaworld e. K. anhand der berechneten Kennzahlen. Schreiben Sie hierzu einen Kurzbericht und binden Sie die berechnete Excel-Tabelle in den Text ein. Verwenden Sie ggf. folgenden Internetlink: **www.controllingportal.de.** Suchbegriff: Liquiditätskennzahlen!

Arbeit mit dem PC

Auszug aus der Sortiments- und Preisliste der Mediaworld e. K.

Warengruppe	Artikel-Nr.	Artikelbezeichnung	Artikelbeschreibung	Verkaufspreis in €
Warengruppe 1: Hören				
H	1001	Mikroanlage „Boost“ MC 101	Integriertes Internet, CD-Spieler, DAB+/UKW-Radio, 100 Watt, MP3-USB, SD-Kartenleser, WLAN	139,00
H	1002	Autoradio „Vision“	RDS-Autoradio, 36 Senderspeicher, 4 x 40 Watt, abnehmbares Bedienteil, Bluetooth Freisprecheinrichtung	89,00
H	1003	Stereo-Headset „Booster“	Surround-Sound-Gaming-Kopfhörer mit USB-Stecker und Mikrofon	39,90
H	1004	Mammuth-Boxen „Eiszeit“	3-Wege-Boxen, 240 Watt, 4 bis 8 Ohm, Maße (B x H x T): 21 x 85 x 28 cm, Farbe: Schwarz oder Weiß	49,00
H	1005	Surroundsystem „Feeling“	4 Satellitenlautsprecher, Aktiv-Subwoofer, ein 2-Wege-Center-Lautsprecher	129,00
…	…	…	…	…
als ständig aktualisiertes Sortiment: • Musik-CDs • Filme auf DVD und Blu-Ray • …				
Warengruppe 2: Sehen				
S	2001	Schnitzer T 04 Fernsehgerät	51 cm Durchmesser, 4K, automatische Senderprogrammierung, 3x HDMI	89,00
S	2002	Schnitzer 4K-Fernseher PF 107	164 cm Durchmesser, abnehmbare Lautsprecher, Dolby Atmos	550,00
S	2003	Florida Blu-Ray-Rekorder VS 20	Fernbedienung, ShowView, 2 Scartanschlüsse, USB-Eingang, 350 GB Festplatte	289,00
S	2004	Rollax Digitale Videokamera DVK 2005	Farbmonitor, 32 GB Speicher, 4K-Video, 25 mm Weitwinkel, Gewicht 400 g	299,00
S	207	Grunlag Blu-Ray-Rekorder 1 TB	2D/3D-Konverter, 4K, 3x HDMI, 2x USB	195,00
…	…	…	…	…
als ständig aktualisiertes Sortiment: • Blu-Ray-Filme • DVD-Spielfilme • …				
Warengruppe 3: Computerzubehör				
C	3001	Saltero Foto-Center	Drucker, Scanner, Kopierer in s/w und Farbe; 6-Farben-Druck	89,00
C	3002	Netzwerkkarte 2port	Netzwerkkarte 2port PCI-Express	38,00
C	3003	USB-Speicher 2 TB	tragbare Festplatte mit 2 TB Speicherplatz, sofort betriebsbereit über USB-Schnittstelle	59,00
C	3004	USB-Stick 32 GB	USB-Speicherstift mit 32 GB Speicher	19,00
C	3005	Blu-Ray-Rohlinge	25 Rohlinge, 25 GB Speicherkapazität	9,90
C	3006	Salem Multi-Brenner	Multiformat-Brenner für alle gängigen CD-, DVD- und Blu-Ray-Formate	69,00
C	3007	Speedy-Computer-Maus	3-Tasten-Scroll-Maus	5,99
C	3008	Speedy-Computer-Tastatur	kabellose, flache Tastatur	19,99
…	…	…	…	…

als ständig aktualisiertes Sortiment:
- Anwendersoftware
- Computerspiele
- …

Liste mit Lieferbetrieben der Mediaworld e. K.

Liefer-betriebe Nr.	Firma	Zusatz	Ansprech-partner/-in	Straße	PLZ	Ort	Telefon	Konto	Bank	BLZ	Lieferung Waren-gruppe
440001	Multitask GmbH	Computer-zubehör	Frau Klöppel	Florentinastraße 67	33102	Paderborn	05251 89110-0	4459873	Volksbank Paderborn	472 601 21	1; 3
440002	Mammuth GmbH	Audiogeräte	Herr Yildrim	Gelsenstraße 32	46147	Oberhausen	0208 88888-12	997681	Dresdner Bank Oberhausen	365 800 72	1; 2
440003	Müller & Schneider OHG	Import und Export von Elektronikartikeln	Herr Müller	Am Wäldchen 45	44623	Herne	02323 93147	77698	Sparda-Bank Essen	360 605 91	2; 3
440004	Audiotronic GmbH	Elektronik-fachhandel	Frau Wissmann	Bahnhofstraße 33	59423	Unna	02303 871678	973389	Sparkasse Unna	443 500 60	1
440005	Lavex Multimedia AG	Multimedia	Herr Dussel	Nusselweg 3	50933	Köln	0221 445540	674563870	Deutsche Bank Köln	370 700 00	1; 3

Kundenliste der Mediaworld e. K.

Kunden-nr.	Firma	Zusatz	Ansprech-partner/-in	Straße	PLZ	Ort	Telefon	Konto	Bank	BLZ
24001	Heinz Lamprecht e. K.	Fachhandel für Computerzubehör	Herr Dudel	Bismarckstr. 18–20	47169	Duisburg	02065 14444-0	98453223	Targobank Duisburg	300 209 44
24002	Elektro-Günther e. K.	Fachhandel für Hi-Fi und Elektronik	Herr Mersen	Grabenweg 38	57078	Siegen	0271 987-0	7899933	Sparda-Bank Wuppertal	330 605 92
24003	Emil Meister e. K.	Büroausstattung	Herr Maise	Feldstraße 37	47225	Duisburg	02066 8585-0	211221	Sparkasse Duisburg	300 500 00
24004	Kurt Wächter e. K.	Fernseh- und Hi-Fi-Fachhandel	Herr Wächter	Hauptmannweg 23	44147	Dortmund	0231 454545	7896350	Sparkasse Dortmund	440 501 99
24005	Kasadhar e. K.	Sound & Videoshop	Frau Demir	Freiheitstraße 34	56073	Köln	0221 2366491	754658	Volksbank Köln-Nord e. G.	370 694 29
24006	Heka-Multimedia GmbH	Computer- und Hi-Fi-Bedarf	Frau Lieb	Rheinberger Straße 98	46483	Wesel	0281 8724450	554369	Deutsche Bank Wesel	350 700 24
24007	Büro-Input GmbH	Einzelhandel für Bürobedarf	Frau Treumann	Schafstraße 88	50933	Köln	0221 6300910	660423506	Postbank Köln	370 100 00

Bildquellenverzeichnis

Bartsch, Thomas, Bergisch Gladbach: 187.1, 202.1, 303.3.

Bock, Guido, Langenhorn: 4.1, 13.1, 14.1, 15.2, 16.2, 24.2, 28.2, 31.1, 36.1, 36.2, 36.3, 48.1, 48.2, 53.1, 54.1, 59.1, 71.1, 94.1, 94.2, 94.3, 94.4, 98.1, 98.2, 98.3, 98.4, 99.1, 99.2, 102.3, 102.4, 102.5, 103.1, 103.2, 108.1, 108.2, 108.3, 108.4, 108.5, 108.6, 119.1, 122.1, 127.1, 132.1, 132.2, 133.3, 135.1, 139.1, 141.1, 141.2, 150.2, 153.1, 154.1, 154.2, 154.3, 156.1, 156.2, 156.3, 156.4, 157.1, 161.1, 165.2, 166.1, 168.1, 174.1, 179.1, 181.1, 188.1, 189.1, 196.1, 203.1, 203.2, 224.1, 224.2, 227.1, 237.1, 248.1, 257.1, 258.1, 259.1, 260.1, 260.2, 261.2, 261.3, 262.1, 262.2, 262.3, 267.1, 267.2, 271.1, 275.1, 277.1, 278.1, 279.1, 280.1, 297.2, 298.1, 298.2, 298.3, 308.1, 330.1, 342.1, 342.2, 346.2, 346.3, 348.1, 349.2, 351.1, 353.1, 363.1, 363.2, 367.1, 367.2, 376.1, 381.1, 386.1, 390.2, 390.3, 390.4, 390.5, 390.6, 390.7, 391.3, 406.1, 409.1, 416.1, 416.2, 423.1, 427.1, 427.2, 427.3, 432.1, 433.1, 440.1, 440.2, 454.1, 456.1, 456.2, 456.3, 463.1, 473.1, 476.2, 482.1, 482.2, 484.2, 488.1, 492.1, 497.1, 497.2, 498.2, 501.4, 502.1, 502.2, 502.3, 507.1, 516.3, 517.1, 517.2, 517.3, 526.2, 537.1, 548.1, 550.1, 560.1, 560.3, 566.1, 566.2, 566.3, 576.1, 582.2, 587.1, 589.1, 597.1, 604.2, 605.1, 605.2.

EURO Kartensysteme GmbH, Frankfurt am Main: 140.4.

fotolia.com, New York: (michanolimit) 346.4; Eisenhans 159.2; Picture-Factory 313.2, 315.1; Pixi 102.1; Yang, Stefan 136.1.

Hild, Claudia, Angelburg: 3.1, 13.2, 15.1, 16.1, 18.1, 20.1, 22.1, 23.1, 24.1, 25.1, 28.1, 30.1, 32.1, 33.1, 38.1, 38.4, 41.1, 46.1, 49.1, 51.1, 60.1, 60.2, 61.1, 61.2, 62.1, 63.1, 69.1, 72.1, 73.1, 76.1, 77.1, 80.1, 82.1, 83.1, 86.1, 87.1, 89.1, 90.1, 91.1, 95.1, 97.1, 97.2, 100.1, 101.1, 107.1, 109.1, 113.1, 116.1, 119.2, 120.1, 120.2, 123.1, 129.2, 130.1, 133.1, 136.2, 137.1, 140.1, 144.1, 146.1, 148.1, 149.1, 152.1, 155.1, 157.2, 158.1, 163.2, 165.1, 168.2, 172.1, 175.1, 177.1, 179.2, 188.2, 190.1, 191.1, 193.1, 197.1, 197.2, 197.3, 198.2, 200.1, 201.1, 204.1, 206.1, 215.1, 218.1, 221.1, 222.1, 225.1, 231.1, 234.1, 238.1, 240.1, 245.1, 248.2, 252.1, 254.1, 258.2, 261.1, 263.1, 268.1, 271.2, 272.1, 275.2, 277.2, 281.1, 283.1, 286.1, 287.1, 287.2, 288.1, 289.1, 292.1, 292.2, 296.1, 297.1, 301.1, 305.1, 311.2, 312.1, 313.1, 319.1, 324.1, 328.1, 328.2, 329.1, 330.2, 335.1, 342.3, 344.1, 346.1, 347.1, 349.1, 351.2, 353.2, 361.1, 364.1, 368.1, 368.2, 369.1, 375.1, 375.2, 378.1, 385.1, 389.1, 390.1, 391.1, 393.1, 394.1, 395.2, 396.1, 396.3, 397.1, 398.1, 398.2, 400.1, 400.2, 405.1, 407.1, 409.2, 412.1, 414.1, 415.1, 417.1, 418.1, 420.1, 423.2, 427.4, 431.1, 433.2, 435.1, 442.1, 444.1, 446.1, 453.1, 455.1, 457.1, 458.1, 462.1, 468.1, 469.1, 471.1, 473.2, 473.3, 473.4, 475.1, 477.1, 478.1, 478.2, 481.1, 481.2, 482.3, 485.1, 485.2, 486.1, 486.2, 488.2, 488.3, 488.4, 491.1, 491.2, 491.3, 492.3, 492.4, 494.1, 494.2, 495.1, 499.1, 500.1, 501.1, 501.2, 501.3, 504.1, 504.2, 505.1, 505.2, 506.1, 510.1, 511.1, 511.2, 512.1, 515.1, 516.1, 516.2, 518.2, 520.2, 521.1, 521.2, 522.1, 523.1, 525.1, 525.2, 527.1, 527.2, 528.1, 530.1, 533.1, 533.2, 536.1, 537.2, 537.3, 537.4, 537.5, 542.1, 542.2, 543.1, 544.1, 545.1, 547.1, 551.1, 552.1, 553.1, 555.1, 556.1, 557.1, 558.1, 559.1, 560.2, 564.1, 564.2, 564.3, 565.1, 565.2, 569.1, 570.1, 572.1, 575.1, 579.1, 580.1, 581.1, 581.2, 582.1, 585.1, 585.2, 587.2, 588.1, 592.1, 593.1, 594.1, 596.1, 599.1, 603.1, 604.1, 611.1, 611.2, 613.1.

iStockphoto.com, Calgary: Baloncici 159.3.

Jouve Germany GmbH & Co. KG, München: 129.1, 556.2.

LIVING CONCEPT, Münster: 1.1.

Mastercard, Frankfurt am Main: 140.3, 141.3.

Microsoft Deutschland GmbH, München: 147.4, 185.1, 198.1, 308.2, 404.1; Bartsch, Thomas 34.1, 34.2, 75.1, 89.2, 145.1, 145.2, 147.1, 147.2, 147.3, 150.1, 163.1, 167.1, 169.1, 174.2, 176.1, 186.1, 192.1, 195.1, 213.1, 244.1, 302.1, 302.2, 303.1, 303.2, 304.1, 306.1, 306.2, 307.1, 307.2, 311.1, 357.1, 612.1.

OKS Group, Delhi: 19.1, 38.2, 38.3, 104.1, 253.1, 253.2, 391.2, 394.2, 394.3, 395.1, 395.3, 396.2, 397.2, 399.1, 440.3, 458.2, 467.1, 476.1, 484.1, 489.1, 489.2, 489.3, 492.2, 493.1, 493.2, 496.1, 498.1, 509.1, 513.1, 518.1, 520.1, 526.1, 537.6, 546.1, 563.1.

Picture-Alliance GmbH, Frankfurt a.M.: dpa-infografik 355.1, 426.1, 436.1; dpa-infografik GmbH 464.1.

RAL gGmbH, Bonn: 102.2.

S-Payment GmbH, Stuttgart: 140.2.

stock.adobe.com, Dublin: Divizia, Claudio 133.2; Hurca! Titel; kasto 229.1; marog-pixcells 159.1.

Stollfuß Verlag - Zweigniederlassung der Lefebvre Sarrut GmbH, Bonn: 358.1.

© Visa 2024, Frankfurt: © Visa 2024 140.5.

Schulkontenrahmen

NGEN

ERGEBNISRECHNUNG

ıngen)

en auf
ige
er
ege
n auf
en
gen
ndungen
ür die
e von Rechten
dverkehrs
ratungskosten
ür
Fachliteratur
Telefon
Repräsentation
ür Beiträge
wie
und perioden-
eiträge
tschaftsver-
gen
hadensfällen
ndungen
n auf
Einzelwert-
if Forderungen
Pauschalwert-
if Forderungen
(Verluste)
g von
enständen

7 Weitere Aufwendungen

70 Betriebliche Steuern
7000 Gewerbesteuer
7020 Grundsteuer
7030 Kraftfahrzeugsteuer
7070 Ausfuhrzölle
7090 Sonstige betriebliche Steuern

74 Abschreibungen auf Finanzanla-gen und Aufwendungen aus dem Abgang von Gegenständen des Umlaufvermögens
7400 Abschreibungen auf Finanz-anlagen
7460 Aufwendungen (Verluste) aus dem Abgang von Gegen-ständen des Umlaufvermögens

75 Zinsen und ähnliche Aufwendungen
7510 Zinsaufwendungen
7530 Diskontaufwendungen
7590 Sonstige zinsähnliche Aufwendungen

76 Außerordentliche Aufwendungen
7600 Außerordentliche Aufwendungen

77 Steuern vom Einkommen und Ertrag
7710 Körperschaftsteuer
7720 Kapitalertragsteuer

78 Diverse Aufwendungen

8 Ergebnisrechnung

80 Eröffnung/Abschluss
8000 Eröffnungsbilanzkonto
8001 Saldovortrag Debitoren
8002 Saldovortrag Kreditoren
8010 Schlussbilanzkonto
8020 GuV-Konto
8050 Saldenvorträge (Sammelkonto)

81 Konten der Kostenbereiche für die GuV im Umsatzkosten-verfahren

85 Konten der kurzfri-stigen Erfolgs-rechnung (KER) für innerjährige Rechnungsperioden

KOSTEN- UND LEISTUNGSRECHNUNG

9 Kosten- und Leistungsrechnung (KLR)

In der Praxis wird die KLR gewöhnlich tabellarisch durchgeführt.

Die KLR ist nicht Gegenstand dieses Lehrbuches.

222690/4. Auflage 2021